情漫燕赵

——河北省关心下一代工作典型事迹汇编

河北省关心下一代工作委员会 编

河北出版传媒集团
河北人民出版社
石家庄

图书在版编目（ＣＩＰ）数据

情漫燕赵：河北省关心下一代工作典型事迹汇编 /
河北省关心下一代工作委员会编. -- 石家庄：河北人民
出版社，2020.9
　　ISBN 978-7-202-14553-1

　　Ⅰ．①情… Ⅱ．①河… Ⅲ．①青少年教育－教育工作
－工作概况－河北 Ⅳ．①G775

中国版本图书馆CIP数据核字(2020)第162865号

书　　名	情漫燕赵：河北省关心下一代工作典型事迹汇编
	Qingman Yanzhao Hebeisheng Guanxin Xiayidai Gongzuo Dianxing Shiji Huibian
编　　者	河北省关心下一代工作委员会
封面题字	叶连松
责任编辑	付　聪
美术编辑	秦春霞
封面设计	雨　林
责任校对	余尚敏
出版发行	河北出版传媒集团　河北人民出版社
	（石家庄市友谊北大街330号）
印　　刷	石家庄昌德邦印刷有限公司
开　　本	787 毫米×1092 毫米　1/16
印　　张	40.75
字　　数	636 000
版　　次	2020 年 9 月第 1 版　2020 年 9 月第 1 次印刷
书　　号	ISBN 978-7-202-14553-1
定　　价	85.00 元

编　委　会

立德樹人跟黨走

培根鑄魂育新人

庚子年春月 葉連松題

与时俱进，不断创新，将新时代关心下一代工作进一步引向深入。

赵世居 二〇二一年四月

发扬子老精神

创新关心下一

代工作

杨新农 二〇二〇年四月

不忘初心履使命老有所為夕陽紅

不忘初心履使命老有所為夕陽紅

賀情漫遊精出版

庚子春月 葉煥文書

人生的价值在于奉献，

向无私奉献的老年志

愿者一守月致敬。

李月铮

二〇二〇，四，二一

围 统 中 心

服 为 大 角

传 承 幼 色

幸 田 孝 做

的 也 敬 人

柏涛书

二○一○·九十

言传身教

余热增辉

刘健生
二〇二〇年岁暮

向关心下一代先进集体和模范主席学习，进一步做好新时代关工委工作。

侯志奎
2020年3月30日

不是一番寒澈骨

怎得梅花扑鼻香

赵文鹤 二〇二〇年四月二十六日

弘扬五老精神
培育时代新人

二〇二〇年
五月六日

三十年碩果累累

新時代再創輝煌

嵗在庚子春月張增良書

前言
QIANYAN

　　祖国之希望、民族之未来，无不系于青少年。滋润其茁壮成长，哺育其健康成才，关乎党之命运长久和国之前途兴衰。习近平总书记指出："十年树木，百年树人。祖国的未来属于下一代。做好关心下一代工作，关系中华民族伟大复兴。"此乃振聋发聩之警语，高屋建瓴之至嘱！

　　2019年时逢中华人民共和国成立70周年，恰值河北省关心下一代工作委员会成立30周年。回望30年峥嵘岁月所经历风雨征途，无不感慨万端，又倍觉欣慰。30年来，全省关心下一代工作在省委、省政府正确领导和大力支持下，各级关工委工作组织围绕中心，服务大局，发挥优势，自我加压，尽关工委之所能，急青少年之所需，着力加强关工委工作组织和五老队伍建设，不断拓展工作阵地，精心打造活动品牌，探索和创造了许多在全国领先的经验和做法，为建设"经济强省、美丽河北"作出了积极贡献。广大五老和关工委专兼职工作者秉承"忠诚敬业、关爱后代、务实创新、无私奉献"精神，引导青少年树立和践行社会主义核心价值观，支持和帮助青少年成长成才，其功至伟，可歌可泣。

为向新中国 70 华诞献礼，暨庆祝河北省关心下一代工作委员会成立 30 周年，展示河北省 30 年来关心下一代工作成果，推动全省关心下一代工作再上新台阶，河北省关心下一代工作委员会编印了《情漫燕赵——河北省关心下一代工作典型事迹汇编》。本书收集了河北省关心下一代工作中涌现的部分先进单位和优秀典型的经验做法及先进事迹，其借鉴和指导意义，对于今后全省关心下一代工作大有裨益。

关心下一代工作，责任重大而深远，使命艰巨而光荣。总结过去，无限辛苦化为骄人成绩；展望未来，光明道路还须奋发努力。我们寄希望于全省各级关工委组织和广大五老队伍、各级关工委专兼职干部，继续奋发进取，以习近平新时代中国特色社会主义思想为指导，不忘初心、牢记使命，立德树人、培根铸魂，为开创全省关心下一代工作新局面而努力奋斗！

CONTENTS 目录

第一部分

全省关心下一代工作先进集体事迹

❀第二部分❀

全省关心下一代工作先进个人事迹

目

录

·3·

第一部分
全省关心下一代工作先进集体事迹

求真务实 脚踏实地
扎实推进关心下一代工作再上新台阶

石家庄市教育局关工委

近年来，石家庄市教育局关工委在市关工委的悉心指导下，以习近平新时代中国特色社会主义思想和党的十九大精神为指导，牢牢把握立德树人这一根本任务，坚持服务青少年的正确方向，充分发挥五老的独特优势，延伸关爱触角，拓展工作载体，为青少年的健康成长作出了积极贡献。

一、以组织建设为抓手，提升教育系统关工委工作水平

为进一步健全各级各类学校的关工委，2018 年 5 月，石家庄市教育局关工委对全市教育系统关工委组织建设情况进行了摸底统计，并明确以"党建带关键"的基本原则和"齐抓共管、老少共建"的运行机制，推动了关工委各项工作落地见效，教育系统关工委呈现出领导重视、专人分管、机构健全、活动经常的良好局面，得到教育部关工委副主任杨贵仁的充分肯定。

（一）统一思想，提高认识。"围绕中心，服务大局"是关工委的生命力所在。为保证各项工作顺利开展，石家庄市教育局关工委指导教育系统关工委紧跟中央精神，围绕中心工作，急学校之所急，想家长之所需，合青少年成长之规律，圆老同志为党分忧、育人报国之志，真正成了教育系统关工委的指挥员。

（二）强化班子，优化队伍。为配齐配强想干事、能干事、会干事的领导班子成员，石家庄市教育局关工委指导教育系统关工委从实际出发，并通过采取组织发动、典型推动、五老带动、表彰促进等方法，不断吸纳骨干力量壮大队伍。通过学习培训，提高队伍的整体素质和工作能力。

（三）健全制度，搭建平台。通过总结并推广"四有"（有章可循、

有序运行、有机组合、有始有终)、"四因"(因地制宜、因人制宜、因时制宜、因事制宜)工作法,建立健全了关工委工作制度,规范了工作流程。通过组织五老报告团、讲师团、党建组织员深入到校园开展活动,并运用简报、官网和微信等媒介进行宣传,为推动关工委工作搭建服务平台。

二、以习近平新时代中国特色社会主义思想和党的十九大精神为引领,开展主题教育活动

(一)组织开展"党的十九大精神进校园、进课堂、进头脑"主题教育活动。为全面领会、准确把握党的十九大精神,第一时间邀请党的十九大代表杨普宣讲解读,并编写下发《党的十九大关键词》小册子;聘请五老宣讲员举办报告会,开展演讲、朗诵、征文、歌曲、知识竞赛等活动。全市有190余名老同志为学生作报告,举办讲座260余场,受教育学生11余万人次。

(二)组织开展"传承红色基因,争做时代新人"主题教育活动。2018年3月,自中国关工委在西柏坡举行"传承红色基因,争做时代新人"主题教育活动启动仪式以来,石家庄市教育局关工委高度重视,积极响应,号召各级教育系统关工委充分利用并发挥好当地的红色资源优势,依托爱国主义教育基地,组织青少年开展聆听一次五老宣讲、阅读一本党史国史书籍、参观一个革命遗迹、撰写一篇学习体会、参加一次志愿服务的"五个一"活动,通过报告会、故事会、图片展等多种形式讲好石家庄故事,使革命精神代代相传。近百名五老举办红色专题报告800余场次,受教育学生和家长9万余人。

(三)组织开展"平语近人进校园、进课堂、进头脑"主题教育活动。为开展好这些活动,2019年4月,组织全市教育系统关工委负责同志赴衡水市故城县观摩学习"平语近人进校园、进课堂"活动成功经验,并迅速在全市开展。桥西区56所学校制作主题教育展牌245块;赵县各级各类学校开展"平语近人进课堂主题班会、诗歌朗诵"活动;藁城区选聘五老86人组成宣讲团,深入学校巡回讲座130余场,听讲师生达1.2万人次,发放资料1.3万多份;井陉县开展"习近平新时代中国特色社会主义思想进教材、进课堂、进头脑"活动优质班会课评选活动,精选班会课20节,其中6节参与全市教育系统评选。

(四)组织开展系列主题教育活动。以纪念改革开放40周年为契机，组织广大五老利用自身优势，以多种形式引导中小学生关心身边的人和事，关爱班集体，关注校园；通过组织演讲、书画、微视频、社会实践等活动，使同学们懂得为人做事的基本道理，逐渐养成良好的道德行为习惯。2018 年，教育部关工委表彰石家庄市教育系统先进集体、个人等各类奖项共计 513 个，市教育局荣获第二十一届五好小公民主题教育活动先进集体荣誉称号。

（五）组织开展讲好"西柏坡故事""正定故事"活动。为讲好"两个故事"，石家庄市教育局关工委结合本地资源，发挥五老优势，组织各级教育系统关工委迅速开展活动。正定县开展了"唱红歌忆英烈""讲好习爷爷的故事"主题班队会、"正定故事·红色故事"征文以及"青春心向党·建功新时代"征文比赛等活动。6 月 11 日，平山县关工委、县教育局关工委联合举办了"西柏坡红色故事"文艺汇演，来自全县 50 余所中小学的师生们以多种节目形式向广大青少年宣讲了老一辈无产阶级革命家关心群众疾苦、忘我工作、艰苦奋斗和众多英烈们为革命勇于献身的故事等。

（六）组织开展"工匠进校园"活动。石家庄市教育局关工委在市职教中心承办了河北省"工匠进校园"启动仪式暨首场活动，将体现和代表精益求精、敬业奉献精神的河北大工匠、党的十九大代表、华北制药首席技师齐名请进校园，与中职生们面对面交流，传播弘扬工匠精神、劳模精神，激发中职学生树立敬业、精业、报国的远大志向。《河

石家庄市教育局关工委在市职教中心举办
"工匠进校园"启动仪式暨河北省首场活动

北工人报》头版头条、长城网、河北经济网等媒体进行了报道，省、市属大中专院校进行了观摩，在全省起到了示范带头作用。

三、以家长学校为突破口，不断提升家庭教育水平

石家庄市教育局关工委坚持深入学习贯彻习近平总书记有关家庭教育的重要论述，全面推进家长学校工作，为培养德智体美劳全面发展的社会主义建设者和接班人奠定基础。

（一）提升家长学校标准化建设。石家庄市教育局关工委以抓普及、推标准为工作重点，着重抓好规范化办学，建立健全家长学校领导小组、校务委员会和家长委员会，按照"十有""五落实"的标准，鼓励各级各类家长学校在多种形式办学方面进行探索。2018年，在市关工委的指导下，联合授予合作路小学等28所中小学（幼儿园）市级示范性家长学校称号，并进行了授牌表彰；联合成立了全省首个家庭教育指导服务中心，遴选了16个家庭教育示范基地，加强了家庭教育阵地建设。

（二）优化家长学校师资队伍。2018年4月，石家庄市教育局关工委组织各县（市、区）教育局关工委负责同志到藁城区学习观摩家长学校典型经验。11月份，组织县（市、区）教育局关工委负责同志赴天津市对标学习家庭教育先进经验，并与南开中学、南开大学附属中学等四所名校建立了结对友好学校。全年共组织218名教师参加了全国高级家庭教育指导师培训并取得资格证书，人数居全省第一，提升了骨干教师队伍水平；继续打造市、县、校三级家教队伍，举办家庭教育公益讲座，提升家教教师队伍理论水平，全年共举办讲座百余场，受益学生和家长20余万人次。

（三）选树家长学校工作新典型。石家庄市教育局关工委通过以会代训、验收评比等形式，不断发现培树新典型，全市家长学校工作呈现出百花齐放、异彩纷呈的大好局面。除藁城区家长学校工作扎实有效外，赵县家长学校采取网上抢课系统，提高了家长入学率和听课率；长安区、平山县免费开设家庭教育指导咨询服务热线，工作体贴入微；裕华区全区同步直播著名家庭教育专家专题培训，打破时空限制；元氏县征集全县家长学校口号，"强化家校协作，强力育人成才"深入百姓家庭；长安区、新乐市编印的《学会爱》《家庭教育杂谈》免费发放给家长；新华区合作路小学创新使用网上家长课堂，在全国家庭教育论坛进

行了示范推广。2018年，共接待辽宁省、山东省及承德、秦皇岛、沧州等兄弟地市观摩学习团共计360余人，并多次进行经验交流，社会反响良好。

四、以发挥五老优势为依托，创新志愿服务，传播正能量

石家庄市教育局关工委指导教育系统关工委发挥五老作用，在关心教育下一代的"老有所为"活动过程中，促进了自身"老有所学""老有所教"，全市形成了老少共进的良好氛围。全年参加活动五老共计7300余名，举办报告会1000余场，受教育学生21万人次。

（一）参与小学生免费托管志愿服务。为解决双职工家庭"孩子放学无人看管"难题，石家庄市教育局关工委组织各学校关工委邀请五老志愿者参与小学生免费托管志愿服务，通过把书画、太极拳、戏曲等中华传统文化融入托管教学中，教育培养小学生爱党、爱国、明辨是非、勤于奋斗的宝贵品质和优秀传统，促进了家校和谐发展，提升了整个城市的幸福指数。

（二）参与大学生党建工作。为把当代大学生凝聚到党的队伍和建设事业中来，石家庄市教育局关工委组织石家庄职业技术学院、石家庄科技工程学院等市属高校，聘请老党员结合自身几十年的党龄经历，参与高校学生党建工作，担任特邀党建组织员，协助组织部门做好入党培训、党员培养教育、学生党支部建设等方面工作。

（三）参与贫困、特殊儿童帮扶。从2011年起，石家庄市教育局关工委在全市实施山区教育扶贫工程，通过改变孩子的命运，来改变整个家庭的未来。2018年扶贫资金648.32万元，资助困难学生1.2万人；营养改善计划9349.6万元，惠及学生12.6万人。除政府行为外，还通过广大五老的影响力和社会各界力量对失亲、失学、失管、失足少年儿童和留守儿童、残疾儿童解难事、做好事、办实事。2018年，石家庄市教育局离退休党支部荣获全省、全市离退休干部先进集体称号，受到省委、市委组织部等部门表彰。

25年砥砺奋进，25年春华秋实。石家庄市教育局关工委成立25年来，在关心下一代工作上勤勉奋进，求关心下一代工作特点和规律之真，务关心、教育、服务青少年健康成长之实，不断激发基层关工委的工作活力，打造了具有石家庄市教育特色的新亮点、新品牌，为促进广大青少年的健康成长发挥了重要作用。

提高思想认识 坚定政治站位
不断推进家庭教育工作向纵深发展

石家庄市藁城区教育局关工委

党的十八大以来，石家庄市藁城区教育局关工委在市教育局关工委的指导帮助下，将中小学幼儿园家长学校工作纳入重要议事日程，强化责任担当，在规范办好家长学校、宣传正确的家庭教育理念、传播科学的家庭教育知识、提高全社会家庭教育意识和水平等方面做了大量的工作，在全市家长学校工作中起到了示范作用。2017年9月，中国关工委主任顾秀莲及全国第25届部分城市关心下一代工作座谈会与会领导和代表参观了藁城区家长学校工作，并给予充分肯定。

一、提高思想认识，坚定政治站位，切实增强做好家庭教育工作的责任感和使命感

在全国教育大会上，习近平总书记强调家庭教育要做好"四个一"，即"家庭是人生的第一所学校，家长是孩子的第一任老师，要给孩子讲好'人生第一课'，帮助扣好人生第一粒扣子"。这充分体现了家庭教育在培养教育下一代中的重要意义，更为做好家庭教育工作提供了强大的思想武器和行动指南。

为迅速将全区各学校关工委和五老会员思想统一到习近平总书记关于家庭教育的系列重要指示精神和中国关工委、河北省关工委关于传承家风、积极推进家庭文明建设的有关要求上来，2019年2月17日寒假期间，藁城区教育局关工委举办了家庭教育讲师团培训班，对130名家庭教育讲师团成员进行家庭教育政策、基本理念及教材教法培训，学习贯彻习近平总书记对家庭教育"四个一"的总要求等。2019年3月12日，在总结家庭教育工作经验的基础上，藁城区关工委、教育工委联合召开了总结表彰会，将推进家长学校工作纳入家庭文明建设实施意见，强化发挥教育自身优势，动员五老积极参与家庭文明建设。系列工作活动的开展，进一步提高了家庭教育讲师团的思想认识和整体水平，增强了五老会员做好家庭教育工作的责任感和使命感，为深入开展全区家庭教育工作提供了强有力的人员保障。

二、整合力量，创新方法，切实提高全社会对家庭教育的重视程度和家长教育子女的能力

习近平总书记在全国教育大会上指出："办好教育事业，家庭、学校、政府、社会都有责任。"

为贯彻落实好这一重要指示精神，重点做了以下几方面工作。一是注重整合各方力量。在藁城区关工委的引领下，积极主动协调区文明办、妇联等有关单位发挥自身优势和特点，共同推进家庭教育工作、推进家庭文明建设，形成了有关单位通力协作、齐抓共管的良好局面。二是注重创新工作载体。藁城区教育局关工委以讲家风、传家训、宣传优秀治家典型为内容，发挥讲师团的独特优势，发动五老志愿者搜集家风、家教典型，提高公众对家庭教育的认识和对未成年人思想道德建设的重视程度。大力倡导和弘扬夫妻和睦、尊老爱幼、科学教子、勤俭节约、邻里互助的文明家风，将中小学家长学校向社区农村拓展。三是注重创新工作方式方法。指导乡镇、街道建立领导小组和辅导站，村（社区）建立家庭教育办公室和大讲堂，并明确岗位，确定职责。首先

石家庄市藁城区教育系统关心下一代工作暨家长学校工作推进会

在贾市庄镇贯庄、卞家宅两个村开展家庭教育大讲堂进农村试点工作。在此基础上，确立了包括两个试点村在内的 6 个村，扩大试点范围，为 8 月份开好现场会，全面铺开家庭教育，推进家庭文明建设工作提供可行性方案。目前，藁城区已经初步形成教育牵头，乡镇及各部门参与，学校、家庭、政府、社会紧密协作的家庭教育格局。

三、突出重点，深入调研，推进家庭教育工作科学化、规范化健康发展

近年来，藁城区教育局关工委始终把科学研究和指导服务作为自身的重要职能，根据家庭教育实践需要，不断研究探索新形势下家庭教育的特点和规律，指导和推进家庭教育工作科学化、规范化健康发展。

藁城区教育局关工委结合区实际，围绕下一代成长对家庭教育的需求和目前存在的突出问题进行调研。在巩固办好中小学家长学校成果的同时，重点对学校、家庭、政府和社会如何协作配合，如何创新家庭教育的内容、载体与形式，如何将社会主义核心价值观教育、爱国主义教育、社会主义教育、中华优秀传统文化教育、红色基因传承、法治宣传教育融入家庭教育等方面进行深入调查研究。2015 年至 2018 年，藁城区教育局关工委承担了教育部关工委《新时期立德树人在家庭教育中的作用综合研究》课题的 62 个子课题，其中 28 个课题被评为精品课题，112 篇论文获教育部一般课题研究奖励，5 名同志获杰出贡献奖。下一步，一方面将研究成果汇集成册，将研究理论转化为家庭教育实践，进一步指导学校、家庭、社区家庭教育的开展；另一方面还将与省家长学校密切沟通、合作，编写好具有藁城区特色的家庭教育教材《家庭教育手册教学设计》，指导试点村镇，为全区推进工作提供参考。同时根据不同家庭需求，在各级各类学校建立家庭教育咨询室或辅导站，开展家庭教育名师大讲堂，为家庭提供多元化、个性化指导，引导家长提高自身思想道德素质和人格修养，当好下一代的好榜样，为良好家风、社会风气形成创造条件。

今后，藁城区教育局关工委将继续以习近平新时代中国特色社会主义思想为指导，发扬"忠诚敬业、关爱后代、务实创新、无私奉献"的五老精神，推进家庭教育工作向纵深发展，不断开创全区家庭文明建设新局面！

调整思路 狠抓落实
促进关工委工作再上新台阶

石家庄市鹿泉区关工委

近年来，石家庄市鹿泉区关工委认真学习贯彻党的十九大、习近平总书记系列重要讲话和关于关心下一代工作的重要指示精神，对照先进找差距，进一步调整工作思路，狠抓工作落实，补短板、拓领域、彰特色、促提高，不忘初心、主动作为，着力为青少年身心健康和成长成才做好事、办实事，全区关心下一代工作呈现出蓬勃发展的良好局面。

一、学文件，赶先进，明确工作思路

鹿泉区关工委通过召开区关工委主任会、基层关工委主任会、老干部支部书记会，深入传达学习上级关心下一代工作会议精神，对照先进找差距，对照讲话理思路，进一步调整工作重点，开创工作新局面。先后两次组织基层关工委主任、24所中小学校校长赴藁城区参观学习；请赞皇县关工委领导传经送宝。对标先进单位，鹿泉区关工委感到，虽然工作有了较大进步，但工作力量单一，工作领域较窄，典型不够突出，且比较分散，尤其是家长学校建设比较薄弱。在下一步工作中，应当进一步加强与文明办、国教办、共青团、妇联会、慈善会、老科协等群团组织的协作，整合力量，拓展工作领域，培树过硬典型，狠抓工作落实，补齐工作短板，形成聚集效应，推进工作登上新台阶。关工委综合调研意见，形成汇报材料，上报区委区政府，区委书记杨国芳、区长李为军、区委副书记金立兴、区委组织部部长张海峰先后作出批示，给予肯定和支持，进一步鼓舞了大家的士气。

二、搞联合，聚合力，夯实工作基础

在工作实践中，鹿泉区关工委认为关爱青少年不是关工委一家的专利，许多单位和部门都有责任和兴趣，只有与这些单位和部门加强协作，形成合力，才能达到理想效果。为此，关工委做了三件事情：一是整合资源。在区优秀传统文化建设推进领导小组和区老干部局的支持帮助下，将各乡镇、有关部门关工委、老科协、村志协会、老干部支部联合起来，"四个牌子一套人马"，乡镇党委副书记（开发区管委会副主任）担任乡镇（区）关工委主任，选拔一名有威信、有能力、身体较好的退休或离岗老同志担任乡镇（区）关工委常务副主任，兼任乡镇（区）老干部支部书记、老科协主席和村志协会会长，统一组织、统筹协调、优势互补、整体推进。这个体制形成以后，鹿泉区关工委帮助各乡镇关工委落实工作经费、办公场所、工作人员，努力实现有人员、有场所、有经费、有公章、有牌子、有档案、有规章的"七有"目标。二是协调联动。与区文明办、国教办、团委、妇联等部门联系，区关工委宣讲团承担起本区党代会和人代会精神宣讲、"创建全国文明城市，创建省级文明城区"宣讲、国防教育宣讲、孝老敬老宣讲等任务，壮大了工作队伍，拓展了工作内容和领域。三是合力帮扶。首先，区关工委与区团委合作，共同培育了梁云凯和梁斌等青年创业典型，帮扶建设的君乐宝生态果蔬观光产业园和溪江果桑科普示范基地成为区中小学生科普示范基地，2018年共组织中小学生3000多人次到此参观学习。第二，积极响应区委区政府北部振兴战略，与区老科协合作，在水源保护地乡镇开展健康扶贫工作。鹿泉区北部的黄壁庄、宜安、李村、大河四个乡镇的大部分区域被划入省会水源保护区，限制经济发展。为了改善贫困面貌，他们从提高青少年的健康水平入手，帮助这些乡镇卫生院与省市重点医院合作，为青少年防病治病，促成了黄壁庄镇卫生院与省四院、宜安镇卫生院与市中医院的合作。2018年3月10日，省四院肿瘤科、内科、眼科等老专家到黄壁庄镇卫生院义诊，受到了青少年和广大干部群众的欢迎。第三，与区村志协会合作，加快村志编写和村史馆建设。截止到2018年底，全区208个村已有199个村启动村志编写，115个村的102部村志正式出版，66个村建立了村史馆工作站，组织1500多名编写人员加入关工委队伍，利用村史馆对青少年开展社会主义核心价值观教育，收到明显效果。

三、补短板，下苦功，推进家长学校建设

鹿泉区家长学校建设一直在搞，但覆盖面不大，制度不够规范，特

点不够鲜明，形式不够新颖，存在城区学校较好、乡镇学校较弱的现象，与藁城等先进区县相比差距明显。为补齐短板，与区教育局合作，先后两次组织全区基层关工委主任和24所中小学校校长赴藁城参观学习，回来后联系各自实际和优势深入学习讨论。一方面修订完善了全区家长学校的布局，统一制度和规范，建立了24所规范的家长学校，其他学校正在建设中，2019年底前实现全覆盖；另一方面，探索在各学校挖掘富有地域特色的文化内涵，提炼主题，形成体系，部署展览，形成特色教材，引导学生和家长共同学习实践。如宜安镇地处抗战时期的建屏县腹地，是中华古文明的发祥地之一，优秀传统文化遗址集中，宜安镇关工委和镇中学充分利用这一优势，围绕实现宜安镇复兴主题，挖掘历史和革命文化，制作展牌，编写教材，对家长和同学开展教育，既调动了学生的学习积极性，又增强了家长的创新发展积极性。黄壁庄学校毗邻滹沱河和黄壁庄水库，该校将水文化作为学校文化主题，深入挖掘水库文化内涵，将水的精神融入日常教育和家长学校教学中，定期组织学生家长带领学生到水库大坝及移民文化陈列馆参观学习，让学生和家长共同感受水的特性、水的品质，党和国家治水的意义、作用及广大人民群众的无私奉献精神，充分调动了大家发扬治水精神，发奋学习振兴家乡的积极性。区关工委发现这一典型后，帮助镇关工委建成"七有"典范，整合红色文化、孝文化、移民文化、水库文化、运河文化等资源，形成爱国主义教育体系，并召开现场会推广，极大推动了全区关工委工作的提高和发展。

四、拓领域，提品位，深入实施红色基因传承工程

鹿泉区认真开展"传承红色基因，弘扬西柏坡精神，争做时代新人"主题教育活动，在红色基因传承工程上围绕深入和特色下功夫，收到了新成效。一是五老宣讲领域由学校拓展到机关、厂矿和部队。在工作实践中不仅针对中小学生，还瞄向了机关、厂矿、部队官兵，组织五老深入开发区、上庄镇、大河镇、白鹿泉乡、城关镇等机关，武警河北总队机动支队等部队，以及科林电气、鼎鑫水泥等企业，组织报告会、专题讲座等30多场（次），宣讲对象从中小学生延伸到机关干部、厂矿工人和部队官兵，受众面达到4万余人次，开创了区关工委宣讲的新局面。二是宣讲内容从区域内容向专题内容转变。起初，红色文化进校园活动主要是围绕红色文化资源的挖掘和基地建设将鹿泉整体内容进

行展示和宣讲，随着红色文化的深入挖掘，有关陈列馆陆续建成开放，有关书籍基本完成。鹿泉区关工委及时进行调整，宣讲范围从鹿泉革命史、获鹿引岗渠等区域内容转向建屏县革命史、华北军政大学精神、华北军区电讯工程学校、中央外事学校等专业内容。尤其在黄壁庄学校等单位开展试点，将主题内容编辑制成各种展牌，系统展出，形成了一道亮丽的风景线。三是组织活动从围绕区委中心工作向全区工作难点转移。响应区委北部振兴号召，在水源保护区开展转观念、增健康活动，为北部乡镇送去健康关爱。

鹿泉区关工委举行"红色文化进校园"启动仪式

多年来，鹿泉区关工委始终坚持扎实推进各项工作，做好每件实事，使全区关工委的作用在加强青少年思想道德教育中逐步显现，形成了各级党委政府重视、各成员单位关心支持、社会各界积极参与的良好氛围，为建设"经济强区、大美新城、幸福鹿泉"作出了应有的贡献。

科技兴农　助力青年农民脱贫致富

赞皇县嶂石岩镇关工委

近年来，嶂石岩镇关工委在赞皇县关工委的正确领导和嶂石岩镇党委政府的关心支持下，充分发挥老科技工作者的传帮带作用，依托太行板栗第一村——三六沟村的板栗产业发展，辐射带动全镇板栗产业增产增收，助力全镇青年农民脱贫致富奔小康。

一、小板栗有大丰收，穷山沟变聚宝盆

嶂石岩镇三六沟村坐落在赞皇县赞皇山西麓半山腰，改革开放之初，这里偏僻闭塞，道路崎岖难行，土地贫瘠，水源奇缺，耕地面积不足 400 亩，800 多口人散居于 17 个自然庄，人们以砍山养牧为主，是贫中之贫。如今的三六沟村，已是满目绿水青山，可以说是"板栗拦腰围山转，通途穿越果林间"，令人流连忘返。40 年的沧桑之变源于村里找到了合适的产业——板栗，三六沟村板栗种植面积达到万亩，每年总产量约 1500 吨，成为了名副其实的"太行板栗第一村"，为三六沟群众带来了丰厚的经济效益，人均收入约 6000 元。板栗的发展多亏了镇关工委同志们的不懈努力，他们主动承担起推动全镇板栗产业发展的工作，在建设板栗之乡的宏伟蓝图中不断发光发热。

贾振书是嶂石岩镇关工委副主任，也是三六沟村的老支书，当年就是他摒弃了"以粮为纲"的传统观念，带领村"两委"干部在充分讨论和调研的基础上，选定了三六沟村发展板栗的新路子。为了发展板栗事业，他们首先想到将人才和技术"引进来"。关工委的同志们不辞辛苦，走访入户，动员有过硬板栗种植技术的人员，在全镇范围内开展技术宣讲活动，并多次邀请省、市技术专家入村授课，河北农业大学的李保国、彭仕琪、刘孟军等教授都曾向村民讲解林果管理技术，既解放了村民的思想，扩大了板栗种植的影响力；又帮助群众解决板栗种植的瓶

颈问题，有效促进增产增收。

嶂石岩镇关工委组织林业专家开展"科技讲座"

除了"引进来"之外，还主动带领村里优秀青年"走出去"，组织部分优秀青年到邢台前南峪、山东潍坊等地学习林果管理技术，很多镇里的优秀青年成长为技术型人才，村里致富能手层出不穷，进一步推动了板栗、核桃等产业的发展。

在三六沟村的带动下，嶂石岩镇上下除景区外，大都发展了板栗种植业，每年秋收季节，家家户户随处可见成堆的板栗，几处板栗购销的集散地每天人来人往，将成批的板栗运出大山，经济效益十分可观。

二、小集体有大能量，致富有了"摇钱树"

俗话说："人心齐，泰山移。"为了集中力量办大事，解决一家一户分散经营中存在的果树管理不到位、品种更新换代、技术落后等问题，2006 年 11 月，在赞皇县委、县政府和嶂石岩镇关工委的支持下，赞皇县板栗协会在三六沟村正式成立，时任县领导秦三梅、赵永利、马振清参加并揭牌。板栗协会成立后，带领群众攻坚克难，为了破解优良品种引进和自建种苗基地问题，通过外地支援和购进，接穗 7800 个，自建板栗苗圃 110 多亩，自产接穗 53 万株，学科学、练技术，用自己的辛勤和汗水，建起了万亩板栗园。有了板栗协会的引领，群众的干劲更足了，不但实现了脱贫，而且阔步走在小康路上。群众笑称"谁家树多谁好过，点钱点得心中乐"。

火车跑得快，全凭车头带。县领导秦三梅担任县关工委主任后，时刻关注着嶂石岩板栗产业的发展，多次带领县关工委的同志到三六沟村实地调研，了解板栗的更新换代嫁接技术。嶂石岩镇关工委严格遵循同级党委工作布置要求，面向基层积极扎实开展工作，成绩显著。2019年以来，县、乡两级关工委两次在三六沟村召开座谈会，部署2019年重点工作。

三六沟的栗园建设同样离不开各级党组织的引领、护航。县委专门多次在三六沟村召开板栗管理、产运销综合服务现场会，历届县委书记都曾到嶂石岩镇视察板栗种植基地和林业发展状况。2005年8月，原司法部副部长肖建章一行参观了三六沟村的板栗种植基地，他兴奋地说："20多年前（当时任赞皇县委书记）我在时，那山还是荒山，乡亲们都很穷，现在翻天覆地的变化，满山板栗、核桃。这里有贾振书的一份功劳呀，也是全村乡亲的功劳！"

三、小展馆有大影响，科技能手代代传

科技是第一生产力，板栗种植技术也不例外。在经年累月的学习和实践中，三六沟村涌现了一大批优秀的板栗种植管理技术员和科技工作者，贾保辰、蒋彦平、郭玉书、马爱芹等人常常被请去做技术指导，先后往返于昔阳、邯郸、新疆、内蒙古等地，贾保辰更是被山西省昔阳县聘请为板栗种植指导员。为了充分发挥这些老一辈科技工作者的作用，嶂石岩镇关工委和县关工委领导多次到老科技工作者家中请贤，扩充五老科技兴农宣讲团的力量。老科技工作者们不顾年高体弱，活跃在田间地头，不辞辛劳地培养青年致富带头人和青年科技能手。

为了弘扬老一辈科技工作者攻坚克难、勇挑重担的精神，让板栗技术薪火相传，2018年7月，在镇关工委的支持帮助下，三六沟村开始谋划建立青少年教育展览馆，五老宣讲团的同志们积极响应，分工合作，前后历时3个月走访入户、登山调查，掌握第一手资料，发现典型。在大家的共同努力下，10月底，第一个以板栗为主的科技教育馆顺利完成。

有了活动阵地，主题教育活动也有声有色地开展起来，嶂石岩镇关工委积极开展"做美德少年"主题活动，评选出年度"美德少年"进行表彰，帮助青少年树立正确的价值观；组织学生诵读《赞皇英烈谱》，让学生们了解革命先辈的艰苦奋斗历程，在缅怀先烈的同时，铭记历史，继承和发扬优良传统。

科技教育馆的旁边是新建的板栗技术授课室，五老科技宣讲团每月一次在这里进行授课，组织村民学习新知识和新技术，目前已经累计培训农村致富带头人318人次，涌现出齐素粉、郭彦飞等优秀青年科技能手。他们聪颖智慧、手艺精进、技术过硬，辐射带动嶂石岩镇9个村1400多户板栗种植户受益。这些农村致富带头人和科技能手们正在接过前辈们的接力棒，带领乡亲们为实现更加富足美好的小康生活而奋斗！

三十余载育新蕾　夕阳宛若朝阳红

宽城满族自治县"九老"普法队

在燕山深处的宽城满族自治县龙须门镇，有这样一支以关心下一代健康成长为己任的"九老"普法队，他们凭着无私奉献精神，奔走在校园内外，坚持奋战在法律宣传教育第一线，用心呵护每个青少年的茁壮成长，用法引领每个青少年成人成才。"九老"普法队从1985年至今30多年里，在前后三任普法队长的带领下，开展普法知识讲座3000余场次，所在镇青少年受教育面达98%以上。先后被省委、省政府授予"老干部先进集体""老有所为先进集体"、全省"关心下一代工作先进集体"等荣誉称号，其中队员魏凌云、程英杰分别被中宣部、司法部评为"全国普法先进个人"。

一、以勤补拙，"门外汉"成为"法律通"

龙须门镇毗邻宽城满族自治县县城，过去社会治安环境十分不好，赌博、小偷小摸、打架斗殴等违法违纪现象时有发生。1983年"严打"期间，仅龙须门镇的一个村就有7人锒铛入狱。看到这些正处于花季一般年龄的青年走进了监狱的大门，深深地刺痛了魏凌云、张文奇等9位老同志的心，于是这9名老同志便经常聚在一起，研究如何尽快改变不良社会风气，帮助青少年健康成长。1985年，9位老同志本着广泛宣传普及法律知识、救助青少年、扭转当地社会风气这一原则目标，成立了义务普法队，并命名为"九老"普法队。

普法队成立之初，面临的最大困难就是缺乏系统的法律知识，个个都是法律的"门外汉"。于是他们就到县司法局去借法律书刊，但这些书籍远远不能满足现实需要，他们又从自己微薄的离退休金中拿出钱来自费订阅了《法制日报》《社会与法》《治安管理处罚条例》等法律书刊，最多的一人订10多种，三十几年来，他们自费订阅各种书刊就花费了 2 万多元。书和资料是有了，可学起来相当困难，毕竟他们岁数大、记忆力差了，有时为了弄懂一个法理、一个名词，经常到县有关法律部门去请教、学习；有时为了把宣讲材料写好，他们拖着年老体弱的身体，和时间赛跑，与黑夜比拼。魏凌云老人在身患神经性痉挛、冠心病等多种疾病的情况下，仍然不论严寒酷暑，经常写稿到深夜，用一双颤抖的手写出 60 多万字的学习笔记和群众易于接受理解的法律知识宣讲稿。30 多年来，队员们累计撰写 120 多万字的学习笔记、宣讲材料和广播稿，老人们也从"门外汉"变成了"法律通"。

随后，"九老"普法队紧跟时代潮流，坚持每月 15 日集中学习，组织全体成员学习新《宪法》《民法》《刑法》《未成年人保护法》《老年权益保障法》《反家庭暴力法》《预防未成年人犯罪法》《信访条例》等适用于农村的一些法律知识和习近平总书记系列重要讲话精神，为做好普法宣传教育不断充实自己，为经常性、规范性、组织性开展活动提供了有力的人员保障。

二、走进课堂，将法律知识播撒进青少年心田

青少年正处于身体、心理成长发育期，尤其需要细心的关爱和正确的引导。为此，老人们以传播法律知识、弘扬革命传统、倡导文明风尚为重点，以培养"四有"新人和合格接班人为目标，本着"就地、就近"的原则，深入学校、走上讲台，通过现场讲解、黑板报、标语、发放明白纸等宣传形式，教育青少年知法、守法、用法，真正让法律知识的种子在孩子的心中生根发芽。

在普法过程中，队员们首先对全镇中小学校进行走访，详细地向老师了解青少年思想道德状况、了解学生的思想动态及最关心的法律知识，有针对性地开展宣讲。2001 年初，天安门"法轮功"痴迷者自焚事件发生后，看到邪教组织对青少年和社会危害的严重性，他们连夜撰写"青少年要崇尚科学，反对邪教"为主题的讲稿，深入全镇中小学进行专题演讲报告，参加师生达 2600 多人。针对中小学生沉迷网吧、游戏厅，醉心于网络游戏情况，他们联合派出所，到学校讲解《未成年人保护法》《预防未成年人犯罪法》等法律知识，教育青少年远离游戏厅、录像厅和网吧，鼓励他们多进图书馆、展览馆、运动场等。新中国成立 60 周年时，他们讲述解放前后人民生活水平的巨大变化，讲解"三个代表"重要思想和科学发展观。汶川地震发生后，他们宣讲在党

的领导下，全国各族人民心连心、手挽手，众志成城、共克时艰的精神，让青少年体会到在冰雪、地震等灾害面前，党和国家扶危解难的力量。2015年，队员杨海文在小学以"从小遵纪守法刻苦学习，长大成为建设祖国的有用人才"为主题，在中学以"守法尊德奠好基础，树正观念走好人生路"为主题宣讲。2018年，"九老"普法队在坚持每月常规活动的同时，仅8月份就入村、进校、到社区、深入工厂、赶大集发放法律宣传单6000多张，发放司法局提供的法律书籍4000多册。10月份应碾子峪镇关工委的邀请，"九老"普法队员杨海文、李树林到碾子峪镇中心小学宣传讲解新《宪法》《预防未成年人犯罪法》《未成年人保护法》等法律知识，收到了很好的教育效果。2019年3月，"九老"普法队又到本镇石洞沟村文艺演出现场发放法律法规书籍600余册。

三、永不止步，普法队之路越走越宽越远

随着普法工作的不断深入，"九老"普法队在对青少年进行法制、形势政策教育的同时，还积极拓展延伸普法队作用发挥的新方向、新路子，引领青年主动投身社会主义新农村建设。在普法过程中，他们结合实际，有的放矢，群众在哪方面法律观念淡薄，就深入宣讲哪方面法律；哪里有问题，就到哪里讲，就去帮助解决问题。针对龙须门镇有劣迹人员的实际，普法队员对他们进行分类，建立帮教档案，因人制宜，进行重点帮教，对这些人晓之以理，动之以情，使村民国某、陈某家庭破镜重圆，令冯某、魏某痛改前非，先后使全镇40多人迷途知返，走上正路，刑释解教人员无一重新犯罪。

近几年，"九老"普法队又通过免费提供致富信息，义务提供技术指导服务，大力推广葡萄、养蜂等庭院经济，助力脱贫攻坚，带领广大青年走上了致富路。养蜂产业已发展到周边4个乡镇20多个村，养蜂户达百余户，年产值达200余万元，纯收入达100余万元以上。2018年9月举行了养蜂观摩会，在培养好典型户的基础上，采取"1+1、1带2"的方式，使一大批观望户、贫困户加入到养蜂队伍的行列，为打响脱贫攻坚战提供了强有力的人才、技术支持。2008年，"九老"普法队所在的龙须门镇率先在全县建立了隔代家长学校，以"九老"普法队老干部为骨干的志愿者们，积极参加隔代家长学校培训和学习。同时，魏凌云、王景春、刘克甲等老干部还特邀作为老师为隔代家长授课，宣

传法律知识、传授庭院栽植葡萄和养蜂致富技术信息，为当地的社会稳定和群众致富发挥了积极的促进作用。

莫道桑榆晚，为霞尚满天。"九老"普法队在关心下一代工作中尽其所能地发挥余热，真正做到了老有所学、老有所乐、老有所为，为青少年健康成长作出了巨大的贡献，全镇中小学形成了"团结、严谨、务实、奋进"的校风；过去影响全镇社会治安的盗窃、斗殴、赌博、迷信活动"四大公害"明显减少，遵纪守法、敬老爱幼、晚婚晚育、科学致富的良好风尚逐渐浓厚起来，社会风气明显好转。

30 多年来，"九老"普法队队员换了一茬又一茬，但是当年"九老"普法队的精神始终没有变。在现任队长李树林的带领下，他们扛着这面光荣的旗帜，勇敢前行，生命不休，奋斗不止，时刻响应党和人民的召唤，充分发挥余热，为宽城的经济发展、社会和谐作出新的更大的贡献。

不忘初心追寻红色印记
牢记使命传承革命精神

　　塞外山城张家口是一座英雄的城市，具有光荣的革命传统。张家口市是晋察冀根据地敌后抗战的主战场之一，晋察冀军区司令部曾设在这里，被誉为"第二延安"。1987年张家口市创建第一个少先队英雄中队——"长城中队"以来，张家口市关工委在驻张部队、教育局、团委和中小学校的积极配合支持下，深挖红色资源，传承红色基因，大力开展"英雄中队"创建活动，遍及张垣大地城乡校园，成为全市、全省乃至全国关心下一代工作中一个叫得响、推得开、有感召力的育人品牌。中国关工委主任顾秀莲称赞说："张家口市关工委以创建'英雄中队'来打造育人品牌的做法，值得各地借鉴。"

一、英雄中队在张家口的兴起

　　何为英雄中队？就是以英雄模范的个人名字或集体称誉命名少先队优秀中队集体，用英雄的名字冠名少先队中队，用英雄事迹和精神引领培育中队的活动形式。我国20世纪80年代初期建立了干部离退休制度，当时张家口也和全国一样，一批从领导岗位上退下来的军地老干部党员针对国际上的反华势力正在推行"和平演变"战略，企图搞垮中国的社会主义制度的现实，认真讨论了作为老党员所应尽的历史责任后，主动发出倡议：要像李大钊等革命先驱那样，永远对共产主义理想怀有坚定的信念，对社会主义和共产主义事业忠贞不二；把关心下一代，培养中国特色社会主义、共产主义事业接班人作为老党员义不容辞的责任；本着少讲自己、多讲集体和党的领导的原则，以一切可能的方式，实事求是地把自己亲身经历的艰苦创业史告诉后人，把老一辈无产阶级革命家培育出的革命传统接续下去，弘扬开去，让下一代听党话、跟党走！他们把用什么历史教育下一代看作是一场争夺接班人的斗争，把在革命建设改革年代磨炼出来的勤劳务实、艰苦奋斗的精神继续保持和发扬，使之影响于后代。怀着一种历史责任和使命感，传什么、帮什么、带什么，是关心下一代的根本所在。

1987年6月1日，在张家口军地老领导的支持推动下，第一支少先队英雄中队——"长城中队"在桥西区利民小学光荣诞生了。为了推动这项活动，专门成立了"解放军长城校外辅导站"，由驻张某部队军史办副团职干事袁宝莹担任辅导员，从此，张家口在学校陆续开展起英雄中队创建活动。军地资深老领导经常被袁宝莹邀请去参加"长城中队"校外辅导活动。新尝试打破了老同志原有的一贯"传统报告"旧模式，开辟了发挥老同志作用的一片新天地。英雄中队的孩子们也被老战士的战斗故事吊起了胃口。1989年，根据上级指示精神张家口地市分别成立了关心下一代协会。时任张家口地、市关协名誉主任，驻军原政委刘克宽和当时地、市关工委主任靳子川、马振勇等领导，一起座谈讨论了关心下一代工作面临的现实形势，认为对青少年进行理想信念和榜样教育，必须有适合于青少年的活动方式，他们感觉在学校创建英雄中队的做法，不失为一种育人方式的新尝试，地、市关协应当在英雄中队这件事情上给予更多关注和支持。基于此，地、市关工委开始把这件事放在突出的位置，不仅热情倡导、大力推动，而且常常以具体组织、直接帮助的角色出现。在刘克宽、靳子川、马振勇等老领导的支持带动下，张家口地、市关工委联合对英雄中队集体创建活动进行过多次研讨

张家口市青少年英雄团队命名集体授旗活动掠影

座谈，从理论和实践的双重探索上迈出了坚定的步伐。《红旗映长城》一书正是张家口市关工委30多年来开展英雄中队创建活动的真实写照。

30多年来，英雄中队活动方式在对广大青少年进行爱国主义、集体主义和革命英雄主义教育方面发挥了很强的示范作用，在弘扬和培育社会主义核心价值观方面起到了很好的引领作用，成为当今群众性社会主义精神文明建设活动在青少年中间的生动体现。"学英雄先进事迹，走英雄人生道路，举英雄光荣旗帜，做英雄精神传人"，已成为张家口市青少年英雄中队（或英雄团支部）集体的共同誓言。从1987年第一支英雄中队诞生至今，全市已创建英雄中队（团支部）280多支，一个红红火火的争创英雄集体、高举英雄旗帜的可喜局面在张家口市历久不衰。正如著名作家魏巍收到英雄中队的信后所感言："张家口自成小气候！"马本斋之子马国超说，我曾参加过全国许多青少年的活动，但是，还没有见过像张家口这样学英雄、赞英雄、爱英雄的感人情景。李大钊之孙李建生说，张家口关工委创建英雄中队工作坚持30余年不衰，在全国尚属先例。

党的十八大特别是十九大以来，进入新时代的英雄中队活动更加多姿多彩。2018年8月21日，习近平总书记在全国宣传思想工作会议上指出："要广泛开展先进模范学习宣传活动，营造崇尚英雄、学习英雄、捍卫英雄、关爱英雄的浓厚氛围。"到目前，在全市各级关工委指导下，在各级文明委、团委、教育等部门积极组织支持下，涌现出一个校校都建有英雄中队的新局面。特别是2018年，《英雄烈士保护法》颁布之际，全市英雄中队相约把5月25日设为张家口市英雄中队的纪念日；关工委等十部门指导开展的"传承红色基因，争做时代新人"和"永远跟党走"主题教育活动达193次，以英雄中队为主参与学生达13万人，征集老少作品256篇、童谣366首；新创建的"董必武""红旗渠""栗氏三烈士"等英雄中队活动均被国家级媒体报道；以英雄中队为主开办的德育大讲堂，以纪念中国改革开放40周年和张家口解放70周年为主要内容，以及以"西甸子五勇士中队"倡议发起"烈士虽死犹生，英雄后继有人"的主题活动，使全市"致敬英雄烈士，传承红色基因"学习践行活动更加深入。

二、大力开展英雄中队创建活动

培育一代新人是张家口军民的共同心愿，各界各民族群众都有普遍的认同感。首先，对党对祖国赤胆忠心的人民子弟兵关心着祖国下一代的成长。张家口驻军首长十分关注这块思想教育阵地并及时作出部署，多年来派出数百名官兵，带着人民军队的光荣传统和雷锋精神，走遍全市 600 所中小学。其次，张家口的党政主要领导也频频参加孩子们的各项活动，他们从没忽略参加英雄中队的命名仪式、主题队会等活动。其三，各界的支持鼓舞着英雄中队的不断前行。他们不仅引导孩子们在当地"寻·学"，还逐步把范围扩大到外省市，北京、唐山、石家庄、邯郸、陕北、内蒙古、湖南、酒泉、沈阳、上海等都留下了一串串红领巾"寻·学"的坚实脚印。英雄中队所到之处都得到了广大群众的普遍呵护关照，如在"长城古道行"和"黄河东西行"夏令营活动中，所有军营都以迎贵宾的礼仪夹道迎送这支求索延安精神的队伍，提供方便，保证食宿；所有的纪念馆、烈士陵园都为他们敞开大门；沿途被访的老红军、老党员更是细心地介绍自己所知道的一切。当张家口的孩子们组成的队伍风尘仆仆地走到毛主席纪念堂门前的时候，正是早晨 8 点，按规定纪念堂 9 点开始瞻仰毛主席仪容，工作人员却破例为孩子们提前开放。

在那血与火的年代里曾率部在华北特别是张家口一带战斗过的将帅们，更是热切地关注着英雄土地上成长的新一代。徐向前元帅给孩子们赠过书，为"长城中队"的队旗题字，给晋察冀子孙写过信；聂荣臻元帅给"长城少年书社"题过名，接见过"长城古道行"夏令营的营员们，嘱咐张家口六中的师生们"学习雷锋，迈好 90 年代第一步"；康克清奶奶也写过长信勉励这里的孩子们；杨成武将军给孩子们赠书题字，带领夏令营的孩子们在大海畅游。杨尚昆、宋任穷、杨得志、李德生、孙毅、王平、耿飚、陈再道、康世恩、李志民等数十位老一辈无产阶级革命家和数以百计的革命老前辈、人民解放军将帅、省部级以上领导以及众多革命烈士亲属和战友，先后以题字、赠书、书信、看望、交谈乃至直接参加辅导教育活动等多种形式，热情勉励张家口市广大青少年。革命前辈的书简和墨迹，成为关心下一代事业和广大青少年成长的异常珍贵的精神财富。这些曾经为民族的解放事业出生入死的革命前辈、曾经用血肉之躯筑起中华民族新长城的老战士，今天仍在进行着他们的伟大事业，把中国共产党人的革命精神传给新一代。接过老一辈革命者手中的旗帜，青少年一代一定能够继往开来，把人民小康建设事业推向前进。

英雄中队不仅仅要打出一面英雄的旗子，更要重视旗子后面跟着的队伍。这一原则问题，始终贯穿在英雄中队创建的全过程，也引起了关工委和英雄中队校内外辅导员的特别关注。在刘克宽的协调下，地、市关工委领导，团、教、校相关领导，辅导员老师参加，经过数次座谈探讨，归纳确定了十个方面的内容作为方向性意见加以实施推广。

（一）确立英雄中队在学校少先队工作中乃至全面工作中的应有地位，不是无限地向英雄中队倾斜人力财力物力，而是着重体现在对它的严格要求上面，使它成为孩子们追求上进的标杆，使其产生示范作用。

（二）努力塑造英雄中队的整体素质，爱学习、爱劳动、爱祖国、爱人民，人民解放军的严明纪律和雷厉风行的作风当为必修课。素质很重要，但又不是一蹴而就的事情，要通过让英雄中队每位队员学习英雄事迹，逐渐培养育成。

（三）设立英雄中队纪念日，如1944年4月猴儿山战斗后，晋察冀军区四十团二连被军区授予"长城中队"荣誉称号是在4月10日，那么每年的4月10日就是少先队"长城中队"的纪念日。

（四）英雄中队要进行换届交接，上一期英雄中队学生因为毕业，退出时要有新的班级接替，什么样的班级来接班，要择优选取，并做好新老交接换届传递。

（五）办好英雄中队的活动阵地——队角。队角可以占用大队活动室的一个墙角，也可以专设荣誉室，队角要通过各种形式方法记录反映中队过去、现在和将来的活动轨迹。

（六）持久地开展"红领巾信箱"活动，加强与校外辅导员特别是老一代革命家的纵向联系，多同老干部、老战士、老模范、老教师、老专家以及他们的亲属、子女、战友等联系，邀请他们来参加中队活动，聘请他们做校外辅导。

（七）加强横向联系，提倡英雄中队手拉手活动，在手拉手过程中开展比学赶帮超等争先创优竞赛活动，或共同倡议开展一项有意义的公益活动。

（八）英雄中队要带头开展读好书、唱好歌活动。

（九）英雄中队的辅导员不仅要有荣誉感、责任感、使命感，弘扬我党我军优良传统更要身体力行、率先垂范，用心辅导。

（十）英雄中队要把德智体全面发展作为全面育人的方向。

十条意见，归结成一句话，就是要把英雄旗帜后面的队员培育成

"知党、拥军、爱民，听党话、跟党走"的德智体全面发展的好少年！随着时间的推移，通过不断摸索和实践，还不断地推出了许多灵活机动的方式方法，如主题不同的"寻·学"活动和各类夏令营，在这些活动中融入了听、说、看、读、讲、学、做等理论和实践紧密结合的体验践行活动，并赋予了时代的新内涵。比较常开展的活动是节省一支冰糕钱、收集分角币、倡议捐建希望小学校、红领巾积分教育楼、为英雄建纪念碑、捐助病残困难学生等。

三、搭建起老少互动共促双赢平台

关工委是联系一老一少的纽带桥梁，一老是国家的宝贵财富，一少是祖国的未来希望！老少通过关工委的平台，达成行动上的互动、心灵上的沟通、思想和精神境界上的升华，收获的是老少互进共赢。关工委是为五老搭建的发挥关心下一代作用的广阔平台，而英雄中队是少先队联系关工委五老的极佳平台。特别是经过实践所呈现的互动效果看，受益的不仅仅是青少年单方面，而是老少双向的，老少通过互动形成了无痕的教育场景，达成互学、互促、共勉，共同进步。20 世纪 90 年代，张家口市少先队英雄中队倡议发起了全省和全国性的大型少先队活动，如河北"红领巾太行行动"和全国"红领巾东方红行动""红领巾张思德行动""红领巾黄河行动""红领巾长征行动""红领巾东风行动（酒泉卫星发射基地）"。全国红领巾数次行动的直接成果，是在孕育延安精神的陕北黄土地捐建了"两校两碑"，即陕北佳县东方红小学、陕北吴起县吴起镇红星小学和延安枣园张思德纪念碑、陕西韩城八路军东渡黄河出师抗日纪念碑。本世纪初，张家口市少先队英雄中队又踊跃加入并大力推动全国"红领巾积分行动"，在毛泽东的出生地韶山捐建了中国"红领巾积分教育楼"。为捐建韶山"积分教育楼"，张家口的孩子们 10 年共捐出分角币累计超过 10 万元。在张家口老同志的参与引领下，在市县区及教育部门和大中型企业关心下一代组织的协调帮助下，举办的青少年"追寻先辈足迹，学习创业精神"冬春夏秋令营实践体验教育活动，一直持续 20 余年，使孩子们通过亲自参与活动、亲眼见识了用社会上不便流通的分角币捐建起"两校两碑一楼"的力量，学会了勤俭节约的好传统，体味了体恤关爱他人的美好，懂得了艰苦创业、集腋成裘的道理。这些活动的开展，对青少年的健康成长，产生了奠基人生的深远意义，对所有参与活动的老年人和各界人士也是一次人生的洗礼和心灵的净化升华！

英雄中队的活动，被张家口关工委老同志发挥到极致，在全国各地开展的许多红色活动中都能找到他们参与的踪影，中国关工委、中国延安精神研究会、中华爱国工程联合会、中国红色文化研究会等组织团体的许多老同志都知道张家口的英雄中队；李大钊、毛泽东、雷锋、董存瑞、多松年等一大批党的创始人和革命烈士或英模都成为英雄中队开展"寻·学"活动的对象。英雄中队长期开办的"红领巾信箱"，也成为英雄中队活动中不可多得的老少互动、互促、共进、共勉的有力推手。孩子们的信，五老爷爷们的赠书和勉励，在不同年龄的两代心灵里，碰撞出新的火花，奏出了和谐而感人的乐章；不同的生活，在同一个社会里，踏出了同一个节拍；不同的躯体里，在同一个时代，流淌着同样沸腾的热血、跳动着同频共振的心。红领巾红色信箱，架起了新老两代人情感上的彩虹桥；共同的理想，把孩子和五老们推向朝前奔驰的同一列时代列车。

四、开辟了关工委工作的一条育人新途径

关工委利用英雄中队（团支部）来育人，具有鲜明的政治倾向。比如 2009 年新中国成立 60 周年前夕，100 位为新中国成立作出突出贡献的英雄模范人物和 100 位新中国成立以来感动中国人物的"双百"名单公布后，张家口迅速大力倡导和推进"双百"人物进校园系列活动，使青少年英雄团队集体创建活动更加底气十足，更加富有魅力。目前，学"双百"人物的口号在校园叫得很响。2012 年 6 月，根据中央关于为民务实清廉的要求，在中国延安精神研究会副会长兼秘书长、国防大学科研部原部长苏希胜的支持推动下，适时召开了延安精神进校园研讨会和推进大会。8 月组织参加了"求索延安精神夏令营"。2013年，根据中央群众路线教育和"中国梦·我的梦"的有关要求，又适时开展了"红领巾学雷锋，从勤俭节约做起"和"高举队旗跟党走，相约融入中国梦"活动等。2013 年，根据中央办公厅、国务院办公厅、中央军委办公厅发出的《关于进一步加强烈士纪念工作的意见》，向全市少先队英雄中队提出清明节在纪念革命英烈中度过。同时，还结合第二批群众路线教育活动，推出了"纪念党的第一代领导人进京赶考65周年暨红领巾礼赞党的群众路线教育升国旗仪式"和"红领巾走向张思德"等系列活动。百变不离其踪，千方百计在青少年中积极弘扬和

培育社会主义核心价值观，使其外化于行，内化于心。

　　关工委利用英雄中队（团支部）来育人，具有严明的纪律约束，创建英雄中队，得益于人民解放军英雄连队命名的启发，如中国人民解放军历史上十大连队就有：硬骨头六连（第一集团军第一师第一团六连）、上甘岭特功八连（第十五空降军第四十五师第一三四团八连）等。学习英雄的人格魅力，关工委利用英雄中队（团支部）来育人，具有游刃有余的灵活性，由于英雄中队这种载体的灵活性，更显其魅力无限，比如活动形式、规模、内容没有固定不变的局限，且在时间、人物、地域等的组合方面具有充分的扩展空间，可以是历史与现实的组合，也可以是英雄与英雄有关的人和事的组合，并且这些新的不同形式的组合都是活动的极佳脚本；还有东西南北中、天南海北，英雄所在之处都可以成为组织活动的场所；在为英雄中队聘请校外辅导员方面，上至与英模有关的党政军领导人，下至普通百姓，都可以成为英雄中队的校外辅导员；在参加手拉手、红领巾信箱等联谊活动方面，大到耄耋老人，小至幼儿园小朋友，广到各界爱国人士都可以参与其中。因而创建英雄中队受到了各地众多学校的青睐，如湖南湘潭、陕西延安、河北唐山和邯郸等教育界曾不止一次组团来张家口参观考察，借鉴活动方法，而且还有沈阳、韶山、唐山、延安、呼和浩特等学校的"毛岸英中队""西柏坡中队""李大钊中队""多松年中队"分别与张家口的同名英雄中队缔结了友好联谊关系，为少先队英雄中队的联谊活动开了先河。张家口市少先队英雄中队的活动风采，曾被新华社、《人民日报》《光明日报》《中国教育报》《中国青年报》《解放军报》和中央电视台等多家媒体宣传报道，产生了较为广泛的社会影响力。

永不退休的红色宣传队

秦皇岛市关工委五老宣教团

党的故事经常讲，关爱工作在心中。在秦皇岛市有这样一个宣传队，从 2016 年组建至今已宣讲了 220 余场次，受教育群众达 1.9 万人次。它就是秦皇岛市关工委五老宣教团。3 年来，他们以对党和人民的热爱和对青少年的关爱之情，无私奉献，把党的政策理论、习近平总书记的系列讲话精神、中华民族优秀传统文化传播到社区、学校、企业，传播到党员群众和青少年的心里，受到了社区干部、群众、青年职工和青少年的欢迎。

一、潜心学习、创新方式，不辞辛苦义务宣讲

建团伊始，宣教团就明确了义务宣讲原则，他们自费购买书籍、报刊，整理资料，自己动手撰写讲稿。为了保证所讲内容与时俱进，市关工委分批组织宣教团成员参加省、市党的政治理论培训班，组织老同志召开座谈会，明确宣讲重点；组织宣教团成员聚到一起学习、研讨、备课，统一思想；宣教团成员还经常深入群众中间走访，把群众想听的、疑惑的内容记下来，有针对性地进行解读，有力地保证了宣讲内容既贴合实际，又与党的路线方针政策高度一致。在市关工委的大力支持下，他们不断改进授课方法，使宣讲内容既简单明了，又通俗易懂。党的每次重大节日和国家重要纪念日的宣讲活动都有他们的身影，他们以实际行动践行初心、书写忠诚。

韩兵是宣教团的主要成员，身为宣教团团长的他，为添置备课需要的参考资料，每年订阅报刊和购买图书、编印打印宣讲材料的费用就有几千元。他时常组织成员在微信群中总结交流、共同提高。韩兵还创建了政治理论研究室，鼓励老伴创建了剪纸艺术亲子园，义务为社区的党员群众和少年儿童提供服务，把全部精力倾注在关心下一代工作上。尤

其是开办政治理论研究室和剪纸艺术亲子园以来，工作兢兢业业，把中国共产党历次全国代表大会简况用表格形式整理成册，并整理出《毛泽东思想、邓小平理论、"三个代表"重要思想、科学发展观、习近平治国理政战略思想图示汇集》，让人一目了然，一看就懂，深受学生和家长的好评和社区领导的赞许。

关工委宣教团团长韩兵为滨河路小学生讲解中国共产党的光辉历程

二、壮大队伍、丰富内容，紧跟形势广泛宣讲

凡事坚持难，在市关工委的大力支持下，宣教团的队伍边宣讲边壮大，影响力、吸引力越来越大。在各位成员的带动下，又有十几位五老同志自发地加入到宣讲队伍当中，不求名利，不图报酬。他们宣讲的内容丰富，简单明了，通俗易懂，从建党90周年讲到建党98周年，从党的十八大讲到十九大，党的每次重大节日和国家重要纪念日的活动都有他们的身影。

党的十九大召开以来，他们认真备课，扎扎实实、原原本本地宣讲党的十九大精神，已经宣讲了70多场次，正在向深度和广度拓展，其工作热情很多年轻人都难望项背。在红卫里社区宣讲时，离退休人员和社区在职工作人员都说："我在家收看电视听了习总书记的报告两遍，今天再听宣教团韩老师、郝老师讲十九大精神辅导报告，使我更加领会十九大精神，明白习近平新时代中国特色社会主义思想，我国社会主要矛盾已经转化，建设社会主义现代化分两步走，实施乡村振兴战略以及建设生态文明的重要性等，十九大报告是政治宣言和行动纲领，我们坚决拥护，撸起袖子加油干。"

宣教团各成员在有组织的宣讲前提下，也在各自的生活圈里宣讲十九大精神，讲得明白透彻。受过河北省委宣传部表彰的草根宣讲员荆国舫走社区、下单位宣传十九大精神，在东环里社区掀起学习宣传党的十九大精神的热潮；秦皇岛市委党校原副校长郝鸣电在团结里社区以《新时代、新使命、新思想、新征程》为题宣讲十九大精神；燕山大学原高级政工师白靖以《实现中华民族伟大复兴的宏基伟业——学习中国共产党十九大报告导读》为题在燕山大学进行宣讲；东北大学教授王幼麟深入中粮集团为企业党员宣讲十九大精神；李铮老师以《从一带一路看推动构建人类命运共同体》为题在市老年大学宣讲十九大精神……

三、练就内功、脱稿宣讲，助力党的事业永向前

伟大的事业需要伟大的实践，五老的宣讲助力伟大的事业。3 年来，秦皇岛市关工委五老宣教团走街串巷，到支部、到学校、进农户，把党的故事、党的传统、关心下一代事业讲到了港城人民心中，把传承的种子播撒到了春天的花园里。

开拓创新难，台上一分钟，台下十年功。他们立下规矩，坚持脱稿讲课，为了练就过硬的宣讲内功，他们如饥似渴地充电，把各种资料抄录下来，反复读，反复看，一字一句仔细研究。好经念百遍，也有听厌的时候，为了更好地创新讲课形式，让听的人入脑入心，他们拖着老迈的身躯多方走访调研，把党的最新理论和农村实际融合起来，和青少年状况结合起来，和地方特色广泛联系起来，把宣讲内容编成段子，写成诗歌，读给大家听、唱给大家听。

2018 年 12 月，秦皇岛电视台《秦皇岛新闻》节目对韩兵、冯荣勋在红卫里社区宣讲十九大精神的事迹进行了报道。《秦皇岛日报》以《到哪儿都带去党的好声音——记真学真记真干真党员的草根宣讲员韩兵》为题，对宣教团团长韩兵进行了报道。

宣讲团的成员平均年龄 72 岁，最大的 83 岁，最小的也有 62 岁，但在周边的党员、群众看来，他们依旧年轻。他们的身影活跃在秦皇岛的社区、学校、企业、村庄，继续散发着光和热。这支不言退休的红色宣传队，使港城的夕阳更加火红。

推进小虎子活动品牌化建设
开创社区少先队工作新局面

共青团秦皇岛市海港区委、区少工委

社区少先队工作作为学校少先队工作的重要补充，是少年儿童参与社会实践和素质拓展的重要平台。多年来，共青团秦皇岛市海港区委、区少工委，以小虎子活动为总抓手，深入实施素质教育工程，以丰富多彩、寓教于乐的活动，不断加强未成年人思想道德建设，开创了社区少先队工作新局面。

一、长期探索特色活动模式，培育社区教育活动品牌

（一）小虎子活动的由来及现状

"小虎子"这个名称来自《中国少年报》，从 1958 年开始，《中国少年报》几十年连续刊载了小虎子漫画，小虎子形象在几代人心中留下了深刻印象。1979 年，海港区一个街道办事处针对辖区内双职工家庭多、假期孩子无人照顾的情况，成立了海港区第一支"小虎子队"，之后逐步在全区推广，小虎子活动也由最初单纯的安全教育活动发展为今天的包括道德实践、文体实践、劳动实践、法律实践、国防实践等多方面的教育实践活动。目前的小虎子活动是由共青团海港区委、海港区少工委统一指导和管理，由街道、社区具体组织，由学校和社会各界配合的以未成年人思想道德教育为主要内容的少儿假期实践教育活动。

40 年来，共青团秦皇岛市海港区委、区少工委、街道、社区、学校等单位共同探索创新，完善活动机制，整合社会资源，拓展小虎子活动的领域，不断赋予小虎子活动新的内涵，小虎子活动这个海港区特有的少儿活动品牌显示出越来越强大的生命力。

海港区"小虎子"活动40年图片展

（二）"小虎子"活动的基本模式

在整个"小虎子"活动中，区少工委、街道、社区是开展"小虎子"活动的主要组织单位。团区委负责"小虎子"活动的统一指导，研究并解决活动在机制上、方向上存在的问题；学校通过发放、收回手册及总结表彰，动员和督促少先队员积极参加社区活动；街道团委（少工委）主要是从指导社区开展活动、统一活动要求、承上启下方面开展工作；社区团支部（少先队大队）是活动的具体组织者、操作者和落实者。社会各界热心单位和个人是"小虎子"活动的支持者，他们为"小虎子"活动提供信息、阵地、辅导员等方面的支持；与商家合作还可以为活动提供财力、物力上的支持。具体的活动程序是：

1. 筹划准备阶段。每年根据时势拟定活动主题，寒暑假前一个月，区少工委筹划活动方案，联系合作单位，商议合作内容，设计印制"小虎子"活动手册。召开由学校少先队辅导员、街道少工委主任参加的"小虎子"活动动员会，对本学期"小虎子"活动进行全面部署。街道社区设计安排本辖区的"小虎子"活动。

2. 动员宣传阶段。通过学校少先队组织为全区 5 万余名中小学少先队员发放包含有小虎子名片、活动提示、活动日志、活动反馈、社区报到卡等功能的《"小虎子"活动手册》，学生持手册到社区报到登记，了解记录社区活动安排，报名参加团区委的专题活动。

3. 活动开展阶段。少先队员按照安排参与社区丰富的主题活动，填写活动记录，参加专题活动。团区委、区少工委工作人员到各街道社区调研指导工作。

4. 活动总结阶段。假期结束时社区辅导员为"小虎子"填写活动鉴定，盖章。开学后，学生持手册到学校参加总结班会，分享经历和收获，参与班级和校级优秀小虎子队员评选。团区委、区少工委通过各单位的申报，评选出区级优秀小虎子队员、辅导员和优秀社区。团区委、区少工委及时收集整理活动的各类数据资料和意见反馈，全面掌握活动情况，对活动进行改进和调整。

（三）"小虎子"活动的作用及成效

海港区的少年儿童在"小虎子"活动的陪伴下度过一个又一个快乐而充实的假期，在集体活动中增长知识、增强体魄、提高能力、坚定意志，养成优良品德，树立远大理想，增强合作精神、创新精神、责任意识、科学意识，在亲身实践的体验中把做人做事的道理内化为健康的心理品格，茁壮成长。小虎子队员作为社区的主人，积极参与社区的建设，把自己融入社区，围绕社区开展活动，在社会实践中接受教育，既增长了才干，又为社区发展作出贡献，极大促进了社区文明程度的提高。同时，他们把好的知识、习惯、观念带入家庭和社会。

"小虎子"活动在海港区长期开展，普遍开花，它已经成为少先队工作的一个重要抓手和平台。活动受到了少年儿童、家长、社区、学校的广泛认同与欢迎，通过多方参与"小虎子"活动的组织，使得家庭、社区及社会各界人士对少年儿童思想道德教育的重视程度不断提高，有效推动了全社会共同关注少年儿童健康成长的良好氛围的形成，为少先队员营造了良好的社会成长环境，对于加强社区少先队建设，健全学校、社区、家庭"三位一体"教育网络，推进和谐社会建设作出了积极的贡献。

二、充分挖掘社区资源优势，整合力量增强活动效果

为增强"小虎子"活动的生命力，海港区委、区少工委充分发挥社区优势并将其转化为社区开展少先队工作的不竭资源，使各项机制长效化，从而构建起社区少先队工作的品牌化发展格局。

一是发挥社区的组织优势，加强协调和管理，通过加强队伍建设以树立品牌。街道、社区的团组织建设比较规范，区少工委就是借助较为完善的街道社区组织，依托街道团委、社区团支部建设起社区少先队组织，由街道团委书记兼任街道少工委主任，社区团支部书记兼任社区大队辅导员，形成了区少工委、街道少工委、社区少先队大队三级管理网络，为活动的成功开展提供了组织保障。

二是发挥社区的育人优势，开展极具吸引力的活动项目，通过提高

教育效果以树立品牌。社区活动抛开了书本学习的压力，让小虎子队员在相对自由的空间中能够更加充分自觉地接受教育，发挥潜能。根据队员的需求和时代的特点，紧密结合极具吸引力的"四个一"系列体验活动项目，引导他们寻找一个岗位，明白一个道理，养成一种品质，学会一种本领，在体验实践中感悟成长，提高素质。区少工委开展的一系列体验教育活动，分别以不同形式让小虎子队员走入社会，体验各种角色。此外，小虎子足球赛、书画展、故事会、才艺展示、科普游等形式活泼的文体活动项目也使社区少先队组织的凝聚力不断增强，队员的全面素质不断提高。

三是发挥社区的带动优势，调动队员积极性，通过服务社区建设以树立品牌。少年儿童自身力量及其在社会中的带动作用是无穷的，设计活动时在发挥教育作用的同时组织队员为社区建设服务。成立小虎子社区流动广播站，宣传社区工作，反映民情民意，通过孩子加强社区与居民的沟通。孩子在参与活动的同时，势必会带动家长也加入进来，这对加强居民与社区间的沟通与理解、提高社区文明程度都是极大的促进。"小虎子"活动的开展为文明和谐社区建设发挥了积极作用，得到了领导支持和认可，这也成为社区开展少先队工作最强大的动力源泉。

四是发挥社区的宣传优势，增强知名度及认同感，通过赢得社会支持以树立品牌。"小虎子"活动在海港区各街道社区长期全面的开展，具有了一定的社会影响力，成为社区寒暑假和节假日的主体活动，同时也得到了社会各界的关注和支持。2004 年暑假开始印制活动手册，2006 年寒假依托网站建立了"小虎子"活动专题网页，每年寒暑假媒体的大量报道，这些均提高了活动的参与率和影响力，也为商家提供了良好的宣传契机，每年与本地商家合作开展活动节约活动经费 10 万余元。

三、不断提高小虎子活动水平，全面提升社区少先队活力

（一）注重实际，实事求是地开展社区少先队工作

在社区开展"小虎子"活动主要坚持以下几点：

1. 贴近少儿特点。吸引孩子是更好地教育孩子的前提。社区教育要达到较好的效果，首先要吸引少年儿童，让他们积极参与。社区在策划、实施教育活动时充分考虑孩子的特点，在形式上注意互动性、变化性，在内容上注意广泛性、针对性，从少年儿童的特点和需求出发，以

最受孩子们欢迎的体验活动为主要形式，增强社区教育的吸引力，提高教育效果。

2. 符合社区实际。一是社区教育要有自己的侧重点。社区教育要区别于学校教育，要有自己的特色，内容上要更广泛，形式上要更多样，侧重于社会实践活动，让孩子在参与社区活动中体验到学校所不能体验的、收获学校里所不能收获的。二是立足社区条件。开展社区教育要依赖社区的各种资源，而社区干部的人数、办公经费、硬件设施等是有限的。开展工作要立足于社区实际条件，要让社区少先队工作者在客观条件允许的范围内发挥创造性和开拓性，保证其可行性。

3. 结合社会形势。开展社区少先队工作要结合当前的社会热点和街道、社区的中心工作，这样能使孩子关注社会所关注，同时工作的开展也如顺水行舟更容易得到社会各界的支持。在秦皇岛市创建卫生城、森林城期间，各社区开展了"我是城市小卫士""我是环保志愿者"等活动；2018年寒假的主题是"高举星星火炬，我与祖国共奋进"，暑假的主题是"小胡子行动吧，争做新时代好队员"；2019年寒假的主题是"扣好人生第一粒扣子，争做新时代好队员"。这些活动的开展为街道、社区工作增添了色彩，也为少年儿童教育增加了时代内容。

（二）注重协调，为社区少先队工作开辟广阔空间

社区条件虽然在不断改善，但依然在资金、场地、人员等方面受到限制。通过加强与其他部门单位的联系，为社区开展少先队工作提供了人力、物力和财力上的支持。

1. 加强与学校的合作。学生在学校是集中的，但到社区就分散到了千百个家庭，组织和召集学生的多与少、好与坏直接影响教育活动的效果。因此，需要学校配合社区做好学生的动员组织工作。学校对学生提出寒暑假到社区报到等相关要求，学生也会更加认真地对待社区教育活动，从而保证了社区教育的广泛性。

2. 扩大辅导员队伍。广泛联系辖区大中专学生、学生家长以及在文学创作、书法、绘画、剪纸、科学研究等方面有专长的辖区内外人士担当社区志愿辅导员。省优秀少先队志愿辅导员陈学江就是西港路街道先盛里社区聘请的一名优秀的志愿辅导员，他长期对社区内的孩子进行"民族精神代代传"的革命传统和爱国主义教育。一些像陈学江这样的优秀志愿辅导员为社区少先队工作贡献着自己的力量。

3. 拓展教育阵地。各社区充分利用活动室、广场、花园、居民家

等活动阵地，并积极联系相关单位，到企业、法庭、部队、高校等单位开展各类活动，通过活动场地的变化，调动孩子们的积极性。

（三）注重总结，不断提高社区少先队工作水平

每个假期结束后，团区委、区少工委都会对"小虎子"活动进行总结，通过座谈会、表彰会等加强团组织之间的交流和学习，使一些好的做法和理念得到推广，缩小差距，保持各社区工作水平共同进步。不断扩大参与范围、完善活动机制、创新活动形式，保证活动在部署、宣传、发动、开展、参与、反馈、总结、表彰等各环节的衔接，不断提升社区少先队工作水平。

组织五老开展关爱青少年活动
实现老同志与青少年工作共同发展

秦皇岛市海港区燕海里社区关工委

近年来，秦皇岛市海港区燕海里社区着力在实现"网格化管理＋组团式服务"新模式上进行了研究和探索，依托和整合社区资源，在做好离退休干部社会化服务的同时，发挥他们在关心下一代方面的优势作用，共同推进关心下一代工作与社区建设，实现了"双受益、双提高、双发展"。

一、抓基础，构建关工网络体系

燕海里社区位于秦皇岛市主城区海港区的东部，整个社区辖3片小区，86栋楼，4155户，11840人。社区共有离退休干部104人，其中离休干部3人、退休干部101人。社区空巢40人，独居5人，行动不便2人。社区党支部共有党员213名，其中离退休党员86名，占党员总数的40.3%。

燕海里社区充分认识到关心下一代工作是社区的一项重要工作，做好这项工作更离不开离退休党员。为此，社区与离退休老党员成立了关心下一代工作领导小组，以社区主任为组长，副主任为副组长，社区干部、辖区退休老干部为成员；建立了工作制度、学习制度，将关心下一代工作与社区的管理、建设、发展同研究、同部署、同考核，为有效推动各项工作开展奠定了良好基础。

二、抓队伍，充分发挥五老作用

为了使老同志们各展所长，发挥余热，社区对老干部实行"网格化管理＋组团式服务"的管理方法。根据老同志个人专长实行分类指导。将老同志划分为心理人才、法律人才、教师人才、科技人才等不同的资源类别，归入不同的网格，确定相应的网格管理员，每半年由网格管理员制订活动计划并上报社区。各网格内的老干部根据各自特长认领相应的服务岗位。这一做法，较好地发挥了每个老同志的优势，调动了他们服务下一代的积极性。如：担任"文化传播岗"的离退休干部，利用寒暑假定期给孩子们开设剪纸、泥人、手工艺品制作等课程，并积极协调，挖掘秦皇岛市留存下来的非物质文化遗产，将非物质文化遗产传承人邀请到社区，举办了主题为"民间技艺熠熠生辉、社区活动异彩纷呈"的民间艺术进社区活动，为社区孩子们展示手工纺织、剪纸、捏面人、泥人、皮影、砖刻、葫芦雕刻等传统技艺。担任"家教咨询岗"的离退休干部利用社区"科普大学""校外第三课堂"等载体，在寒暑假前夕，下发调查问卷，及时掌握孩子们的听课需求，根据需求调整讲课内容，实行"菜单式教学"；组织社区孩子们开展"国学讲座""科普知识讲座""法律知识讲座""天文知识讲座"等课程350余次，不断提高孩子们的文化素质和道德素养。"医疗保健岗""保洁护绿岗"等岗位的离退休干部也都积极热情地发挥自己的余热，涌现出了"雕刻能手"鲁家玢、"剪纸大王"郭雅兄、自建"便民工作室"的吴常荣等离退休干部先进典型。

三、抓教育，提高青少年自我识别能力

社区老干部充分发挥协调作用，利用社区丰富的人力、物力资源，开展多种积极向上的活动，使广大青少年积极参与到活动中，减少了打架斗殴、赌博等社会不良风气对青少年的侵害，取得了一定的成效，得到了社会各界的认可。

一是开展专题讲座。每到寒暑假期，五老就会竞相开展针对社区青少年的各类专题讲座，如地震、燃气、交通、消防等安全知识讲座，模拟法庭、上网利弊辩论赛、现身说法报告会等法制教育讲座，科普小实验、参观科普知识馆、了解天文知识等科普知识讲座。社区还邀请五老为本辖区内的青少年讲革命故事，进行爱国主义传统教育，引导他们把自己的抱负、理想与人民的需要结合起来，做有益于社会的人。

二是开辟楼道文化阵地。社区引导五老通过社区长廊、楼院、楼道，制作一些关于青少年道德规范、科学知识、生活常识的展牌，并定期进行轮换，使大家足不出楼就能受到良好教育。

三是开展公益实践。五老在假期组织学生开展社会公益劳动，成立

了小虎子志愿队，常年活动在社区。在节假日开展"科普环保小卫士""告别陋习讲文明""爱科学、美家园""交通安全宣传员"等活动，青少年在宣传的同时，自己也受到教育，又提升了家长的文明礼仪素质，形成学校、社区、家庭"三位一体"管理网络的良性互动。

四是开设特色科普课程。五老充分利用社区科普馆、科普大学，组织适合青少年参与的文化、艺术、科普等活动，使青少年增添了乐趣、丰富了知识、开阔了视野。在社区关工委的组织下，五老还经常带领青少年到英武山村村办水厂、海洋栗园生态大棚、东港镇中心庄村果树大棚、抚宁区韩江峪草莓种植大棚、山海关望峪樱桃基地、卢龙鲍子沟葡萄种植基地、六峪山庄家禽散养基地等地参观，到董家口、花果山、板长峪、天马湖等地采风。老党员沈立说："我天天都来这里辅导孩子们活动，感觉生活更充实了，很开心。"

四、抓活动，加强对青少年的教育引导

一方面抓活动促美德教育。社区每年都在春节前夕开展社区"美食节"，至今已经成功举办9届。期间，社区的五老与孩子们共展才艺，做出自己拿手的特色美食，搭建了一个展示自我、表现自我、感恩父母的平台。为弘扬中华民族的优良传统，社区把2月6日设为"孝敬日"。这一天，关心下一代工作人员组织发动社区所有的家庭特别是青少年为家里的老人开展"五个一"活动：为老人洗一次脚，替老人梳一次头，陪老人看一场电影，伴老人逛一次街，和老人聊一次天，使孩子接受一次良好的美德教育。社区的五老还经常与孩子们一起观看老旧照片、诵读红色故事，进行道德教育，使"小虎子们"受益匪浅。特别是"学雷锋""老少共建""大手拉小手"活动以及为辖区孤寡老人打扫室内卫生、晒洗被褥等活动的开展，使"小虎子们"更加懂得尊老爱幼、热爱劳动、关心他人等中华民族传统美德的内涵。

另一方面抓文艺活动促老少共建。本着"以活动吸引人，以活动影响人，以活动促创建"的思路，发挥自身优势，成立了近百人的喜洋洋艺术团，下设合唱队、舞蹈队、声乐班、健身操队、书法绘画队、模特队等多支队伍，每支队伍的负责人都由社区离退休干部担任，五老成了社区文化活动的骨干和领头羊。每年的节假日，五老都为社区居民献上丰富多彩的文艺演出，近年来先后举办了"邻居节晚会""社区月光舞会""科普消夏晚会""庆七一——红色记忆星火相传"等居民喜

闻乐见的文化活动 400 余次。特别是七一前夕举办的"回顾浪漫记忆·追寻红色经典"建党 90 周年活动，被央视等 20 多家媒体报道。艺术团还多次参加市区大型文艺演出、村居互动、彩色周末等活动，受到了社会各界的好评。

燕海里社区五老开展"红色记忆，薪火相传"活动

多年来，通过组织丰富多彩、各具特色的系列活动，社区成了群众求美求乐、陶冶情操、施展才华的舞台，更成为对青少年进行思想道德教育宣传、弘扬中华民族传统美德的重要阵地。

夕阳红似火　朝霞情更浓

昌黎县关工委

近年来，昌黎县关工委认真贯彻党的十八大、十九大精神和中央、省市关工委工作会议精神，以深入开展创"五好"基层关工委活动为载体，以典型带动、整体推进为主要途径，扎实推进了关工委各项工作。

一、强化组织领导，着力完善关工委工作机制

县委、县政府始终把关工委工作作为党的群众工作的重要组成部分，高度重视和支持。县主要领导和分管领导多次听取专题汇报、了解情况、解决困难。在县委、县政府领导的重视支持和县关工委的积极推动下，基层各单位的党政领导对关工委工作的认识和重视程度有了很大提高，都能够把关工委工作摆上重要议事日程，主要表现在：各基层关工委主任都由书记或副书记兼任；明确了一名工作人员具体协助关工委老同志开展工作；各级党委定期或不定期听取关工委工作汇报，研究关工委工作，帮助解决工作中的一些实际问题；党政领导都能主动参与关工委组织的一些重要活动。

二、加强组织协调，不断夯实基层关工委组织工作基础

坚持抓普及，进一步延伸工作触角。建立健全关工委组织是做好关心下一代工作的基础性工作和重要保证。因此，县关工委把加强基层关工委组织建设和五老队伍建设作为关工委工作的切入点和突破口，不断夯实工作基础。在各乡镇组建关工委、县直单位成立关协小组的基础上，协调各乡镇和教育局在每个村组建村级关协小组，在具备条件的中小学校组建关工委，使关心下一代工作的触角得到进一步拓宽。县级关工委和17个乡镇关工委、县直单位关协小组、村级关协小组、各中小

学校关工委根据人员变动情况及时调整，全县基本形成了系统化、网络化的关心下一代工作体系。

坚持抓发动，进一步壮大五老队伍。采取发动群众推五老、约请领导荐五老、组织五老邀五老、依靠组织聚五老的办法，在"自愿参加、量力而为、重在参与"的原则下，深入动员那些近几年刚从工作岗位上退下来、思想素质好、身体状况好、有工作热情的老同志参加到关工委工作中来，不断壮大关心下一代工作队伍。

坚持抓规范，进一步完善工作体制。为规范基层关工委的工作，指导各基层组织重新完善、健全了组织机构和人员，补充、完善活动档案，基本上做到了有领导机构、有专职成员、有适当经费、有活动场地，全县形成了由县关工委统一组织协调、成员单位各司其职、五老人员主动参与的良好氛围。

三、创新活动载体，充分发挥关工委成员的积极作用

关心下一代各项工作，主要靠活动来体现。在活动中注重做到"四性"，即：针对性、时代性、多样性、实效性。不论参与、配合、协调，都体现出各自优势，相互弥补，形成各方合力、齐抓共管的局面。

不断深化青少年思想道德教育工作。在全县少先队员中广泛开展了"红领巾心向党六个一"活动（学唱一首爱党歌曲、了解一个党史故事、观看一部红色影视剧、参观一个革命纪念地、了解党的一个新成就、寻访一位优秀党员），覆盖全县 130 个少先大队、37280 名少先队员，取得了显著成效。在"红色青春路，健步五峰行"活动中，党、团队员代表通过敬献花束，重温入党、入团、入队誓词，感受红色革命教育，增强了党、团、队相衔接的组织意识。协调县文体广新局实施"民间艺术进校园"工程，组建民间艺术授课教师队伍，把原汁原味和改革创新的民间技艺，免费向中小学生传授，增强他们热爱家乡、热爱祖国的情结。深入推进了乡村学校少年宫建设，积极搭建载体平台，一批批"民间艺术小花"绽放校园。昌黎一中关工委每年都利用校史馆组织学习活动，对新生进行热爱祖国、热爱家乡、热爱学校的素质教育。目前，已在 20 余所中小学 8.5 万人次学生中开展各类教育实践活动近千次，收到了良好的效果。

积极开展五老校外辅导活动。五老人员共向青少年或学校捐赠图书

2100 多册，撰写有教育意义的文章或回忆录 90 篇，有 123 名老同志从事经常性的校外辅导工作。几年来，五里营村皮影雕刻艺人周立存，坚持每天到该村小学教授皮影雕刻技术，努力弘扬和传承优秀的民间艺术。全国道德模范王文斌，60 多年来一直忠诚守护着 23 位烈士的墓，并经常给村民、孩子讲述英烈的故事；每年清明期间，都要和汪上小学的师生一起扫墓，对孩子进行红色教育。老人多年来共为学校、村委会及墓地修缮捐款 7 万元。

积极推进青少年法制教育工作。协调关工委成员单位组建了普法讲师团，以《未成年人保护法》《预防未成年人犯罪法》《刑法》等为主要内容，深入 33 所学校，为 3.8 万名学生面对面地讲授法制课。积极开展"优秀青少年法制学校"创建活动，从公检法司系统聘请了 90 名干警配备到中小学，作为兼职法制副校长。在县法院设立了青少年法庭，实行"U"型桌审判，设置帮教席，把人性化庭审和法制教育有机地结合起来。2018 年清明节前夕，该庭组织所有缓刑少年犯参观李大钊烈士纪念馆，引导他们学习先烈的崇高品质，提高遵纪守法的自觉性。同时，还组织服刑少年犯到学校现身说法 5 场次，收到较好的预防犯罪社会效果。积极开展了青少年模拟法庭活动，使同学们在"身临其境"的模拟、旁听过程中，感受法律威严，增强法制观念。结合禁毒日、预防艾滋病日和法制宣传月，采取发放宣传材料、现场答疑解惑等形式，广泛开展宣教活动，积极营造青少年健康成长的良好法治环境。

认真开展城乡青少年职业技能培训。积极组织协调，采取多种措施，帮助他们创业。几年来，共培训农村青年 1270 余人，520 多人拿到了就业证，170 多人达成了就业意向；开展了送知识下乡活动，组织志愿者为农村青年送去种植养殖技术和医疗卫生知识；开展了农村青年致富"星火行动"，培养县级以上青年星火带头人 70 人，其中省级 5 人、国家级 4 人，培养打造农村青年致富示范基地 30 多个。在"青年创业就业行动"中，创立了昌黎青年创业网，并为青年创业者协调创业资金近 30 万元。与农林科技等部门联合开展了"送科技下乡"活动，组织 55 名老年科技工作者到 17 个村进行现场技术指导。邀请河北科技师范学院的 3 位教授，到西王庄、桃园和小林上村培训农村青年 150 多人，发放科技资料 400 多份。联合成员单位举办了 4 期电脑操作和现代办公应用培训班，使 200 多名青少年掌握了一技之长。

倾心关注特殊群体青少年。针对五类（农村留守儿童、闲散青少年、流浪乞讨儿童、刑释解教青少年、服刑人员及其未成年子女）重点青少年群体状况，以乡镇、社区为单位，建立排查、联系、教育、帮扶机制，制订包括思想引导、心理疏导、法律服务、文化教育、就业导航、困难帮扶等多方面的个性化的帮教方案。组织12个县直单位以及河北科技师范学院的大学生志愿者们与八里庄小学的28名农民工子女结成帮扶对子，开展学业辅导、亲情陪伴等志愿活动，用实际行动传承雷锋精神，让农民工子女感受到社会的关爱和温暖。县妇联、教育局为463名留守儿童全部建立了亲情档案，组织教师和品学兼优的学生与留守儿童结成"一帮一"手拉手对子，从思想、学习、生活上关心这些孩子。将家庭困难的留守儿童优先选为"春蕾计划"救助对象，组织爱心人士、单位和企业到留守儿童家中或学校，为孩子们送温暖、献爱心，免费健康体检，并进行心理疏导，从身心上关爱他们成长。

继续深入推进家长学校工作。协调各成员单位多措并举，以学校为主阵地，积极开展各类活动，全面促进了青少年儿童健康成长。建立"家长联系卡""学生联系卡"，加强了家长、学生、学校三者之间的交流与联系；定期举办家长课堂、家长座谈会、交流会，请有经验的家长走进学校介绍成功经验，加强家长间的互动交流；开展"千名教师访万家"活动，各学校针对学生在校情况，不定期到学生家中走访，使学校、家庭及时沟通；举办课堂教学开放日、家校联谊等活动，让家长与孩子共同听课、一起参加文娱活动，让家长通过亲身感受，进一步认识孩子、了解孩子；成立了县妇联家庭教育指导站，通过开办"家长课堂""亲子实践"等活动，让家长掌握科学教子方法，及早走出家教误区。在昌黎三中，举办了"河北省百场留守流动儿童家庭教育公益讲座"，受到了300多名家长的热烈欢迎。目前，打造了全国流动人口子女农村留守儿童家长示范学校——靖安镇陈各庄三村小学、省级示范家长学校——昌黎第三中学连心桥家长学校以及市级优秀家长学校几十个，有力促进了全县家教水平的提高。

四、打造典型亮点，以点带面推动各项工作

全国关心下一代先进工作者、昌黎县关工委委员王世杰退休10余年来，离岗不离队，退休不褪色，积极发挥余热，特别是对青少年的革命传统教育倾注了满腔热忱，得到了社会的肯定和广大群众的赞誉。几年来，他充分发挥个人的集报优势，举办了"'神五'百报展""'神

六'升天专题报展""纪念抗战胜利70周年图片、剪报展""奥运在我心中""灯塔颂""美丽可爱的昌黎·我们幸福的家园"等大型专题报展，分别进公园、进社区、进学校、进机关、进乡镇，义务展出120余场，参观人数累计达10万余人次，让广大干部群众，特别是青少年学生从中受到教育。为了激励广大青少年热爱家乡，他专题制作了"昌黎之光"图片剪报展，向广大青少年介绍在昌黎成长起来的有突出业绩的著名人物，如原清华大学校长、中科院院士、核能专家王大中，唐山皮影艺术家、皮影操纵大师、国际皮影木偶教授齐永衡，电视剧《刘少奇》中刘少奇的扮演者、国家一级演员郭连文等。通过对这些著名人物的介绍，使青少年产生自豪感、光荣感，从而更加热爱家乡。作为省级非物质文化遗产昌黎民歌代表性传承人，他多次受邀培训全县乡镇文化站的文艺骨干和中小学音乐教师，深入学校教青少年学生唱昌黎民歌，进一步激发了学生对祖国和家乡的热爱。

优秀五老王世杰举办"传承乡土文化，感受昌黎民歌"讲座

　　昌黎县关工委委员赵润明，1981年创办了家庭新农村图书馆，旨在倡导学习风气，营造书香社会，为建设社会主义美丽乡村服务。30多年来，夫妻俩平均每年都要投入万余元用于购买图书和订报刊杂志。近600平方米的独立大院的图书馆，包括音像读物在内藏书10万多册，都整齐地码放在宽敞的书架上，种类涉及文学艺术、农业种植、卫生保健、电脑应用等。为了更好地利用这些书籍，他向社会各界尤其是年轻人免费开展书刊借阅、科普培训、书画评展等活动，服务本地及外地读者近万人次。针对以学为主的中小学生，他更是积极主动免费借阅，尤其是每年的寒暑假，他还邀请退休教师到图书馆，为孩子免费讲解有关的科普知识，辅导孩子各科作业，得到社会各界广泛赞誉。

泥井镇关工委经常组织老同志到镇内各中小学，通过举办讲座和图片展等多种形式对中小学生开展爱国主义教育，他们制作的"延安精神永放光芒"图片展在全镇各学校进行巡回展出，对青少年儿童的教育意义非常深远。该镇关工委老同志还多方筹资5000元为泥井小学捐赠各类图书千余册，拓宽了孩子们的知识面，受到了学校师生和社会各界的一致好评。

五、学习先进经验，关注少年儿童健康成长

昌黎县关工委积极借鉴"四点钟课堂"成功经验，努力探索，鼓励支持广大离退休干部、党员群众采取多种形式急学生之所急，解家长之所需，不断优化少年儿童健康成长环境。一是就近在各中小学和幼儿园周边开办了24家小餐桌，为那些家长不能按时接送的孩子，提供了一个能够学习、娱乐、就餐、休息的良好场所，免除了家长的后顾之忧；二是在有条件的学校内部设立食堂39个，极大地方便了那些家长经常不在家，且离家较远无法按时往返的学生就餐，同时也在一定程度上消除了学生上学途中的安全隐患；三是开设私立托管所、双语幼儿园37所，聘请有幼儿教育经验的老师管理任教，既能保证孩子得到较好的照顾，又减轻了大部分家长的生活压力和负担；四是开办临时辅导班7个，全部由已经退休的老教师为中小学生进行课程辅导，他们经验丰富、耐心细致，使学生的学习成绩显著提高，得到了家长和社会的广泛认可；五是有157名退休干部职工主动与周围邻居或小区居民联系，在确保安全准时的前提下，承担起接送各家孩子上下学的任务，既方便了学生和家长，又促进了和谐社会创建。

爱心暖童心　夕阳托朝阳

秦皇岛市抚宁区关工委

秦皇岛市抚宁区关工委积极发挥广大五老的积极性，通过加强组织建设、优化工作机制、创新活动载体、丰富教育内容等措施，不断提高关心下一代工作成效。

一、健全组织，优化机制，充分发挥指导协调职能

抚宁区关工委设有主任 1 人、副主任 4 人，文明办、广播电台、文教体广新局、司法局、老龄委、总工会、团委、妇联、科协等 10 个单位的主要领导为成员。设有关工委办公室，落实了编制和专职工作人员。抚宁区关工委通过召开情况通报会、经验交流会，用简报、文件、电话沟通、调研等形式，提高成员单位的协作意识。动员吸收离退休干部加入关工委队伍，现有会员千余人，其中骨干会员 320 人，成立了 8 个报告团，建立了 85 个活动小组，选配了能力强的带头人。目前，在各乡镇、部分区直单位和一些人口较多的村，建立了关心下一代工作组织 22 个。同时，关工委还按照特长将会员进行了分工，按照就近原则为他们确定了联系学校和工作范围。抚宁区关工委形成了以区、乡、村三级为经线，以成员单位为纬线，专兼结合、人数众多、覆盖面广的关心下一代组织网络，每个基层组织都有 8 至 10 名五老会员坚持开展活动。

二、创新载体，开展丰富多彩的教育活动

抚宁区关工委以加强青少年的思想道德教育为主线，法制安全教育为抓手，发挥关工委组织和会员优势，与有关部门密切配合，开展了一系列教育活动。目前，参与的五老会员 282 名，讲课的有 70 人次，受教育青少年达 4 万多人。

围绕乡村振兴开展科普宣传教育。抚宁区关工委利用春秋两季组织会员进行果树剪枝、大棚蔬菜知识讲座4场,受教育农村青年达2000人。与抚宁区就业局协作,聘请专人,每年定期举办两期青年岗前培训,全区近500名青年受益。开展以"增强防震减灾意识,建设平安和谐校园"为主题的安全知识教育。2018年,抚宁区关工委在骊城学区第一小学开展了地震科普进校园宣传教育活动,向全体师生作了地震科普知识报告,并组织全校2000多名师生进行了一次紧急逃生演练。结合"世界水日",开展"水与生命"科普知识宣传教育活动。

净化文化市场。积极发挥会员优势,组织文化市场监督员,以讲解、张贴标语等多种形式大力宣传保护知识产权、杜绝非法盗版出版物等法律法规,营造良好的文化市场氛围。同时,监督员对社区、学校周边的环境加强监督,与文体局一道,开展文化市场专项检查,收缴非法书报刊50余册,检查经营单位70余家。

唱好关爱"三部曲",情系留守儿童。奏响"爱心捐助曲"。抚宁区关工委与妇联联合开展向留守儿童关爱驿站"捐书助学献爱心"活动,向乡镇留守儿童关爱站捐献各类图书1000余册。奏响"节日庆祝曲"。2019年六一国际儿童节,抚宁区关工委与妇联在台营学区柳各庄小学举行以"走近留守儿童,让布谷鸟不再孤单"为主题的六一儿童节庆祝活动,让这些留守儿童不再感到孤单寂寞,高高兴兴地过自己的节日。奏响"家庭教育信息曲"。针对留守儿童家长家庭教育理念和育儿知识缺乏等问题,举办"关注孩子心灵的成长"家长教育报告会,关工委会员普及家庭教育和育儿知识,受到家长的普遍欢迎,受益人员达500人次。开展家访活动,为青少年上好开学"第一课"。每年寒暑假开学前,60多名关工委成员都要和骊城学区第一小学各班的班主任老师分成五组,对330多名学生进行普遍走访。针对各个学生和不同家庭的特点,从学习方法、品德教育等各方面为家长提供切实可行的建议;鼓励孩子们以健康向上的良好心态迎接新学期。关工委会员周汉起、王建平等每年都要深入各中小学,根据学校的实际情况,就交通安全和遇险求救等问题进行讲解,受教育学生达5万人。

为青少年精心烹制"营养套餐"。一是"安全教育餐"。在迎宾小区、紫荆花苑等居住区和图书馆、游泳馆等青少年活动场所张贴海报50份,并利用家访和开展活动的时机发放宣传单350余份。二是"助人为乐餐"。利用暑假深入开展学雷锋活动,组织70多名中小学生到迎宾社区和高庄敬老院打扫卫生、整理图书、摆放桌椅等。同时，部分老同志们组成"学雷锋志愿者"，到街道清除垃圾，以实际行动为孩子们做出榜样。三是"红色经典餐"。与抚宁区图书馆联合组织读红色经典著作活动，15 名关工委成员与青少年共读《红岩》《林海雪原》《钢铁是怎样炼成的》等中外名著，增强青少年的爱国主义情感。四是"科技知识餐"。先后组织 130 名中小学生到南戴河青少年科技馆参观学习，并通过趣味问答、实践操作等科技娱乐活动，使青少年在轻松愉快的氛围中获得科技知识教育，增强学科学、爱科学、用科学的意识。

三、加强教育，构建三位一体工作体系

抚宁区关工委以构建社会、学校、家庭三位一体教育为目标，积极发挥组织、指导、协调作用，加强未成年人思想道德建设工作。

树立德育为先的教育理念。加强校园文化建设，抚宁区关工委组织道德模范、身边的好人、美德少年与城乡中小学校、班级以座谈会等形式互动交流，培养未成年人的正确价值取向和良好行为习惯，并协调有关部门深入学校，组织学生、家长听取法制教育宣传报告会，用身边的事例教育孩子们知法、学法、守法，做一个遵纪守法的好少年。

秦皇岛市抚宁区关工委联合检察院等部门开展"携手关爱，共护明天"活动

发挥家庭教育的重要作用。老干部志愿者发挥自身优势，就未成年人的家庭教育问题对家长进行辅导，培养孩子养成良好的文明习惯，艰苦朴素、勤俭节约的生活习惯，克服困难、独立生活的能力，做一个诚

实勇敢的人；并辅导家长安装家庭过滤软件，为未成年人提供健康有益的绿色上网空间。

组织老干部、老教师等有能力有专长的关工委委员开办"四点钟课堂"，解除家长的后顾之忧。广大会员在为青少年提供健康学习生活条件的同时，积极进行思想品德教育，对促进青少年德、智、体、美全面发展作出了积极贡献。目前，有老同志参加的"四点钟课堂"达46处，受益青少年近千人。

秦皇岛市抚宁区关工委将进一步做好协调相关单位、汇聚五老之力、帮扶关爱下一代工作，为全区的经济发展、社会和谐作出新的更大的贡献。

创建五老工作站
整合社会资源　打造工作品牌

唐山市关工委

为了进一步发挥关工委优势、创新工作思路和方法，更好地为青少年健康成长和社会和谐发展服务，唐山市关工委结合实际，积极整合社会资源，通过以点带面在全市范围开展标准化基层五老工作站建设，打造了一个新的工作品牌，推动了全市关心下一代工作的进一步发展。

一、积极推进五老工作站建设

为了更好地发挥五老作用，从 2017 年开始，唐山市关工委按照"有场地、有组织、有活动"的要求，遵循因地制宜、因人制宜、因时制宜的原则，积极在全市基层关工委推进五老工作站建设。截至目前，全市共建成五老工作站 108 个，其中乡镇 59 个、社区 49 个，服务于五老工作站的五老人员 1000 余人。五老工作站的建设，为五老在爱国主义教育、科技指导、志愿服务、校外辅导、爱心帮扶等多个领域发挥作用搭建了更加便利的平台，形成一个具有关工委特色、特点和时代特征的关心下一代工作新模式、新品牌。

为了增强五老工作站建设工作的有序性、有效性、科学性，唐山市关工委提出了明确的工作目标、工作性质和工作要求。

1. 工作目标。要以满足青少年的需求、为青少年提供服务为宗旨，通过建立五老工作站，把有爱心的五老人员动员起来、组织起来，真正努力开创关心下一代工作新局面。

2. 工作性质。关心下一代五老工作站要以五老人员为主体、在职志愿者为骨干、群众志愿者参与的服务于青少年健康成长的志愿服务组织，是一个公益性、自发自愿的关爱下一代、传递爱心、服务社会的五老群体。

3. 工作要求。各基层关工委要在已经登记五老志愿者队伍的基础上，设立本辖区的五老工作站，设负责人一名。工作站开展活动，可采取依托职能部门开展服务活动或自行设计服务项目开展活动的方式，在关心下一代、扶贫助困、法制教育、革命传统教育、交通安全、环境保护、医疗服务、心理辅导、才艺培训等方面，组织五老开展社会公益志愿服务活动。

唐山市关工委领导为丰南区黄各庄镇五老工作站授牌

二、努力打造关工委服务品牌

唐山市关工委指导各基层关工委逐步推进五老工作站建立的同时，更注重充分发挥五老工作站贴近实际、贴近生活、贴近青少年群体的优势，坚持高起点、高标准、多渠道、全方位，在青少年中广泛深入开展系列教育活动，努力打造关工委服务品牌。

1. 开展思想道德教育活动。指导各基层关工委组织发动各五老工作站的关工委小组利用五四、六一、七一、十一等节日，以"知党、爱党、跟党走""学雷锋、心向党、讲品德、见行动""老少共筑中国梦""爱学习、爱劳动、爱祖国"等为活动主题，开展爱国主义、革命传统、文明礼仪、法制宣传进校园等教育活动。滦州市滦城街道五老工作站，也是滦城街道关工委的办公地点，十几年来组织五老人员，深入基层调研资料，坚持不懈入校宣讲，义务开展革命传统教育、德孝教育、法制教育300多场，受教育人数达5万人次。针对学习宣传十九大，乐亭县各五老工作站对习近平总书记关于"中国梦"的解读和理解开展系列教育活动。如闫各庄镇五老工作站开展"忆党史、颂党恩、跟党走"革命传统报告活动；大相各庄乡五老工作站开展"十九大精神进校园、进课堂、进青少年内心"系列宣传教育活动；古河乡五老工作站建成五老十九大宣讲团，除了到中小学外，还到各村开展"学十九大精神、坚定跟党走的信念"为主题的宣讲活动。其他乡镇及社区五老工作站结合实际，突出特色，寓教于乐，通过楹联征集、诗歌朗诵、书画展览、歌咏比赛等丰富多彩的形式，在广大青少年中宣传十九大精神，解读"中国梦"的真谛和宏伟蓝图。

2. 开展家庭教育活动。结合实际，五老工作站通过一室多用、一套班子身兼数职的方式，合理配置资源，充分发挥五老的人才资源优势，积极创办家长学校。两年来，乐亭县五老工作站创办家长学校91个，组织召开"望子成龙、望女成凤"家庭教育经验交流会20余次。乐亭县关工委还整理编辑印发《家教指南》手册5000余册，通过各基层五老工作站发放到各中小学，在提高家长育儿水平方面作出贡献。各家长学校还经常邀请有教育经验的老教师利用学校"大课间"给家长传授"教育经"，很受家长欢迎。汀流河、中堡、毛庄镇等五老工作站在家庭教育中，创办了《家教参考小报》《大手牵小手》《家教周刊》等刊物，受到当地家长们的热烈欢迎。

3. 开展捐资助学献爱心活动。两年来，各基层关工委以各种形式开展捐资助学活动。乐亭县关工委联合老促会、县妇联组织开展了"爱心圆梦助成长""春雨行动，爱心老区行""冬日暖阳爱心奉献"系列活动。到目前，各五老工作站已筹集25万余元，资助贫困大学生、中小学生1200余名，为特殊教育学校捐赠生活用品100套，向10所小学捐赠文体活动器材350套、优秀励志图书千余册。全县乡镇五老工作站的"夕阳关爱基金"累计捐款15万元，并与百名贫困家庭的孩子建立了长期的资助关系，让他们充分感受社会的温暖，帮助他们摆脱贫困，实现梦想。滦州市滦城街道五老工作站的五老在入校宣讲过程中，了解到有些孩子因家庭困难，处于失学的边缘。经过他们的建议，滦城街道成立了爱心助学基金会。镇党委出资加上镇村干部、爱心企业等捐款，首批爱心助学基金达到50万元。对资助对象进行审定后，按照小学生500元、初中生800元、高中生1000元的标准，基金会发放帮扶资金。近年来，爱心助学基金会已资助贫困学子205名，发放资助款11.7万元。

唐山市关工委与丰南区关工委、老干部协会向贫困学生捐赠仪式

4. 开展青少年科技培训活动。五老工作站发挥接地气的优势，面向农村，在建设美丽乡村、培养新型青年农民上下功夫，用气力。乐亭县组织五老科技工作者，联合老科协，举办农村青年科技培训班 50 期，申请服务农业生产专项资金百万余元；开展"科技引领，科学致富"下乡活动 18 次，传授农业科技知识，培养青年科技致富带头人，为调整农村产业结构，拓宽农村青年致富路子起到了积极的促进作用。有 35 名五老科技骨干，离岗不离职，凭借多年的实践经验，帮助农民解决农业种植养殖方面的技术难题，被老百姓亲切地称为"土专家"。

5. 开展校外辅导活动。五老工作站的五老积极发挥自身优势，以"四点半课堂"的形式，对孩子进行校外辅导。滦州市西李兴庄村五老工作站自 2017 年成立以来，下午四点半钟放学后，都会有很多留守儿童、流动儿童来到这里，接受文化辅导和才艺培训，有的老教师辅导孩子们功课，有的老党员给孩子们讲述革命英雄故事，有的老战士给孩子们讲述丰富的军旅生活，有的老专家给孩子培训才艺。工作站还有图书室、多媒体活动室，在这里孩子们有一个安全、有趣的活动场地，有和蔼可亲的爷爷奶奶，五老工作站就是孩子们的"幸福家园"。

三、着力提升关工委工作的影响力

五老工作站把立德树人作为根本，通过寓教于乐、喜闻乐见、丰富多样的方式，对青少年进行社会主义核心价值观、共产主义远大理想、中华传统美德等思想道德教育，从思想上解惑、心灵上解结、学习上解疑、生活上解困，为青少年的学习生活、成长成才创造了良好环境。

1. 加强队伍建设，解决了基层五老骨干活力不足的问题。随着五老工作站的逐步建立，唐山市关工委对年事已高、身体状况不佳的乡镇社区五老骨干进行了调整，选派热心关心下一代工作的老同志接任，激发了基层五老队伍的活力。

2. 夯实阵地基础，解决学习活动阵地基础薄弱问题。唐山市关工委对每个建立的五老工作站按照不同需求，分别进行了资金、物资、图书等形式的补贴，累计发放了100多万元。随着五老工作站的逐步建立，进一步夯实了基层关工委阵地建设，推进了关工委阵地标准化的覆盖面。

3. 推进品牌建设，解决活动少影响力小的问题。随着五老工作站各种活动的开展，使原本默默无闻的但却孜孜以求的老同志的精神开始被社会所了解。大家对一群坚持10余年的网吧义务监督员，对不厌其烦调节青少年心理问题的心理辅导员，对致力于挽救失足失范青少年的关爱工作团成员，对心中时刻记挂着需要帮助的孩子的老干部、老教师等从心底里感到由衷的敬佩。社会的赞扬、领导的肯定、组织上的表彰，激发了五老进一步关心下一代工作的积极性和主动性，增强了他们为青少年健康成长、成才服务的自觉性和创造性。

充分发挥关工委作用 促进青少年健康成长

唐山市开平区第一实验小学关工委

唐山市开平区第一实验小学关工委在各级领导的正确领导和关怀下，坚持以社会主义核心价值体系为引领，以爱国主义教育为主旋律，以思想品德教育为基础，积极探索新形势下学校关工委工作，积极调动社会各界的力量做好学生的思想教育工作，取得了良好效果。

一、开展读书活动，融思想教育于其中

主题鲜明的读书活动一直都是关工委的特色活动之一，唐山市开发区第一实验小学一直积极参与其中，力求融思想教育于丰富多彩的活动之中。《红旗飘飘，引我成长》《美丽中国，我的中国梦》《阳光校园，我们是好伙伴》等一系列图文并茂且极富教育导向性的读本都是孩子们最喜欢的读物。

为庆祝新中国成立 70 周年，学校积极落实以"进入新时代，改革开新篇"为主题的青少年爱国主义读书教育活动，大力培育和践行社会主义核心价值观，开展了一系列读书活动。一是组织二至六年级学生参加了"进入新时代，改革开新篇"主题讲故事比赛。通过此次活动，同学们充分感受到改革开放的辉煌成就及伟大成果，体验到祖国的伟大变化，更表达了对新时代的憧憬和向往，发出了不忘初心、砥砺前行的铮铮誓言。二是组织开展主题征文活动。在读书过程中，还鼓励学生根据自己的读书所得，结合与家长交流走访的感受写出读后感。教导处在同学们上交的 300 多份主题征文中评选出 26 个一等奖。三是组织开展了主题读书报大赛。各班同学各显神通，设计出版面精美、内容丰富的手抄报，学校将筛选出的精品在一楼展出，每逢课间都会看到同学们流连在展牌前的身影。

系列丰富多彩活动的开展对广大学生自觉培育和弘扬社会主义核心

价值观起到了助推作用，学生们也纷纷立下誓言：要争做新时代有理想、有本领、有担当的好少年，时刻准备为实现中华民族伟大复兴的中国梦贡献力量。

二、发挥五老骨干作用，为学校发展助力

学生的全面发展需要学校、家长和社会的三方合力，五老人员作为社会力量的重要代表，在学校的邀请下，走进校园，走到孩子们中间，将自己的工作成就、人生经历、社会体验一一讲述给孩子们听，孩子们将五老人员的嘱托当作重要的学习课程，从中汲取了一笔笔宝贵的精神财富。

1. 听重走长征路故事，传承爱国主义情怀。二万五千里长征，是一部惊天动地的伟大史诗，更是一幅波澜壮阔的灿烂画卷。重走长征路的马瑞福老人参加了学校"弘扬长征精神，争做有德少年"主题大队会，展示了重走长征路的图片和800多个政府印章，充满激情地朗诵了自创长征诗词《念奴娇·忆飞夺泸定桥》。学生们深受感染，也将对祖国的热爱，对长征精神的认同融入到一个个精彩的节目中，他们声情并茂地吟诵着一首首长征诗词，饱含深情地传唱着一支支红色歌曲，惟妙惟肖地演绎着一个个感人肺腑的长征故事……"红军不怕远征难""没有共产党就没有新中国"等铿锵有力的声音在会场上空久久回荡，给现场观众带来了一次红色文化的精神洗礼。长征播下的革命火种将永远激励着同学们追寻革命先辈的光辉足迹，弘扬伟大的长征精神，把爱国之志变成报国之行，扬帆远航！

2. 走进花海生态园区，生态环保记心间。六一假期刚刚结束，三、四、五年级的部分同学与学校的五老骨干翟惠娟老师一起走出校园，来到了正在建设的花海生态园区进行实践体验。同学们在工作人员的导引下站在了园区鸟瞰图下，整个花海未来美景尽收眼底。工作人员向同学们介绍：未来园内园外建设将连成一体，打造成真正的生态园区，成为名副其实的"花海"。站在动物园（生态园区之一）正门眺望远方，一排排绿树正拔地而起，一座座小丘正披上彩衣，同学们生态环保的意识已经觉醒："从我做起，保护环境，爱我开平"已成为他们心中的责任。

唐山市开平区第一实验小学开展
"生态环保记心间，争做新时代好队员"活动

3. 老教师走进校园，殷殷嘱托记心间。五老骨干、老校长孟晓燕十分关注学校的发展，开学初，她来到学校饶有兴趣地参观了学校"争当新时代好少年"系列活动展览。寒假期间学生开展了"我的家庭故事""寻找身边的好人好事""小小志愿者服务活动"以及"元宵佳节做花灯"系列活动。一张张新旧照片的对比，彰显着家庭生活的幸福、祖国日新月异的变化；一段段感人至深的故事，温暖着孩子们的心灵，传递着满满的正能量；一盏盏精致别样的花灯，折射着孩子们灵动的思维，照映着中国传统文化的灿烂。老校长对学校所取得的成绩及新学期的设想给予了充分肯定，认为学校新学期开学准备工作具体到位，展现了新学期的新气象、新面貌，建议学校加强办学行为管理，防范学生人身伤害；创新管理模式，解决学校发展的瓶颈。

三、家校共育，为学生发展保驾护航

1. 健全组织领导，完善家长学校管理制度。学校建立了由赵秀娟校长担任组长，教导主任、家长委员会为代表的家长学校领导小组，同时对参与人员进行了细致分工，做到了分工落实，职责明确。每个学期学校都会邀请家长委员会成员来校，通过座谈会、实地巡视等形式，进一步探讨办好家长学校的措施，研究当前家庭教育、学校教育、社会教育的一些热点问题。家长们积极参与学校管理，进而提高了学校管理的

实效。

2. 专家引领，推进家校共育工作。2019 年 2 月 27 日，唐山市开平区教育局基教科孙勇丽老师陪同全国教育行政学院家庭教育研究中心、全国"家校（园）共育"数字化项目办公室副主任郦晓雪走进第一实验小学，给家委会的家长、班主任老师进行了指导、答疑，并与家长和老师们进行了深入的沟通和交流。6 月 5 日上午，国家高级家庭教育指导师、唐山市妇联家庭教育公益讲师团首席讲师、河北省教师教育学会理事、唐山市路南区教师进修学校党委书记昌青莅临学校，为三年级家长上了一堂精彩纷呈的家校共育课。

唐山市开平区第一实验小学举办家校共育课

为了使家长更好地了解学校，了解孩子在校表现，支持学校教育教学工作，学校每学期都会举办让家长走进课堂与孩子共同上课活动，邀请家长现场观摩，让家长真正了解孩子在校园的学习、生活，与学校共同促进孩子的发展。同时学校会定期举办"开放日"活动，接受社会的评议和监督，并征求社会各界对学校工作的意见和建议，促使学校进一步转变教师教育教学观念，不断改进办学的不足，努力打造人民满意的教育。

3. 利用网络，拓宽学校宣传途径。网络拉近了家校的距离。学校在校园网上开辟了"家长学校"专栏，下设社区教育、父母课堂、子女之声、咨询服务、经验交流和校讯通 6 个子栏目。学校运营的"唐山市开平区第一实验小学"微信公众号紧跟学校动态，不定期推送学校的新闻动态、学生活动、通知公告等消息，让社会各界更多地了解学校的日常管理、教育教学、师生活动。家长也可以通过平台留言，如发表建议、咨询问题等，实现了家长与学校的无障碍交流。目前学校运营的微信公众号关注用户已达 1285 人。

4. 开展活动，形成合作共赢的局面。办家长满意的学校，从实际出发，开展丰富多彩的活动。如学校邀请消防人员为低年级学生讲解安全防火和自救知识，并进行防震防火安全演练；邀请交警讲解交通安全知识，学生从中学会讲文明、守规则；邀请家长参加学校艺术节，与孩子同台献艺，展示自我；邀请家长参加读书节亲子阅读活动，与孩子一起走进知识的殿堂；邀请家长参加少先队入队仪式，见证孩子成长的瞬间；开展家长伴读课，家长进课堂学习指导孩子阅读的方法……

通过和学生共同收看家庭教育直播课堂、撰写读后感，家长认识到科学的家庭教育对孩子成长的重要性，决定从树立正确的家庭教育观念，学习科学的教育方法做起，为孩子的健康成长、良性发展贡献力量。

在各级领导的关心下，学校的各项工作取得了可喜的成绩。先后被评为全国特色学校、全国中小学图书馆管理先进集体、河北省素质教育示范校、唐山市中小学名校、唐山市教育技术装备先进单位、唐山市学校体育艺术教育工作先进单位、唐山市基础教育管理工作先进单位、唐山市青少年科技教育示范校、唐山市教师专业发展示范校、唐山市校本课程实验校、学校后勤管理先进单位，学校还与英国林肯市的北库克英敦小学结成合作学校，进行了互访，实现了中西方教育的优势互补。在学校获得长足发展的同时，学生也在各项活动中摘金夺银，有 75 位同学在国家、省、市组织的征文、讲故事、演讲中获奖；张欣羽、董俐萱在教育部、关工委组织的全国青少年"五好小公民"主题教育读书活动"红旗飘飘，引我成长"中，分获征文组一、二等奖。

诸多的荣誉中，无不饱含着五老人员的无私奉献和殷切希望。他们的高素质、高能量、高付出，已经融合进学校教育的主阵地，并成为学校教育中不可或缺的力量，他们的所言所行无不彰显着社会关心下一代成长的特有魅力。

创新实干　奋发有为
努力开创全区关心下一代工作新局面

唐山市丰润区关工委

唐山市丰润区现有青少年 16 万人，有关心下一代工作专兼职工作人员 1203 名，共建有各级关工委（关工小组）组织 400 个。近年来，在区委、区政府和上级主管部门的正确领导和关心帮助下，唐山市丰润区关工委深入贯彻落实党的十九大精神，紧紧围绕党的中心工作，以培育和践行社会主义核心价值观为根本，以培养中国特色社会主义事业的合格接班人为目标，不断健全工作机制、壮大五老队伍、创新活动载体、拓展工作领域，持续推进全区关心下一代工作健康发展，逐步实现了全区关心下一代工作制度化、规范化、常态化，得到了省市等各级领导的充分肯定。唐山市丰润区关工委先后被省委省政府、市委市政府评为关心下一代工作先进集体；丰润镇中学关工委被授予全国"五好"基层关工委先进集体；王居安、李美华、陈雨和等五老被授予全省关心下一代工作先进个人。

一、健全机制，组织领导工作制度化

1. 健全组织领导机制。唐山市丰润区区委、区政府始终把关心下一代工作摆在重要的战略地位，作为关系党和国家未来的大事来抓。多年来，区关工委主任一直由区委领导担任，老干部局分管主抓，由组织部、宣传部、政法委、团区委、人社局、财政局、教育局等 20 个部门"一把手"组成领导小组，形成了党委重视、政府支持、各有关部门齐抓共管的工作机制。

2. 完善协调配合机制。实行"三经常"工作机制：一是经常研究、部署、解决关心下一代工作的具体问题。将关心下一代工作列入区委、区政府的议事日程，分管区领导每半年听取一次关心下一代工作汇报。

二是经常召开工作联席会议。对阶段性工作进行检查、总结和安排部署，搞好成员单位之间的协调配合。三是经常开展基层调研活动。有关部门都能够积极参与完成涉及青少年的重大实践活动和重大任务。

3. 强化管理运行机制。一是经费保障到位。按照《中共第八届河北省委常委会会议纪要》要求，唐山市丰润区关工委经费每年10万元，并纳入区财政预算，为开展关心下一代工作提供了经费保障。二是重视制度建设。近年来，唐山市丰润区关工委先后制定下发了《关于加强关心下一代工作的意见》《关于进一步加强各基层关工委组织建设的规定》等文件，还先后建立了学习培训、调查研究、督促检查等9项工作制度，做到有章可循、有规可依。三是责任分工明确。认真落实"四个干"工作机制，对重点工作提前谋划，制定措施，明确责任人和完成时限，为做好关工委工作提供了有力保障。

二、三措并举，五老队伍建设规范化

1. 建立健全基层关工委组织。唐山市丰润区领导十分重视基层关工委组织建设，全区23个乡镇、街道均依托老干部党支部建立起关工委组织，全区各村（居）委会、中小学校全部建立基层关工委组织，形成区、乡、村三级关工委组织体系，为做好关心下一代工作提供了有力的组织保障。

2. 不断壮大五老骨干队伍。按照"横向到边、纵向到底"的工作要求，通过采取"三动"（组织发动、典型带动、表彰促动）和"三个一批"（领导谈话动员一批、上门求贤聘请一批、为老同志办实事凝聚一批）的办法，聘请了556名五老人员组织成立了"优良传统传播员""革命传统报告团""法制教育宣讲团""网吧义务监督员""扶贫帮困团""校外辅导员"6个团队组织，有力推动了关心下一代工作的开展。

3. 着力抓好五老学习培训。采取举办骨干培训班、以会代训、现场参观等多种形式开展区、乡两级关工委五老人员培训，重点学习宣传十九大精神和习近平总书记对关心下一代工作所作的重要指示精神，不断提高思想理论水平和业务水平。目前，全区已举办各类培训50多场次，参训人员达2000多人次，切实提高了关心下一代工作水平。

三、抓好主题教育，青少年思想道德建设常态化

1. 开展核心价值观教育。唐山市丰润区关工委坚持以爱国主义教

育为主线，紧扣青少年成长特点，在青少年中大力开展社会主义核心价值体系的主题教育。围绕培养良好思想道德，开展"传承红色基因，争做时代新人"主题实践活动，开展践行"我们的幸福公约"、学习"我们的榜样"、诵读"我们的经典"、欢庆"我们的节日"、奉献"我们的爱心"、坚守"我们的诚信"为内容的"思想道德引领"六项行动；充分挖掘本地资源，开展爱国主义教育，举办儿童评剧《小英雄雨来》进校园巡演活动，共演出23场次，覆盖全区各乡镇；邀请国家关工委"感恩励志中国行"讲师团秦红存老师到全区58所中小学校做感恩励志演讲；开展"传承好家风、弘扬好传统、引领好风尚"活动，广泛引导组织五老在弘扬好家风、好家训，宣传好家长、好家庭中发挥积极作用；开展"培育好家风，传承好家训""我的家庭故事"征文，"善美家风"为主题的书画创作，共展出作品120多幅，召开"善美家风"建设座谈会；围绕国家重要纪念日，开展学党史、国史、国情教育，以"中华魂"为主要内容的爱国主义读书教育活动，深得广大青少年和家长们的欢迎。

2. 开展法制宣传教育。针对近年来青少年违法犯罪和校园安全等问题日益严重的情况，不断加大法制宣传教育力度，深入开展了"关爱明天，普法先行"青少年普法教育。一是送课上门。专门组织公检法司的老同志组成法制宣讲报告团，深入区中小学校巡讲。先后举办《珍惜青春，依法上网》《学法懂法，做遵纪守法的好学生》《让法制阳光洒满校园》等专题宣讲120多场次，5万多人次受到教育。二是开展法制副校长专项行动。聘请100多名法律工作者担任法制副校长，配合学校开展法制主题班会，模拟法庭、法制演讲等活动，结合学习《小学生守则》《中学生守则》和《中小学生日常行为规范》，向未成年人宣传讲解《中华人民共和国未成年人保护法》等法律法规。三是结对帮教。组织五老人员与"问题"青少年结对认亲、结对帮教，积极帮助他们解决生活中的实际问题，并通过配合家庭教育，让"问题"青少年迷途知返、悔过自新。据统计，几年来全区参加结对帮教的五老志愿者达848人，对帮教失足青少年转化、稳定社会，产生了积极的影响。

四、搞好实践活动，青少年关心教育社会化

1. 开展五老关爱行动。按照中国关工委和省市关工委的要求，唐

山市丰润区关工委充分发挥广大五老关心、教育、培养青少年的重要作用，深化培育关爱帮扶品牌，培育优秀儿童之家，培养带头致富、带领群众共同致富的农村青年人才，帮助重点困境青少年解决实际问题。唐山市丰润区关工委在各级党委、政府的领导和各有关部门的支持下，积极组织、配合、参与、推动关爱弱势群体和特殊群体工作。一是深化培育关爱帮扶品牌，帮助困境青少年解决实际困难。2018 年在全区开展了"圆梦微心愿，真情暖童心"活动，分别在春节前、儿童节前两次征集家庭贫困少年儿童"微心愿"，特别是建档立卡贫困家庭的孩子，为 53 名孩子送上了价值 12000 多元的"微心愿"礼物，让他们感受到党和政府的温暖与关怀；连续 10 年开展了"冬日送暖"爱心助学活动，累计向 500 多名贫困中小学生捐赠价值 20 余万元的御寒棉衣和护眼灯等生活、学习用品和助学金；关爱"三残"儿童，积极配合学校组织特殊群体孩子入学，每年全国助残日都到区特殊教育学校、唐山市开拓儿童矫治研究中心等学校慰问残障、自闭症儿童。二是开展"农村留守学生关爱行动"。深入全区各学校对留守儿童生活、学习情况进行全方位的走访调研，据统计，全区目前共有留守儿童 454 人，其中小学 322 人、初中 132 人。唐山市丰润区关工委为全区 454 名留守儿童全部建立留守学生专项档案，在留守儿童分布较集中区域分别建立了"留守学生爱心之家"和"留守学生爱心书屋"各 1 个。同时，每年年初和六一期间分别开展"说句心里话""我们的快乐"为主题的留守学生、孤儿学生座谈会，切实让弱势学生感受到爱和温暖。三是不断推进农村贫困青年脱贫致富工作。唐山市丰润区关工委按照脱贫攻坚要求，联合老促会、老科协等老年团体，聘请了 50 多名老科技工作者成立五老科技团，充分发挥五老科技辅导员传帮带作用，借助老农业专家、老科技工作者的技术优势，在老区村和部分乡镇、农村指导帮助农村青年建起蔬菜大棚、种植果树、栽种生姜等，培养了 100 多名带头致富、带领群众共同致富的农村青年人才，并以点带面，带动广大农民共同致富。

2. 开展青少年成长环境净化活动。唐山市丰润区关工委认真贯彻落实党中央《关于进一步净化社会文化环境促进未成年人健康成长的若干意见》的文件精神，结合实际，专门聘请了 68 名五老担任网吧义务监督员，开展网吧义务监督工作，每年召开两次工作会议，总结经验、表彰先进、安排部署工作。寒暑假期间，针对中小学生进入网吧上网人数有所增加的现象，区关工委每年都会同公安、消防、文广新局等相关部门组织五老集中开展假期巡查行动，加大对青少年进出网吧的监管力度。网吧义务监督员利用早晚外出锻炼、上街买菜、购物、走亲访友等空闲时间，到网吧、电子游戏室走走看看，用辛劳和汗水筑起了一道网吧安全"防火墙"。通过全区五老监督员经常性地对网吧的巡查，各个网吧经营秩序较以前有了明显好转，证照悬挂、警示标志等醒目，环境卫生有所改善，违规经营行为也明显减少，为营造健康向上的文明文化环境发挥了很好的作用。从2018年开始，五老网吧监督员们还主动担负起了巡查监管图书音像市场的重任，成为文化市场监管队伍中一支不可多得的生力军。

3. 开展"三位一体"关心教育活动。开展五老、学校、家庭三位一体的关心教育活动，形成生活、教育、辅导、管理一体机制。一是开办家长学校，全区已开办各类家长学校164所，组织活动1800多次，累计有上万名家长听课，实现全区家长学校的有形覆盖和有效覆盖。二是开办"四点钟课堂"。组织学生放学后定点集中学习，既解决了孩子放学后没人辅导学习和容易发生安全或社会治安的问题，又解除了家长的后顾之忧，为青少年创造了良好的学习、生活环境，这一活动受到全社会的广泛赞誉。三是开展"五老讲历史""五老传文化""五老教科学""五老助成长"四项活动，进一步帮助青少年树立正确的人生观、世界观，引导青少年养成良好的道德和行为规范。同时积极发挥媒体的宣传作用，充分利用电视、网站、广播、城市宣传栏以及手机报、微信、微博等新兴媒体广泛宣传，引导青少年健康成长，并对典型人物、典型事迹进行宣传表彰，教育引导学生培养高尚道德情操、树立远大理想。

青少年的成长工作是关系党和国家前途命运的大事，是关系国计民生的工作。相信，唐山市丰润区关工委在上级的正确领导，区委、区政府的大力支持下，在全社会的理解配合、积极参与下，在广大老同志的积极参与下，一定能够以无私奉献的精神、求真务实的作风，为关心下一代、教育下一代、促进下一代健康成长发挥更加积极的作用，作出新的更大贡献。

紧扣时代主题　创新活动载体
推动全市关心下一代工作再谱新篇章

迁安市关工委

多年来，迁安市关工委以加强未成年人思想道德建设为目标，以培育和践行社会主义核心价值观为主线，以文明城市创建为载体，以五老工作站为平台，认真做好关心教育下一代工作。连续多年被中国关工委评为宣传报道先进单位，多次被省关工委、唐山市关工委授予关心下一代工作先进集体，省关工委网站多次报道迁安市关工委的工作经验与活动情况。

一、领导重视，机制健全，基层组织实现了全覆盖

1. "四落实"全面到位。按照省委八届第 33 次常委（扩大）会议精神，深入推进迁安市关工委领导班子、组织机构、人员编制、经费保障四落实。一是领导班子到位。印发迁办字〔2017〕10 号文件，对全市关工委组成人员进行调整。二是组织机构到位。明确教育局、公安局、团市委等相关单位为关工委成员单位。关工委办公室负责具体工作，办公室设在市委老干部局，配备独立的办公场所，办公设施齐全。三是人员编制到位。迁安市关工委下设办事机构，人员参照公务员管理，额定编制 2 人，办公室主任为副科级。四是活动经费到位。将关心下一代工作经费纳入财政预算，落实到位，专门用于关工委网站建设、基层阵地建设及组织相关活动。

2. 组织机构全面覆盖。全市 21 个镇乡及街道办事处，市教育局、工信局、公安局等单位全部建立关工委基层组织，在 534 个行政村、190 所中小幼学校成立关心下一代工作领导小组，实现了基层组织的全覆盖。积极探索在大型工矿企业特别是民营企业成立关工组织，形成了全社会关心关爱青少年健康成长的氛围。

二、夯实阵地，挖掘典型，五老关爱行动再谱新篇章

迁安市关工委高度重视五老队伍建设，积极开展"十百千万"五老关爱行动。充分发挥五老的优势作用，在巩固戴福、张振华、马才、岳长春等老典型的同时，继续深入挖掘和培养裴福良、康永常等新一批优秀五老典型，不断吸收更多老同志参与到关心下一代工作当中。同时，积极发挥五老优势，搭建关爱平台，形成了以上庄、晨曦家园为核心，辐射带动全市14个五老工作站充分发挥作用的生动局面。

1. 发挥校外辅导员作用，对青少年进行爱国普法教育。以上庄乡、五重安乡、闫家店乡、彭店子乡五老工作站为代表，组建五老报告团，利用清明节、七一等重要节庆节点，到学校对青少年进行爱国主义宣讲。马兰庄镇五老骨干岳长春完成9万字的《弘扬五四精神，做当代有为青年》书稿，并编写《党员学习资料》3000册免费下发。闫家店乡五老报告团，每年定期到学校进行普法宣传。杨各庄镇五老孟庆雨，坚持义务书写黑板报12年，教育儿童和青少年热爱祖国，关心时事，收到良好的社会效应。

2. 发挥传统文化宣传员作用，对青少年进行国学教育。以晨曦家园五老工作站为代表的社区五老工作站，成立国学小屋，邀请胡春刚等退休干部为孩子们讲授国学文化；以春瑞书院为代表的传统文化教育基地，成立"德育大讲堂"，由退休老干部徐春瑞牵头，编纂并免费向全市青少年发放《国学新语》《警世忠言》等书籍，在社会上广受赞誉；杨各庄镇优秀五老裴福良，自办海兰国学书院，邀请退休国学讲师、太极拳老师等免费授课，义务讲解中医基础知识，每年寒暑假及周六日吸引周边甚至市区的200余名孩子来学习，学习结束后组织汇报演出，并为市区孩子免费提供食宿，深受十里八村家长们的一致好评；马兰庄镇五老骨干岳长春编写《怎样让孩子健康美丽》《教子义方》《隔代教育》《教师修养名言录》《工作着、健康着》等10余本书籍，累计免费下发13500余册。

3. 发挥文化艺术传承作用，丰富青少年精神文化生活。以古泥美术馆五老工作站为代表的文化艺术馆，在培养中小学生书法、篆刻、美术、泥塑等艺术上下功夫，定期举办培训班，开展一些以少年儿童为主体的雅集活动，并与马兰庄小学等十几所中小学及培训班搞馆校联合培训，让孩子们从小就受到文化艺术熏陶，收到了良好的社会效果；赵店

子镇五老康永常，开展非遗传承之秫笛进校园活动，用秫笛为孩子们带来欢声笑语，传播民间传统文化，受到孩子们的热烈欢迎。

4. 发挥道德引领作用，组织青少年道德评比活动。以马兰庄镇五老工作站、晨曦社区五老工作站为代表，定期举办社区好少年评选活动，邀请社区备受尊重的五老人员作为评委，评选品德先进的青少年作为社区楷模，带动尊老爱幼的良好社会风气。在家风传承方面，五老以身作则，在家庭中教育孩子养成良好的道德情操和生活习惯，在社会上为孩子们树立学习的榜样。

5. 发挥扶危济困作用，积极开展爱心助学活动。以大五里乡、彭店子乡、木厂口镇五老工作站为代表，多方筹措资金，成立爱心助学基金站，帮助家境困难的青少年完成学业；上庄乡五老工作站、杨各庄镇森罗寨村五老工作站，组织五老积极发挥关爱作用，自掏腰包，开展多次捐资助学活动。

三、活动抓细，载体抓实，思想教育开辟了新路子

1. 创新活动载体，开展党史教育。一是编纂爱国图书。编辑出版《爱国主义教育报告材料汇编》《人民公仆杨秀峰的故事》《三十年巨变》等10余本书籍。二是建立教育基地。组织"缅怀革命先烈，传承民族精神"系列活动，市财政先后投资200多万元，修整19处革命烈士墓地，建起23处爱国主义教育基地，并于每年清明节祭扫前进行统一巡查。三是开展主题教育。以"继承革命传统，弘扬民族精神"为主题，累计举办十二届爱国主义教育夏令营活动。以纪念中国共产党成立95周年、红军长征胜利80周年、抗日战争暨世界反法西斯战争胜利70周年、唐山抗震40周年、中华人民共和国成立70周年为契机，举办五老和青少年书画作品展5场，开展"老少共叙中国梦暨党旗下的承诺"读书征文活动，组织中小学电视演讲比赛36场次，宣讲抗日战争历史5场次，组织"周恩来生平事迹"展览1次。

2. 丰富活动内容，践行核心价值观。一是开展"传承红色基因，争做时代新人"主题教育活动。先后组织开展"五老宣讲团"进校园、清明节祭扫以及"大手牵小手，助力文明城创建""关心下一代，传递雷锋情"等志愿服务活动。截至目前，共开展学雷锋宣讲28场次，开展爱国主义教育祭扫活动55场次，五老革命事迹讲述26场次，志愿服务活动38场次，主题征文活动2次。二是开展"书香伴我成长"系列

读书活动。通过开展撰写读书心得、读书笔记，评选"阅读之星"等活动，进一步培养广大青少年爱读书、多读书、读好书、会读书的良好习惯，达到"读好书、促成长"的学习目的。开展了"学习十九大，书香伴我行""腾飞中国、辉煌 70 年"等主题读书征文活动，共收到五老、青少年及关工工作者作品 700 多篇。三是开展"我是小交警"文明交通实践活动。2018 年，迁安市关工委联合市教育局、市交警大队，开展了文明交通暨"我是小交警"主题实践活动，全市 10 万名中小学生广泛参与进来，进一步增强了广大青少年的交通安全意识和文明交通意识，并当好文明交通的小小宣传员，带动身边人共同遵守文明秩序，进而推进文明交通进社区、进乡村、进机关、进企业，共同唱响文明交通主旋律，为打造资源型城市转型中国范例助力。

3. 深化活动内涵，传承善美家风。一是开展家风传承活动。广泛开展"我的好家风"征文和"优秀家庭"评选，启动为期 5 个月的善美家风传承活动。二是推动感恩教育进校园。推动中小学校开展感恩励志教育公益演讲活动，编写并发放《教子义方》《关心下一代教育报告材料汇编》等书籍，培育传承好家风及好家训。三是爱国主义教育与家风传承相结合。开展"传承好家风，喜迎十九大"为主题的青少年书画展 25 场次。

4. 办好家长学校，助力家庭教育。一是创办电视、电台家长学校。截至 2019 年 6 月，累计播出电视"家长课堂"201 节，累计 402 课时，电台"家长学校"768 课时，受教育群众 60 多万人次。二是办好中小学家长学校。截至 2019 年，全市开办中小学家长学校 224 所，涌现出扣庄乡中学、马兰庄小学、六实小等一批先进校，有力配合了学校教育和教学工作。三是开通网上家长学校。网上家长学校——春风网继续良好运行，开设新闻快递、关工简讯、五老风采、校园活动、家教心得等专栏，进一步满足了家长的家教需求，受到了社会各界的广泛关注。四是巩固家长学校成果。几年来，迁安市关工委、迁安市教育局联合下发文件，累计对 135 名家长课堂优秀教师及优秀宣传员予以通报表彰。2019 年，又精心挑选出 80 多篇家长课堂优秀课件，汇编成《家教金点子》一书辑印成册，免费下发至各基层关工委、各中小学。

四、搭建平台，整合资源，扶贫关爱摸索出"新路径"

1. 调动平台资源，共同致力关爱行动。协调市教育局、妇联、团市委等成员单位，积极吸引社会爱心人士，共同唱响"善行河北，情暖迁安"主旋律。先后举办"冬日送暖，新年圆梦""不抛弃、不放弃"等主题活动、康俊爱心公益暨"最美少年"颁奖活动、春蕾女童受助仪式，累计捐资助学80万元，帮助400余名困境儿童重拾人生信心，步入人生正轨。

2. 开展爱心救助，关爱建档立卡儿童。迁安市关工委积极与市企业家协会沟通，由企业家爱心资助51名建档立卡贫困儿童。定期对全市建档立卡贫困户走访慰问，为困难学生送去书包、文具等学习用品。2018年8月21日，举办全市捐助仪式，为幼儿园、小学贫困儿童每人每年捐助1000元，初中生每人每年捐助1500元，高中生每人每年捐助2000元，实行对接帮扶，共发放助学金70500元。2019年5月30日，又在迁安市第五实验小学开展了"善耀水城，情暖六一"爱心助学活动，市企业家协会向市教育局捐赠29000元的爱

**迁安市关工委携手企业家协会
向贫困学生捐赠助学金**

心助学金，为58名学前至初中阶段建档立卡贫困学生送上一份特殊的节日礼物。

3. 聚合智力优势，开展知识扶贫。迁安市关工委协同市直部门、镇乡政府加大"三农"惠民政策、农业实用技术、致富方法、创业知识等的培训，拓宽创业致富信息渠道，培育农村致富领头雁。

今后，迁安市关工委将继续以党的十九大精神为引领，不断加强关工组织建设和阵地建设，建立健全长效机制，不断动员更多力量加入关心下一代工作队伍，进一步创新理念，开展形式内容紧贴青少年生活实际的主题实践活动，努力推动全市关心下一代各项工作健康发展、走在前列，为助力迁安打造资源型城市转型中国范例，培育新时代的建设者和接班人。

开展安全教育 营造文明交通
呵护青少年健康茁壮成长

滦州市关工委

滦州市关工委作为唐山市、河北省和全国关心下一代工作先进集体，关心下一代工作注重创新发展，一直发挥着头雁作用。2018 年，针对各种意外事故尤其是交通事故给青少年健康成长带来的严重伤害和潜在威胁情况，滦州市关工委结合本市实际，率先在全市中小学组织开展了"文明交通暨我是小交警"主题实践活动。随着活动的逐步推进，广大青少年通过亲身参与及体验，进一步增强了交通安全意识和文明交通意识，并通过青少年，辐射带动教师、家长等，在全社会营造遵规守纪、文明出行的交通理念，共同营造出安全的出行环境，受到社会各界的欢迎和好评。

一、协调联动，精心筹备

为组织开展好这项实践活动，确保实践活动取得实效，滦州市关工委围绕活动动员、参与者选拔、服装道具、岗前培训等方面做了精心细致的准备工作。滦州市关工委联合文明办、教育局、公安局印发了《关于在全市中小学开展文明交通活动的实施意见》，围绕在教师队伍中开展"文明交通，我为师表"活动，在青少年中开展"文明交通，从我做起"活动，在学生、家长中开展"文明交通，小手拉大手"活动，对全市中小学进行了动员部署，努力打造教师、学生、家长积极参与的三位一体格局。活动初期，分别从横渠实验小学和第三实验小学挑选了 66 名学生，成立了两个"小交警"分队。为"小交警"分队 66 名队员量身定制了交警制服，并由交警大队的同志对"小交警"进行了交通知识及指挥手势岗前培训。通过岗前培训，"小交警"对相关交通知识和指挥手势熟记在心，并能上岗指挥交通秩序。每天上、下学的交通高峰时段，英姿飒爽的"小交警"坚守在学校附近各自岗位上，有条不紊地指挥着学生、家长及过往的行人，俨然一个个训练有素的正式交警。

二、领导重视，隆重启航

2018年4月18日，滦州市在第三实验小学发起了"文明交通暨我是小交警"主题实践活动启动仪式。唐山市关工委及滦州市有关领导出席了启动仪式。关工委、文明办、教育局、公安局、交警大队等相关单位的有关人员及横渠实验小学"小交警"和部分教师、第三实验小学全体师生、市直中小学校的校长、第三实验部分学生家长参加了启动仪式。

启动仪式由副市长李晓红主持。滦州市关工委秘书长杨涛宣读了《关于在全市中小学开展文明交通活动的实施意见》。市交警大队大队长霍东兴向横渠实验小学、第三实验小学授"小交警分队"队旗。小交警代表、教师代表作了表态发言。唐山市关工委副秘书长齐志杰和滦州市委常委、宣传部长、关工委副主任田文学分别讲话，希望青少年朋友们和老师、家长都积极主动地参与到此次主题实践活动中来，通过文明交通知识、法律法规的宣传、普及，进一步提升全市文明交通素质、安全意识、法制意识及文明交通意识，促进社会文明和谐，创造文明交通人人参与、人人共享的良好环境。

三、反响良好，稳步拓展

为进一步将文明交通活动推向深入，滦州市各学校关工委积极响应，开展了形式多样的文明交通宣传活动。第二实验小学开展了"文明交通，家人同行"活动。全校学生与家人一起签订了"小手拉大手，文明交通共遵守"承诺书。中山实验学校在全校召开了"文明交通从我做起"主题班会，引导学生强化文明交通意识，养成遵守文明交通习惯；组织志愿者学生，在上下学入学高峰的道口和事故多发地段，进行文明交通疏导和劝阻活动，引导家长自觉遵守交通法律法规，共同维护交通秩序。第四实验小学也正积极开展"小手拉大手，交通文明行"活动，在校园内利用主题班队会、黑板报、讲座等多种方式宣传交通安全。

2018年9月，新学期开始后，滦州市关工委继续深化开展"我是小交警"文明交通实践活动。由交警大队民警带领第一批"小交警"走进滦州市横渠实验小学为学校新生送上"开学交通安全体验课"。民警向学生们介绍了日常交通安全出行常识，细致阐述了加强安全防患意识的重要性，积极呼吁中小学生在上下学期间，要遵守交通信号和交通安全法律法规，坚决杜绝不文明交通行为。教育学生乘坐公交车要"有序排队、文明礼让"，做到安全走路，文明乘车，摒弃陋习，远离交通事故。小交警同民警一起向同学们介绍了日常交通安全出行常识、交通标识及其他交通安全知识，让学生们在轻松、快乐的氛围中了解学习了更多的交通安全常识。

2019年，滦州市"小交警"活动开始从城区走向乡村。3月份，滦州市关工委联合市交警大队在小马庄镇西李兴庄小学、古马镇古马小学组织开展了以"珍爱生命，安全出行"为主题的交通安全知识大讲堂，并将西李兴庄小学、古马小学设为"我是小交警"文明交通主题实践活动试点学校。两个学校分别选出部分品学兼优的孩子接受了"小交警"培训。5月30日，滦州市关工委在西李兴庄小学、古马小学分别举行了"小交警"授旗仪式。唐山市关工委专职副秘书长齐志杰出席活动并和西李兴庄小学小交警一起到集市上进行交通安全知识宣传。小交警们在集市上进行了交通指挥手势和话剧《小交警》的表演。

随着"我是小交警"文明交通实践活动的持续推进，参与实践活动的学生们不仅主动约束了自身的交通行为，还带动了身边人特别是家长共同遵守文明秩序。学生向家长积极宣传文明交通，并对家长的不文明交通行为及时劝阻制止，这在很大程度上减少了交通事故的发生。

今后，滦州市关工委将进一步以"文明交通暨我是小交警"主题实践活动为载体，拓展实践体验活动的深度和广度，不断丰富创新交通安全教育活动的内容，扩大实践活动的覆盖面和参与率，使更多的少年儿童受益。

二十年的坚守　不忘的初心

滦南县关工委五老艺术团

滦南县关工委五老艺术团始建于1999年，现有团员75人，前身是滦南县老干部文艺队。20年来，五老艺术团以"老有所为，无私奉献，丰富生活，服务社会"为宗旨，以青少年学生为主要服务对象，以艺术表演为主要形式，积极参与关心下一代工作，为教育引导青少年健康成长作出了突出贡献。

他们是社会主义核心价值观的宣传员。艺术团成立以来，一直坚持文艺为人民服务、为社会主义服务的原则，在节目选排上，力求思想性和艺术性的统一，让每一次演出都真正成为感观上的享受和思想上的洗礼。近年来，在保留一些优秀传统曲目的同时，相继推出了评剧《精彩滦南》、皮影《承前启后鼓征帆》、歌伴舞《好中国，好日子》等一大批宣扬传统美德和富于时代精神的文艺作品，到社区、乡村和学校进行演出，受到一致好评。近年来，累计到全县117个行政村演出近200

滦南县关工委五老艺术团和侪城镇松树完全小学举办
"我和我的祖国"六一联欢活动

多场，到各学校演出共计 50 多场。特别是每年六一儿童节期间，五老艺术团都要深入到学校同师生一起联欢，通过文艺的形式，引导教育青少年健康成长。2019 年，五老艺术团和松树完全小学共同举办了"我和我的祖国"六一联欢活动，并为该校捐赠了学习用品。

他们是传播正能量的志愿者。五老艺术团的成员，都是滦南县五老队伍中的骨干，在排练和演出之余，他们还积极参与各种社会实践活动，通过志愿服务的形式，积极传播正能量。2009 年，滦南县成立五老网吧监督员队伍，艺术团的成员积极报名参加，副团长崔学思更是担任了城区五老网吧监督员队长。五老网吧监督员坚持每季度到县城区域内的各网吧开展活动，为净化社会文化环境，保护未成年人健康成长作出了积极贡献。在文明城建设工作中，以五老艺术团为班底成立了五老志愿者队伍，这些老同志和年轻人一道，活跃在县城各广场、路口、公园，开展志愿服务活动，以自身行动为青少年做表率，向社会传播正能量。2011 年 8 月份，滦南县开展了为期一个月的北河公园文明劝导志愿服务活动，34 名五老志愿者不畏酷暑，坚持开展志愿服务，得到前来视察的时任唐山市委书记王雪峰的高度评价。

他们是传统文化的传承人。滦南被誉为冀东文艺三枝花（评剧、皮影、乐亭大鼓）的发源地之一。老干部艺术团在继承这些宝贵的文化遗产基础上，积极入村入学校，面向少年儿童扎实开展传统文化的传承发扬工作。除经常到村庄、学校等场所开展文艺演出和举办联欢活动外，还与八户小学、靳营小学、上坡子小学等 10 多所中小学校以及东胡村等多个村庄结成对子，定期上门对爱好传统戏曲的青少年进行辅导，为传统文化的继承和发扬作出了应有的贡献。

他们是特殊群体孩子们的爷爷奶奶。五老艺术团的老同志们对下一代的关心和热爱，不仅仅体现在思想上，也体现在对孩子们生活的关心上。他们中的很多人都通过关工委、教育部门等各种渠道，积极参与对特殊群体少年儿童的帮扶工作。艺术团首任团长王宏金先后与 4 名贫困学生结成对子，帮助他们顺利完成了学业。2008 年汶川地震发生后，五老艺术团的老同志们心系灾区，主动向灾区孩子们捐款 3000 多元。2011 年，教育系统关工委在滦南二中开展资助贫困大学新生活动，五老艺术团的成员们主动帮助组织会场，并带头捐款。高淑珍爱心小院的事迹经媒体报道后，五老艺术团和县关工委的同志们一起前往爱心小院看望残疾儿童，为孩子们表演了精彩的文艺节目，并送去了 3000 元慰问金。

　　20 年来，虽然由于身体和年龄原因，五老艺术团的成员换了一拨又一拨，但不变的是服务社会、服务人民的初心，五老艺术团一直坚守在关心下一代工作的阵地上，为青少年健康成长付出着自己的辛勤和汗水。艺术团几任团长、副团长先后被评为省、市级关心下一代先进个人，多名成员被唐山市关工委授予"优秀五老"荣誉称号。

注重活动引领　培树典型示范
焕发基层关工委工作的生机与活力

乐亭县关工委

乐亭县关工委成立于 1989 年。多年来，乐亭县关工委以夯实组织基础，激发基层活力，发挥五老优势为着眼点，以关爱、培养、教育青少年为立足点，以开展青少年喜闻乐见的活动为切入点，深挖主题、创新形式、拓展领域、提升目标，不断增强工作实效，使全县关心下一代工作取得可喜成绩，连续多年被市关工委评为关心下一代工作先进单位。2009 年、2013 年被河北省委办公厅、政府办公厅授予"关心下一代工作先进集体"荣誉称号；2014 年，汀流河镇关工委被中国关工委评为"五好"基层关工委先进集体，2015 年被中国关工委、中央文明办授予"全国关心下一代工作先进集体"称号。

一、健全组织网络，夯实关工委工作基础

做好关心下一代工作，组织队伍建设是保障。目前，乐亭县关工委名誉主任由 2 名县级实职老干部担任，主任由县委常委、组织部长担任，副主任由人大副主任、政协副主席担任。各基层关工委依托老干部党支部建立组织，32 个镇（乡）、街道关工委组织已全部建立健全，分别由当地党委副书记兼关工委主任，老干部党支部书记兼任关工委常务副主任，老干部专管员任党支部副书记兼关工委副主任，秘书长由热心下一代事业，有奉献精神的老干部担任。发展建立村、社区、学校关工委小组 128 个，建立五老工作站 38 个，五老会员 1540 人，近年来，通过开展争创"五好"关工委、优秀五老工作站活动，不断加强五老队伍建设。乐亭县关工委适时组织召开关心下一代工作表彰会议、举办业务培训班、组织到外地参观学习，不断提高五老人员的业务素质和工作能力。关工委还从广大离退休干部中招募 100 名身体好、素质高、有奉

献精神的老同志为关心下一代志愿者，建立了五老关心下一代志愿者协会，在各镇（乡）关工委建立关心下一代志愿者分会，进一步壮大五老队伍。全县形成了以县关工委为指导，各镇（乡）关工委为纽带，各关工委小组为基础的上下贯通、平行互动、条块结合的组织网络，夯实了关工委工作开展的基础。

二、以活动为引领，焕发关工委工作生机与活力

多年来，乐亭县关工委坚持活动育人的方针，搭建活动平台，面向青少年深入开展社会主义核心价值体系教育活动，打造主题鲜明的活动品牌。

1. 开展思想道德教育活动。教育为本，德育为先。乐亭县关工委每年确定一个活动主题，围绕主题开展形式多样的教育活动。先后开展了"知党、爱党、跟党走""学雷锋、心向党、讲品德、见行动""老少共筑中国梦""中国梦·我的梦""爱学习、爱劳动、爱祖国""学习十九大精神，做优秀的社会主义建设者和接班人"等主题教育活动。利用五四青年节、六一儿童节、七一建党节、国庆节等重大节日开展丰富多彩的教育活动。

积极开展革命传统、李大钊精神、文明礼仪、法制宣传、交通法规等进校园活动。乐亭县教育局关工委与李大钊纪念馆联合开展"大钊精神进校园"活动，以"学习大钊精神，做红色基因传人"为主题在全县各中小学校进行巡回宣讲；教育局关工委还联合交通局、交警大队，多次在县城中小学开展"我是小交警"文明交通主题实践活动，通过组织学生到交通岗做志愿者体验执勤，向中小学生发放交通法规手册，在学校开展交通事故影像资料巡演等活动教育引导青少年遵守交通法规，文明出行，安全行驶；以纪念建党 95 周年，喜迎十九大召开为契机，乐亭县关工委在李大钊故居、李大钊纪念馆开展了主题教育活动启动仪式，在全县青少年中广泛开展纪念活动，并邀请参加抗战的离休干部到政府机关、学校、社区作"忆党史、颂党恩、跟党走"革命传统报告 30 场次，受教育面达 3000 余人次。围绕主题开展学雷锋志愿服务活动。2012 年六一儿童节前夕，乐亭县关工委邀请汀流河镇关工委副主任、省关心下一代先进个人、原一小副校长杨富智到县第一、二、三实验小学作了题为《积极进取，争做好少年》的宣讲报告。2016 年，乐亭县关工委与全县 14 个镇（乡）关工委、团委、学校联合组织优秀

中小学生代表开展"关爱自然，青年林义务植树"活动。乐亭县关工委、乐亭县委党史研究室成立了五老党史宣讲团，深入全县各中小学校、机关、企业等开展以"学党史、知党情、颂党恩、听党话、跟党走"为主题的党史宣讲活动13场次，受教育群众近3000人。通过进校园开展活动，教育和引导青少年树立正确的理想、信念和价值观，不断提高青少年的思想道德素质。几年来，全县各基层组织在青少年中开展党史知识和诵读会、故事会、咏唱会等竞赛活动36次，举行书画、图片展览15次，组织青少年参观德育教育基地上万人次，用这些寓教于乐、寓教于行的活动形式吸引、凝聚了青少年，锻炼、培养了青少年，不但开阔了他们的眼界，充实了他们的精神世界，同时又达到了对他们进行思想道德教育的目的。

乐亭县关工委携手有关部门在第二实验小学举行
"六一"少先队员入队仪式

乐亭县关工委围绕中心，服务大局，创新活动载体。在乐亭县创建国家卫生城、园林城工作中，乐亭县关工委、教育局关工委、共青团乐亭县委联合开展了"老少携手共建国家卫生城、园林城"植树活动，为保护生态环境，共建和谐乐亭作贡献。在文明县城创建工作中，县关工委组织老干部关心下一代志愿者开展了以"关爱明天、五老志愿者在行动"为主题的"三进"（进社区、进街道、进广场）志愿服务活动。对一些不文明的行为、现象进行耐心劝导、说服和监督，引导青少年维护公共秩序，自觉践行文明礼仪，提高创建文明县城的知晓率和参与率。还联合社区、街道、学校开展"做文明小公民、绿色环保小卫士"活动，组织青少年利用节假日到所在社区参加公益劳动，美化绿色家园，做社区的小主人，增强了孩子们的劳动和环保意识。

2. 开展家庭教育活动。目前，全县各基层关工委共建立家长学校

91 个。多年来，乐亭县关工委把家庭教育作为关心下一代工作的重要内容来抓，不断拓宽渠道，创新形式，把家庭教育工作引向深入。2014年，乐亭县关工委组织召开"望子成龙、望女成凤"家庭教育经验交流活动，请县内优秀学生家长及教师谈经验、说体会、讲成效，在座的家长及家长学校教员受到很大的触动和启发。邀请原一中老校长胡西元到基层家长学校做客，讲"育儿经"23 次，受到家长们的欢迎。自 2011年起，乐亭县关工委、县教育局联合县电视台聘请县内外的教育学者、专家、教授等在乐亭电视台举办了多期"关于家长在教育孩子问题上出现的误区及如何解决"的专题讲座。2015 年，乐亭县关工委与县教育局关工委联合举办了乐亭县大型家庭教育公益大讲堂，近千名家长参加活动，传授科学教子的新理念和与孩子沟通交流的新方法。据统计，近几年来，全县各基层关工委创建家教刊物 450 期，发放刊物达万余份，订阅家教刊物 5000 余份，作家教报告 190 余次，演出家教文艺节目 24 场次，受教育家长达万余人，有效地提高了家长素质和家庭教育水平。

3. 开展捐资助学关爱活动。近年来，乐亭县关工委以六一儿童节、春节等为时间节点，积极开展"爱心圆梦助成长""精准扶贫、放飞梦想""冬日暖阳"等捐资助学活动，筹措资金 11 万余元，资助贫困大中小学生 1102 名，为特殊教育学校捐赠生活用品 1000 套，向 6 所小学捐赠文体活动器材 750 套。自 2015 年起，乐亭县关工委面向全县中小学建档立卡的贫困生开展"精准资助、扶贫脱困"主题活动，以小学、幼儿园贫困儿童每人每年 300 元，初中生每人每年 500 元，高中、大学生每人每年 1000 元的标准进行有针对性的资助活动，到 2019 年共资助贫困学生 120 人，受到社会各界的广泛好评。乐亭县关工委还针对闫各庄品学兼优的孤儿马靖尧开展精准追踪扶贫，2017 年向省关工委为他申请专项扶贫资金 4000 元；2019 年 6 月中考前夕，为他送去慰问金1000 元，帮他解决生活难题，让他感受到组织和社会的关爱。2007 年，乐亭县关工委下发了《关于组织引导广大离退休干部开展捐资助学活动的通知》，在全县离退休干部中广泛开展捐资助学活动，目前，各基层关工委已自发组织成立了"夕阳关爱基金"7 个。据统计，全县各基层关工委截至目前累计捐款（物品）50000 多元，资助贫困生 100 名，奖励优秀生 50 名，救助孤儿 2 名。通过开展助学关爱活动，唤起社会各界共同关注帮扶贫困家庭儿童、病残儿童、孤儿等特殊群体，营造了浓厚的关爱氛围。

乐亭县关工委举行捐资助学活动

4. 开展青少年科技培训活动。农村关心下一代工作相对薄弱，为切实加强农村关心下一代工作，乐亭县关工委工作重心下移，在"建设新农村、培养新农民"上做出成效。2007年，乐亭县关工委成立了大中专初高中毕业生就业培训服务中心，针对全县农村未升学但仍想通过学习改变命运的初高中生及未就业的大中专毕业生进行技能培训。先后组织发动1000余名毕业生到北京、天津、山东等地学习技能，90%的学生毕业后顺利实现就业，解决了家长和学生的后顾之忧，得到家长的好评和社会的认可。以深入实施精准扶贫为重点的"十百千万"五老关爱行动为契机，近两年来，乐亭县关工委联合县老科协在广大农村青年中举办各种技术培训活动50场次，向青年农民传授农业科技知识，提高青年农民的科学技术水平，培养农村青年致富带头人。同时，联合农、林、科技等部门，开展以"讲政治、育新人、学科技、奔小康""精准扶贫，共同致富奔小康""争做当代致富先进楷模"为主题的科技培训百余场次。

5. 开展净化社会环境活动。全县120名五老网吧监督员积极活跃在城镇乡村，得到了社会各界的好评和大力支持。寒暑假期间，乐亭县关工委与县文广新局组织开展"营造绿色上网环境，健康伴随你左右"主题实践服务活动，组织五老监督员深入网吧，对业主加强规范经营的教育引导，并积极配合文化市场管理部门进行防止未成年人进入和安全经营的检查，开展营造绿色网吧活动。乐亭县关工委连续6年，在雷锋活动月组织开展"关爱明天——五老在行动"志愿服务活动。五老志愿者佩戴红袖章深入社区、街道,热情为群众解答青少年家庭教育、良好习惯、良好品行等心理、生理方面的健康知识并发放青少年家庭教育知识、常见疾病预防与治疗、优秀青少年的先进事迹等方面的宣传材料万余份。同时,在人员活动集中的场所开展文明劝导活动,对一些不文明的行为、现象进行耐心劝导、说服和监督,引导青少年维护公共秩序,自觉践行文明礼仪,进一步净化青少年成长环境。

三、培树典型,注重宣传,带动全局工作开展

典型是旗帜、是方向,手中有典型,工作就能打开新局面。日常工作中,乐亭县关工委注重发现培树典型,抓好宣传报道工作。近年来,向省、市关工组织反馈工作信息百余条,撰写典型事迹材料20余篇。宣传了双目几近失明,但仍由老伴代书,笔耕不辍撰写德育教育书籍的党校老校长付杰全;美化校园环境,发挥隐形教育资源优势,孜孜以求的老教师陈书奇;在关心下一代领域不断创新方法、拓宽思路的优秀五老杨富志、李云祥等。2015年,乐亭县关工委选树了闫各庄、乐安街道、中卜镇关工委为优秀基层"五好"关工委,选树茂源社区五老工作站、大相各庄乡五老工作站、夕阳红五老工作站为学习对象,组织召开了现场观摩会。2016年重阳节期间,通过乐亭县电视台对汀流河镇关工委的先进事迹进行了宣传报道,并精心制作了专题片《托起明天的太阳》。通过典型示范带动,有效地推动了创先争优活动的开展。乐亭县关工委还通过简报、专栏、新闻报道、广播等形式向社会各界宣传工作达60余次,连续多年被市关工委评为信息调研先进单位。通过培养、扶植、宣传典型,使更多的老同志参与关心下一代工作,真心实意地帮助青少年,使全县关心下一代工作不断向多层次、多领域纵深发展。

今后,乐亭县关工委将进一步立足实际,突出特色,不断创新,促进基层关工委工作全面开花。

明确主题　创新载体
推动"五好"关工委创建向纵深发展

乐亭县汀流河镇关工委

近年来，唐山市乐亭县汀流河镇关工委在市、县关工委的具体指导和镇党委、政府的正确领导下，依托五老工作站，充分发挥五老作用，以关爱、培养、教育青少年健康成长为立足点，以争创"五好"关工委和"十百千万"五老关爱行动为契机，以"献余热、做表率、促发展、建新功"为主题，结合实际，突出特色，丰富内容，创新载体，焕发关工委工作的生机与活力，连续多年被市、县授予关心下一代工作先进集体，2008 年被评为全省关心下一代工作先进集体，关工委秘书长杨富智被评为省级先进个人。

一、健全组织，完善制度，使"五好"关工委创建有保障

汀流河镇关工委为做好关心下一代工作，深入开展"五好"关工委创建活动，积极健全组织，完善各项制度。由镇党委书记任名誉主任，副书记任主任，老干部专管员、团委书记、妇联主席、总校长任副主任，离休干部、老共产党员孙荣党性强、威望高，工作有热情、有奉献精神，被选聘担任名誉主任，并根据老同志年龄结构、身体素质、理论水平等配齐配强关工委班子。全镇 42 个行政村和 9 所中小学校都建立了关心下一代工作小组，发展会员 40 余人，形成了健全的工作网络。工作中，坚持完善学习、例会、活动等规章制度，保障创建工作规范化、制度化、常态化，使关心下一代工作有计划、有安排、有检查、有总结，活动开展有条不紊，工作推进扎扎实实。

二、结合实际，明确主题，为"五好"关工委创建明方向

按照"五好"关工委的创建要求，结合全镇老干部多、素质高、

关注下一代成长热情浓和舍得在关心下一代工作中投入感情和资金的实际，确立了"献余热，做表率，促发展，建新功"争创活动主题。在全镇五老队伍中开展"夺旗争星""教育后代模范""谨遵'四个意识'，坚定'四个信念'，做到'两个维护'"等多主题活动，为老同志提供用武的平台，提高五老的政治素养、党性修养、理论水平。从而用先进的政治理论和思想武装他们的头脑，用讲贡献争先进激励五老的工作热情，使汀流河镇关工委工作充满生机与活力，不断提升五老工作站关心下一代工作的水平。

三、创新载体，丰富内容，促"五好"关工委创建显成效

依托五老工作站，汀流河镇关工委精心设计，打造品牌，营造氛围，不断提升活动的效果。

一是开展德育教育活动。利用重大节日和历史纪念日，开展形式多样的教育活动。先后深入全镇中小学校作了《众志成城抗震救灾》《忆党史、颂党恩》《弘扬雷锋精神》《誓做革命接班人》《传递正能量，共圆中国梦》《学习贯彻十九大精神，做德智体美劳全面发展的社会主义建设者和接班人》等主题德育报告。纪念建党90周年，举办以"永远的旗帜"为主题的百人诗词朗诵会和红歌演唱会，老少同台歌唱党的光荣与伟大，表达对党的热爱之情。开展"知党、爱党、跟党走"学党史知识竞赛活动。收集整理"双百人物"先进事迹，举办党史教育综合展览，组织学生参观学习。每逢六一国际儿童节，汀流河镇关工委都要到学校开展老少联欢活动，把德育教育与歌咏比赛、书画展览、文艺演出相结合，寓教于乐。同时还配合学校对青少年进行法制教育、科普知识教育、卫生环保教育、交通法规教育，培养青少年良好的行为习惯，帮助青少年树立高尚的道德品质，把社会主义核心价值观教育落到实处。近五年来，深入学校面对面地给学生讲课25场次，受教育学生5000人次，教育转变后进生25人。

二是开展家庭教育活动。为优化育人环境，实现学校教育与家庭教育更好的结合，他们在全镇创办了12所家长学校，每年坚持组织召开家庭教育座谈会，邀请优秀学生家长代表从不同侧面介绍正确的家教方法，交流学习做好家教工作的经验和体会。2005年，创办了《家教指南》小报，刊载家庭格言、家教故事以及青少年心理健康知识等方面的内容，帮助家长了解青少年的心理特点，采取正确的教育方法，提高

汀流河镇关工委开展的"积极进取，争当好少年"活动

家庭教育的水平。每月一期，现已出刊112期。为满足广大家长学习研究的需求，2012年，精选100期小报辑印成册，被县教育局选为全县中小学校家庭教育指导丛书。

三是开展奉献爱心活动。2008年，汀流河镇关工委成立了星火爱心基金会，连续5年开展献爱心活动。广大离退休干部慷慨解囊，累计集资捐款25000元，奖励品学兼优学生54人，奖励拾金不昧的好少年15名，精准扶贫建档立卡特困生9名。在广大青少年中传递正能量，帮助弱势青少年走出困境。2017年3月，组织召开了学习雷锋实践活动总结表彰大会，对在活动中涌现出的35名学雷锋标兵进行了表彰奖励。2016年以来，全镇青少年中不断涌现关爱他人、助人为乐、拾金不昧的好典型。据不完全统计，好人好事达百余件，全镇四至六年级百余名志愿小少年坚持参加护树活动，受到了社会各界的高度赞扬。

四是开展倡导低碳生活保护环境活动。自2010年以来，汀流河镇关工委先后3次开展了以"积极行动起来，做低碳生活的先行者"为主题的实践活动。利用集日搞宣传，走上街头搞宣讲，深入学校讲解低碳知识，发放《用朴素意识开启低碳生活》小报。开展小手牵大手活动，号召青少年动员家长、邻居、街坊做低碳生活的先行者。2015年开展了"学雷锋，做有志青少年"实践活动，引导学生从一点一滴做起，从自我做起，保护环境，为推行低碳生活发挥自己的作用。汀流河初中三年级学生吕兆云同学积极响应活动，收集校内外废纸、饮料瓶，晒干、洗净交到废品收购站，既净化了环境，又增加了收入。经过一年的时间，将卖废品积攒的206元，全部捐献给联合国粮食组织、中国绿化委员会和山村书屋。

五是开展楹联征集活动。为丰富青少年的业余文化生活，2006 年开始，汀流河镇关工委联合老干部党支部连续六年举办了老少共乐楹联征集活动。累计参加活动人数达 200 人，作品 1230 件，并有多名学生的作品获奖。2012 年，唐山市楹联协会会长孟宪阳参加了活动，并赠贺联"对美一方迷百姓，联兴六载醉三农"，《河北日报》《唐山劳动日报》报道了活动情况。通过开展活动填平了代沟，增进了老少感情的交流，同时也开发了青少年智力，陶冶了情操，有助于青少年素质的提高。

　　六是开展传经送宝科技培训活动。以"十百千万"五老关爱行动，助力脱贫攻坚战为契机，积极开展科技培训，帮扶农村青年科技致富，引领因病因残致贫青年走出困境，开启全新生活。结合汀流河镇农业种植结构调整，开展科技宣传、技术指导、引进新项目、推广名优品种等科普宣传活动。近几年来，汀流河镇关工委邀请市、县老科协及有关农技专家深入农村举办棚菜种植与管理科技培训 12 期，培训青壮年农民 1000 人次，通过精准政策、技术、资金的扶助，帮助 5 名贫困家庭的青年脱贫，并逐步走上致富之路。

　　七是开展网吧义务监督活动。汀流河镇关工委有网吧义务监督员 15 人。为了防止青少年沉迷网吧，网吧义务监督员不管刮风下雨、严冬酷暑，坚持多年对网吧进行监督、巡视、记录，随时与关工委保持联系，及时沟通，发现问题及时教育解决，为青少年健康成长营造绿色环境。

　　拨亮一盏灯，照亮一大片。2014 年，乐亭县关工委组织建设现场会在汀流河镇召开，宣传学习"五好"关工委争创活动经验，以点带面，推动了全县关工委工作再上新水平。

心系下一代　余热更生辉

乐亭县中堡镇关工委

多年来，乐亭县中堡镇关工委在市、县关工委的指导下，镇党委、政府的正确领导下，紧紧围绕青少年健康成长，以五老工作站为主阵地，充分发挥五老作用，协调联动，积极开展多主题的教育活动，创建"五好"关工委，取得了一定成绩，得到了镇党委、政府和上级组织的肯定，受到了青少年和群众的好评。连续多年被市、县评为"关心下一代工作先进集体"，2013年被河北省委办公厅、河北省人民政府办公厅授予"关心下一代工作先进集体"称号。

一、健全组织，增强生机与活力

做好关工委工作需要有一个好班子。目前，乐亭县中堡镇关工委由镇党委副书记任主任，老干部专管员、团委书记、妇联主席、总校长任副主任，党性强、威望高、工作有热情、有奉献精神的老党员（离退休干部党支部书记）李文会为常务副主任，并根据年龄结构、身体素质、理论水平配强了关工委班子。为了更好地抓好关心下一代工作，拓宽了领域，把关工委组织延伸到基层，在全镇33个行政村和8所中小学校建立了关工委小组，形成了健全的工作网络。多年的工作实践中，中堡镇关工委形成了一套行之有效的学习、例会、活动等规章制度。同时，中堡镇关工委以创建"五好"关工委活动为载体，在全镇离退休干部中开展"夺旗争星"，争当"教育后代"模范活动，使镇关工委工作充满了生机与活力，进一步提升了关心下一代工作的水平，培养了一批积极主动、甘于奉献的五老骨干。

二、开展活动，塑造青少年的美好心灵

多年来，中堡镇关工委每年结合六一儿童节开展主题教育活动，举

办庆六一老少同乐会，对学生进行革命传统、爱国主义、社会道德、精神文明、人生道德观教育，并结合开展历史英雄人物、时事等知识竞赛的方式，以社会、家庭、学校为平台，生动活泼地为同学们展示王二小、刘胡兰、董存瑞、黄继光、雷锋等英雄人物和历史故事，使他们牢记历史、不忘过去、展望将来，不断提高学生整体素质。先后开展了"红军长征胜利70周年""毛泽东诞辰110周年""李大钊诞辰120周年""中国共产党建党95周年""喜迎十九大"系列活动。中堡镇关工委还配合学校对青少年进行法制教育、科普知识教育、卫生环保教育、社会主义核心价值观教育、交通规则教育等，培养青少年良好的行为习惯，帮助青少年形成良好的道德品质和正确的世界观、人生观、价值观。多年来，中堡镇关工委结合六一儿童节到各个学校面对面地给学生上德育课25场次，受教育学生2500人次，通过授课和做思想工作转变后进学生25人。

中堡镇关工委组织"童心向党、红色传承"演讲比赛

中堡镇关工委每年组织一次"老少同乐"文艺汇演和书画展，在活动中潜移默化地培养青少年的爱国主义情怀，宣传十九大精神，教育他们立志听党话、跟党走，立志扎根人民、奉献国家。在老干部局出版的《晚霞诗歌》书刊中，也为学生开辟了校园欢歌专栏。每年组织一次老少爷们运动会，把日常生活中的活动编成项目搬到运动场，既是娱乐又是运动，也是教育大课堂。如"勤俭节约代代传""艰苦朴素代代传""精神文明代代传""我给爷爷送杯茶""我给孩子戴红花""老少共筑中国梦"等22个项目，让孩子们在轻松愉悦的氛围中，承继中华

优良传统、红色基因，争做时代新人。

三、倾注爱心，为青少年擎起一片天

唯有爱无尽，希望才永恒。中堡镇关工委自 1998 年就成立了校外辅导员队伍，近年来，结合以精准扶贫为重点的"十百千万"五老关爱行动，实施了"123"爱心工程（联系 1 个学校，组织 2 次德育报告，帮助 3 名困难学生）。

从 2005 年开始，中堡镇关工委积极与各学校和文教组联系，对生活有困难的学生开展捐资助学活动。广大离退休干部慷慨解囊，建立了爱心助学基金。爱心助学活动已坚持 10 余载，累计集资捐款 50000 元，资助困难学生 45 名，其中 12 名因生活困难即将辍学的学生受到了资助，奖励品学兼优学生 54 名，奖励拾金不昧的少年 5 名。自 2005 年开始每年都会为一名失去母爱的女童李雪娜送去 800 元资助金，2010 年李雪娜同学考入了初中，又为她添置了一辆 400 元的自行车作为交通工具。2011 年，中堡镇关工委还为一位身患白血病的 9 岁女童张童瑶送去了 500 元的资助款。2016 年，退休干部呼会林把投稿所得奖金 300 元全部用于捐资助学。目前，受资助的困难学生有 8 人考入了大学，10 余年的坚持赢得了社会各界的称赞。

四、传经送宝，帮助农村青年科技致富

开展科技培训，帮扶农村青年。结合中堡镇农业种植结构调整，开展科技宣传、技术指导、引进新项目、推广名优品种等科普宣传活动。

近两年来，中堡镇关工委邀请市、县老科协及有关农技专家到镇举办棚菜种植与管理科技培训班 12 期，培训青壮年农民 1000 人次。镇退休干部金洪斗经常看报、学习，收集整理了农作物管理及棚室种植果菜类的技术资料 1500 多篇，他把资料装订成册，毫无保留地介绍给广大青年农民，让青年农民看到富从何来，富在何处。2014 年，他经过多次调研考察引进了茄子树，茄子的品种好、产量高、见效快，在他的精心培育下，茄子长势良好，每亩收入 5—7 万元。2015 年，中堡镇关工委联合县老科协召开了茄子树推广观摩会，大力推广茄子树种植，拓宽了致富路子，促进了农民增收，为调结构、促镇域经济发展作出了贡献。

老干部的情、老干部的爱，

老干部关心下一代。

十余年捐资五万元，支部领导来挂帅。

群英齐出资，争相如比赛。

不说一字悔，只说责无旁贷。

走进夕阳里，余热生辉犹在。

让有限岁月，依然释放无限的光彩。

尽微薄之力，关注教育，关心下一代。

不让贫困生落后，让新星成绩不败。

因为他们是国之大计后继人，

从小让他们茁壮成长，让蓓蕾芬芳可爱。

才能成为有用之才。

十余年的浇灌，十余年的关爱，收到社会的喝彩。

这不是我们的追求，十余年不是终点，

我们还要帮扶传带，这就是全镇离退休老干部不变的情怀。

　　这是中堡镇关工委成员崔益文写的一首诗——《老干部关心下一代》，充分体现了中堡镇老干部关心下一代的真实情怀。夕阳迟暮心不老，余热生辉映晚霞。中堡镇离退休老同志关心教育下一代，以无私奉献的高尚情怀谱写了一曲情牵朝阳的赞歌。

用退龄大爱服务青少年成长成才

廊坊市关工委帮教团

从1997年到2015年，18年来每逢中秋、春节，总有几位老同志顾不上和家人团聚，驱车几百公里来到太行监狱、保定监狱和石家庄少管所，在高墙内与霸州籍服刑人员促膝长谈，为他们带来亲人的思念，为他们送上一份浓浓的乡情。这就是霸州市关工委关爱帮教团的老同志们。高墙内，他们传亲情、送乡情；高墙外，他们帮生活、促回归。看着帮教团18年来对服刑人员家庭的走访记录和对刑满释放人员的生活帮扶记录，现任关爱帮教团团长齐新深有感触地说："这18年来，我们是'沥心血，唤浪子回头；爱所至，让顽石亦开'。"

霸州市关工委帮教团18年如一日，坚持对服刑人员及其子女的关爱帮教，只是廊坊市关心下一代工作的一个缩影。全市各级关工委组织作为党和政府教育青少年的参谋和助手、联系青少年的桥梁和纽带，在市委、市政府的正确领导下，始终坚持"急党政所急、想青少年所需、尽关工委所能"的工作方针，突出为青少年服务的工作宗旨，把服务扶持与教育引导结合起来，把满足需求和提高素质结合起来，把关爱送到青少年的生活里、心坎上。

围绕社会主义核心价值观这一根本，着力打造青少年立德树人的生命线。在广阳区国际花园社区，每逢端午、中秋、重阳和春节等传统节假日，社区关工委的老同志们积极协同社区组织青少年参加"邻里守望·百家宴""小丫进空巢·我为奶奶唱支歌""我是社区卫生小使者"和电脑义务维护等活动，把"学雷锋志愿服务"主题教育活动进一步向深度挖掘、向广度拓展，更具贴近性、对象化，让青少年看得见、摸得着、融得进。三河市关工委在全市中小学生中广泛开展"孝道教育"已经有12年的时间了。老同志从自编《孝道三字经》《孝道名言警句汇编》等校本教材做起，让"小公主""小皇帝"们知孝道；通过开展

"孝亲敬老月""小手拉大手，孝敬万家和"等特色活动，引导青少年行孝道，而且实现了孝道教育的常态化、时代化和社会化，使孝道文化在青少年群体中入心、入脑、入生活，成为全国关工委系统的示范性工作品牌。全市各级关工委组织还注重结合当地青少年群体特点，创新开展具有当地特色、彰显时代特征的教育引导工作。大厂县关工委注重结合作为少数民族自治县的特点，坚持开展以"民族团结手牵手，和谐发展心连心"为主题的民族团结教育活动，让青少年对民族团结有了更深的认知与理解，牢固树立了不同民族间青少年包容友善的团结意识，使"爱学习、爱劳动、爱祖国"的主题实践教育活动载体多样、形式活泼。在提高传统教育平台社会主义核心价值观教育质量的同时，各级关工委组织不断创新以网络为代表的新型教育平台建设。在纪念中国人民抗日战争胜利 70 周年之际建立了全市关工委系统以"我和家乡英雄在一起"为主题的网上爱国主义教育基地，为青少年提供个性化、便捷化教育服务，形成了网内网外互补、线上线下共促的青少年思想道德教育新格局。

围绕贯彻落实"全民普法"这一重点，着力培育青少年遵法守法的真诚信仰。在市区中小学和开发区大学城，有一位年届八旬的老人经常出现在法制教育报告课堂上，他就是廊坊市关工委法制报告团副团长、市检察院退休干部张凤云。"只要学校有需求，我一不用接送，二不取分文，能让孩子们学法、知法、守法我义无反顾。"就是这一信念支撑着这位老人开展青少年普法教育近 20 年。参加关心下一代工作的广大五老人员，不仅是优秀传统文化的继承者、传播者，是社会公德、职业道德、家庭美德和个人品德的示范者、凝聚者，同时又是社会主义法治的忠实崇尚者、自觉遵守者和坚定捍卫者，他们是"坚持依法治国和以德治国相结合"方针的有力推动者。全市各级关工委组织十分注重发挥广大五老人员的独特优势，打造了一支专业化的五老普法志愿者队伍，以青少年为主体，善于用新媒体、新技术提高普法教育的吸引力，构筑学校、企业、社区、村街四个普法平台，为形成政府、学校、家庭和社会"四位一体"的法制教育合作共同体深入一线、多方协调。老同志们在校园周边文化环境监督中积极配合，在"零犯罪学校""零犯罪社区""零犯罪村街"的创建活动中自觉担当，为营造青少年健康成长的社会环境，为预防和减少青少年违法犯罪努力工作着。

围绕全市发展"都市型"农业这一定位，着力加强新型职业化青年农民的培养。2015年，中央印发了《深化农村改革综合性实施方案》，其中对培养职业农民队伍提出了具体要求和措施。当前，农村人才资源呈现出总量偏少、年龄偏大、层次偏低且流失严重的局面，已成为农村发展的最大瓶颈。"想致富，没技术；没技术，难致富"，成为农村青年致富创业难以逾越的一道坎儿。农村发展的"短板"在人才，人才的"短中之短"在青年。针对农村发展的现实情况，固安县关工委始终坚持"哪里有青少年哪里就有关工组织"的工作理念，把关工组织建在田间地头，建在农村经济发展的最前沿和第一线，以新型农合组织、农民技校、农村文化大院和农村青年创业产业园为服务扶持平台，培育了大批"有技术、会管理、懂市场、善经营、讲诚信"的新型青年农民，探索出一条新的农村乡土人才培育之路。2015年5月，河北省关工委副主任李月辉就如何开展农村关工委工作创新到固安县调研。在公主府乡大王村农民技校，他紧握着老校长闫德的手说："农民技校心系农民，传科技经，送丰收宝，引经营路，搭致富桥，使小学校有了大作为。"他亲自点名要大王村农民技校在全省的工作会议上作典型发言。在固安县绿园农业开发有限公司、北农大健康养殖合作社、顺斋瓜菜合作社，都有一大批无私奉献的老同志为这里的青年农民送技术送服务，培养了越来越多的农业科技能手和致富能人，也涌现出刘钊、付盛山、陈善国、闫德、杜永清等一批全国先进的五老典型。

围绕全市民营企业成为全市青工就业主体这一实际，着力构建和谐劳动关系。如何将老同志的政治、经验、威望和专业优势切实转化为企业发展优势，是全市企业关工委多年来努力探索的重要课题。企业关工委坚持"贴近企业实际、企业发展，关爱青工成长，促进社会和谐"的工作方针，在企业党建、青工教育、企业文化建设和社会责任引导等方面取得了明显成效。中太建设集团关工委通过筹建项目部农民工技校，开展"中太十大最美劳动者""关爱在工地""金秋助学"等活动，营造和谐互助的企业文化；通过集团荣誉室、"总书记来中太"、抗震救灾展览，进一步强化员工的社会责任意识和自豪感。大城神州集团关工委以青工文体活动基地、技能培训基地和文化学习基地为平台，坚持开展"培育一个核心，确立'三为'模式，完善五项措施，坚持五个原则，秉持五个必须，采用五种方法，实现三个效果"的青工教育培训工作。香河县关工委根据当地小微企业的特点，积极探索在属地党组织的领导下建立行业关工委的工作方法，统筹利用五老资源，促进了劳资关系和谐，实现了共赢发展。

围绕关工委是党委、政府青少年工作的参谋和助手这一民生属性，着力为广大青少年办实事、解难题。近几年来，由于教育部门对小学生在校时间管理更加规范，学生放学早与家长下班晚的矛盾日益突出，很多家长只好将孩子送到小饭桌。由于小饭桌一定程度上存在着监管不规范、教辅不专业等问题，小学生的课余时间管理服务存在着一定的安全隐患。关工委的老领导、老同志看在眼里急在心上，他们主动到有关部门争取政策支持，深入学校进行动员，在借鉴外地"四点钟课堂"经验的基础上，根据各地各校的实际情况，扶持充实了一批社区青少年工作室、乡村学校少年宫、青少年校外活动中心、学校托管中心，组织动员老教师、老干部开展志愿服务，协助有关部门做好安全规范和学生管理服务工作，把"四点钟课堂"打造成基层关工委常态化的服务载体，也促进了政府、学校、社区和社会资源的有效整合，让学生安全、家长安心。

同时，全市各级关工委组织通过开展"名家进校园"活动，创办电视家长学校、微信家长学校等形式配合教育部门办好家长学校，促进了学校、家庭、社会"三位一体"教育体系的形成。在坚持量力而行、尽力而为的原则下，各级关工委积极动员社会力量，开展捐资助教、助困等活动，配合有关部门对留守儿童、孤残儿童等弱势青少年群体给予切实有效的关爱帮扶，为他们健康成长创造有利条件。

"爱是最好的教育，爱也是关心下一代工作贯彻落实习近平总书记重要指示中'坚持服务青少年的正确方向'要求的最本质内涵。"已担任廊坊市关工委主任12年的"义工主任"、市老领导李振洲深有感触地说："做好关心下一代工作，市委、市政府的正确领导是政治保证，围绕中心、服务大局是根本方向，部门配合、社会协同是工作基础。而全市近3万名五老人员以心中有党的高尚情怀、心中有民的价值追求、心中有责的使命担当和心中有戒的政治本色，为青少年一代健康成长兢兢业业、无私奉献的精神是关心下一代事业持续发展的内在决定因素。这些老同志身上体现并凝聚的'忠诚敬业、关爱后代、务实创新、无私奉献'的五老精神，是做好关心下一代工作的强大精神动力和宝贵精神财富。"其中，放弃城市优越生活执意回乡培养青年农民科技带头人的大城县关工委常务副主任杜连平、十几年如一日义务校园"护苗"的永清县退休交警蔡玉香、20年奔走大厂城乡坚持青少年教育的"快板爷爷"刘进禄、风雨无阻保证学生出行安全的广阳区国际花园社区"马管事儿"马贺年、安次区南大街青少年的"社区妈妈"伊秋玲，就是五老精神的凝聚者和践行者。

2015 年 9 月，在中国关工委成立 25 周年暨全国关心下一代工作全国表彰大会上，廊坊市关工委、固安县关工委等受到中央文明办、中国关工委的表彰。在此次会议召开之际，习近平总书记对全国关心下一代工作作出了重要指示，要求关心下一代工作要坚持服务青少年的正确方向，引导青少年树立和践行社会主义核心价值观，支持和帮助青少年成长成才。他强调，全社会要弘扬五老精神，尊重五老，爱护五老，学习五老，重视发挥五老作用，推动关心下一代事业更好发展。这既是对关心下一代工作的激励和鼓舞，也是对新形势下关心下一代工作提出的新要求。全市各级老干部工作部门和关工委组织，正在市委、市政府的坚强领导下，服务好老同志老有所为，服务好青少年成长成才，为实现全市"四个发展"工作目标增添正能量。

充分发挥关工组织作用　关怀教育学生全面发展

大厂回族自治县北坞回民小学关工小组

北坞回民小学，是大厂县一所高标准的现代化农村小学，始建于1942年，服务于7个行政村，总人口达10035人。学校现有教职工39人，专任教师34人，学历层次均在大专以上；在校生720人，主要由回、汉两个民族构成，其中回族学生占总数的85%。

几年来，校关工小组在上级关工委的指导下，认真贯彻落实中央8号文件，积极配合学校的中心工作，充分发挥五老的优势，利用多种途径、多种形式，不断加强对小学生的民族团结教育、道德品质教育、法制纪律教育、热爱科学劳动技能等方面的教育，不断拓宽领域，满腔热忱地为少年儿童办好事、办实事，促进了小学生在德智体美劳各方面健康成长。2010年5月和2011年3月，廊坊市关工委领导指导校关工小组工作时，认为工作特点突出、效果明显。2011年被评为"廊坊市关心下一代工作先进集体"。

一、健全组织，壮大队伍，夯实关心下一代工作基础

校领导十分重视校关工小组的自身建设，始终把关工委工作放到重要位置来抓，坚持把关工委工作和学校中心工作放在一起"同计划、同部署、同开展、同总结"。为加强领导，配齐配好关工委组织，学校于2000年成立了以校长为组长，以校办公室主任为副组长，以退休干部王文义同志（原县工商局局长）为常务副组长，退休老教师、家长代表、清真寺阿訇为成员的关工委组织机构，设立了学校关工小组，负责学校关工委的日常工作。健全的组织领导，为做好关心下一代工作提供了有力的组织保障。

二、服务家长，成就孩子，努力办好家长学校

家庭是社会的细胞，家长是孩子的第一任教师。办好家长学校是指导和推进家庭教育的根本措施和重要途径。在校关工小组的指导和帮助下，这所没有围墙的学校开办 10 年来，已形成了由离退休老教师（老校长）为主的专任教师 10 人、学校在职教师为主的兼任教师 40 余人组成的家长学校师资力量，累计授课 1238 场次，听课达 3.1 万人次，培训 5320 余人，有 4000 多名家长结业。另外，他们还充分发挥县关工委开办的《电视家长学校》的作用，在每一期节目开播前，都会及时发通知告知家长开播的具体时间，提醒家长们准时、认真收看。副校长李莉还作为讲师在《电视家长学校》作了《自己的家教经验》《学生的安全教育》两期节目。

三、突出特色，做好对青少年的关爱教育

1. 围绕学校特色，抓好民族团结教育。大厂县是离首都北京最近的少数民族自治县，北坞小学又是一所少数民族小学，目前来校就读的学生有回、汉、满等多个民族，其中回族学生占总数的 85%，民族团结教育势在必行。学校以民族团结教育为特色，大力推进民族团结教育进教材、进课堂、进学生头脑工作。他们每月都要上一节《民族大团结》课程，邀请清真寺的阿訇马凤领（学校关工小组成员）和校关工小组常务副主任王文义定期来学校讲课。2009 年邀请了县关工委副主任刘洪起来作民族团结报告会。2010 年，利用教育局制作的民族团结进步展牌，在学校举办了图片展，内容包括：宣传回族的习俗、礼仪、美德，宣传民族团结典型事例，教育学生做文明、诚实、团结、友善的人，反对民族压迫和民族歧视，维护促进民族团结，反对民族分裂，维护祖国统一等。通过民族团结教育使学生进一步理解了没有民族的团结就没有社会的繁荣，只有各兄弟民族手挽手、心连心，团结一致，才能实现大厂县的跨越发展，实现中华民族的伟大复兴。学校也形成了回汉同学亲如兄弟、互助互爱、互相尊重的良好氛围，从未发生过影响民族团结的事件。

2. 围绕学生短板，开展劳动技能教育。2007 年，学校关工小组从开展的"学生的劳动观念和劳动心理素质调查"中发现：学生的劳动态度、习惯、劳动技能表现较好的占 30%，约有 50% 的学生表现不够

理想，家长根本不要求做事的竟占 20%；孩子们对劳动概念和劳动必
要性的认识两方面比较好，而劳动情感、意志、动机、主动性、爱惜劳
动成果等呈现相对弱化状况。面对大多数学生是农村子女和调查发现的
问题，校关工小组向学校提出了让学生参加劳动实践，养成良好习惯、
提高技能素质的建议。学校经认真研究，接受了这个好建议。为此，学
校结合实际情况，购置了大量劳动工具，包括农具、木工工具、电工工
具、钳工工具等，设置专用教室，每周四下午请村里的农民、木工、退
休的电工和钳工师傅给同学们上一节劳动技能课。2010 年春季，农务
小组的学生在劳动试验基地种植了黄豆，学生们亲手种植、管理、施
肥、打药，有不懂的及时请教农民伯伯，经过同学们的努力，农业种植
园里的黄豆喜获丰收，收获时孩子们看着自己的劳动成果倍感喜悦。几
年来，学校通过劳动实践活动，使同学们掌握了多项技能，同时在学习
实践过程中也深切地体会到父母的不容易，促进了孩子们爱劳动、会劳
动良好品质的形成。

3. 利用重大节日，进行革命传统教育。校关工小组结合重大节日
和每周的升旗仪式，对学生进行爱祖国、爱家乡和革命传统教育。每年
的清明节组织学生开展以"缅怀先辈伟绩、感恩幸福生活"为主题的
祭扫活动，并邀请五老人员参加，给孩子们讲述历史，推进爱国主义教
育和革命传统教育。2010 年是大厂县建县 55 周年，学校关工小组抓住
这一有利时机，对校广大青少年进行了"党旗飘扬、辉煌大厂"主题
教育活动。学校各班开展了红色经典诵读活动、"迎县庆，促和谐"演
讲会和征文比赛、知识竞赛等活动。同时，组织学生走出校园，到社会
中参与志愿者服务活动，使心灵受到洗礼和净化。邀请县关工委组织的
"讲传统、颂家乡、谈理想"县庆报告团到学校作报告，3 位老同志深
情精彩的报告博得台下师生阵阵热烈的掌声，使在场的师生油然升起一
种爱祖国、爱家乡的激情，一种生在大厂的自豪感。每年"三八节"
进行感恩教育是北坞回民小学的传统。妇女节这天，学校要求每个学生
放学回家后要帮妈妈洗一次脚，或是给妈妈写一封感谢信，通过活动让
他们从小懂得要有一颗感恩之心，用爱回馈父母。"5.12"汶川大地震
发生时，广大师生纷纷慷慨解囊，为灾区人民献爱心，在很短的时间内
捐款共计 9682.20 元，使学生们更加学会了感恩，也懂得了一方有难、
八方支援的道理。

4. 寓教于乐，开展丰富多彩的文艺体育活动。学校在县老体协、

县关工委的帮助下，引进了门球体育项目，组织了门球对抗赛，2019年7月12日，校门球队参加了大厂县门球比赛，并取得第三名的好成绩。一年一度的校园艺术节为学生们展现自我搭建了舞台。六一儿童节时，县关工委领导班子的6位老爷爷，带领县关工委五老艺术团的34名爷爷奶奶为孩子们送来了精彩的红色主题文艺节目，和北坞回民小学的师生共同过了一个欢乐而有意义的节日。孩子们以稚嫩的动作和歌声，展露了少年儿童纯净美好的心灵，形象地释放出少年儿童热爱生活的风采和节日喜悦的心情。五老艺术团的老同志们以红色歌舞为主，他们翩翩起舞、动情表演，声音高亢嘹亮，合唱激情振奋、旋律优美，使会场气氛达到高潮。整台节目气氛热烈，令全体师生和会场上观看的家长受到感念党恩、感念社会主义的教育。

相信，北坞回民小学在校关工小组的积极影响下，会更加结合自身特色、更加注重实践成效，培树出更多更好的社会主义接班人。

培育农村青年人才　助推县域经济发展

河北省委八届五次全会把"县域经济和县城做大做强"作为河北省经济发展的"四大攻坚战"之一，市委、县委也提出了要始终抓好"三农"工作不放松，以农民增收为中心，积极推动农业产业化、农业现代化，大力发展高效农业、优质农业、生态农业，提高农业的附加值和竞争力的要求。作为一个传统农业大县的基层关工委，固安县关工委紧紧抓准发展县域经济和农业现代化这个主题，抓住解放思想这个根本，抓好创新驱动这个关键，进农村，接地气，想新招，应农村之需，想农民之盼，解农业之难，"实打实"地培育新型农民，"心贴心"地改善农民生活，为实现农村科学发展主动作为。

一、注重搭台唱戏，创新关工组织设置

随着改革开放的不断深入，农村青年经济活动越来越活跃，农村市场要素的流动性不断加大，农村基层关工组织教育和扶持青年的工作也应转型升级，创新而为。因此，固安县关工委把关工组织建在青年流向的地方、聚集的地方，打破传统的行政区域界限，以产业集约区域为工作空间，把关工小组建在每一条产业链上，建在产业链的每一个节点上，将基层关工委的组织架构建在农村经济发展的最前沿和第一线，对农村青年进行"珍珠链"式的无缝培育。只有这样，才能使培育活动更具针对性、实用性和多元性，才能达到"青年看得见、抓得住青年"的效果。几年来，固安县关工委创新优化新型农合组织、农民技校、文化大院和青年创业产业园这条"珍珠链"上的四颗"大珍珠"，注重搭建平台，创新载体，培育了大批"有技术、会管理、懂市场、善经营"的现代新型农民，有效推动了现代农业快速发展。

二、依托新农合组织，培养复合型农村青年

当前实现农业现代化还面临着一些比较突出的问题，集中体现在"五个不完善"，即农业基础设施不完善、农业市场体系不完善、农民享受权益不完善、产品附加增值机制不完善和农业风险防范体系不完善。依靠农民单打独斗解决这些问题是不现实的，反而会承担更大的市场、技术和自然灾害风险。因此，搭建一个平台，建立一个机制，培育一个群体，让农民抱团取暖势在必行。随着农业产业化和集约化的逐步发展，农村涌现出一些新型农村经济合作组织。这些组织对外与大专院校、科研单位合作建立产学研基地，具有先进的技术优势；对内聘请部分经验丰富的离退休农技人员任技术顾问，具备雄厚的科教资源。另外，在市场管控、政策扶持、金融支持和配套设施方面也具有一定的优势。因此，以此为平台，创新青年农民培养机制，培育一个有智慧、有勇气的复合型青年农民群体提上了关工委工作日程。他们充分发挥五老人员的技术资源和社会资源优势，对这些新农合组织在政策上多协调争取，在技术上多参与指导，在管理上多配合补台，以帮扶农村青年能够尽快掌握技术，熟悉市场，成为农业科技二传手和市场经纪人，尽快走上富裕的道路。正是被这些实惠所吸引，农村青年都自发地参与新农合组织的科技、管理、财务和市场营销培训。

在培育新型青年农民、提高他们致富能力的同时，合作组织成员素质不断提高，规模不断扩大，管理水平不断提升，市场话语权也不断增强，形成了"青年致富、企业受益"的双赢模式。牛驼镇顺斋瓜菜合作社，农闲时组织青年社员参加柳泉职中蔬菜班培训，学习蔬菜种植新技术、田间管理、病虫害治理及预防等知识，青年农民提高科技种植能力的同时，合作社的经济效益也得到大幅提升。老科技人员也主动请缨，对企业重点培养的技术和管理骨干进行"点对点一对一"师徒式的传帮带。老同志们对这些年轻人的倾心教授，使他们成为心怀市场、满腹技术的新生力量。目前，该合作社已有注册社员 1500 户，基地面积 1.5 万亩，辐射带动了 35 个村街的 5000 多户菜农。而且还建立了第一批国家级蔬菜标准园区。廊坊绿园农资公司聘请老科技专家每周到公司向青年员工讲解土壤、肥料、作物栽培管理知识，然后通过员工向基层店所经营者讲解，基层店所经营者营销过程中，再向农民宣传，环环相扣，呈波状链式传播。在提高青年农民科技种田能力的同时，公司也

畅通了农资销售渠道，增加了销售额。固安县牛驼镇的北农大健康养猪专业合作社，每月都聘请中国农业大学的教授对青年社员进行养殖技术、财务管理和市场营销等内容的培训，并以培训为抓手，实现了合作社经营管理上的"六统一"，即养殖品种、饲料供应、预防保健、环境治理、管理技术、市场营销的统一，形成了产供销一条龙的发展模式，成为全国示范合作社。

三、依托农民技校，培养技能型农村青年

"想致富，没技术；没技术，难致富。"这是目前农村青年就业创业面临的一个普遍性难题。如果不积极开展农村青年的实用技能教育，培育新型农民群体，推进农业现代化将难以实现。所以说，对农村青年的继续教育既重要又关键。但对青年农民的教育不能照搬普通职业教育模式，而是要注重由纯技术型向科技生产型转变，由纯学术型向校企实践型转变。教学内容以实际、实用、实效为原则，坚持普及与提高并举，坚持以市场需要为导向，做好科技培训与服务产业需求相结合，科技培训与扶持青年创业相结合，将农民技校办成实用型、开放型、辐射型、多元化、基地化的技能型农民培育的摇篮。其中，大王庄农民技校和绿园农资有限公司电视课堂成为固安县关工委培养技能型青年农民的成功模式。绿园农资有限公司开办了《绿园田地》五老电视科技讲座，以电视课堂的形式及时将种植、养殖新技术、新品种向青年农民推广。同时，还创办了《绿园田地》刊物，无偿发放给农民，开通了绿园咨询热线，随时接听、解答农民在生产中遇到的难点和难题，增强了广大农村青年的科技致富能力。

大王村关工小组入村开展技术培训

大王村关工小组与村农民技校融为一体，经过7年的办学实践积累了丰富的经验，成为"全国科普惠农兴村先进单位"。大王村农民技校成立于2006年，占地面积1200平方米，设有农作物种植、果树管理、电脑、焊接等专业。在办学过程中，大王村关工小组多方争取教育、劳动及有关部门的支持和资助，教学师资已初具规模。学校现有专职教师6名，教学微机21台、电焊机3台、二保焊机1台、切割机1台、投影教学设施1套、多媒体信息触摸屏1台，开设了远程教育网络，实现了教学常态化、系统化、规范化。大王村关工小组与固安县技工学校、农广校、科协等单位达成共识，实施联合办学，共建培训基地。共举办焊接技术培训班28期，培训学员290人；计算机应用培训班16期，培训电脑学员180人；根据农时季节，有针对性地组织农业实用技术培训，平均每年不少于12期，参训学员600人次左右。学校还将扶助青年农民创业致富列入办学重点，积极联姻龙头企业，共建生产基地。学校与固安县龙头企业——绿华浓公司联姻，成立了糯玉米生产合作社，学校负责对农户进行技术培训，全程指导种植生产。现在糯玉米种植已成为大王村的一项特色种植产业，实现了种有订单，收有合同，价有保障。加入合作社的社员已有200多户，种植面积1500多亩，年创收100多万元。

农民技校心系农民，传科技之经，送丰收之宝，引经营之路，搭致富之桥，不仅促进了本村的经济发展，还辐射带动了周边乡镇和村街的青年农民学技术共致富，成为推动当地农村经济发展的重要力量。

四、依托农村文化大院，培养品质型农村青年

实现县域经济科学发展，既需要经济硬实力，也需要文化软实力。从某种意义上讲，文化软实力是县域经济发展的"硬功夫"，软实力硬起来，才能更有活力，才能更可持续。河北省委八届五次全会提出"用三年时间，分期分批全面改善农村的生活环境，增加现代文化设施，传承优秀文化，使农民也逐步享受现代文明生活"，体现出加强农村文化建设的重要性。

当前，农村青年致力于发展农村经济，物质需求日趋得到满足的同时，还急需精神文化需求。有文化才有魅力，有魅力才有活力，才能培养品质型的农民群体。针对农村青年好动，喜欢参与文体活动的现状，固安县关工委从发展农村文化建设入手，通过加强文化大院建设，组织

丰富多彩的文体活动，将农村青年组织起来，进行政治素质、科技培训、法律知识等多元化教育，有效解决了农村青年教育组织难的问题。黄官营村文化大院通过组织农村青年读书看报，开展篮球、乒乓球比赛，秧歌、小车会表演，文艺演出等文体活动，依托现代传媒加强影视教育，举办家长学校，评选"五好文户"活动等多种途径，加强对农村青年的教育，形成了"读书兴农提素质，家长学校引源头，文体带动育新风，数字传媒增效果，五老帮扶正价值，五好评选促先进"的农村文化建设模式，全方位提升了农村青年的综合素质，村风得到进一步净化，促进了农村和谐稳定。

绿园农资有限公司定期举办青年员工职业素养教育培训班，培养"忠诚、敬业、勤奋、守信"的绿园精神。北农大健康养殖合作社和顺斋瓜菜合作社对青年社员进行"勤耕一方土，诚守一片天"的诚信教育，确保生产标准，确保食品安全，确保市场信任。这些文化教育活动的开展，发挥了凝心聚力促和谐的重要作用，既培养了一个具有文化内涵的青年农民群体，也培育了一种忠诚守信的核心竞争力。

五、依托青年创业园区，培育创新型青年农民

县域经济的发展需要产业支撑，新型城镇化同样也要以产业发展为前提。但城乡一体化不是城乡"一样化"，不能把农村都变为城市，而是要走城乡协调发展道路，实现两者差异化互补、协调发展。只有差异，才能互补；只有互补，才能协调。因此，实现产城融合，将产业留在农村，将农民就地城镇化，以镇域经济促进城乡融合发展、均衡发展、一体发展。实现这一目标，一要培育特色产业，二是培育创新型农民，既要建舞台，也要有主角。为此，固安县关工委提出了实施以青年创业园区建设为载体，大力发展镇域特色产业，积极推进比较优势产业化、特色产业集群化、骨干企业规模化，从根本上改变过去城乡割裂的二元体制。其中南仪村渔具产业园就是固安县关工委扶持协助的一个典型。对于有创业意愿的农村青年，进行重点帮扶，首先将这些青年培养成一批有勇气敢闯、有智慧会闯的青年创业带头人。固安县关工委组织这些青年农民外出参观，看技术、看市场；利用自身的优势在土地、信贷、税收等方面争取协调优惠政策；协调园区内部企业成立互助组织，在资金流通、技术提升、生产工序、市场拓展等方面进行信息交流，以降低生产成本，提高产品市场竞争力。在产业聚集的基础上，又扶持其

他青年进行产业园区的配套服务，在社区环境、员工生活、物流信息等方面衍生出了附属行业，既解决了部分村民就业问题，也实现了南仪村产业集群化、设施均等化、服务社会化的产城互融互促的科学发展模式，让村民过上了"人不出村，就地致富，快住别墅"的新生活。

六、注重推陈出新抓典型，发挥示范导向作用

多年来，固安县关工委始终坚持创新培育激励机制，充分发挥先进典型的示范和导向作用，实现以点带面、推动工作。他们坚持经常深入基层，发现典型，培养典型，使先进典型"站得住、立得稳、叫得响、拿得出"。坚持"老典型有新招，新标杆有实招"的可持续发展，切实取得"点亮一盏灯，照亮一大片"的示范效应。多年来，在对农村青年孜孜不倦的教育工作中，先后涌现出"余热生辉，情洒田间"的付盛山、"倾心农村文化建设，强化农村青年教育"的陈善国、"整合资源，兴办农民技校"的闫德、"退休不退岗，搭建科技传播平台"的杜永清等一大批五老典型，他们对农村青年人才的培养作出了突出贡献。

河北省委八届五次全会提出了全省经济社会发展的新目标，这既是全省的大局，也是农村基层关工委努力的目标。固安县关工委将继续以技术培训、文化教育、创业扶持为合力培育新型农村青年人才；继续解放思想，创新模式，帮助更多的农村青年实现创业梦想，助推固安县域经济跨越发展，梦想成真。

依托企业职能优势　加强农村青年教育

廊坊绿园农资有限公司是固安一家集化肥、籽种生产和销售、农化服务、物流配送为一体的专业化股份制民营企业。公司在多年的经营实践中体会到，公司本身是服务"三农"的企业，农业发展与公司壮大紧密相关，只有以青年为骨干的广大农民种田积极性不断提高，科技水平不断提升，农业实现飞速发展，公司业务才会蒸蒸日上，企业效益才能大幅提高。因此，绿园公司始终把抓好宣传教育，提高青年农民的思想水准和科学技能，作为企业工作的重中之重。2010年初，公司成立了以总经理杨春华为主任，技术部经理杜永清为常务副主任，傅盛山、陈桂新、王树林等离退科技人员为委员的关工委。工作中，他们坚持多渠道、多角度加强农村青年教育，培养了大批"有技术、善经营、会管理"的新型农民，加快了农村小康社会建设的步伐。2011年，绿园农资有限公司关工委被廊坊市委、市政府授予"关心下一代先进集体"荣誉称号。

一、发挥五老优势，普及农业科技

农村青年是农村小康社会建设的生力军。实现农村经济持续快速发展，必须要求农村青年掌握先进的科学实用技术。为此，公司聘请了多位从涉农部门退下来的科技能手加入公司关工委，充分发挥他们自身专业知识全面、农村经验丰富、社会影响力大的优势，加强农村青年科技培训。

一是组织培训，提高科学技能。每周一公司关工委都组织青年职工学习土壤、肥料、作物栽培管理等农技专业知识。青年员工在农资销售过程中随时传授给基层店户，再由基层店户向广大青年农民普及推广。2018年8月份以来，公司关工委科技服务小分队，积极参与"百万农民大培训"活动。培训内容以实用技术为主、以政策理论为辅，努力实现培训的科学性、针对性和实效性。目前，已举办玉米高产栽培技术培训班2期，培训农民100余人。同时，与省级龙头企业固安参花面粉有限公司联合举办了优质小麦培训班3期，传播推广优质强筋小麦——石优20的种植技术。此品种适合加工面包粉，种植后，固安参花面粉有限公司以高于市价1角5分的价格回收，既满足了企业需求，又增加了农民收入。几年来，公司关工委组织农民培训600多场次，培训农民近4万余人次。

二是以老带新结对帮扶。绿园农资有限公司作为服务"三农"的企业，上联科技部门的技术能手，下联广大农村青年，具备农业科技普及推广的职能优势。为提高青年员工的农化专业知识，公司每个部门都有一位老同志与青年员工和青年农民结对帮扶，搞好传帮带，提高服务"三农"和建设新农村的能力，从而增加企业收益，推动农村经济快速发展。

三是巡回指导技术服务。公司关工委聘请多位从涉农部门退下来的老领导、老农艺师等专业技术人员组成科技服务部，充分发挥他们自身专业知识全面、农村经验丰富、社会影响广泛的优势，定期深入基层一线为青年农民进行巡回技术服务，实现了农作物统一供种、统一

绿园农资有限公司关工委聘请专家
巡回为青年农民提供技术服务

供肥、统一农药、统一病虫害防治、统一种植技术。巡回指导过程中，为了让农村青年记住大棚蔬菜种植的技术方法，科技服务人员编了两句心得秘诀："调好水、肥、光、温、气，防好病、虫、风、雨、雪"，大大提高了青年农民科技种田的能力。2010年，探索尝试了玉米"穴播"技术，亩增产20%。同时，以大王村为试点探索西瓜嫁接技术，指导该村成立了西瓜嫁接协会，普及西瓜嫁接技术，西瓜种植做到"种有订单、销有合同、价有保障"，农民的经济效益大大提升。

二、搭建科技平台，提高致富能力

青年农民以种地为生，渴望在有限的土地上获得更大的收益，但由于他们文化水平较低，又不掌握科学种植技术，在生产过程中存在着盲目性。根据这一现状，2009年5月，公司关工委联合县电视台、县工商联、县化肥种子协会，在固安电视台开办了农业专题栏目——《绿园田地》。为确保栏目的正常运行和按时播出，聘请多名在农业、林业、养殖等方面具有一定专长的老专家、老农艺师、老工程师为主讲人，其中有84岁高龄的傅盛山、植保专家张友华、大田栽培农艺师赵桐、原固安县蔬菜局技术站站长农艺师陈桂新。《绿园田地》每月播出两期，每期播出4次，每周播出两次，目前已播出了近百期500余次。播出内容涉及瓜果、蔬菜、玉米等田间管理，病虫害防治及种植养殖新技术，新品种推广等内容。广大农民通过定时收看《绿园田地》节目，掌握了先进的种植技术，提高了科技致富的能力。同时，还创办了《绿园田地》刊物，无偿发放给农民，向农民提供致富信息、农业新品种及先进的种植技术，现已印发60000余份。为有效降低农民的种植风险，公司关工委开通了绿园咨询热线，随时接听、解答农民在生产中遇到的难点和难题，每天都有农民朋友打进电话，咨询哪个品种好、施什么肥、病虫害怎样防治等技术难题。通过咨询，广大农民增强了科技能力，提高了经济效益。

三、崇尚人文关怀，强化思想教育

公司关工委在做好农村青年科技培训的基础上，咬定思想教育不放松，全方位提高青年员工的综合素质。一是实施人文关怀。公司关工委主任杨春华被员工称为"保姆型"总经理。员工家里每遇到红白事，他都到场，帮助料理；针对部分青年员工盲目追求高消费的现状，对他们进行勤俭节约教育，引导青年员工养成勤俭节约的好习惯；部分青年员工有不吃早餐的现象，对他们进行健康养生教育，讲明不吃早餐对身体、工作、生活的不利影响，并为员工提供免费早餐。二是加强职业素养教育。公司关工委把提高青年员工的职业素养作为企业做大做强的关键。2018年5月，组织举办了青年员工思想素质教育培训班，聘请固安县委党校讲师就如何提升自身素质进行授课；2019年初，邀请固安县关工委主任刘钊，结合自身实际，对什么是职业素养、为什么要提高职业素养、怎么提高职业素养，进行了讲解。通过培训，青年员工树立了"忠诚、敬业、勤奋、守信"的绿园精神，为推动企业做大做强，促进全县农村经济快速发展，注入了生机和活力。三是强化诚信孝道教育。诚信孝道是做人的根本，是企业员工的基本素质。公司开会时，杨春华总对青年员工讲，产品与人品对等，人品铸就产品，工作、生活中要做好人、做好产品，做人要实在，讲诚信。同时，还常教导青年员工要孝敬父母，家庭和睦。

四、兴办公益事业，献出一份爱心

为落实好国家粮食安全政策，调动全县广大农民种粮的积极性，绿园公司连续五年出资举办了"玉米高产竞赛"活动。现已有68户农民因科学种田产量高受到奖励。为把青年农民组织起来，克服一家一户生产难以形成规模，产品数量少、质量低、市场竞争力不强的现状，由绿园公司关工委牵头，联合顺丰农资销售有限公司，组织一些村（街）的青年农民加入糯玉米、棚菜种植等农业合作社，保证青年农民用上质优价廉的种子、化肥、农药，享受到快捷先进的技术服务，真正得到较高的经济效益。为关爱农村贫困学生，绿园公司在固安县民政局设立了"廊坊绿园助学基金"，连续五年开展了"爱心行动，助子成才"活动，出资20余万元资助了60名家在农村、品学兼优、家庭贫困的准大学生，现有的已大学毕业，走上了工作岗位。

五、农民增收致富，企业快速发展

近年来，绿园公司关工委致力于推广农业科技，提高青年农民致富能力，使一大批青年农民走上了致富之路。目前，全县糯玉米种植达2万余亩，辐射周边10多个村街，仅一季糯玉米亩收入就达2000元以上。大王村种植的嫁接西瓜苗达300多万株，农民增加收入近100万元。生产的西瓜苗不仅能够满足本地需求，还销往廊坊、涿州、永清等地，现在嫁接西瓜种植面积已达15000余亩，农民的经济利益得到大大提升。2018年，受河北省农科院委托建立了玉米新品种实验基地，为农民增收致富开辟了新途径。经公司关工委科技服务小分队技术指导，青年农民王立新对原有7.5亩桃树实行科学管理，2018年亩收入超万元。青年农民门占军在老科技人员指导下，认真探索科学间作套种，实现了四种四收，亩收入8000多元。

多年来，绿园公司在引导青年增收致富的同时，企业也得到了飞速发展。公司自1988年成立以来，经过30多年的拼搏奋斗，由原来固定资产5000元，门店不足150平方米，现已发展到占地5.5万平方米，注册资本500万元，员工50人，实有资产3000万元，连锁店126家，基层客户800家，辐射北京、天津、保定、霸州、文安等地，年销售收入超2亿元。2008年被廊坊市认定为"市级农业产业化龙头企业"，2012年被河北省认定为"省级农业产业化重点龙头企业"，2011年度中国农资流通企业综合竞争力排名列第89位。2009年，总经理杨春华被评为"感动固安"道德模范；2011年，被廊坊市政府授予"十佳农业企业家"称号。

塑人育人　为青工搭建实现梦想的舞台

三河市汇福粮油集团有限公司关工委

三河汇福粮油集团共有员工 3000 多人，其中 35 岁以下青工 2760 人，占 92%，30 岁以下青工 2254 人，具有大专以上学历的 1600 人，具有中专学历的 600 余人，具有技术职称的 160 多人。2015 年销售收入 325 亿元，上缴国家税金 14.19 亿元，为"国家农业产业化重点龙头企业"。自 2005 年以来，连年入围"中国企业 500 强""中国制造企业 500 强""中国食品工业十强企业""河北省轻工业排头兵企业"，先后荣获"全国文明单位""全国五一劳动奖状""全国工人先锋号""全国双爱双评先进企业""全国模范职工之家"和"河北省模范劳动关系和谐企业"等荣誉称号。

三河汇福粮油集团 1999 年 10 月创建，20 年来，每年都有 300 名左右的大中专毕业生入职汇福，青年人逐年递增，管理成了企业重中之重。自 2005 年以来，在三河市关工委的指导帮助下，公司成立关工委，坚持以塑人育人为指导，适应青工"做主人、物质待遇、文化生活、价值理想"等方面的需求，积极开展适合青工特点的活动，为汇福青工造就了理想的人生舞台，使他们和企业共同发展，健康成长。

一、以党群组织为载体，关心青工进步成长

汇福招聘的大中专毕业学生，业务上有技术，政治上有要求，思想上有追求。因此，保障他们的政治生活，业务进步，满足他们的合理追求，是企业党群组织的共同使命。公司党委把培养青年员工政治上进步作为义不容辞的责任。公司党委每年吸收青年积极分子入党，为党组织补充新鲜血液，使党组织始终处于朝气蓬勃的状态。公司工会围绕"树立民族品牌，致力人类健康"的企业核心价值观，通过宣传栏、标语、图片展、座谈会等各种形式教育青工，用民族精神感召青工，用爱

国企业文化熏陶青工，把青工造就成在市场中战之能胜的"铁军"。公司团委在党委的领导下，使团的队伍成为公司不可或缺的生力军，他们把团组织的活动同企业技术进步、科技创新、节能降耗、安全生产、质量第一和营销活动紧密结合，充分发挥了青工的聪明才智，取得了可喜的成果。公司妇联会被青年女工们称作是"妇女的贴心之家"。公司有460多名青年女工，约占青工总数的六分之一，妇女联合会主席刘宁除保障青年女工的正当权益外，还时刻关心青年女工的政治生活、婚姻恋爱，青年员工结婚都组织开展有意义的活动，使她们切实感到汇福这个大家庭的温暖。

2018 年，汇福集团关工委组织员工支援四川灾区

二、以提供良好的工作生活条件为保障，不断提高青工的幸福指数

"福"文化是中国土生土长的一种民俗文化，源远流长，博大精深。公司取名汇福，就是要汇五福、汇百福、汇万福于企业。在"福"文化的指导下，福已渗透到青工生活的点点滴滴中，汇福的福文化理念和行为规范折射出整个集团青工的生活观念和价值观念。

首先，减轻了员工的劳动强度。过去一提粮油加工企业，给大家的印象都是搬搬运运，又脏又累。企业与员工一道，抓住信息化的商业未来，构建信息化企业，做到从原材料进厂到产品出厂的全过程、全方位，实现信息化、数字化、智能化、自动化。青工们都说，在这样的环境下工作，真是太舒服、太幸福了。

其次，提高了青工的福利待遇。在"进了汇福门，就是一家人"理念的指导下，汇福对青工关怀备至，使青工们感到来自汇福的温暖。汇福职工工资高于同类企业，始终按月按时发放，从不拖欠；在公司食堂，职工只花 30 元钱就可以买到 100 元的饭卡，饭菜多样化，物美价廉；为解决员工住房问题，2008 年，汇福为职工建设了"普罗旺斯·汇福苑"住宅小区。

其三，组织青工开展丰富多彩的文体活动。汇福适应青工特点，建立健全文体活动场地和设施。公司投资 27 万元为"青工之家"增添了活动器械和设施。设置了青工文体活动场地，铺设了篮球场，购置了乒乓球、羽毛球、台球等设施，订阅了 30 多种报刊，建起了藏书 2 万册的图书馆，添置了卡拉 OK 和健身器材，极大地丰富了青年员工的业余文体生活。公司投资 4600 万元，建起青工宿舍大楼和新的高档次的"青工之家"、青工活动室和青工洗浴设施等。公司关工委定期举行青工知识竞赛、主题演讲比赛、拔河比赛、球类比赛、青工书法绘画比赛、各类棋艺比赛等。在各种文体活动中，传递企业拼搏向上的精神，展示团队的士气和风采，使青工在这些文体活动中受到团队精神的教育。

其四，积极为青工送温暖、送关怀。公司关工委及时了解和掌握困难青工的基本情况，深入开展送温暖活动，对生病住院的青工进行探望，对青工结婚进行祝贺，对青工家属病故进行吊唁和慰问。这些事情虽小，但产生的影响却很大，激发了青工巨大的潜能和干劲，有效促进了企业的发展。

三、以创新发展为抓手，搭建青工实现梦想的舞台

汇福粮油集团在短短的 20 几年的时间里，不断转变发展方式，促使产业不断升级，为青工进一步持续施展才华创造了平台。青工们认为，为汇福企业作贡献，就是报效祖国。汇福以此为载体，结合青工的思想实际，开展了"看汇福，树理想"活动、"爱岗位，做主人"活动和"树形象，创品牌"活动，把青工的思想凝聚到体现企业核心价值观的这些活动中来。许多青工都说："在全国 500 强企业里有我们汇福的名号，在中国十大食品工业企业里，我们是其中之一。但是，如果我们不努力、不创新、不发展，这里面的名次就会改写，企业就没有安全感。"为此，青工在工作中不但安全生产有保证，产品质量创一流，产

品合格率达到100%，而且坚持技术改造、节能降耗。机修车间青工表示："能自己制作的绝不花钱去买，可以修复的绝不更换，旧材料能用绝不用新材料。"水处理车间的青工们发扬主人翁责任感，积极献计献策，和有关部门配合，经过几天的连续实验，使水处理由80吨酸水用750公斤片碱降到80吨酸水只需300公斤片碱，大大降低了消耗。灌装车间员工韩希强对灌装车间直线灌装线进行改造，将原5升灌装规格改为10升，同时提高了灌装效率，将灌装量由原来的每天1.4吨增加为每天3.6吨，生产效率提高率257%。2012年5月，对20升吹瓶机进行改造，解决了进料口卡胚的问题，极大地提高了生产效率，同时减少了由于卡胚带来的设备磨损，降低了能源消耗及原材料损耗，年节约开支35万余元。2013年1月，又对20升灌装线开箱机输送带进行改造，将原来不够合理的跌落式输送方式改造为结构合理、维护简单的螺旋式输送方式，降低了纸箱破损率，避免了输送过程中的卡箱问题，节省了原来专门整理纸箱的一名员工，此项改造每年可为车间节省开支约26万元。

多年来，汇福青工广泛开展小革新、小发明、小改造等创新活动，成效喜人，使能耗、溶耗等10多项指标领先国际水平。青工们干着今天的工作，想着明天的事业，都高兴地说，"我们在这样的企业里工作，再不奋发有为，大展身手，干一番事业，青春就白过了。"

肩负历史责任　积极主动作为

保定市关工委宣讲团

"保定有个宣讲团，到处宣讲不要钱。要问他们图什么？只为关心青少年。"这首打油诗在保定市城乡广为流传。

在保定市委、市政府的亲切关怀和各单位的大力支持下，保定市关工委把宣讲团的工作列入重要议事日程，3 名老顾问和两名副主任均为宣讲团成员。同志们团结奋斗，逐步开创了新局面。宣讲团成员由 8 人发展到 20 人，平均年龄 74 岁，其中有 5 位地师级老同志。宣讲团一套人马两个牌子，既是关工委宣讲团，又是延安精神研究会宣讲团。截至 2018 年 12 月 31 日，已宣讲 180 多个专题，3940 多场，听众达 100 多万人次。服务范围扩大到全市城乡，包括大中小学、社区、农村、企事业单位、党政机关、解放军连队，还涉及到石家庄、沧州、张家口、北京、上海、天津的个别单位。连续四次被评为全省关心下一代工作先进集体，两次被评为全国关心下一代工作先进集体。

一、五老不休闲，勇于闯"三关"

作为五老，他们没有安享清闲，而是不忘入党誓言，自觉响应党的号召，勇闯过"三关"，投身到关心下一代工作第一线。

所谓"三关"，即家庭关、社会关和面子关。闯过家庭关，就是取得家人的理解、支持，老伴是关键。没有老伴诚心诚意的支持，这一关是过不了的。闯过社会关，就是顶住某些人的冷嘲热讽。比如："靠他们几个人宣讲还能扭转乾坤！""他们不图利也争名，捐款救助贫困学生还不是花钱买荣誉！""他们原来是当官的，官瘾还没过够呢！""纯粹是吃饱了撑的！"尽管这是极少数人的议论，但是听了这些话，他们心里很不是滋味。不过经过一番思考，宣讲团成员们把这种阻力变成动力，更加积极主动地工作。过面子关也不容易。因为多数同志原来是领导干部，有职有权，出门坐公车；而关心下一代，面向青少年宣讲，必须放下架子，先当学生，后当先生。在市区内活动，要骑自行车。开始感到面子上不好看，心理不平衡。经过一段实践，感到同青少年打成一片，心连心，交流思想，携手前进，其乐融融！

二、根据需要备课，理直气壮多讲

为了尽可能把课讲好，宣讲团根据两种需要备课：一是根据党和国家的需要，及时准备贯彻党中央、国务院的战略决策和各级党委、政府的要求，从而做到围绕中心、服务大局；二是根据听众的需要，以求真务实的态度，想方设法联系实际，包括回答热点问题。努力方向是，坚持以马克思主义中国化的最新成果为指导，用社会主义核心价值体系引领青少年；在防止"左"的同时，注意防止右、防止"西化"、防止"儒化"等错误倾向。

为此，他们时刻准备着。第一，事前准备。比如，每年清明节、五四青年节、六一儿童节、七一建党纪念日、十一国庆节前，红军长征胜利60周年、70周年、80周年前，港、澳回归前，保定解放50周年、60周年、70周年前，改革开放30周年前，新中国成立50周年、60周年、70周年前，他们都分别整理材料，准备宣讲。第二，事后准备。就是重大事件发生后及时准备，比如，每次党的全国代表大会和中央全会召开后，抗震救灾、北京奥运会、神舟航天成功之后，他们就及时准备宣讲。第三，随时准备。为了联系青少年实际，帮助他们解决理想信念、思想道德、遵纪守法、入团入队的问题，还有家长培训问题，他们坚持读书，天天收听收看媒体报道，随时收集、整理资料。第四，突击准备。有时某单位临时打来电话，邀请他们去讲，时间紧，就夜以继日，突击准备，决不婉辞。每个同志每次讲课前都写出讲稿或提纲。陈生元，原任某飞行学院副参谋长，曾自费乘车去三个县调研，在住院治病期间写出讲稿。他还积累了100多张有关家教的大篇幅报道，用胶片包装起来，以供家长们学习参考。苏英儒同志，年近八旬，做过白内障手术。但他坚持使用电脑，编印出《家教问答》（30万字）、《教育孩子的五把金钥匙》等五本教材。

坚持理直气壮多讲，有一个认识问题。他们感到，在新的历史时期，在改革开放和社会主义市场经济条件下，有许多问题，应当联系青少年实际，讲清道理，引导他们健康成长。但也听到一些不同的声音：

现在社会上的问题错综复杂，涉及面广，不好讲，讲不好，讲也白讲，何必费力不讨好！

有的人之所以有这种心态，主要原因是看到我们党内有腐败问题，社会上贫富差距拉大，意识形态领域很不平静，我们党和政府的工作还有这样那样不尽如人意的地方。这是事实，不可否认。但是，透过现象看本质，遵循规律看趋势，就主流而言，摆事实，讲道理，无论纵向比还是横向比，他们觉得完全应该，并且能够唱响"五个好"——共产党好、社会主义好、改革开放好、伟大祖国好、各族人民好。也就是说，在这些根本问题上，决不是理屈气虚词穷，而是理直气壮词多。因此，就是要"拱"，他们不怕不好讲，力争讲得好，一定要坚持理直气壮多讲。这是同国内外敌对势力争夺青少年的斗争，岂能掉以轻心！再说，也符合列宁关于"灌输"的精神。实践证明，讲了不白讲，还是多讲好。

为了多讲，他们采取了四种措施。其一，发出信息，把每个同志准备重点讲的内容告知各县（市、区）及市直有关单位。其二，发挥原来工作关系的作用，请一些单位安排去讲。其三，请熟人牵线搭桥，协商去讲。其四，"毛遂自荐"，找上门去，自我介绍，商定宣讲内容和时间。张法治，是从教几十年的老校长，在教育界熟人多，不仅自己经常到中小学对教师讲师德、对学生进行"四有"教育，还到处联系推荐别的同志去讲课。

吴培业，总参通讯部副师职离休干部，现任保定市关工委顾问。离休31年来，一直担任好几所小学校外辅导员。80岁以前，每次去讲课，总是骑自行车提前到校，风雨无阻。他善于讲国旗、国歌、国徽。小朋友们见到他，都亲切地问候："吴爷爷好！"他还到一些大学、中学作歌颂党、歌颂社会主义、歌颂祖国的报告。

臧凤华，原任保定军分区副司令员，现任保定市关工委副主任、延安精神研究会常务副会长。他主要是到各大学作报告，针对一些热点问题，阐述马克思主义中国化的最新成果，同时批判歪理邪说。他作报告激情满怀，不时引起热烈掌声。他和同志们一起，努力推动"延安精神进校园"活动，并且为河北大学成功承办全国部分高校"弘扬延安精神，培育'四有'人才"研讨会付出了很多心血。他10次参加中国延安精神研究会召开的经验交流会、研讨会并发言，还在国家级刊物《中华魂》上发表几十篇文章，均受到好评。

臧凤华在河北大学作延安精神专题讲座

王海燕，原保定二中校长，她善于作家教辅导。应邀到安国、定州、清苑、安新和保定市区，为学生家长作报告。每次讲完课，有许多家长当面咨询，有的还要留电话，以便请教。安国市已把她的报告录制成光盘发到各单位播放。

丁友良，一位从教几十年的老教师，现任宣讲团副团长，兼保定市高新区未成年人思想道德教育辅导员。2001 年做过食管癌切除手术，体质瘦弱，但他笑对人生。他经常骑自行车到远处去讲课。他讲课融说、唱、诵、互动于一体，生动活泼，引起听众共鸣。他还自己联系，三次自费乘车去易县、张家口涿鹿县去讲课，很受欢迎。

三、方法灵活多样，无私奉献舒畅

首先，宣讲时间长短不限，听众多少都行。在国旗下讲话，最多不超过 15 分钟。报告会、座谈会，时间长达两三个小时。听众最多者一场有五六千人，最少的是三位老同志与华北电力大学的两名大学生座谈如何学好政治课。还有"阵地战"与"游击战"相结合，即少数同志相对固定在几所学校，多数同志则"打一枪换一个地方"。

邵兰波，在监狱系统工作 30 多年，曾任全国发行的《特殊园丁》总编辑，跑遍了全国半数以上的监狱，积累了大量材料。10 多年来，坚持到大中小学、部队、机关、社区，以案讲法。当他为小学生作报告时，还带上警绳、电警棍、手铐、脚镣等刑具，以增强效果。

杨桂兰，也是在监狱系统工作多年、直接教育改造犯人的老干部。

她作法制报告，声情并茂。当听众被感动得哭泣时，她也掉下眼泪。她还应邀专程去天津某单位作过两次报告，其中一次专题讲防止吸毒。

其次，抓住机遇，开展多种活动。宣讲团与河北大学、河北农业大学、保定市第三中学、河北保定农业学校、保定市女子职业中专学校、保定市第十三中学等学校合作，多次组织大批学生到唐县白求恩柯棣华纪念馆参观，拜谒他们的陵墓，现场学习毛泽东的著作《纪念白求恩》，重温入党誓词，举行入团宣誓仪式，植纪念树。还同河北大学、河北农业大学的部分师生、党团员代表到延安和西柏坡参观学习。同河北大学团委合作，制作白求恩事迹图片展板 30 多块，分别到十几所学校展出。为了加强对学生的爱国主义教育，与北市区关工委、市教育局关工委合作，举办了宣讲国旗、国歌、国徽的教师培训班。

"社区是我家，我为社区作贡献。"黄愈年近八旬，是一位老理论工作者。离休后，经常到附近几个社区讲党课。李昕萍是从司法局离休的老同志，经常到社区讲法制课，还在家里接待群众的法律咨询，从不嫌麻烦。

第三，编书撰文。为了弘扬延安精神，加强革命传统教育，臧凤华主持，河北大学原副校长、现任保定市关工委顾问贾泉河等许多同志积极参与，编写了儿童读物《宝塔山下红旗飘》（上、下册），请市政府拨款，印 7000 套，发到全市中小学。河北大学原马列部教授史小华，理论功底深，先参加宣讲团而后办退休手续。他曾主编保定延安精神研究会内刊《延安精神研究》并写了许多文章，还作词谱曲创作了《少年英雄王二小》等 30 多首歌曲。韩德仁，是二炮某部正师职离休干部、雷锋生前战友，多年坚持弘扬雷锋精神，在报刊上发表 140 多篇文章，并著《青春不老兵》一书，自费印刷 4000 册，将其中 1500 册赠送给青少年。

宣讲团成员们深切地感受到，竭诚为青少年服务，不仅理所当然，而且心情舒畅，是一种难得的幸福。"全国光彩之星"薛子英为希望工程捐款 10 多万元，加上他宣讲时感动听众，听众自愿捐款，用于阜平县下庄子乡建同心希望小学一所。韩德仁先后救助贫困学生 123 名，为希望工程、残疾人和灾区捐款共计 6 万多元，捐赠衣服 55 件套。吴培业 2000 年夏秋患疱疹，疼痒难受，但他仍然坚持备课，暑假后照常去讲课，还拿出 1500 元为希望工程捐款、赠书。孙佐培在住院期间写了回忆录，发表在《保定日报》上。老伴去世的第二天，他对关工委办公室的同事说："老伴不用我伺候了，我可以专心搞宣讲了。"颜大会原是空军正团职干部，转业后任中级法院副院长，现任宣讲团副团长，处处起模范带头作用。一次去涿州四中作法制报告，为了保证时间，自费乘出租车提前到校。校长要给他报销路费，被他婉谢。他的爱子47岁因病去世，处理完后事的第二天，他就把白发人送黑发人的痛苦埋在心里，主动安排去作法制教育报告。耿保仓，原任地区文联主任，曾患胃癌，做过切除手术，但他精神振奋，仍然忘我工作，为关工委和宣讲团作了许多宣传报道。

多年来，宣讲团的同志们，从未要过补贴，没领过办公用品，打电话办公事也是自费。在市区范围内讲课、开会，大多是骑自行车往返，也极少吃招待饭。社会上有些人说他们"傻""窝囊"。而他们感到，自觉地"傻"、自觉地"窝囊"，蕴含着共产党人的价值观和人生乐趣，比盲目的"精明"要好得多。

四、学习、学习、再学习，前进、前进、再前进

宣讲团成员们坚持活到老，学到老，前进到老。在自身建设方面，坚持了三条：一是组织建设。注意发展宣讲队伍，2019 年，长途汽车站的老站长梅振宗和铁路一中刚退二线的副校长姬小梅，自愿加入了宣讲团。随着成员逐步增多，明确了两名副团长，分工负责，平时相互沟通情况。20 多年来，坚持每个月第二周周二上午召开宣讲团例会，全体团员参加，研究工作。二是思想理论建设。除了备课时认真学习之外，随着马克思主义中国化的不断发展，在学习《毛泽东选集》的基础上，他们认真通读了《邓小平文选》，有的同志精读了第三卷；党的十六大以后，重点学习了"三个代表"重要思想和社会主义核心价值体系；党的十七大以后，重点学习了科学发展观；现在更是深入学习习近平新时代中国特色社会主义思想。有关书籍人手一册。学习方法，以自学为主，辅之以座谈，交流心得。党的十九大以来，他们多次组织学习会议精神和习近平总书记系列重要讲话，紧跟形势开展宣讲工作。三是学习专业知识，注意提高宣讲水平。订阅《中国火炬》，人手一份。平时互相听课，及时交换意见，取长补短；多次召开经验交流会，大家畅所欲言，各抒己见，气氛活跃，会后，形成"纪要"性的书面材料。

近年来，按照省、市关工委的工作安排，宣讲团从本地青少年的实际出发，继续坚持"三从三解"（从思想引导入手，重在解惑；从环境

改善入手，重在解忧；从爱心关怀入手，重在解难）的工作思路，进一步确立了以"筑魂行动、解困行动、护蕾行动＋五老关爱活动阵地建设"为主轴的"三加一"关爱帮扶体系，并以此为品牌，积极推进红色基因传承和"十百千万"等关爱工作的深入开展。

关工精神的一面旗帜

保定市满城区关工委宣传队

保定市满城区关工委宣传队在关工精神感召下，在实践中形成的"四队"精神不断发扬光大，志愿者队伍不断扩大，几年来，在宣传、组织、教育等方面发挥了重要作用，作出了突出贡献，赢得了社会各界的广泛赞誉。

一、关工精神感召下的志愿队

满城区关工委宣传队的前身是一支由中老年人自发组织起来的文艺队。调整后的关工委领导班子第一次工作会议后，在关工精神鼓舞下，不到两周时间，一首宣传关工委宗旨的《关工委之歌》应运而生。文艺队接到这首歌后，立即组织了学唱。过去，大多数人不知道关工委是干什么的，通过学唱这首歌，关工精神引起全体队员的共鸣。关工委领导以普通队员的身份与大家一起学唱，并讲解关工委的性质、任务，极大地焕发了队员们参与关工委工作的热情，纷纷要求加入关工委组织的队伍。关工委领导十分尊重大家的意愿，经研究决定，2010 年 1 月，把这支文艺队冠名为"满城县关工委宣传队"（后更名为"保定市满城区关工委宣传队"），并制作了队旗。这样一来，一支关工委精神感召下的志愿队诞生了。

志愿队的诞生给关工委工作带来了生机，志愿者的风采为满城城乡增添了一道亮丽的风景线。

二、送法下乡配合中心工作的宣传队

原本自娱自乐的文艺队，一跃成了关工委宣传队，极大地激发了中老年人的自豪感和使命感。面对青少年犯罪率居高不下的现状，他们提出在把关工委的精神、任务向自身周围每一个人宣传的同时，配合关工委的中心工作送法下乡，把法律知识宣传到城乡的每一个角落。2010年春季，他们了解到满城镇韩庄村青少年犯罪率高，又赶上京昆高速公路引线扩建拆迁工程，时间短，任务大，问题多，便主动请求送法下乡进韩庄。他们在学好《关工委之歌》的同时，还编排了群众喜闻乐见的文艺节目，于3月31日随满城县关工委法制宣讲队到了韩庄。法制宣讲前，演唱了《关工委之歌》等节目，聚集了群众，营造了氛围，配合了宣讲，他们自豪地称志愿队是送法下乡配合中心工作的宣传队。

从第一次法制宣讲后，关工委宣传队多次随关工委到韩庄，运用多种形式对青少年进行法制宣传。2010年夏天的一个晚上，部分志愿者随关工委领导在韩庄召开了一次回乡知识青年座谈会，宣传队员与青年促膝谈心，做耐心的思想工作。在与青年的接触中，宣传队员发现他们中绝大多数人本质是好的，都有进步要求，建议关工委领导协助村党支部成立共青团组织。关工委领导采纳了队员们的建议，3月在韩庄成立了共青团组织。目前，已发展团员30多名，申请入党的积极分子有10余名，村风村貌发生了巨大变化。2011年除夕，该村附近发生了一起山火，情况紧急，村支书韩国栋在广播喇叭上一喊，全村几十名青年马上带上灭火工具上了山，经过几个小时的扑救，火熄灭了。村支书要给大家发奖金，青年们拒绝了，说："为村里出点力，应该！村里有什么事尽管说话。"

为满足青年们对文化生活的需要，宣传队还帮助该村建起了文艺队。2011年夏天，关工委宣传队应邀与这个村的文艺队举办了一次联欢会，该村10个文艺队的250名文艺队员全部亮相，全村1500多名群众观看了演出。特别值得一提的是本村的小学生也组队上台跳起了广场舞。该村支部书记意味深长地说："关工委对我们村给予了偏爱，宣传队帮了我们的大忙，我真不知道该怎么感谢呀！"

三、构建和谐家庭及邻里和睦的工作队

家庭及邻里的和谐是社会和谐的基础，而和谐社会是青少年健康成长的大环境。关工委队伍的中老年人在各自的生活阅历中，对这个道理都有深刻的理解。出于对下一代成长的关心，他们主动提出为构建和谐家庭、邻里和睦出把力。关工委领导审时度势，为满足大家的需求，选了《家和万事兴》《左邻右舍》等促进家庭、邻里和谐的歌曲。唱着这些歌，大家从自己家庭做起，从自己与邻里做起，为构建和谐做出表

率，以点代面，逐步推广。这些中老年人，带着神圣使命，走街串巷，真是"哪里有困惑，哪里就有关切情"。宣传队成了一支工作队，一支构建和谐家庭、邻里和睦的工作队。据不完全统计，宣传队成立不到半年时间，解决家庭和邻里矛盾60余起，其中"破镜重圆"的夫妻纠纷25起。

四、中老年人唱红歌的合唱队

这支原本自娱自乐的文艺队成了关工委的志愿队，感受到了人生价值的升华。为着下一代的健康成长，他们考虑活动内容应符合关工委的工作需要。于是，红歌的学唱成了宣传队活动的主要内容之一。2010年6月，保定市关工委领导来满城县调研，他们选唱四首歌，向领导作了汇报。保定市关工委领导看了演唱，给予充分肯定，并向宣传队表示感谢，鼓励说："看了你们的精彩演出，使我想起了抗日战争年代的宣传队。当时是宣传群众、动员群众、组织群众投入到抗日战争中去。今天是发动群众参与到我们关工委的工作，肩负教育青少年的重任。时代不同了，任务不同了，但这种宣传队的形式并不过时。"领导的鼓励给了合唱队全体队员莫大的鼓舞和鞭策。大家一致表示，一定戒骄戒躁，发扬成绩，克服不足。今后，关工委引到哪里，红歌就唱到哪里，为营造教育下一代的良好氛围作出新的更大贡献。

满城县关工委宣传队与有关部门联合开展
红歌演唱暨儿童节联欢会

为提高宣传效果，宣传的形式逐步走向了多样化。在唱红歌的基础上，还引导鼓励全体队员发挥各自的特长和聪明才智。这样就满足了每个队员乐于表现的心理需求，每个队员都能感受到尊重、理解和信任，极大地调动了他们的积极性。目前，这支队伍，既是合唱队，也是曲艺队，还是舞蹈队。大家为了下一代编织着爱与美的故事，谱写着爱与美的篇章。保定市关工委赠给宣传队的牌匾上写道："爱心献社会，红歌育后人"。

五、关工委早教会家长学校的学员

这支志愿者队伍还是关工委早教会家长学校的学员。面对社会上早期教育存在的诸多误区，如何把家庭教育的对象从娃娃身上转移到家长身上，让孩子从出生第一天起就受到科学的养育，实现"育苗培根从娃娃抓起"的目标成了他们关注的问题。在关工委的关心和支持下，组建了保定市满城区关工委早期教育研究会。近年来，这个组织在更新教育观念、端正教育思想等课题上进行了深入研究，撰写论文30余篇约20万字。《河北省关心下一代工作画册》刊发了早教会指导调研早教工作的6幅剪影。

关工委建立宣传队，这是个新事物。在前进的道路上，他们也遭遇过困难，经受过曲折。但在保定市关工委、满城区关工委的正确领导下，他们始终坚持着"为了下一代"这个大方向，迎难而上，在宣传关工精神和配合各项工作中发挥了不可替代的作用。如今，保定市北郊三县一市结合处"联村业余艺术团"的25个团队近300名文艺队员申请加入到志愿者队伍，一支浩浩荡荡的志愿者大军正在形成。上级关工委对这支宣传队给予很高评价，省委办公厅、省政府办公厅授予"河北省关心下一代工作先进集体"荣誉称号，评为"河北省优秀志愿服务品牌"等。

以创建"三无四有"达标村为载体
深入推进农村青少年社会主义核心价值观教育

任丘市关工委

中国关工委指出："农村是关心下一代工作发展最不平衡、迫切需要突破的重点和难点。""县级以下关工委要把工作重点放在农村关心下一代工作的开展上。"为深入推进农村关心下一代工作，任丘市关工委从 2010 年起在全市农村青少年中广泛开展了创建"三无四有"（无青少年刑事犯罪、无不孝子女、无辍学生；培养有理想、有道德、有文化、有技能的新型农民）达标村活动，截至 2018 年底，全市建成"三无四有"达标村 88 个，覆盖面达 25.4%，开辟了一条对农村青少年进行社会主义核心价值观教育的成功之路，在美丽乡村建设事业中作出了自己的贡献。这项活动得到了省关工委领导的充分肯定，《中国火炬》杂志予以刊载推广，成为任丘市关心下一代工作的特色品牌之一。

河北省关工委常务副主任龚焕文赴李广二村
调研时欣然题词，赞"三无四有"活动

一、深入调查研究，确定创建思路

如何突破农村关心下一代工作这个"重点和难点"？早在 2009 年，任丘市关工委深入基层，进村入户，采取解剖麻雀的办法，发现了农村较为突出的问题：农村关心下一代工作基础薄弱，对青少年加强教育管理的重要意义认识不足，措施滞后；农村基层关工委组织不完善，工作不活跃，教育无载体；受社会上不良思潮的影响，加之教育管理的缺失，导致部分农村青少年价值观扭曲，行为不端，形成社会问题。这些问题不利于农村青少年健康成长和农村社会稳定发展。针对这些问题，任丘市关工委提出了在全市农村开展创建"三无四有"达标村活动的工作思路，通过加强法制宣传教育，减少农村青少年低龄化犯罪；通过加强优良传统和道德教育，减少农村青少年不孝敬老人现象，促进家庭和睦、社会和谐；通过扶贫救困活动，杜绝农村中小学生辍学现象；通过一系列帮教活动，不断发展壮大农村青少年中"有理想、有道德、有文化、有技能"的人群，让他们成为推动经济社会进步发展的主流与希望。这项活动从谋划运筹到组织实施，得到了中共任丘市委的大力支持和有关部门的密切配合，运作过程顺畅，不到半年的时间，这项工作就在全市开展起来。

二、创建考核一起抓，夯实基础是关键

任丘市关工委以创建"三无四有"达标村为先导，以配合全市美丽乡村建设、培养新型农民为目标，制定了实施规划和工作方案，一年起步，三年初见成效，五年大见成效。体现了关工委观念创新、配合中心、开拓进取的意识，同时也体现了攻艰克难、无私奉献的五老精神。在调查摸底、分析研究的基础上，任丘市关工委制发了《关于创建"三无四有"达标示范村工作考评办法（试行）》，明确了考评的指导思想、考评对象、目标分解、考评具体方法及达标村的命名与表彰等内容。考核按照定量、定性和工作创新三大类共 18 项具体指标设定分值。

定量考核分值 100 分。农村青少年无刑事犯罪、无重新犯罪、无不孝子女、无辍学生、无网瘾及吸毒青少年等方面的问题，各记 20 分，每出现 1 例扣 5 分。

定性考核分值 100 分。包括健全关工委组织及办公、活动场所，依托学校建立家长学校，有完善的工作及学习制度，有青少年教育活动阵

地，有五老志愿者队伍，有五老开展活动的记录6项工作指标。

创新考评分值100分。包括有尊老敬老优秀典型、有科技致富能人及赞助公益事业带头人典型、有帮扶辍学生复学的典型、有帮扶特殊群体典型、有特色工作品牌、有总体或单项突出工作成效6项工作指标。

有了目标，夯实基础是关键。任丘市关工委采取了五条措施：

一是普遍发动，试点先行。2010年，任丘市关工委按照区域分布，选择了5个试点村，帮助这些村建立健全了关工委组织，成立了家长学校，组建起了五老队伍开展帮教活动。

二是总结经验，逐步铺开。在试点成功的基础上，又确定5个乡镇作为试点乡镇，每个乡镇达标村创建数量增加到3个，非试点乡镇也都确定了1个达标村，全市达到20个村。

长丰镇冠村关工委部署"三无四有"达标村创建工作

三是发现问题，规范要求。任丘市关工委先后印发文件，提出了解决好关键问题，建立完善的规章制度，要求村级关工委由党支部书记挂帅，副职主管，组成强有力的工作班子和善于开展帮教工作的五老队伍，特别强调达标村要注重抓典型的问题。

四是加压鼓劲，提高水平。2010年底，任丘市关工委召开了以"建设文明富裕新农村，培养造就新型农民"为主题的试点工作现场会，旨在总结经验，解决问题，沿着正确路径扬帆远航。市委主管领导就如何加强领导、实行重点突破的问题，要求乡镇和部门找准定位，集中力量和时间，全力抓好这项工作。

五是总结表彰，指明方向。市委、市政府对创建"三无四有"达标村工作非常重视，对取得的工作成效予以充分肯定。在 2011 年召开的全市关心下一代工作表彰大会上，对在创建工作中取得突出成绩的先进乡、村和个人予以表彰，鼓舞士气，指引方向，吹响了进一步深化"三无四有"达标村的进军号。

三、深入开展各项教育，培树社会主义核心价值观典型

任丘市关工委在抓创建"三无四有"达标村的过程中，以社会主义核心价值观教育为统领，重点抓好五项活动的开展。

一是思想道德教育活动。任丘市关工委广选人才，组建了革命传统教育、思想道德教育等 5 个讲师团，汇集了近百人的讲师队伍，常年下农村进行各种思想道德教育活动。命名了 1 处青少年思想道德教育基地、3 处革命传统和爱国主义教育基地，建成 128 个农村青少年教育工作室，为开展青少年思想教育活动提供了平台。

二是法制教育活动。任丘市关工委联合教育等部门在全市中小学举办 100 多场法制进校园活动，采取举办讲座、开办法制讲堂、开设法制课、发放宣传资料等形式，宣教内容丰富多彩，效果十分明显。全市所有中小学校、幼儿园都配备了法制副校长，60 多所学校开设了法制网络课程，营造了学法、懂法、守法的浓厚氛围，促进了农村治安形势日趋稳定。

三是优良传统和伦理教育活动。在"三无四有"达标村，一支经过专门培训、素质较高、身体较好、乐于无私奉献的五老队伍，在村关工委的指导下开展工作，走家串户，边了解情况边向青少年宣传中华民族优良传统，宣讲老年人权益保护法，与问题青少年结对子进行重点帮教，帮助培养树立道德观念，诚心善待老人，争当孝顺子女。

四是"任丘发展我成长，我为任丘作贡献"活动。自 2013 年开始，任丘市关工委联合有关部门制定活动实施方案，利用各种宣传媒体搞好宣传发动，激发青少年参与热情；教育青少年继承优良传统，积累知识，增长本领，艰苦创业，为建设"大美任丘"作贡献；教育引导青少年树立奉献意识，在帮贫救困方面有新作为，在大众创业、万众创新的浪潮中发挥主力军作用；利用清明节、五一劳动节、五四青年节、六一儿童节、建党纪念日、国庆节等重大节日，举办继承发扬革命传统、遵纪守法、爱党爱国爱家乡、学雷锋做好人等方面的教育报告活动，让青少年从心灵深处播下社会主义核心价值观的种子，树立清风正

气，激发建设任丘强市的积极性。

五是评选先进、树立典型活动。到 2018 年底，全市评选表彰尊老敬老好子女 425 名，遵纪守法标兵 295 名，"四有"优秀青年 205 名，帮贫济困优秀青年 250 名，优秀"三好"少年 205 名，促进了民风、村风和社会风气的好转，进一步优化了青少年的成长环境，为市委提出的建设"成长之城，大美任丘"提供了正能量。

任丘市关工委有信心进一步夯实各项工作基础，牢牢抓住社会主义核心价值观教育这条主线，充分发挥典型样板的示范带动作用，让关心下一代工作的网络触角在全市广大农村落地生根，开花结果，努力实现"三无四有辟新路，清风正气靓农村"的奋斗目标！

三十载润无声　倾情大爱春化雨

海兴县关工委五老帮教团

在海兴，一个由 40 余名五老组成的志愿者团体，义务帮教全县的服刑人员长达 30 年之久。30 年来，他们连续赴沧州、天津、山东省德州等地的 8 个监狱，对海兴籍服刑人员以及看守所在押人员、社区矫正人员进行帮教，受帮教人员 6000 余人次，对服刑人员家访 1800 余户次，走访基层干部 1500 多人次，发放帮教信 1600 余封，行程 7 万余里。由于他们的不懈努力，在海兴创造了一个司法"奇迹"：30 年来，海兴县人口增长近 10 万，但海兴籍犯人人数却没有增长，犯罪率逐年下降，70% 的海兴服刑人员得到立功减刑奖励。他们探索出了一条服刑人员和刑满释放人员的社会教育之路。

一、孩子，拿这块肥皂洗洗心

海兴县关工委五老帮教团成立于 1989 年，本该颐养天年的他们再度出征，不是攻城，不是掠地，是唤心，使海兴迷途的浪子重新找到生活的方向。他们的行为，不只是帮教，更是一种传承。

海兴五老帮教团赴监狱慰问帮教服刑人员

最初的帮教形式，是每年春节前去监狱慰问一次，搞一次座谈会，后来内容形式不断丰富，比如请海兴书画家参加帮教团，与服刑人员搞笔会，送河北梆子等地方戏上门演出等。监狱里管教人员说，每一次帮教团来，海兴籍服刑人员都感觉像"过大年"一样，他们打心眼儿里都盼着你们过来。

张玉荣每年春节去监狱，都会对服刑人员说："我已经70多岁了，每年过年，都是晚辈们来看我。我只走两门亲戚，一个是看我80多岁的老舅，一个就是来监狱看你们。……小孙子问我，'爷爷，你为什么每年去监狱看这些坏人？'我说，'人之初，性本善。他们不是坏人，他们是好人，是好人办了坏事、糊涂事。孩子，你要是办了坏事爷爷是不是也得去看你？'"张玉荣说完，犯人哭了，狱警也哭了，帮教团许多成员也哭了，老人自己也落了泪。

每年帮教团来监狱，都带一些小礼品，开始是一些生活用品，后来监狱条件好了，他们就精心带了一个包，里面有一块肥皂、一条毛巾、一支笔和一个记录本。老人们对服刑人员说，孩子们，给你们这些东西，是要你们记住，拿这块肥皂洗洗心，拿这条毛巾把自己擦干净，拿这个笔这个本子记录下自己重新做人的心路变化和迈出的每一步……

二、家访，带去心灵的震撼

表面上看，帮教团每年只去监狱几次，时间很短，但背后，对服刑人员的帮教却是常年的。每次去监狱前，老人们都要先做家访，他们请县电视台帮忙，跟着一台录像机。每个服刑人员的家境都在他们心中装着，他们来到服刑人员家，询问家庭变化，询问家中困难，更重要的是，为服刑人员记录下家属的叮嘱。经过精心整理，在监狱帮教会上给服刑人员统一播放，每每都是一次巨大的心灵震撼："儿啊，你做错了，一定要改错，一定要服从管教，回来重新做人！""孩子，我们等你早日回家！娘想你啊！"这些话，是一个父母对一个儿子说的，可到了这里，就成了所有父母的嘱托。录像里哭，现场也哭声一片。

李某被判刑后，在监狱里，他已经绝望，认为妻子一定对他深恶痛绝，离他而去。但在帮教团带去的录像里，妻子一手抱着孩子、一手抹泪地诉说："我又恨你，我又爱你。恨你做这些事给亲人和社会造成了伤害；爱你曾经是一个好丈夫、好爸爸。我相信你从哪里摔倒，就能从哪里爬起来！"李某看后哭得像个泪人，此后他在监狱里表现非常好，减刑后回家办起了体育器材厂，有了自己的事业。

三、给他们温暖，给他们希望

每年春节，帮教团的老人们都能收到许多刑满释放人员的祝福，在他们眼里，帮教团的老人是父母一样的亲人。王淑凤得知服刑人员巩某的父母年事已高，身体不好，逢年过节都让儿子带上礼品，去看望他们。一位服刑人员的母亲一次跟着王淑凤去监狱帮教，回来住在王淑凤家，两人一宿没睡，知心话怎么也说不完，两位老太太，地位不同，境遇不同，但有一点是相同的，都是母亲。"其实，给服刑人员一点点温暖、一点点尊重，他们都能感受得到，也许，从此社会上就多了一个好人，少了一个坏人。许多人重新犯罪，都是因为没有这些而破罐破摔。"帮教团老人们说。帮教团里的志愿者，老干部居多，他们发挥余热，协调民政、劳动等部门，为服刑人员家属和刑满释放人员在就业、低保、医保、宅基地等方面提供各种帮助，让他们实打实地感觉到，家乡和社会没有抛弃他们。

赵毛陶镇的吕某服刑后，妻子和他离婚，儿子寄养在姑姑家里，吕某的父母先后离世，长期无人居住的房子也露天了。2013 年 12 月，服刑期满的吕某回来后无家可归。帮教团的老人们看在眼里，急在心上，立刻召集吕某所在村的村干部、兄弟姐妹及部分爱心人士，就如何帮助吕某召开了座谈会。春节过后，在众人的帮助下，4 间砖瓦房拔地而起。帮教团接着又帮助他安排了在天津市做保安工作。现在的吕某在某保安公司做了保安队长，他和儿子也都先后成家，他每年都要义务献血来回报社会。

高湾镇黄某犯罪后，妻子跑了，儿子走了，房子也倒了，生活陷入一片灰暗。可就在他出狱后的第二天，帮教团在镇村干部陪同下专门来到他家，嘘寒问暖。他感动得热泪盈眶，表示一定好好干，把妻子接回来，把儿子找回来，把房子盖起来。时隔两年，在帮教团的帮助下，他的承诺全部实现：儿子在外打工，有了丰厚的收入，他也住进了新房子。

四、不断汇集爱心的志愿服务群体

苏基镇张王文村南有一个大型养鸡场，王老板是远近闻名的致富能手，除了这个鸡场，他在县城还有商场等产业。多年前，他曾因盗窃被判刑入狱，是帮教团的老人们给了他断恶向善的信心，也让他成了一个爱帮助人的人。最近几年，王老板加入了帮教团，每年春节都跟着帮教团来监狱作报告，现身说法，鼓励大家重新做人。帮教团还协调监狱等部门，将一些有强烈改造愿望的服刑人员请回海兴，走进中小学去警策青少年。

一位企业爱心人士被海兴五老帮教团的事迹深深感动，主动找到帮教团，每年拿出 2 万元用于帮助服刑人员家庭中的贫困户和贫困学生。五老帮教团多次把上万元奖金捐给服刑人员家庭。

"身有伤，贻亲忧。德有伤，贻亲羞。"近年来，帮教团志愿者们将《弟子规》教育带进监狱，使他们在传统教育中净化心灵、感悟人生。当他们在沧州监狱的第一堂传统文化课结束后，听课的服刑人员被感动得痛哭流涕，沧州监狱相关领导说，"早听上几年《弟子规》，这里的服刑人员不知要减少多少。"为了使帮教工作不断延伸，他们在全县中小学大力推行以《弟子规》为载体的国学教育，并积极开办"道德讲堂"，推广善行教育，延伸爱心志愿服务活动，在全县形成了学习《弟子规》，践行《弟子规》的浓厚氛围。几年来，帮教团免费发放《弟子规》4.6 万册。

海兴县五老帮教团 30 载风雨兼程的"感恩"教化之旅，从面对面沟通到不间断家访，从救赎心灵到开启重生之路，从狱内帮教到狱外帮扶，打造出了"海兴帮教模式"。帮教团的事迹得到了中国关工委主任顾秀莲及省、市、县领导的重要批示，中央电视台、新华社、《人民日报》《光明日报》等 25 家新闻媒体对帮教团的事迹进行了采访报道。他们荣获 2014 年"全国离退休干部先进集体"，团长王淑凤受到了习近平总书记的亲切接见；2015 年 8 月，在全国关心下一代表彰大会上，海兴县五老帮教团获得"全国关心下一代先进集体"，副团长张玉荣在大会上就五老帮教工作作典型发言；荣获 2013 年度"感动河北群体奖"、2013 年度"沧州十大新闻人物"，沧州市委在全市予以推广。2018 年 2 月，在中宣部、中央文明办召开的全国学雷锋志愿服务工作推进会上，公布了 2017 年学雷锋志愿服务"四个 100"（100 个最美志愿者、100 个最佳志愿服务组织、100 个最佳志愿服务项目、100 个最美志愿服务社区）先进典型名单，沧州市海兴县关工委五老帮教团荣获最佳志愿服务项目。

年逾古稀步未停，高墙探亲情更浓。五老虽知夕阳晚，愿把严寒化春风。帮教之路，无怨无悔，他们将再接再厉，继续搞好帮教工作。

携手奋进　逐梦花开

衡水市桃城区永安路小学关工委

永安路小学由原衡水市第十一中学和原西康小学于 2008 年合并组建，学校占地面积 20000 平方米，建筑面积 8000 平方米，现有在校生 2038 人，专职教师 73 人。自建校以来，在上级关工委和区教育局的领导下，学校关心下一代工作以思想道德建设为核心，以培养合格小公民为目标，广拓渠道、创新形式，借力于校外、着力于校内，为孩子们的健康成长提供了广阔平台。

一、健全组织，夯实基础

永安路小学组建伊始，就把做好关心下一代工作作为促进学校发展的有力抓手，成立了由校长王彦妙任组长、相关处室和全体班主任为成员的关心下一代工作领导小组，聘请部分退休老领导、老干部、老教师担任顾问，明确工作目标，制定工作计划和评价、考核制度，使这项工作有人管、有章循、有目标、有核心、有记录、有考核，为关心下一代工作的有序开展提供了有力的组织和制度保障。

二、创新平语"三进"工作，筑牢学生根基

平语进校园、进课堂、进家庭这项工作是一项全新的命题。为此，在活动启动和准备阶段，学校发动全校教职工针对工作开展的具体方式进行了大讨论，在认真观看央视节目《平语近人》的基础上取得了如下共识：平语所以近人，是因为用典近人，主题近人，氛围近人，传播方式近人。所以，平语三进工作，也要紧紧联系师生日常生活学习，真正让活动走到身边、直击心灵、取得实效，确定了"让平语更近人"的工作指针，把此项工作作为学校德育，特别是社会主义核心价值观教育的有力抓手，把平语"三进"工作与学校德育、课堂教学传承、经

典文化、校园文化建设、日常管理、学校关工委日常工作、家长学校有机融合。

1. 平语"三进"活动与德育活动相连。学校德育处、少先队制定平语进校园活动方案，观看《平语近人》电视节目，举办"习爷爷我想对您说"主题国旗下讲话、书写读后感，上、放学路队诵读平语金句。语文课上，"讲讲习爷爷的故事"活动，大家兴趣盎然，纷纷上台讲述。学金句画愿景，学生拿起手中画笔，描绘自己心中的理想和践行孝道的故事。

2. 平语"三进"活动与教育教学相连。老师们通过收集整理平语金句，查找出处，结合学生的认知水平和年龄特点，编写平语进课堂教案。低年级编制孝道主题教材，中年级编写学习主题教材，高年级编写理想信念主题教材。老师和学生们一起分享传统经典的魅力，这样的平语课堂，成为学生们的最爱。每天的晨诵平语金句、课前背诵平语金句，越来越多的学生喜欢上了传统文化经典诗词。学校还举办平语金句书法比赛，书写经典，传承中华文化精华。

教师们编写的《平语进校园》校本教材

3. 平语"三进"活动与诗词考级活动相连。经典传承，争当学霸。当诵读成为热潮，如何给学生们提供一个展示自己诗词修养的舞台？学校举办诗词达人平语专场，反响热烈。学习习近平总书记的用典，了解释义，活学活用。

4. 平语"三进"活动与校园文化建设相连。让平语经典起到潜移默化的教育熏陶作用，学校设计制作了6条平语文化长廊（金句长廊、精神长廊、劝学长廊、笃学长廊、践行长廊、启智长廊）、5 面主题教育墙；设计制作了 110 块各种规格材质的平语永久性教育展板。

5. 平语"三进"活动与微视频创编相连。校长王彦妙带领学校微视频创作团队，以微视频传播平台作为活动的助推器和教育效果的倍增器，拍摄五大系列活动，充分发挥微视频传播的时效性。组织拍摄制作了平语进校园微视频，并上传到学校公众平台。把集传统文化之成的"平语文化"用现代的方法、现代的媒介、现代的手段，潜移默化地送到千家万户，传播到学生的日常生活中，方便大家学习、实践。这种方式比传统的书本阅读、解读生动得多。同时，借助网络和手机传递这些正能量的内容，主动引导，主动培养平语粉丝，让经典内容浸润学生的心灵。

6. 平语百家讲坛。为了让平语更近人，学校通过小手拉大手，让学生带动家长一起来学平语，讲平语。家长们在孩子和老师的带动下，自觉加入了学习和讲习之列，在家里支起小黑板，开始给孩子讲平语，并且踊跃报名到学校为同学们讲。目前已组织了 30 多场家长平语讲坛。

回顾平语"三进"工作的开展，全校师生潜心摸索，收获满满。《平语近人——习近平总书记用典》犹如一扇窗，让广大师生透过窗帘，欣赏经典的生动演绎，既让古今中华的先进文化深度融合，也激励师生诵读经典，传承先人的优秀品质，涵养更加健全的人格、更加深邃的内涵。坚定了要以弘扬优秀传统文化为己任，让中华经典融入命脉、汇入骨血，形成新时代的中国智慧，引导中华儿女奋发图强，为伟大复兴中国梦接续奋斗、顽强拼搏。

通过平语"三进"活动的开展，全校师生感慨，平语金句就是一座富矿。为此，学校编写完成了近 200 份平语专题教案；组织了平语主题绘画、书法、手抄报系列比赛并装订优秀作品 208 册；编制了改革先锋人物、平语经典、平语课堂的校本教材；探索创新媒体，发挥微视频传播的时效性，开办平语课堂 60 场，组织拍摄平语课堂微视频 200 部，书写家书、拍摄家书朗读视频；开办学生、教师、家长讲平语课堂，小手拉大手，永安路小学校报印制了《写给习爷爷的一封信》《家长送给孩子的一封平语主题家书》专版。学校与家庭、社会三位一体，让平语经典人人皆知，如影随形，外化于行，内化于心，浸润心灵，落实实践，真正让孩子们活学经典，记住要求，牢记嘱托，心有榜样，从小做起，接受帮助，培育和践行社会主义核心价值观。

三、借力五老、广聚关爱，助力学校发展

永安路小学通过定期举办专题培训，组织专场报告会，开展专项训练，让五老的夕阳之光照亮少年学子求学励志的坦途。聘请五老担任艺术顾问，提升师生艺术素养；聘请五老担任德育顾问，提升师生价值观水准；聘请五老担任体育顾问，提升师生运动风貌。

王福友老师是衡水市空竹协会会员，现为学校关工委特聘顾问，担任学校空竹兴趣小组总指导，全身心投入空竹队的训练活动中，为传统运动项目进校园进行了有益探索。在提高学生运动水平的同时，王老师也培养了学生敬业、执着的品质。

学校根据师生关爱留守儿童的故事编排了音乐情景剧《留守的爱》，登上了衡水少儿春晚的大舞台。从剧本的编写、音乐的创作，到舞蹈的编排，老专家们都给予了无微不至的帮助。

学校通过发放调查问卷，了解每名学生的爱好、困惑与困难，为每一位贫困生、学困生、体困生、留守生、流动生建立关爱小家人档案，由每班师生爱心志愿小分队的志愿者给予这些孩子们帮助，解决他们学习、生活上遇到的困惑。

建校以来，从中央到地方，从部长到市长，各级领导多次莅临指导，参加专项调研，组织专题座谈，对学困生结对帮扶，关注学生心理健康，为学校管理支招，为孩子成长中碰到的难题出谋划策。衡水市、桃城区关工委领导贾彦明、王兰君、李福恒、郑林璋、霍炳善等多次对学校校园文化建设进行指导。衡水市关工委副主任崔根乱到学校就纪念中国人民抗日战争暨世界反法西斯战争胜利70周年活动进行专题指导，并赠送了"抗日战争歌曲集成"系列图书，这批宝贵的书籍凝聚了老领导们的心血和汗水，更寄托着领导们的谆谆告诫、殷殷期许。

2014年5月6日中国关工委副主任杨志海、刘雅芝，2018年12月，河北省关工委副主任侯志奎，2019年2月中国关工委主任顾秀莲等领导先后莅临学校指导工作，对学校关心下一代工作给予了充分肯定。可以这样说，是各级领导和老领导们用自己的关爱、奉献铺就了永安路小学的成长之路、发展之路。

衡水电视台、《衡水日报》、河北电视台等多家媒体对学校关心下一代工作进行专题采访和报道。

回首10年过往，衡水市桃城区永安路小学的关心下一代工作有了

中国关工委主任顾秀莲等领导观看学生们制作的
给习爷爷一封信和一封家书的微视频

长足的进步，但"关心下一代永远在路上"。今后，将牢记立德树人使命，砥砺奋进，携手关爱，为每一个孩子搭建展现风采的舞台，让每一朵花绽放精彩。

夯基础　抓创新
努力开创关心下一代工作新局面

衡水市桃城区中华大街街道办事处关工委

中华大街街道办事处位于衡水市桃城区主城区中心位置，辖区总面积8.9平方公里，下设17个社区居委会，现有小区321个，常住人口14.3万人，其中青少年4.5万人，党员2500人，有中小学9个，为全区人口最多、单位最多、学校最多、社区居委会最多的街道办事处。

近年来，中华大街街道办深入学习贯彻习近平总书记关于做好关心下一代工作的重要指示精神，以促进青少年健康成长作为关心下一代工作的出发点和落脚点，深入推进理念思路创新、体制机制创新、内容形式创新、方法手段创新，使各项工作出彩、出新，近年来，先后获得全国和谐社区建设示范街道称号、全国模范人民调解委员会称号、全国未成年人思想道德建设工作先进单位称号、全省和谐社区建设示范街道称号、2016年度河北省基层平安建设先进单位称号；育新社区被中宣部、中央文明办等部门授予最美志愿服务社区称号；裕丰社区被评为2016年全国百家宣传思想文化工作示范点、河北省优秀志愿服务社区；丽景社区和裕丰社区被评为全省和谐社区建设示范社区称号。

一、组织健全，制度完善，奠定了良好的关心下一代工作基础

中华大街街道办党工委对关心下一代工作高度重视，建立健全了关心下一代工作组织。一是街道、社区两级均成立了关工委组织，明确了工作目标，落实了责任，安排了工作经费，并聘请辖区内德高望重的老同志参加关心下一代工作。二是将关工委工作纳入重要的议事日程来抓，与党建、团建工作相结合，将关工委的工作与街道的各项目标任务同研究、同部署、同实施、同检查。三是在小区内以楼栋为单位组建"楼栋关工委小组"，为进一步加强与学校的联系，组建了由社区、学

校、家庭代表组成的"三方联络小组"，工作网络错落有致，关工委队伍也进一步壮大，使关工委组织形成了纵向一根线，横向连成片的工作网络，为街道关工委的工作开展夯实了基础。

与此同时，还根据自身实际建立、完善了必要的工作制度。一是制定了《中华街道关工委工作联席会议制度》，健全完善了《街道关工委主任办公会会议规则》《街道关工委工作制度》《街道关工委工作职责》《街道关工委学习制度》等制度。二是街道关工委主动加强与 17 个社区关工组的联系，每半年召开两次以上街道关工委工作会议，对日常工作的重要事项进行讨论和安排，定期开展各种现场会、调度会、协商会，推动工作落实。三是建立以党工委统一领导、党政齐抓共管、社区主动作为、社会组织积极配合、全社会广泛参与的联动工作机制，定期向上级党工委上报工作安排及进度，定期向各成员机构了解工作进展及经费落实情况。四是采取"走出去、走进去"的工作方式，不定期到各社区、组织，检查工作开展成效及经费落实情况。并根据排查到的情况，有针对性地整合资源、广开渠道、精准实施，定期开展扶贫帮困、心理辅导、法制教育等有益于青少年成长的各类活动。

二、协调联动，齐抓共管，关心下一代工作氛围浓厚

中华大街街道办关工委在不断充实领导班子和五老队伍的同时，致力于整合街道各方资源，搭建工作平台，形成工作网络，构建街道党工委统一领导、党政齐抓共管、社区主动作为、社会组织积极配合、全社会广泛参与的"大关工"工作格局。一是五老队伍模范作用充分体现。为调动五老人员参与热情，广搭平台，通过组织动员一批、上门求贤聘请一批、五老互动带动一批、为老同志办实事做好事凝聚一批等办法，调动五老人员参加关工委工作的积极性，并由一名德高望重的老同志主持日常工作，使老有所为，老有所乐，老有所学，学有所获，真正发挥骨干队伍作用。二是五老队伍专业特长充分展现。利用老同志政治过硬、威望较高、经验丰富、时间充裕的优势，根据五老特长组建"十大员"，即思想道德报告员、传统教育宣传员、校外教育辅导员、净化环境监督员、法律知识咨询员、科技文化传播员、捐资助学协调员、脱贫致富帮扶员、失足青年保护员、家庭教育指导员。这"十大员"活跃于社区内，有的参加孝德安全教育讲座，有的讲革命故事，有的为打工子女补课……街道85名五老志愿者为青少年解难事、办好事800余

次。他们的言行如春风化雨，潜移默化地滋润着青少年幼小的心灵。三是社区公共服务平台作用充分整合。中华大街街道办事处积极整合机关各科室、各社区、各团体等关心下一代工作资源，使关心下一代工作在街道各社区、学校、社会团体实现全覆盖，无疏漏。联合社区团委、妇联、综治办、城管办等相关部门，开展"国学课堂""四点课堂""法制课堂""家长课堂""读书课堂""厨艺课堂""才艺课堂""社区影院""主题沙龙"载体活动，填补孩子家庭、学校教育的"真空"时间，丰富孩子的业余生活，实现学校、家庭、社区三位一体管理模式。

三、主题教育常抓不懈，引导青少年树立正确的世界观、人生观、价值观

中华大街街道办立足培育和践行社会主义核心价值观，开展形式多样的"两史"教育活动，积极教育引导青少年树立正确的世界观、人生观、价值观，帮助他们扣好人生的"第一粒扣子"。一是开展社会主义核心价值观教育。组织宣讲团深入社区、学校、小区，向广大青少年开展社会主义核心价值观教育。福苑社区的"小喇叭宣讲十九大"被中央电视台《新闻联播》播放。截至目前，宣讲团共宣讲15场次，受教育青少年达3000余人次。街道关工委每年国庆节组织辖区青少年儿童开展"心中的颂歌，献给祖国"活动，增强社区青少年的爱国情感，激发青少年对祖国、对民族的热爱，目前已连续举办3年。为教育引导青少年坚定听党话跟党走的理想信念，当好"红船精神"的忠实守护者、坚定传承者、自觉践行者，街道关工委组建"传承红色基因，争做时代新人"红色革命教育讲师团，由抗战老兵组成，为广大青少年宣讲红色故事，现已宣讲两次。二是深入开展孝德教育。每年母亲节，街道关工委组织辖区幼儿参加"传承孝道，从娃娃抓起"系列主题活动，从小培养孩子敬老爱老传统美德。组织学校的孩子们开展"我为爸妈洗脚"孝敬父母活动；在端午节、九九重阳节开展"爱注夕阳，关爱老人""九九重阳节，浓浓敬老情"慰问活动，为老人们表演精彩的节目，为老人们制作精美的手工艺品。在家娇生惯养的孩子们在这一刻成为懂得关心和关爱的"小大人"，使老人们很受感动。三是精心组织学雷锋社会实践活动。为积极推动学雷锋活动常态化，中华大街街道办事处以社会志愿服务为载体，创新内容形式，宣传雷锋精神和模范人物，在3月学雷锋活动月，开展"争做新时代的活雷锋"系列主题活

动；开展"我是小小志愿者"青少年捡拾垃圾、"一元募捐"活动，从小灌输"助人为乐，无私奉献"的传统美德；为配合文明城市创建，组织青少年积极参与到文明创建活动中，做文明创建的小使者；开展"认种绿植，美化家园"植树活动；开展"童眼看创城，小手绘文明，唱和谐童谣、扬中华美德"儿童绘画及童谣传唱文明活动；开展"爱护城市环境争做文明学生"的主题教育活动，形成践行雷锋精神、争当先进模范的生动局面。

四、积极探索，勇于创新，开创关心下一代工作新局面

中华大街街道关工委针对新时期青少年成长的新规律、新特点，勇于拓展工作领域、创新工作形式、丰富活动内容，开创了关心下一代工作新局面。一是打造校外教育特色乐园。依托社区道德讲堂、国学班、四点钟课堂、科普体验室等载体，创建"启思园"，做好青少年的校外教育工作。目前，辖区 17 个社区全部创建了"启思园"。依托 8 个社区忘年交书法协会创建了"启慧园"，每年通过组织社区趣味远动会、"百福春联送居民"等活动，引导青少年德智体美全面发展。依靠社区五老创办"启明园"，通过开展"争做文明小先锋""大手牵小手·夕阳拖朝阳"等德育活动，开设"老八路故事会""核心价值观教育故事会"，让社会主义核心价值观在青少年心中落地生根。截至目前，街道共开展各类学习教育活动 320 场（次），受益人员达 2 万多人。二是街道志愿孵化园精准扶困助学。依托街道志愿孵化园，积极发展爱心联盟，引进各类社会志愿服务组织和孵化培育公益组织 21 家，推动各类志愿服务组织力量的融合。围绕"对接居民需求，提供服务平台，助力志愿组织，建设美丽社区"这一宗旨，以美丽社区建设为目标，每个社区建立一个特色志愿服务站，开展项目化志愿服务，以服务未成年人为重点，打造了"快乐起跑""美丽芳华"志愿品牌；加上量身定做的志愿服务项目，创新开展"一社区一品牌""聚爱筑梦""幸福童心"等一批高质量、高水平的志愿服务项目；利用六一儿童节、春节等重要节假日，对辖区困难儿童、留守儿童进行走访慰问。三是亲子家园助孩子安全茁壮成长。组织青少年开展春季采摘活动，品味采摘过程中的劳累及喜悦，享受劳作后收获的甜美；组织开展"父母的注意力方向决定孩子未来方向"亲子讲座；搭建亲子沟通的平台，开展"消防进社区"活动，通过消防知识的讲解，引导孩子们正确使用消防器

材以及面对火灾正确的逃生方法；通过各类课堂对孩子进行传统文化、法律知识、尊老孝亲、社会公德、家庭美德等思想道德教育；通过开展"团圆餐""生日宴"等为孤寡老人献爱心活动，进行感恩爱心教育，让孩子健康茁壮成长。

中华大街街道办平安里社区举办庆六一活动

关心下一代是一项伟大的育人工程，也是一个永恒的课题。中华大街街道关工委将不忘初心，牢记使命，积极进取，勇于创新，努力开创关心下一代工作的新局面，为青少年健康成长营造良好环境，为构建和谐社会作出更大贡献。

充分发挥关工委和五老作用
助力青少年快乐成长

衡水市冀州区青少年活动中心关工委

衡水市冀州区青少年活动中心在上级关工委的领导、关怀和支持下，全面贯彻落实党的教育方针，始终坚持以"公益性"为原则，以"实践体验教育"为重点，以"思想德育教育"为核心，以"快乐成长"为理念，以"传承中华优秀文化"为品牌，充分发挥关工委和五老的作用，为全区青少年在丰富多彩的校外活动中提高素质、快乐成长搭建了平台。为此，中心先后荣获"河北省关心下一代先进集体""河北省示范性活动中心""河北省青年文明号""河北省少先队实践教育基地""家庭教育先进单位""创建青少年维权岗优秀单位"及"全国青少年冰心文学大赛摇篮奖"等荣誉称号；活动中心网站被评为"全国优秀网络社区"和"全国十佳校外网站"；在省教育厅举办的"校外教育杯"系列比赛中多次荣获组织奖，100多名学生获奖，30余名教师荣获优秀指导教师奖；300多名学生在全国、省、市书画、征文、舞蹈、器乐、武术等比赛中获奖。

中国关工委主任顾秀莲莅临中心听取"平语近人进校园进课堂"活动汇报，省关工委常务副主任侯志奎等省市区关工委领导多次到中心指导工作。

一、认真开展"平语近人进校园进课堂"活动

为了开展好活动，中心全体人员观看了《平语近人——习近平总书记用典》系列节目；收集、整理了《习近平讲话引用的古语名言50例》；学习、整理了习近平总书记关于社会主义核心价值观的讲话、对青年的讲话、对少年儿童的讲话等内容。在深入学习的基础上，根据活动中心工作实际，制定了活动方案，明确了校外开展"平语近人进校

园进课堂"主题教育活动的目标和任务，成立了中心主任牵头的领导小组，分工明确，责任到人。

为了营造"平语近人进校园进课堂"的浓厚氛围，对活动中心的教育环境进行了整体设计和提升。在活动中心门口、大厅、楼道、各活动室精心制作以平语近人为主题的宣传标语、图片、展牌、桌摆等20处、42块，与各处的环境氛围和各活动室的项目相融合，各具特色；将中央电视台《平语近人——习近平总书记用典》系列节目下载并刻成光盘，在中心大厅内电视上循环播放；精选了习近平关于社会主义核心价值观和对青少年的寄语20多条，在中心对外的电子屏上循环播放。

中心网站和微信公众号上及时发布活动开展情况的信息；将《平语近人——习近平总书记用典》视频专题在微信公众号上每天编发一集；将收集、整理的《习近平讲话引用的古语名言50例》，按讲话背景、讲话原文、用典出处等进行分类整理，在微信公众号上每天编发一例。中心的宣传让更多的家长与学生一起了解了衡水市开展的"平语近人进校园进课堂"活动，发动家长与学生共同研讨节目中习近平总书记金句，以及引用古诗词的深刻含义，使总书记的家庭观和人才观深入家庭，扩大了活动影响，促进了学生与家长之间的融洽关系。

二、充分发挥五老作用，开展丰富多彩的教育活动

1. 邀请五老宣讲。在冀州区关工委的大力支持下，邀请区关工委"平语近人"宣讲团来中心宣讲。冀州区关工委委员、区人大原秘书长李清沛，冀州区关工委委员、广电局原局长齐佩忻分别以《少年立壮志，当好接班人》和《谁言寸草心，报得三春晖》为题作报告，200多名学生和家长受教育。

2. 诵读国学经典。聘请冀州区关工委委员、区体育局原局长王其谭在中心的4个国学经典诵读班上为全体学员讲解习近平总书记用典的出处，并指导学生理解、背诵。中心的国学经典诵读班目前已开办30期，培训学员2.8万余人次。

3. 弘扬三皇炮捶武术。三皇炮捶武术是冀州的河北省非物质文化遗产，中心聘请河北省三皇炮捶武术研究会会长、冀州暖气片厂退休干部赵恒通老先生担任总教练，开设了三皇炮捶武术弘扬班，至今已经开办7期，培训学员6000多人次。在2016、2017、2018年三年的衡水市武术大会上都荣获了集体一等奖，并有100人次学生获奖。

赵恒通举办三皇炮捶武术弘扬班，
传承河北非遗文化

4. 书法展现平语名句。中心聘请退休老教师王文才担任书法培训志愿者，将书法这一中华优秀传统文化和习近平总书记用典相结合，用书法写平语。目前已开设培训班14期，培训学员3000多人次，10多名学生在省教育厅举办的"校外教育杯"书法比赛中获奖。

5. 戏曲演经典。中心聘请国家一级演员朱宝光担任顾问，参加过中央电视台演出的冀州京剧票友张忠谦任艺术指导，文化馆退休干部赵根鸾和退休教师陈翠霞、李春英任教师，成立了小荷花戏曲社，目前已培训12期，培训学员1000多人次。戏曲班的小演员们在老师的指导下，排演了总书记倡导的有关家风和孝道的《孔融让梨》《卧冰求鲤》等小节目。

五老指导小荷花戏曲社的孩子们学演经典

三、主题丰富的校外活动

1. 德育活动。开展了社会主义核心价值观主题童谣征集传唱活动，"关爱环卫工人，共建文明城市"亲子体验活动，"每人一元钱，每人一件冬衣，咱帮他们过寒冬——今冬温暖行"活动，"珍藏艺术，奉献爱心"为汶川灾区募捐活动，参观林秀贞事迹展览馆活动，"体验军营，八一慰问"活动，参观"阅读的力量"图片展览，清明扫墓活动，"弘扬志愿精神，共建美丽冀州"志愿者宣传，"同在蓝天下，共沐阳光情"走进希望小学恒爱助学，"学雷锋、树新风，争当文明小标兵"活动，网上祭英烈活动，"学习实践科学发展观"作品征集活动，"纪念抗日战争胜利70周年电影放影月"活动，感恩母亲节数字电影放映活动，"浓情感恩节，悦动感恩心"活动，"美德少年评选活动"，"最美少年评选活动"，"红领巾相约中国梦"系列活动等。

2. 公益讲座。开展了"爱护我们的眼睛"公益讲座，"立德树人，家校共育"大型传统教育讲座，"怎样让每个孩子都爱上学习"电视讲座，"让生命充满爱"大型演讲会，"关注孩子的生存智慧""关注孩子的心灵成长"团中央专家团专题报告，《从此写出好作文》讲座，《全脑学习——儿童成长的金钥匙》专题讲座，"感恩励志中国行"大型公益讲座，"让生命充满爱"公益巡讲，"健康口腔，幸福家庭"爱牙日公益讲座，"心怀感恩，与爱同行"成人仪式，"优秀高考毕业生学习经验分享会"等。

3. 社会实践活动。开展了"家乡文化大搜索"活动（家乡文化大索索活动被团省委列为全省试点县，被评为省优秀组织单位），"祈愿春天，放飞梦想"亲子实践体验活动，"学雷锋志愿服务"活动，"迎马拉松比赛，环衡水湖远足"活动，迎国庆"走进剪纸艺术"亲子体验活动，119宣传周"消防零距离"活动，"迎六一"美食DIY活动，"月满中秋"月饼DIY活动，"小手搭出大世界"科技创新之旅活动，"共同托起明天的太阳"公益亲子体验活动，"梦想金秋，采摘和谐"活动，石膏彩绘DIY，衡水湖春游活动，"走进消防站"一日营活动，"消防进校园"活动，"共建绿色冀州，我们在行动"环保活动，"走进气象台"参观活动，"弘扬志愿精神，共建美丽冀州"青少年心理咨询服务活动，"美化湖城，绿色兑换"活动，"共建美丽家园"环境清理活动，"喜迎六一，关注特殊儿童"活动，网上夏令营、冬令营等。

4. 开展学生广泛参与的竞赛。开展了八届"校外教育杯"书法绘画、征文和论文征集三项内容系列比赛，第二届"曹灿杯"青少年朗诵大赛，"亲子厨艺大比拼"活动，安全知识竞赛，中国汉字听写大会，"庆元旦"猜迷活动，课外游戏比赛，冀中杯"迎接马拉松，建设新冀州"摄影比赛，"我爱妈妈"主题征文活动，师生才艺大赛，"我投我就赢"篮球九宫格，全国青少年冰心文学大赛，中小学生象棋比赛，小学生乒乓球比赛，亲子趣味运动会，迎新年跳绳、踢毽比赛，"环境保护公益招帖画设计"和"环保知识征文比赛"，童心向党红歌赛，廉政书法绘画比赛，纪念改革开放 30 周年演讲比赛，中小学生安全知识竞赛，机器人竞赛等系列活动。

5. 常年免费开放活动。每年寒暑假、周六日及节假日，中心篮球场、羽毛球场、微机室、乒乓球室、图书室、棋艺室、创新思维训练、小牛顿实验室、数字影院等活动室对学生免费开放，中心教师免费指导组织。

支持常年送数字电影到农村学校活动，目前已放映电影 700 多场，观众达 8 万多人次，受到广大学生特别是农村学校师生的高度好评。

6. 品牌活动——传承和弘扬中华优秀传统文化系列活动。中心将"传承和弘扬中华优秀传统文化"定为特色活动，先后开设了国学经典诵读班、三皇炮捶武术弘扬班、小小茶艺班培训班等常设培训班。围绕传承和弘扬中华优秀传统文化主题，先后组织了寒食踏青文化节、陈洪英微缩木艺展览、汉式成童礼、粽叶飘香，共迎端午包粽子活动、"月圆中秋"月饼 DIY 活动、参观衡水市首届民俗展览及冀州区民俗展览、"走进田园棉文化园，体验传统民俗变迁"活动、"迎国庆，走进剪纸艺术"体验活动、"关爱老人冬至包饺子"活动、"生态开湖、文化扬帆"开湖庆典等系列活动。

主题鲜明、丰富多彩的教育活动深受学生及家长欢迎，同时也得到主管部门和各级领导认可，河北省及衡水市关工委、教育厅（局）、团委、妇联、文明办等单位的领导多次到活动中心检查指导工作，新疆、邢台、张家口、承德、秦皇岛、邯郸、衡水等省市兄弟单位先后来中心参观学习，对单位工作给予高度赞扬。

2016 年 9 月，冀鲁六市关工委工作交流促进会第四次年会的与会人员到中心参观指导工作；2017 年，山东 4 市 10 县的关工委到中心参观指导工作；2010 年，衡水市校外教育现场推进会及 2016 年衡水市校

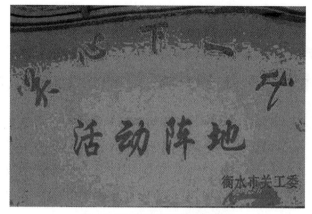
衡水市关工委授予的荣誉牌匾

外活动场所资金管理与使用及工作情况现场推进会在中心召开，带动了衡水市校外教育的发展和关心下一代工作的开展。

《河北日报》《七彩童年》《衡水日报》《衡水晚报》《冀州时讯》等报刊上发表信息 100 多篇；冀州电视台《冀州新闻》刊发报道 60 多期；新华社、衡水新闻网、河北新闻网、新浪网、网易网、长城网、环球时讯等网络媒体也对中心的活动进行了宣传报道。

以德树人　关爱少年儿童健康快乐成长

衡水市冀州区第一实验小学教育集团关工委

衡水市冀州区第一实验小学教育集团在区关工委的重视支持和有关部门的密切配合下，以习近平新时代中国特色社会主义思想为指导，坚持以德育为主线，以爱国主义教育为主旋律，以思想品德教育为基础，围绕学校中心工作，从实际出发，运用多种形式加强对学生的教育，以德树人，取得了良好效果，受到上级领导和社会的赞扬，开创了学校关心下一代工作的新局面。

一、"三个到位"，为关心下一代工作的顺利开展提供可靠保证

学校党支部、校委会对关心下一代工作高度重视，按照区关工委和区教育局的部署要求，实现了"三个到位"：领导到位，明确一名领导分管关心下一代工作，并把这项工作纳入学校精神文明建设总体规划安排部署；人员到位，选用有较高政治理论水平、工作能力并热爱关心下一代工作的同志从事这项工作，还聘请校外德高望重的老干部、老教师参与学校关工委工作；硬件到位，学校建有活动室，并配有电教设备、活动器材。与此同时，学校建立健全并认真落实各项工作、例会、学习等制度，为更好地开展关心下一代工作奠定了基础。

二、"平语近人进校园进课堂"活动有声有色有效果

近年来，学校关工委在上级关工委的领导和支持下，以"和·雅"为核心打造学校特色文化，坚持"面向全体、全面育人"的办学方针，按照"学懂、弄通、做实"的要求，充分发挥学校主阵地作用，教育引导同学们准确领会把握习近平新时代中国特色社会主义思想和党的十九大精神的实质和核心要义，争做习近平新时代中国特色社会主义思想的践行者。

特别是 2018 年 11 月以来开展的"平语近人进校园进课堂"活动，有声有色有效果。具体做法概括为"四个结合"：

一是"平语近人进校园进课堂"活动与校园文化建设相结合。学校精心选择习近平总书记讲话重点语句，利用学校大门口和主楼电子屏循环播放，让学生每日可见，铭记于心；在教学楼外墙醒目位置，将习近平总书记对青少年建功新时代提出的殷切期望——"勤学、修德、明辨、笃实，爱国、励志、求真、力行"十六字箴言以篆刻形式设为墙体文化，形成强烈的视觉效果；在校园内，设置了 20 多米的大型"平语近人"主题文化宣传栏，营造了浓厚的宣传氛围；精选了习近平总书记对青少年的教导宣传标语，张贴在教室、走廊，让习总书记的嘱托入眼、入脑、入心。

二是"平语近人进校园进课堂"活动与学校特色发展相结合。经典诵读是学校的传统和特色，数百篇近 10 万字的诵读，以及诵读与体操融合的古诗韵律操一直是冀州区第一实验小学教育集团的一张名片。在衡水市关工委徐学清主任的指导下，学校精心挑选了 12 首总书记引用的经典诗词，编排了"平语近人"古诗韵律操，每天大课间，学生边做操边诵读。

三是"平语近人进校园进课堂"活动与学校课程建设相结合。学校关工委充分发挥课堂主阵地、主渠道作用，要求各学科从各自不同角度和不同方面渗透正确的价值观、人生观教育，培养学生积极向上、阳光自信的人生态度和爱党爱国爱人民的情怀。增设了学校自编的十九大进校园读本《不忘初心　牢记使命》和区教研室编写的《平语近人——衡水市冀州区小学读本》两门校本课程。

学校增设的校本课程《不忘初心　牢记使命》
《平语近人——衡水市冀州区小学读本》

四是"平语近人进校园进课堂"活动与学校德育活动相结合。少先队开了"讲习爷爷的故事"主题队会活动，孩子们提前阅读相关书籍、上网查资料、听广播、看新闻，了解习爷爷的感人故事，争先恐后地和大家分享自己整理的故事资料，拉近了学生与习爷爷、与党中央的距离，坚定了早日实现复兴中国梦的理想和信心。各班还利用黑板报和手抄报的方式，画"平语"，写"平语"，同学们选取自己喜欢的"平语"金句，设计书画作品，学校将优秀作品按不同主题汇编成册去各班展出。

2019年2月21日，中国关工委主任顾秀莲到学校调研、指导工作时，对学校的做法给予了充分肯定。

中国关工委主任顾秀莲到
衡水市冀州区第一实验小学调研

三、围绕立德树人，开展丰富多彩的关心下一代活动

一是以社团为载体，关注学生快乐成长。学校关工委围绕立德树

人，和冀州区少年活动中心联手，严密组织，精心安排，结合学生年龄特点，开设了涵盖科学素养、艺术修养、体育素养等书法、绘画、茶艺、诵读、围棋、乒乓球等丰富多彩的社团活动，受到了学生们的热烈欢迎，孩子们开阔了眼界，陶冶了情操，发展了特长，同时也推进了学校校本课程建设，丰富了学校校园文化生活，使学校真正成为孩子们学习、生活的乐园！

二是关爱学生全面发展健康成长，魅力家长进课堂彰显"魅力"。学校关工委非常重视和关注每个孩子的全面发展和健康成长，想办法出大招，积极发动家长参与到孩子的教育管理中，邀请家长参与学生的管理、评价过程。学校不仅成立了家长学校，还组织开展了魅力家长进课堂活动。魅力家长进课堂活动让学校和家庭都来关心孩子的健康成长，不断提高家长的科学教育子女的能力，共同为孩子的健康成长营造良好的发展空间，使学校的德育工作逐步走向系列化，使学校教育和家庭教育互相配合，互相渗透。

学生郭钰姿的妈妈程老师，是冀州中学的化学老师。程老师给学生讲的是《化学与健康饮食》，她系统介绍了身体生长发育需要的六大营养素：蛋白质、糖类、油脂、维生素、水、无机盐，哪些食物中含有这些营养素及各种营养素对身体的作用与影响。通过学习，孩子们知道了青春期是人生长发育的重要时期，亦是关键时期，在饮食方面一定要注意各种营养物质的搭配，讲究营养卫生，身体才能正常发育，健康成长。

学生吴庚翰的爸爸吴老师，他从家乡的地理位置、家乡的历史和传说、家乡的名人轶事、当今的家乡四个方面介绍了自己的家乡，让孩子们对家乡的历史和现在有了更深的了解，孩子们不仅受到历史文化的熏陶，同时也激发了热爱家乡，努力奋进之情！

学生王子菡的妈妈徐老师和郭春源的妈妈黄老师，她们身体力行，对学生进行了文明礼仪的培训，孩子们懂得了要努力弘扬民族优良传统，做一个讲文明、懂礼仪的好学生，让文明之花常开于心中，把文明之美到处传播！

三是组织开展弘扬雷锋精神，争做新时代好少年活动。为了让雷锋精神融入到每个学生心中，塑造有理想、有道德、有文化、有纪律的一代新人，每年3月，学校关工委都要隆重组织开展学雷锋活动。如2019年3月5日，学校关工委发出倡议，在学生中开展了"尊老敬老、感恩励志""读好书""弯弯腰"等形式多样的学雷锋活动。3 月 10 日，学校关工委组织五年级 2 班的 60 余名师生和 50 多名学生家长一起来到敬老院，为爷爷奶奶们洗衣服、搞卫生，做些力所能及的事，还为爷爷奶奶们表演了精彩的文艺节目，给老人们带去真诚的慰问，带去温暖和快乐。通过这些活动的开展，同学们重新认识了雷锋精神，并赋予了其新的时代意义，在心中种下了美德的种子，激发了热心助人、无私奉献的热情，增强了"学雷锋、献爱心"争做"新时代好少年"的决心，也将中华民族"孝敬、友善、节俭、诚信"的传统美德落实在了行动之中，从而在校园形成了"人人学雷锋、天天学雷锋、时时有雷锋"的良好氛围，让和谐、温暖的阳光洒满校园！

适应新时代　服务青少年
推进关心下一代工作创新发展

武强县青少年校外活动中心关工委

近年来，武强县青少年校外活动中心在县关工委及教育局的正确领导下，充分发挥五老志愿者的作用，全面贯彻落实党的教育方针，以"思想德育教育"为核心，以"实践体验教育"为重点，以"传承中华优秀文化"为品牌，坚持有队伍、有计划、有落实、有创新地开展丰富多彩的校外活动，让全县青少年在活动中提高素质，快乐成长。各项活动的开展受到了学生及家长的欢迎和社会各界的好评。

一、健全组织机构，保证关工委工作的顺利开展

武强县青少年校外活动中心位于县城体育街中段北侧，是 2004 年全国青少年学生校外活动场所建设项目，2005 年 1 月动工，2006 年 6 月主体竣工，2009 年底投入使用。项目总投资 180 万元，占地面积 2100 平方米，建筑面积 2109 平方米。主体综合楼内设音乐、舞蹈、美术、乒乓球、创新思维、数字影院、茶艺等 10 多个功能教室。

活动中心成立之后，根据上级要求和单位实际，建立了由中心主任任主任，部分老校长任副主任，居委会领导、家长委员会成员等为成员，其他有专长的老同志为志愿者的关工委组织，同时建立完善相关工作、学习、例会、活动等制度，确保关心下一代工作的顺利开展。

二、开展丰富多彩的校外活动，搭建学生个性发展平台

在各级主管部门的支持和帮助下，活动中心充分利用现有的教学设备、设施，坚持校外教育的公益性原则，结合乡土地域文化，突出办学特色，开展了萨克斯、葫芦丝、吉他、梅花拳、戏曲、绘画等培训活动，得到了社会各界的广泛认可。

一是依托武强"文化大县，乐器强县"的发展优势，举办了两期萨克斯教师培训班，来自全县的40多名中小学教师报名参加；学生萨克斯训练已在全县8所学校进行了试点推广。为开展好音乐启蒙教育，中心开办了两个童声合唱和竖笛班，2018年又新增了葫芦丝、吉他等多种乐器培训活动，面向社会招生，免费培训，来自全县的近千名中小学生参加了培训，部分家长与孩子一起学习，成为一道亮丽的风景。

二是武强梅花拳在冀中声名远扬，每年的正月十一都在大王庄村举办大规模梅花拳比武活动。近年来，有10余个省市的梅花拳爱好者来武强学习，切磋技艺。还有美国、加拿大、瑞士、法国、奥地利、比利时、俄罗斯等国家的50多位梅花拳爱好者前来考察梅花拳。为此中心开办了两个梅花拳训练班，每次报名都是爆满，对武强县梅花拳技艺的传承和发展起到了积极的推动作用。

武强县青少年活动中心举办梅花拳培训班

第三，河北梆子是中国梆子声腔的一个重要支脉，是中国北方影响较大的传统戏曲剧种之一，在武强有着深厚的文化基础。为在青少年中传承这一地方剧种，武强县青少年活动中心开办了少儿河北梆子培训班，聘请河北梆子国家二级演员刘君芳任教，经过一段时间的学习，孩子们的演技大有提高。

第四，打花膀曾经是在武强县及周边广为流传的一种群众性自娱自乐的民俗舞蹈。近年来，经搜集整理这一濒临失传的古老舞蹈走上了舞台，并参加了河北电视台春节文艺晚会等重要演出活动，深受广大观众的喜爱。为传承这一古老的舞蹈文化，武强县青少年活动中心开办打花膀舞蹈培训班，并登上武强春晚舞台和河北电视台乡村大拜年栏目。

三、做好传统文化茶艺项目

茶艺是在中国优秀传统文化的基础上广泛吸收和借鉴了其他艺术形式，并扩展到文学、艺术等领域，形成的具有浓厚民族特色的中国茶文化，包括茶叶品评技法、艺术操作手段的鉴赏、品茗美好环境的领略等。2017 年，武强县青少年活动中心新上了茶艺项目，聘请河北省茶艺协会专业茶艺师举办了教师和学生 6 个茶艺培训班，深受家长和学生的喜爱。

四、积极开展寓情感、趣味、知识、科学于一体的各项实践活动

组队参加了省"校外教育杯"书法、绘画、童声演唱、乐器等系列比赛活动，举办了"全家总动员"运动会、小小百家讲坛、中华好诗词、端午节包粽子、"庆六一"艺术节、乒乓球比赛、元旦书画展等系列主题教育活动，为青少年搭建学习、展示的平台，促进孩子们的全面健康成长。

五、建立了家长学校、心理健康咨询室和学雷锋志愿服务站，深入开展家庭教育图片联展活动

按照河北省教育厅、河北省文明办、河北省关工委《关于开展河北省家庭教育工作提升专项行动暨家庭教育图片联展的通知》要求，积极做好宣传发动，精心组织、周密安排，先后举办了两届家庭教育图片联展活动。武强县青少年活动中心配备了讲解员，引导家长对家庭教育图片联展进行参观学习，取得了很好的效果。未成年人心理健康咨询室自成立以来，通过电话来访、微信私聊、面对面交流等方式接受未成年人心理咨询。学雷锋志愿服务站组织开展了慰问环卫工人、践行道德模范等志愿服务活动，社会反响良好。

六、搞好师资培训，积蓄发展潜能

武强县青少年活动中心的教师都是从中小学教师转岗过来的，为进一步提高教师队伍的整体素质，建设一支纪律严明、作风优良、师德高尚、工作勤奋、廉洁高效的教师队伍，活动中心始终严格执行考勤制

度，要求教师坚持按时上下班，严守工作岗位，严格实行签到、请假、销假制度。上班期间，要求教师刻苦学习，努力钻研业务，提高自身业务水平和工作能力。同时把继续教育纳入教师岗位培训计划，不断提高教师的业务素质。一是全员参加各种形式的教师继续教育，通过活动中心自身培训来提高教师的业务能力；二是采取"走出去"和"请进来"的办法，提高教师业务水平，2018 年有 6 名教师参加了省级以上的校外教育培训；三是面向社会聘请高素质的专业教师，为广大青少年学生搞好服务。

不忘初心，牢记使命，活动中心将珍惜荣誉，在新的起点上，凝神聚力，扎实工作，再接再厉，努力把关心下一代工作做得更好，为建设和谐武强、幸福武强作出新的贡献！

保护青少年合法权益　关注下一代健康成长

武强县人民检察院关工委

"天下之本在国，国之本在家。"新时代我国社会的主要矛盾是人民日益增长的美好生活需要和不平衡不充分的发展之间的矛盾，更多的是要让人民群众感受到民主法治公平正义安全，人民群众对此有着内涵更丰富、水平更高的要求。孩子是祖国的未来，是每个家庭的希望，孩子的安全关系到千家万户的平安幸福，未成年人健康成长是群众美好生活的重要方面。武强县人民检察院充分发挥检察职能，将切实保障孩子的安全作为参与平安建设的一个重要抓手，谋实策，出实招，见实效，用实际行动体现了检察机关的担当和作为。

一、人性化办案，全面落实各项未成年人特殊制度

未成年人检察主要办理检察机关所受理的与未成年人有关的案件，包括犯罪嫌疑人是未成年人和被害人是未成年人的案件。未检检察官不但具有扎实的法律专业知识，同时也是教育学、心理学方面的专家，他们心思细、有耐心，专门负责办理未成年人犯罪案件，确保了未检工作有专人办理、有专门程序、有专项制度。强化对未成年人案件的法律适用，坚持教育、感化、挽救原则，全面落实法定代理人到场制度、合适成年人制度、刑事和解、附条件不起诉、未成年犯罪记录封存等各项法定制度。充分发挥监督职能，对侵犯未成年人合法权益的行为发出纠正违法、检察建议等。扎实开展以案释法，针对未成年人身心发育特点制定"一对一"帮教方案，促使其早日回归社会。建有宣告室、讯（询）问室、心理疏导室、青少年法制教育基地等未检工作区，让涉案未成年人在温馨、融洽、轻松的环境氛围中放松身心、放下负担，帮助其重燃对生活和未来的希望，引导迷途少年回归健康的人生道路。

二、精准化履职，全力维护未成年人合法权益

1. 积极推动公检法司联动机制落地生根。为了统一案件专业化办理的认识，建立专业化办理机制，避免未成年人案件办理中因取证不当造成的二次伤害、因不当公开案件信息造成的未成年人身份暴露、因未及时进行心理干预造成的未成年被害人严重心理疾病等问题的发生，落实对涉罪未成年人教育、感化、挽救的方针，达到保护未成年人的身心健康，保障未成年人的合法权益，规范案件流程，提升案件质量，促进司法公正的目的，武强县人民检察院积极推动公、检、法、司四机关签订《关于办理未成年人刑事案件协作机制（试行）》。目前已利用该机制办理案件两起，效果明显。比如王某等人寻衅滋事案件，公安机关提交检察院审查批捕时，检察院对侦查人员进行了核实，发现并不是公安机关指定的掌握未成年人身心特点的专门人员，随后检察院根据有关规定和公安局进行沟通，建议他们进行相应的人员调整，顺利办结了案件，提交检察院审查起诉。

2. 清除水晶泥危害，呵护青少年健康。为了未成年人的身体健康，开展了"清除水晶泥危害，呵护青少年健康——武强县人民检察院助力守护少儿健康成长"活动。在与食品和市场监督管理局联合排查工作中，发现武强县实验第一小学、第二小学等 6 所小学周边的多家文具、玩具店铺中，存在销售无生产厂家、无厂家地址、无生产日期、无许可证号等标识的"三无"水晶泥产品，有销售有毒有害产品的情况，当场查获"三无"水晶泥制品及违法硼砂水共计 76 盒 912 个，瓶装水晶彩泥 32 瓶。执法人员当场将其下架、封存，要求不得销售不符合法律规定的产品。鉴于此，检察院建议食品和市场监督管理局对全县文具店、玩具店等进行监督检查，检察院也走进学校开展了安全教育系列讲座。

3. 逐步完善入职查询和从业禁止规定。近年来，侵害未成年人人身权利的违法犯罪案件屡屡发生，一些从业人员利用职业便利所实施的侵害行为，更是严重危害未成年人身心健康及家长、社会公众的安全感，同时也严重损害了相关行业的社会形象。为了严控密切接触未成年人的行业入职门槛，加强源头预防，防止未成年人遭受不法侵害，保护未成年人身心健康，武强县人民检察院联合县教育局出台《武强县教育行业入职查询和从业禁止规定（试行）》，推动完善与未成年人密切

相关的教育行业利用职业便利侵害未成年人的预防机制。下一步，检察院将联合质量技术监督管理局、卫生局等多个单位对其他与未成年人有密切联系的行业开展入职查询和从业禁止活动，从而达到对未成年人的全面保护。

4. 督促开展旅馆业清查。武强县人民检察院在办理未成年人性侵案件过程中，发现武强县城内多个宾馆存在入住把关不严的问题，成为了强奸案件发生的一个诱因。为了预防类似案件的再次发生，保护未成年人的合法权益不受侵犯，检察院依法履行监督职责，向公安机关发出检察建议，建议内容包括：清查辖区内宾馆接待旅客住宿登记情况，对存在问题的宾馆严格依法处理；加强对辖区内旅馆的监督检查，铲除可能导致未成年人遭受性侵害的土壤；组织、指导旅馆开展治安安全和住宿实名登记培训；进一步加强未成年人保护宣传教育工作，增强未成年人自护意识。并监督公安机关将该建议落实到位。

5. 开展全县幼儿园安全大排查。武强县人民检察院在办理某幼儿园为获得审批涉嫌伪造消防公文、印章一案过程中发现，部分幼儿园可能存在无证办园，虽取得办园资格但在建筑防火、电器防火、消防设施等方面不达标和存在安全隐患等问题，直接影响到幼儿在校人身及生命安全。为避免重大校园安全事故的发生、确保为幼儿提供安全的就学托管环境，武强县人民检察院经过走访摸底调查，向武强县教育局发出检察建议，建议该局联合公安及其他执法部门对本县县城内所有幼儿园进行一次安全大检查，重点检查已开班的幼儿园是否证照、手续齐全，幼儿园的场所、设施是否符合安全要求，消防设备是否合格、能否正常使用等。

6. 暑期法制教育为留守儿童撑起安全"保护伞"。为了推进青少年法制教育常态化开展，2019 年以来，武强县人民检察院启动了"百千万"法制教育活动，对全县百名教师、千名家长和万名未成年人学生开展有针对性的法制教育。特别是针对暑期孩子多数由老人看护或独自在家，缺乏监管和保护的情况，检察院利用法制教育基地、未成年人关护室、新媒体演播室等平台为他们详细讲解居家安全、突发事件等安全常识，提高他们的自我保护意识。

三、常态化宣讲，积极开展犯罪预防法制教育

为切实抓好青少年法制宣传教育，推进青少年法制宣传教育深入开

展，不断提高广大青少年的法律意识和法律素质，预防青少年违法犯罪，武强县人民检察院认真贯彻落实"谁执法谁普法"的普法责任制，建立健全检察官以案释法制度。结合司法办案，以需求为导向，努力提供广大未成年人、家长和学校迫切需要的新时代法制宣传教育产品，积极参与未成年人法制宣传教育。

（一）开展形式多样的法制进校园活动

武强县人民检察院通过多种形式进行法制宣传教育，推动法制教育与法制实践、道德教育有机结合，充分调动广大青少年学法守法用法的积极性和自觉性。

一是"法制进校园"巡讲活动。积极进行"安全教育""抵制校园欺凌和暴力""预防青少年犯罪""预防性侵""拒绝聚众斗殴"等多个主题、针对不同年龄层次青少年的法制巡讲活动。2019年以来共走进校园9次，受众近万人。通过巡讲，引导广大青少年正确处理身边矛盾，远离校园欺凌暴力及一切犯罪活动，同时学会保护自己的正确方法。

二是法律晨读活动。组织学校统一安排法律晨读活动，选择《宪法》《道路交通安全法》《未成人保护法》《预防未成年人犯罪法》等与青少年有关的法律条文，组织学生集体朗读，逐步培育学生的权利义务意识、平等意识和自我防范意识。

三是模拟法庭活动。选取有典型意义的青少年犯罪案例，组织学生自行组织模拟法庭开庭审理，通过身临其境的切身感受，使他们了解犯罪的危害，感受法律的庄严与权威。

四是法律知识竞赛活动。采用笔试、现场答题、组织辩论等多种形式开展法律知识竞赛，内容涵盖《宪法》《刑法》《预防未成年人犯罪法》等法律法规和未成年人自我保护知识，切实增强法制宣传效果，增强学生的法制意识。

五是制作普法手抄报活动。发动家长与青少年一起制作一期普法小报，采用文字与图画相结合的形式，讲述自己或身边的法制小故事，谈对遵纪守法、法制建设的切身感受。

六是"小小法制宣传员"选任活动。在学校开展法制教育过程中，通过沟通了解、开展普法手抄报比赛等方式，选出法制意识强、普法积极性高的同学担任武强县人民检察院"小小法制宣传员"，推进法制教育常态化发展。

七是"法制电影进百校"活动。精选优秀法制电影，采取流动放映等形式，在全县中小学校组织广大学生免费集中观看。

八是"小手拉大手"活动。以讲授法律知识、典型案例、教育方法为内容，开展家长课堂，组织座谈会，让家长认识到家庭对孩子成长的重要性，认识到家庭法制教育的必要性。

（二）参观青少年法制教育基地

一是建立青少年法制教育基地。为加强青少年法制教育，预防和减少青少年违法犯罪，充分发挥德育、法制对引导青少年成长的重要作用，武强县人民检察院于2017年建立青少年法制教育基地。该基地位于武强县城迎宾街与振兴路交叉口，展厅面积500平方米，分为"迎宾墙""前言""领袖的教诲""失足的悔恨""安全的成长""青春的护航""社会主义核心价值观""后记"8个版块，包含主题内容20项，展板90块。基地以检察文化为支撑、以年画文化为特色、以传统文化为底蕴、以法制教育为重点、以关爱保护青少年为目的，融入科技元素，运用多媒体设备，结合图片、文字，以案释法，展示青少年违法犯罪案例，警示和教育广大青少年引以为鉴，做到"尊法、学法、守法、用法"，生动鲜活地展现了青少年成长过程中容易遇到的各种问题和困惑，教育青少年自觉抵制各种不良诱惑和影响，引导青少年树立积极、

学生参观青少年法制教育基地，
未检干警为他们讲解防止校园欺凌的相关知识

进取的人生观和世界观。截至目前，青少年法制教育基地接待师生、家长共计6000多人。开展送法进校园巡讲，为20余家中小学和幼儿园

3000 多名师生举办"防止校园欺凌，护航未成年人成长""关爱幼儿"等专题讲座。倡导检校家共建，选聘 60 名学生担任"小小法制宣传员"，该做法被《人民日报》、新华社等媒体广泛报道，引起了强烈的社会反响，为宣传青少年法制教育起到了显著的社会效果。二是积极推动全县在校学生轮训活动。为了有效预防青少年犯罪，防止未成年人遭受不法侵害，保证未成年人身心健康，培养未成年人良好品行，武强县人民检察院积极联合武强县社会治安综合治理办公室、武强县教育体育局共同研究制定法制教育轮训工作机制，将在校学生参观青少年法制教育基地和普法教育活动纳入平安武强建设平安校园创建专项考核，并陆续开展轮训活动。武强县人民检察院青少年法制教育基地成绩突出，被县妇联授予"特色儿童之家"称号，被河北省妇联授予"安全家"儿童之家荣誉称号。

（三）走进乡村、街道开展普法宣传

武强县人民检察院注重采取人民群众尤其是未成年人喜闻乐见的法制教育方式，潜移默化中培育孩子、老师、家长的法治意识，推动全社会进一步树立未成年人保护理念。2019 年以来，共开展各项普法宣传 11 次，受众万余人，发放普法宣传资料近万份。如检察开放日活动、国家安全日法制宣传、三八节走进乡村等活动均取得了良好的法律效果和社会效果。

武强县人民检察院将继续与学校、老师、家长以及社会各界共同携手，做好送法进校园、进社区、进乡村等各项工作，为青少年健康成长一路护航。青年兴则国家兴，青年强则国家强，青年的力量始终同国家、民族命运联系在一起。青年朋友们要将个人奋斗融入到实现中华民族伟大复兴的中国梦中，以青春之我创造青春之国，步履铿锵，勇毅前行！

为了下一代健康成长

故城县关工委

故城县关工委是河北省关心下一代工作先进集体，他们认真践行习近平新时代中国特色社会主义思想，围绕中心、服务大局，发挥优势、配合补充，创新载体、关爱成长。爱国、法制、科技教育基地和五老阵地建设富有特色，青少年教育内容丰富、形式多样。特别是"平语近人进校园进课堂"活动的开展，得到了中国关工委主任顾秀莲和河北省关工委常务副主任侯志奎等领导的充分肯定。

一、争支持，组织建设健全完善

故城县关工委积极争取县领导支持，将关工委工作列入县委、县政府工作规划，县委书记亲自批示，县长在资金经费方面全力倾斜支持，组织部长亲力亲为。关工委的组织建设不断加强，全县各乡镇、社区、村、学校对原有的关工委（办）进行了充实完善。13个乡镇538个行政村、37家规上企业、16所县办中小学和布点学校陆续充实了关工委或关工小组队伍，基本形成了纵向到底、横向到边的基层关工网络。实现了全县关心下一代工作老同志积极参与，人数众多，覆盖面广，县委统一领导，党政齐抓共管，各级关工委组织和社会各界共同参与的工作格局；确保了全县关心下一代工作层层有组织，事事有人管，为实现关教工作的全面开展提供了坚实的组织保证。

二、聚主题，关工活动蓬勃开展

2018年，故城县关工委聚焦扶贫脱贫攻坚、社会主义核心价值观教育、贫困学生的家庭调研帮扶等主题工作，组织发挥五老优势，聚汇正能量，歌颂新气象，宣传党的政策法规，举办各种丰富多彩的活动，全县关心下一代工作呈现出蓬勃的生命力。

助力脱贫攻坚。2018 年，故城县关工委戏剧社先后两次组织举办了近千人参加的助力脱贫攻坚老干部戏曲演唱会，县委书记和组织部长均参加了活动。同时，还举行了戏曲进乡村、学校活动 21 场次，开展艺术交流，传播艺术知识；为部分农村戏曲爱好者赠送了戏曲书籍和音乐器材。一系列活动的开展，让干部群众进一步了解国家扶贫惠民政策，用戏曲形式为贫困户开展扶志扶智工作，激发贫困户内生动力，树立脱贫致富奔小康的信心，着力推进全县脱贫攻坚工作。2018 年 5 月 29 日，故城县关工委和衡水市关工委一起，到房庄镇堤口村小学开展赠书活动，给学校师生送去了学习书籍和书画用品，为教育扶贫贡献力量。6 月 1 日，组织老干部参加了县第一小学庆"六一"演出活动，并为同学们赠送书画画材等。9 月，组织老干部参观了青罕镇裴庄村脱贫攻坚成果和扶贫车间建设。10 月 10 日，举办了助力脱贫攻坚老干部书画展，老干部书画爱好者 200 余人参加了活动。书画展作品表现了老干部们为脱贫攻坚作贡献的豪情壮志，讴歌了脱贫攻坚的业绩和成就，展示着全县尊老、敬老、爱老、护老的浓厚氛围，昭示了全县老干部们老有所学、老有所为、老有所乐的晚年风采。一系列活动的开展，为故城县脱贫攻坚工作进入全省先进行列作出了贡献。

助力大运河文化带建设。2019 年 4 月，故城县关工委组织 100 多名老年书画爱好者到县大运河文化公园、庆林寺塔等地进行采风，并将老干部书画作品辑印成册赠送给老干部。9 月，组织老干部宣讲团成员成立大运河文化考察团，赴扬州、苏州、杭州、嘉兴、淮安等地进行大运河文化参观考察，为全县挖掘、传承、弘扬大运河文化献计出力。考察团先后参观了淮安的大运河漕运、扬州的大运河古码头、苏州的木渎古镇、乌镇的西栅西市河文化、杭州的西溪湿地开发保护、京杭大运河最南端文化建设、京杭大运河博物馆，还瞻仰了周恩来故居，在南湖红船党的一大会址举行了纪念活动。老干部们一路欣赏文化、瞻仰党和伟人旧址，感叹江浙大运河文化建设的成就，纷纷以诗寄情，同时建言献策，为故城县的大运河文化建设提出建议 46 条，全部得到县委、县政府的采纳。

发挥五老优势，推进青少年教育。故城县关工委紧紧依靠五老见识多、阅历广、党性强、威望高、实践经验丰富等优势，积极创新教育模式，开展了一系列教育宣讲活动，引导广大青少年崇学向善尚美求真，遵道厚德感恩爱智，做到不忘党的恩情、不忘光荣传统、不忘社会责任、不忘历史教训。各基层关工委也因势利导，顺势而为，着眼于青少年政治思想道德教育活动的持久性和长效性，高度重视教育活动的扎实开展。县关工委主任刘石营身体力行，以强烈的事业心、责任感和乐于奉献的精神，致力于全县关心下一代工作。他 2016 年被河北省关工委评为"全省关心下一代工作先进工作者"，2017 年入选"全省关心下一代工作最美五老"称号。还先后出版了《刘石营书法集》《刘石营摄影集》等 17 部文集，主编了《故城人文轶事集萃》等 4 部文集，传递正能量、传播主旋律。创作了故城第一首县歌和河北郑口中学校歌，为河北青竹画材科技有限公司创作了充满诗情画意的厂歌《青竹图》。建立了故城书画院，为弘扬中华民族传统文化艺术，培养青少年对书画艺术和家乡的热爱提供平台。他还举办百岁老人摄影展，传承中华民族传统美德和孝道文化，展现新时代盛世长寿老人的幸福生活。举办百幅扇画作品展，对具有中华传统文化典型意义的"善"文化进行弘扬，对社会主义核心价值观进行宣传。围绕如何直观地向中小学生展示中华民族传统文化的魅力，传承传统文化，举办了个人高古瓷器藏品展览，面向社会长年开放。如今，故城书画院已成为故城县中小学生的第二课堂。为庆祝改革开放 40 年，他将 30 年来收藏的近 1000 张地契整理分类，举办了中国地契文化展，这是国内首次举办地契文化展。

故城县在工作中逐步摸索出了"以组织荐五老、以工作邀五老、以五老聚五老"的工作机制，吸引各具特长的五老陆续加入到关心下一代工作中来。全县各个学校根据自身实际，分别成立了文学、京剧、国画、围棋、书法等社团组织，每个社团组织都有五老志愿者辅导，五老志愿者常年参加有关社团辅导工作，提高了学生综合实践能力、创新能力，也丰富了学生的业余学习生活。

故城县关工委组织指导各级关工委组织把青少年的爱国主义教育作为一项重要工作内容，做到与全局工作同时部署、调研、检查和总结，从而推动全县青少年爱国主义教育工作不断开创新局面。组织邀请国防教育知名人士进校园，讲解国际形势，激发学生的爱国热情和报效祖国的决心，引导他们树立民族自尊心和自信心。在清明节、"四·二九"等祭奠日，组织学生到县烈士陵园、冀南"四·二九"烈士陵园扫墓，缅怀先烈，寄托哀思，让学生懂得今天幸福生活来之不易，进一步增强爱国热情和奋发图强意识。几年来，故城县关工委组织相关人员累计为青少年作思想道德报告 60 场次，开展法制教育讲座 20 场次，开展崇尚科学、禁毒防艾报告会 10 多场次。

三、创引领，"平语近人"落地生根

《平语近人——习近平总书记用典》专题片播出后，故城县按照衡水市关工委主任徐学清关于在故城开展"平语近人进校园进课堂"试点的要求，在县委书记彭晓明的积极支持下，全县立即成立了"平语近人进校园进课堂"活动领导小组，县委常委、组织部长任组长，政府副县长、关工委主任分别任副组长，老干部局、教体局等关工委成员单位的主要负责人为成员，并成立了领导小组办公室，由老干部局局长兼任主任，教育局局长兼任副主任，具体负责先期试点和全面推广工作。先期试点的县第二小学迅速制定了"平语近人进校园"活动的实施方案，明确了"平语近人、融入校园、弘扬国学、传承文化"的活动主题，具体开展了"六个一"活动，即：编写一本《平语近人》校本课程，印发给学生，教师利用班会课每周上一节课；每天开展一次《平语近人》晨读活动，组织高年级学生开展《平语近人》千人经典诵读大型展示活动，教师开展"平语进校园"经典诵读读书会；培养一批《平语近人》宣讲员，"红领巾广播室"推出《平语近人》讲座，少

"诵读中华经典，感受平语近人"主题活动

先队大队部培养一批《平语近人》宣讲员；做一幅《平语近人》手抄报或书画作品，师生写一篇《平语近人》读后感，学生画一幅《平语近人》主题绘画或手抄报；布置一个《平语近人》主题文化墙，学校营造良好的学习《平语近人》的文化氛围；布置每周一期的《平语近人》德育作业，使学生和家长在读写作业中共同学习，小手牵大手，使《平语近人》影响到家庭，深入人心。故城县关工委、教育局联合

发出通知在全县各中小学校推广第二小学的做法。领导小组先后召开3次会议，研究活动开展情况。关工委成员也多次到县第二小学和运河中学等学校进行调研指导，为他们提建议、谋思路、出点子。老干部局上下联络、各方沟通、积极协调，起到了主导作用。教育局靠典型引路，组织普及推广、相互学习、相互交流，开展活动灵活多样、丰富多彩。故城县电视台开辟了《"平语近人"进校园进课堂活动》专题栏目，对活动开展以及各学校的特色做法，进行宣传报道，使"平语近人进校园进课堂"活动得到全县社会各界的广泛关注。

故城县"平语近人进校园进课堂"活动得到了国家、省、市关工委领导的高度关注、支持和肯定。衡水市关工委徐学清主任多次到故城县对活动开展给予指导。衡水市关工委为故城县第二小学资助活动费用3万元。2018年12月6日，衡水市委老干部"平语近人进校园进课堂"活动宣讲团，到故城县第二小学作宣讲报告。县领导、关工委老同志、成员单位负责人、教育系统各中小学校长和第二小学师生1000余人聆听了报告。衡水市委书记王景武批示要在全市大力推广，让习近平新时代中国特色社会主义思想在衡水大地生根开花。河北省关工委常务副主任侯志奎于2018年12月24日到故城县进行了专题调研，并在故城县召开了衡水市的"平语近人进校园进课堂"活动汇报交流会议，对活动的开展给予了充分肯定。2019年2月22日，中国关工委主任顾秀莲在河北省人大副主任王晓东等领导的陪同下到故城县视察，对故城县开展的"平语近人进校园进课堂"活动给予了高度评价。

中国关工委主任顾秀莲到故城县视察

为学生扣好人生的第一粒扣子

故城县郑口第二小学关工委

故城县郑口第二小学以"为学生一生的发展奠基"为办学目标，秉持"文化立校、特色兴校、质量强校"的办学思想，坚持"立德树人"，实施素质教育。围绕学习和践行习近平新时代中国特色社会主义思想，全面开展了"平语近人进校园"活动，使学校焕发了生机与活力。

一、"平语近人进校园"植根塑魂

"一个国家、一个民族不能没有灵魂"，"要引导青少年扣好人生第一粒扣子"。塑什么样的魂？怎样为学生扣好人生的第一粒扣子？中央电视台《平语近人——习近平总书记用典》栏目播出后，他们找到了答案："平语近人"是对学生进行立德树人、植根塑魂的生动教材，以习近平总书记引用过的古代典籍和经典名句为切入点，生动地阐释与传播了习近平新时代中国特色社会主义思想。学习《平语近人——习近平总书记用典》，引导少年儿童从中华传统文化中，从"平语近人"中汲取精神养分，可以达到"立德树人"的教育目的。

2018年10月，在《平语近人——习近平总书记用典》播出期间，郑口第二小学率先在全省全面启动了以"平语近人，融入校园，弘扬国学，传承经典"为主题的"平语近人进校园"活动。活动内容概括为"六个一"：一是学校成立了编委会，编写了校本课程《平语近人进校园》，印发给学生，教师根据这个校本课程，认真备课，研读教材，利用班会课、主题班队会等形式系统学习"平语近人"，使"平语近人"进校园、进课堂。二是组织"悟平语近人，做修身表率"教师经典诵读会，在教师诵读会上，教师更感受到习近平总书记的亲民情怀和对教育的重视，更坚定了全校教师"不忘教育初心，潜心立德树人"的信念。三是学生诵读活动形式多样，每天利用晨读时间诵读《平语近人进校园》，利用升旗仪式组织学生开展"平语近人千人诵读"大型展示活动，同学们排着整齐的队列，铿锵有力地诵读习近平总书记用典，感受习近平总书记用典的精彩和中华传统文化的厚重。"红领巾广播室"推出了《平语近人》讲座，少先队大队部培养了一批《平语近人》宣讲员。四是学校师生每人写一篇《平语近人》读后感，孩子们拿起画笔，用心用情描绘出一幅幅《平语近人》主题绘画或手抄报，深刻表达了他们对"平语"的热爱。五是为了营造良好的学习《平语近人》的文化氛围，学校在院内和教学楼内分别设计了以"平语近人，融入校园，弘扬国学，传承经典"为主题的文化墙，制作张贴"平语近人文化展牌"，使学生们耳濡目染，润物无声地受到熏陶。六是在《平语近人》节目播出期间，学校德育处利用每周给学生布置德育作业的方式，推出了《平语近人》专栏，活动启动后，继续通过这个平台，宣讲"平语"，使学生和家长在读写作业中共同学习，小手牵大手，使《平语近人》影响到家庭，更加深入人心。

省、市、县关工委领导对活动的开展也给予了指导和大力支持。2018年11月20日，衡水市关工委徐学清主任一行到学校调研指导"平语近人进校园"活动的开展情况。徐主任对学校"平语近人进校园"活动的开展用了"三个没想到"给予了高度评价，即没想到活动开展得这么好，没想到活动开展得这么扎实，没想到活动开展得这么迅速。

2018年12月25日，河北省关工委常务副主任侯志奎一行莅临学校调研指导"平语近人进校园"工作。侯志奎主任说，参观了整个活动后很受感动，不仅活动氛围、文化气息浓厚，而且活动内容丰富，很有成效，希望长期坚持下去，并不断拓展提升，把"平语近人进校园"活动做得更好。

2019年2月21日，中国关工委主任顾秀莲到郑口第二小学视察调研，顾主任观看了"平语近人""六个一"系列活动和精品社团活动展示，对郑口第二小学的"平语近人进校园"工作和素质教育开展给予了高度评价，希望同学们好好学习，朗读诗词、理解诗词，把它们的精华融入自己的学业，将来成为一个德智体美全面发展的好孩子。

为了使"平语近人进校园"活动得以持续开展，郑口第二小学拓展了活动内容，把"平语近人进校园"活动和学校德育活动有机结合。

习近平总书记说："大运河是祖先留给我们的宝贵遗产，是流动的文化，要统筹保护好、传承好、利用好。"故城县是衡水市唯一的大运

河北省关工委常务副主任侯志奎一行莅临故城县郑口第二小学调研
指导"平语近人进校园"工作

河文化带节点城市，为了使运河边长大的孩子了解运河、热爱运河、保护运河，郑口第二小学开展了"平语近人进校园"——"运河文化，少年传承"系列活动。同学们和家长一起搜集运河文化知识，写运河，画运河，领悟运河文化的精神实质。同时还开展了"平语近人进校园"——清明追思祭先烈活动，"平语近人进校园"——争做新时代小雷锋系列活动、"平语近人进校园"——劳动最光荣系列，丰厚了"平语近人进校园"活动的内涵。

"平语近人进校园"活动的开展，使学校师生风貌焕然一新，校园处处洋溢着书香气息和昂扬向上的精神风貌，激发了学生们诵读经典的热情，在课堂上手不释卷地读"平语"，在课下也能见到他们交流讨论的情景，回到家中和家长一起"读平语""画平语"。

家长们也纷纷表示，学校组织这样的活动，有助于孩子正确价值观、人生观的形成，孩子们在读"平语"中可以感受到中华文化的深远持久以及博大精深，汲取了满满的精神养分和正能量，也激发了孩子们对国学的热爱和对中华优秀传统文化的传承。

2019年4月15日，故城融媒为郑口第二小学录制了"平语润童心，诵读伴成长"升旗仪式，在央视新闻网播出，仅三天的时间点击下载量就达到了68万。2019年4月18日，衡水市"平语近人进校园"活动现场推进会在郑口第二小学召开。

二、文化建设营造良好氛围

郑口第二小学有3000名师生，创建一流的文化校园是他们的精神追求，在传承学校优秀办学传统的基础上，明确了"文化立校、特色兴校、质量强校"的办学思想，"为学生一生的发展奠基"的办学目标，整合、提炼出"学会负责，勇于担当"的校训，把"践行社会主义核心价值观，培养有责任感少年"作为学校德育工作的主线。

郑口第二小学校园布局合理，环境优雅，实现了"春有花，夏有荫，秋有果，冬有青"。学校绿茵操场宽阔整齐，200 米环形跑道、篮球场、足球场、健身乐园一应俱全，学校图书馆高雅大气，那里是孩子们的乐园。学校升旗台、汉白玉孔子塑像、"书香校园文化墙""体育文化墙"，更是校园一道道亮丽的风景线。

郑口第二小学的老师从"以阳光的心态、灿烂的心情走进校园"开始，学生从《郑口第二小学学生一日常规》开始，遵规守纪，知书达理，儒雅谦和。

三、育人活动丰富多彩

学校注重养成教育，制定了《郑口第二小学学生一日常规》《郑口第二小学行规礼仪》《郑口第二小学责任教育目标》，落实以"走好路、做好操、扫好地、唱好歌、行好礼——我的责任"为主要内容的"五好校园"创建活动，设立了"文明监督员""安全监督员""校园小管家"等学生干部队伍，实行"文明班队"评比，增进竞争和监督机制，以此激励学生遵规守纪；同时还组织"班级文化建设观摩""路队观摩""卫生及书本袋检查评比""校规校歌"抽查评比。通过这一系列行之有效的方式，强化学生各种良好习惯的养成。

学校大队部结合重大节日纪念日，每个月确定一个德育教育主题，使德育活动常态化。每年的 2 月是"行规礼仪教育月"，3 月是"学雷锋活动月"，4 月是"缅怀先烈，不忘初心"革命传统教育月，5 月是"劳动最光荣"热爱劳动主题教育，9 月是"尊师教育月"，10 月是"祖国在我心中"爱国主义教育月。除了每月固定的主题教育外，还结合重大纪念日开展教育活动，如"纪念红军长征胜利 80 周年"主题教育，开展"弘扬长征精神，做新时代好少年"系列活动；为纪念建党90 周年，开展"不忘初心跟党走，童心绘就中国梦"主题教育；为纪念改革开放 40 周年开展"辉煌四十载，筑梦新时代"；为庆祝新中国成立 70 周年，学校开展了"壮丽 70 年，阔步新时代"主题绘画比赛等。

每年的金秋十月，是学校的读书节，围绕"我读书，我快乐"这个主题，开展了精彩的读书活动，如"中华经典诵读大赛""中华汉字听写大赛""古诗配画大赛""课本剧表演大赛""教师好书推介会"等。在活动中，全校师生尽享读书的快乐。

学校每年还举办"百花园艺术节"，已经连续举行了 10 届；每年还要举行"校园英语风采大赛""校园十佳歌手大赛"等活动，使学生能够"张扬个性，放飞梦想"。

郑口第二小学是"全国足球示范校"，在全市的足球联赛上，足球社团取得了骄人的战绩，每年的校园足球联赛，赛场上同学们的拼搏精神、高超技巧，啦啦队的加油呐喊，班主任指挥若定的排兵布阵，都展现了强大的团队凝聚力。

学生社团作为校园文化的重要载体，是培养学生兴趣爱好，扩大知识面，陶冶思想情操，展示才华智慧的舞台。

几年来，郑口第二小学的社团活动经历了一个由少到多、由弱到盛的有序开展过程，众多社团如雨后春笋般在校园内破土而出，社团活动丰富多彩。结合学校师资特点，本着师生双向选择的原则，组建了三大类 26 个社团。很多社团的同学们已经崭露头角，其中围棋社团 1 名学生晋升业余四段选手，3 名晋升业余三段选手；乒乓球社团的 4 名同学包揽了 2016 年全县青少年乒乓球比赛少年男子组前四名；足球社团连续四年在衡水市校园足球联赛上捧回奖杯；古筝社团的 6 名孩子在衡水少儿才艺大赛中分别获得金银铜奖；2016 年国际科技大赛机器人单元铁甲钢拳项目赛上，机器人社团的 4 名选手参加比赛并获奖。

各项德育活动的开展，让学生找到了自信，发展了特长，找到了成功感和幸福感，更提升了学校的文化品位，彰显了学校办学特色，促进了"立德树人"教育目标的实现。

四、大手拉小手，关爱留守儿童

建立留守、单亲、贫困儿童档案和联系卡制度。学校认真组织调查研究，摸清留守、单亲、贫困儿童底数，掌握基本情况，将每个特殊儿童的家庭背景、家长姓名、家庭详细住址、特殊原因、联系电话及临时监护人的情况逐一进行登记，建立档案和联系卡，做到心中有数，以便做好帮扶工作。

全面推广"关爱工程"，组建爱心团队，开展"大手拉小手"活动。学校发动全校退休老干部、老教师、在校党员、教师与留守、单亲儿童开展"一帮一"结对子活动，让所有党员和有条件的老师成为代理家长，及时掌握留守、单亲儿童的思想生活情况，定期到留守、单亲家庭中走访，与留守、单亲儿童的监护人交流反馈他们在校期间的学习、思想、生活情况，与监护人共同做好留守、单亲儿童的心理教育与辅导。

开展主题活动，大力倡导学生之间"手拉手"活动。学校少先队积极组织全校学生开展"手拉手，心连心"主题活动，以班队会、黑板报、红领巾广播站等形式广泛进行学习宣传，倡导、组织本校少年儿童奉献自己的爱心，伸出温暖的手，寻找身边的留守、单亲小伙伴，主动与他们拉起手来，结成学习、生活的帮扶对子。

开展"给爸爸妈妈的一封信""学会感恩"等形式多样的主题征文、演讲比赛活动，引导远离父母的留守、单亲儿童真真切切地感受到来自学生、老师、学校和社会对他们的爱，让他们在平等、和谐的环境中健康成长。

五、家校携手构建关心下一代工作网络

充分发挥社会德育系统和家庭德育系统的作用，开办了家长学校，健全了家长学校活动制度和家校联系机制。每学年组织 4 次大规模的家长学校学习活动，校长汇报学校工作，举办家教专题讲座，各科教师和家长交流学生在校情况。学校还为家长印发培训资料，通过家长培训，引导广大家长科学教育子女，帮助家长树立正确的家庭教育思想和观念，提高了家长的自身素质和修养。学校还组织"家长开放周"活动，设立了校长电子信箱，同时发放家校联系卡，有利于家校沟通。

学校充分发挥五老作用，聘请公安局的退休老干部担任法制副校长，开展警校共建活动，每年到校为学生作法制安全报告，提高学生的法制意识；聘请五老担任社团辅导教师。通过以上措施，使学校、家庭和社会教育构成三位一体德育工作网络，各方齐抓共管形成合力。

关心下一代工作功在当代、利在千秋。郑口第二小学为了下一代的健康成长，为了办好人民满意的教育正在不懈努力，争创新的辉煌。

书法进校园　墨香励后人

临西县关工委

近年来，在邢台市关工委的关心指导和广大五老的热心参与下，临西县关工委力推的书法进校园活动，开展得红红火火，不断向纵深发展，受到普遍欢迎和好评。特别是党的十九大以来，认真学习贯彻习近平总书记讲话精神，坚定文化自信，坚持求实创新，此项工作又有新的进展。

一、提高思想认识，加强组织建设，把书法进校园活动作为关工委的一项重要工作来抓

临西县关工委 2008 年进行了调整、充实。新班子中，有 4 位五老是老大学生，热爱中国传统文化，尤其热爱书法。通过深入学校了解，大家一致认为，书法是中华民族的文化瑰宝和第一国粹，青少年是国家的未来和民族的希望，而信息化时代书法传承面临着严峻挑战，中小学生汉字书写能力和审美情趣受到削弱，深入开展书法进校园活动势在必行。为此，2009 年，在原有爱国主义教育、法制教育和科技教育 3 个报告团的基础上，率先增设了由 10 多名老书法名家组成的文体宣教团（现已发展到 20 多人）。临西县关工委主任、老年书画研究会会长、河北省书法家协会会员赵炳坤任团长，关工委顾问、老年书画研究会常务副会长、河北省书法家协会会员董文修任副团长。后由董文修任团长，抓活动、抓管理，赵炳坤负总责。随后，文体宣教团经常走进各学校，宣讲中华传统优秀文化，进行书法艺术教育。

2011 年，《教育部关于中小学开展书法教育的意见》出台后，临西县关工委第一时间联合教育局关工委，于 2011 年 12 月成立了以临西县老年书画研究会副会长、教育局关工委副主任、退休老校长赵明武任会长，县内十几位知名书法家为顾问，3 位教育界水平较高的退休老校长任副会长的教育系统书画研究会。在教育局召开了机关股级以上干部及重点学校校长参加的成立大会，临西县关工委主任赵炳坤和县关工委常务副主任、教育局关工委主任、教育局局长张自立出席会议并作了感人的动员讲话。研究会吸纳了60多名老中青优秀会员，构成了书法进校园活动的骨干队伍和生力军，具体指导各学校开展书法教学，组织书画教学研讨、笔会、书画赛展等。2018年秋季，新任县关工委常务副主任、教育局关工委主任、教育局局长王玉采提出"名师、名校、名文化"的"三名"工程，对书法进校园更加重视和支持。临西县机构改革后，把教育局书画研究会挂靠到教育股，进一步加强领导。同时，研究制定了中长期发展规划，每个规模学校建立艺术教育领导小组，抓好制度建设，建立长效工作机制，每项工作具体到人，对本年度工作完成情况进行分值量化计入个人成长档案，年终对各学校量化打分，计入年终考核成绩，为书法进校园工作提供了强有力的组织保障和制度支撑。

二、发掘书法人才，强化师资培训，提高专业队伍水平

起始阶段，临西县关工委把有资源优势的学校作为先行试点，指导他们开足开齐书法课，办好书法社团和书法兴趣小组。组织其他学校教师参观交流，相互借鉴完善。靠书法名校带动，向全县各学校辐射，形成各具特色的书法进校园"一校一品"新格局。

搞好书法进校园工作，书法教材和教师队伍建设是核心。开始，为解决教材问题，临西县教育局关工委和教育系统书画研究会于2012年10月出版了颜体《书法入门》，还有县关工委任玉涛出版的《怎样写钢笔字》，后来用国家统一教材。5位大学书法专业毕业的中小学教师，归队从事书法教学。为提高教师整体书写水平，特别是语文、美术和有书法特长的教师的书写水平，县关工委多次邀请河北省硬笔书法协会主席寇学臣，河北师范大学教授毕芳芳、李国良，邢台学院马善双、张长勇等省市知名专家，讲授书法技巧、探讨书法教学实践等。选派30余名书法教师赴河北师范大学参加业务培训。将书法技能列为新上岗教师的必修课，连续举办7期新上岗教师书写技能研讨班，进行专业系统的岗前培训，考核通过后方可持证上岗，截至目前累计培训教师500余人。同时，2018年组织教师参加翰墨薪传国培和省培书法计划，学校自行组织培训3次。学校将书法纳入教师年终考核，坚持举办书法上墙点评，持续提高教师的规范汉字书写能力和书法教育水平。

临西县关工委领导到单村小学调研
书法进校园活动开展情况

　　针对部分学校缺少书法教师的现状，临西县关工委文体宣教团的十几位书法家，亲自到一线课堂上书法课，定期对学生进行专业书法教育。县关工委还注意对兴趣高、潜力大的学生进行课外专业书法教育。与临西县青少年校外活动中心联合，利用双休日和寒暑假，对爱好书法的学生进行免费培训，至目前已开设培训班 13 期，培训学生近 700 人次。经中国书法家协会河北省书法考级中心审核，2018 年，临西县青少年活动中心被授权为邢台市书法考级基地临西指定考点；玉兰小学、白地中心小学等 7 所学校被命名为市级书法教育实验基地。2019 年 3 月 11 日，教育部书画等级考试基地在河西中学挂牌。2019 年将继续申报省、市、县三级书法特色学校各 10 所，力争全部达标验收。

　　三、坚持经常活动，内容丰富多彩，师生道德修养和艺术水平明显提升

　　一是每年在国家重大节日和重要时间节点，面向全县组织举办主题书画展，鼓励师生积极参与。2016 年举办了纪念红军长征胜利 80 周年书画展，2017 年又举办了喜迎十九大大型书画展。参与指导临西县首届中小学文化艺术节，涵盖毛笔、硬笔、粉笔、篆刻等十几个小项，全县 2000 余名师生参加了此次活动。2018 年举行了"不忘初心，牢记使命"迎"七一"师生书画摄影展。还于 9 月举办纪念改革开放 40 周年书画展，共展出作品 100 多幅。

　　二是以赛促学，以赛促教，以赛促改。2018 年，临西县关工委组织开展了"传承红色基因，争做时代新人"纪念改革开放 40 周年中小学生书法比赛。在各级书法比赛中，临西县共有 50 余名同学获奖，其中省级奖励 5 人、市级 45 人。指导各学校广泛开展校园书画展、规范汉字大赛、师生三笔字大赛等活动。

三是以笔会的形式与各学校师生同台献艺，面对面辅导。临西县关工委文体宣教团多次走进学校开展书法理论、技法示范、临帖指导、习作点评等指导活动。2018 年，赵炳坤率队先后到二中、五中、河西中学、河西中心小学、单屯校区、樊村校区、枣园中学、周楼小学、仓上小学等 10 余所学校举办笔会，宣传十九大精神，书写社会主义核心价值观及励志向上的内容，受到师生欢迎。9 月，到消防中心为消防官兵书写长篇消防之歌等。11 月，组织临西县 12 位老书画名家走进新建的光明学校，创作 60 余幅作品。2019 年上半年，赵炳坤率队到龙旺、太平庄、林麻寨等小学创作并赠送书法作品 40 余幅。近几年来，赵炳坤等五老书法家到学校、基层创作、赠送书法作品约 700 余幅。

临西县关工委文体宣教团的书法家到周楼小学
指导学生们练习书法

四是抓好学习、交流、实践。几年来，临西县关工委编辑出版书画集 3 册、2000 余本，还有赵炳坤和老书法家郑宝旭个人出版的书法集共 3000 多册，免费发送学校供师生学习参考。2018 年 10 月，到山东临清市京华中学进行笔会交流活动。春节期间组织学生深入社区、街道等义务书写春联 2000 余幅。2018 年参与公益书写 5 场次。几年来，指导师生参加国家和省市县各级各类比赛，累计 1000 余名师生获奖，有力地提高了全县师生的整体书法创作水平。

为更好地营造书法进校园活动氛围，满足活动所需，临西县关工委还与各学校多方筹措资金，加大投入力度，设置了专用书法教室，购置必备的设施设备及笔墨纸砚等用品。县一中、二中、光明学校、二完小、白地校区、枣园中学、玉兰、仓上等学校拿出公用经费的5%保障书法教学的开展。已有70%的学校配备书法专用教室，书法课普及率达85%。同时，注重校园环境布置，教室内、走廊里、校园各角落张贴、绘制以书法艺术为主题的图文及本县书法家作品等，使整个校园的文化气息更加浓厚，广大青少年的审美情趣和文化品位进一步提高，文化自信与爱国情感进一步增强，为全县书法进校园工作起到了积极的推动作用。2017年，邢台市关工委领导专门来临西调研书法进校园工作开展情况，给予高度评价。2018、2019年连续两年，临西县关工委在全市关工委工作会议上作书法进校园工作典型发言。

党的十九大报告提出，要坚定文化自信，推动社会主义文化繁荣兴盛，做好中华优秀传统文化的忠实传承者和弘扬者。临西县关工委将以习近平新时代中国特色社会主义思想为指引，以传承汉字之美、弘扬书法艺术为己任，推进书法进校园工作向更广范围、更高水平发展，引导、激励广大青少年写好中国字，做好中国人，树立正确的世界观、人生观、价值观，进一步增强爱党、爱国情怀和感恩之心，茁壮成长为新时代社会主义事业的合格接班人！

关心下一代　头雁领头飞

邯郸市关工委

邯郸市关工委作为在全国率先发起成立关心下一代工作组织的地市级关工委，30多年来，在邯郸市委的重视、支持下，在河北省关工委和中国关工委的热情指导以及广大五老的热情参与下，关心下一代工作的组织建设、活动方式不断创新发展，工作成效十分显著。邯郸市关工委工作一直处于全省先进行列，连续两届荣获"全国关心下一代工作先进集体"，连续五届荣获"河北省关心下一代工作先进集体"；2014年，段荣会荣获"全国离退休干部先进个人"，出席了全国离退休干部双先表彰会，受到了习近平总书记的亲切接见；2015年中国关工委成立25周年，邯郸市关工委荣获"全国关心下一代工作先进集体"，李茹等5人荣获"全国关心下一代工作先进个人"，作为河北省受表彰的先进集体和先进个人代表出席了在北京人民大会堂召开的表彰大会；先后创出了"英雄中队""四点钟课堂""留守儿童之家""社会亲情园"等工作品牌并推向全国。

一、邯郸市关心下一代工作组织的创建与发展

（一）邯郸市关心下一代工作组织的创建

在改革开放方兴未艾、商业大潮席卷而起的历史关头，邯郸市肥乡县在全国第一个成立了县级关心教育下一代健康成长的专门机构，具有开创性和划时代的意义。

时间追溯到1986年，这一年的早春，万物复苏，乍暖还寒。肥乡破获了一起惊天大案：臭名昭著的"老八十"流氓强奸犯罪团伙伏法了，其中1个死刑，1个死缓，7个有期徒刑。令人痛心的是团伙中最大的也不过20岁，多数都是未成年人。这时候孙宝庭、张玉佩、程万里等老同志站出来了，他们发出了倡议："我们要管，我们有责任有义

务也有能力管好孩子们！"这些老同志都是经过战争洗礼的英雄，他们心里放不下祖国的下一代，主动到县委老干部局请缨。老干部局领导被老革命们的责任感和爱国情怀感动，很快向县委递交了书面报告，要求成立一个以老干部为主要成员的关心下一代组织。不久，老干部局的报告得到了县委的批准。

1989 年，邯郸市关工委成立，主任由市人大原副主任兰洪基担任，副主任由市政法委原书记杨九章担任。随后，通过自上而下的统一领导、由下而上的发动，邯郸市关工委组织得到了不断的完善和发展，成为党委领导下的关心教育青少年的群众性工作组织，挂靠同级党委组织部，办事机构设在老干部局，有班子、有机构、有编制、有经费。

2014 年，邯郸市关工委领导班子进行了调整、充实，由市委副书记任名誉主任，市政协原主席王光龙任主任，市人大原副主任张家学任常务副主任，组织部、宣传部、老干部局主要领导任副主任，设有秘书长。成员单位有市文明办、市教育局、市文广旅游局、市司法局、市总工会、团市委、市妇联。

（二）邯郸市关心下一代工作组织的发展

关工委工作的服务对象——青少年在基层，关工委工作紧紧依靠的力量——广大五老也主要在基层。因此，关心下一代活动的重点在基层，关工委工作的基础也在基层。实践证明，基层工作做好了，工作就有活力，五老作用发挥好了，工作就能不断创新发展。为此，邯郸市关工委着力抓基层、打基础，努力扩大工作覆盖面。关工委领导每年通过下基层调研和召开座谈会、培训会等多种形式，发现基层组织建设的好典型，及时总结经验，加以推广。用三年时间狠抓了基层组织建设，并组织基层广泛开展"领导班子建设好、五老作用发挥好、制度健全执行好、积极探索创新好、活动经常效果好"的"五好关工委"创建活动。各级关工委及时抓住有利契机，深入基层开展组织建设，市关工委也积极帮助基层协调解决困难，总结推广典型经验，基层面貌发生很大变化，县、乡镇（街道）和学校关工委基本实现了全覆盖。针对村（社区）级关工委建设比较薄弱、空白点多的问题，近年来，逐渐探索出了"党建带关建"的路子，紧紧依靠组织部门，建立健全"党建带关建"工作机制，以离退休党支部为龙头，以基层村（社区）五老为依托，带动、促进基层关工委组织建立，建立健全基层离退休干部党支部建设和关工委组织建设两块牌子一套人马的"共建、互促、双赢"

机制，形成就近设置组织、就近学习活动、就近发挥作用的局面。现已初步形成了从市、县、乡镇（街道）到村（社区）和学校的关工委组织网络。

邯郸市关工委领导到临漳县看望五老，
指导基层关工委组织建设

2015 年以后，按照省关工委要求，邯郸市关工委又积极抓了领导班子、组织机构、人员编制、活动经费"四落实"，市、县都已全部落实到位。按照省委常委会纪要精神，邯郸市关工委每年 50 万元的专项经费现已落实，县（市、区）关工委每年 10 万元的经费也都落实并列入了预算。

截至目前，全市 20 个县（市、区）及所属乡镇、街道、社区、学校均建立了关工委组织，总数已达到 6000 余个，五老志愿者达 4 万余人，有力地促进了关心下一代工作的开展。

2019 年省市县机构改革，邯郸市关工委办公室纳入老干部局内设处室，成立处。

二、邯郸市关心下一代工作的创新与发展

（一）以青少年核心价值观教育为主线，开展了系列丰富多彩的活动

多年来，邯郸市关工委充分发挥五老的独特优势，努力拓展青少年思想道德教育的有效途径。近年来，特别注重立足青少年的身心特点、成长规律以及各种现实问题，充分发挥五老的经验和威望优势，每年突

出一个主题，面向青少年开展形式多样、丰富多彩的社会主义核心价值观的宣传教育和实践活动。近几年开展的"学党史、颂党恩、跟党走""学雷锋、心向党、讲品德、见行动""老少共筑中国梦""爱学习、爱劳动、爱祖国""社会主义核心价值观进学校、进课堂、进头脑""传承红色基因，争做时代新人"等主题教育活动，较好地帮助青少年解决了思想迷茫和模糊认识，逐步增强了对中国特色社会主义的道路自信、理论自信、制度自信和文化自信。广大五老积极引导青少年从基本道德规范做起，自觉践行核心价值观，听党话、跟党走，系好人生第一粒扣子。

（二）积极参与社会治理，有效利用社会资源，为青少年营造健康成长的环境

一是普法教育富有成果。邯郸市关工委每年联合司法局开展"关爱明天，普法先行"活动，至今已经连续开展10年，发动全市五老担任法制宣讲员和法制副校长，每年都举办近千场法制报告会，青少年受众达数万人。二是扶贫济困。近30年来，各级关工委积极筹措资金，捐资助教，六一儿童节、春节等重大节日前后慰问贫困儿童，为他们送去书包、文具、图书等，组织近万名五老结对帮扶困境少年儿童，为他们送去心灵的温暖和精神的鼓励。这三年来，邯郸市关工委实施了"困境青少年

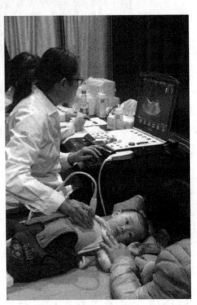

北京 301 医院专家在
邯郸第一医院筛查先心病患儿

帮扶"计划，每年为家庭贫困、品学兼优的青少年发放帮扶资金，受益学生近 100 人。三是参与"扶贫助困千人圆梦计划"。安排邯郸市 64 名农村贫困青少年在广平县新职教中心学习技能，为他们准备了被褥和学习生活用品。2017 年 9 月 20 日，中国关工委主任顾秀莲一行到邯郸市广平职教新校区，调研视察该计划在邯郸的落实情况，并看望、慰问了入学的贫困学生，激励学生努力学习，掌握实用技术，对党和政府以及社会各界的帮助心存感恩，早日成才，回报社会。四是参与燕赵爱"心"行——困境先心病儿童救治公益活动。该项目在邯郸市启动后全

市共 116 名贫困先心病患儿接受了 301 医院专家的筛查，最后为 52 名患儿免费开展手术治疗，家长非常满意，多次写来感谢信并送来锦旗以表感谢。2018 年 5 月 21 日，邯郸市关工委常务副主任张家学，市委老干部局副局长、市关工委秘书长李茹率队，带领市关工委人员前去北京301 医院看望慰问医生和患儿，并送去感谢信和锦旗向医护人员致谢。

（三）适应社会发展形势，积极创新关心下一代的方式方法，赢得社会各界普遍赞誉

一是创办"四点钟课堂"活动。2010 年，在中国关工委成立 20 周年图片展上，国务委员刘延东和中国关工委主任顾秀莲分别对邯郸市"四点钟课堂"的做法给予了高度肯定。2011 年，河北省关工委在邯郸市召开了"四点钟课堂"现场经验交流会，把邯郸市邯山区"四点钟课堂"的经验向全省推广。几年来，山东、天津、江西、浙江等关工委的同志陆续到邯郸市学习"四点钟课堂"的经验做法。二是推广"社会亲情园"做法。2017 年，顾秀莲主任来河北指导工作，邱县作为代表汇报了"社会亲情园"的做法，得到了顾秀莲主任和河北省关工委领导的高度肯定和重视。在邯郸市关工委的指导下，经过三年多的培养、探索和创新发展，邱县"社会亲情园"的经验做法逐渐成熟完善。2018 年 9 月 14—16 日，全省关工委基层活动阵地建设现场经验交流会在邯郸市邱县召开，把关爱留守儿童的"社会亲情园"的做法向全省推广。省委、省政府、市委、市政府领导分别作出重要批示并给予高度评价，为邯郸市开展关工委工作指明了方向。三是规范基层五老活动阵地。邯郸市从创立并推广"四点钟课堂"开始就十分注重抓好基层五老活动阵地的建立和作用发挥。五老基层活动阵地的形式多样，名称叫法不一，有"四点钟课堂""社会亲情园""留守儿童之家""五老工作站"等，各具特色，成效显著。2016 年，河北省关工委办公室主任刘志国等到邯郸市观摩了肥乡的"常振凤书法五老活动站"，深受启发，随后，提出了在全省范围内要规范建立一批"基层五老活动阵地"的意见。近三年来，省、市关工委每年选取一定数量的优秀五老活动阵地，统一挂牌、专人管理、健全制度，统一配发了学生用小课桌、青少年读物和文体用品等物资，按照有稳定的五老队伍、有固定的活动场所、有必要的活动器材、有丰富的服务内容、有稳定的受众群体、有完善的制度档案和阵地作用发挥好的"六有"标准，联建提升了 200 多个基层五老活动阵地，有力地促进了全市五老活动阵地的建立和完善，

为五老更好地发挥作用搭建了平台。与此同时，各县（市、区）关工委积极发掘、自建并完善提升了一批五老活动阵地，截至目前，全市五老活动阵地已发展到1200余个，极大地推动了关工委工作的深入开展。

除此之外，邯郸市各级关心下一代组织，还因地制宜组织开展了大量丰富多彩、行之有效的关心下一代活动，大致可以分为四类：一是各级关工委组建多种形式的红色宣讲团、爱国主义教育报告团，结合时事，深入到农村、社区、乡镇、企业、学校，举办宣讲、报告活动，每年多达两千余场次。二是结合本地实际，开展了富有地方特色的主题教育活动。如革命老区涉县关工委"传承红色基因，继承129师精神"活动、磁县利用磁州窑文化开展"感受黑与白的艺术"活动等，收到了很好的教育效果。三是开展了与生活息息相关的实践活动。如广大五老广泛参与了法制宣传、交通安全教育、校园周边环境整治、网吧监督、校园安全知识普及、学校食品安全检查等活动，尽心尽力为青少年健康成长保驾护航。四是利用重大节假日开展主题活动。清明节全市关工委组织各中小学校开展了"继承革命传统，弘扬先烈精神"的缅怀革命先烈活动，国庆节组织全市中小学开展"童心向党歌咏""向国旗敬礼"等活动。通过这些活动，增强了青少年对祖国的热爱之情，使孩子们自觉继承中华民族优秀传统文化，增强民族自豪感和自信心。据不完全统计，各地组建各类报告团100多个，参与五老报告团的人数1万多人次，每年受教育青少年3万多人次，为青少年学习践行社会主义核心价值观起到了积极的促进作用。

关心下一代工作开展30年来，邯郸市关工委发挥领头雁作用，指导支持全市各级关工委组织，坚持围绕中心、服务大局，积极探索，主动作为，做了许多想青少年之所想、急青少年之所急、解青少年之所难的好事与实事，为全市青少年健康成长和全市改革发展稳定作出了积极贡献。

夯实基础 筑牢队伍
努力创新基层关心下一代工作新格局

邯郸市邯山区关工委

邯山区位于邯郸市主城区东南部，辖 5 个乡镇、12 个街道办事处、76 个社区、118 个行政村和 43 所中小学，总人口 49 万，其中青少年约 10 万余人。

近年来，邯山区关工委认真学习习近平总书记重要指示精神，全面落实省委常委会纪要和省、市"两办"下发的《关于进一步改进和加强关心下一代工作的意见》精神，通过加强关工委基层组织建设，创新工作载体，发挥五老和大学生志愿者在青少年教育中的作用，着眼立德树人，积极在青少年中讲好中国故事，唱响社会主义核心价值观之歌，传播社会正能量，教育和引导青少年听党话、跟党走，先后建立了老干部爱国主义报告团、革命传统教育报告团、法制教育报告团等队伍，创办了"四点钟课堂""九号之声"红色家庭展室、雷锋小学等活动平台，被中国关工委评为全国"五好"基层关工委，多次被省、市评为关心下一代工作先进集体。

2001 年 7 月，河北省城市社区关心下一代工作现场经验交流会在邯郸市邯山区召开，河北省关工委主任杨泽江，河北省关工委副主任刘作田、李永进、陈治平、周金生等领导出席了会议。会上，邯山区关工委作了《适应发展形势，拓宽教育领域，努力开创社区关心下一代工作新局面》的典型发言。与会人员通过实地观摩，认为邯山区关工委工作适应市场经济条件下城市青少年教育的需要，代表了青少年教育的发展方向。

2010 年，邯郸市邯山区关工委制作的"四点钟课堂"活动图片，参加了在北京举办的"中国关工委成立二十周年图片展"，受到国务委员刘延东、中国关工委主任顾秀莲的充分肯定；中国关工委常务副主任闵振环、刘雅芝、刘晓莲先后到邯郸市邯山区实地考察"四点钟课堂"开展情况并亲笔题词；河北省关工委常务副主任杨泽江、杨新农、龚焕文、李月辉等先后到邯郸市邯山区检查指导关心下一代工作；2011年，河北省基层关心下一代工作现场经验交流会在邯郸市召开，重点推广邯山区"四点钟课堂"工作经验；2011年12月，邯郸市邯山区"四点钟课堂"被河北省文明办评为"河北省优秀志愿服务品牌"。

中国关工委常务副主任闵振环到邯郸调研

一、加强领导，健全制度，为关工委开展工作提供组织保障

一是健全组织，加强领导。邯郸市邯山区关工委成立于1992年，挂靠区委组织部，办事机构设在区委老干部局，参公事业编制，现有工作人员6人。邯山区区委对关工委工作十分重视，为进一步加强领导，适时对区关工委领导班子进行调整、充实，成立了以区委书记为名誉主任，区委主管副书记为主任，区委离退休正县级老领导为常务副主任，区委老干部局、政法委、文教体局、工青妇等部门为成员单位的关工委，出台了《邯山区关于加强关心下一代工作的决定》等文件，确保了关工委工作常抓不懈、与时俱进。二是规范工作，健全制度。近年来，邯郸市邯山区关工委结合学习型、创新型基层关工委创建工作的开展，建立健全了学习、例会、活动、培训、调研等工作制度。比如，坚持每季度召开一次关工委工作例会，总结经验、教训，对下一步工作进行研究部署；再如，每年组织1—2次五老及工作人员培训，以提高素质，统一思想，确保全区关心下一代工作健康发展。三是经费、用车落

实。按照省委的有关要求，区委把每年10万元的关工委经费列入区财政预算，作为关工委组织机构建设、老同志下基层调研和开展活动的必要经费，并在公车改革工作中保留一部老干部服务用车，为关工委发挥作用、老干部开展活动提供了方便。

二、夯实基础，筑牢队伍，为关工委开展工作提供无穷活力

邯郸市邯山区目前共建基层关工委112个，形成了区、街道、社区和文教体局、学校关工委组织网络，确保了全区关心下一代工作常抓常新，充满生机与活力。一是摸清五老底数，积极动员更多的五老参与关心下一代工作。近年来，邯郸市邯山区关工委每年对全区五老人才资源和分布状况进行认真的调查摸底，为调整、充实和优化关心下一代工作队伍提供了可靠依据；在此基础上，积极动员适合从事关心下一代工作的老同志尽可能多地动员起来，加入到关心下一代工作的行列。据统计，近年来先后吸纳400余名老同志加入到关工委队伍中来，形成了一支相对稳定的关心下一代骨干队伍。二是人尽其才，为五老开展关心下一代活动搭建平台。为欢庆党的十九大胜利召开，邯郸市邯山区关工委组成老干部爱国主义和革命传统教育报告团，深入到学校和社区开展宣讲教育活动，在全区青少年中掀起认识党、热爱党、歌颂党的热潮；在开元小学，区关工委副主任王淑芳参加孩子们的升旗仪式，向孩子们讲述党的十九大以来的丰硕成果，进行爱党、爱国教育；在邯钢社区，区关工委副主任段荣会组织社区孩子们高唱《没有共产党就没有新中国》等革命歌曲，以唱红歌的方式歌颂党的光辉历史，欢庆党的十九大胜利召开；在邯山小学，五老组织学生收看党的十九大开幕盛况，开展讲党史、颂党恩等活动，对孩子们进行红色教育、感恩教育等，为青少年的健康成长创造了良好的社会环境。

三、创新载体，突出特色，为关工委开展活动开辟广阔空间

一是创建社区"四点钟课堂"。现在的小学生每天下午4点钟放学，放学时间与家长下班时间存在着近两个小时的时间差，造成了许多"四点钟"难题。针对这一问题，邯郸市邯山区关工委充分发挥社区五老队伍的优势，率先在社区创办了"四点钟课堂"。"四点钟课堂"以社区大院为单位，由1—3名责任心强的老干部负责管理工作，聘请大学生志愿者开展志愿服务活动。"四点钟课堂"根据学生们对不同知识

的要求，组织有不同专长的老干部和大学生志愿者向孩子们讲授剪纸、画画、唱歌等知识，培养学生兴趣和爱好；向学生讲授消防、交通、安全等知识，让孩子们掌握适应生活的能力；向学生讲授卫生、饮食等知识，让孩子们懂得应如何养成良好的生活习惯。家住育才街的谷子涵是农林路小学二年级的学生，父母都是外来务工人员，无暇顾及孩子的教育，而这个时期的孩子自觉性又很差，因此她一直是班里的后进生，她的父母既着急又无奈。邯郸市邯山区关工委及时将她吸纳到"四点钟课堂"，在不到一个学期的时间里，谷子涵不仅变得积极向上了，学习成绩还有了突飞猛进的提高，其父母非常感谢"四点钟课堂"。"四点钟课堂"的开办，得到广大学生和家长的普遍欢迎，解除了家长们的后顾之忧，在社区青少年教育工作中发挥了巨大的作用。2011年5月4日，河北省委组织部副部长、老干部局局长张增良等在邯郸市邯山区隆重举行向百乐园社区"四点钟课堂"捐赠图书仪式，捐赠各类图书3000余册；5月25日，中国关工委常务副主任刘晓莲、刘雅芝到百乐苑社区"四点钟课堂"进行实地考察，并欣然题词"四点钟课堂越办越好""关心下一代，功在当代，利在千秋"；6月，河北省基层关心下一代工作现场经验交流会在邯郸市召开，邯山区关工委和百乐园社区关工委分别在大会上作了典型发言，全省与会代表到邯山区百乐园社区和天水社区"四点钟课堂"进行了实地参观学习；12月，邯山区"四点钟课堂"被省文明办评为"河北省优秀志愿服务品牌"。

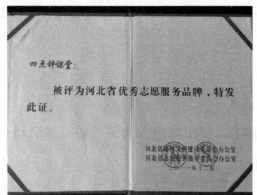

邯郸市邯山区"四点钟课堂"被省文明办
评为"河北省优秀志愿服务品牌"

二是创建"九号之声"活动平台。"九号之声"是以毛泽东逝世纪念日为依托在利民社区创建的青少年教育活动阵地。每月9号这一天，采取请五老讲课、播放电教片、集体座谈等方式对青少年进行思想道德教育，组织青少年开展义务劳动、巡逻值勤等活动，先后组织开展了纪念毛泽东逝世 35 周年、弘扬长征精神、党的十八大精神讲谈等活动，用正确的思想影响社区青少年。衡水市第十四中学 17 岁的王兵（化名），因迷恋上网受到家庭训斥而离家出走流落到利民社区，邯郸市邯山区关工委副主任段荣会发现后，把他接到"九号之声"青少年阳光驿站，给他做思想工作，并多次给其父母打电话做工作。王兵的父母来到邯郸市看到离家出走半个月的孩子后非常感动，但当他们回去之后学校已准备将王兵开除，段荣会又和《邯郸晚报》的记者郭虹一起自费乘车前往衡水，向学校领导详细介绍了王兵的心路历程，恳求学校给他一次机会，使学校答应让王兵继续上学。《邯郸晚报》以《爱从一个微笑开始》和《爱心，一路向北》为标题连续报道了一个异乡流浪少年在邯郸的真实故事；《衡水日报》以《爱在这里延伸》为标题连续报道了邯郸好心人与衡水流浪少年的故事，在社会上引起了强烈的反响。

三是创建社区关工委红色家庭活动室。为适应老干部离退休后以家庭为主的生活特点，邯郸市邯山区建立了 20 个社区关工委红色家庭活动室。邯山区关工委副主任段荣会将自己 100 余平方米的三室一厅住房全部腾出建成红色家庭活动室，将毛泽东、周恩来、朱德等老一辈无产阶级革命家的图像、像章、活动资料图片等集中展示。河北工程大学、邯郸学院、邯郸市各中小学、邯郸武警消防支队官兵、社区青少年等经常到他家参观学习，接受红色革命传统教育。段荣会积极接待各界青少年朋友，认真向他们讲解毛泽东、周恩来等老一辈无产阶级革命家学习、成长的故事，激发青少年的爱党爱国情怀。河北工程大学闫志宏在段荣会的影响下，积极要求进步，现在已经成为一名光荣的中共预备党员。2011 年，河北人民广播电台对邯山区关工委副主任段荣会进行专访，以《党的好战士，雷锋精神的践行者》为题，连续两天在河北人民广播电台《活到九十九》"风雨真情"栏目播出。段荣会还被评为全国关心下一代工作先进个人。

四是创建"中国故事讲学堂，红色经典小剧场"。为深入贯彻落实习近平总书记"讲好中国故事，传播好中国声音"，为了"让红色基因融入血脉，让红色基因代代相传"，2017 年在北张庄镇河边村创办"中国故事讲学堂，红色经典小剧场"。以席浩明为主的创建人积极带领部分老干部、老科技工作者、老新闻工作者、老教师等公益讲师，在重大节日先后到邯山区赵王小学、河边小学、渚河路小学等，讲述红色故事56场，为全市少先队员开办红色故事会专场20余场，近万名少先队员受到了教育。邯郸市委书记高宏志亲临现场指导，并聆听红色故事。河北省关工委常务副主任刘建生，邯郸市关工委主任王光龙，副主任张家学，邯郸军分区原司令员高军虎，以及习近平总书记家乡陕西富平的艺术家们等各级领导、各界人士纷纷前来聆听红色故事。

邯郸市邯山区关工委通过加强关工委基层组织建设，组织开展内容丰富、形式多样的活动，因地制宜地引导老干部参与社区青少年教育，取得了一定的成效，受到全区广大社区群众的一致好评。

让百乐苑社区成为孩子们快乐成长的乐园

邯郸市邯山区百乐苑社区关工委

邯郸市邯山区百乐苑社区关工委以习近平新时代中国特色社会主义思想和党的十九大精神为指导，以加强青少年社会主义核心价值观教育和思想道德建设为重点，全面贯彻落实省、市关工委工作会议精神，通过加强社区关工委基层组织建设，积极发挥五老作用，创新工作载体，着力在青少年中讲好中国故事、唱响社会主义核心价值观之歌，教育和引导青少年听党话、跟党走，支持和帮助青少年成长成才，创办的"四点钟课堂"成为全省关工委系统的工作亮点，被省文明办评为"河北省优秀志愿服务品牌"，社区关工委被评为全省关心下一代工作先进集体。

中国关工委常务副主任刘雅芝、
刘晓莲到百乐苑社区调研关心下一代工作

一、以关心下一代为己任，积极发挥桥梁纽带作用

百乐苑社区关工委自建立以来，坚持以关心下一代为己任，认真研究解决基层关工委工作中的热点、难点问题，以社区为平台积极开展青少年教育活动，在社区建立了"四点钟课堂"、悄悄话室、青少年心理咨询室、青少年书画活动室，在社区广场建立了青少年文体活动场地等，在青少年教育工作中积极发挥桥梁和纽带作用，吸引了辖区内大多数青少年到社区开展活动，受到了辖区居民群众的广泛认可，产生了良好的社会反响，推动了社区关心下一代工作的健康发展。

二、健全组织制度，五老的积极性得到充分发挥

近年来，百乐苑社区关工委在社区关工委基层组织建设上，充分发挥辖区居民特别是离退休老干部的优势，成立了以邯郸市委党校退休干部段荣会为主任，部分离退休老干部、社区在职干部为骨干的关心下一代工作组织，每年都协调动员辖区内近期办理退休手续、热心关工委工作、甘愿奉献、在群众中威信较高的老同志充实到社区基层关工委组织，确保了关工委工作的生机和活力。在制度建设上，一是每月召开一次关工委主要成员工作例会，学习、研究、贯彻上级有关文件精神，总结经验，安排工作；二是每季度召开一次关工委全体成员工作会议，贯彻上级有关文件精神，总结安排工作；三是不定期召开关工委骨干队伍会议，通报交流情况，布置相关工作，推动社区关心下一代工作健康发展。在加强五老队伍建设上，对辖区内新退下来的老同志，本着个人自愿与组织动员相结合的原则，积极吸收那些有意愿且有条件承担关工委工作的老同志加入五老队伍。目前，社区五老队伍已经发展到 30 余人，他们在社区青少年中积极开展习近平总书记系列重要讲话、社会主义核心价值观、中华民族伟大复兴中国梦等教育活动，认真讲好中国故事、传播好中国声音。社区关工委主任段荣会常年奔走在社区，带领孩子们积极开展学雷锋活动，给孩子们讲革命故事，组织孩子们唱红歌，在孩子们中传播社会主义核心价值观，受到社会各界的广泛好评。

三、注重青少年教育成效，推动关工委工作不断创新发展

近年来，百乐苑社区关工委积极开展创新型基层关工委建设，首创的"四点钟课堂"成为五老发挥作用和青少年开展活动的主阵地，实

现了"关工委搭建平台、社区提供活动场地、老干部和大学生志愿者开展服务、青少年得到健康成长"的总体目标,取得了良好的社会效果。中国关工委主任顾秀莲及省、市关工委领导对"四点钟课堂"均给予了大力支持和充分肯定,被河北省文明办命名为"河北省优秀志愿服务品牌"。

大学生志愿者在"四点钟课堂"给孩子们义务授课

四、围绕社会主义核心价值观要求,积极开展关心下一代工作

近年来,百乐苑社区关工委组织广大离退休老同志充分发挥自己的优势特长,围绕培育和践行社会主义核心价值观要求,在扎实推进未成年人思想道德建设,关心、教育、培养青少年健康成长方面主动作为、积极有为。社区共建"四点钟课堂"1个、红色家庭展室1个、雷锋小学1,组织五老经常在社区和学校开展宣讲教育活动。社区关工委主任段荣会组织社区孩子以唱红歌的方式歌颂党的光辉历史。他还将自己100余平方米的住房全部腾出建成红色家庭活动室,将毛泽东、周恩来、朱德等老一辈无产阶级革命家的图像、像章、活动资料图片等集中展示,社区青少年经常到他家参观学习,接受红色革命传统教育。段荣会认真向青少年讲解毛泽东、周恩来等老一辈无产阶级革命家学习、成长的故事,激发青少年的爱党爱国情怀。段荣会先后被中组部、中国关工委评为全国老干部工作先进个人、全国关心下一代工作先进个人,在北京人民大会堂受到习近平总书记的亲切接见。百乐苑社区关工委多次被省、市评为关心下一代工作先进集体。

五老活动阵地实现新突破

邱县关工委

邱县关工委从多年实践中认识到，衡量一个基层关工委组织有没有活力和生机，一个重要标志是看其五老活动阵地建设是否质优。2016年初，为了全面落实习近平总书记"在随迁子女就学，加强留守儿童关爱保护方面推出务实管用办法"的要求，邱县关工委从本县实际出发，从总结邱县二中附小为留守儿童创办兴趣班入手，提出了创办"社会亲情园"的概念，目的是通过这一平台，汇聚并释放社会亲情，让对留守儿童的关爱和保护得到较好体现。经过试办、初办和推广，现在全县已办各类"社会亲情园"116个，入园留守儿童3756名，占全县留守儿童总数的80%。不过，这一过程并不是一帆风顺的，比如"社会亲情园"怎样办、谁来办、拿什么办、怎样才能持续等等，都需要得到解决。为了实现这一宏愿，邱县关工委从以下五个方面做了大量卓有成效的工作。

一、从凝聚社会亲情出发

党的十八大以来，习近平总书记、李克强总理对关爱和保护留守儿童工作有过许多重要指示，如何整体性、可持续地推动这一工作就成了邱县关工委的一种追求。为了实现这一目标，邱县关工委做了大量调查研究，认识到单靠关工委很难做好这件事，只有搭建起一个能够凝聚社会亲情的平台，并通过这个平台对凝聚起来的亲情进行有效释放，才是正确选择。

二、从完善运行机制入手

邱县关工委从创办"社会亲情园"的实践中感到，关爱和保护留守儿童工作不是一朝一夕之功，而是一个长期过程；不仅需要创办人有爱心，还要有热心、耐心和无怨无悔的奉献之心。那么怎样才能做到这一点呢？经过不断总结、反复讨论和广泛征求意见，于2016年3月制定了《"社会亲情园"操作规程》。要点是：（一）明确指导思想。以习近平总书记关于关爱和保护留守儿童的指示为指针，以国务院〔2016〕16号文件为指导，努力探索和解决留守儿童失学、失教、失爱、失亲、失情等问题的新方式、新办法、新途径。（二）提出具体要求，并用9个字加以概括，即"两办""六有""五帮""一纳入"。"两办"是指校内办和校外办，校内园由校关工委领办，园长由主管德育的副校长担任；校外园由五老创办，接受同级关工委指导和服务。无论校内园还是校外园都是公益事业，各种服务为无偿。校内园活动时间是中午大课间"诵国学"；下午4—5时教课外知识，开展娱乐活动。校外园活动时间是午饭后、晚饭后、节假日和星期天，由五老在自家创办。关爱内容是教国学、授礼仪、补亲情、解难题、奖优学、资贫困。"六有"是指有法人、有场所、有活动、有制度、有教材、有档案，其中有法人这一条最重要，不然就会都管都不管。"五帮"是帮立志、帮学业、帮安全、帮亲情、帮解困。"一纳入"是将"社会亲情园"建设纳入基层党建工作内容，由"党建带关建"，年初立目标，年终考核。此举不仅强化了党对关心下一代工作的领导，丰富了基层党建工作内容，也提升了"社会亲情园"的社会地位，使社会亲情的凝聚力大增。

三、在社会参与上用力

关爱和保护留守儿童是社会工程、系统工程，任何一个部门和个人都无力承担起这一历史重任。党委、政府、职能部门、主管单位、监护人、社会爱心人士等，都需参与其中。那么怎样才能做到这一点呢？邱县的办法是党委行文件、政府做规划、部门分职责、老干部局总协调、五老当主体、家长受培训。比如，县委成立了由县委副书记任组长、十几个县直相关部门为成员单位的关爱和保护留守儿童工作领导小组。县政府把关爱留守儿童教育和服务工作纳入了全县经济社会发展总体规划，实施了总投资51亿元的教育园区暨浩博希望城项目，保障全县留守儿童平等享受优质教育资源和公共服务。在职能部门中，教育局负责校办"社会亲情园"统筹，卫生局负责留守儿童体检，民政局负责特困儿童救助，司法局、妇联负责留守儿童维权，关工委、团委倡议社会募捐等。这为留守儿童学业有教、亲情有护、安全有保创造了良好环境和条件。2016 年以来，邱县已创办各类"社会亲情园"116 个，动员社会爱心人士捐资 40 余万元、实物 60 余万元、书籍 10 万余册、书桌 600 余套，总价值 130 余万元。

四、在培树典型上下功夫

创办"社会亲情园"是个新生事物，无前车可鉴。为让这个新事物能够持续、持久，始终充满活力，一开始邱县关工委就把"典型引路"作为指导原则，现已树立起十面旗帜、十个榜样。比如邱县二中附小的"兴趣班"，在萌芽状态时就帮助总结、完善、提高，最终成了邱县"社会亲情园"的发源地和引领旗帜；东常屯村关工委设立"农村留守儿童基金"，每年重阳节举办"饺子宴"，资金来源全部由在外工作人员捐助，从根本上解决了关爱资金无源之水的难题；"张敏社会亲情园"的创办人张敏自购照相机，收存各类历史资料照片 3 万余张，成了红色教育基地；"凤奎社会亲情园"的创办人杨凤奎收存各类史书 1.3 万余册，成为思想道德和革命传统教育的"文史馆"；退休高级小学教师郭勤功、景建民分别在边远农村办起了"社会亲情园"，成为深受欢迎的边远农村园丁；法院退休干部霍连峰在孝古村老家建起了"连峰社会亲情园"，在给村里留守儿童普及法律知识的同时，还免费提供午餐等等。这些典型在每一个阶段或某一个方面都为其他"社会亲情园"的创办起到了重要的引领和示范作用，也成为邱县"社会亲情园"能够持续发展和充满活力的主要原因。

五、"社会亲情园"成效彰显

邱县创办"社会亲情园"三年多来，已收到了较好效果。一是留守儿童安全有了保障，2016 年以来未发生一起安全责任事故。二是留守儿童帮扶有了保障，两年募捐 100 多万元。三是义务教育均衡发展有了保障。全县 25 所中小学校"社会亲情园"统一配置了留守儿童生活服务、综合素质发展、文体健身、情感交流、家教活动设施等，全面体现了教育管理服务等综合功能。四是和谐稳定的社会局面有了保障。两年多来没有发生一起未成年人犯罪事件，一些留守儿童的"问题家庭"开始变成"幸福家庭"。五是留守儿童的智力得到开发。美术、漫画、书法、演唱、小制作等获省、市、县奖 613 件，国家级奖 12 件。六是五老办园热情高涨。受五老办园热影响，70 多岁的张育才不仅在自家办起了"社会亲情园",还动员 13 名书法爱好者办起"社会亲情园"。著名农村漫画家张爱学、王爱卿、璩诗岭等,充分利用漫画艺术之长在自家办起了"社会亲情园"。退休女职工霍桂菊在自家腾出 5 间房屋办起"桂菊社会亲情园"。留固村农民王书田虽只以种田为生,仍坚持在自家办起了"书田社会亲情园",免费为 32 名留守儿童服务。东常屯村因小儿麻痹致残的郭保江先以代课谋生资助多名贫困儿童,今又办起了"保江社会亲情园",义务为 10 多名留守儿童开展关爱服务。问他为什么这样做?他答:"我是残疾人,深知爱的珍贵,失爱之痛苦,所以我要用爱心向失爱的同命人传爱注情,希望他们将来都能成为自爱和传爱的人。"其情之真,其意之切,感人肺腑。

正是有了这样的队伍,有了这种无怨无悔无私奉献精神,才让邱县"社会亲情园"的办园者越来越多并始终充满信心,社会影响也越来越大。2018 年 9 月上旬,省委、省政府主要领导王东峰、许勤、赵一德、梁田庚等对邱县创办"社会亲情园"的做法分别作出了向全省推广的重要批示。9 月 14—16 日,全省关工委基层活动阵地建设现场经验交流会在邱县召开。2019 年 1 月 15 日,中国关工委主任顾秀莲在全国关工委工作会议工作报告中特别表扬了邱县创办"社会亲情园"的做法,从而让"社会亲情园"成为全国五老阵地建设的一个新品牌。

抓管理　重教研
努力开创家庭教育新局面

定州市家庭教育讲师团

近年来，定州市关工委始终坚持把家长学校师资队伍建设作为重要的工作抓手，举全市之力，从社会各界抽调精兵强将组建了高素质的定州市家庭教育讲师团，定期深入到工厂、学校等基层单位开展家庭教育公益大讲堂活动，为促进家庭、学校和社会教育的和谐发展等关心下一代工作做了一些有益的探索。

一、组建一支高素质的讲师团队伍

一是领导高度重视。定州市关工委成立了以主任为组长的定州市家庭教育领导小组，领导小组多次召开专题会议研究家庭教育和家长学校建设工作，要求全市各级单位要成立相应组织，广泛宣传、深入发动，积极吸纳热心家长学校教育事业，有特长、有能力、有奉献精神的在职教师加入到家长学校讲师团中来，为组建高素质的讲师团队伍提供了政治保障。

二是基层学校积极响应。市领导的高度重视，赢得了基层单位的积极响应和大力支持，特别是部分中小学学校领导不仅自己带头申报，而且主动挖掘和推荐，把顾全大局、乐于奉献、有家庭教育情怀的人才推荐到定州家长学校讲师团，为组建高素质的讲师团队伍提供了人才保障。

经过几年的努力，定州市家庭教育讲师团共有讲师20人。在他们中间，既有已退休的名特教师，又有新评聘的特级教师和学科带头人；既有一批退休的老校长，又有一批在职校长、副校长。目前，这支以名特优教师和学校领导为核心，以中青年骨干教师为主体，覆盖全市各类学校的高素质讲师团队伍，为提高全市教育系统家长学校的办学水平提供了坚实的智力支持和人才基础。

二、营造一个浓厚的教学教研氛围

一是丰富教研内容。1. 教材研读，逐册研究河北省《家庭教育手册》，从一年级到九年级，每周一册研读任务，然后交流学习感悟，质疑问难；2. 家庭教育指导师技能分享，大家各展所长，集思广益，研究下乡授课内容；3. 学生心理研究，学习相关心理学知识。

二是创新教研形式。1. 专门的导师引导。梁红梅、刘心悦等专家进行专题授课。2. 同伴互助。分学习小组进行研讨，例如：关于习惯养成的家庭教育指导策略研究分三个小组进行，然后再集中交流，节省了时间。3. 指定学习任务。例如，在学习1—9册《家庭教育手册》的时候，指定每周一册内容，要求背书，也就是要在研讨时逐人背诵关于该年龄段学生的身体和心理发育特征。练背功，强化专业性和科学性。

三是强化研练结合。研读教材内容后，按年级进班给家长授课，授课前交流教学设计和演示文稿，授课后进行教学反思。这样下来，既掌握了专业知识，又练了教学能力，提高了讲师团成员的整体水平。集中研讨提高了教师的思想境界，赢得了良好的口碑。

四是集体定期研讨。为了掌握家庭教育的科学原理与基本策略，练就过硬本领，讲师团规定每周二晚上6点至9点为雷打不动的集中研讨学习时间。每次集中学习必须背过指定的学习内容，再逐人轮流讲解，互相查漏补缺，保障了家庭教育讲师团的专业化和科学化。

三、弘扬一种新时代的"种子精神"

一个基因可以拯救一个国家，一粒种子可以造福万千苍生，一句话可以改变人的一生。讲师团的教师坚信：每个家庭都是一颗宝贵种子，全心浇灌就会开出希望之花。

一是教育教学，齐头并进。为了不耽误家教课，陶卫华老师妻子术后康复期仍坚持授课；孟丽娟、张晓敏主动调课，家庭教育讲座和教育教学两不误。两倍、三倍的任务，他们无怨无悔。代玉英、王恩红、王少永、霍东岚、范宁、王少卿……把学校、幼儿园、乡镇的工作安顿好，从不耽误一堂家庭教育课。

二是坚持信念，诲人不倦。秉承着"种子精神"，讲师团的讲师们只要有家教课就会克服困难坚持参加。

王木刚低血糖，讲课时突然虚脱，面色发黄，汗水湿透了衣衫，他坚持了下来，一讲就是一个半小时。柴会恩在授课前一天突感不适，出发的路上就呕吐了，但是毅然前往乡下授课。郝错病了，输液三天仍不见好转，但是到了下乡的日子，她拔掉输液管，毅然而然地走向了家教讲堂……

家庭教育讲师团在东马头小学授课

三是以身立教，示范带动。1. 在家庭树榜样。讲师团成员注重家庭建设，立家规，树家风。他们喜欢读书学习，尊老爱幼、邻里互助，从自身做起，为自家孩子上好第一堂课。王少永每天和女儿一起诵读经典；李雪梅每天必读书籍；张位红老师孝敬公婆，赢得好评。2. 在学校当良师。他们首先扎根本校进行家庭教育，努力为学生上好家庭教育第一课，帮助本班、本校孩子系好人生的扣子。孟丽娟所在的实验小学经学校领导班子研究，每学年新生入学前必进行家长岗前培训，每学期必上家庭教育课，注重家长委员会建设，开创了家庭教育的新局面，实验小学多次被评为河北省家庭教育优秀校、示范校，全国教育系统先进集体。2019年6月，《中国德育》组委会来实验小学进行调研，给予了很高评价。3. 在教育系统立标杆。2017年春季，定州市百万人民开展了"美丽定州，志愿创城"活动。各学校、幼儿园投入火热的创建活动，工作更加忙碌，但讲师团的学习研讨、下乡送课并未间断。其间孟丽娟受工伤住院20天，从没有荒废学习，后请求医生让其出院参加家庭教育学习；柴会恩轻伤不下火线；王木刚事务繁忙不误学习；郝错每次都是精心准备，提高了学习效率；代玉英无私提供学习场所，提供学习必需的设施。

四、打造一批家庭教育工作新品牌

一是精心组织开展"书香家庭，亲子共读"活动。及时下发有关文件，提出具体要求；广泛宣传发动，使大家积极投入到活动之中。各学校精心组织，周密安排。各学校师生全员阅读，做到了"晨诵、午读、暮省"，并在微信群中展示诵读作品、交流读书心得，每月组织一次班级读书会。

二是创建"书香家庭"活动。家长和学生制订了"亲子共读"计划，并购买了相应的图书，实现了亲子共读、共写、共成长，效果显著。为使读书活动持续、有效地开展，各学校不断在读书活动的形式、方法上下功夫，努力使学生养成喜欢阅读、自觉阅读的好习惯；定州市基教科组织了"古诗词大赛""成语故事演讲"，以及"经典美文诵读""好书伴我成长演讲""读书征文活动"等，让学生享受到了阅读和分享的快乐。教育局有三篇文章刊登在《书香家庭亲子共读》通讯上。

三是开展家教经验交流。在读书活动中，引导家长读家教教材，学习家教知识、方法成为新常态。兴华西路中学每学期举办1—2次家长读书沙龙，由经过培训的家长主持，每次时间控制在1.5—2小时，使家长在阅读中认识、感悟、自省、反思、接纳、包容，取得了很好的效果。定州市开展家庭教育先进集体、先进个人经验交流，开展"我与孩子共成长"征文活动。

四是开展家教调研和个案指导活动。针对家庭教育工作的重点、难点、热点及家长意见，每年坚持深入到各学校1—2次，对家庭教育工作进行调研，帮助学校解决自身难以解决的问题，并总结、推广典型经验。同时，积极组织讲师团成员参加国家家庭教育指导师培训，辐射带动各校、各乡镇的家庭教育骨干，认真开展个案研究和个案指导。几年来，家教个案指导成功案例达250多起。

家长学校的成功举办，形成了良好的育人环境，培养了学生良好的习惯和健全的人格，这都离不开具有"种子"精神的优秀讲师团成员的努力，他们"聚是一把火，散做满天星"，激发了社会各界广泛参与家庭文明建设的热情，推动了定州市爱国爱家、向上向善、共建共享的社会主义家庭文明新风尚的形成。

把握主题　创新举措
推进关心下一代工作深入开展

定州市关工委

近年来，定州市关工委在市委、市政府的正确领导和河北省关工委的指导下，以习近平新时代中国特色社会主义思想为指导，以促进青少年健康成长为宗旨，坚持"围绕大局、发挥优势、积极参与、有效补充"的原则，充分发挥离退休老同志的优势和作用，积极探索新形势下加强青少年思想道德建设的新途径、新方法，受到广大青少年的欢迎和社会各界的赞誉。

一、领导重视，大力支持，为做好关心下一代工作提供了有力保障

定州市委、市政府高度重视关心下一代工作，把关心下一代工作纳入重要议事日程和总体工作规划，纳入精神文明建设考核目标，多次召开常委会，对关心下一代工作进行专题研究。市委书记到关工委进行调研，明确表示：关心下一代工作，是功在当代、利在千秋的事业，是各级党政领导的重要职责，必须高度重视关心下一代工作，帮助关工委解决各种实际困难，为老同志们发挥潜热，为关心下一代工作创造良好条件。为了给关工委办公室调配工作人员批示：特事特办，尽快办理。市长到关工委现场办公，得知关工委配备的车辆还未落实，立即打电话指示有关部门要抓紧落实。一次市关工委请示活动经费5万元，市长特批了6万元。2019年，市关工委的活动经费已增加到15万元，并列入预算。市关工委每项活动开展之前，市委主管领导都认真听取汇报，共同研究，制定落实措施。目前，全市上下形成了齐抓共管、整体推进的关心下一代工作格局。

定州市召开关心下一代工作会议

二、加强组织建设，提高关工委工作活力

（一）紧跟形势抓学习，不断解放思想，更新观念，使关工委适应时代的需求

为了紧跟形势，紧紧围绕党的中心工作开展活动，提高关心下一代工作水平，定州市关工委坚持每月召开一次学习研讨会，组织关工委人员认真学习中央8号文件以及中国、河北省关工委会议精神。购买十九大报告辅导材料、中央8号文件学习材料，下发给全市各基层关工委，组织关工委人员认真学习；邀请市领导做学习辅导，对关工委人员进行培训；组织关工委人员到革命圣地西柏坡、唐县白求恩柯棣华纪念馆、阜平晋察冀军区司令部旧址、涞源王二小展览馆、涉县一二九师纪念馆、山东台儿庄战役纪念馆等地参观学习；组织关工委人员到涞源听取全国关心下一代工作先进个人车志忠介绍经验，使大家深受鼓舞和启发。通过加强学习，大家一致认为，关心教育好下一代是党赋予关工委和老同志们义不容辞的职责。

（二）抓队伍，健全组织，扩大工作覆盖面

实践证明，做好关心下一代工作，必须要有一个坚强有力、有高度责任心、勇于开拓、充满活力的领导班子，有一支热爱青少年、甘于奉献的五老队伍和比较完善的规章制度。

1. 抓班子，建设坚强的领导集体。定州市政协主席赵国军退休后，考虑到他是做关心下一代工作的好人选，市关工委领导便找上门去，请他任关工委副主任。刚开始，赵国军怕干不好，思想上有顾虑，后来活动参加多了，加深了对这项工作的了解，工作热情越来越高。现在，定州市关工委一班人心往一处想，劲往一处使，拧成了一股绳，凝聚力、向心力、战斗力进一步增强，为全市关心下一代工作的顺利开展提供了有力的组织保证。

2. 抓队伍，发挥五老作用。多年来，定州市关工委通过采取上门求贤、活动吸引、搞好服务等多种形式，组织动员更多的五老，特别是刚从工作岗位上退下来的老同志加入关心下一代工作队伍。同时，对关心下一代活动中涌现出的五老先进典型，进行大张旗鼓的表彰奖励，以此激励更多的五老参加到这一活动中来。如召开全市关心下一代工作表彰会议，80岁高龄的离休干部王文进手拿证书激动得热泪盈眶，表示要继续为关心下一代工作作出应有的贡献。截止到目前，定州市从事关心下一代工作的老同志达到1500余人。

3. 抓组织，健全工作网络。在市委、市政府领导的重视下，定州市关工委组织建设不断加强，做到了机构、人员、场地、经费四落实。目前，市关工委名誉主任1人，顾问3人，主任1人，副主任5人，办公室有专职人员，在活动中心有办公场地。关工委班子成员工作热情高，大家心往一处想，劲往一处使，齐心协力，心甘情愿地为关工委工作奉献力量。从教育、文化、党史等岗位上退下来的领导同志中聘请了15位文化素质高、热心关工委工作、甘愿奉献的同志为青少年思想道德教研员，开展调研活动，为关工委队伍增添了新活力；选聘了25名五老担任关心下一代工作宣讲联络员，加强与基层的联系，市关工委机构五老人员达到50余人，大家都是义务做工作，没有一分报酬，心甘情愿，无怨无悔。为进一步加强关工委基层组织建设，三次召开关工委工作会议，市委书记、市委主管副书记、组织部长、宣传部长参加会议，对加强基层组织建设做了具体安排和部署。会议要求，各乡镇要大力抓好关工委组织建设，选好关工委主任，在人员、场地、经费等方面给予积极支持。通过上门求贤，动员更多的五老、特别是刚从工作岗位上退下来的老同志，加入关心下一代工作队伍。会后，市关工委老同志分成5个组，带队到各乡镇办调研，培养典型；通过听取乡镇（办）关工委的工作汇报、到乡镇（办）关工委指导工作等加强基层关工委工作。市关工委组织各乡镇（办）关工委主任到西柏坡参观学习，还参观了北京大型展览，让同志们亲身感受老一辈的艰苦奋斗的风范和革命精神，提高责任感和奉献精神。目前，全市 25 个乡镇（办）都建立了由党委组织委员挂帅的关工委，各中小学校和有条件的村街（社区）也都建立了关工委组织，基层组织达到 780 个，乡镇（办）、村街（社区）关工委工作人员和五老达 1500 多人，关心下一代工作形成了层层有人抓、事事有人管、上中下三级负责的工作网络。

三、把握主题，扎实工作，卓有成效地开展关爱工作

坚持用中国特色社会主义共同理想教育引导青少年，大力进行爱国主义教育、理想信念教育、思想道德教育和革命传统教育，帮助青少年树立远大志向和正确的人生观，把个人理想融入努力学习、报效祖国的实际行动中，是青少年教育主题，也是关工委工作的长期任务。

（一）发挥五老和爱国主义教育基地的作用，深入开展爱国主义和革命传统教育

清明节，定州市关工委联合教育局等有关部门，组织全市 2000 多名师生代表在北疃举行爱国主义教育报告会，还与乡镇（办）联合分别在清风店战役纪念亭、永安公墓、马家寨烈士纪念亭、孟家庄烈士纪念碑举办了爱国主义教育报告会，使广大青少年受到一次革命传统教育。

（二）广泛开展送温暖、献爱心活动

六一儿童节到来之际，定州市关工委、教育局联合举办庆六一儿童节联欢会，与全市广大少年儿童一起庆祝节日。为新时代美德少年和特困儿童发放证书、慰问金 500 元和书包、文具等慰问品。教育少年儿童，从小热爱党、热爱祖国、尊敬师长、勤奋学习。积极参与贫困大学生救助活动，资助 77 名贫困大学生，保障了困难大学生顺利入学，被资助的贫困大学生胡小红激动地说："感谢党和政府，是党和政府的关怀使我圆了大学梦。"

（三）创新教育形式，增强教育效果

为了使教育青少年工作与时代同步，与青少年同心，定州市关工委不断探索新思路、新方法，为改变台上讲、台下听的形式，2001 年以来，定州市关工委结合定州实际，先后制作了《领袖在定州的足迹》《纪念清风店战役 53 周年》《纪念定县解放 53 周年》《抗日战争胜利 60 周年》图片展板，在全市中小学巡回展览 1000 多场次，6 万多人深受教育。同学们纷纷反映，图文并茂的宣讲内容、直观生动的宣讲形式，

让他们对这段"激情燃烧的岁月"有了更深刻的认识，一定珍惜来之不易的幸福生活，把革命精神代代传承下去。

2002年，定州市关工委组织拍摄了反映定州军民英勇战斗的电视片《血色黎明》。《血色黎明》制成后，首先组织市四大班子以及副县级以上领导干部观看，市委书记刘成激动地说："此片不仅是爱国主义教育的好教材，也是非常珍贵的革命历史资料。不仅要让全市的中小学生观看，还要让全市党员、干部观看。市关工委的老同志不仅为教育下一代，也为抢救挖掘定州的革命历史做了一件了不起的事。他们的精神值得全市人民学习。"

2003年，定州市关工委录制了保定市关工委副主任王鹿鸣讲的《立志成才，振兴中华》，定州市委宣传部长任振焦讲的《学会做人，学会生活，学会求知，学会创新》和王文进讲的《抗日战争中回民支队的战斗故事》等7场爱国主义教育和成才教育报告实况，刻录3000余张光盘，发给中小学校。7场报告从不同历史时期、不同角度对青少年进行教育，在全市各学校掀起了开展"四学"活动的高潮。为了搞好家长教育，定州市关工委与教育局配合，聘请北京《知心姐姐》杂志社的心理教育专家作报告8场，8000多名家长受到教育启发。许多家长听了一场后，接着听第二遍、第三遍，他们说："当家长教育孩子还有这么多学问，以后这样的报告，希望多组织一些。"

为纪念抗日战争胜利60周年，挖掘搜集发生在定州大地的可歌可泣的抗战史料，定州市关工委组织10多名老同志编写描述定州人民抗日斗争历史的故事集《定州风云》、抗日歌曲集《战歌在定州》，与民政局合编了《定州英烈碑文录》。编写组人员以抗战精神写抗战，冒着高温酷暑，以顽强的精神，在短短三个多月的时间内完成了三部书40万字的编写出版任务。三本书出版后，市委很重视，市委书记作了重要批示：市委、市政府"两办"下发通知，把此书作为全市开展保持共产党员先进性教育的学习材料，组织全市党员干部认真学习。关工委每本书印刷10500册，无偿发给全市各党支部、各中小学校和各关工委，使全市党员干部和20多万中小学生受到了教育。

2006年3月4日，胡锦涛总书记在看望出席全国政协十届四次会议的政协委员时，明确提出了要引导广大干部群众，特别是青少年树立社会主义荣辱观。定州市关工委与市委宣传部共同组织召开了树立社会主义荣辱观"百米长卷、万人签名"活动启动仪式。市委宣传部和关工委一起谋划，开展了树立社会主义荣辱观"进百村、入万户"宣传教育活动。活动期间，印刷宣传资料 2 万多份，市关工委几位老领导带领宣传车利用 10 余天的时间，到 25 个乡镇（办）、116 个村街（社区）进行大张旗鼓的宣传，真正使"八荣八耻"家喻户晓、深入人心，在全市上下形成了知荣辱、树新风、促和谐的良好氛围。

为了扩大对青少年思想道德教育的范围，定州市关工委与市青少年思想道德教育中心联合，聘请理论水平较高、写作宣讲能力强的教研员 15 名，编辑出版了青少年思想道德教育期刊《春雨》，目前已出版 20 期，每期印刷 2800 份，无偿发给各关工委、中小学校，为各关工委、中小学校提供教材，变一人讲为多人讲，扩大了教育面。

为了纪念定州解放 60 周年，进一步抢救历史资料，编写了珍贵的爱国主义教育读物《定州丰碑》。书中内容从抗日战争、解放战争到社会主义建设、改革开放几个历史阶段，共选编历史镜头 199 个、战斗英雄人物及史料 26 个，以图文并茂的形式反映定州人民 70 年来的奋斗史。《定州丰碑》出版后，在社会上引起了很大反响，认为《定州丰碑》不仅是一部很好的教育资料，同时也是一部珍贵的史料，很具收藏价值。春节将至，市委在保定、石家庄、北京召开联谊会，将《定州丰碑》一书赠给参加联谊会的领导和同志们，大家对这部书评价很高。

在举国欢腾，热烈庆祝中华人民共和国成立 70 周年之际，定州市关工委编著反映定州人民解放战争历史的纪实性文学作品《血色黎明——定州解放战争纪实》。这是一部记述定州人民在中国共产党的领导下，积极投身于反抗帝国主义、封建主义、官僚资本主义，推翻蒋家王朝黑暗统治的正义战争的颂歌。书中记述了日本投降后，在美帝国主义的支持下，蒋介石发动全面内战。南逃 8 年的国民党军政人员返回定县。他们纠集反动武装，收编汉奸特务，进攻解放区，烧杀抢掠，制造惨案，屠杀我党政干部和革命群众。我党政军民奋起反击，保卫抗战胜利果实，保卫家乡。在长达四年的解放战争中，成千上万的定州英雄儿女奔赴前线。他们参军参战，生产自救，扩军支前，救助伤员。从村落自卫战到主动袭击县城，从解放定县城到清风店战役，为争取人民解放，追求自由幸福生活，定县人民与国民党反动派进行了艰苦卓绝的斗争，有 8000 热血青年和革命群众为国捐躯。其可歌可泣的惊世壮举，叱咤风云的英雄豪杰，永彪青史。《血色黎明——定州解放战争纪实》

站在历史的高度，用饱含深情的语言，配以 200 幅图片资料，再现了这段光辉历史。

　　做好关心下一代工作，功在当代，利在千秋。定州市关工委决心在党的十九大精神的指引下，高举习近平新时代中国特色社会主义伟大旗帜，在市委、市政府的正确领导下，振奋精神，开拓进取，扎实工作，努力把关心下一代工作提高到新水平。

规范管理 注重实效
扎实开展关心下一代工作

辛集市教育局关工委

青少年是祖国的未来和希望。做好新形势下的关心下一代工作，是全面贯彻党的十九大精神，认真落实习近平新时代中国特色社会主义思想的实际行动，是中华民族的前途和希望所在。近年来，辛集市教育局关工委密切配合主渠道，努力做到内容不断拓展，范围不断延伸，质量不断提高，使关工委工作不断制度化、科学化、规范化。

一、规范管理，扎实开展家长学校工作

辛集市教育局关工委认真落实习近平总书记"注重家庭、注重家教、注重家风"的指示精神，积极探索新形势下搞好家庭教育的方法和途径，努力做到内容不断拓展，范围不断延伸，质量不断提高。

1. 组织建设奠基础。辛集市初中、小学、幼儿园共有222所，其中小学75所、初中26所、教学点99个、幼儿园22所。全市各中小学、幼儿园均建立健全了家长学校组织，完善了家长委员会制度。由校长担任家长委员会主任，负责家长学校全面工作；关工委负责人员担任副主任，负责日常工作；班主任为骨干，做好组织宣传工作；吸收部分有代表性的优秀家长为成员，为学校、家庭、社会三方面的教育形成合力搭建平台。每学期利用期中、期末考试后各学校开家长会的时机，各家长学校分年级普遍开展家长学校授课活动。

2. 完善制度是关键。为全面贯彻习近平总书记关于家庭教育、家风建设的系列讲话，在学校营造校风好、教风正、学风浓、班风勤的良好氛围，在全市开展了"好家教、好家风、好家训、好家规、好家书"的"五家"建设活动。教育局专门出台了《辛集市教育系统"五家"建设活动实施方案》。按照"五家"建设活动要求，教育局关工委重新

修订了《关于进一步加强中小学、幼儿园家长学校工作的指导意见》，并对部分重点学校进行了指导，按照教学计划，使"十有"和"五落实"落到实处，各项工作严格按制度规范管理，为切实做好家长学校工作奠定了基础。

3. 检查督导做保障。每学期的期中、期末考试后，教育局关工委深入课堂，对 15 个学区中心校和 5 所直属学校家长学校开展情况进行检查指导，对教学计划、教案、课堂效果等内容进行深入研究，着力形成案例导入、分析原因、孩子情况、建议指导、巩固作业五环节模式，使家长真正学到科学的方法，不断提高家教水平，使家长学校成为家校联系的平台。随后，专门召开总结汇报会。大部分学校对家长学校的认识水平均有了很大提高，老师备课认真并制作了课件，充分体现了五环节教学法的优势。

4. 拓展领域重实效。河北省家长学校推出"阅家长"手机微信平台后，积极组织实施，为家长和老师搭建互动平台。目前辛集市有 91 名家长学校骨干教师注册，利用业余时间参加公益家庭教育服务指导工作，其中 36 人表现突出。为广大家长提供专业咨询，不但惠及上万个家庭，得到了众多家长的一致好评，而且在实践中大大提升了家庭教育实战水平。同时，这些骨干教师纷纷发挥特长，撰写家庭教育文章，分享教育孩子的经验，通过"阅家长"新媒体平台，与更多的家长进行经验交流和业务指导，满足家长的多元化需求。

通过在"阅家长"平台的服务和锻炼，一批业务能力强又热心家教工作的指导教师脱颖而出，如田家庄乡八里庄学校的耿荣芝、天宫营学区中心幼儿园的李玉芳等。其中部分老师已成为辛集市家庭教育讲师团成员，使家长学校工作的范围不断延深、影响逐步扩大、作用更重实效。

二、精心谋划，积极开展形式多样的家教活动

近年来，辛集市教育局关工委着力解决家长学校只是开家长会的问题，在巩固家长学校"五环节"授课模式基础上，探索家长学校内涵发展之路，开展灵活多样、卓有成效的家教活动，得到了上级的充分肯定，被省关工委、省文明办评为"全省关工委工作先进集体"。一是精心制作优质课件。在河北省教育厅组织的中小学"家长学校优质课评选"活动中，各家长学校教师踊跃参与，认真备课并精心制作课件；

各基层关工委认真筛选，严格把关，共推选报送了 537 节优质课。后营学校的周少伟、清河湾学校的吕想荣获一等奖，辛集镇六小的冯葆华、范家庄学校的李媛等 5 名教师荣获二等奖，辛集镇六小的杨文娟、位伯学校的孙艳、南智邱学校的王丽娟等 18 名教师荣获三等奖，为辛集市家长学校工作赢得了荣誉。二是开办"卓越父母大讲堂"。面向广大家长普及正确的家教知识，传授家教方法，传播优秀家规、家训，弘扬良好家风。要求各学校将每月最后一周周五下午定为"卓越父母大讲堂"专题活动时间。全市各学校共进行家庭教育讲座 186 场，1.6 万余名家长走进大讲堂。组建辛集市家庭教育讲师团，选聘 56 名优秀教师及家长代表为首批家庭教育讲师团成员，开展了"百场家庭教育进校园"活动，到各学校进行讲座指导，为全市家庭教育提供培训、指导服务，收到了良好的效果。三是开展"优秀家文化经典诵读"活动。在全市中小学中开展"优秀家文化经典诵读"活动，通过中华优秀传统文化的经典去引领、润泽广大学生与家长，进而为构建好家风奠定文化基础。利用晨读、大课间、课余时间，集中诵读和亲子共读相结合，确保每周诵读总时间不少于一个课时。教育局分学段推荐了诵读篇目，在天天诵读、耳濡目染中培育好家风，传承好家风。四是开展"家规、家训大征集大搜索"活动。面向全市中小学生家庭开展家规家训大征集活动，通过搜索与征集活动，让广大家庭发现家庭中的不良习惯，创建符合自己家庭传承的好家规、好家训，鼓励引导家庭提炼制定自己家庭的好家规、好家训并以此为标准指导、规范自己的言行，创建辛集"好家规、好家训"。同时，开展"家规家训践行"专项评比活动。充分发挥孩子对成人的监督作用，促进成年人对孩子的示范引领作用，开展"小手拉大手，共建好家规"活动，通过亲子互动，构建和谐幸福家庭。五是开展"亲情家书传真情"活动。在中小学中开展了"亲情家书传真情"活动，要求每位学生给父母写一封"感恩家书"，表达对父母感恩之心；父母给自己孩子写一封"赏识家书"，总结孩子一个学期的优异表现，找寻孩子优点，鼓励孩子快乐成长。共有 1.2 万余名学生和 8000 余名家长参与了这项活动，选拔出 400 封学生家书和 200 封家长家书参加了市级评选。下一步，教育局将联合《辛集时讯》，开辟"优秀家书选登"专刊，对获奖家书进行展示。六是开展"小手拉大手，共建美好家园"主题实践活动。在植树节，组织举办"小手拉大手，共建美好家园"主题实践活动暨义务植树活动启动仪式，大力倡导小手拉大手、文明齐步走，"教育一个学生，影响一个家庭，带动全社会"，共同创造"天蓝地绿、气爽水清"的生产生活环境，共建繁荣幸福美好新家园。

三、注重实效，积极开展系列主题教育活动

坚持以中小学校为主阵地，把思想道德、理想信念、爱国主义、社会主义核心价值观和法制宣传作为主题，积极开展形式多样、内容丰富多彩的主题教育活动。

一是积极开展"传承红色基因，争做时代新人"主题教育活动。中国关工委提出在全国关工委系统开展"传承红色基因，争做时代新人"主题教育活动后，辛集市教育局关工委积极响应，在全市青少年学生中开展了"五个一"活动，即聆听一次五老宣讲，阅读一本党史、国史书籍，参观一个革命遗迹，撰写一篇学习体会，参加一次志愿服务，通过报告会、故事会、图片展、祭扫烈士墓、征文、诵读等多种形式，培养广大青少年爱家乡、爱祖国的深厚感情。2018 年 5 月，在南智丘镇朗口学校举办"传承红色基因，争做时代新人"主题教育讲座，聘请 76 岁高龄的辛集市关工委传统教育处处长卢秀琴给孩子们作了一场《发扬艰苦奋斗的光荣传统，立志争做四有新人》的报告，230 多名学生受到启发教育。10 月，在和睦井乡红旗营学校举办"传承红色基因，争做时代新人"主题教育报告会，邀请辛集市关工委主任陈兰章以抗战时期红旗营村陈白等革命先烈的英雄事迹对孩子们进行了革命教育，162 名师生和红旗营村"两委"班子成员聆听了报告会。通过不断开展红色传统教育，进一步坚定了青少年听党话、跟党走的信念。

二是持续开展"五好小公民"主题教育活动。辛集市教育局关工委在全市中小学生中开展了以"红旗飘飘，引我成长"为主题的"五好小公民"教育活动，通过自上而下的全局活动设计，和自下而上由班级到学校再到学区中心校的多层实践活动，引导学生学党史、知党情、感党恩、听党话、跟党走，培养德智体美全面发展的中国特色社会主义事业的合格建设者和可靠接班人。同学们结合亲身感受撰写了文章。经过层层筛选，辛集市教育局关工委评出了市级小学、初中、高中共 165 篇优秀作品，部分优秀作品上报河北省教育厅参加了评选活动。辛集镇育红中学教师赵玲芳指导的文章《前方，红旗飘扬》荣获教育部关工委特等奖，3 篇文章获得一等奖，5 篇文章获得二等奖，1 篇文

章获得三等奖；辛集市教育局被教育部关工委评为先进集体，辛集镇第二小学被评为示范学校。同时，辛集镇第六小学的张涵柚同学于2018年7月参加了河北省"五好小公民"演讲比赛，荣获全省演讲总决赛小学组二等奖。在学雷锋纪念日，各学校普遍开展了学雷锋做好事活动。利用图书室、网络搜集雷锋故事、歌曲、电影等资料，以主题班会、演讲、故事会、歌咏比赛等不同形式学习传唱雷锋歌曲，使学生自觉学习并发扬雷锋精神，真正做到"学习雷锋，崇德向善，奉献他人，提升自己"。信德中学组织全校学生观看了电影《雷锋》，举办了"弘扬雷锋精神，争做文明少年"专题升旗仪式，向全校师生倡议从身边小事做起，做新时代的"雷锋"。"五一"期间，组织开展"小手拉大手"环保实践活动，每名小学生和家长到公共场所分拣垃圾，参与环保行动。

三是积极开展普法宣传教育活动。在学校中普遍开展"法制春风进校园"和"开学第一课"活动，通过法制报告会、法制讲座、法制主题班会、宣传牌展示等形式，重点对《预防未成年人犯罪法》《未成年人保护法》以及交通法规、校园安全等法制专题宣传。在清河湾小学举办了"护航青春，普法先行"法制进校园讲座，关工委法制教育处处长李春湘围绕舆论广泛关注的校园暴力、校园欺凌等问题展开宣讲。辛集市关工委法制教育处副处长韩俊斌和同学们一起学习了《中华人民共和国英雄烈士保护法》，300多名师生聆听了法制知识讲座。马庄小学全面开展宪法学习教育活动，利用微机课集中学习观看普法教育视频，积极参与争做"宪法小卫士"火炬传递。大李庄小学开展了"宪法在心中，安全伴我行"主题演讲，每周对学习宪法、安全情况进行总结并颁发流动红旗，教育学生们从现在做起，从小事做起，成为知法、懂法、守法的好公民。

围绕中心　服务大局
努力推动关心下一代工作创新发展

华北油田华美综合服务处关工委

华北油田华美综合服务处是一个集人、财、物于一体的综合性管理服务单位，近年来，随着油田改革的不断深化，人员机构发生了很大的变化。目前，所辖区域内共有居民 178292 人，分别住在河间、任丘的 36 个居民小区内；辖区内有 14 所中学、6 所小学、21 所幼儿园，共有中小学生约 15035 人、幼儿 3100 人。华美综合服务处关工委下设 17 个基层关工委，有关工委成员 310 人。

几年来，华美综合服务处关工委在处党委的领导下，以习近平新时代中国特色社会主义思想为指导，坚持服务青少年的正确方向，坚持"急党政所急，想青少年所需，尽关工委所能"的工作方针和"围绕中心、服务大局、积极配合、主动作为"的工作定位，以社区为依托，依靠五老队伍，着力加强青少年思想道德建设，引导青少年树立和践行社会主义核心价值观，为促进青少年健康成长和美丽和谐社区建设作出了积极贡献。

一、开展社会主义核心价值观教育活动

近年来，华美综合服务处关工委紧紧围绕大社区建设和精神文明矿区创建这个主题，依据青少年的成长规律和身心健康特点，充分发挥五老的政治、经验、威望优势，面向青少年和儿童进行了形式多样的社会主义核心价值观的宣传教育和实践活动。

1. 从礼仪教育起步，让儿童争当文明使者。"少成若天性，习惯如自然。"礼仪教育是幼儿园思想品德教育的重要内容，为了推进、创新和提高幼儿的文明礼仪素养，帮助孩子从小养成良好的行为习惯、生活习惯，华美综合服务处关工委在辖区内 21 所幼儿园中，陆续开展了

"文明礼仪伴我行""我与文明手拉手""小绅士、小淑女""文明家长""文明教师"等系列主题教育活动。尤其是东风社区关工委组织的"老少携手，走进春天"活动，供应社区关工委开展的"小手拉大手"重阳感恩联谊活动，通过生活礼仪、交往礼仪、行为礼仪的教育实践，使幼儿成为文明礼仪行动的"小天使"，得到了幼儿家长的一致好评。

2. 传播革命历史，激发爱国热情。2018年是建党97周年和改革开放40周年，华美综合服务处关工委以此为切入点，开展了多种形式的爱国主义教育活动。一是在社区中开展了"学党史、学国史、听党话、跟党走""我心中的共产党红色夏令营""传承红色基因，争做时代新人"等主题教育系列活动，组织各中小学学生参加传承红色基因征文活动，共征集文章415篇，引导青少年树立起听党话、跟党走的坚定信念，报效祖国的远大理想抱负，服务奉献社会的思想情怀。二是宣讲红色经典故事。几年来，与辖区中小学联合，邀请了具有多年党龄的五老人员，作了《牢记历史，勿忘国耻》《重温长征故事，学习和效仿长征革命精神》的爱国主义教育报告会百余场。关工委委员李海生祖籍山西省左权县，他的家族有30多名族亲参加了八路军、解放军和志愿军，10多位族亲牺牲在抗日战争、解放战争和抗美援朝战场上。他结合家史，向青少年讲述了近20场家族抗敌的故事，使听课师生深受教育。全国离退休干部先进个人、全国关心下一代先进工作者陈汉宝，撰写了10多万字的传承教育文章，先后在集团公司机关、大专院校、中小学校、社区内作传统教育报告40多场次。全国离退休干部先进个人、现年88岁的离休干部肖银海，参加过解放战争、抗美援朝战争。他带着自己获得的十几枚军功章，在油田单位、社区、学校作了百余场革命传统报告，使青工和少年受到深刻的爱国主义教育。这些老同志们根据当代青少年的生理、心理特点，从中精选出红军长征和抗日战争中的故事，用真实的事例、鲜活的人物、翔实的数据讲述了那段历史，让学生深深体会到革命胜利的艰辛和今天美好生活的来之不易，启迪他们要珍惜现在的生活。据统计，受教育学生达万余人次。三是与有关部门协调配合，在社区、学校开展了抗战题材电影巡播活动，先后在油建、东风、供应等学校为师生放映了《闪闪的红星》《厉害了我的国》《地道战》《小兵张嘎》等一批新老题材的优秀爱国主义影片10多场次，使社区青少年受到了深刻的爱国主义教育。四是祭拜革命先烈活动。在开展传承红色基因活动中，清明节，各中小学校自发地进行了祭拜烈士的扫墓活动。采一社区关工委带领 45 名小学生在烈士陵园举行继承红色基因宣誓仪式；水电关工委组织 30 名师生向烈士墓献花，瞻仰先烈图片，并撰写继承先烈遗志、做社会主义革命事业的建设者和可靠的接班人、为实现中国梦而奋斗的决心书。

3. 树立法治观念，提高防范能力。保护未成年人健康成长，已逐步成为全社会的共识。华美综合服务处关工委以社会主义法制建设为主题，结合中国梦和青少年个人理想目标的实现等内容，积极开展法制教育活动，提高青少年的法律意识。一是联合辖区派出所举办以"加强中学生法制教育，提高遵纪守法自觉性"为主题的报告会，根据当代中学生的特点，结合发生在他们身边的案例，从未成年人法定责任年龄的认定和法律保护、未成年人违法犯罪的原因与预防、未成年人网络犯罪的现实表现、中学生应遵守的法律法规四个方面进行了细致生动的讲解。通过对青少年犯罪案例的剖析，使青少年及家长们了解法律常识，切实形成社区教育、家长管理、青少年自控相辅相成的良好局面。近几年，开展法制讲座上百场。二是有效利用辖区"安全体验馆"分期分批组织近 3000 余名中小学学生和幼儿园幼儿及教师到体验馆进行学习和体验，用身临其境的感受，把安全理念和安全意识植入广大青少年的日常生活之中。三是对学生开展"快乐过暑假，安全谨记心"为主题的假期安全教育宣传互动活动，通过典型事例向学生宣传安全的重要性，通过"三防教育"警示学生珍爱生命，提高自我防范意识，增强自我保护能力。四是关心弱势群体，抓好青少年教育阵地建设。华美各片区关工委注重做好困难家庭青年（待业）、学生的帮扶工作。通过调查研究，掌握社会青年和在校学生家庭动态，针对辖区单亲家庭中的青少年，成立了帮教小组，由社区书记带领志愿者对他们进行帮助教育，定期走访，讲解各类知识，帮助他们树立正确的人生观。通过对单亲家庭青少年的不断帮助，使得他们都能够做到加强自身学习，主动与社区沟通，不断进步，不断提高。五是加强网吧督查，实现青少年零犯罪、零受害。每年的暑期和周末，各片区关工委 200 余名网吧督查员积极配合片区派出所做好网吧义务监督工作，让迷恋网吧的未成年人自觉远离网吧，为青少年的身心健康提供良好的学习、生活环境。

二、弘扬社会公德、家庭美德，培育时代新人

几年来，华美综合服务处关工委把弘扬社会公德、家庭美德，培育

时代新人放在一个比较突出的位置来抓，采取多种方式开展各项活动，收到比较好的效果。

1. 以公德美德教育引领青少年爱老敬老。爱老、敬老是我们中华民族的传统美德，华美综合服务处关工委组织中小学生定期对社区中的空巢老人、社区日间照料中心的老人进行看望及慰问，为老人们带去节日的欢乐。春节前夕，开展"迎新春、送春联"活动。孩子们带着散发着墨香和书法家情意的春联走入空巢、高龄和困难孤寡老人家中，使老人们感受到了社区大家庭的温暖。采一小学家长学校组织学生家长座谈会，校长讲授家庭、家教、家风的必然联系和重要性，讲述家长的以身作则和言传身教对孩子发展方向的影响，使家长们深受感动。这些活动教育青少年"尊老、敬老、爱老、助老"，传承中华民族的传统美德。

2. 以公益活动树立青少年的志愿服务精神。华美综合服务处关工委成员和社区志愿者一起，配合大社区建设、社区精神文明创建等活动，联合中小学开展"争当环保小卫士""节约集约利用资源，倡导绿色简约生活""爱绿护绿""世界地球日""拒绝烟花，共抗雾霾"等活动，并在行动中倡议签名，净化社区环境，美化孩子的心灵。油建小学的老师、同学们自编的《古诗新唱》曾多次在各小区的消夏晚会等活动中进行表演。在孩子们的带动和影响下，更多的家长逐渐加入到社区公益活动中来。通过活动的开展，不仅增强了学生们的文明意识、卫生意识、环境意识、家园意识，还培养了青少年关心公益事业的热情和参加公益劳动的主动性、自觉性。

3. 以多样的暑期活动丰富青少年课余生活。为丰富青少年的暑期生活，华美综合服务处关工委督导各个社区依据自己的特点，选派懂书法、绘画、乒乓球、足球、象棋、围棋、各种乐器、舞蹈等的老同志担任教师，为孩子们举办各类学习辅导班。近几年，局机关社区、采一社区等10个社区关工委分别举办了暑期青少年书法培训班，社区上百名青少年接受了书法培训；物探社区关工委组织青少年开展了"走进标本室，认识大自然"参观活动，老教师王淑慧为孩子们讲解了植物生长的规律和特性，以及昆虫对植物的伤害和防治方法，激发了孩子们学习自然科学的浓厚兴趣；原华盛一社区关工委举办了暑期拉丁舞培训班，供应社区关工委、河间一社区关工委分别举办了青少年乒乓球暑期培训班，500多名青少年参加了培训活动；井下社区关工委举办了暑期老少围棋比赛；组织关工委老同志、中小学生参观任丘博物馆、文化馆，感受任丘六千年的历史变迁和深厚的文化底蕴。近几年，各社区关工委共举办各类培训班 200 多场次，参加活动青少年上万人次。

三、加强组织建设，切实做好关心下一代工作

党的十九大报告提出："以党的基层组织建设带动其他各类组织建设。"党建带关工委建设是关工委在新形势下持续发展的重要保证。华美综合服务处党委在加强关工委组织建设中，首先把关工委工作纳入党政大局谋划，纳入党政工作运行轨道，融入党政日常管理。在班子建设上，实行关工委工作以党政为主导、以老同志为主体的领导体制；在组织建设上，做到党组织建到哪里，关工委组织延伸到哪里；在队伍建设上，以党员队伍建设带动五老队伍建设；在阵地建设上，以党员活动阵地建设带动老少两代人活动阵地建设；在人员配备、场所设备、工作经费、开展活动等方面予以保障，认真解决关工委工作中遇到的困难和问题，为关心下一代工作顺利开展创造了优越条件，为搞好关心下一代工作奠定了坚实的组织保障和物质基础。其次，加强自身建设，提高业务工作水平。华美综合服务处关工委把建设学习型、服务型、创新型关工委作为加强自身建设的重要目标，切实加强自身建设，不断转变工作作风，在创新发展上下气力。一是找准位置。华美综合服务处关工委在融入党政日常管理的同时，坚持"急党政所急、想青少年所需、尽关工委所能"的工作方针和"围绕中心、服务大局、积极配合、主动作为"的工作定位，工作中注重把握尺度，做到工作到位不越位，配合不抢先，帮忙不添乱。二是学以致用。建立完善集中学习、骨干培训、专题研讨等制度，不断把学习成果转化为自身的领导能力、组织能力、业务工作能力。三是新老接替。根据单位重组改革的现状，及时对处关工委机构进行了调整，配强了工作班子，注意发现、培养、吸收以五老为主体的关心下一代工作骨干人员，对社区中的五老队伍进行调查摸底，把五老范围延伸到老先进、老标兵等，将德高望重、有热心、有爱心的老同志充实到了工作队伍之中，共吸收 394 名老同志作为五老成员，缓解了五老队伍青黄不接的情况，建设了一支强有力的关工委工作队伍。

几年来，华美综合服务处关工委在处党委的领导下，在机构重组和改革的重大变化中，迎难而上，克服困难，带领和团结广大五老同志，开拓进取，无私奉献，推动了关心下一代工作的健康开展，受到各界好评和各级领导的肯定。

群雁高飞头雁领

河北省教育厅关工委

近几年来，河北省教育厅关工委切实发挥头雁作用，积极指导、组织、协调、服务于全省教育系统关心下一代工作，推动了全省教育系统关心下一代工作的发展。

一、坚持不懈地开展践行社会主义核心价值体系教育活动

1. 开展丰富多彩的社会主义核心价值体系教育活动。近 5 年来，全省教育系统各级关工委和各类学校关工委始终以当年开展的重大活动和重要节日为契机，组织开展系列教育活动，不断提升教育效果。比如，纪念改革开放、庆祝新中国成立、纪念五四运动和中国共产党成立等。通过报告会、座谈会、专题讲座、演讲比赛、书画展览、文艺演出、红歌会等多种形式，对广大青少年进行爱国主义、中国特色社会主义教育活动。据不完全统计，全省教育系统各级关工委有 27655 位老同志为学生作报告 65130 场，受教育人数 2340 万人。报告内容涉及方方面面，但都突出了用中国特色社会主义理论体系、用新中国成立以来的光辉历程、成功经验和伟大成就教育青少年学生。

2. 广泛开展"五好小公民"和"中华魂"主题教育活动。每年秋季开学或年初，河北省教育厅关工委都按照中国关工委和教育部关工委的安排部署下发文件。各市教育局和高校关工委都把这项工作作为全年重点工作来抓。一是广泛动员，参加人数逐年增加。据各市、高校关工委统计，有 10 个市和 16 所省属高校参加了这两项活动。5 年来全省参加这两项活动的学生达 1778.2 万名，参加指导的教师 63605 人。二是注重教育效果。各市和各高校关工委在广泛发动的基础上在教育效果上下功夫。在老同志的指导下，通过开展读书心得交流、诗歌朗诵、讲演会、征文比赛、研讨会、文艺演出等活动，增强教育效果。特别是充分发挥征文的教

育效果，5 年来，全省共收到征文 592. 35 万篇，不仅数量大幅度增加，质量也有明显提高。三是充分发挥典型引路的作用。每年年底前，教育厅关工委都组织各市教育局和各高校关工委评选当年的优秀组织奖、优秀指导教师奖和优秀征文，并进行表彰奖励。

3. 开拓新领域。在社会主义核心价值观教育中，除坚持办好办实传统教育活动外，还不断开拓新领域，配合主渠道把社会主义核心价值观教育落细、落小、落实。一是积极开展低碳教育进校园活动。按照教育部关工委的安排，确定邯郸、邢台、石家庄、保定、唐山 5 个市的 20 所中小学作为试点校，开展"勤俭节约伴我行"读书实践活动，让青少年通过低碳行动，在日常点滴生活中学会勤俭节约。2014 年有 12 所试点校被评为"节约伴我行"先进集体，4178 名学生被评为先进个人。二是创办河北省未成年人思想道德教育专题网页。为充分利用现代媒体对未成年人进行思想道德教育，在省文明办、省联通公司的大力支持下，省教育厅关工委依托河北远程教育网，创办了"未成年人思想道德教育专题网页"，于 2014 年 12 月 26 日上线，通过视频、图片等多种形式，为学校和学生提供丰富多彩、喜闻乐见的爱国主义、优秀传统文化、中华传统美德教育等方面的教学资源。开展了首届"明星少年"评选活动，各市教育局关工委共推荐 154 名，通过评选，有 67 名被评为"明星少年"，同时将先进事迹在网上公布，并举行"明星少年"事迹报告会，发挥示范引领作用。

二、做好品牌工作，不断拓展渠道

全省教育系统各级关工委在坚持育人为本、德育为先、加强对青少年思想道德建设的同时，还积极协助主渠道推进素质教育，不断拓展关工委工作渠道。

1. 协助有关部门，做好在高校聘请离退休老同志担任特邀党建组织员的工作。近 5 年来，河北省一些高校和部分高中关工委，在组织离退休党员参与学校党建工作中做出了一定成绩。特别是 2010 年 6 月，教育部下发了《关于在高等学校聘请离退休老同志担任特邀党建组织员的意见》（教思厅［2010］2 号），教育厅关工委接到文件后，与厅主管处室组干处共同研究制定了《中共河北省委教育工委关于转发教育部办公厅关于在高等学校聘请离退休老同志担任特邀党建组织员的意见的通知》，各高校关工委接到通知后，对此项工作十分重视，积极主动与学校组织部门联系，制定具体实施意见，推荐合适人选。据统计，到 2015 年底，全省 31 所省属高校已有 28 所建立了特邀党建组织员制度，共聘请特邀党建组织员 251 名。一些市属高校也建立了特邀党建组织员制度，共聘请特邀党建组织员 300 余名。

2. 大力推进"青蓝工程"，积极参与教师培训和教学督导。特别是 2010 年 6 月，教育部关工委在辽宁召开了"青蓝工程"现场会后，教育厅关工委向厅领导和主管处室师教处汇报了会议精神，并与师教处共同研究制定了《关于在全省教师培训中实施"青蓝工程"的通知》（冀教师〔2010〕36 号）。通知下发后，各地和高校十分重视，积极参与对青年教师的培训工作。邯郸市各级教育关工委积极配合全市开展的"强力提师能，创建新课堂"活动，发挥老教育工作者、老教师的传帮带作用。唐山市各级教育关工委在校长和新教师培训、青年教师培养工作中，依靠老教师，普遍开展了"青蓝工程"。河北师范大学建立了校、院两级督导员制度，老教师为青年教师讲课，与青年教师"拜师结对"，青年教师的课堂教学质量普遍提高。各高校把实施"青蓝工程"和教学督导密切结合，一些高校和市县出台了督导条例、督导工作办法。担任督导员的老同志坚持听课、评课、岗前培训、考场巡视、教育评估、参与教学改革、担当教学活动评委等，深受师生欢迎。就省属高校统计，5 年来参加这项活动的老教授、老专家达 2115 人，听课达 85595 节次，辅导青年教师 21245 人。

3. 积极参与校园文化建设和心理咨询工作。各市县教育局和各高校关工委还结合当地和本校特色积极参与校园文化建设。邯郸市教育系统各级关工委密切结合邯郸"成语之乡"的特点，积极在中小学中建设邯郸成语文化，使学生了解家乡历史，激发热爱家乡的热情。秦皇岛市昌黎县教育局关工委会同有关股室，结合当地"诗词之乡"的特色，组织全县学校建立了诗社、文学小组 55 个，为该县"诗词之乡"的创建活动奠定了坚实的基础。一些高校也结合本校特点积极参与校园文化建设，如，带有本校特色的河北农业大学的"太行山道路"、河北师范大学的"邓颖超精神研究会"、石家庄铁道大学的"老战士文化"、石家庄经济学院的"地学文化"等校园文化，既弘扬了学校的办学精神，又对学生进行了热爱所学专业教育。在对学生进行文化熏陶的同时，各学校还注意学生的心理健康。石家庄在全市 24 个县（市、区）都建立了未成年人三级心理维护体系，把心理文化引入校园文化之中。城市

90%的学校、农村70%的学校开展了心理健康教育。这项工作受到中国关工委主任顾秀莲的高度评价，认为"走在了全国前列"。石家庄铁道大学关工委坚持每天派人值班接受个体心理咨询，有7位老同志参与值班，帮助学生答疑、解惑、排郁闷，梳理、治愈个别学生的心绪和疾病，赢得了学生的爱戴和赞扬。据不完全统计，到2015年底，全省31所省属高校已有22所开展了心理咨询活动，全年接待咨询学生9522人次。

4. 关爱农村留守儿童和困难群体，帮助毕业生就业，为中小学生做好事、办实事、解难事。各市、县教育系统关工委关注青少年中的困难群体、特殊群体的助学、帮教工作。特别是注重对农民工子女、农村留守儿童、残疾儿童的关爱帮助，发动和组织老同志为他们办好事、做实事，使他们享受到公平教育，健康成长。在省教育厅关工委联系协调下，2013年、2014年和2015年北京市教育系统关工委向承德市和张家口市捐赠军训服装30600套、电脑130台及课桌椅等教学用品，分发到部分学校，用于改善办学条件和资助贫困生。2014年中国下一代教育基金会向平山县4所小学留守儿童捐赠电脑80台。邯郸市峰峰矿区建立起区、镇、村三级未成年人思想道德建设工作领导小组和留守儿童关护委员会。学校发挥关爱教育农村留守儿童主阵地作用。廊坊市教育局关工委与基教科承担了救助孤残儿童的任务，为全市366个孤儿建立了档案，有200名孤儿得到集中救助，入住市、县"爱心家园"，并分别在附近学校就读。张家口市蔚县教育局关工委配合有关部门采取多种形式救助贫困生。为便于救助，他们建立起贫困生数据库。保定市易县关工委和教育局关工委，联合成立了大中专、高初中毕业生就业培训指导中心。培训中心根据每个学生的文化基础、兴趣爱好、家庭经济状况进行分类指导，帮助他们考察、选择职业技术学校，并和学校联系办理入学手续，使未能升学的初、高中学生，在中心指导下选择了自己中意的职业技术学校，接受培训，有的现已毕业，顺利就业，受到家长和学生的欢迎。

三、以家长学校为抓手，推进学校、家庭、社区教育"三结合"

1. 建立组织。各级教育行政部门成立中小学家长学校工作指导小组。为加强对家长学校的领导，河北省教育厅下发了《河北省教育厅关于成立家长学校工作指导小组的决定》。省教育厅率先成立，指导小组办公室设在厅关工委，负责家长学校的日常工作。全省11个设区市教育局、省直管县教育局和绝大多数县（市、区）教育部门也成立了家长学校工作指导小组。一些市、县还组织一批富有家教知识经验的老同志和专家建立了家庭教育讲师团，到各校巡回示范讲课，进行教学指导、开展教学研究、培训家教师资等。

2. 制发文件。为指导家长学校的教学工作，加强家长学校的规范化管理，教育厅关工委配合厅主管处室起草了《河北省中小学家长学校教学工作指导意见》和《河北省中小学示范性家长学校评估方案》，并以河北省教育厅文件下发各市教育局。《河北省中小学家长学校教学工作指导意见》对教学工作提出了一些基本要求，并附有指导性教学计划，要求各学校结合本校实际制定切实可行的教学计划和工作制度，促使其向规范化方向发展。《河北省中小学示范性家长学校评估方案》对加强家长学校规范化管理起到了促进作用，到2015年底，全省家长学校办学率已达到85%左右。

3. 编写教材。受教育厅领导委托，厅关工委组织长期在家长学校一线工作的老同志和省内知名家教专家，编写了《小学生家长读本》和《初中生家长读本》，由河北少年儿童出版社出版。这套教材适应了家长学校向规范化前进的需要，为加强家长学校的教学工作提供了条件。在此基础上，厅关工委又和省关工委组织编写了《家庭教育手册》，由河北人民出版社出版，已于2009年在全省试用。还联合创办了《家庭教育周报》和《河北家长学校》期刊，作为家长学校的辅助教材，供家长学习参考。

4. 采取多种形式，开展教学和实验课题研究工作。除课堂教学外，各地还采取专家讲座、送教下乡、讲师团讲课、家长开放日、网上宣讲辅导、电视家长学校等多种教学形式。省关工委和省教育厅关工委联合开办了广播家长学校、电视家长学校和网络家长学校。各地还积极开展课题研究工作。一是积极参与教育部关工委《新时期中小学家庭教育立德树人的综合研究》课题。全省共申报子课题100多项，经批准有105个子课题立项。二是积极参与省课题研究工作。省关工委和省教育厅关工委联合印发了河北省家长学校教育教学研究课题，各地积极组织申报，共申报实验课题364个，批复立项342个，70个重点课题全部结题，204个一般课题结题。

5. 创建示范性家长学校。按照《河北省中小学示范性家长学校评估方案》的标准，各地开展了创建示范性家长学校活动。在各市评选的基础上，全省通过评估验收，共命名了287所省级示范家长学校。

6. 开展培训、研讨和经验交流。为了培养一支家长学校工作的骨干队伍，不断提高他们的素质，以适应提高家教水平的需要，教育厅关工委与省关工委连续5年举办了5期家庭教育骨干培训班。参加培训的为各市、县家长学校指导小组成员和中小学家长学校工作领导成员，5期共培训1000余人。厅关工委还编印了《家庭教育文件资料汇编》，发全省11个设区市和173个县（市、区）教育局关工委。

7. 以"四点钟课堂"为突破口，积极探索社区教育新模式。邯郸市邯山区教育局关工委协同区关工委和社区，组织离退休老同志，开办"四点钟课堂"，专门负责每天下午四点放学后家长下班前这一时段孩子的教育和管理，深受广大家长的欢迎。"四点钟课堂"不仅在邯郸得到广泛推行，在全省也得到了全面推广，并得到了中国关工委的肯定和赞扬。

四、不断加强关工委自身建设，为全省教育系统关心下一代工作健康发展提供保证

1. 加强组织建设、队伍建设和制度建设。一是制发相关文件。为使全省教育系统各级关工委有章可循，在总结关工委成立以来经验的基础上，特别是2009年部党组《关于加强全国教育系统关工委建设的意见》下发后，教育厅关工委协助党组起草了《贯彻落实意见》，于2010年3月初下发，对全省教育系统各级关工委的组织建设和队伍建设起到了规范和推动作用。二是加强厅关工委建设。历届厅党组都非常重视关心下一代工作，特别是对厅关工委的组织建设。厅关工委自成立以来，人员已经历了4次变更，及时把新退下来的同志吸收进来。厅关工委活动经费每年10万元，保证了工作正常开展。三是加强基层关工委组织建设。各市和各高校关工委认真贯彻落实教育部党组《关于加强全国教育系统关工委建设的意见》和省教育厅《关于进一步完善各级各类学校关工委领导体制的意见》精神，进一步理顺领导体制。大部分市和高校对关工委班子进行了调整充实。一般一把手为关工委名誉主任，主管副局长（书记、副书记）为主任，老同志为常务副主任，老干处处长（或挂靠处、科长）为秘书长。全省各市、县教育局都建立了关工委组织；省属高校全部建立了关工委（下属396个二级学院、系有351个建立了关工委或关工小组，占88.6%）；全省有中小学15487所，建立关工委组织的13000多所，约占85%。全省教育系统现有离退休人员219757人，参加关心下一代工作的49613人，占22.58%。四是建立

激励机制。为了发挥典型引路的作用，推动组织建设和队伍建设，除遵照教育部要求表彰奖励外，还将离退休老同志从事关心下一代工作的先进事迹编辑成书，出版了《桑榆霞光》和《桑榆霞光（续一）》《桑榆霞光（续二）》。

2. 加强理论研究工作。一是成立河北省高校关心下一代工作研究小组。研究小组根据工作中遇到的问题，每年确定重点研究课题，供各成员进行研究，研究成果在研究小组会上发表。至今，已召开研究小组会议9次。2019年，根据研究小组人员年龄、结构等变化，进行了及时调整。二是开展优秀论文评选活动。为总结多年来河北省高校关工委工作经验，教育厅关工委开展了2次优秀论文评选活动，把获奖论文编辑成《河北省高校关心下一代工作文集》（2集），发到各高校、各市教育局。

3. 加强宣传和协作区工作。为了加强宣传，教育厅关工委创办了《关心下一代工作简报》，坚持每月一期，至今已出版204期。厅关工委把《关心下一代工作简报》作为全省交流信息、总结工作、推广经验、表彰先进的重要措施。一些市和高校也自办《关心下一代工作简报》，积极为厅关工委提供信息。在全省各市、县（市、区）聘请了50名信息员，积极为厅关工委提供信息，加强宣传工作。2014年和2015年被教育部关工委评为宣传工作先进单位。

为加强区域协作，2004年，教育厅关工委在全省按区域建立了8个高校协作区。2007年，教育厅关工委总结几年来的活动经验，印发了《河北省教育厅关工委关于进一步办好高等学校关工委工作协作区的意见》。近几年来，各协作区按意见要求，牵头单位认真谋划，充分发挥协调作用，主办单位精心组织，周密安排，各参加单位充分准备，协作区会议质量逐年提高，增进了院校间的联系与友谊，推动了高校关心下一代工作的开展。

近5年来，河北省教育系统关心下一代工作虽然取得了一定成绩，但还存在不少困难和问题。如工作开展不平衡。从市教育局和省属高校关工委来看，绝大多数班子强，抓工作有力度，但仍有个别市教育局和高校关工委班子不健全，工作开展不够活跃，极个别的甚至处于瘫痪状态。从基层关工委来看，有的领导重视不够，工作开展不起来；有的关工委领导班子成员年龄偏大，后继乏人；有的经费不落实；有的关工委活动中发挥老同志作用不够。这些问题需要在今后的工作中逐步解决。

第二部分

全省关心下一代工作先进个人事迹

夕阳美景献余热　桑榆晚霞铸辉煌

——记石家庄市鹿泉区关工委主任安明法

石家庄市鹿泉区原人大主任安明法，2017年10月从工作岗位上退休，2017年3月至今担任鹿泉区关工委主任、鹿泉区优秀传统文化建设推进领导小组常务副组长。退休以来，他秉着"离岗不离党，退休不褪色"的执着和坚定，自觉贯彻落实习近平新时期中国特色社会主义思想，围绕党政工作大局，与关工委其他同志一起，组织动员1500余名五老编写乡村志100余部，建设村史馆66座，对20余处革命遗址开展挖掘、整理和保护工作，出版纪实文学6部，拍电视专题片8部，建成陈列馆7座，编写讲义10部，为万余名青少年授课，用红色文化搭桥，引进北京外国语大学附中分校等四个北京项目，为鹿泉区经济社会发展作出了自己的贡献。

一、组织编史修志，弘扬优秀传统文化

为了挖掘传承乡村优秀传统文化，助力全区经济社会发展，安明法与关工委的同志们在广泛听取干部群众意见基础上，提出在全区208个村庄和13个乡镇（区）编史修志的动议，得到了区委区政府的肯定和支持。发起成立了区乡两级村志志愿者协会，组织动员1500余名老干部、老教师、老党员及优秀青年开展资料搜集、历史遗迹考证、采访、编写、征求意见等烦琐细碎的工作，并反复修改完善，推动了编史修志工作顺利进行。目前已出版乡志1部、村志103部，45个村庄完成初稿。他除做好统筹协调外，对每部乡村志都要进行审查修改，提出修改意见并受邀编写书评或序言，目前已撰写书评、序言70篇。在村志编纂过程中，他与同志们积极深入乡村，组织协调有关人员逐村进行全面的资源调查、文物普查、民情详查，已获得300余个"新发现"。同时，依据村志资料，协调乡村建成村史馆66个，引导村民读村志、讲村史，激发了广大村民爱家爱国、加快乡村振兴的热情。

安明法为石家庄市关工委领导介绍北薛庄村史

二、挖掘革命遗址，传承红色基因

在编史修志过程中，安明法等人发现，在中国革命进程中，鹿泉区涌现出众多英雄人物，党和人民军队的多个单位在这里战斗生活过，留下了诸多革命遗址。这些英雄人物和革命遗址是中国革命的重要见证，是鹿泉的光荣，是对青少年进行爱国主义教育的鲜活教材，挖掘、整理、保护、传承这些红色文化，具有重要的现实意义和历史意义。对此他专门向区委作了汇报。区委认真研究后，做出了实施"五个一"工程的决定：即对每一处革命遗址（包括英雄人物）编辑出版一本书、拍摄一部专题片、筹建一个陈列馆（在原址）、与原单位建立一种密切联系、合作一批项目，深入开展红色文化教育。为了把区委意见落到实处，他带领相关人员上北京、下南京，到西安、成都等地，采访知情人500多名，到北京及省市区图书馆查阅上万份资料，考证多处遗址，印证多份资料，拍摄专题片10部。为了能在原址筹建陈列馆，他与区农工委、史志办、文广新局及相关乡镇一起，多方筹措资金，与有关农户做工作，租赁或购买革命遗址产权。截至目前，已建成《人民日报在东焦》暨鹿泉革命史展馆、吴冠中广场等10处红色文化展示基地，正在筹建华北军区卫生材料厂、河北农大总校等8处革命遗址陈列馆，为鹿泉开展红色教育活动提供了鲜活的舞台。

在工作中，他特别注重发挥退休干部的威望与优势，用多年的知识储备与工作经验来推动相关工作合法合规、有条不紊地进行。与区委组织部、区委宣传部、文明办合作，将这些遗址申报为"爱国主义教育基地""精神文明实践基地""关工委工作站"，取得合法名分，注册挂牌；明确管理单位、管理人员、管理职责，招募讲解志愿者，并进行培训直至上岗工作；与武装部、团委、妇联、教育局及有关院校、厂矿、部队协商，建立学习教育机制，开展研学旅行活动，已组织石家庄学院、武警部队等单位的3万多名青少年参观学习，开阔了青少年视野。

三、引进合作项目，助力经济社会转型升级

如何服务鹿泉经济社会发展，找到编史修志与推动鹿泉转型升级的最佳结合点，是安明法始终在思考和践行的问题。他们利用村志编写过程中获得的大量资料和信息，组织区史志办、教育局、有关乡镇，主动与鹿泉在外工作创业的乡亲及在鹿泉成立或在鹿泉生活战斗过的单位（包括工作人员）取得联系，到北京、天津、沈阳、哈尔滨、太原、成都、西安、上海等地采访对接，邀请这些朋友来鹿泉考察联谊，感受鹿泉变化，共商发展大计。在他们的努力下，各行各业想在鹿泉施展一番拳脚的"大佬"们来了，大项目、好项目、可持续发展的新项目来了。目前，已经促成了北京市八一学校与鹿泉一中合作办学协议的签订，引进了"荣臻航天科技班""西柏坡号中学生科普卫星""航天科技馆"项目；促成了北京外国语大学附属中学在鹿泉投资25亿元、占地730亩的分校项目。还有多个项目正在洽谈，准备落户鹿泉。

四、传授革命知识，开展社会主义核心价值观教育

自从担任鹿泉区关工委主任后，安明法始终把对青少年进行思想道德教育作为重要任务，建立健全区、乡（镇）、部门关工委组织，充实加强区关工委宣讲团，建立鹿泉星火革命史展馆、村志协会阅览室、古贤移民文化三处青少年教育基地，石窑小镇阅览室、黄壁庄孝文化展、北薛庄村史馆等工作站50余处，高风瑞楹联、谢树坤引岗文化、薛保祥家训文化等工作室30余处；制作展牌100余幅、流动书柜3套；同广大五老进学校、工厂、军营、单位，广泛开展"红色基因进校园""小手拉大手，携手创文明""童眼看鹿泉"等活动；举办报告会、故事会，赠送图书2000余册，为经济困难的学校师生筹集急需物资价值3万余元。

为了调动广大五老参加社会公益活动的积极性，他带领同志们经常深入老同志当中，宣讲关工委工作的意义，宣传表扬先进典型，具体指导开展工作。同时，带头编写了《鹿泉发展史》《鹿泉工业发展史》

2017年9月，安明法等为黄壁庄古贤小学学生发放学习用品

《鹿泉教育发展史大纲》《建屏县革命史》《中国早期共产主义战士——王克新》《人民日报在东焦》《硝烟中成长的荣臻子弟小学校》《引岗渠建设者们的作为意识》《基层依法治访的探索与思考》《"交口称道"之秘初探》10部讲义，积极组织协调其他五老编写多部书籍，多数作品已完成初稿，正在抓紧修订中。深入20多个部队、学校、工厂进行宣讲，为1.15万名青少年进行专题讲座，受到广大青少年的欢迎。

把所有的爱都奉献给孩子

——记石家庄市裕华区华兴社区"爱心奶奶"张玉华

　　张玉华原是河北第一机械厂的工人，家庭经济状况很一般，所在单位破产后，和老伴于1997年夏天搬到了华兴小区。多年来，先后有200多个孩子在她开设的"爱心课堂"生活学习，她把有限的力量化为一缕缕阳光，给了那些需要帮助的孩子和家庭，照亮了他们的未来。她也被孩子们亲切地称为"爱心奶奶"。

　　支援西藏建设是党中央、国务院为造福西藏人民、为国家的安全稳定作出的重大决策，既是经济任务，更是政治任务。华兴小区9号楼省水利厅干部小杨，组织上派他去西藏搞援藏建设，爱人王亚军在石家庄市某宾馆当会计，身体不好，当时孩子才两岁，为此二人发生了矛盾。张玉华听说后，主动提出孩子由她义务照看，并安慰夫妻二人，让他们安心工作。由于小杨家的特殊情况，这个孩子经常要在她家过夜。张玉华一带就是3年，等小杨圆满完成援藏任务回来后，看着孩子长高了，长大了，也懂事了，他眼含热泪，深深地给张玉华鞠了一躬。现在孩子上学了，经常回家来看望"爱心奶奶"。

　　华兴小区1号楼4单元的小两口都在医院上班，女儿只有6个月，产假过后，孩子没人带，夫妻俩都不能正常上班，他们含着泪水找到张玉华说出了自己的困难，并央求帮忙照看孩子，要多少钱都可以。张玉华听完后，马上回答说："明天我就给你们俩义务带孩子，一分钱也不要。"夫妻二人感动得流下了热泪，并一个劲儿地表示感谢。

　　家住华兴小区21号楼的张敬芬是某国企的一名会计，爱人因工伤去世，留下一个上幼儿园中班的孩子。当时她无法正常接送孩子，情急之中想到了"爱心奶奶"张玉华，之前她们素昧平生、互不认识，但张敬芬跟她说了自己的实际情况后，张玉华立刻就答应下来，为她义务接送孩子。就这样，"爱心奶奶"义务接送和照顾孩子吃喝，一带就是一年半，直到孩子上学。通过这件事张敬芬把张玉华真心当作自己的家人，自己的心里话也愿意向她倾诉，就连自己的再婚事宜，都让张玉华来把关。现在张敬芬已再婚，张玉华经常告诫他们要珍惜今天的生活，共同抚养好孩子，至今他们生活得很好。现在，孩子中午放学还是由"爱心奶奶"接送。

华兴小区9号楼的小崔，是八五〇工厂的技术员，因去上海出差，找到张玉华帮忙。"爱心奶奶"二话不说，爽快地答应了。几天里，"爱心奶奶"不分昼夜地替小崔义务照看孩子，看见孩子因缺乏营养面黄肌瘦，张玉华看在眼里疼在心上，给他准备营养可口的饭菜，改善生活，晚上给孩子洗脸洗脚、洗衣服，早晨给孩子穿衣、梳头。等孩子母亲回来后非要拿钱感谢时，张玉华只是很简单地说了声："只是帮个忙而已"，婉拒了。

现在，华兴小区的孩子们放学后，只要家中无人，都到"爱心奶奶"家写作业。"爱心奶奶"家附近的许多孩子家长都说：我们现在可放心了，下班回来晚了，不用再担心孩子了，直接去"爱心奶奶"家，准在。

孩子们在张玉华的"爱心课堂"写作业

张玉华把"别人快乐，就是我的幸福"当作自己的信条，从1997年到现在，她义务照顾过的孩子有200多名，付出了大量的心血和汗水。对此，她却不感到疲惫，她说，"能给孩子创造快乐的天地，我自己也感到无比快乐！"在她的爱心照顾下，孩子们和她建立了深厚的感情，孩子经常打电话嚷着"想奶奶"，时常来看"奶奶"，有什么事情也都愿意和"奶奶"说，征求"奶奶"的意见。他们真正把张玉华的家当成了自己的家，把张玉华当成了自己的亲奶奶，正如孩子们在作文中写的一样，"随着时间的推移，张奶奶和亲奶奶重合了……"

永不褪色的万年青

——记赞皇县关工委主任秦三梅

秦三梅，女，1948 年出生于赞皇县北羊角村，中共党员，历任县妇联主任、县委常委兼南清河公社党委书记、副县长、县委副书记、县政协主席等职。2007 年 4 月，秦三梅从县政协主席岗位上离岗，但她并没有休息下来，而是担任了赞皇县关工委主任。这个从普通农家女成长起来的共产党员，就似万年青一样，在新的岗位上发挥余热，为党的关心下一代事业默默奉献，无怨无悔，并取得了新的业绩。2014 年荣获河北省"离退休干部先进个人"，2015 年荣获中国文明办、中国关工委"关心下一代工作先进个人"。

秦三梅陪同中国关工委主任顾秀莲等调研

一、健全组织，培育典型，筑牢关心下一代工作基础

2007 年秦三梅担任赞皇县关工委主任后，发现县关工委人员少，基础差，组织不健全，深深感到光靠自己这个"光杆司令"，很难有所作为。为此，她首先把精力集中到加强组织建设上来。那一段时间，心

里想的都是关工委人员的问题，挤出时间走街串巷入社区，深入摸排，下功夫找能人，并多次寻访退休后在农村居住的五老人员，甚至把离退休老干部的花名册找来，按图索骥，逐一拜访。在县委的大力支持下，通过坚持不懈的努力，终于配齐配全了全县 20 个乡镇、社区关工委主任，并明确乡、镇关工委主任由乡镇党委副书记兼任，村关工委主任由村支部书记兼任。所选拔的关工委老主任大部分退休不久，工作热情高、有群众威信、对工作非常负责，有好几个还是她的老部下。有了这些人的帮助和带动，很快完善了县、乡、村、学校组织网络，发展了一大批五老人员参加关心下一代工作，为做好全县关心下一代工作奠定了坚实的组织基础。

组织机构健全后，她着手培养和选树关心下一代工作典型。她组织力量将邢郭镇离休老教师李文昭 15 万字的手稿进行了整理，出版了《为了明天，为了下一代》一书，省、市关工委及县委、县政府主要领导分别为该书题词，广泛宣传基层老关工工作者的经验。阳泽乡退休老党员张国威了解了李文昭老师的先进事迹以后，主动联系秦三梅，愿意加入关工委工作。于是她又开始深入阳泽乡指导工作。她对阳泽乡是赞皇县党组织发源地的历史进行了深入挖掘，确定了以红色主题为核心的工作思路。阳泽乡关工委组织成立了关心下一代传唱团，在阳泽乡掀起"红色歌曲进校园"活动热潮；开展了"不忘昨天，珍惜今天，展望明天"展览活动，迅速形成了新的典型，取得了很好的效果。在邢郭镇、阳泽乡关工委的影响带动下，全县各乡镇关工委纷纷结合本地特点创造性地开展工作。比如黄北坪乡以朝鲜抗日义勇军烈士墓、长沙战役烈士纪念碑和太行山一分区所在地为教育基地，广泛开展形式多样的青少年思想道德教育活动，传承红色基因；嶂石岩镇、土门乡组织老专家对青年农民进行科技培训，以大枣、核桃、板栗、樱桃种植为依托，带领群众脱贫致富。典型的引领示范，为全县关心下一代工作的深入开展增添了动力。由于秦三梅工作突出，2009 年被河北省委办公厅、河北省人民政府办公厅授予河北省关心下一代工作突出贡献奖，2015 年在广州召开的全国城市关工委工作会议上秦三梅作典型发言，赞皇县关工委也多次被省、市评为先进集体。

二、热心筹资助教，关注弱势青少年，倾情关心下一代

自秦三梅任赞皇县关工委主任以来，不辞辛劳，克服困难，积极联系协调有关企业、社会团体和爱心人士，为赞皇教育事业和贫困中小学生捐款，共募集款物 1800 多万元。其中，联系慈善会投资 120 万元，扩建学校 5 所；投资 380 万元，为 3 所学校配备了多媒体教室，帮助 22 所学校配备了电脑教室，为 18 所学校建立了音乐教室，8 所学校建立了放映室。经向河北省慈善会申报，先后帮助 88 例先心病儿童进行了手术，累计减免手术费 172 万元。救助贫困大中小学生 2028 人次，救助资金 504.43 万元。秦三梅本人近 20 年捐款 10 余万元，用于救助贫困学生。

秦三梅还十分重视关爱留守儿童，帮助建立了留守儿童温馨家园。赞皇县凯星小学共有学生 440 名，其中 60% 以上为留守儿童。几年来，她通过各种渠道为学校筹集资金 70 余万元，建起了儿童活动室、学生食堂和亲情视频室，完善了基础设施。特别是亲情视频室的使用让留守儿童能与父母通过视频"面对面"交流，增强了父母与孩子的感情。这所学校在各级、各部门的关注下，学生德智体美劳全面发展，几年来升入省市重点初中的学生按比例在全县名列前茅。

三、组织科技下乡，培养青年致富带头人，助力脱贫攻坚

赞皇县是革命老区、山区县，秦三梅任县委、县政府领导时长期主抓扶贫工作，多次受到国家、省、市级表彰，曾获"第七届全国扶贫状元"，全国林业绿化奖章，省委、省政府一等功，石家庄市劳动模范等。她在职时分管过扶贫工作，深知全县人民对脱贫致富奔小康的殷切期盼。离岗后，她依然放不下这项工作，利用自己的优势，组织各类老科技工作者开展科技下乡，大力开展科技扶贫；组织五老科技教育宣讲团深入农村田间地头开展科技宣讲活动，积极组织老科技工作者下乡，举办各类培训班 50 多期，培训农村青年 2000 余人次。2017 年以来，她重点培养了王国军、翟立德、郭彦飞、刘瑞普 4 名青年致富带头人，在这 4 位青年人的影响带动下，一些村的林果业得到大发展，农民收入大幅增加，充分显示了典型和科技对农民增收的引领示范作用。三六沟村农民通过科技培训，学习科学管理技术，在青年致富带头人郭彦飞的带领下，全村村民仅板栗种植一项每年户均增收 6000 元以上；土门乡鲍家滩村群众在王国军的带领下，每年仅樱桃一项人均收入就达万元；任家洞村的乡亲们在翟立德的带领下，建起了全国最大的核桃仁加工集散地，乡亲们不但种植的核桃有了销路，2000 多名群众还在家门口实现了

就业，人均增收 1.8 万元。学习了苗木管理技术的青年农民，每年外出到山西、新疆、河南等地开展板栗、核桃、枣树等嫁接的达 1 万多人次，平均每人每季收入 1 万多元。

为了"生态强县、大美赞皇"宏伟目标的早日实现，为了赞皇下一代的健康成长，秦三梅这颗永不褪色的万年青，在党的十九大精神指引下，坚持以习近平新时代中国特色社会主义思想为指导，不忘初心、牢记使命，为赞皇的关心下一代工作无私奉献着自己的光和热。

情洒热土系明天　一片丹心铸辉煌

——记石家庄市井陉矿区关工委常务副主任张延年

2003年，张延年从井陉矿区人大副主任岗位退休后，革命精神不减，继续关心党的事业，并身体力行地为党工作，先后担任井陉矿区关工委常务副主任、老年体协副主席、矿区历史文化研究会副会长和河北经贸大学旅游学院特聘客座教授等职务。如今70多岁的他，仍不减当年壮志，满腔热情地投身于井陉矿区关心下一代工作，促进了各项工作的顺利开展，为矿区发展作出了突出贡献。

张延年总说，"关心下一代工作就是托起明天的太阳，这个任务既艰巨又光荣，这副担子挑的是祖国的希望和未来，责任十分重大。"十几年来，他怀着对党的事业的执着追求，全身心投入到关心下一代工作中。

他十分重视关工委的组织建设和思想作风建设，率先在贾庄镇和各村及学校、企业建立关工委领导机构，并做到"五有"，即有办公室、有人员、有制度、有活动、有经费。贾庄镇关工委被评为省关心下一代工作先进集体。他经常讲教育者要首先受教育，在他的带领下，关工委系统地学习了习近平新时代中国特色社会主义思想、党的十九大报告、社会主义核心价值观、中共中央关于加强未成年人思想道德建设的文件精神及矿区经济和社会发展等情况，使大家在思想上、政治上跟上时代的步伐，同党中央保持高度一致。

他深信以乡土文化培育青年意义深远。他反复强调要让矿区的青少年了解和热爱养育自己的这方沃土，让孩子们与发生在这方沃土的可歌可泣的事迹和丰富多彩的乡土知识亲密接触，尽早孕育出赤子情怀及美好的道德情操。为此，他帮助离退休同志撰写革命回忆录，在他的精心指导下，离休干部彭志书，退休干部梁雪峰、刘官清等分别出版了回忆录和诗歌集，为子孙后代留下了宝贵的精神财富。炽热的赤子之心离不开乡土人文的浸染，离不开这方热土的熏陶。井陉矿区有着深厚的历史文化，2019年，矿区承办省市旅发大会，他专门撰写了《百姓讲谈》

文稿十讲共 3 万多字，并在青少年和五老中间进行广泛宣讲，影响和带动身边人。

张延年作"发挥五老作用、讲好矿区文化、服务旅发大会"专题讲座

他主动发挥五老作用，广泛做宣传。为了"传承红色基因，争做时代新人"，进一步教育引导青年一代听党话、跟党走、感党恩，对青少年进行爱国主义教育、革命传统教育、国学教育以及社会主义核心价值观教育，他撰写演讲稿 15 万多字，利用五四青年节、六一儿童节、七一建党纪念日等节假日给大中小学校学生作辅导报告 120 多场次，受教育面达 8 万多人次。他被多所中小学校聘为名誉校长、校外辅导员，还被河北经贸大学旅游学院聘为客座教授。2019 年，为纪念五四运动 100 周年，张延年为全区团员代表、青年志愿者及学生代表授课并撰写《青年寄语》，文中说："我坚信，你们果实累累的秋天一定会到来，让青春绽放出绚丽的光芒，未来是属于你们的，希望寄托在你们身上。"

"夕阳正红无限美，老树春深更著花。"10 余年来，张延年把全部身心投入革命工作，为关心下一代事业贡献力量。他勤勤恳恳，无私奉献，为培养教育下一代作出了突出贡献，2005 年，他被评为"石家庄市关心下一代先进个人"；2007 年，荣获"河北省关心下一代工作先进个人"光荣称号；2008 年，被评为"河北省十佳校外辅导员之星"；2011 年，被评为"石家庄市家庭教育先进个人""感动矿区十大人物"，中央电视台科教频道《夕阳红》栏目对其专题采访报道；同年，被中共石家庄市委命名为"优秀共产党员"；2009 年 9 月，被中共中央组织部表彰为"全国离退休干部先进个人"。

传播科技帮农民　共同致富奔小康

——记灵寿县关工委科技兴农宣讲团团长武会来

武会来，中共党员，农艺师，石家庄市灵寿县关工委科技兴农宣讲团团长，灵寿县中药材协会会长、党支部书记。多年来，他退而不休，充分发挥自身专长，传播科技帮农民，共同致富奔小康。

一、学本领、抓特色、勇创业

1999 年，因企业转制，武会来从县办建筑公司党支部专职副书记岗位上下岗。他一不等社会低保，二不要国家照顾，毅然决然返乡种植中药材创业。根据灵寿县七山二水一分田，山场丘陵面积大，野生中药材多（达 80 余科目、448 个品种）的实际，首先在南寨乡秋山村承包了 50 亩河滩沙荒地，作为中药材种植示范园，经营了 4 年，收益不错；又在灵寿镇西关村（职教中心西侧）承包 50 亩土地创建了灵寿县中药材种植示范园。他参加了中国农业大学中药材函授班，在干中学，学中干，专业能力不断提升。2003 年以来，他参与国家科研课题 3 项，主持和参与了省、市、县中药材种植科研课题 10 项，荣获农业部"中华农业科技奖" 1 项，"河北省山区创业奖" 3 项，"石家庄市兴山创业技术成果奖" 10 项。撰写出版了《灵寿中药材》《创业致富梦》等书籍，免费在全县发放。

在灵寿县关工委和有关部门的大力支持下，2000 年，他牵头组织成立了灵寿县中药材协会。2007 年，成立了灵寿县邳彤中药材合作社，带领青年农民抱团发展灵寿道地中药材特色产业，创业闯市场。经过 20 余年努力，示范带动灵寿贫困丘陵山区 160 个村、6800 多户、28000余人（青年农民 8000 余人），参与野生中药材补充和发展仿野生种植中药材，总面积 5.3 万余亩，年产量 4800 吨，创收 1.1 亿元。他和同事们倾注心血打造了"灵寿丹参""慈河"等中药材品牌。"慈河"灵寿中药材商标 2012 年被河北省工商局认定为"河北省著名商标"；"灵寿丹参" 2015 年被国家工商局认定为中国地标产品。

二、授知识、传技能、做服务

2009 年，灵寿县关工委聘请他为五老科技兴农宣讲团团长。为了加强宣讲团队伍建设，他和县关工委领导多次到老科技工作者家中上门请贤，动员了县农业局、科技局等单位的高级农艺师和专家 23 人组成关工委科技兴农宣讲团，并分成 5 个工作组，本着发挥专长、分片就近的原则，每个工作组负责两个乡镇。老科技工作者们不顾年高体弱，或爬坡上岭、或深入田间地头，为药农传授知识技能。一是在 83 公里长的慈河两岸，建了 6 个交通便利的中药材生产回收站，提升就近服务功能；二是春季指导播种，夏季指导田间管理，秋季指导收获、分拣和加工销售，冬闲时节组织药农学习交流相关知识；三是通过电商、网商等方式在全国宣传灵寿中药材特色产业，提高知名度，提升市场竞争力。除此之外，他还多方联系聘请专家教授来灵寿县授课指导。先后邀请了中国农业大学中药材研究所、北京中医药大学、河北省农科院等单位的专家教授 136 人次，其中室内授课 53 次、田间指导 83 次，培养技术骨干 1100 名。

武会来为药农传授种植丹参技术

三、育典型、树标杆、强后劲

他们培养的技术骨干都是中青年农民，经过几年的艰苦奋斗，都已脱贫并带领群众致富。期间，他们更加注重从这些技术骨干中培养愿为一方百姓谋幸福的典型带路人。在这 1100 名技术骨干中，有 6 人当选为村支书，30 余人当选为村"两委"班子成员，这为全县实现脱贫致富、共同富裕注入了强力后劲。寨头乡麒麟院村青年农民安保国，2012年承包荒坡 19 亩种植丹参，武会来带领宣讲团的同事全程给予指导，第二年就获利 3 万元。安保国尝到甜头后成立鑫山种植合作社，带领合作伙伴流转土地 733 亩，全部种植板栗核桃间作丹参等中药材。经过 3 年的技术指导，安保国熟练掌握了种植技术，收益连年提升，2018 年产值达 72 万余元。在他的带动下，全村 60 余户村民积极参与中药材种植，实现了全村脱贫致富。2018 年，安保国当选为村支书。陈庄镇后山村是灵寿县深度贫困村，该村年轻的返乡女大学生王东丽，在武会来的帮助下，自 2009 年开始种植中药材，2013 年组织成立明灵合作社，当选为理事长，吸纳贫困户 11 户（其中青年农民 9 人）加入合作社，几年来，效益突出。2017 年，王东丽当选为县第九届政协委员，2018年被党组织吸纳为入党积极分子。

武会来，作为一名五老志愿者，能把自己的专业知识传授给中青年农民，把这些中青年培养成为家乡脱贫致富的带头人。20 年来，他和宣讲团的各位同事足迹遍布慈河两岸 753 平方公里的坡坡岭岭，他们深入田间地头，手把手地指导药农掌握种植技术，每年接待药农咨询 1 万多人次，深受大家的好评。现在，灵寿县的中药材产业已发展成为该县的三大支柱产业之一。灵寿县关工委主任钱少宗和其他老主任经常到他们宣讲团、中药材产业生产回收站和中药材协会考察指导，帮助解决实际困难。2018 年 11 月 9 日，河北省关工委常务副主任杨新农和石家庄市关工委主任王华清等省、市关工委领导到灵寿县刘库池村关工委科技兴农宣讲团服务站调研指导，对灵寿县关工委科技兴农工作和武会来的做法给予充分肯定。

心系下一代　晚霞再辉煌

——记灵寿县关工委主任钱少宗

钱少宗自 2000 年从灵寿县政协主席岗位退休后，接任县关工委主任。近 20 年来，他牢记党的宗旨，牢记退休不退党，退职不退休，在关心下一代工作中认真贯彻"急党政所急，想青少年所需，尽关工委所能"的方针，深刻领会习近平总书记对关工委工作的重要指示精神，突出地方特色、找准自身位置，扎扎实实、兢兢业业地工作，灵寿县关心下一代工作取得了可喜成绩，县关工委多次被评为先进集体，他本人也多次被评为关心下一代工作先进工作者。

一、挖掘红色资源，开展传承红色基因系列主题活动

2016 年，灵寿县关工委在钱少宗的带领下，以纪念世界反法西斯战争暨中国人民抗日战争胜利 70 周年为契机，会同县文教局精心组织了爱国主义教育报告会。在县关工委主任会议上，他说："咱们县是革命老区，有光荣的革命传统，有抗战英雄模范人物，应该用自己的抗战史教育青少年爱家乡、爱祖国。"他们组织协调关工委成员单位，商定宣讲稿编撰人员和宣讲团成员。宣讲稿经关工委主任会议反复推敲修改，三议定稿后，打印成文。从 4 月 28 日到 6 月 9 日，利用一个半月时间，对全县 17 所初高中学校近 3 万名学生进行爱国主义教育宣讲报告。报告会还邀请三名惨案幸存者到现场控诉日本侵略者的罪行。通过报告会引导学生将热爱家乡、热爱灵寿的感情，升华为热爱劳动、热爱学习、热爱祖国，启迪他们树立正确的社会主义核心价值观，扣好人生第一粒扣子。

2018 年，他站在确保红色江山永不变色，社会主义建设者和接班人永不变质的高度，带领县关工委坚持用红色基因滋养青少年，为培养担当民族复兴大任的时代新人，推动关心下一代事业发展提供强大精神动力，在全县开展了"传承红色基因，争做时代新人"主题教育活动。他结合灵寿实际，联合县文教局、团县委、文明办等关工委成员单位负

责人，研究制定了实施方案，在全县所有中小学开展了一系列青少年喜闻乐见的实践活动和内容。比如读红色书籍、学红色历史、讲红色故事、唱红色歌曲、看红色场馆、演红色戏曲等红色系列文化活动，引导青少年把红色基因植入灵魂，融入血液，体现在价值观上。印发了《红色基因及其内涵》，介绍革命战争时期形成的井冈山精神、长征精神、延安精神、西柏坡精神以及建设时期孕育的雷锋精神、焦裕禄精神、铁人精神等，供师生了解开展此项活动的意义和目的。

二、精心安排部署，扎实开展青少年法制教育活动

从 2009 年至 2017 年，钱少宗带领灵寿县关工委连续三届 8 年参加了中国关工委主办的"关爱明天，普法先行"——全国青少年普法教育活动。他们通过采取"4353"措施，即四个强化（强化组织领导、安排部署、骨干队伍、舆论宣传）、三个坚持（坚持深入调研，加强工作指导；坚持教师带头，发挥表率作用；坚持健全体系，完善工作制度）、五个注重（注重正面典型教育、反面警示教育、校园文化教育、音像直观教育、集中主题教育）和三个创新（法律知识竞赛、优秀作品评选、"零犯罪学校"创建），扎实推动活动深入开展，使法律的种子在青少年心中落地生根，青少年的法律意识和法律素养显著增强。2014 年 8 月 14 日，县委书记宋存汉在县关工委汇报材料上批示：关工委的工作成绩显著，付出了很大努力和心血，应特别肯定和赞扬，望再接再厉，巩固和扩大成果，在灵寿绿色发展中再立新功。在钱少宗的带领下，灵寿县关工委连续三届荣获全国"关爱明天，普法先行"先进单位称号，灵寿县文教局荣获全国"关爱明天，普法先行"优秀组织奖，灵寿中学、灵寿县初级中学、灵寿县青同镇中 3 所学校，荣获全国"零犯罪学校"荣誉称号，关工委系统有 7 人荣获全国"关爱明天，普法先行"先进个人称号，韩力等 36 名老师荣获全国"关爱明天，普法先行"优秀辅导员称号，有 36 名同学分别获一、二、三等奖。2015 年 8 月，钱少宗被评为先进工作者；2011 年 7 月和 2014 年 8 月，两次应邀到人民大会堂参加由中国关工委、中国司法部、中央综治办和中央文明办联合举办的全国青少年普法教育活动表彰大会。

三、积极主动作为，强力推进家长学校建设

钱少宗按照上级关工委要求，召开县关工委主任会议研究，与县文

钱少宗深入基层指导关工委工作

教局、县妇联和县初级中学联合成立灵寿县家长学校，完善家长学校的各项制度建设，积极探讨如何为农村学生家长提供更多的服务和帮助，推动家长学校规范化发展，督促家长学校制定工作计划，安排课程表，落实各授课老师的配备情况。

家长学校针对一年级、初一、高一新生和六年级、初三、高三毕业生等特殊节点学生家长应注意的事项，兼顾学生的心理、生理等青春期特点，聘请知名家庭教育专家和司法、卫生、心理、公安等方面有经验的五老授课；选择一部分文化知识水平高，家庭教育经验丰富，又热心的家长，现身说法，交流教育子女的经验等，促进孩子的全面和谐发展。

2018年10月25日，聘请河北省教育科学研究所学前教育所副所长，心理、家庭教育专家，省家长教育工作指导小组成员，省家庭教育专家团团长刘凤华开设专题课堂，针对小升初新生家长如何帮助孩子度过叛逆期、适应新的教学环境和如何配合学校做好孩子教育工作进行专题授课，效果很好，受到家长们一致好评。2019年，在小东关启蒙幼儿园开办网上授课试点，效果很好，使家长们充分认识到家庭教育的重要作用，家庭是孩子的第一所学校，家长是孩子的第一任老师。这些活动为家校联动，共同培育祖国的花朵发挥了积极作用。

老骥伏枥，志在千里。钱少宗年龄虽大，却仍在为青少年健康成长尽心竭力地工作，他像新竹争绿、晚花争红那样，不忘初心、继续奋斗，为自己的人生晚年谱写着一曲瑰丽的篇章。

人生何惧近夕阳　跃马奋蹄再争先

——记承德市关工委家长学校副校长白传桃

白传桃是承德市军队离退休干部休养所退休多年的老军人，1935年12月生人，1951年4月参军入伍，1954年4月入党，1986年12月退休，现任承德市关工委家长学校副校长。

一、乐于助人，常做好事不留名

1986年，白传桃从丰宁县武装部政委的岗位上，结束了自己几十年军旅生涯，退役后，他不甘心就这样让国家养起来，决心在自己有生之年，为社会尽义务，为国家作贡献，为人民群众做好事。

退下来第二年的一个夏天，在白传桃居住的楼下，一名智障聋哑人一连几天依偎在楼下墙根，表情十分痛苦，白传桃老人十分关切地蹲在他身边查看究竟，发现智障聋哑人小腿处已经溃烂生蛆了，病痛在聋哑人身上，却也疼在白传桃的心上。他立即到熟识的医生那里咨询治疗办法，买了药品每天为病人按时服用，为病人清洗伤口。他的行为不仅感动了聋哑人，也感动了楼上楼下的居民，大家纷纷伸出援手，有的送消炎药，有的端水送饭，有的送来铺席。半个多月后，聋哑人伤愈了，他继续流浪乞讨，走的那天，他拉着白传桃的手，一直说个不停，虽然听不懂他说的，但溢于眉宇间的感激之情却表露无疑。多年后，白传桃在小南门再次遇见了他，为他买了一些食品，分手后，老人心里很不平静。

白传桃退休后，自学了医术，为社区群众按摩，大家称他土大夫。一次北京游客在离宫游玩，突然腿疼不能活动，白传桃正好遇到，他为游客点穴位后，游人站起来能走了，并掏出50元酬谢他，他婉言谢绝。他还搜集偏方编辑印成册，自费印刷分发群众。《承德晚报》报道后，轰动全国，一时，全国媒体纷纷转发白传桃几十万字的偏方验方书，被全国各地朋友索要一空……这些为民做的好事，不计其数。

二、主动融入，文明创建添光彩

白传桃是一位经历过抗美援朝战争考验的老军人，入朝那年不满16岁，1953年12月底回到祖国。在朝鲜战场上，炮弹片将他身上穿的棉衣打了一个洞，衣服与弹片一同嵌入地下。战场硝烟洗礼了他，培养了他无私无畏的爱国爱党的情怀，一不怕苦、二不怕死的精神，对事业的无限热心和对群众深深的爱。

退役后，他居住在军休楼。在创建和谐社区过程中，为带领军休楼居民创建文明楼院，他开展了对好人好事点评的活动；在楼院建立了文明橱窗，坚持至今，20多年来编写宣传资料20多万字；整理出图文并茂的挂图，到社区宣传文明事迹，听课的居民都说，白老的宣传资料，故事性强，活灵活现。军休楼的事迹，被媒体多次宣扬，被双桥区两次评为文明楼院，这都与白传桃的付出有直接关系。正是这位党性极强的老退休军人，一直发扬解放军的光荣传统，为承德市的文明建设，为创建文明和谐社区，默默奉献着光和热。

三、不忘初心，关爱下一代不停歇

白传桃从事关心下一代工作几十年，20世纪70年代他就是各大中小学校的校外辅导员，从那时起，他就是下一代的好朋友，他在各学校讲爱国主义、革命传统。已是耄耋之年的今天，他带着病痛仍奔走在各大中小学校，奔赴边远山区小学，奔走在各个社区，用亲身经历传播红色基因。他把在朝鲜战场上经历过的一个个鲜活的故事讲述出来，由承德市关工委编辑成《抗美援朝战场上的故事》一书，印发到各中小学，希望青少年通过这些真实而生动的故事，能受到深刻的爱国主义和革命传统教育。

白传桃不仅是承德市家长学校副校长，尽职尽责受人敬佩，关心青少年成长；他还关心毛主席家乡韶山小学扩建工程，多次献爱心捐资助校建设，最多时捐资逾千元，其爱人也跟随捐资，被列入爱国主义工程捐资榜。

几十年来，白传桃老人的爱心奉献事迹，受到各级、各部门的重视与关注。他本人也获得了诸多荣誉，数次被评为各级优秀共产党员称号，三次被评为全国军休干部先进个人；2006年，被承德市评为公民道德模范建设"平凡之星"称号；2008年，被河北省授予"河北省文明市民"称号；2009 年，被评为承德市第二届道德模范；2014 年，被省文明办、省志愿服务指导委员会办公室、省志愿服务联合会授予"优秀志愿者"称号；2015 年，被中国关工委、中央文明办授予"全国关心下一代工作先进工作者"荣誉称号。

几十年来，老人自己说：退休了，我比不退休还要忙，社会需要我，青少年需要我，我要做一个追赶太阳的人。正像他写的故事书中那样："阵地勇士歌，暮年眷恋曲"，激励人们奋进。

助力千家万户　共创美好未来

——记承德市双桥区关工委教研员邓文福

邓文福，副教授，1939 年 9 月出生，河北省涞源县人，中共党员，毕业于河北师范大学。原任承德民族师范专科学校党委学工部部长兼学生处处长。1999 年 10 月退休后，先后任承德民族师范专科学校家属委员会副主任、承德市青少年研究会常务理事、双桥区关工委教研室主任；2007 年后又任承德民族师范学院家庭教育研究会常务理事至今；2002 年至今一直任承德市关工委及双桥区关工委教研员；2004 年 5 月 20 日双桥区新华路街道桃李街社区隔代家长学校建立至今，他一直担任常务副校长。

一、他始终坚持"处世立身一腔正，奉公尽职无私心"这一信条

从 2002 年担任承德市关工委教研员以来，邓文福受组织委托，先后到承德市电台、承德市老年大学、围场县、隆化县及双桥区新华路街道、双桥区西大街街道、双桥区石洞子沟街道付家沟社区、双桥区潘家沟街道潘家沟社区、双桥区桥东街道站前社区讲课。其讲稿都是自己编写的，如《德高人自雅，才高人自秀，修学先修德，做事先做人》《家长应做最美的第一任老师，要求自己道德标准要高》《浅谈小学生减负》《怎样表扬与批评孩子》《怎样度过人生六个转折期：既上学、择业、生孩、少年、中年、老年》《求知、健体、办事、做人》等，实用的篇目得到了听众的好评。

多年来，邓文福为了家长学校的建设尽心尽力，本着打铁先得自身硬的精神，他言传身教，以身作则，辛勤工作在社区家长学校教育事业第一线。邓文福说："人的一生是有限的，但为人民服务是无限的，应在有限之年，多为人民服务。我们要在认识上重视这项工作，在行动上关心下一代，培养好、带动好下一代工作的开展。""发挥正能量就应助力千家万户，共创美好未来，为'两个一百年'奋斗目标早日实现发力，这也是每个共产党员应该做的。"

邓文福为桃李街社区隔代家长学校揭牌

二、他组织性强，敢担当，具有较高的社会责任感和使命感

多年来，凡是组织上交给的任务，他都主动认真并创造性地完成。如2004年筹建桃李街隔代家长学校时，当时无经费、无教材、无教师，只有几十平方米的场地和几十把椅子。在困难很多的情况下，没有经费自己出，没有教材自己编，没有教师自己授课。他与居委会书记温占金等同志共同努力，最大限度地开发利用社区现有的办公面积，硬是把学校办起来了，至今未收学员一分钱。承德市关工委的领导看到桃李街隔代家长学校办学的艰难和邓文福他们的不懈努力后，很受感动，主动从办公费中挤出一些资金来帮助他们编印参考资料，如《美好人生烛光点亮》《授课讲稿汇编》《家长学校教材参考》（之三）等，给予桃李街隔代家长学校很大的支持与鼓励。承德市教育局教研室的成员也无私奉献，主动承担桃李街家长学校部分授课任务。承德市各级领导也调研指导隔代家长学校的工作，桃李街隔代家长学校的先进做法得到了省委、省政府的认可。

从2004年5月任桃李街隔代家长学校常务副校长以来，邓文福除组织安排教学工作外，还讲课几十次。仅2014年上半年，他就讲了《提高警惕，增强防范意识》《卓越家长十三条》。为配合党的群众路线教育活动，他又讲了《为政贵在行，以实则治》和《怎样发挥出正能量》《让孩子度过一个比较完美的假期》。有一段时间，他左眼底充血、患白内障，需要输液、吃药，同时还得拔牙、镶牙，即便如此，他仍然坚持认真备课写讲稿。

他走到哪里就工作到哪里。这十几年，他自费印制教材花费几千元，连印刷单位都被他感动，主动给他优惠。当时，印刷单位经理的孩子爱玩游戏，不好好学习，邓文福半年来十几次找到这个孩子谈心，想办法让他脱离开陷阱。孩子的父母决心也很大，孩子的父亲主动不玩电脑、不吸烟，做好孩子的榜样。经过邓文福和孩子父母共同的帮助，半年来这孩子爱玩游戏的状态有了很大的改善。

在承德市中医院输液时，一位护士讲她儿子有偏科不爱写作文的情况，邓文福就想办法，找资料，帮助他们全家人统一思想统一认识，培养孩子自主学习的习惯，孩子受益很大。给他镶牙的李医生有两个孩子，在他镶牙的过程中，他和李医生探讨如何管好孩子，给李医生做出正确的指导。邓文福除了知识讲解外，还把自己仅存的几本自编的教材送给李医生，让她很受感动。家住狮子沟的一位中年妇女，为了培养孩子，除了经常来听课，还与邓文福几次探讨教育孩子的方法，及时改正了自己不适宜的教育孩子的方法。邓文福还将刊登在报刊上的教育孩子的典型经验做法，贴在社区宣传专栏内，供家长们随时阅读，起到了很好的引导效果。

三、他取得的成绩斐然，硕果累累，却依旧负重前行不停歇

邓文福1999年退休后，从2000年至2004年连续四次被评为"校级优秀共产党员"。2001年7月，他的业绩被载入《华夏英杰》。他的论文《如何做好班主任工作》获国际优秀论文奖并载入《世界优秀专家人才名典》，该论文还获西部开发"特等奖"（即"中国西部发展战略"丛书）。2002年他写的《浅谈怎样培养高素质人才》刊登在红旗出版社出版的《学习和实践"三个代表"文集》中。2003年7月，邓文福被河北省委、省政府授予"关心下一代工作先进个人"称号。他的作品《浅谈怎样培养高素质人才》获中国纪录年鉴汇编委员会、中国纪录证书鉴证委员会颁发的2005年"华夏精英"金奖，又获"中国经济发展优秀学术成果"一等奖。邓文福的业绩被编入《世界华人突出贡献专家名典》《世界名人录》《中国共产党名人大典》。2004年12月，他被承德市委、市政府授予"全市关心下一代工作先进个人"称号。2005年3月，双桥区委、区政府授予他"文明市民标兵"等光荣称号。同年，他荣获中国改革与管理委员会"改革先锋"金奖，被评

为国际经济文化发展的"中华百名管理创新杰出人物"。2006年9月，他被评为"承德市公民道德建设平凡之星""承德市家长学校优秀教师"。2007年8月，他带领的桃李街隔代家长学校获全国妇联和教育部授予的"全国先进家长学校"称号。同年9月，获河北省委办公厅、河北省人民政府办公厅"全省关心下一代工作先进个人"称号，同年，桃李街社区隔代家长学校获承德市及河北省妇联授予的"先进家长学校"光荣称号。2008年4月，中共河北省委组织部、中共河北省委老干部局授予邓文福"全省老干部先进个人"称号；同年5月，中共承德市委、市政府授予他"全市关心下一代工作先进个人"称号；同年，桃李街隔代家长学校被全国妇联、教育部授予"全国优秀家长学校"称号。桃李街社区隔代家长学校2012年获"河北省先进家长学校"称号，2013年9月荣获"全国先进基层组织"称号。2013年12月，邓文福被河北省文明办省志愿服务指导办授予"河北省优秀志愿者"称号。2015年2月，他被河北省委组织部、河北省委老干部局、河北省人力社会保障厅授予"河北省离退休干部先进个人"称号。2016年6月，被承德市关工委授予"全市关心下一代先进个人"称号。

成绩只能说明过去，曙光还在前头。他认为对家长们的教育任重道远，办学不只是一流设备，也不光是宣扬一时的成绩，而是潜藏在社区居民中的文化因缘、人格魅力和情感的互动。因为只有文化、人格和情感的相互融合，才能真正撼动居民的内心，让它们在实践中发挥正能量，助力千家万户，共创美好未来！

"编外交警"——孩子们安全出行的保护神

——记承德市鹰手营子矿区五老李宪生

一个人做一件好事不难，难的是一辈子做好事。承德市鹰手营子矿区寿王坟镇罗圈沟村李宪生就是这样一个人。20 年里，他始终用实际行动坚守着属于他的那道"生命线"，甘当孩子们的"守护神"，天天做好事。在他的"保护"下，鹰手营子矿区寿王坟镇中心校的孩子们 20 年来从未出过任何事故，也从未遭遇过暴力、抢劫等安全事故。

一、"编外交警"成了学校门口一道亮丽的风景

1993 年，李宪生被聘为交通协管员，开始"走上"马路，成了一名"编外交警"。自从北凌公路通车之后，因路窄弯多，地处闹市，仅半个月时间，便出现了好几起恶性交通事故，每次都有生命逝去。而寿王坟镇中心校正好毗邻北凌公路，孩子们上下学很危险。看到此情景，交通协管员李宪生决定在此守护来往学生的"生命线"。这一守就是风雨无阻、病痛无阻的 20 年。

每天孩子们中午、晚上放学之前，李宪生一定及时赶到校门口，及时指挥车辆通行。在距离马路只有几米远的寿王坟镇中心校门口，人们总会看到一位身着交警制服的老人在熟练地指挥着车流、人流，总是执着地守望着那个街口。他的身影成了当地引人注目的风景。

看见孩子们出来了，李宪生总会赶紧走上去，"请"机动车司机、骑自行车的人们停一停、让一让，手牵手护送孩子过马路。

二、"编外交警"用心用情用德感染着身边的人

李宪生有时甚至比家长对孩子还要好。学校对面就是卖小吃、小玩意儿等吸引孩子们的摊位。孩子们常常不顾公路上飞驰的汽车就冲过去买东西，有好几次差点被撞到，幸好李宪生及时赶到拽住了，才免于发生意外。一次，一位耳聋年长者，拉着孙子就想往马路对面穿行，李宪生连忙冲上去，连拉带喊拽住了爷孙俩，这时一辆车风驰而过，好险

啊！一个读二年级的学生，父母离异了，李宪生经常护送这个孩子过马路，都送出了感情，现在孩子主动找他一起过马路。该学生的家长找到李宪生，感动地说："你比我们家长对孩子还要好！"一位孩子的母亲说："我每天接孩子，都能够看到这位善良、可爱、有毅力的老人，看见他我心里就踏实了。"一位司机说："前些年，每到大集的时候，车辆总要等候一个多小时才能通过拥挤的街道。自从有了老李，一路'绿灯'进出自如。""交警指挥交通是用法律来约束司机，而老李指挥交通是用高尚的品格感染我们，我们都很佩服他。"

三、"编外交警"克服一切困难坚守这份初心

李宪生这位"编外交警"一直以一名真正警察的标准来要求自己。寿王坟镇中心校领导说："他就是一名活雷锋。无论严寒酷暑、刮风下雨，每当看见他手拉手地把最后一个孩子护送走，我们心里就会涌起一种温暖和踏实。"

李宪生的家离学校有 12 里的路程，道路崎岖蜿蜒，非常不好走。2008 年冬的一个大雪天，李宪生骑着摩托车去学校，走了不到一里路，就连人带车滑到了沟里。他想，大雪天路上更不安全，说什么也要尽快赶到学校去。可是摩托车已经不能骑了，他从大雪里爬起来，硬是在放学前走到了学校，站到学校门口时他已成了一个雪人，但他还是坚持送走最后一个孩子，才踏着大雪回家。

李宪生身体并不好，高血压、心脏病、毛细血管脑血栓后遗症等病常年困扰着他，经常需要输液。但他每次都要错开上下学时间去输液，输完马上又赶回路口，一次也没有耽误过执勤。

李宪生在工作中认真负责，不计报酬，敬业奉献。特别是在协勤工作期间，把全部精力和爱心都投入到工作中，确保工作期间学校师生没出一起交通事故，受到了各级领导和社会各届的一致好评，先后获得多项荣誉，2010 年，被河北省公安厅评为全省公安交警系统"十佳协管员"；2012 年，被评为承德市首届"最美承德人"、承德市优秀志愿者、年度"营子好人"；2013 年，获得中央文明办秘书局、中国文明网颁发的"我推荐、我评议身边好人"活动"中国好人榜"荣誉证书；被评为"中国好人"（国家级网评）、河北省第四届道德模范、河北省"学习雷锋，善行河北标兵"。

情系朝阳路　最美夕阳红

——记宽城县龙须门镇"九老"普法队队长李树林

提起"九老"普法队，在宽城县龙须门镇可谓家喻户晓，人人皆知。该普法队多次受到国家、省、市、县的表彰奖励；《河北日报》《燕赵都市报》《承德日报》及河北电视台、承德电视台等多家新闻媒体都对其进行了采访报道。

俗话说：火车跑得快，全靠车头带。"九老"普法队作为龙须门镇关工委工作的一面旗帜，成立于1985年，坚持到现在，当初的"九老"现在仅存一位，但普法队伍却一茬茬壮大，这些全靠普法队的领军人物在带领、在传承。李树林就是"九老"领军人物之一，第五任"九老"普法队队长兼宽城县关工委委员。

一、带头学习，建立制度，不断提升普法队工作水平

"一个人的力量是有限的，要动员大家共同做好关心下一代这项工作。"这是李树林常说的一句话。他利用身兼龙须门镇老干部党支部书记的优势，动员了多名老干部加入"九老"普法队，普法队伍逐年壮大。他带头学习，建立制度，不断提高做好关工委工作的水平和能力。

一是坚持经常学习制度。李树林经常说："一个人要保持思想上不退步，要适应形势发展的要求，与时俱进地开展工作，就得学习、学习、再学习。"几年来，他坚持每天研读报刊杂志，特别是党报党刊，深刻领会党在新时期所制定的路线方针政策；组织"九老"普法队每月15日集中学习一次，雷打不动；他带头讲课，带领大家学习习近平总书记系列讲话、学习党章党规、学习法律法规、学习关工委文件等，并要求每位队员做好学习笔记，相互交流心得。良好学习制度的坚持，为普法队员增长知识、进一步做好关工委工作提供了强有力的智能保障。

二是坚持每人一课制度。李树林提出每名"九老"普法队成员，都要担任镇关工委成员。"九老"普法队每年初制订计划，根据每人特

长，坚持每人一课制度，内容可以是法制宣传教育课、社会主义核心价值观教育课、爱国主义教育课等，不拘一格，使每一名"九老"普法队成员都能走进课堂、走上讲台。

三是坚持年初有计划，月月有活动制度。每年3月，"九老"普法队都按时召开全体会议，并邀请镇领导参加，围绕全镇中心工作、关工委工作重点、全镇青少年出现的新情况新问题，研究制订活动计划。作为队长，他明确要求：从3月到11月，普法队必须做到月月有活动，活动见实效。

四是利用自身优势，与青少年交心、做朋友。李树林利用自己丰富的人生经验和阅历等优势，与青年人交知心朋友，和他们探讨人生意义，交谈思想。2019年，他还根据镇关工委工作安排，积极参加了村队"三同"活动，在与农民群众"同吃、同住、同劳动"的过程中，积极宣传党和国家的方针政策，鼓励青年学科技、用科技，创造美好的生活。他为了做好当地青年的思想教育工作，特别订购了《中国火炬》和《关心下一代周报》两种杂志，并进行了认真的阅读和研究，以提高工作效率。

二、带头普法，教育百姓懂法，用法引领青年走正道

作为第五任"九老"普法队队长的李树林，他有一个信念："打铁还需自身硬"。为此，他多次到县司法局等部门借阅书刊，加班加点学，还从自己微薄的退休金中拿出钱来自费订阅《法制日报》《社会与法》等法律书刊。有时为了弄懂一个法理、一个名词，除自学外，他还经常到县有关法律部门去请教、学习。为了把宣讲材料写好，他更是起早贪黑，废寝忘食，慢慢地从"门外汉"变成了"法律通"。

针对本镇曾一度存在的打架斗殴、不赡养老人、家庭暴力、封建迷信等违法违纪问题，李树林组织"九老"普法队采取集中与分散相结合、单项宣传与就事论理相结合的方式，通过大会、广播、黑板报、明白纸等多种有效形式进行多层次、多样化的宣传。对本镇有劣迹的人员进行分类排队，建立帮教档案，因人制宜地进行重点帮教，对这些人动之以情，晓之以理，使村民国某家庭破镜重圆，让陈某濒于崩溃的家庭和好如初，帮游手好闲的冯某走上致富之路，令赌博成习的魏某痛改前非，先后使全镇40多人迷途知返，走上正路，刑释解教人员无一重新犯罪。近两年，他又带领"九老"普法队针对新出台的《反家庭暴力

法》《老年人权益保障法》对当地百姓进行宣讲，让百姓知道家庭暴力是违法的，不孝敬老人不赡养老人是违法的，提高了人民的法律观念和法制意识。2019年，针对开发区征、迁、占带来的信访不规范问题，镇政府邀请他为开发区百姓宣讲《信访条例》，效果很好。

多年来，他带领队员们走了10余个村进行普法宣传和普法教育，接受教育的人数达到3万多人，社会呈现出和谐稳定的局面。通过普法教育，过去影响全镇社会治安的盗窃、斗殴、赌博、迷信活动"四大公害"明显减少，呈现出了"三多三少"的可喜局面，即遵纪守法的多了，打架斗殴的少了；学科学的多了，搞封建迷信的少了；谋发展求致富的多了，上访的少了，真正形成了风清气正的社会风气。

三、进课堂上讲台，传播正能量，用心呵护青少年成长

他每年都会走进课堂，把法律知识播撒进青少年的心田。普法前，李树林和队员们首先对全镇中小学校进行走访，向老师详细地了解青少年思想道德状况、思想动态及最关心的法律知识，有针对性地开展宣讲。他们以传播法律知识，弘扬革命传统，倡导文明风尚为重点，以培养"四有"新人和合格接班人为目标，本着"就地、就近"的原则，深入学校、走上讲台，为学生讲解刑法、宪法、教师法、未成年人保护法等，教育青少年知法、守法、护法、用法，真正让法律知识的种子在孩子们的心中生根发芽。除进行普法宣传外，他还对学生进行中华民族传统美德教育、爱国主义教育和革命传统及党史国史教育等。他撰写了讲稿《童年》《感恩》《人生的方向盘》《中国梦、我的梦》等，并以讲座和主题班会的形式和学生分享，与学生互动，深受师生的欢迎。几年来，李树林带领队员们先后到全镇各中小学校举办讲座23场次，受教育师生达5000多人，为孩子们赠送书包等学习用品费用达

李树林等"九老"普法队员在
龙须门小学开展中华民族传统美德讲座

6500 元。随着普法工作的不断深入，他还积极拓展延伸普法队作用发挥的新路子、新方向，引领青少年主动投身实现中国梦的伟大实践中来。自李树林担任"九老"普法队队长以来，他提议：每年六一儿童节这一天，全体队员每人捐献 100 元，用于帮助生活贫困的学生及奖励优秀学生。这个提议得到了全体队员的一致赞同，这条不成文的规定也保留下来，坚持 10 余年，从未间断。每年的六一儿童节，他和队员们都会成为香饽饽受到各学校诚挚邀请。2016 年，他把"九老"普法队的队员分为两组参加了龙须门小学和明德小学的六一儿童节庆祝活动，为学生捐款 2000 余元，资助贫困学生，奖励优秀班干部。受资助学生深受感动，纷纷表示：一定会努力学习，长大后回报社会，报效祖国，不辜负爷爷们的期望。

四、发挥五老作用，关爱"留守"人员，构建和谐社会

随着社会的发展，外出务工人数的增加，龙须门镇留守儿童和留守老人的数量也在逐年递增，他们的生活现状引起了李树林的关注。为把关爱留守儿童、留守老人工作落到了实处，李树林多方奔走，积极协调相关部门成立了专门的工作队伍，建立健全了工作制度和长效机制，采取各种形式，对留守儿童、留守老人开展工作。学校关工委对留守儿童进行专门的心理辅导和关爱工作，各村关工委对留守老人也开展了沟通、服务工作，开展了心理咨询、健康教育工作，帮助他们解决生产生活等多方面的问题。2019 年，在李树林等"九老"普法队队员的沟通、协调下，部分村卫生所为留守老人进行了免费健康体检。以李树林为队长的"九老"普法队通过这一系列的举措，搭建了社会为老年人和青少年进行教育、帮助的桥梁，为构建和谐社会奠定了良好基础。

五、与时俱进，协调联动，关爱之路越走越宽

为增强效果、提高社会影响力，李树林结合本镇实际，不仅配合、协调有关部门做好工作，更主动联合有关单位组织开展丰富多彩的活动。如：为加强青少年的爱国主义教育和革命传统教育，他联合宽城县教育局关工委在龙须门镇各学校开展报告会、座谈会、演讲比赛等活动；与团县委联合开展"帮助贫困生重返校园"和"帮教结对"活动，先后救助优秀贫困学生 12 名，帮教失足和后进青少年 6 名，取得明显成效。同时，与镇司法所联合开展网吧清理活动，对本镇两个网吧全天

候进行监督；并通过结对、传递爱心助学等活动关心帮助孩子们的学习和生活。

随着李树林和他的队友们普法进校、进村工作的深入开展，孩子们的法律意识强了、道德水平高了，学校的精神面貌更好了，乡村风气更正了，社会治安情况好转了。这些令人兴奋的变化更激发了他为青少年服务，发挥余热的信心和力量。他紧紧围绕全县大局，积极拓展延伸发挥作用的新路子，把方向转移到宣讲国家大政方针上来，把重点转到扶贫攻坚、帮助青少年发家致富上来，积极引领青少年投身社会主义新农村建设上来。他带领老干部积极参与创建文明生态村活动、社会主义新农村建设，发挥正能量，使关心下一代的内容越来越丰富，路子越走越宽阔。

近几年，李树林多次受到县委、县政府的表彰，还被评为省、市关心下一代工作先进个人，也时常被媒体采访。面对荣誉，他从不张扬，仍带着一腔热忱默默地奉献着。"老骥伏枥，志在千里"，李树林让夕阳之花开得更加鲜艳，更加壮美。

桑榆虽晚胜韶华　夕阳辉映党旗红

——记兴隆县街道办关工委常务副主任陈志龙

陈志龙，男，1932年6月生，兴隆县六道河镇六道沟村人。1942年担任八路军地下交通员，1947年加入中国共青团，1952年参加工作，1958年加入中国共产党。历任小学教师、政府干部等职，1992年退休。退休后，曾担任六道河镇政府老干部党支部书记、关工委常务副主任、老促会会长等职。

一、初步尝试，人生转机

陈志龙退休后居住在镇中学坎下镇政府家属院内，和中学校长日常交往过程中，了解到现在中小学生法制观念淡薄，打架骂人等违法、不良行为屡见不鲜，学校也没有好的解决办法。受学校之约，陈志龙担任了六道河中学法制辅导员。根据自己多年的工作经验，他琢磨，讲几堂课、作几回报告，不成什么问题，但是效果不会太好。缺乏教育的针对性、趣味性，光讲一些大道理，没有触动学生的灵魂，学生也不会接受。经过反复思考，他决定从调查研究开始，走进学生中，了解他们的所思所想，分析他们的思想道德状况；走近教师，了解学生们的现实表现，特别是搜集一些现实案例。然后把问题集中起来进行分析，分门别类归纳总结。他骑上自行车，跑了50多里到县城新华书店购买法制类书籍，把调研的问题与法律条款对号入座，再讲起来，就顺当多了，指明哪些是属于道德范畴，哪些是违法的，说明它的危险性。连续讲了几节课，组织学生座谈，学生说："我们都听进去了。"简单的一句话，给了陈志龙莫大的鼓舞。从此，他这个"法制教育校长"一干就是十几年。

二、动员五老，倾情投入

1997年，受六道河镇党委和老干部们的委托，陈志龙担任了镇政府老干部党支部书记。他把一部分老干部组织起来，成立了关心下一代工作小组，他担任关心下一代工作小组组长，并和两名从公安战线退下来的老同志组成法制教育小组，3 人骑自行车到全镇 3 所中学和 20 所小学讲解法制课。

陈志龙在六道河小学作"法制教育进校园"讲座

2002 年，六道河镇政府成立了关工委，请他出任常务副主任。这样一来，未成年人思想道德教育的任务就扩大了，他根据关工委组织的性质、任务、工作原则，结合本镇青少年的思想道德实际，对未成年人实施有针对性的革命传统教育。为增加教育的针对性，镇关工委的 3 位老同志跑遍了大小村庄，访问抗日战争时期的老革命、老战士，把这些发生在身边的英烈故事编写成册，发给中小学生。

每到清明节，六道河镇关工委联合学校组织中小学生到朱家沟烈士陵园祭奠抗日烈士，这个传统一直传承下来。每逢七一建党纪念日、国庆节等重大节庆日，陈志龙都会深入到全镇中小学通过讲述革命史对孩子们进行革命传统和爱国主义教育，这一讲就是 20 几年。他还把新华社发表的《永远的丰碑，红色记忆》，经过两年剪裁整理成册（50 余万字），发给学校作为爱国主义教育教材。个人出资购买图书，协调、捐赠图书 1000 余册，赠给中小学校，极大地丰富了学校的馆藏内容。

三、抓住机遇，宣传教育

在工作实践中，利用重大节庆日、纪念日对广大青少年进行道德与法制教育，效果很好。2001 年，中共中央印发的《公民道德建设实施纲要》发表后，陈志龙骑上自行车到兴隆县新华书店想购买相关书籍，没买到。又几次到县委宣传部、文明办去寻找，没有成功，后又坐火车到承德市文明办寻找。几次三番，终于在兴隆县文明办的帮助下，争取到《公民基本道德规范》卡片 2000 份，发给全镇中小学生人手一份。他还亲自到六道河中学进行讲解。

随后，他还购买了人民教育出版社出版的《中华传统美德格言》100 册赠送给各学校。又撰写了《未成年人思想道德教育三字经》，印制 1000 册发给各中小学，为各校开展德育教育提供了很好的教育材料，县教育局还将其列入全县学生德育教育教材，要求各学校认真组织学生学习。2006 年，胡锦涛总书记提出要引导青少年树立社会主义荣辱观后，陈志龙撰写了《社会主义荣辱观新童谣》，印制 2000 册，发给中小学，让学生随身携带和阅读。

《道路交通安全法》公布后，陈志龙根据中小学生中存在的交通安全隐患，撰写了《道路交通安全三字经》，印制 2000 余册，发给中小学生人手一册。每年 3 月中小学生"道路交通安全日"，中小学校都有陈志龙讲课的身影，他又成了一名交通安全义务宣传员。

四、与时俱进，开拓进取

陈志龙从多年对青少年的教育实践中，深刻体会到，讲座虽然取得了显著效果，但总感到有些不足，在学校表现很好的学生，回到家里以后就变了样，原因是我们忘记了家庭是孩子的第一课堂，父母是孩子的第一任老师。而在农村好多家长不知道怎样教育孩子，不是大撒鹰不管不教，就是采取打骂等简单粗暴的方式教育孩子。根据这个实际，陈志龙经过与学校、老师、家长探讨，决定尝试创办家长学校。创办家长学校需要有一个把多方力量凝聚在一起的领导班子，于是他就把村党支部、五老和学校三方促成一个班子，由村支部书记任校长，学校校长任副校长，五老和家长代表为成员。

思路有了，选好学校是关键。选择各方面都质量差的六道河小学为试点学校，他和村党支部、学校进行商量，一拍即合，就这样家长学校班子成立起来了。

打开局面，第一堂课非常重要，由陈志龙主讲第一堂课，题目是《怎样做好爸妈》。第一堂课下来，家长反响强烈。经过半年多的实践，摸索出一套成熟的办法，在全镇推广。

为进一步发挥家长学校的教育作用，在各学校的支持下，陈志龙开始在全镇教师中举办家长学校教师培训班，让教师们掌握基本的家教知识，以便在更大的范围内开展家长培训工作。有了师资，有了学校的支持，在征得镇党委、政府的同意后，六道河镇家长学校迅速在全镇铺开，人口在 1000 人以上的 8 个大村都组建了家长学校。为强化培训效果，陈志龙又组织两名老同志深入各村进行巡回指导。实践证明，办家长学校对提高家长素质、改进家庭教育方式方法，起了非常重要的作用，同时还加强了学校老师与家长的沟通，双方能相互理解、互相配合，学校教育、家庭教育的针对性更强，教育效果更好。

五、无私奉献，勇往直前

工作中陈志龙深深感到，做好关心下一代的工作，光有一番热情还不够，还需要一定的资金支持。他凭着老关系，舍出老面子，到县委、县政府及相关部门协调资金。为争取支持，他不厌其烦地向各部门领导讲解关心下一代工作的重大意义、镇关工委工作所取得的成绩和工作打算。这种锲而不舍的精神，深深打动了有关部门的领导，纷纷伸出了援助之手。为进一步扩大资金来源，他还跑天津、去北京，寻求本镇在京津等地经商做买卖的老板给予资金支持。他跑薄了鞋底，磨破了嘴皮，耐心细致地给老板们讲解关心下一代工作的重大意义。精诚所至，金石为开，老板们纷纷慷慨解囊。这些年，陈志龙克服重重困难，为关心下一代工作筹集资金数万元。

为兴隆县的关心下一代事业，陈志龙付出了大量的心血和汗水，2004 年去北京找一位兴隆籍的老总协调资金，在北京郊区，晚上路灯很暗，前面又来了汽车，一不小心，摔到了边沟里，晕了过去。陪他去的同志赶到后，发现他头部好几处流血，把他扶到旅店后，经过包扎，才彻底清醒过来。还有两次去看望学生，骑自行车，因路滑，摔下坝坎子，一次摔伤腿部，一次摔伤肋骨。这些"意外得来的伤痛"并没有吓倒他，他仍然坚守着这份工作。有的好心人劝他说："这是图个啥，不开工资，不给补助，还摔成这个样子，快别干了。"也有些风言风语，说："老陈他这样拼命干，不为挣钱他才不干呢。"更有的直接对他说："你讲一节课给多少钱呀。"听到这些，陈志龙不急不恼，只是淡淡地说："这是我的爱好，也是我们老同志、老党员的责任、义务，责无旁贷。"

六、精神财富，留给后人

2009 年初，六道河镇老干部党支部换届选举，陈志龙向镇党委辞去了党支部书记职务，专心从事关工委工作。他腾出些时间，把多年来积累的素材和自身的经历、工作经验撰写成书留给后人，这同样也是一笔财富。从此，已过古稀之年的他，又当上了"作家"，爬格子成了他生活中的一个重要部分。

2011年，26万字的《长城烽火》正式出版，这是一部记述雾灵山抗日根据地英烈事迹的书籍。这部书的出版，不仅补充了兴隆县狗背岭和大小黄崖抗日根据地抗战史资料，也极大丰富了革命传统教育内容。

2012年，14万字的《童年与人圈》出版。这是一部回忆录，也是陈志龙的亲身经历。这本书再现了抗日战争时期，日伪当局在长城沿线大肆进行集家并村，对"部落"（人圈）人民进行惨无人道统治的史实。

最近几年，18万字的《上潮河情》、15万字的《家庭教育手册》及《德育儿歌100首》等家教和传统教育图书先后出版。上述5本书被兴隆县档案局、文体局，承德市档案局收藏，并被确定为"践行社会主义核心价值观系列"丛书。这5部书价值20多万元，陈志龙全部赠送给中小学校师生和机关单位。

七、不忘初心，继续前进

随着年龄增大，陈志龙把家搬到了兴隆县城，离六道河镇政府大约30多公里的距离，不便开展工作，于是辞去了六道河镇关工委和老促会的工作，把党组织关系转到兴隆县街道办事处。办事处党委考虑到陈志龙是一位从事20多年关心下一代工作的老同志，于是聘任他为街道办事处关工委常务副主任。老陈考虑再三答应了下来，这一干又是3年。年逾80岁的他，依然活跃在教室里、家长培训课堂上、电视台"文化大讲堂"录播间里，活跃在关心下一代工作岗位上。

2012年，他被兴隆县开发区实验学校聘为校外辅导员。这是一所以招收兴隆县留守儿童为主的全日制小学，学生来自全县各地，绝大多数家长在外地打工，学生的道德素质、学业水平参差不齐。为做好学生的思想道德教育工作，他像在职教工一样，按时到校，中午和小朋友们一样，到食堂打饭，和学生们成了朋友。在交流过程中，他仔细揣摩孩子的品性、脾气，了解孩子的家庭状况。在充分了解孩子的思想、家庭、学习状况后，有针对性地对孩子进行思想道德教育、爱国主义教育。老陈的到来就像一股清泉，给学校带来了清新的气氛，孩子们不再自卑，学校更加充满生机与活力。孩子们亲切地称呼他为"我们的陈爷爷"。他又受学校之托，为学校撰写了 21 万字的《兴隆县开发区实验小学校校志》，作为学校十周年校庆的活动礼品已正式出版。

八、撸起袖子，加油干

为了喜迎党的十九大胜利召开，陈志龙积极响应习近平总书记提出的"撸起袖子，加油干"的号召。新年刚过，兴隆县教育局邀请他给中小学生讲一讲党史和家规、家风。他毫不犹豫的答应了。经过认真思考，根据多年对党史的学习，确定从党的一大讲到党的十八大为主线、以"伟大、光荣、正确的中国共产党"为主题展开来讲。家规、家风则是现成的讲稿。这些讲稿均已录制成视频，通过网络向全县中小学播放。教育局发出通知，要求各校认真组织收听、收看。

2018 年初，陈志龙在兴隆县电视台《雾灵山讲坛》栏目，开办了"雾灵山抗日根据地概述"专题节目。该节目共 7 集，讲的是兴隆县抗战军民，在党的领导下，不畏强暴、奋起抗战的光荣历史。

陈志龙在兴隆县"红了"，知名度越来越大，也越来越忙碌了。最近几年，受北京大学、中国科学院等高校和中关村中学等单位之邀，多次进京为师生们讲述兴隆抗战历史。北京的学生们来兴隆，也愿意找陈老给他们当"导游"。同学们都说，每听陈老讲一次故事，都是一次精神上的洗礼。

25 年来，为开展关心下一代工作，陈志龙的足迹踏遍兴隆县的山山水水，他的身影出现在各中小学的讲台上。150 余万字的讲稿，足够他骄傲；1000 多场讲座赢得的掌声，是师生们给他的最大鼓励。因突出的贡献，陈志龙得到了各级党委、政府的高度肯定。2015 年被中国关工委、中共文明办授予"全国关心下一代工作先进工作者"称号；四次被河北省委、省政府授予"全省关心下一代工作先进个人"称号；三次被承德市委、市政府授予"全市关心下一代工作先进个人"称号；承德市委、市政府还授予他"四五""五五""六五"普法先进个人荣誉称号；多次受到县委、县政府的表彰。但这位银发老党员，没有躺在自己的功劳簿上，依然像年轻人一样，健步走在关心下一代事业的最前线。

传承董存瑞精神　做终身奋斗的共产党人

——记隆化县五老吕小山

吕小山，1974 年 4 月调入隆化县董存瑞烈士陵园工作，40 多年来，他先后任过资料员、宣讲员、摄影师、陵园管理处主任等职务，获得县以上表彰奖励 50 多项，为董存瑞烈士陵园建设、弘扬存瑞精神作出了突出的贡献。他立足工作岗位，致力于搜集整理有关董存瑞烈士的各种史料，坚持向干部群众、中小学生、驻军官兵及外地来陵园参观瞻仰者宣讲烈士英雄事迹，进行爱国主义教育，被人们赞誉为"存瑞精神的传人"。

一、踏遍大江南北，只为搜集整理完善董存瑞烈士史料

40 多年来，他参与了董存瑞烈士生平事迹的搜集、整理、设计和布展等大量工作。他来陵园工作的时候，陵园当时仅有一张董存瑞的童年照片和一块烈士碑文两份材料，其他资料几乎没有。比如隆化战斗当时我军是如何部署的，最早从哪里开始打的，董存瑞所在的部队是怎么进攻的，董存瑞最后又是怎么样舍身炸碉堡的，这些细节的具体情况当时都不太清楚。自从当资料员的那一天起，他就热爱上了这份工作。40 多年来，他调查采访的足迹遍及全国 24 个省、市、自治区，行程 12 万多公里，采访和调查老首长、老军人、老领导等 200 人，搜集并整理有关董存瑞烈士的各种史料达 200 多万字。在长期的搜集、整理资料的过程中，使他与烈士的"距离"越来越近，对烈士的情况越来越熟悉，特别是烈士的生平事迹、烈士的部队生活、隆化战斗的每一个细节，都了如指掌，人们形象地称他为"董存瑞烈士专家"。

来拜谒董存瑞烈士陵园的人都知道，在董存瑞烈士陵园展厅内有一个集声、光、电等现代化手段于一体的战斗模型沙盘，这是吕小山在走访各地有关部门、查阅大量档案史料的基础上建立起来的，它真实地再现了 1948 年攻打隆化时，我军的战略部署和各路部队进军路践以及董存瑞舍身炸碉堡的准确时间和地点。从陵园建园起，园内悬挂的一直是

董存瑞童年的照片，董存瑞生前有无参军照片，这是吕小山一直思考的问题和想办到的事。1978 年，他几经周折在丰宁县董存瑞生前战友手中搜集到了董存瑞参军后的照片。为弄清照片的真伪，他曾三次辗转丰宁、怀来、延庆、锦州、盘石等地，访问董存瑞的亲属、少年时的伙伴以及生前部队首长和战友 20 多人，并请权威部门进行科学鉴定。经确定无误后，才将董存瑞烈士参军的照片悬挂在烈士陵园内，此后董存瑞家乡的纪念馆以及华北军区纪念馆也都悬挂上同样的照片。

几十年里，他搞了 10 个有关董存瑞的专题资料，如董存瑞火中救孩子的调查报告、董存瑞参军后照片的调查报告、董存瑞班首任班长的调查报告等。先后编辑出版了《英雄血染隆化城》《董存瑞精神不朽》《浴血在黎明》《相伴存瑞四十年》《董存瑞精神代代传》等 10 多本书。2004 年，他把自己多年收藏的珍贵资料无偿地捐献给董存瑞烈士陵园，受到了社会的一致好评。

二、退而不休去宣讲，只想让董存瑞精神世代传承

1996 年，他退休后，开始了宣讲历史，对青少年进行爱国主义教育的工作。为此他写了名为《拥抱夕阳》的座右铭："夕阳无限好，黄昏不凄凉；花甲正当年，续写新篇章。"他认为：退休手续虽然办了，但是作为一名共产党员，不应该因为离开工作岗位而停止工作，共产党员要永不言退，只要嘴还能讲、手还能写，心脑还灵，就要坚持宣讲董存瑞"舍身为国，奉献为民"的精神，为弘扬民族精神，为下一代的健康成长尽绵薄之力。现在的青少年一代，没有经历艰苦年代的磨炼，不知道现在的幸福生活是来之不易的。一些青少年存在信仰失重、行为失规、道德失范、心里失衡等实际情况，这就需要有人向他们讲解，向他们宣传历史及英雄事迹。他重点对青少年进行了"三思"爱国主义教育：饮水思源；穷则思变；居安思危。平时，只要一有时间他就伏案工作，写存瑞精神，写董存瑞的战斗历程、军旅生活和各地中小学生拜谒陵园、学习英雄健康成长的宣传报告。他的作品有 200 多篇在全国各类报刊杂志上发表，把存瑞精神宣传到了千家万户。他还曾被存瑞中学聘请为语文教研员，为提高该校语文的教学质量付出了自己的心血。退休以来，他到全县机关、学校、企事业单位及部队宣传存瑞精神，上党课、作报告 280 多场次，受教育的青少年和群众达 15 万人次。他多次荣获"老有所为先进个人""退休干部先进个人""关心下一代工作先

进个人""国防教育之星"等荣誉称号。2010年，再次荣获"全国关心下一代工作先进工作者"荣誉称号。省、市委组织为他录制了《相伴存瑞四十年》专题片，在河北省电视台《新闻广角》栏目播出，在社会上引起了强烈的反响。

题《传承》照
老态龙钟，略带笑容
讲述一个舍身人的故事
请看英雄戎装照，他是谁？
让存瑞精神世代《传承》！
——吕小山
（存瑞中学陈义林老师在报告现场拍摄）

吕小山在存瑞中学给
同学们讲董存瑞的故事

他不仅以烈士陵园为阵地向各界人士宣传、讲解董存瑞的英雄事迹，还经常走向社会，甚至到外地宣传董存瑞的事迹，把存瑞精神向外播撒，使更多人了解存瑞精神，受到教育，得到鼓舞。他经常主动或应邀到农村中小学校作董存瑞英雄事迹报告，宣讲隆化的革命斗争史。2009年，在承德市电台《热河大讲堂》节目中讲"开国英雄董存瑞"4场；2010年，在隆化电视台《文化大讲堂》中宣讲"隆化百年历史"5场。他以《隆化人民的新生》《忘不了那十三年的血海深仇》为题，在全县中小学校巡回宣讲。还先后去滦平、围场、丰宁、承德等县中小学校和北京东拴小学、承德市双滦区子弟小学等作报告近百场，受教育的中小学生近10万人次。除在县内作报告，他还经常应邀到外地做董存瑞生平事迹报告。在宣讲董存瑞英雄事迹的过程中，他把弘扬存瑞精神与培育和弘扬新时代的民族精神结合起来，坚持用民族精神育人。他讲的课总能让青少年学生对董存瑞舍身为国、奉献为民的精神有一个全新的理解，收到很好的教育效果。每年他为中小学生、机关、厂矿干部职工作报告15场以上，受教者2万多人次。他积极参与到全县离退休干部党组织和党员深入开展创先争优活动中来，组织离退休党员学英模事迹材料，学中国共产党党史知识，为离退休党员干部上党课。2011年5月，先后应邀到丰宁、围场、承德市等地为离退休干部作以《创先争优，弘扬存瑞精神》为题的宣讲报告3场，通过报告增强了老干部及老干部工作者对党和国家的忠诚与热爱，激发了广大老干部工作者敬老尽责、为老奉献，各项工作创先争优的热情。

"老牛自知夕阳晚，不用扬鞭自奋蹄。"退休以来，他坚持以实际行动践行社会主义核心价值观，积极投身关心下一代事业，把爱心无私地献给了下一代，为青少年的健康成长作出了自己的贡献。

壮心不已图大业　弘扬传统育新人

——追记张家口市关工委名誉主任刘克宽

刘克宽 1916 年 2 月出生，1938 年 3 月参军，1938 年 10 月入党，1982 年离休，51056 部队原政委。刘克宽作为一名老党员、老战士，离休不歇脚，以高度的党性观念和强烈的革命责任感、使命感，把主要精力倾注在做好青少年的思想教育和对部队青年官兵的革命传统教育工作上。在他的感召和影响下，凝聚和组织起了一大批军地老同志投身于关心下一代工作。他组织各类教育辅导活动 200 多次，参与了 12 个德育工作典型学校的培养工作，帮助建立了 42 个以英雄集体和个人命名的英雄中队。《人民日报》《解放军报》《中国教育报》以及中央电视台、河北电视台等都曾报道过他的先进事迹。1993 年 9 月，他作为全军先进离休干部的代表，在中南海受到江泽民总书记的接见。

一、默默奉献，把教育好下一代作为自己的神圣职责

刘克宽常说："保证党和国家不变颜色，培养跨世纪合格的革命事业接班人，必须牢牢地占领青少年的思想教育阵地。"为此，他不顾年迈体弱，主动承担起了张家口市关工委名誉主任的重任。在他的指导和参与下，张家口的青少年教育活动形成了别具特色的三大主要活动系列。

一是创建英雄中队。刘克宽意识到，要使青少年树立正确的人生观，就不能让他们忘记过去，要让孩子们记住过去，必须创造出持之以恒的教育形式和活动方式。实践中他发现，用革命先烈的名字命名少年先锋队中队，是孩子们既乐意接受也很见效的教育方法。他同各级团组织和军地辅导员一起，研究出了一套创建英雄中队组织、谱写英雄中队歌曲、传递英雄中队旗帜、编录英雄中队风采等活动形式。从 1987 年 6 月第一个英雄中队授旗开始，他指导创建了 42 个英雄中队，使一个个革命先烈的光辉形象永驻孩子们心中，使张家口市成为"英雄中队之乡"。徐向前、聂荣臻等百余位将帅曾对张家口英雄中队活动给予热

情勉励，杨成武将军专程到张家口检阅了英雄中队的阵容。

二是开展社会实践活动系列。多年来，在他的大力倡导和辅导下，张家口市的中小学连续举行了"追寻革命先辈足迹""火炬引导我前进""黄河东西行""求索延安精神"等19次大的夏（春、秋、冬）令营活动，把一处处革命纪念地选作革命传统教育的课堂。每次开营，他都去讲话、授旗；就近的活动，和孩子们一起参加，去不了的，为他们送行，回来时亲自迎接他们，同他们一起座谈收获和体会，取得了辐射力极大的丰硕的德育成果。他还总结出了"边走、边读、边访、边写、边学、边做"的社会实践活动辅导经验。为了使学生将革命的活动经历和英雄业绩铭记在心，刘克宽在张家口市第一职业中学发起了革命春秋录编采活动，其中"长城古道行"夏令营的通讯在《人民日报》刊登后，在全国引起强烈反响，被国家教委列入高中语文补充教材。

三是举办少年伙伴手拉手的活动。多年来，在刘克宽的积极倡导下，张家口的许多学校和英雄中队、学生社团同革命老区的伙伴建立了手拉手联系。早在1987年就精心组织指导了张家口市3所小学学生与平北抗日根据地中心地带大海陀贫困学生的联谊救助活动。铁路斜街小学同涞源县东团堡小学的手拉手活动有声有色，历久不衰，在全国手拉手首次评比表彰中，荣获10对最佳学校之首。特别是1993年，在他的支持下开展的救助《东方红》故乡——陕北佳县失学儿童的手拉手、心连心"红领巾东方红行动"引起巨大社会反响，也使孩子们从中受到爱领袖、爱党、爱人民、爱老区的深刻教育。1994年六一儿童节，在全国手拉手活动中受表彰的张家口市7名少先队员在中南海受到江泽民、李鹏等党和国家领导人的接见。孩子们回来后，他协调有关部门，组织这些孩子们巡回报告，从而壮大了手拉手活动的声势。

二、几十年如一日，把全部的光和热倾注在青少年教育之中

刘克宽为了使党的事业能够拥有灿烂的明天，把全部心血花在了下一代身上。为此，他做出了许多常人难以做到的事情，留下了说不完的佳话。

1987年初冬，刘克宽顶着寒风，徒步走了5里陡峭的山路，去参加张家口市第一职业中学在西太平山举行的"悼念李志民将军"的活动；1988年中秋，刘克宽放弃与家人的团聚，到张家口市第六中学参加"京行"夏令营茶话会；1998年盛夏，刘克宽一连几天整理讲稿，

为的是给"长城古道行"夏令营临行前上好辅导课；1990年早春，患感冒的刘克宽不顾家人的劝阻，冒着雪花到宝善街幼儿园给孩子们送领袖的画册；1991年，刘克宽4次奔赴300里以外的蔚县，为狼牙山五壮士之一马宝玉殉国50周年而促成英雄中队手拉手、追寻马宝玉足迹夏令营、为马宝玉塑立雕像等；1992年，刘克宽倡导了纪念党中央、毛主席进驻延安55周年活动，提出了如何重现张家口"第二延安"的精神风采的设想，并与军地老同志商讨制订了青少年开展延安精神教育的计划，受到中国延安精神研究会的高度评价；1993年，刘克宽投入很大精力倡导了张家口青少年"寻伟人足迹，学雷锋精神"的理想教育活动，取得了丰硕成果，并主持编印了《毛主席百年我十岁》一书；1994年夏，刘克宽组织发起了纪念张思德牺牲和毛主席发表《为人民服务》50周年的"红领巾张思德行动"，指导张家口市第八中学21名学生骑自行车栉风沐雨13天奔赴延安，"走向张思德"夏令营取得成功，营长刘静娜同学应邀到北京人民大会堂出席纪念座谈会并作了活动演讲，受到中宣部领导的赞扬。

1995年，为了更好地落实《爱国主义教育实施纲要》，刘克宽不顾年老体弱，和有关部门一起，筹划并实施纪念抗战胜利50周年的"红领巾黄河行动"。活动中，孩子们提出积攒零花钱，在八路军东渡黄河的陕西省韩城市芝川镇渡口捐建"八路军东渡黄河出师抗日纪念碑"。《人民日报》、中央电视台等多家新闻媒体多次进行了宣传报道，团中央还设立了专门机构主持这项活动。9月6日，纪念碑如期落成，李德生、马文瑞等出席了揭幕仪式，萧克将军题写了碑名。社会舆论称这项活动为"全国青少年爱国主义教育活动的盛举"。在他的倡议下，张家口市委和驻军51056部队共同主办了为纪念抗战胜利和八路军收复张家口50周年的青少年"烽火映长城"星星火炬传递活动。

三、壮心不已，把关心下一代的事业干到自己生命的终点

刘克宽患有白内障和糖尿病，行动不便，许多同志劝他歇歇脚，享几年晚年的清福，可他说："我老了，为孩子们工作的时间不多了，弘扬传统教育新人这条路，我要一如既往地走下去，一直到生命的终点。"为使教育贴近青少年思想实际，他给自己规定了重新学习的任务。在他的住房里，青少年杂志、少儿刊物、儿童心理学、青少年教育学等方面的书籍有几十种，他每天都坚持学习两三个小时。他视力不

好，手写吃力，就让别人代写。他还剪贴、摘抄了上百万字有关青少年活动的资料。为给青少年讲好课，他总是坚持认真备课。他艰苦朴素，廉洁自律，在改革开放和发展市场经济的形势下，始终保持着一名老共产党员廉洁的形象。到学校去讲课，不搞特殊，不要报酬。每次外出参加活动，都是自带水杯，提前把茶叶放上，中午、晚上不能赶回家吃饭，就自带干粮，从不给学校和有关单位添麻烦。每次作报告，他总是尽量多讲老一辈无产阶级革命家的丰功伟绩，多讲党的历史和传统，多讲革命先烈的事迹，而很少讲自己。在刘克宽的感召、带动和影响下，一大批军地人员投身于青少年教育工作，先后有250多名军地老同志和部队干部战士被张家口市53所中小学聘请为校外辅导员，有39名老同志自愿参加关工委。

刘克宽倾注于地方青少年教育工作的同时，还十分重视对部队青年官兵的教育。多年来，每逢部队开展政治教育，他都积极参与，并主动与集团军领导商讨，力求取得最佳教育效果。如在部队进行革命人生观教育时，他用半个月的时间，戴着老花镜克服视力减退的艰难，动笔撰写了十余万字的讲稿，先后到军、师机关和11个团队作传统教育报告，使广大官兵在树立革命人生观方面得到了很好的引导。他讲的"牢记人民军队宗旨，不忘艰苦奋斗本色"一课给全体官兵启迪、教育很深，讲课稿被集团军政治部转发。他先后主持过8次"双拥""共建"座谈会，研究探讨新路子，与部队的校外辅导员们站在军民共建社会主义精神文明的最前列积极工作。他连续数年殚精竭虑地指导51056和51399两个团队与地方小学举办少年军校的工作。此外，还会同军、地有关单位相继开辟了抗日民族英雄马宝玉故乡纪念园、东团堡战斗遗址、西甸子五勇士战斗遗址、大渡河十七勇士中队纪念壁、左权中队纪念碑、多松年烈士纪念室、李大钊生平事迹展室、聂荣臻元帅塑像等革命传统教育基地，以求更广泛地开展革命传统教育活动。

刘克宽以自己离休后卓越的工作，展现了一个共产党人为共产主义事业主义奋斗的高尚情操和宽广胸怀！

尽责尽力　做好关心下一代工作

——记张家口市教育局关工委副主任李成贵

李成贵于 2005 年 4 月提前离岗，离岗前任张家口职业技术学院党委副书记、纪委书记、副院长，2006 年 9 月正式退休，现任张家口市教育局关工委副主任。2005 年 7 月，张家口市教育局领导邀请他参与市教育系统关工委工作，他愉快地接受了邀请。他曾参与过关工委工作。20 世纪 80 年代后期，他任张家口地区教育局教育科科长，那时，关心下一代工作刚刚起步，组织机构为关心下一代工作协会，教育系统的具体工作由教育科牵头协调，他有幸参与了地方、军队老同志举办的一系列关心下一代活动。这段工作经历，他深切地感到那些退下来的老同志，不论是哪个级别的，虽然年事已高，但对工作极端负责，对孩子关心爱护，工作热情非常高涨，真有"老骥伏枥，志在千里"的气势。这对他教育极大，使他深深认识到，在改革开放的新形势下关心下一代工作的极端重要性与紧迫性，同时也激发了他参与关工委工作的高度热情与积极性。

一、尽责尽力，抓好日常工作

市级教育局关工委组织机构，挂靠张家口市教育局老干部科，没有正式人员编制，也没有文书科员，一切事务工作都要靠自己去完成，诸如起草文件、准备会议材料和领导讲话、掌握会议贯彻落实情况和工作进展进度、到基层检查调研、具体处理省教育厅市教育局关工委安排的各项工作事务。关工委工作每年大概安排 5 大项 15 小项具体工作，分直接牵头的工作和协助参与的工作两类，重点要抓好教育部全国青少年"五好小公民"主题教育活动和进行家庭教育指导并办好家长学校。为适应工作需要，他学会了电脑，掌握了打印、收发电子邮件等常规技能，基本做到了数字化办公。由于要处理日常工作事务，他跟没退休一样正常上下班，家务事、看护孩子、接送孙子上下学等大多靠老伴去做。老伴对他的工作非常理解，也大力支持，从根本上解决了家庭的后顾之忧。原以为关工委工作不必天天到机关，可以兼顾其他，所以他曾于 2006 年 3 月应聘一家民办中职学校校长职务。到任后，学校要求尽量坚持在岗，而关工委工作也不能耽误，为保证关工委工作不受影响，他于一年后辞去民办学校校长职务，全身心地投入到教育局关工委工作，真正把关工委工作当作自己的全部工作职责，尽心尽力，较好地完成了各项工作任务。

二、注重学习，搞好专题研究

关工委工作的指导原则虽然是"围绕中心、配合补充"，但要想工作有针对性并取得实效，就必须基本掌握各级各类学校和整个教育战线改革发展的形势，特别是学校德育工程和学校教育、家庭教育、社会教育相结合的现状动态。为此，他自费订阅了《中国教育报》和《教育文摘周报》，坚持天天阅读，重点文章反复学习，以便随时充实自己，不断提高思想认识水平和业务能力，同时，随时了解张家口市教育局的工作部署，始终保持清醒的头脑，确保到基层或学校调研交流演讲时能跟上形势。

在注重学习的同时，也主动搞一些专题研究。2009 年 9 月至 2010 年底，教育部关工委举办了家庭教育工作研究论文征集活动，他在工作实践和调研的基础上，撰写了《教育系统关工委在"三结合"教育中的定位思考》一文，获教育部关工委家庭教育中心征文三等奖。2010 年，教育部关工委在全国开展了家长学校教育实验区工作，张家口市为全国首批实验区。伴随着家长学校教育实验区工作的推进，教育部推出全国教育科学规划 2010 年重点课题《新时期家庭教育的特点、观念、方法的研究》，张家口市教育局成功申报分课题《新时期中小学、幼儿园家长学校办学模式的理论与实践》，李成贵为课题主持人。经过三年的实践研究，并结合本地实际，他提出一套组织管理、教育教学、招生结业、经费保障等有可操作性的家长学校办学模式，一方面有力地指导了全市家长学校的办学实践，同时形成的论文也经教育部评审顺利结题。为更好地弘扬中华传统文化，培育和践行社会主义核心价值观，以此指导家庭教育，他较全面地学习研究了中国古代家教的经典著作，并撰写了 1.5 万字的《中国传统家教经典之思考》一文，从必须重视对子女的教育、教育子女要及早进行等 10 个方面，坚持继承、借鉴和创新的原则作了阐述。同时，下功夫学习研究了《周易》中关于家庭教育的论述，撰写了《〈易经〉的家庭教育密码》一文。上述两篇文章发表在河北省关工委和教育厅关工委创办的刊物《河北家长学校》上。

三、谦虚谨慎，注意工作方法

教育系统关工委的工作体制是"以现职党政领导为主导，提出工作任务；以老同志为主体，开展工作"。在具体工作过程中，根据工作总体部署，李成贵积极提出具体工作安排建议，并及时与领导沟通，领导同意的，就认真细致地组织实施；领导暂不同意的，就先放一下。注意摆正与现职领导的地位关系，尊重和维护现职人员的领导尊严。时刻牢记工作上不越位、不添乱，甘为助手，发挥助力，始终保持整个关工委工作步调的一致性。特别是与相关的主渠道科室，经常注意沟通情况，求得密切配合。由于他时刻保持谦虚谨慎态度，十分注意工作方法，所以，领导和同志们都非常尊重他，爱护他，支持他，上下关系融洽，气氛和谐。同时，他的工作也得到领导和同志们的充分肯定，2008年，荣获河北省委教育工委、河北省教育厅老年教育工作者协会先进个人称号；2009年，荣获河北省委办公厅、河北省人民政府办公厅关心下一代工作先进个人称号；2015年，荣获张家口市委、张家口市人民政府离退休先进个人称号。张家口市教育局关工委也先后荣获教育部关工委、省教育厅关工委先进集体称号。

能在关工委工作，是离退休人员的极好选择，这不但是党的事业的需要，也是继续学习新知识、不断提高自身素质的需要，更是身心保持愉悦健康的需要。

爱心倾注关工情

——记张家口市桥西区关工委副主任陈惕生

毛泽东曾说过：一个人做一件好事并不难，难的是一辈子做好事，不做坏事，雷锋同志就是这样的一个人。而在塞外山城张家口也有这样一个人，离休后倾其毕生心血和绵薄之力投入关工委事业，27 年如一日，把关心下一代工作从学校做到社区，从区内做到区外，从城市做到农村，从贫困山区做到灾区、做到全国，他就是张家口市原十五中学离休教师、桥西区关工委副主任陈惕生。凡了解他的人，无不为他持之以恒执着的奉献精神所感动；凡聆听过他教诲和受过他资助的人，无不为他的无私大爱所激励。他被广大青少年亲切地称为"爱心爷爷""知心爷爷"。他先后获得"全国关心下一代工作先进个人""河北省关心下一代工作先进工作者""张家口市老有所为先进个人""'善行河北·情暖张垣'张家口市 2012 年度十大新闻人物"等 20 多项荣誉。他的先进事迹，也在《河北省关心下一代工作简报》、民进市委出版的《肩负使命 与时俱进——张家口民进 45 年》一书、《张家口日报》《张家口晚报》等刊物上登载，张家口电视台对其进行了人物专访。

一、磨砺更增关工志

说起陈惕生，年届 90 岁的他经历颇为坎坷，从 1949 年 1 月参加革命工作的 40 多年时间里，有近 20 年的时间在教书育人，有 20 多年的时间是在监狱度过。生性耿直的他 1958 年 2 月因直言进谏被错化成"右派"，投入保定监狱劳动改造达 22 年之久，直到 1980 年 2 月才平反出狱。20 多年的监狱生活，使他看开了很多、理解了很多，也更加磨炼了他吃苦耐劳、不屈不挠的性格。为弥补这个阶段的损失，1990 年 9 月离休后，他怀着对党的感恩之心，对青少年的深厚感情，毅然地投身于关心教育下一代工作中，并从 2006 年起担任桥西区关工委副主任至今。

在建党 87 周年之际，年近 80 岁高龄的陈惕生站在鲜红的党旗前，激动地举起拳头庄严宣誓，成为一名光荣的共产党员，实现了他多年以来的政治夙愿，这也是他一生不变的追求。用陈老的话说："是党给了我第二次生命，是区委老干部局的同志们帮我圆了入党的梦。"入党后，他激发出更大的工作激情和奉献热情，与时间和生命赛跑，主动与青少年结对子，为青少年讲历史讲传统，传思想传精神，帮进步帮解困，不仅开展学业辅导，还进行思想疏导，不仅帮困，而且帮志，先后多次在河北新闻网上发表励志文章，努力把全部心血倾注到社会教育上，把工作做到广大青少年心坎上。

关心他身体的老朋友们劝他说："离休了要多休息，甭自己给自己找罪受。"劝他不要做了。还有人对陈惕生能否持久做下去表示怀疑，但时间证明了一切。他总是说："离休不是下岗，而是人生新的开始，一名受党培养多年的人民教师，我追求的事业是永无止境的。"

二、不遗余力助教育

陈惕生离休后，表示愿在身体尚好、能力俱备之时，抓紧机会为教育事业、为培育下一代做些力所能及的工作。前10年的时间里，他被张家口市民进育才学校聘为教师，负责总务和班级管理工作。这个学校是民主党派社会办学，大部分学生来自周边贫困县区，不少学生家境贫寒，常常因交不起学费、食宿费而苦恼。为有针对性地对那些困难学生进行帮助，陈惕生深入班内逐一了解每个学生的思想动态、家庭状况、学习成绩。他把自己在学校的收入全部拿出来设立奖学金，资助那些品学兼优、家庭有困难的学生渡过难关、完成学业，考上自己理想的高等院校。这样的善举一直坚持到他离开学校。10年来，陈惕生除将学校发给的所有收入贴补外，又从离休费中拿出6000元用于资助学生。

2000年离校后，他接手关工委工作，做的第一件事就是进学校、访教师、访家长、访学生。他先后家访3000余户，和数百名孩子、教师、家长结成了忘年交，不到半年，他就熟悉掌握了桥西区各中小学关心下一代工作的第一手资料，摸索出了一套独具特色的工作方法。他一边工作，一边为青少年儿童和学校解决实际困难和问题。他的心理咨询室——"陈老师知心屋"成为孩子们诉衷肠的地方，就连很多辅导员在工作和生活中遇到问题也愿找他谈谈心，请他出主意。他到哪里，哪里就成为孩子们的教育阵地。南菜园小学恢复足球训练基地时，陈惕生及时向该校捐赠了20颗足球；他看到北新村小学的孩子们课间在院子里拍纸牌，既不卫生又不文明，随即向该校捐赠了50根跳绳、各种棋类80盘。他在工作中还经常想方法、创新载体，来提高孩子们的学习兴趣，自己出钱设计200多块以"争当四好少年"、党建、军史为内容的展牌，送给全市近30所中小学校，产生了积极的教育效果。

桥西区南天门小学是一所寄宿制小学，很多孩子家庭条件比较差，每年的六一儿童节，陈惕生随桥西区委老干部局和关工委同志一道去该校开展爱心助学活动，为学生食堂捐赠了米、面、油等食品，为学校自费购置图书、足球等文体用品。在庆祝南天门小学少先队成立60周年入队仪式上，陈惕生捐赠了大批红领巾，8年来共为该校捐赠物品和现金合

陈惕生自费购书赠给学生

计5万元。他被南天门小学等15所学校聘为校外辅导员。他还义务担任社会监督员等职务，积极参与社会管理活动，主动组织其他老同志干预和监督各类网吧管理，规劝学生远离网吧、歌厅，较好地发挥了社会监督员的作用。

三、结对帮扶献爱心

有人说："雷锋出差行千里，好事做了一火车。"而陈惕生也可以毫不夸张地说："从事关工30年，做的好事数不完。"

2013年3月，在张家口市桥西区关工委组织的"爱心结对手拉手"活动中，侯佳航的家长按照"爱心书签"上的联系地址，叩开了陈惕生家的门，无奈地说："上初二的孩子在学校调皮捣蛋，几次被老师停课，实在没办法了，这样下去孩子就毁了，求您帮帮忙吧。"陈惕生二话没说，他把孩子叫到家里，耐心细致地了解情况，设身处地地教育引导，给孩子树信心、定目标、立规划。为了让孩子早日回到课堂，陈惕生拖着肿胀的双腿，弓着病痛的身体，在老伴陪伴下找了校长、找班主任，终于让孩子重新回到课堂。此后，每隔一段时间，陈惕生都要过问侯佳航的思想和学习情况，对生活上的困难给予资助。侯佳航有什么心里话也愿意与陈爷爷说说，把他当成了最信任的亲人，还将他的好朋友

也介绍给陈爷爷。在陈惕生的鼓励和帮助下，他的学习成绩不仅有了明显提高，而且思想品德也有了质的进步。在桥西区开展的"爱之源"活动中，侯佳航搀扶着陈爷爷，将自己的 300 元零花钱和陈爷爷的 700 元钱送到了白血病患者家中。后来侯佳航考入理想的高中，与陈爷爷的友谊也一起保持着。

陈惕生联系的另一名学生叫杨小宇，单亲家庭，母亲多病，无力抚养，学业难以为继。陈惕生知道后，主动联系上了他。从小学到初中、高中，既帮钱、又帮学，无微不至，有求必应，8 年来共资助物资 4 万多元。在陈惕生的关怀下，小宇以优异的成绩于 2015 年 7 月被衡水一中提前录取，人也变得更加阳光、自信，学习成绩全校排名年级前十。每每提起陈老，他们母子都几度哽咽，感激之情难以言表。除此之外，陈惕生仍在继续资助的还有马越、马超和张强三名贫困学生，其中马超同学也以优异的成绩被衡水一中分校录取。

在张家口市桥西区委老干部局、关工委和南天门小学联合开展的"大手拉小手"爱心助学活动中，陈惕生当场为 5 名贫困生捐款 1000 元，为六年级学生赵彦星捐赠羽绒服、毛衣等 10 余件衣服；同年，他又为利民小学困难生双胞胎资助 2000 元；连续数年的春节和中秋节，为使困难孩子能够高高兴兴度过一个节日，他在节前为本社区的八九个困难孩子的家庭送去米、面、油和慰问金共计 10000 余元。

四、大爱无疆显真情

陈惕生的爱是无私的，人不分亲疏，地不分远近，无论是谁，只要是遇到为难的事、过不去的坎儿，他都会伸出慷慨援助之手。

汶川大地震后，四川灾区借读生在北新村小学就读，陈惕生为灾区学生捐赠了书包、笔记本、文具等各类学习用具和大量的课外读物。在国家扶贫基金会发动的献爱心活动中，他为四川灾区白东明、褚红梅两个小朋友分别捐赠价值 500 元的包裹。

2010 年，陈惕生还两次到银行向中组部寄去"特殊党费"2000元。2014 年，他又拿出 2000 元与王殿贵老人一起资助两名万全区贫困学生，使学生感受到社会大家庭的温暖。陈惕生连续多年为抗震救灾、城市建设、救助困难学生、增绿添彩、学校建设等活动捐款捐物共计 20 多万元。

他 27 年如一日，足迹遍布市、区各中小学校，作宣讲报告 300 余场，累计捐赠青少年读物 1 万余册，参与青少年各种活动 450 余次，受教育青少年达到 10 万余人次；先后结对帮扶救助 130 余名后进生、贫困生、辍学生完成学业，升入理想的学校，不少人已就业成为社会有用之才。

五、不辞羸病献余生

看到陈惕生不由得使人想起"春蚕到死丝方尽，蜡炬成灰泪始干"。在关心下一代工作上，陈惕生就是那只"春蚕"、那支"蜡烛"。前几年的一场疾病让他的身体和行动大不如从前，腰更弯了，腿更软了，身更颤了，远远望去，就像是一叶漂摇在水上的孤帆，让人心疼和怜惜。即便如此，就是坐在轮椅上，他依然一刻不肯休息，继续设计爱国主义教育展板、为学生课余辅导批改作文……耄耋之年，他感到生命的紧迫，他最想做的就是将生命的意义在孩子们身上无限放大。

陈惕生的家庭并不富裕，虽然自己和老伴都有工资收入，但老伴企业退休工资不高。每当走进陈惕生的家，很难想象这是一个双工薪人员的家庭，不足 50 平方米的面积，还是 20 世纪五六十年代家庭的摆设，没有一件像样的家具和电器，也没有一点时髦的装饰。陈老夫妇衣着朴素、粗茶淡饭，省下来的钱全部用到了关心下一代和其他社会公益中。这些年下来，累计共向学生、学校和社会捐赠款额达 20 多万元，足足占了老两口工资总收入的一半以上。而唯一的儿子、儿媳下岗，孙子、孙女也无固定工作，一家人生活过得很拮据。即便如此，也丝毫改变不了陈惕生执着于关心下一代的心。不仅如此，在陈惕生的影响下，老伴马秀兰也义无反顾地加入到关心下一代工作中。人们经常看到的是一对相濡以沫、相互搀扶、颤颤巍巍的身影，蹒跚在市区各中小学和书店间，有时为了给结对孩子买一本合适的工具书，就要跑遍市内大大小小 10 多个书店，一转就是大半天。

有人问陈惕生："您成天这么忙乎为什么、图什么?"他是这样回答的："既不为什么，也不图什么。我只想在有生之年，能为社会多做些有益的工作，能为孩子们的健康成长多出一点力。"多么朴实的语言，多么坦荡的人生，陈惕生用他的大爱帮助青少年扣好人生第一颗扣子，积极为党和国家的事业增添正能量，用自己的实际行动诠释了一名离休干部、一名共产党员晚年精彩的人生。

热心关爱下一代　身体力行育新人

——记张家口市桥东区关工委副主任赵柱国

最美不过夕阳红，不忘初心报党恩。热心关爱下一代，身体力行育新人。这是张家口市桥东区关工委副主任赵柱国真情奉献关心下一代工作的真实写照，也是这位老共产党员高尚情怀的生活常态。

赵柱国是一位有着 60 多年党龄的共产党员，曾经从事教育工作 24 年，深知加强青少年思想教育的重要性和必要性。1996 年，他从张家口市桥东区委老干部局局长岗位上退休后，主动承担了许多社会工作。特别是 2011 年担任张家口市桥东区关工委副主任以来，他把青少年教育工作作为退休生活的新动力，先后参与了全市 52 所学校的青少年思想教育活动，被 30 多所大中小学聘为校外辅导员，为开展青少年教育活动捐资 18 万余元，以身示范义务清理山路 20 余载，他的事迹在张家口市广为传颂。他先后获得桥东区"十佳文明市民标兵""最美张家口人""张家口市道德模范""山城环境卫士""河北省全民国防教育先进个人""河北网络人物""全省离退休干部先进个人""全国最美家庭"等荣誉称号，被孩子们唤作"爱心爷爷"。

一、牢记使命，热心英雄中队建设

多年来，赵柱国始终按照"要把红色资源利用好、把红色传统发扬好、把红色基因传承好"的要求，坚持以"青少年受益、基层群众欢迎、党委政府满意"为标准，不辞辛苦，奔波于各个中小学，言传身教，从三个方面热心助力英雄中队、英雄团支部建设。

一是热心英雄中队、英雄团支部创建。赵柱国以建设英雄中队为己任，把创建英雄中队作为传承红色基因争做时代新人的有效渠道和平台。他先后参与创建了近百个以英烈命名的英雄团队，为实现各个学校都建有英雄中队的新局面而尽心尽力。在"'双百'人物进校园"活动中，赵柱国助力参与创建了共青团"白求恩支部"、少先队"毛岸英中队"等 20 多个以英烈的名字命名的英雄团队。期间，赵柱国先后被张家口市 2 所大学、2 所中学、19 所小学的 30 多个少先队英雄中队、共青团英雄支部聘为校外辅导员。

二是热心英雄中队、英雄团支部活动。党的十八大后，赵柱国按照"因事而化、因时而进、因势而新"的要求，在英雄中队活动中不断拓展新视野、丰富新内容、拓展新方式，使英雄中队活动更加多姿多彩。2018 年 7 月 1 日，五一路小学举行纪念中国共产党成立 97 周年暨创建少先队董必武中队命名授旗仪式；2019 年，赵柱国在鱼儿山上向卫华小学赵世炎中队学生讲解劳动光荣，带领学生体验扫雪劳动之美；在清水河边向清河路小学学生讲解珍惜新生活、热爱美家乡，带领学生体验河边劳动成果；在工人村小学开学典礼上组织"铭记历史、健康成长"主题活动；在北新村小学举行"走进新时代，改革开新篇"主题活动，为 1500 名师生宣讲新时代红色故事。他还编写 2 万余字的宣传材料对青少年进行法制教育、文明行为教育，引导广大青少年从小自觉践行社会主义核心价值观。

三是热心英雄中队、英雄团支部传承。赵柱国从学校学生班级变化大、学生毕业接替性强的特点出发，通过助力英雄中队队旗传授活动，传承英雄中队精神，促进英雄中队发展。近年来，他先后参加经开区姚家房中学张思德中队、宣化侯家庙小学杨成武中队等英雄中队的队旗传递仪式，在现场主讲革命历史并传授队旗。2018 年以来，赵柱国还为新创建和恢复传承的少先队英雄中队赠送近 1000 张照片作为教育资料。他在热心助力英雄中队的传承活动中还引导同学们对照英烈精神弘扬红色传统。如宝丰街小学创建周恩来中队后，始终把学习周恩来，爱国爱党爱家爱人民作为精神传承；铁道西街小学李泽中队把纪念张家口市第一个党支部作为每年英雄中队活动的精神传承。

目前，张家口桥东区各个小学都创建了英雄中队。在赵柱国等市、区关工委五老共同倡议下，各个学校的英雄中队将每年的 5 月 25 日定为"英雄中队纪念日"，英雄中队建设特色更加鲜明、内涵更加丰富，"传承红色基因，争做时代新人"的主题教育更加深入人心。

二、与时俱进，热心红色主题活动

赵柱国在关工委工作中以习近平新时代中国特色社会主义思想为激励，热心红色主题活动，传承红色基因，为青少年当好党的政策的宣传员和讲解员，大力弘扬社会主义核心价值观，帮助青少年树立正确的世界观、人生观、价值观。

一是热心爱国主义主题活动。习近平总书记指出：中华民族从站起来富起来到强起来，是一个不断创造奇迹的过程，不仅要让后代牢记，我们自己也不能迷失。数理化之外，爱国主义教育要加强，要让孩子们知道自己是从哪里来的，红色基因是要验证的。多年来，赵柱国先后参与了张家口市52所学校开展的300多场爱国主义教育，探讨总结"了解国情，缅怀先烈，学习伟人，以史育情"的爱国主义教育方法。通过节日、纪念日、夏令营、"大手牵小手"结对子等多种形式，宣讲爱国主义，引导青少年要向英雄模范人物学习，用实际行动把红色基因一代代传下去。在教育活动比较密集的时候，为了给学生们讲上一堂生动的爱国主义教育课，他常常是连夜查阅资料、整理讲稿。在2014年9月30日我国首个法定的烈士纪念日前后，赵柱国连续6天，为不同学校分别作了7场各有特色的大型爱国主义主题讲演。烈士纪念日当天，在市、区两级关工委安排下，赵柱国和其他五老成员一起精心组织市区23支少先队英雄中队在察哈尔革命烈士陵园革命烈士纪念塔前举行了庄严的缅怀先烈活动。2016年清明节期间，在烈士陵园革命烈士纪念塔前，他向河北北方学院等4所大学青年志愿者和桥东区中小学学生分别作了两场缅怀革命烈士的主题发言。近年来，他自费参加了三届全国"火炬引导我前进"夏令营活动，到19所学校参与了48场大型教育活动。通过清明祭扫、缅怀烈士、主题宣讲等多种形式的爱国主义教育活动，进一步增强了同学们爱党、爱国、爱社会主义的思想感情。

二是热心英模事迹主题活动。2019年习近平总书记在新年致辞中说："我特别要提到一些闪亮的名字：天上多了颗'南仁东星'，全军英模挂像里多了林俊德和张超两位同志。"赵柱国聆听了讲话以后，认真学习有关资料，自3月份以来，先后为清河路小学、宁远中学、北方机电工业学校等学校7300多人宣讲全军10位英模人物事迹，并赠送全军英模挂像。2019年4月，张家口市桥东区团委组织11所学校29个英雄中队参加"缅怀革命先烈，传承红色基因"活动，新创建以全军10位英模名字命名的10支英雄中队，他和近1700名师生参与了活动。2019年清明节，赵柱国在张家口市经开区第三小学清明祭奠英烈活动中，讲英雄故事，和同学们一起祭奠在四川省凉山州木里县境内扑救森林火灾行动中牺牲的30位年轻英雄。通过英模事迹主题活动，使广大青少年更加明白：一个有希望的民族不能没有英雄，一个有前途的国家不能没有先锋，每个时代都有每个时代的英雄，一切民族英雄都是中华民族的脊梁。

三是热心雷锋精神主题活动。党的十八大以来，习近平总书记多次强调：雷锋精神是永恒的，是社会主义核心价值观的生动体现；要做雷锋精神的种子，把雷锋精神广播在祖国大地上，让雷锋精神落地生根；要从娃娃抓起，让雷锋精神在全社会蔚然成风，世世代代弘扬下去。因此，雷锋精神是赵柱国热心参与主题活动的必讲内容。2018 年，为张家口市桥东区团委及全区团干部以《传承雷锋精神，青春助力创城》为题作主题宣讲；在河北建筑工程学院团委组织的大学生学雷锋启动仪式上，以《学习弘扬雷锋精神，创建全国文明城市》作主题宣讲；为回民小学全校师生 1000 余人宣讲《不忘初心，争当雷锋精神传人，弘扬社会主义新风》；清河路小学新学期开学典礼第一课，赵柱国为 2000 名师生宣讲《学习雷锋好榜样》。2019 年 3 月，他先后两天在市、区学雷锋启动仪式上为第七中学、市、区雷锋志愿者服务队 600 多人宣讲《弘扬雷锋精神，创建文明城市》。赵柱国热心参与雷锋精神主题活动，使同学们进一步明白在今天的中国，最美人物不断涌现，凡人善举身边榜样层出不穷，雷锋精神人人可学，奉献爱心处处可为，在新时代既要学习雷锋精神，也要学习雷锋的做法，把崇高理想信念、道德品质和美好追求转化为情感认同和行为习惯，体现在平凡的学习生活中。

四是热心家乡历史主题活动。赵柱国的家乡张家口是一座具有光荣革命传统的城市，早在建党初期，革命先驱李大钊曾在这里召开西北农工兵代表大会；爱国将领冯玉祥在这里组建察哈尔民众抗日同盟军；张家口是解放战争时期我军解放的第一座大中城市，曾作为晋察冀边区党政军机关所在地，被誉为"第二延安"。张家口人民曾为抗日战争和解放战争的胜利作出了重要的贡献。赵柱国依靠张家口浓郁的红色革命基因和即将在张家口举办的冬奥会，热心向同学们宣讲 1948 年张家口解放的革命历史，宣讲承载着家国情怀感人肺腑的察哈尔民众抗日同盟军以及吉鸿昌、冯玉祥将军的爱国故事。2018 年，他刻制了《人民的胜利——张家口追歼战》光盘 93 张，送至 52 所学校和有关单位，先后为宣化米市街小学、怡安小学等学校现场讲解，到 2018 年 12 月 24 日张家口解放 70 周年纪念日有数万人收看。通过重温家乡革命历史，传承家乡红色文化，起到增强青少年的忧患意识和爱国主义精神，弘扬社会正能量的积极作用。

三、身体力行，热心革命传统教育

赵柱国退休后，始终热心革命传统教育，注重对青少年的政治引领，引导广大青少年坚定听党话、跟党走；注重传承新时代的中国精神和时代楷模，引导学生自尊、自信、自立、自强。在热心革命传统教育中，尽心培养青少年崇德向善、见贤思齐、不图名利、乐于奉献、身体力行。具体体现为"三个服务""三个做到"。

"三个服务"就是在革命传统教育中坚持为学校服务、为老师服务、为学生服务。赵柱国认为，做好青少年思想政治教育，在青少年心中埋下真、善、美的种子，引导他们"扣好人生第一粒扣子"，必须按照习近平总书记所要求的，自身具备政治要强、情怀要深、思维要新、视野要广、自律要严、人格要正这六种素养，且缺一不可。赵柱国总是说：先辈们无私奉献、英勇献身的精神鼓舞激励着我，去面对频繁的活动和远距离的奔波，去面对困难和挑战，宁愿自己辛苦受累多付出，也要为师生提供方便多受益。

为了搞好革命传统教育活动，赵柱国不仅自费制作活动道具、图板，有时还要连夜研究活动事宜。2012年，赵柱国自费为16名少先队大队辅导员、5个英雄中队、3名有关人员订了全年《下一代》杂志24份。他和毛振华、高焕俊为31所学校赠送"少年励志红色经典系列"丛书和雷锋故事经典书籍300余册；为25所学校送去36个漂亮的密封罐，贴上精致的标签，装有珍贵的土壤。在开展革命传统教育活动时，他将精美的记录册送给12个英雄团队；每次活动的内容在报刊发表，他都及时购买多份报刊送至学校；得知活动在电视台播放的消息，他及时告知学校，方便师生收看。多年来，赵柱国自费为35所学校订了《祖国》等优秀德育期刊，购买了《毛泽东历史瞬间》《毛泽东名言故事》等革命传统教育读物，供孩子们阅读。为避免杂志丢失，他总是把每期杂志以最短的时间分送到四区一县的35所学校。2016年以来，赵柱国还先后向中小学校捐赠关于雷锋的书籍、《将帅传记》等。2017年，他自费购买《永远跟党走》1000册、《可爱的张家口》精装版100册赠予全市英雄团队青少年。将自己珍藏的各种宝贵的资料物件，如光盘、照片以及从朝鲜、井冈山、韶山学校、雷锋家乡采集回来的"土"装罐，有针对性地捐赠给学校英雄中队或孩子们。他还为全市英雄团队配置了金属伸缩活动旗杆。进入新时代，他又向49所学校捐赠了自费购买的《习近平的七年知青岁月》《知之深 爱之切》《习近平讲故事》等书籍 300 多册，使青少年更深地了解我们的习总书记，更加热爱我们的习总书记。近年来，赵柱国用于青少年红色教育活动中赠书、红色纪念品、报刊等费用达 35000 余元。

赵柱国担任桥东区关工委副主任以来，还经常和几位担任校外辅导员的老同志，深入学校、社区及社会进行调查研究，推进工作。他们一发现哪所学校学雷锋活动有新特色、革命传统教育和英雄中队活动有新特点，就及时将他们的好做法、好经验、好特点予以传播互学。多年来，赵柱国不仅走遍了本区 20 所中小学，还走进外区、县的一些学校。如：他前往崇礼区西湾子小学参加感恩教育活动，近 5000 人静听演讲，烈日当空，无人打伞遮阳，抽泣声不断，互动场面壮观。在这场活动中，赵柱国同样流下了激动的泪水。他还编写 2 万余字的宣传材料对青少年进行法制教育、文明行为教育。

赵柱国深知自己的一言一行，总在潜移默化中影响学生的认知和行为，要做一名合格的校外辅导员，就要以德立身、以德立学、以德施教，把关心下一代这一伟业做深、做细、做得更好。一次活动的前夜，赵柱国突发高烧到 39 度，全身酸痛，连说话都没力气，第二天他不听女儿的劝告，在加倍服用了感冒药后依然坚持提前赶到学校会场。活动开始后，他在学校老师的搀扶下登上讲台，为孩子们宣讲革命传统。

"三个做到"就是在革命传统教育中做身体力行的表率、做青少年的朋友、做合格的校外辅导员。"亲其师，才能信其道。"赵柱国深感做好新时代青少年教育工作，首先要用高尚的人格感染学生、赢得学生。特别要按照习近平总书记要求，堂堂正正做人，做让学生喜爱的人。为此，他努力使自己成为中华传统美德的践行者和弘扬者，以高远志向、良好品德和高尚情操为青少年作出表率，以身体力行诠释爱祖国、爱家乡。

1998 年，赵柱国退休后登鱼儿山锻炼身体时，看到鱼儿山上山的路又脏又乱，沙石满路，狗屎遍地，石阶松动，危石险情处处可见。于是他自购铁锹、扫帚等工具，不管刮风下雪、酷暑严寒，每天早上 4 点钟，便带上工具上山清扫垃圾、平整路面、排除危石、清理塌方、维护台阶、护林护路……清扫做到主通道天天扫，必经之路经常扫，通向山顶的路一季一扫。2000 年，赵柱国被查出肺癌，做了左肺下叶切除手术，但手术后他只在家里休息了两个月就又上了山。20 多年来，赵柱国扫遍了鱼儿山的每一条山路。在清扫时间上，他坚持每天2至4个小时，一年四季风雨无阻，节日照干，10多年如一日；清扫山路用坏了20把铁锹，磨平了上百把扫帚，磨破了百余副手套。

赵柱国热心革命传统教育，紧紧围绕立德树人的根本任务，按照实践育人的要求，以体验教育为基本途径，从大处着眼，小处着手，让青少年在实践活动中，思想感情得到熏陶，精神生活得到充实，道德境界得到升华，把主题教育成果转化为严格要求自己、勤奋学习、培养优秀品德、积极参加社会公益活动的实际行动。2018年3月5日学雷锋纪念日这天，张家口市桥东区关工委联合回民小学在雷锋中队队旗引领下，到鱼儿山风景区开展文明创城清扫卫生活动。坚持义务清扫山道20年的他用亲身经历向孩子们讲述了践行雷锋精神的社会现实意义，并带领英雄中队的师生们和家长代表亲身体验清扫山道，使大家感受到传承和弘扬雷锋精神既是一份公民义务，更是一种社会责任。

赵柱国在参加革命传统教育活动时多次现场捐赠红色书籍和红色纪念品。如宝丰街小学少先队组织李大钊中队活动、姚家房中学创建陈毅支部、宣化区鼓楼小学三支雷锋中队活动，赵柱国都到场捐赠红色书籍。再如2016年7月6日西豁子小学举行"纪念开国元勋朱德元帅逝世40周年暨创建少先队朱德中队主题队会"活动，9月9日姚家房中学举行"纪念毛泽东同志逝世40周年暨创建毛泽东三兄弟中队、毛泽东三兄弟团支部"团队活动，9月14日宁远中学组织"纪念'八〇二'军演和阅兵35周年暨创建少先队'八〇二中队'命名授旗仪式"活动和10月11日宣化财神庙街小学举行"中国人民志愿军英雄故事会暨纪念毛岸英牺牲66周年主题队会"活动时，赵柱国都是现场捐赠红色书籍、红色纪念品。在支持"红领巾积分行动"中，为帮助孩子们实现捐建心愿，他和亲戚朋友一次就捐了11833.38元，有7名离退休老同志被评为支持"红领巾积分行动"模范个人。

赵柱国还积极参与公益活动。如：会同河北北方学院及西旬子小学教师学生到驻军干休所慰问老八路王维汉、黄树英、薛峻原；给组织冬令营活动的3名大学生及工作人员分别捐助3000元和1000元；给桥东区委老干部局北片离退休老党员同志讲党课，介绍个人学习实践活动等。他是居住楼的楼长、服务员，又是大院的公益事务的热心人，同时也是积极参与社区、街道、区委老干部局活动工作的志愿者。

通过"三个服务""三个做到"，赵柱国与各个学校的关系越来越密切，与广大师生的友谊越来越浓厚，校外辅导员工作效果越来越明显。在一次为14所学校送资料并研讨活动开展时，一位学生站起来说："赵爷爷，您要把工作分几天去做，您也要爱惜自己的身体啊！"一次在北新村小学开展纪念白求恩主题队会时，名叫李冰洋的少先队员举起小拳头边流泪边说，我要学习白求恩爷爷的精神，长大后加入中国共产党，好好为人民服务。之后，她和几位小同学代表学校参加全市中小学传统文化竞赛荣获第一名。看到听到孩子们健康成长，赵柱国感到无比的快乐与欣慰。

梦在心头，路在脚下。赵柱国始终在身体力行育新人的前进路上奋力奔跑，很辛苦，也很充实，有付出，更有满满的收获。

莫道桑榆晚　为霞尚满天

——记张家口市宣化区关工委副主任马玉生

在河北省张家口市宣化区有这样一位老人，他有着40年的军旅生涯，退休后26年如一日，辛勤耕耘在关心下一代工作岗位上，默默奉献，老有所为；他没有惊天动地的壮举，没有气壮山河的伟业，却用一颗平常之心践行着一名老战士、老干部、老党员的诺言，展现着一个老兵的精神风貌，老共产党员的无私胸怀。他，就是张家口市宣化区关工委副主任马玉生。

一、功成名就身不退，余热不减再生辉

马玉生1951年7月参加中国人民解放军，同年12月参加抗美援朝战争，1990年9月从宣化炮兵指挥学院政治部副主任岗位退休。40年的军旅生涯，培育了马玉生坚定的政治信念、严谨的思想作风、良好的军人风范、全心全意为人民服务的精神。退下来的他本该享受一番含饴弄孙、颐养天年的散淡幸福生活，但是马玉生却不这么打算，他说：我16岁参军，从一个无知的孩子成长为一名共产党员、领导干部，这些都是党和人民培育的结果。我从心眼里感谢党，感谢部队，感谢人民群众。我身体还好，应该在有生之年再为社会做点事情。

他找到宣化区委领导，表达了想不计报酬、继续为社会服务的工作愿望。区委领导给他介绍了刚刚成立的宣化区关工委，从此他就毅然投身到这项没有报酬的事业中并担任副主任一职。

他26年如一日，经常主动深入到学校、教育局、团委等相关部门了解青少年的教育情况及对关心下一代工作的要求；主动参与学校活动，给孩子讲传统、作报告，给家长学校的家长们讲怎样关心教育孩子，如何预防未成年人犯罪；心系困难学生，帮助孩子们克服了一个又一个困难。26年来，马玉生的脚步走遍了全区的每一所学校。从最初的上前盘问到如今的热情相迎，老师们逐渐熟悉了这位精神矍铄的老人。军营一日游他是向导，参观博物馆他是解说，军体操表演他是教

练。马玉生先后被聘为20所学校的校外辅导员、名誉校长、少年军校校长、政委、家长学校校长等职，他以爱心赢得了学校的认可，赢得了广大家长和孩子的爱戴。

这些年，他在关心下一代工作中的卓越表现得到各级组织的充分肯定，先后荣获"河北省关心下一代先进个人""河北省国防教育先进个人""河北省优秀少先队志愿辅导员""河北省关心青少年工作热心人士""河北省教育系统关心下一代工作者""张家口市十佳市民""宣化区十大爱心人物""全国先进军队离退休干部""全国军休系统先进个人""全国关心下一代工作先进工作者"等荣誉称号。

二、不辞辛苦备资料，寓教于乐做宣讲

马玉生说，孩子们成长的事是大事，不能乱来，绝不能以己昏昏，使人昭昭。他给自己定位很高，坚持学中干、干中学，力争在关心下一代工作中做得好一点，收效大一点。26年来，马玉生在学习上下了很大功夫，每年他都自费订阅10多种报刊杂志，如《人民日报》《中国青年报》《中国少年报》等，还经常到书店购买一些书籍、资料、图片等。每年他订阅各种教育书报就要花去3000余元。为了更好地学习，这个耄耋之年的老人还努力克服眼花、记忆力下降等困难，学会了用电脑上网查阅资料。每天学习、剪贴资料、写讲稿是马玉生最重要的事，他经常是白天去学校，晚上查资料、写讲稿。

为取得好的效果，他注重紧跟形势，结合时事撰写了大量讲稿及宣讲材料，还绘制长征路线图、香港地区简图，并制作活动宣传展板及图片。至今，他已剪贴各种资料450多本，保存影像资料100多盘，写下了30多万字的讲稿。他的讲稿资料经常被单位和个人借用。有一位老师讲《十里长街送总理》这一课时，总觉得不太生动，于是向他求助。他给这位老师提供了"一代伟人周恩来"的宣讲图片，讲课后，这位老师兴奋地说："结合图片讲十里长街送总理，效果太好了！"他收集的中国共产党一大到十五大资料，被教育局借用。建党80周年的讲课稿还被宣化区委宣传部编成基层学校教育资料，下发到各基层单位。

孩子们喜欢称马玉生为故事爷爷。他对孩子们进行爱国主义、集体主义等思想教育，绝不是采用简单的说教，他把想要给孩子们讲的道理编成故事，用孩子们的语言讲给孩子们，非常生动、贴切，让孩子们能接受和理解。讲故事前他还要亲手制作教具、展板、挂图、说明等，帮

助孩子们形象地理解故事，加深印象。如今，许多儿时听着马玉生故事长大的孩子已步入中年，他们的孩子又开始听马爷爷讲故事，他关心下一代的执着之情深深影响了两代人。至今，他为社会各界作专题报告340余场，听过他宣讲的人达26万人次。

马玉生结合展板给孩子们讲雷锋、郭明义的故事

他还是孩子们的知心爷爷和朋友。他认为，做孩子们的工作必须要和孩子们打成一片，努力成为孩子们的好朋友，才能更有作用。多年来，马玉生总是主动积极热情地参与学校、老师和同学们的各种活动，他喜欢和孩子们一起唱歌，一起开班会，一起做游戏，一起猜谜语，一起画画，一起做手工，一起春游、参观、野炊。在日常的点滴中，这位老人与孩子们结下了深厚的友谊。

三、言传身教倾心血，奉献爱心显真情

行动是最好的老师，马玉生善于用自己的实际行动教育引导孩子。有一次建国街小学在环保日组织学生观看干旱地区缺水的纪录片，并号召学生为建"母亲水窖"捐出自己的零花钱，马玉生带头捐献了100元钱。他常说：我们做关心下一代工作，经常教育孩子们要关心集体，关心他人，当孩子们做关心他人的事时，我们也要尽力参与，这样才更有说服力和影响力。他去回民小学走访时正赶上学校组织向几名特困学生捐款，马玉生也拿着100元钱排在捐款同学后面，当他向捐款箱投款时，同学们热烈地鼓起掌来。

马玉生对孩子们的爱不仅仅局限在宣化范围内，对于孩子们，只要

有机会他就会付出，就会奉献。他是和平街小学校外辅导员，同时又兼任该校一年级一班中队校外辅导员。有一次他去参加队会活动，一走进教室正碰上大队辅导员卢老师在数零钱，经询问得知这是同学们和老师给青海省互助县双树乡大通苑小学捐的款（和平街小学从《中国少年报》上了解到这是一所贫困地区小学，两校开展手拉手活动）。马玉生说："同学们和老师都献了爱心，我也献点爱心。"他交上了50元钱。辅导员卢老师在给大通苑小学寄钱时，还特意把马玉生的捐款做了说明，并给该校介绍了马玉生关心下一代工作情况。大通苑小学用他捐的50元钱给两个学生各买了一个书包和一双棉鞋。不久，两个孩子给马玉生写来了感谢信。大通苑小学来信征求他本人意见后，聘请他当了该校校外辅导员，并寄来了聘书和红领巾。此后，他在与该校大队辅导员通信中了解到该校少先大队活动室没有队史活动资料，他就订购了队旗、队徽、队歌、队风等挂图，为全校每个班订购了一幅国旗挂图，还寄去了毛泽东等老一辈革命家为雷锋的题词及董存瑞、黄继光、邱少云、雷锋及世界名人故事丛书等。在书信来往中，马玉生为减轻学校经济负担，专门给大通苑小学寄去买信封、信纸的钱，还为该校一特困生先后寄去650元学费。互助县双树乡教委去大通苑小学检查工作时，表扬了该校少先大队活动开展得好，与外省学校开展"手拉手"活动，并聘请外省老同志担任校外辅导员这一做法在双树乡独树一帜。

马玉生经常说：我们做关心下一代工作不是为了当先进、受表彰，而是我们应该这样做！我们在孩子们面前有了良好的形象，才能对他们的成长起到潜移默化的作用。他时刻不忘树立良好的形象，言教又身教，身教重于言教。每次到学校参加活动都是骑自行车，即使有的学校离他家很远，也谢绝接送，有时报告晚了，学校留他吃个简单的工作餐，他都一一谢绝，老师、孩子们送他礼物他也都想办法回绝。他不但没有因为作报告吃过学校一顿饭，拿过一件礼物，还无数次参与各种帮贫济困和社会救灾活动。这些年来，马玉生先后为患病学生、困难家庭、社会救灾等累计捐款10多万元，就连表彰会上的奖金也被他如数捐赠。

这些年来，他在学校和学生中拥有了众多"粉丝"，有时讲课后，学生们就围住他，请他签名。他不是写个名字来应付，他总是写一句希望与祝福的话。有时学生还要送给他一句话，财神庙小学五（一）班一位同学给他写了"祝马爷爷在关心下一代工作中，做我们心爱的十足的老顽童"。一位分管德育工作的教导主任在马玉生的题词纪念本上写道:"在工作中我把您当成我的教师,在生活中我把您当成朋友,在人生的道路上您就是我学习的榜样。"

马玉生为了保卫祖国、建设祖国奉献了自己的青春年华;为了祖国的未来,退而不休,26 年如一日,用满满的爱心灌溉着祖国的花朵。"莫道桑榆晚,为霞尚满天",是对马玉生退休生活的最好写照。

不忘初心育后人

——记青龙满族自治县五老肖起生

肖起生，青龙满族自治县离休干部，离休前曾任青龙县人民医院副院长。离休 36 年来，他倾其所有，尽其所能，关爱青少年健康成长，在社会上传递爱的真情，延续爱的希望，用实际行动诠释社会主义核心价值观，忠诚践行全心全意为人民服务宗旨。他先后两次被中国关工委、中央文明办评为"全国关心下一代先进个人"，多次被授予省级、市级"模范离休干部"和市级"优秀共产党员"荣誉称号。

一、坚定信念，不忘初心

1947 年，年仅 20 岁的肖起生加入了中国共产党，开启了他为社会主义建设、为人民谋幸福的奋斗历程。作为新民主主义革命时期入党的老革命者，70 多年来，他始终以共产党员的标准严格要求自己。20 世纪 80 年代离休后，正值改革开放下海创业经商大潮，当时青龙县卫生局领导手捧聘书，希望能高薪返聘，被他婉言谢绝；还有一位同事打算与他合伙开一家诊所，凭借他的水平和名声，很容易获得可观的收入，可他几次都没有接受。很多亲戚朋友不理解，说他太老实了，但他总是说："一个共产党员，随着年龄的增大，可以从工作岗位上离退下来，但是全心全意为人民服务的宗旨不能减弱，党员的意志、追求、奋斗目标不能放弃，为共产主义事业奋斗终身的誓言不能变。"

究竟打算做什么，他一点也不张扬，但早已在心中规划好了离休生活的蓝图——要为青少年多做点儿实实在在的事，尽己所能关心帮助青少年健康成长。每当有人问他："你这样是为了啥?"他总是平静地回答："因为我是一名共产党员，我要摆正价值观和心态，时刻与党同心、同向、同行，把人生中每一分时光都奉献给祖国和人民。"

二、弦歌不辍，薪火相传

从离休那天起，肖起生就担任了前庄村小学的校外辅导员。他发挥自身政治、经验、威望优势，积极投身未成年人思想道德建设，教育引导孩子诚实、守信、遵纪、守法，立志、读书、成才；同时，他还引导家长采取正确的方法教育孩子。他经常说："在孩子成长的过程中，要从一点一滴的小事做起，要时刻关注他们成长的每一步。"在校外辅导员岗位上，一干就是几十年，他坚持每周给孩子们讲故事，讲述自己的抗战经历，用红色基因浸润孩子们幼小的心灵。虽然他与孩子们的年龄相差很多，但并不妨碍沟通，一个个小故事让孩子们听得入迷，一个个英雄事迹让孩子们感同身受。

他还结合生活具体实例，把离休后自己不断学习的新理论新思想，用生动朴实的语言传授给学生，从邓小平理论到"三个代表"重要思想，从科学发展观到习近平新时代中国特色社会主义思想，让一批批学生懂得"热爱祖国，热爱人民，热爱中国共产党"。学校原有的一块板报实在不够用，他自己掏钱买来沙子、水泥，动手建了一块6平方米大的板报，手把手教孩子们做板报、画板画，先后编辑了数千期，让板报成为宣传理论政策、宣传好人好事、推广科普知识的阵地。

肖起生在前庄村小学建的板报

老骥伏枥，志在千里。随着社会的不断发展，他也不断创新着自己的教育理念和方式。2011年起，他背上行囊，先后到西藏、台湾、香港、澳门、宁夏等地参观考察，每到一个地方，他都积极了解当地的经济社会和教育的发展情况，把听到、看到、学习到的新东西记录在随身的小本子上，带回来讲给前庄村的孩子们听。学子三千沾春雨，心香一瓣奉杏坛。30多年来，在各级党委的关怀下，在他的教导感染下，前庄村的孩子们一茬一茬茁壮成长起来，无论是在家务农、外出打工，参加工作的学生，每年都会有上百名的学子从全国各地赶回来看望"肖爷爷"，感谢他的谆谆教诲，感恩他的精神传承。

三、扎根乡土，捐助教育

多年来，他不仅把知识和思想传递给孩子们，而且把自己的离休金捐助出来，改善学校的教学生活条件，资助家庭经济困难的学生。刚离休时，他制订好了捐助计划，每年从离休金中拿出500元，用于捐助教育；在20世纪80年代，500元是一笔很大的资金了，何况他家里并不宽裕，自己有5000多元的外债，但为了把更多的钱用在有需要的孩子身上，他节衣缩食，戒烟忌酒，勤俭生活。他常对别人说，孩子们需要更好的教育，需要更好的环境来学习成长，我的钱用在教育上才更有意义。1985年，他出资1000元，在前庄村小学建起了全县第一个红十字站，为学校师生提供医疗卫生保障服务，被师生称赞为"我们的保护神"。1986年，他出资250元，为学校购置了一台电茶炉，方便了师生们在学校喝上热乎水。1987年，他出资320元，焊接了学校的铁门，修整校园的围墙，大大美化了校园环境。1988年，出资240元为9个班级维修了130多把桌椅和教室的门窗，教室环境更加美好。1989年，出资900多元，开辟了两间图书室，搜集50多种近千册适合学生阅读的书刊画册，为孩子们打开了解世界的大门……

资助虽小，贵在坚持。连续多年的助学经历让他感到，需要想办法找到一个更稳定的投入方式，把资助教育这份事业长久地坚持下去。1990年，他投资8000元承包了村里的10亩荒地，3亩开辟为池塘，7亩建起了果园。1997年，果园的经济效益达到2万余元。2000年，75岁的他身体越来越差，长期劳作造成了严重的关节炎，才把果园交给村里，并把全部收入作为前庄村小学的教育基金，从此学校和学生有了更为稳定的资助来源。他经常拿出两张自己生日时的照片，一张是3个儿女围在身边的合影；而另一张是8名被资助过的孩子站在他身旁，这张照片他一直视为珍宝，因为每个孩子都是在他的关注下成长起来的。他改变着前庄村和前庄村小学，成就了这里的一届又一届学生，同时也将正能量从学校传递到家庭和乡村，赢得了孩子们的爱戴和拥护，赢得了乡亲们的赞美和尊重。30多年来，他完成了多少扶贫、助学任务连他自己都记不清了。

四、心怀家国，情系中华

进入新世纪以来，县城的生活水平普遍提高了，他的离休金也在逐年增加，可是他粗茶淡饭的饮食，缝缝补补的衣着从未改变，为祖国、为人民努力工作的革命初心从未改变，救急扶困的奉献精神从未改变。2004 年印度洋特大海啸，2008 年汶川大地震，2009 年台湾特大风灾，他都是听到消息后第一时间捐献爱心，累计捐款近万元。他感慨地说："是党栽培了我，在国家有困难的时候我更想发挥医生的天职，恨自己年岁大了，多希望时光倒退 20 年，那样就能够去灾区救护伤员了。"

2017 年 3 月，他在《新闻联播》上聆听到全国人大代表、四川凉山昭觉县庆恒村党支部书记吉克石乌向习近平总书记的汇报发言，得知大凉山区的孩子们在十分艰苦的环境中生活学习，他心急如焚，迅即凑集了家里全部积蓄 10 万元钱准备到四川捐助给他们。但由于当时得了一场病，他住进了医院，没能成行。2018 年秋天，他的身体稍一恢复，就坚持要去完成这个心愿，让儿子陪他坐上了开往四川的火车，来到了昭觉县，把 10 万元钱交给了当地民政部门；见到了全国人大代表吉克石乌后，他叮嘱她，一定要把钱用在教育上，要让那些上不起学的孩子接受教育，成长为国家的有用之才，用教育撑起大凉山的未来，用教育撑起民族复兴的未来。不久后，5000 多里外的庆恒村传来了消息，支部书记吉克石乌向他汇报村民正在筹建"起生合作社"。为了永远铭记肖起生的爱心行动，就用他的名字命名。吉克石乌还说捐款已经到村里账户，他们用得特别慎重，目前给贫困老人买了生活用品，还给村幼儿园孩子添置了衣服。村里因为有很多像肖起生这样的共产党员多方支援，现在村里也脱贫了，他捐资助教的事迹昭觉人民已经耳熟能详了。

桃李不言，下自成蹊。他的善举感动了大凉山人民，把红色基因融入了青少年的血脉，在社会上传播了党的思想和声音，唱响了时代主旋律。中共青龙满族自治县县委号召全县党员干部学习他不忘为党育人的初心，牢记为国育才的使命，捐资助教献爱心、不负家乡不负民的情怀。

莫道桑榆晚，为霞尚满天。如今，他虽已须发全白，但依然热情满怀，经常到学校里为孩子们讲思想政治课，他仍是孩子们脱口喊出的"肖爷爷"。他把思政小课堂同社会大课堂结合起来，用习近平新时代中国特色社会主义思想教育感召青少年听党话、跟党走，培养孩子们努力成为德智体美劳全面发展的社会主义建设者和接班人，引领广大青少年从小立志扛起中华民族伟大复兴的时代重任。

展史育人　发挥余热　为党旗增辉

——记秦皇岛市海港区关工委委员李树栋

李树栋，1948 年 4 月在农村入党，同年 8 月参军入伍。1948 年 11 月 27 日秦皇岛解放当日进城，先后在秦皇岛军管会、中共秦皇岛市委组织部、中共海港区委组织部、海港区政协工作，1990 年 5 月从海港区政协离休，现任秦皇岛市海港区关工委委员。2000 年从事关心下一代工作以来，他始终以强烈的事业心、责任感和乐于奉献的精神，将全部精力投入到关心下一代工作中，任劳任怨，不求名利，工作成绩受到社会各界的充分肯定。

一、勤于学习，严于律己，为做好关心下一代工作打基础

他坚持主动学、全面学的理念。离休后，他并没有因此停止和放松学习，而是安排大量时间认真学习思想理论，以及党和国家的方针政策、法律法规等，密切关注市委市政府、区委区政府作出的重大工作决策和部署，把地方经济社会的发展和群众的冷暖放在心上。

他坚持理论联系实践的学风，加强工作调研。他经常深入学校、机关、基层，深入到家长和青少年中间，全面了解全市青少年的思想状况、生活和学习情况，掌握第一手材料，并主动与市妇联、共青团等相关部门人员座谈，共同探讨有关未成年人健康成长的新问题，不断积累和总结新形势下开展好关心下一代工作的新举措和新办法。通过不断学习和深入调研，进一步增强了做好关心下一代工作的责任感和使命感，为有效开展好关心下一代工作打下了较好的基础。

他坚持与时俱进，不断完善自我。他始终坚持参加党的组织生活，坚持老干部学习制度，始终树立终生学习的理念，坚持把理论学习摆在首位，积极参加社区和市、区关工委组织的各种学习活动，通过学习不断丰富自我、完善自我，提高自己的理论水平。自觉加强政治理论学习，提高思想素养，坚持用习近平新时代中国特色社会主义思想武装头脑，紧紧围绕培育和践行社会主义核心价值观和理想信念教育这条主

线，开展关心下一代工作。

他坚持尽职尽责，不辜负组织重托。做好关心下一代工作，他坚定一个认识：这是我们党和国家后继有人的根本保证，各方参与关心下一代工作是无私奉献、为国分忧的具体体现。他深知，这项工作不同于其他的工作，关系到我们国家和民族的振兴，往小里说，涉及到我们后辈的生存与发展。因而，他说："既然党把这么重要的工作交给我，作为一名党员，我有责任、有义务竭心尽力地去干好它。"他牢记全心全意为人民服务的宗旨，以对党的事业高度负责的态度，以抓好思想宣传和精神文明建设工作为切入点，始终把关心下一代工作作为自己的责任，尽职尽责地履行组织赋予的使命，有力地促使关心下一代事业步入发展的快车道。他常说："对下一代的关心最实际的是动真情、办实事，做好事、解难事。"他是这么说的，也是这么做的。在他身上，集中体现了共产党员实事求是、与时俱进的政治品格，集中体现了共产党员艰苦奋斗、无私奉献的崇高精神。

二、结合爱好，完善资料，为做好关心下一代工作积素材

他是一名纯粹的红色教育资源收藏爱好者，离休后开始收藏不流通的人民币纸币和硬币，从 1976 年 9 月 9 日毛主席逝世后，开始收藏毛主席在各个革命时期活动的足迹照片资料（报刊、书籍简报），到 2002 年已收藏 600 余张。为了更好地宣传毛泽东思想，弘扬艰苦奋斗的光荣革命传统，考虑便于对外展出，他自费对所收集资料照片进行了塑封，并按时间先后进行了排列，把图片分为七个部分：即：一是 1913 年至 1920 年毛泽东幼年时期的图片；二是 1921 年至 1935 年遵义会议时期的图片；三是遵义会议至抗日战争胜利的图片；四是抗日战争胜利至新中国成立的图片；五是新中国成立后国民经济恢复到社会主义改造胜利完成的图片；六是社会主义建设到毛泽东逝世的图片；七是毛泽东同家庭成员及亲属们的照片、合影。同时，还收藏部分毛泽东的语条、文献和毛主席像章。他的收藏方法是：订阅报刊和经常到各书店、旧书摊细心察看，遇见书报上刊有毛泽东照片时就买回来，再把收藏的图片剪裁贴到 16 开白纸上。图片中没有历史背景说明的，就去查找党史资料，摘抄文字附于照片旁。

1961 年，他任区委副书记时，历经两年，省委、市委决定，恢复了海港区政府，他写了《海港人民公社始末》回忆录，区档案局已存

档。1981 年，"秦皇求仙入海处"景点开建，1992 年正式对外开放，他参与了"秦皇求仙入海处"景区的开发工作。他将整理收藏的 34 份资料、图片，以及撰写的 3000 余字的《秦皇求仙入海处景点的由来》回忆录，交由区档案局存档，并赠给区旅游局一份资料存档作为参考。2014 年，他利用半年时间，写了 7000 多字的《秦皇岛 65 年发展变化》回忆录，介绍秦皇岛解放后市、区的发展变化情况，并附有图片几十张。他爱好诗歌，从 1958 年至今，把国家重大的事件写成诗歌感想，现有 64 首原件被秦皇岛市档案馆存档。

三、结合主题，布展资料，投身关心下一代工作不怠倦

"十年树木，百年树人。"未成年人思想道德建设直接关系到国家前途和民族的命运，高度重视对下一代的教育培养，努力提高未成年人思想道德素质，是我们党的优良传统，是党和国家事业后继有人的重要保证。他将自己的收藏作为关心教育下一代的红色教育资源，为社会的进步，为下一代的健康成长，为促进社会主义精神文明建设，做了许多有益的事情。

他离休不离志，始终坚持老有所学、老有所为，继续发挥余热，深入社会、学校、单位，通过图片展的形式宣传社会主义精神文明。从2003 年开始，他免费对外展出全部千余张毛泽东在各个革命时期活动足迹的照片资料。在新一路小学和建设路小学为五年级以上学生展出毛泽东历史图片，受到广泛好评。而后，他利用毛泽东诞辰纪念日、七一建党纪念日、国庆节等机会，先后在机关、社区、企业、学校中多次展出，得到离退休党员、干部、居民、学校师生、机关干部的一致好评。在文化路街道河涧里社区展出 7 天，团中央干部来社区办事，观看展出后特别提出表扬。2007 年，国家档案局杨冬权局长，在秦皇岛市海港区建兴里社区召开家庭建档会议时，他在会上作了收藏毛主席历史足迹照片的汇报发言，并合影留念。2016 年 7 月 1 日，为纪念建党 95 周年，在港城大街工农里社区展出毛泽东历史图片。同年 7 月 3 日至 14 日，先后在秦皇岛银行建设大街、迎宾路、燕山家苑三个支行展出。在大厅展出时，每天来银行办理业务的顾客有上百人，同时参观了图片展，有顾客用手机拍了一些照片。这次展出是延续时间最长、参观人数最多的一次。为纪念抗日战争胜利 70 周年，他收集了 70 余张图片资料，举办富有特色的图片展，在幸福里社区、秦皇社区为居民展出，得到参观者

好评。为响应中宣部弘扬社会主义核心价值观的号召，让社会主义核心价值体系教育具体化、形象化，让青年在思想感情上认同，在学习生活中遵循，他开始收藏有关"富强、民主、文明、和谐、自由、平等、公正、法治、爱国、敬业、诚信、友善"方面的图片资料（报刊书籍剪纸）70 余张，先后在幸福里社区、秦皇社区、太阳城广场展出，使之与德育工作、形势教育、社区教育建设结合起来，通过图片展览，帮助青少年学会做人，学会做事，深受广大居民群众欢迎。他充分利用自己收藏的爱好，对下一代进行爱国主义教育，发挥红色教育在学生素质教育中的促进作用，通过深入学校、社区为学生办图片展、讲革命历史，丰富第二课堂的内容，抵制黑网吧对青少年思想的侵害，为青少年的健康成长助一臂之力。每次展出他都亲自布置展览，亲自为观众和学生讲解历史知识，把对下一代进行热爱祖国的教育寓于展览活动。

离休后，他没有像其他人一样下下棋，遛遛鸟，抱抱孙子，弄弄花草，他一直忙于公益事业，先后被秦皇岛市海港区工商分局、个体协会聘为副会长；他还为区个体会员们举办雕刻、厨师、摄影、裁剪技术培训班，受到领导和个体会员们的好评，并到外地介绍培训班的经验。由于他的敬业精神和执着的奉献精神，被推选为秦皇岛市海港区老干部局党总支部、区政协离退休干部党员支部书记，一干就是 10 年，在此期间，每年他都被支部评为优秀共产党员。多年来，他先后在社区为党支部、党员、居民展出毛泽东历史照片，在社区与秦皇岛市商业银行联合举办建党 90 周年党史知识竞赛。

离休以来，他积极发挥余热，弘扬社会正能量，获得了诸多荣誉：1992 年 6 月，被秦皇岛市海港区直属机关党委评为好党员；2000 年 12 月 28 日，被秦皇岛市文明办、市妇联、《秦皇岛晚报》评为"十佳百户"和"档案型"特色家庭；2006 年 1 月，被秦皇岛市委组织部、市委老干部局评为离退休干部党员先进个人；2006 年 7 月，被秦皇岛市海港区直属机关党委评为百面先进红旗手；2007 年 6 月，被秦皇岛市委、市政府评为老有所学先进个人；2007 年 12 月，被秦皇岛市文明办、市妇联、《秦皇岛晚报》评为"十佳型"家庭建档先进户；2008 年，被秦皇岛市档案局评为家庭建档先进个人；2008 年 1 月 7 日，被秦皇岛市档案局评为"秦皇岛市家庭档案先进示范户"；2011 年 7 月，被秦皇岛市海港区机关工委评为优秀党员；2012 年 1 月，被河北省委授予全省离退休干部先进个人；2012 年 3 月，被秦皇岛市精神文明建设委员会评为全市优秀志愿者；2015 年 7 月，被秦皇岛市委评为全市离退休干部先进个人；2015 年 9 月，被海港区建设大街街道党工委评为优秀志愿者；2016 年，被评为全省关心下一代工作先进工作者；2016 年 5 月 11 日，作为基层优秀五老代表，河北省关工委副主任侯志奎来到他家中进行慰问，他把多年的工作情况作了汇报，得到了省关工委领导的鼓励和表扬。

河北省关工委常务副主任侯志奎等领导参观李树栋收藏的资料

老牛自奋蹄　余热放光辉

——记昌黎县五老王世杰

在昌黎县五老队伍中，有一位值得钦佩的老共产党员，他退职不退岗、退休不褪色，像一头不知疲倦的老黄牛，一年四季耕耘在关心下一代的田野里，用自己的实际行动，谱写了一曲"愿为党旗添光彩，勿需扬鞭自奋蹄"的动人乐章。他，就是昌黎县政协退休老干部、昌黎县关工委委员王世杰。王世杰，男，1940 年 4 月出生，1960 年 1 月参加工作，1986 年 7 月入党，高中学历。1960 年 1 月至 1991 年 5 月，任昌黎县文工团演员、文教局文化股副股长、文物保管所长，1993 年 8 月任昌黎县文化局工会主席，1995 年 12 月任昌黎县政协文卫法制科科长，1996 年 12 月退居二线，2000 年 4 月办理退休手续。

一、精心办报展，教育下一代

少年智则国家智，少年强则国家强。对青少年进行思想道德和革命传统教育，是离退休干部义不容辞的责任和义务，王世杰是这样认识的，也是这样做的。

他是一名集报剪报爱好者，多年来收藏的各类报纸挤满了他的整个书报屋。独乐乐不如众乐乐。为了让这些文化资源运用最大化，他萌生了办报展的念头，通过报展这一平台，让孩子们在感受集报快乐的同时，从中获取知识，受到教育。想到做到，10 多年来，他先后举办了 10 种不同类型、不同内容、不同规模的报展 120 多场，参观人数 10 万多人次。

2002 年，他首先在昌黎县城东山公园举办了自己设计、自己制作、自己讲解的"剪报展"，吸引了众多参观者，效果良好，一些教师和学生还把有参考价值的资料抄在日记本上，也有多家媒体进行了报道。第一次报展的成功，更坚定了他继续办报展的信心和决心。2004 年策划设计了"神五百报展"，2005 年举办了"神六升天专题报展"和"抗日战争胜利 60 周年剪报·图片展"，均收到很好的社会效果。为提高全民奥运意识，他利用5年时间，收集关于奥运会的报道3000余份，并挑出700多份制成展览图片。正当奥运报展进展火热的时刻，他突发心肌梗塞住院治疗，还做了心血管支架手术。疾病并未吓倒他，出院后在家休养数月，又在家人陪同下赶赴北京，一是观看心中期盼已久的奥运会，二是借此机会收集更多的奥运报道充实报展内容。他的奥运情怀深深感动了中国奥委会名誉主席、国际奥委会执委何振梁先生，特地为他的报展题词："奥运在我心中"。

2011年是中国共产党成立90周年，又是一次搞报展的良好契机。春节过后，他就着手准备，从多年收集的革命史料和英雄人物的剪报资料中挑选最具代表性的事件和"双百"人物等资料，并从新华社图片供应处购得了纪念建党90周年的宣传图片一套54张。经过两个多月夜以继日的抄写、策划、设计、粘贴，终于完成"纪念中国共产党成立90周年《灯塔颂》图片·剪报展"筹备工作，先后在昌黎县老干部局、朱各庄镇中学、安山镇实验学校、新集镇中学、昌黎镇路东街道汇文里社区和秦皇岛市起航幼儿园等20多个单位进行展览，现场观众积极踊跃参展、反应热烈。在汇文里社区展出时，78岁的共产党员、老中医李贺林边看边回忆入党40多年的经历，连声称颂：共产党好！共产党伟大而光荣。这次《灯塔颂》报展的讲解也设计得别出心裁：根据党的发展历史，他随时穿插演唱红歌，如《跟着共产党走》《没有共产党就没有新中国》《红军不怕远征难》《咱们领袖毛泽东》等歌曲，使讲解更加生动活泼，精彩引人。

王世杰办的集报剪报展

2012 年 9 月，为了纪念九一八事变 81 周年，揭穿日本"购岛"鬼把戏，提高民族自信心和自豪感，他不顾身体的虚弱，从历年积攒的剪报图片中挑选出 100 多幅，经过仔细分类、精心设计，分成"日寇侵华，铁证如山""中国领土，不容侵犯""载人航天，成就辉煌"等六个部分，举办了"勿忘国耻、捍卫主权，扬我国威、喜迎十八大"集报展，图文并茂地揭露了日本的"购岛"闹剧，展示了我国当代国防大增强、大提高，大大激励了人们的维权意识和决心。为扩大报展宣传范围，他坚持到机关、下乡镇、入学校、进企业，开展"送展上门"。为使报展教育入情入理、入心入脑，他把讲解词改了一遍又一遍，抄写一次又一次，背了一回又一回，使讲解语言流利，感情充沛，说唱结合、动之以情，受到观众的普遍赞誉。

2014 年，受秦皇岛市关工委邀请，积极参与了"追梦·我们与前辈同行"大中学生爱国主义教育与文明修身工程活动，在市老干部活动中心举办了"中国载人航天成就辉煌系列集报展"，河北建材职业技术学院、秦皇岛市第七中学的学生 300 余人兴致勃勃地参观了报展。他讲到动情处，与学生们一起高唱《没有共产党就没有新中国》，将报展推到了高潮。

2015 年 5 月，在全县 8 所中小学举办了"美丽可爱的昌黎，我们幸福的家园"图片剪报展。他以时间为线索，将李大钊精神、昌黎第一位共产党员张其羽等革命先驱的事迹，昌黎的皮影、地秧歌等民间文化，赶大集、过大年等特色民俗，红酒、皮毛等特色物产，以及道德模范代表人物、十八大精神、昌黎风土环境、百年城市建设等方面进行了有机串联，使同学们全面、立体、生动地受到家乡文化氛围的感染，更多地了解家乡的悠久历史，认知家乡今日的辉煌成就，并由此激发学生的历史责任感和使命担当，受到同学们的热烈欢迎。

2016 年 12 月 19 日，他在河北昌黎第一中学举办了"培育和践行社会主义核心价值观"剪报展，并从社会主义核心价值观的内涵、作用、伟大意义以及中学生如何培育和践行社会主义核心价值观等方面进行了讲解，让更多的青少年学生了解、认识、领会社会主义核心价值观的伟大意义，给孩子们心灵上一个精神支柱，让我们的下一代跟着以习近平同志为核心的党中央，为实现中华民族伟大复兴的中国梦而努力奋斗。

10 多年来，他在中小学校园举办各类报展 120 多场。为了不影响学生上课，他总是选择下午两节课进校园。为不给学校增加负担，他未接受一次学校招待餐，连喝的水都自己带。每次展完后，都自己用自行车驮回家，或雇个三轮车拉回家，没有要过一分交通费。

二、传承昌黎民歌，弘扬传统文化

20 世纪 60 年代初他从事群众文化工作，从那时开始他就迷上了昌黎民歌，50 年痴心不改。曾拜昌黎民歌著名老艺人曹玉俭为师，获得真传，被央视主持人誉为"河北歌王"。为了传承昌黎民歌，他多次深入校园，向学生介绍并教唱了《捡棉花》《茉莉花》等昌黎民歌。2008 年 3 月，共青团昌黎县委在全县青少年中开展"了解家乡传统文化大行动"，他向 40 多名民歌爱好者教唱了昌黎民歌《正对花》《反对花》和《捡棉花》，使学生们进一步了解和认识了家乡深厚的传统文化积淀和昌黎风情。

2008 年，昌黎民歌被列入国家级非物质文化遗产名录。当年 6 月，他被河北省文化厅命名为昌黎民歌省级代表性传承人，由此他感到自己传承民歌的责任更大，任务更重。从 2006 年至 2009 年，昌黎县委宣传部和县文化局三次举办全县民歌培训班，每次培训班他都被聘为主讲教师。虽然他把昌黎民歌的历史沿革、民间特色、艺术风格等熟记在心，但是为了把课讲精彩，讲入人心，能引起学员的极大兴趣，每次他都认真备课，撰写教课提纲，因此每次讲演教唱都取得很好的效果，受到学员的欢迎。目前，经他口传心授的昌黎民歌传人达 200 多人，能独立登台演唱的有 10 多人。此外，他还热情接待外地专业院团来采访学唱昌黎民歌。中央民族大学艺术学院、燕山大学艺术学院、首都师范大学文学院的 40 多名研究生，天津音协组织的词曲作家、歌唱家、音乐制作人等 10 名专家，中国歌剧舞剧院雷洋以及二炮文工团于丽娜，都专程前来学唱昌黎民歌。对这些外来学唱者，他在详细介绍昌黎传统文化的深厚积淀和久远的文化渊源后，以口传心授的方式把民歌教给学唱者。对他的执着和一丝不苟的传授，采访者交口称赞。通过交流，昌黎民歌的知名度不断提升，影响力不断扩大。

2012 年 6 月，为迎接全国第七个文化遗产日，他精挑细选制作了 105 张剪报，内容涉及传统音乐、传统舞蹈、传统民俗等十大方面，突出展示了昌黎县"三歌一影"等非物质文化遗产，分别在秦皇岛市文化广场、昌黎县东山公园、昌黎县茹荷镇中学和荒佃庄镇周庆恩中学举办了"喜迎十八大·保护和传承非物质文化遗产剪报展"活动，参观的群众和学生达到 1500 余人。同年 10 月，他还在秦皇岛三县三区举办了巡回展览。在报展现场，他饱含深情地为群众和学生们逐张介绍讲解，并演唱了多首昌黎民歌，赢得了阵阵掌声。通过报展，更多的群众和学生进一步认识了非物质文化遗产，充分理解了保护和传承非物质文化遗产的重要意义。2015 年 4 月，受河北科技师范学院邀请，他专门举办了以"传承乡土文化，感受昌黎民歌"为题的昌黎民歌讲座，为该校师生们讲解传授昌黎民歌，进一步推动昌黎民歌的传承和知名度。

三、积极组织演出宣讲，活跃老年文化生活

从 2008 年至今，每逢七一建党纪念日、国庆节、重阳节及春节，他都认真组织，积极发动，精心策划，协助昌黎县委老干部局开展文艺联欢、庆祝活动。多年来共组织举办庆祝纪念性文艺演出 16 场，表演各类文艺节目 20 余种 160 多个。每场演出他不但出面张罗、策划，还亲自主持并登台演唱，受到中老年文艺爱好者的称赞和县委老干部局领导的肯定。在党的群众路线教育实践活动中，为发挥余热，力所能及地助力县委、县政府各项工作，他积极响应组建老干部党史宣讲团，到基层各单位进行党史巡讲。党课中，他以一名老党员身份，结合自身多年的工作经验和生活经历，以演讲的形式，用巧妙的语言和细致的描述声情并茂地讲解了党的发展历程、党的优良传统以及党的光辉成就等内容，并结合党史，详细讲解了"什么是党的群众路线、为何开展教育实践活动"，使与会党员干部对教育实践活动的认识更加深刻，对开展好此次活动的决心和信心更加坚定。讲座过程中，在讲到一些具有重要历史意义的阶段或历史转折点，他就会恰到好处地安排穿插一些与当时历史背景有关的红色经典歌曲或歌伴舞，如《跟着共产党走》《西江月·井冈山》《过雪山草地》等，以动情的歌声和优美的舞姿，带领大家重温党的历史，共同感受当年战火纷飞的革命岁月，引来大家阵阵热烈的掌声。讲到动情处，他还会亲自演唱革命歌曲，将讲座推向高潮。每次讲座都在宣讲团和全体与会人员合唱《没有共产党就没有新中国》的歌曲中结束。为了提高讲座效果，帮助大家进一步消化和吸收，他还展出了自己精心收集、制作的 40 余幅有关党的发展历程的图片剪报展，并细心为大家逐一讲解。老干部党史宣讲团下乡镇、进机关、入社区，深入全县 10 余个单位进行了巡讲，受教育党员干部达 700 余人次。

看到他退休以后生活充实，整天忙忙碌碌，不少老朋友和老熟人见了面都问他："你整天比上班还忙，又教歌、又展报，讲国歌、写文章，还组织文艺演出，政府给你多少报酬呀？"听到这样的发问，他总是笑着回答："这是我的人生乐趣，也是我的追求，如果整天无所事事，我心里难受。我有特长，有爱好，为国家、为社会、为周边的广大群众做点有益的事，微不足道。"

由于他老有所为献爱心，古稀之年不服老，淡泊名利甘奉献，多次被评为河北省老有所为先进个人、关心下一代先进工作者，2005 年和 2012 年，两次被中国关工委和中央文明办联合评选为全国关心下一代工作先进工作者。

夕阳更红情更浓

——记秦皇岛市山海关区五老郭金荣

郭金荣，1930年3月8日出生，中共党员，1990年退休，会计师，现为秦皇岛市山海关区老年书画研究会会长，是山海关区关工委、区关爱工作团、区家长学校讲师团的骨干成员。他先后获得全国关心下一代工作先进工作者，河北省老有所为先进个人、老有所为十大金星、离退休干部先进个人、关心下一代先进个人，秦皇岛市十佳少先队优秀辅导员、助人为乐道德模范、老有所为先进个人、优秀志愿者、平民偶像等多项国家、省、市荣誉。

一、老有所为承继国粹，笔传正能量

他退休后发挥自身特长，广泛传播中华传统文化艺术，先后为单位、团体、学校举办书法讲座百余次，4000余人次受益。自2006年他当选秦皇岛市山海关区老年书画研究会会长后，积极组织开展笔会交流观摩，开辟会员学习园地，针对老年人创作中需要注意的事项开展书画专题讲座，先后组织多次书画展。在区内交流展示的基础上，他还组织会员参加国家、省、市的书画活动。比如在第一届全国老年人书画作品展中，协会中有14人的作品入展，2人获优秀奖。

在教授老年学员的同时，他更关注青少年的书法培养。每逢节假日和寒暑假，他都会在社区义务举办书法培训班，教授孩子们书法。在他的精心引导和培养下，30多名孩子对书法产生浓厚兴趣，其中有8人在市级比赛中获奖。

二、老有所为情系后代，言传正能量

他经常深入社区、学校，对青少年进行革命传统教育、爱国主义教育。他先后给青少年作革命传统报告12次，受教育人数达6000余人次。他用亲身经历编写了《红秫米粥的故事》，教育孩子们"由俭入奢易，由奢入俭难"，珍惜幸福生活，懂得勤俭节约。他还编写了一套以

为善最乐、文明做人等为主题的字帖，将思想道德渗透到书法教学中，做好党的宣传员。

郭金荣在秦皇岛市山海关区二中为同学们作爱国主义报告

他讲课有三不原则：一不要报酬，二不要馈赠，三不用接送。他自己花钱准备小奖品鼓励孩子学习。他曾说："人生的财富有两种，一种是物质财富，一种是精神财富。这20多年我可能失去了很多物质财富，可是获得的精神财富却让我非常满足。"他说："只要我不倒下，就要给孩子们讲下去。"

秦皇岛市山海关区家长学校讲师团成立后，他又在新平台上开始默默耕耘，累计进行家教知识讲座6次，受教育人数2000余人次。准备教学活动时，他经常到图书馆查阅教学资料，做读书笔记，还经常到学校开展问卷调查，到居民家中家访，所收集的相关资料堆积起来有1米高，所编写的各方面题材讲稿超过2万字。

三、老有所为和谐邻里，情传正能量

郭金荣拥有一个温馨、和谐的家庭，是大家学习和效仿的榜样。他在日常生活和邻里交往中总是乐于帮助他人，热心办好事，是公认的"大好人"。每天早上健身之余，他都不忘将楼道打扫干净；每逢遇到邻居间闹矛盾，他总是耐心地劝说、开导，直到隔阂消除；邻居家的子女放学无人照料，他便主动把孩子接到自己家中；遇到年轻的父母因为教育孩子的事情伤脑筋，他总是热心传授技巧和方法。他常说："老年人既要安度晚年，又不能虚度晚年；既要无欲无求，又要舍得付出。老

有所为贵在坚持，重在实践。"

　　他用自己无私的大爱温暖着身边人，影响着身边人，成为照亮一方的共产党员"火炬"。

奉献滋润"学子梦"　亲情灌溉"母子林"

——记秦皇岛市北戴河区五老赵淑英

赵淑英，1936年1月出生，1996年6月加入中国共产党，曾任秦皇岛市北戴河区中北岭居委会主任。20多年来，她用微薄的收入帮助失学儿童，积极组建舞蹈队参加社区活动，每逢年节都带着慰问品到部队慰问。她用实际行动诠释着"最美共产党员"的真谛。

1994年5月，当她看到《秦皇岛日报》刊登的青龙满族自治县许多乡村儿童因生活困难而失学，失学率达到3%，市政府向全市人民发出一帮一献爱心活动的消息时，眼前似乎看到了一张张活泼可爱的面孔，他们渴求知识、渴求上学的目光深深地触动了她的心。她说，儿童是祖国的花朵，社会的未来，没想到在山区竟还有这么多因家庭贫困而上不起学的孩子。从那时起，她就下定决心尽自己所能资助失学儿童重返校园。

当天晚上，她就和老伴、儿女们表明了自己要资助几个失学儿童上学的心意，在得到全家的大力支持后，她更加坚定了自己的决心。从此，她走上了艰苦但又充满幸福的资助之路。自1994年以来，25年间，她共为希望工程、扶贫济困捐款12万余元，资助贫困失学学生12名。

她的家庭并不富裕，1991年至2000年担任居委会主任时，每月只有几十元的微薄工资；从居委会主任岗位上退下来后，没有退休金，平时省吃俭用，竭尽所能地将节省下来的钱积攒起来，全部资助给孩子们。这些孩子们包括青龙满族自治县白家店中学朱望岚、李红丹、双山子中学王小丽、赵小杰，隔河头乡界岭小学刘桂芝、陈立刚、杨建月。2001年7月，她通过媒体得知革命老区河北省易县管头镇琅琊山八一希望小学有4名学生因家庭困难而失学，她又向这些孩子们伸出了援助之手，每学期给他们寄学费，并与他们通信，了解他们的生活学习情况，帮助他们树立信心。

每年除了去学校看望孩子们，在换季时定期给孩子们寄钱外，她还和孩子们经常书信往来。通过书信沟通，随时了解他们的学习、生活情况。李红丹，除了家庭困难以外，母亲还得了白血病，每次寄钱时，她多寄上100元或200元，帮助孩子妈妈治病买药。刘桂芝是孤儿，当时才7岁，她对这个孩子倾注了更多的爱，寒暑假期间接她到自己家里住上一段，帮她洗澡，买新衣服，还带她到各旅游景点游玩，头上长虱子了，帮她拿虱子，冬天手冻裂了，流脓流血，带她到医院抹药、换药，直至好了为止，每次寄学费时都多给她寄上200元钱。她资助的朱望岚，1997年毕业后考上秦皇岛财经学校，他接到录取通知书后，就和父亲到赵淑英家表示感谢。孩子的父亲说："大妈，您资助失学儿童这一举动，我非常敬佩。只有在中国共产党的领导下，才有您这样的好心人，千言万语也难以表达我们对您和您全家的感谢。"

一份耕耘一份收获。被资助的孩子们没有辜负她的一片爱心，几年光景过去了，被资助的孩子们渐渐长大了，有的参了军，有的上了大学，都成长为对国家和社会有用的人。2002年7月，被资助的李红丹考上了大学。当接到录取通知书的那一刻，她热泪盈眶，第一个想到的人就是赵淑英。第二天她就赶到赵奶奶家，一见面就激动万分地说："奶奶，我给您报喜来了，我终于考上大学了。没有您就不会有我的今天，我永远都不会忘记您对我的恩情，我一定会继续努力学习，以优异的成绩来报答奶奶对我的一片深情厚意。"朱望岚毕业后参了军，他经常给赵奶奶写信，表示要以实际行动向奶奶学习，要以赵奶奶为榜样回报社会。在部队时他把仅有的军贴费省下来，资助了两名北戴河二中家庭困难的学生，以此来回报社会，回报赵奶奶。朱望岚退伍后参加了工作，娶妻生子，他经常带着家人看望赵奶奶。赵淑英看着这些受资助的孩子们长大了，有出息了，感到非常高兴，觉得自己是世界上最幸福的人。这些受资助的孩子们也以各种形式向社会奉献着爱心，将爱心向下传递。在赵淑英的带动下，她在北戴河自来水公司工作的大儿子也在默默资助着贫困儿童。

2001年10月，中央电视台《夕阳红》栏目的编导、记者到北戴河和赵淑英一起，去青龙看望被资助的孩子们，给他们买衣服、买书包，对赵淑英进行了专题采访，制作并播出了《赵大妈的心愿》专题片。播出后，有很多观众来信、打电话，对她表示敬佩和赞扬。《赵大妈的心愿》专题片在中央电视台一套、二套、四套播出。她的事迹多次被《中国妇女报》《河北日报》《秦皇岛日报》刊登。

2011 年，她了解到本区蔡各庄村一名叫石小妍的小学生，父亲因车祸截肢，家里还有两个双胞胎的妹妹，一家五口全靠母亲一人支撑，家庭生活十分困难。从那时起，她每年资助石小妍 1000 元，春节时还给她家里送去米、面、油。她还关注着身边的残疾人及其家庭。残疾人齐金芬的儿子上初中，她一直为孩子交学费，直至初中毕业。齐金红没有工作，丈夫遇车祸身亡，只剩下 6 岁的女儿。她经常资助她们娘俩，给孩子买衣服、学习用具。赵淑英经常说，帮助别人是我一生最大的快乐和幸福。

她在资助困难学生的同时，充分发挥党员的组织能力，积极策划组织了一些非常有意义的活动。1996 年，她组织姐妹们成立了夕阳红老年舞蹈队，共有 20 来人，平均年龄在 60 岁以上，她们不怕苦、不怕累，义务配合区里开展的各项活动及彩色周末、文化下乡等宣传工作。她们做到了老有所为，老有所乐。

她还牵挂着军营里的战士们，为减少战士们的思乡之情，让他们充分体会到家的温暖、亲人的爱护，自 1991 年起，她和驻地消防三中队建立共建关系，通过各种形式开展军民共建活动。1996 年，在她的带领下，新成立的夕阳红老年舞蹈队的 10 位老同志与中队战士开展了"母子结对"活动。新战士入伍，就是一次新的结对开始；八一建军节、春节，大妈们带着背心、香皂、洗衣粉等生活日用品，鱼、鸡、肉等食品到部队慰问，为战士们拆洗被褥。一茬茬的兵儿子们空闲时间到"妈妈"家里帮助打扫卫生，与"妈妈们"包饺子、话家常，充分体会到了家的温暖、亲人的爱护，缓解了思乡之情。战士们的每一次出警都牵动着"妈妈们"的心；"妈妈们"家里有事，战士们也义不容辞地帮助。

2016 年，在消防中队的军营，10 位驻地"妈妈"与新入伍的 40 名战士欢聚在中队的会议室，共同启动了"母子结对"20 周年纪念仪式。20 年间，她们与部队结下了深厚的感情，也与战士们结下了深深的母子情谊。

她的事迹还有很多，只要看她获得的荣誉就可以说明一切。1993 年，她当选秦皇岛市山海关区人大代表；1998 年，被评为"文明秦皇岛人标兵"，同年又被评为"十佳市民""捐资助教"先进个人；1999 年、2016 年，被评为河北省关心下一代工作先进个人；2000 年，被评为河北省"扶残助残"先进个人；2016 年，被评为秦皇岛市、山海关

赵淑英等到军营慰问子弟兵并参与
"母子结对" 20 周年纪念活动

区优秀共产党员。面对荣誉，她总是朴实地说："作为一名共产党员，就要有生命不息、奋斗不止的精神。"

无私耕耘　传承大爱

——记迁安市关工委副主任张玉稳

张玉稳，1944 年参加革命工作，1948 年加入中国共产党，1990 年离休后担任迁安市关工委副主任、老促会会长（1990 年—2017 年）。近 30 年来，他勤奋敬业，一心扑在工作上；他大爱无疆，扶危济贫，累计为希望工程捐款 11 万余元，为构建和谐社会奉献出了一名老党员的全部光和热。他本人连续多年被评为唐山市和河北省关心下一代先进个人，2000 年被评为全国关心下一代先进工作者。

一、老当益壮，全心投入关爱下一代工作

多年来，张玉稳把教育培养未成年人思想道德作为关心下一代工作的主要内容。先后组织了 10 余次大型爱国主义、革命传统、法制、理想信念教育和批判"法轮功"报告团，在全市各乡镇、中小学校巡回作报告，直接受教育者累计近百万人次。为了给各级关工委和辅导员提供教育报告材料，他主持编写了 30 余万字的《关心下一代教育报告材料汇编》；为了使迁安青少年了解学习家乡名人，他主持编辑出版了《人民公仆杨秀峰的故事》；为了给家长学校提供教材，他主持编写出版了《教子义方》一书，深受家长、学校教师和广大中小学生及幼儿的欢迎；为了开展爱国主义教育，他主动征得市领导同意，协调民政、教育、党史等部门及各镇乡，投资 60 多万元，从 1996 年至今建起了 20 多处爱国主义教育基地。

从 2003 年开始，他领导关工委会同教育局关工委、迁安电视台等有关单位，创办了电视家长学校。通过这个电视节目，向广大学生家长宣传新的家教理念以及先进的教子方法，提高了家长自身的家教素质和家教水平，收到了良好的社会效应。截至目前，已播出"家长课堂"201 节，累计 402 课时，受教育家长 60 万人次，有力地配合了学校教育和教学工作。唐山市教育局关工委称迁安创办的"家长课堂"是唐山市的"五朵金花"之首。

二、壮心不已，情系老区促发展

他始终坚持"调研、宣传、协调、帮促"的八字方针，切实为老区村发展作出了贡献。全市 19 个贫困老区村 1998 年全部进入小康村行列，人均生活水平从 1992 年的不足 700 元增长到 2004 年的 3800 元。

他积极组织老区党员干部培训、村级党员干部培训，动员他们学习践行科学发展观，创先争优，以加强党性。并聘请有关专业人士对老区农民进行培训，包括致富技能培训、法律法规政策培训以及党的各项方针政策的宣传，党支部带领广大党员干部不断提升服务意识，有力地促进了经济发展、环境整治、民主监督以及和谐与稳定。此外，张玉稳还积极协调相关部门给予政策、资金支持，帮助村级谋划发展规划，促进经济社会全面发展，使民主政治建设得以加强，基层民主管理得以保证，村内各项工作规范化、制度化。

将老区工作与关心下一代工作相结合，是张玉稳经过多年工作摸索出的工作经验。迁安是革命老区，具有红色资源厚重、老干部较多的优势。他带领工作人员充分利用这些有利资源，开展丰富多彩的活动，对青少年进行革命传统教育、爱国主义教育。如结合红军长征胜利 80 周年，开展"红军故事进校园"读书活动、"红歌遍校园"歌咏比赛，并组织资深老同志深入城乡进行巡回宣讲活动；在汶川、青海地震后，组织五老和中小学生捐款捐物，并组织由 10 多位离退休老干部组成的报告团，巡回为全市 10 多万名中小学生作报告，集中开展爱国主义教育和民族精神教育。

三、老骥伏枥，关心扶助弱势群体

张玉稳拥有博爱的胸怀和崇高的品质，他总是说："我既然有能力为构建和谐社会奉献一份爱心，就要尽心尽力去做好扶贫济困事业，为社会分忧，为自己行善，为他人做表率。"据统计，20 年来，他为贫困学生、老区扩建学校、修路、灾区救灾累计捐款达 85500 元。

1994 年他到老区扶贫时，看到老区办学条件差，便拿出 4000 元钱，为本市五道沟、红峪口、白羊峪、石门四个村小学改善办学条件。1996 年六一儿童节，他购买了千余元的书籍送给老区小学。1998 年，他为本市和家乡杨各庄镇希望工程捐款 2000 元。2000 年，为医治本市宗佐小学多名小学生烧伤，他捐款 500 元。此外，1990 年南方水灾、

2000 年张北地震，他为灾区捐款 1000 元。1995 年，河北省委组织部开展"为救助贫困失学儿童交特殊党费"活动。他与千里之外的邯郸市广平县焦庄村正在读二年级因贫困失学的程振丰结成了帮扶对子，之后每年资助该生 600 元；程振丰考入大学，张玉稳每年资助 1200 元，直到大学毕业。2004 年，《河北日报》刊登了平山县 11 岁的封小周和武邑县 8 岁的王凤春两个重病儿童由于家庭贫困而无力治疗的消息后，他当即拿出了个人积攒的 1000 元现金与关工委捐献的 1000 元现金一并寄去。2008 年，湖南郴州特大冰雪灾害他捐款 2000 元。2008 年汶川地震，他捐款 2000 元，并交特殊党费 1000 元。2009 年玉树地震，他又捐款 1000 元。家乡文明生态村建设，他带头拿出 2000 元，动员儿子拿出 20000 元，并协调有关单位出资 35 万元，为本村修路。2016 年，他又在残联组织的"爱心一日捐"活动中捐款 10000 元。

老骥伏枥，壮心不已；无私耕耘，传承大爱。就是对张玉稳老人最好的赞誉。

充分发挥自身优势　倾情关注下一代成长

——记迁安市教育局五老周玉良

周玉良，中共党员，1960 年 8 月参加工作，历任迁安一中教师、迁安市教育局教研员、办公室副主任、人事科长、局党委副书记。2000年退休后，充分发挥自身经验及人脉等方面的优势，为推动迁安市教育系统关心下一代工作发挥了重要作用，得到迁安市教育局和关工委的充分肯定。

一、以提升家长素质为目标，协助办好三所家长学校

为提高广大学生家长家庭教育素质，更新家庭教育理念，先后创办了三所家长学校。

一是办好电视家长学校。从 2003 年 10 月起，迁安市教育局协同迁安市关工委、电视台联合创办了"电视家长学校"。节目播出后，受到社会广泛关注，反响强烈，广大学生家长称这个节目是"及时雨""雪中送炭"。通过收看"家长课堂"这个电视节目，使广大学生家长更新了家教理念，学到了先进的教子方法，提高了自身的家教素质和家教水平，产生了良好的社会效果。截至 2019 年 6 月底已播出 201 节、402 场次，受教育群众 60 万人次，有力地配合推动了学校教育和教学工作。

二是办好网上"家长学校"。根据现代网络的迅速发展和广大学生家长的要求，从 2015 年起，迁安市教育局与迁安市关工委联合创办了"春风网上家长学校"，在网上把先进的家教理念、教子方法、教子视频广为宣传，满足了广大家长对家教知识的渴望与需求，收到很好的效果。

三是办好中小学家长学校。组织指导各中小学努力规范办学行为，加强家长学校的组织建设和制度建设，按照河北省教育厅提出的"十有""五落实"要求，不断提高办学水平。目前全市有 224 所家长学校，出现了可喜的办学氛围。

二、以开展活动为载体，对青少年加强理想信念教育

一是广泛开展"中华魂"读书征文活动。为加强青少年学生前途理想教育，迁安市教育局与市关工委联合举办了《光辉的旗帜》《我是90后》《我的好家风》等六期读书征文活动，通过活动的开展，使学生受到了热爱祖国、热爱党、热爱人民的教育，受到一次深入的前途理想教育，使师生的人生观、价值观得到升华。

二是举办中学生夏令营活动。到 2016 年已举办以爱祖国、爱家乡为主题的 13 届中学生夏令营活动。组织广大营员先后去沈阳、天津、井冈山、北京、延安、西柏坡、秦皇岛、秦唐港及迁安市内景点、首钢工业基地参观学习，使学生了解祖国大好河山和改革开放后祖国的巨大变化，增强学生爱祖国、爱社会主义的真挚感情和发奋读书将来建设祖国、报效国家的决心。

三、采取深入一线工作法，建言献策帮教两不误

一是深入开展调研活动。几年来，在迁安市教育局机关老干部支部带领下，周玉良先后到迁安一中、二中、三高中、一镇中、幼儿园、扣庄中小学、木厂口中小学等就高考、全面贯彻党的教育方针等开展调研活动。根据实际向教育局领导提出建设性建议，为促进迁安教育发展起到了参谋部作用。

二是做好网吧义务监督工作。近年来，由于部分青少年热衷于网络而影响了身心健康发展，作为教育局关工委副主任，周玉良经常深入网吧监督检查网吧制度建设和违规行为，对发现青少年违规进入网吧进行耐心教育，并与家长、学校沟通，维护了青少年的身心健康，受到迁安市教育局和关工委的肯定。

周玉良参加工作以来，一直从事并热爱着教育工作。退休后，他并未停下关注教育事业、关心下一代的脚步，一如既往地为教育事业、为祖国的未来发挥着余热，贡献着力量。

用心工作　用情服务
尽职尽责　爱岗敬业

——记唐山市关工委办公室主任姬晓炜

姬晓炜于 2012 年任唐山市关工委办公室主任，从最初的适应岗位到迅速胜任岗位，不到半年时间。工作中，他用心用情、尽心尽力，出色地发挥了关工办的作用，取得了显著成绩。2013 年 9 月，唐山市关工委被中国关工委授予"创建五好基层关工委优秀组织奖"，荣立"振兴唐山二等功"。

一、牢固树立使命感，把做好关心下一代工作作为神圣职责

一是全面深入学习宣传贯彻习近平新时代中国特色社会主义思想和党的十九大精神。2018 年以来，唐山市关工委精心组织全市关工委专兼职干部、五老、青少年，通过集中学习、下发文件等形式，深入学习领会习近平新时代中国特色社会主义思想和党的十九大精神，使之成为行动指南。二是服务全局。在工作中勤请示，多汇报，在工作中发挥岗位功能和优势，创造性地完成了领导交办的各项工作。三是健全组织。姬晓炜和关工委的同志们团结拼搏，共同努力，使全市创建完善了 22 个省级标准化五老工作站，创建完善了 84 个市级关心下一代工作领导小组，省、市、县三级关工委累计投入资金近 100 万元。同时健全了各项规章制度。四是关心老同志生活。在做好为五老发挥作用搭建平台的同时，更注意关心他们的身体健康。始终能够像善待自己的老人一样关心关爱他们，为他们提供优质服务，重大节日对他们进行慰问，得到了老同志们的认可和赞许。

二、重视基层组织建设，引导更多五老参与到关心下一代工作中

多年来，为引导更多的五老发挥更大作用，姬晓炜认为健全组织、搭建平台十分重要，这是基础、是保障。为此，他持续下大力抓实基层

组织建设。迁西县在基层关工组织已健全的情况下，2019 年上半年，又成立了全县五老工作站总站，为调动全县五老发挥作用，协调全县五老工作站开展活动提供了有利平台。2019 年 5 月，老科协关工委挂牌成立，并随即建立了老科协五老工作站，为全市五老队伍增添了一大批科技人才。截至目前，全市共有五老骨干 38495 人，县级以上关工委组织 33 个（其中县、市、区 14 个，部门、企事业单位 19 个），乡镇、办事处 210 个，村、社区 1650 个，专职干部 41 名，兼职干部 145 名，真正形成了自上而下的网络化组织格局。同时，市、县关工委组织大多数由在职领导、离退休老领导分别担任主任、副主任，这样既有利于引导、调动老同志发挥作用的积极性，又有利于保护好、关爱好老同志的身心健康。

三、用情服务，为五老开展关心下一代工作搭建平台

在实际工作中，主要是：一方面，通过协调开办电视专题节目，光盘、图片展，有奖征文等坚持形象化教育，引导青少年树立正确的人生观、价值观、世界观。姬晓炜每年都带领办公室其他同志开展一到两次大型活动。2017 年，为引导广大青少年及五老积极培育、传承好家风、好家训，发挥家庭教育在青少年成长过程中的重要作用，在全市青少年、五老、关工委系统专兼职工作人员中开展了"我的好家风"征文活动和"优秀家庭"评选活动。活动历时 8 个月，选取了 232 篇优秀作品辑印了《我的好家风主题征文活动优秀作品集》，评选出 135 户"优秀家庭"，《唐山劳动日报》等媒体对活动进行了专题报道，社会反响很好。2018 年，为深入学习宣传贯彻习近平新时代中国特色社会主义思想和党的十九大精神，倡导"爱读书、读好书、善读书"的文明风尚，营造书香氛围，在全市范围内开展了"学习十九大，书香伴我行"主题读书活动。活动历时 3 个月，共收到来稿 849 篇，经认真评选，有 179 篇优秀作品收入《"学习十九大，书香伴我行"读书活动优秀读书心得作品集》。2019 年，为纪念中华人民共和国成立 70 周年，同时结合河北省关工委、唐山市关工委成立 30 周年这一契机，按照中国关工委、河北省关工委统一部署，在全市开展了"腾飞中国 辉煌七十年"主题系列活动。并将 30 年来关心下一代工作的优秀成果、典型事迹、先进经验等收录到《唐山市关心下一代工作成果三十年汇编》。另一方面，通过协调组织参观爱国主义教育基地、组织报告团、举办中学生夏

令营、开办家长学校等活动，坚持教育经常化。如：为提高中小学生的交通安全出行意识，2017年7月，唐山市关工委、市公安交通警察支队、市教育局关工委联合在全市中小学校开展了"我是小交警"文明交通主题实践活动，并逐步在全市推开。截止到目前，全市共有路北区、滦州市、迁安市、遵化市、丰润区、滦南县、迁西县、路南区等12个县（市）区关工委启动了"我是小交警"文明交通主题实践活动，有16支"小交警分队"正式命名成立。活动的开展得到了各级党委、政府以及各级领导的支持和肯定，受到师生、家长们的欢迎。《中国火炬》杂志、河北省关工委春泥网、环渤海新闻网等媒体多次对活动进行了宣传报道，被唐山市文明办作为文明城创建的工作品牌之一。

四、拓宽宣传渠道，加大宣传力度，切实增强关工委工作的社会影响力

姬晓炜始终坚信做好关工委工作，离不开舆论宣传的理念。这样，既能让社会上更多的人了解支持甚至参与关心下一代工作，也有利于宣传弘扬正能量，让更多的青少年在五老的关爱影响下成长为对社会有用的人。2016年组建全市关工委系统信息宣传员队伍以来，全市有64名专兼职信息宣传员辛勤工作。为提高他们的信息宣传质量，组织全员培训两次，各县（市）区、市直单位的信息宣传工作热情越来越高。2018年，唐山市关工委共收到各级关工委上报的信息、征文作品等1061条，上报省关工委信息216条，省关工委网站、微信公众号刊发171条，唐山市关工委编发工作简报14期，收录信息150条。各基层关工委还充分利用网站、微信、简报、宣传栏等宣传阵地，交流学习心得，畅谈思想感悟，弘扬了社会正能量。各县（市）区关工委的活动信息基本都能第一时间在群里转发，供大家学习交流。特别是中国关工委、河北省关工委的刊发，进一步扩大了唐山市关心下一代工作在全省乃至全国的影响力。

多年来，姬晓炜始终以满腔的热情投入到他所热爱的关工委工作中。相信，在以后的岁月里，他定会倍加努力和珍惜，在平凡的工作岗位上做出不平凡的业绩，无怨无悔地谱写出华彩的篇章。

把育人作为终生事业

——记滦南县爱民路社区西城胡同关工委主任吴淑敏

吴淑敏是滦南县爱民路街道办事处西城胡同社区居委会主任、关工委主任、五老工作站站长。她始终把育人作为毕生的事业，用实际行动诠释着共产党员的责任和担当，先后获得了"滦南县助人为乐道德模范""滦南县优秀共产党员"和"唐山市五老骨干"等荣誉称号。

开展多种活动帮青少年健康成长。吴淑敏在教育战线工作了几十年，多年的教育教学工作，使她对青少年思想道德建设的重要性有着更深刻的认识。在社区工作中，她组织附近的老干部、老党员长期在社区内以报告会、座谈会、演讲比赛等形式，对青少年学生大力开展社会主义核心价值观教育，至今累计开展活动近30场次。她还组建了"星光艺术团"，坚持在本社区以及其他社区开展文艺演出活动，以文艺的形势对青少年进行传统教育、法制教育，弘扬正能量，每年演出10余场次，深受青少年学生和家长的欢迎。

坚持多措并举帮困难家庭排忧解难。西城胡同社区是一个老小区，社区内有一些特殊困难的家庭。为了让贫困家庭不再贫困，为了让每一个孩子都快乐地成长，她主动帮助社区内的4户单亲家庭办理了低保，帮助住房紧张的申请廉租房，使他们的基本生活有了保障。为了帮助更多的家庭富裕起来，她多方奔走，除了引导贫困家庭参加国家扶持的技能培训外，还与县内外多家企业建立了"牵手联谊台"，向下岗失业人员推荐就业岗位，现已帮助15名失业、无业人员找到了工作。2011年，在相关部门的大力支持下，她在社区成立了滦南县星光家政职业技能培训学校，目前，已培训的学员达数百人，社区内和周边的很多家庭从中受益。对有特殊困难的青少年儿童，她更是关爱有加。她积极动员社区内的五老和其他党员，积极开展"帮助贫困生重返校园"和"帮教结对"活动，先后成功帮助5名贫困家庭学生完成学业。2011年，西城胡同社区低保户朱凤兰的孩子考上了重点大学，眼看开学在即却交不起学费。吴淑敏得知这一情况后，积极协调争取相关部门支持，帮助筹集助学款 13000 元，为孩子圆了大学梦。

　　开展多种亲子活动促进家庭和谐。和谐幸福的家庭，是孩子健康成长的土壤。多年来，吴淑敏在社区内组织开展多种形式的亲子活动，通过活动促进家庭和谐，提高幸福指数。她在居委会建立了亲子活动室，配备了文体器材和文具、书籍等，每天放学后和节假日期间，都有家长带着孩子来到亲子活动室，家长和孩子一起读书、画画、做游戏。西城胡同社区每年都举办家庭运动会，上至 80 岁的老党员、老干部，下至 2 周岁的幼儿，都积极参加。运动会上很多项目是以家庭为单位，全家人在参加比赛的过程中既加强了沟通与配合，又加深了默契与感情。

吴淑敏组织开展亲子活动

　　吴淑敏就是用这些灵活有效的方式将自己对青少年健康成长的关注、对教育事业的热爱延伸，并将绵延不断……

最美不过夕阳红

——记玉田县五老贺秋林

贺秋林，男，1933 年生，玉田县亮甲店镇西中滩人。1954 年毕业于丰润师范学校，先后在县内小学任教 40 年，1993 年退休。20 多年来，一直心系教育事业，担任西中滩小学、亮甲店小学、丁官屯小学、杨五官屯小学、高马头小学、观音寺幼儿园、幸福庄幼儿园等多所学校、幼儿园的校外辅导员，到上述单位辅导素质教育数百次。作为耄耋之年的贺秋林老师，60 年倾心教育如一日，衣带渐宽终不悔，铸起人民教师春蚕红烛的亮丽丰碑。

一、春蚕红烛的奉献精神

贺秋林把退休视为"闲暇时间，享受人生"的开始，主动到家乡周边的学校、幼儿园当"送上门"的辅导员。他在家乡附近的校园担任兼职电子琴讲师、书法讲师、腰鼓表演教练、花样跳绳教练、口算指算速算指导等职务，一干就是 24 年。

贺老师家住西中滩村，距离亮甲店小学五六里，但老人同时辅导这两所小学的跳绳。老人把一周分成单双日，每天下午就奔波于这两所小学，为孩子们传授单摇、双摇、单摇编花、双摇编花、蹲双摇、绕八字等各式花样的跳绳运动技巧，还出资几百元买来跳绳等运动器材，送给孩子们使用。在他的指导下，亮甲店小学和西中滩小学双双被评为跳绳群体活动特色校。

贺老师听说高马头小学没有音乐专业教师，就主动承担高马头小学音乐辅导课。校长过意不去，找老人谈报酬，老人一听就急了，说："要是冲着钱，我立刻就走人！"校长无奈，想用车来回接送老人，贺老师坚持不用，而是自己骑摩托车穿梭在 10 多里的乡村公路上。他还辅导高马头小学电子琴小组，穿插许多小故事，生动活泼、寓教于乐，孩子们练琴兴致特别高，每天都盼着下午活动课贺老师来教琴。学期结束后，贺老师又赠送学校一套大头娃娃面具。20 多年来，他义务参加校园辅导 3000 多个工作日，而且从不要单位接送，也不要工作补助，就是请他吃顿饭也婉言谢绝。这就是贺老师的享受人生的幸福观。

二、关注留守儿童的高尚情怀

农村的孩子很多都是留守儿童，父母在外打工或是忙于生计，忽略了对孩子的关注与培养。每逢节假日，他看到不少孩子，要么骑着自行车在大街上横冲直撞，要么在网络游戏里消磨时光，他就做出一个大胆的决定：设立书法、电子琴兴趣班，把孩子们从街头、网吧"抢"回来。他说干就干，就在自家腾出房间，购置了纸墨笔砚等必要设备。每到节假日，就到街头巷尾寻找那些父母不在身边的贪玩的孩子。一传二，二传三，不到一个月，他的家就成了附近十几名留守儿童节假日的乐园。在指导书法时，引导孩子一横一竖学写字，一撇一捺学做人。他从基本笔画到间架结构，从象形、甲骨到真、草、隶、篆，把博大精深的东方艺术，尽量演绎得浅显易懂，易于孩子们掌握。他还参考多本书籍，编印了《汉字字形结构字帖》，免费发放给孩子们使用。辅导电子琴时，他自编成小练习曲，由易到难，步步推进。让他惊喜的是，孩子们在他的指导下，不仅得到家的温暖，也学到弹唱的技能。王鑫龙的父母在外打工，常年不回家，看护他的姥姥又体弱多病，所以王鑫龙更是我行我素、顽劣成性。贺老师找到他，不仅免费给他提供纸笔、电子琴，而且他父母来不及打过来的日常花销，贺老师也及时给他垫上。贺老师无私的爱彻底打动了王鑫龙，从此跟随贺老师刻苦地习字练琴，从不懈怠。值得一提的是王浩宇同学，仅用一个暑假，能把《步步高》《金蛇狂舞》《喜洋洋》等曲子弹得灵活自如，得心应手。玉田县教育局组织的艺术节表演中，王浩宇的钢琴独奏《土耳其进行曲》获得一等奖。各种艺术都是相通的，由于书写工整漂亮、琴艺精彩突出，王浩宇的学习成绩也得到了突飞猛进的进步，还被评为县级、市级、省级三好学生。每到年节，一些家长见孩子受益匪浅，对贺老师感激不已，有的送礼品，有的交辅导费，可是都被贺老师婉言谢绝。他对家长说："你们外出打工也不容易，也是在为国家建设作贡献。我是退休教师，养老有保障，在家闲着也没意思，为孩子们成长出点力，是应该的。"

三、终身学习修养的顽强意志

贺秋林深知，打铁还需自身硬。为此，他坚持经常学习时事政治以跟上形势、坚定信念；学习圣贤哲理以陶冶情操，学习教学方法以改进教学，学习书法乐器以提升能力，学习养生之法以益寿延年。他坚持练习书法30多年，坚持日写一篇，从不间断。他积累的篆、隶、楷等各种体例的手稿，摞起来有几米高，让人惊叹。他却说："天下无难事，在乎人为之，不为易亦难，为之难亦易。吾非千里马，然有千里志。且旦而为之，终亦成骐骥。"他的书法作品常见于报端。

他的工资在手里能握出汗，但是买书花上三五百元从不吝惜。每逢节日，他的晚辈亲属来看他，他不让带酒和糕点，只希望带来报刊或书籍。80多岁高龄的他，每天依旧像离不开水、离不开空气那样离不开读书。贺老师每天五点半起床，锻炼身体，之后读书习字。下午剪报、下棋、收藏烟盒酒瓶，整天忙忙碌碌，修养身心。每次老干部上站学习活动日，贺秋林分发的资料都是他从书刊杂志上一笔一画认真抄写下来的养生歌谣，如《一字歌》《人生二十忌》《十不心理保健歌》《康乐歌》等，这些书写纸张都是用了一面的废纸再利用。"养心莫善寡欲，致乐无如读书"，这是贺秋林老师的座右铭。

四、焕发桑榆霞光的使命担当

去年，西中滩小学危房改造成三层楼房，学校整体面貌焕然一新。贺秋林拿出自己心爱的三幅字画捐献给学校，还奉献一盆自己养了10年的大玉树，还觉得这些不足以表达内心的喜悦，又积极地为美好校园献计献策。发挥他的书写专长，为西中滩小学的内墙体精心进行美化设计——旺盛的鸢尾花，彰显清爽洁净的情趣；传统节日的由来介绍，传递博大的中华宇宙观；中华好诗词，以弘扬中华传统文化。为此，贺秋林老人每天在室外高举着毛笔，或立或蹲，风吹日晒，累得腰酸背痛、筋疲力尽，但老人家从没说过报酬，更没有一句怨言。闲暇之余，他就走进校园，伫立在自己亲手书写的书画前，给孩子们讲解传统文化知识。

伴随精神文明建设的深入，西中滩村建起村民广场，这是多好的宣传平台啊！他征得村委会领导的同意，亲自动手在那里建起以"孝"为核心内涵的文化宣传栏。他觉得如今孩子成了被宠爱的小皇帝，"孝"在今日社会，似乎已是一个"过时"的词，渐渐淡出人们的视线，离我们越来越远。然而，"百善孝为先"，孝敬父母、尊重长辈、爱护幼小，是家庭和睦、社会稳定的根基。他不会上网，所有的准备工作都没有捷径，搜集资料，准备底稿，都是亲自笔录。对老人说，这无疑是一个浩大工程。寒来暑往，老人的义务宣传活动从不间断，为青少年健康成长营造了一道亮丽的文化景观。

五、创建书香之家的示范理想

贺秋林老人常想：国家的文明，社会的和谐，大看社会，小看家庭。创建书香之家，是农村精神文明建设的重要课题。作为居住在农村的退休教师，贺秋林觉得有创建书香之家的得天独厚的客观条件。于是，他从退休那年起，就决定在村里做创建书香之家的示范户。他首先说服家里亲人，让家人懂得：攒下金山银山，不如书香承传。他的老伴谢世，孙子孙媳却能读懂爷爷的良苦用心，支持爷爷的行动，腾出两间门房，让爷爷办起"群艺斋"。屋子里摆放和悬挂教育、书法、杂志、曲艺、各种手稿等五大类书籍资料两万多份（本），琳琅满目，成为西中滩村一道亮丽的风景。西中滩附近的村民，尤其是喜欢书法和琴艺的青少年，以及喜欢学习腰鼓、秧歌、跳绳等体育运动的中年妇女，都经常来"群艺斋"向贺老师请教，查阅资料，或交流演出经验和体会。为了方便村民及孩子们借阅资料，他与西中滩小学图书室联系成一个整体，随时随地方便校内学生借阅。贺老师的"群艺斋"也是老干部学习站，每次老干部活动，他都把自己印制的健康保健、美文美篇、经验总结发放给拥有共同爱好的老人们。这样，他就把自己的光热辐射到附近的十几个村庄，充分实现自身的价值。

贺秋林觉得，创建书香之家贵在文化传承。家庭是社会的细胞，创建书香之家是提高民族素质的基础。他的侄女婿孙国航，现为孙竹艺术研究会副会长、河北省书法家协会会员。作为长辈，贺秋林每年都把侄女婿叫到家里互相切磋交流，规划家庭的文化传承愿景。贺老师的孙子贺久明从小就跟着爷爷学做人、学写字，8岁时参加玉田县教育局组织的书法比赛，获得全县一等奖。在爷爷的熏陶下，贺久明酷爱读书，以优秀的成绩考取辽宁大学，如今在沈阳市档案局专门研究历史档案。他的孙女贺亚楠以优异的成绩考取渤海大学，在大学里，贺亚楠多才多艺、表现突出，被称为"渤大小才女"，如今已成为锦州市一名优秀的高企白领。侄子贺宗立从小在伯父家长大，得益于伯父的言传身教而成为一名高级园艺师，侄孙贺久龙现留洋美国。

贺老师深知，家庭是社会的基本细胞，是人生的第一所学校。于是他想把自己书香之家的成功经验，传递给整个家族乃至全村，让每一个家庭每一个孩子都受益。贺老师整理誊抄了贺氏家训家谱，分发给同村每一个贺氏家庭。每送到一家，都耐心地向邻里解读，尤其是对小孩子，他总会列举贺家出现的辈辈名人，鼓励孩子们自立自强，成功成才。同族贺立民的女儿贺繁荣，小学时成绩很差，父母也说，女孩子认识几个字就行了，上学有什么用？贺老师听说后，劝说其父母鼓励孩子树立信心，如今贺繁荣通过不懈努力考取了河北省建筑工程学院土木工程专业，而且继承贺爷爷终身学习的顽强意志，每晚都学习到10点多。

"吾贺氏，乃望族；好家风，要继承；勤耕织，扬家声；知荣辱，求上进……"贺老师讲解家训时神采奕奕，那抑制不住的自豪感影响着村中每一位族人，也让乡邻们羡慕不已。村里父慈子孝、其乐融融的和睦家庭比比皆是，品学兼优、服务社会的各界精英更是层层辈出。

由此，贺秋林老师也获得冀东农村书画院副院长、唐山市老年书画研究会会员、唐山市书画家协会会员、唐山市书画家协会冀东新农村文化基地秘书长、亮甲店老干部协会副主席等社会职务。这不由得让我们想到一首歌来歌颂这位最美的老人："最美不过夕阳红。"

夕阳无限霞满天

——记廊坊市安次区夕阳红宣传队关工委主任孙玉兰

孙玉兰现任廊坊市安次区夕阳红宣传队关工委主任。提起夕阳红宣传队，在廊坊市区可谓家喻户晓，小有名气。他们这个宣传队以服务社会、奉献他人为己任，10多年来，队员们走遍市区大街小巷，宣传党的大政方针、维持交通秩序、进行卫生监督……可以说，每一场社会公益活动，都凝聚着孙玉兰的心血和汗水。现在，夕阳红宣传队已从廊坊走向全国，成为廊坊精神文明建设的一张城市名片。在他们这支队伍里，那些五老人员，除了宣传活动之外，更以无私的精神，呵护着下一代健康成长。

一、乐蘸心血育新苗

提起开办"好孩子快乐班"的初衷，直到现在孙玉兰还很是感慨。2004年7月的一天下午，她到南门外派出所汇报街头巡逻情况，正赶上民警教育三个盗窃东西的少年。经过了解，这三个孩子是市区一所小学的学生，与父母租住在银河南路永祥社区。当天，他们一起到一个建筑工地盗窃钢筋，被当场抓获并送到派出所。

"你们知道雷锋叔叔吗？""不知道。"一个叫小虎的孩子说。原来三个孩子的父母都是外来务工人员，父母平时根本没时间管他们，孩子们在思想道德教育上非常缺乏，真为这些孩子们担忧。当时正赶上中央8号文件下发和全国加强和改进未成年人思想道德建设工作会议召开，孙玉兰深深感到关心未成年人的健康成长，他们这些老年人有自己的独特优势，为未成年人健康成长出点力是她们这些老年人应该做的，也是应该能做好的。就这样，她怀着一种强烈的责任感，在廊坊市安次区关工委的支持指导下，决定创办"好孩子快乐班"，利用节假日对中小学生进行教育，填补小学生节假日教育的空白。为此，她制订了详细的活动计划，确定每月最后的周日为活动日，从规范孩子们的行为抓起，进而对他们进行爱国、爱党、爱社会主义和中华民族传统美德教育，培养孩子们良好的道德品质。经过近一个月紧锣密鼓的筹备，2004 年 8 月 25 日（星期日），投资 8000 元的"好孩子快乐班"在夕阳红宣传队 200 平方米的活动室正式开班。

万事开头难。尽管是公益性质，但把学生召集起来并不是一件容易的事。为了吸引更多的孩子参加"好孩子快乐班"，廊坊市安次区关工委给他们印制了上千份宣传材料，孙玉兰就带领着侯静波、吕淑霞、张秀英等队员上街宣传。还利用自己广泛的社会关系，经常深入学校、家庭做动员工作，向学校、家长解释办班目的，协助学校教育孩子遵纪守法、健康成长。学校和家长们被他们的行为感动了，纷纷表示大力支持这项公益活动。同时她还发动老队员和孩子们结对子，开展"大手拉小手"活动。队员们把孙子、孙女和左邻右舍、亲戚朋友的孩子带到"好孩子快乐班"，使参班儿童由开始的 20 多人发展到 200 多人。

虽然她文化不高，但她对孩子们，对关心下一代工作有着火一样的激情。平时她注意剪贴有关孩子教育方面的报刊，搜集教学素材，每次开班，自己早早到活动室等候孩子们。几年来，进行了 50 多次活动，她从未落下一次。2006 年 10 月，她患急性肠炎正在输液，正赶上"好孩子快乐班"该开课了，队员们都劝她这次休课吧。她坚决不同意，说她病了没关系，孩子的教育可不能停，就这样"好孩子快乐班"顺利开课。当时她真是硬撑着身体参加的，就是想不能影响教育孩子的大事，以自己的实际行动来感染老师和孩子们。

二、为了朝阳的升起

为了调动和发挥孩子们的积极性，她和老伙伴们针对儿童的心理特点，从爱国主义教育、传统教育到法制教育、德育教育，采取了多种多样儿童喜闻乐见的方式来教育孩子们。

1. 深入浅出，以讲故事的形式讲道理。几年来，她请廊坊市安次区关工委主任李庆枢讲革命传统；请派出所民警结合辖区实际讲遵纪守法；请廊坊市安次区关工委常务副主任、法制报告团团长李学芳讲法制课；为纪念长征胜利 60 周年，请廊坊电视台记者讲"重走长征路"；建党 90 周年请老党员讲党史；请伊秋玲同志讲世界观、人生观、价值观。有时她自己也给孩子们讲英雄模范事迹等，把做人的道理和准则放在故事里讲给孩子们听，起到了很好的潜移默化的教育作用。

2. 写作文，谈体会，鼓励孩子们自立自强。她请老教师来组织指导孩子们写作文，鼓励他们在班上大胆发言。第五小学的刘思月同学讲从"小公主"到"小天使"的转变过程；中所小学的李力同学讲自己勇挑家庭重担，勤奋学习的经历；第七小学的邵校同学用辩证的观点讲述父母的优缺点。用小朋友身边的人和事去教育影响他们，使小朋友们深受感染和启发。

3. 组织歌舞、书画活动，寓教于乐。经常组织孩子们举行歌咏、舞蹈等活动，让孩子们在欢乐中受到爱国主义教育。指导他们学习书法和绘画，请了第五小学副校长专门讲硬笔书法。通过一年多的训练，孩子们的书写绘画能力都有很大提高，其中张贺茹小朋友还荣获了全国儿童绘画比赛二等奖。

孙玉兰在"好孩子快乐班"讲礼仪课

4. 设立光荣榜，激励孩子们健康向上。她们在"好孩子快乐班"里设立了光荣榜，贴上孩子们的照片，每做一件好事就在照片下面贴上一个红五星，年终进行评选奖励，大大激发了孩子们做好事的积极性。

5. 组织参加公益活动，树立公德意识。每次夕阳红宣传队的老人们清扫银河南路卫生、擦洗护拦、清除路两旁树上的废塑料时，都组织孩子们参加，激发了孩子们热爱廊坊、保护环境的意识。

6. 关心贫困和后进儿童，把关爱送到孩子们心里。几年来，对有盗窃劣迹的少年，除课堂教育外，孙玉兰还经常蹬着三轮车进行家访，以了解他们的家庭情况，从而进行更有针对性的教育。中所小学四年级学生杜鹏飞、杜文龙、韩冬超小朋友，都是外来打工家庭的孩子，平时父母没有时间关心照顾他们，不仅不好好学习，放学后还在社会上游荡，染上了小偷小摸的坏毛病，几次被派出所传唤，令家长十分头疼。入班后，她就把他们作为重点关心对象，多次家访，进行重点帮助和教育。在老人们的关心、培养下，三个孩子转变很大，不仅改掉了小偷小摸的坏毛病，在校内外捡到钱物还主动交给老师，放学后主动帮父母做家务。看到孩子们的变化，家长们非常激动，专程来到"好孩子快乐班"感谢夕阳红的老人们。逢年过节，孙玉兰还组织队员为贫困孩子捐款捐物，到贫困孩子家慰问。当了解崔彤父亲遭遇车祸，家境贫困，他们更是热心相助，到家里进行慰问，并及时向当时崔彤就读的小王庄小学汇报家庭遭遇，为她申请减免了学费。在她们的鼓励下，崔彤学会坚强，用歌声唤醒植物人爸爸，被评为 2006 年感动河北十大年度人物。可以说，"好孩子快乐班"的每个孩子都是她的心肝宝贝，他们的进步与成长都让她感到特别欣慰。

7. 加强教育和网吧监督，使孩子们远离网吧。2009 年 4 月，针对社会上一些网吧管理比较松散，常有违规允许孩子们进入上网的情况，她又牵头组建了五老网吧义务监督员队伍。他们不顾年老体弱，定期到附近网吧进行检查，特别是孩子放学之后和双休日更是加紧巡查。对检查过程中发现的问题，视情况劝告经营者主动纠正，或报告相关部门及时处理，努力为未成年人提供健康文明的学习和生活环境。同时开展了"关爱生命，远离网吧"活动，请专业人员给孩子讲迷恋网吧的危害性，教孩子们如何安全上网等，并组织孩子们写文章、谈体会，动员戒掉网瘾的少年现身说法。五中的李久旭同学，原来上网成瘾，家长很是头疼，经过她和队员们的教育和帮助，不仅加入了"好孩子快乐班"，还戒掉了网瘾，家长非常感激。几年来，该辖区内的十几家网吧都能严格按照规定进行合法经营，参加"好孩子快乐班"的孩子们没有出现一个网瘾少年。

8. "大手拉小手"，使关爱活动更具针对性。为扩大教育面，弥补"好孩子快乐班"场地不足、人员有限问题，2008 年她又在全队发起了"大手拉小手"活动，由队员们主动与熟悉的孩子结成对子，实行一对一、一对几的关爱。孩子们把自己的重要言行及时记录，定期向老爷爷、老奶奶汇报，宣传队关工委每季度召开各小组长会议检查调度。全队有千名队员与千余名未成年人接成了对子，使关爱之花在全辖区绽放。

几年来，"好孩子快乐班"通过组织各种活动，使孩子们在思想道德、是非观念、尊老爱幼、生活自立、关心集体等方面都有了很大的进步和提高。每位小朋友都能流畅地说出公民道德规范和"五热爱"的内容，在校内帮助同学、在家里帮家长做家务、在社会上帮助老人和拾金不昧等好人好事层出不穷。据不完全统计，几年来，孩子们做好人好事达两千余件，得到了学校和家长的认可。对于这些成绩的取得，她们这些老伙伴经常挂在嘴边的一句话就是："发挥余热，奉献社会。与这些孩子在一起，感到年轻，特别充实。"

三、做一位尽职尽责的老人

一提到下一代，关爱孩子们，孙玉兰就油然而生一种火热的激情。其实，这种激情的源泉来自于她自己的生活经历。

她15岁在原旧州妇联工作，可以说是一名"老关工"了。20世纪70年代，作为街道办党支部书记，她带头响应国家计划生育政策，只生一儿一女。从小她对孩子的要求就特别严格，而且是出了名的"狠"。其实，管教孩子，她有时也觉得心疼，但要培养好孩子就得有股狠劲儿。孩子们到参加工作年龄，虽然她与老伴都有些社会关系，但为了培养孩子们的自立能力，都让他们先到基层当工人。说实在的，当时孩子们真不是很理解。2003年孙女崔东岩考上河北工业大学。按理说，看到孙女考上大学了，而且还离开家独自求学了，哪个当奶奶的不是想法设法拣着好吃的做，挑着好看的买，生怕孩子受一点儿委屈。可让孩子和邻居们觉得不可思议的是，她却鼓励孙女到饭店刷了两个月的碗，体验了一把服务员的生活。她想，孩子要独立生活了，没有点社会实践是不行的，这一课是不能少的。她总是对孩子们说："做人要老实，办事要诚实，对待事业要有责任心，对自己要有一点狠劲儿。"

培养好下一代，不光要直接去关心他们，关爱他们，还要注重为他们创造一种良好的社会大环境，为社会增加正能量。为此，她还注重精神文明建设进社区、进学校、进家庭。近几年来，她组织队员们为市区18个单位义务编排小节目680多个，演出600多场，被誉为"精神文明建设的轻骑兵"；连续5年在学校门口和交通干道站岗值勤，维护交通安全，治安巡逻，协助交警处理调解纠纷，被称为廊坊编外交警，中央、省、市新闻媒体多次报道；2003年，她们开始在社区创办妇女儿童维权岗、家庭暴力投诉站、法律咨询站，开通了1600518法律服务热线；坚持15年长期帮扶16个贫困家庭，为建设和谐廊坊、幸福廊坊作出了应有的贡献。来廊坊工作的日本友人看到他们这些老年人在关心下一代和参与社会管理方面发挥的积极作用，主动加入到他们的队伍中来，还在日本成立了夕阳红宣传队大阪分队。更让她难忘的是2006年春，时任中共中央政治局常委的李长春来廊坊考察时与她亲切交谈，给了她很多鼓励。

多年来，她和队友们的出色表现也受到了党和政府的肯定和鼓励。

2003 年，被评为全国唯一的老年人学雷锋先进集体和全国社区志愿服务先进集体。她本人也多次获得国家、省、市的社区志愿者先进个人、杰出志愿者、文明市民和感动廊坊十大杰出人物等称号。

社区关工委的"马管事儿"

——记廊坊市广阳区国际花园社区关工委副主任马贺年

不论严寒、酷暑，不论雪天、雨天，一位古稀老人头戴党员志愿者小红帽，右手执绿旗，左手执红旗，都会在学生上下学时如期出现在廊坊市广阳区管道中学第三附属小学的大门前，用并不专业的手势疏导着过往的车辆和行人。他就是马贺年，廊坊市第六中学的退休教师，是国际花园社区关工委的一名党员志愿者，人们都亲切地称他"马管事儿"。

为了校区周边交通顺畅、商户满意，马贺年管事情管出了"美名"。管道局中学第三附属小学改建完成后重新投入使用，校区位于市区第一大街，周边小区和商户众多，车多路窄停车位不足，道路经常拥堵不堪，马贺年急在心里。他开始四处奔波，找报纸呼吁，找交警协调，找相关单位游说，劝完这家劝那家，为此他还发了火。最后还是他的真诚感动了各方，都表示可以让步：一大街南北外街的停车位统一由原来的横向车位变成斜向车位，车位数量也由 30 多个变成 86 个，双向行驶也改成了单向通行，大大提高了交通运输效率。孩子们上下学安全了，接送孩子更加畅快了，周边商户也满意了，马贺年的"心病"也治好了。市委书记王晓东、市长冯韶慧听闻此消息，先后专程骑自行车前来视察第一大街道路处理情况，并作重要指示，要求有关部门标本兼治，尽快解决道路拥堵问题。市领导的先后到访和迅速处置，让群众消了气，开始从消极被动等待政府解决变成了积极主动参与解决。市长冯韶慧还给马贺年起了个"马管事儿"的外号，从此就名声在外了。

为了小区和谐、满足大家不同需要，"马管事儿"管事情管出了"广度"。当他发觉部分小区居民读书、看报不方便，就自制移动报箱，放在小区门口的早点铺前，供人免费阅读；看到邻居家小孩因爱养小兔子耽误学习受到家长训斥，"马管事儿"心疼了，主动向居委会申请开辟公共区域专门养小动物，他负责照料，小区孩子都特别喜欢这个马爷爷；他多年来坚持义务清扫街道、免费帮菜市场倒运垃圾，更有意思的是"马管事儿"还亲自制作健身器材，弥补小区现有器材不足的状况，丰富了小区居民的健身活动。新开路街道国际花园社区党支部书记孙嘉敏说，现在，社区工作很多时候都离不开"马管事儿"了。

为了孩子出行安全、消除各种隐患，"马管事儿"管事情管出了"深度"。"老爷子几乎天天在这儿，我每天接送孩子都能看到他。"一位接孩子的家长说。据马贺年介绍，从 2018 年 5 月开始，每个接送孩子上下学的时间段，他都会赶在高峰期前到达现场"执勤"，风雨无阻，从不间断。马贺年的"执勤"，不只是义务疏导交通，助学生安全出行这么简单，校外设施、环境安全等隐患全都逃不过他的眼睛。校门口的路灯年久失修，破碎的灯罩高悬，马贺年就致电《廊坊都市报》，希望联系有关部门帮助尽快解决；学校西边过道有铁丝阻路，马贺年就拿来剪刀将其剪断，消除隐患。

为了后进生不掉队、发展孩子个性，"马管事儿"管事情管出了"温度"。马贺年从事教育工作 40 多年，退休后的他又办起了校外辅导站，招收小学后进生，免费对其进行辅导。"善待一个后进生，就是善待一个家庭。不同的孩子有不同的个性，应该为孩子们搭建一个供他们个性发展的平台。"马贺年说。在市、区两级关工委和社区党支部的大力支持下，马老办起了"四点钟幸福课堂"，并顺利通过了全市基层五老青少年服务中心的验收，成为廊坊市关工委系统的第一批示范点。

马贺年在"四点钟幸福课堂"给孩子们辅导《弟子规》

这些年，马贺年因爱管"公事""闲事"，得了个"马管事儿"的昵称，为此，社区还专门为他做了"马管事儿"的宣传牌，号召居民多多向他学习。尽管也遭遇过"白眼儿"和"红眼儿","马管事儿"依然信守为人民服务的初衷。"我是个有着43年党龄的人民教师，让群众满意就是我最大的追求和幸福。当了一辈子老师，一天见不到孩子，心里就空落落的。如今在社区关工委有点儿事做，尽自己的能力，能干什么就干什么，能干多久就干多久，只要身体允许我就一直坚持。"马贺年这么说，更是这么做的。

为教育下一代无怨无悔

——记廊坊市广阳区关工委青少年教育报告团团长贾俊义

贾俊义，1952 年参加工作，共产党员，现任廊坊市广阳区关工委青少年教育报告团团长。1996 年从原安次区水利局工作岗位上退休后，十几年不知疲倦地奔走于廊坊市内各中小学校、企业和社区，用一幅幅图片、一篇篇讲稿，用自己的言传身教，义务对广大青少年进行爱国主义宣传教育。尽管已是古稀之年，但仍乐此不疲，从没因身体不适或家里有事耽误过宣讲工作。

一、能为孩子们做点事儿，心里高兴

1996 年退休不久，他就担任了水利局老干部党支部的党课教员，每月为老干部们上一次党课，主要针对当前国内国际的热点焦点问题，提醒老同志们与党中央同心同德，跟上社会和时代发展的步伐。在为老同志们讲课的同时自己也受到了深刻的教育。他总是觉得，自己应该有能力也有信心为社会再做一些有益的工作。当看到不少孩子或整日沉溺于网吧，或张口就说粗话，有的甚至走上了违法犯罪道路，他既着急又心痛，想充分利用退休时间为青少年做点事情的愿望也越来越强烈。恰在此时，廊坊市广阳区关工委邀请他加入广阳区关工委青少年教育报告团，他欣然应允。"能为孩子们做点事儿，我心里十分高兴！"这是他经常挂在嘴边的一句话，但他也觉得责任很重，担子不轻，因为这是关乎家庭和国家未来的大事。

参加报告团后，他一刻也不敢怠慢，马上开始备课。自己平时不抽烟、不喝酒，也没有什么其他爱好，只是喜欢读书、看报、买书。为了不断地丰富和更新知识，经常自费坐车到北京和天津的各大图书城，选购有关书籍，顺便还查阅一些资料。俗话说："台上一分钟，台下十年功。"讲课也是一样的道理。要想把课讲好，让孩子们爱听，就得在课外多下功夫，提前查阅资料，认真备课。为了让讲课内容与现实联系得更紧密，内容更丰富，每年他都拿出 1000 多元，自费订阅《人民日

报》《北京晚报》《廊坊日报》《参考消息》等10多种报刊杂志，边阅读边制作剪报本，按不同内容将这些剪报本命名为"参考文章""新农村建设""荣辱观教育"等不同主题。每次备课，这些"宝贝"都会给他提供很好的思路和内容。但仅有这些还不够，他还在学会"投其所好"上下足功夫。为使讲课内容、形式和语言表达更符合孩子们的口味，他使用了"潮词儿""网语"，以便让青少年更容易接受。每份报告材料他都要修改上三四次。这样的报告，孩子们才不会仅仅把你当成一个教条式的老爷爷，而是把你当成一个和他们有共同语言的老朋友。为孩子们讲课是自己的愿望，也是责任，所以，他作报告始终坚持一个原则，就是不收取报酬、不要纪念品、不用车接送，用自身的言行给孩子们树立榜样。

二、为孩子们服务，要让方式灵活多样

做教育工作得真"上心"，做青少年教育工作更是如此。他喜欢课下与孩子们交流，根据孩子们的需要调整授课方式，充实授课内容。为孩子们服务，只有方式灵活多样，贴近孩子的心灵，孩子们才容易接受。

2005年6月，在中国人民抗日战争暨世界反法西斯胜利60周年即将到来之际，他想利用这一重大纪念活动给孩子们上一堂形式新颖活泼的历史课。他决定改变单一的文字宣讲的方式，连续数日顶烈日、冒酷暑奔走于各图书馆和书店，挑选内容清楚、资料翔实、篇幅适合的图片，经过细心的剪辑加工、放大复印，并配上自己撰写的解说稿，制成了由200余张图片组成的主题为"勿忘国耻、振兴中华"的16块大型展牌，并把展牌分为"九一八事变""南京大屠杀""731部队在中国"和"抗战大捷"四个部分。一张张触目惊心的照片，一件件珍贵的历史文献，翔实直观地再现了日本帝国主义的侵华罪行和中华民族英勇抗战的光辉历史。2005年6月中旬至10月底在全区各社区和中小学校巡回展出，在展出中，他坚持场场必到，现场讲解。各社区、中小学共计10000多名青少年参观了展览，接受了一场深刻的爱国主义教育。

七七事变70周年、中华人民共和国成立60周年等重大纪念日他都制作了大型展牌，到全区各街办处、社区和中小学校进行巡回展出、演讲。在讲述历史题材时，他采用了大量的廊坊当地史料和真实事例，使青少年深刻地了解了那段史实，增强了教育效果。

三、为了祖国的未来，要让孩子们知荣辱、有梦想

当前，全国上下都在深入开展学习贯彻习近平新时代中国特色社会主义思想和党的十九大精神，如何对青少年进行有针对性又适合他们兴趣的教育活动，他又为自己制定了目标，那就是：做一名学习贯彻习近平新时代中国特色社会主义思想和党的十九大精神的宣讲员和传播者，做中国梦的播种者和实践者。为了使教育更有新意、更贴近青少年，他开始反复学习习近平新时代中国特色社会主义思想和党的十九大报告原文及辅导文章，仔细阅读习近平关于中国梦和青年问题的讲话以及报刊、电视等媒体的报道和论述，撰写了大量的文字材料。他还特别注重将真实的事例融入每一个时代话题，在报告中将钱学森、袁隆平等一个个鲜活生动的事例展现在大家面前，将感动中国的先进人物和最美孝心少年的感人事迹写入报告中，让听报告的青少年真实地感受到什么是中国梦，如何将中国梦与个人的青春梦相融合。此外，他还将中国梦教育和树立社会主义荣辱观、弘扬民族精神结合起来，在学校、社区、企业先后作了近10场报告，受教育人员达万余人。

十几年来，他先后撰写了《加强道德建设，做一个"四有"好学生》《树立社会主义荣辱观》《继承和发扬长征精神》《放飞青春梦想》等20余份讲稿，制作了纪念抗日战争胜利60周年、中华人民共和国成立60周年、中华人民共和国成立70周年的展牌，深入学校、社区、企业作报告近200场，受教育青少年十几万人次。

贾俊义作为一名受党教育多年的老党员、老干部，就是这样为党的关心下一代事业无怨无悔地工作着、奉献着。

暮年不忘报国志

——追记霸州市关工委常务副主任刘炳茹

霸州市关工委常务副主任刘炳茹（2010 年 2 月 23 日病故），从小受原冀中军区司令员孙毅将军的启发，1947 年 8 月参加中国人民解放军，从参军的那天起就立下"誓将终身一切献于革命，定以耿耿忠心服务人民"的决心。转业到地方工作后，继续保持和发扬革命的优良传统，"转业不转向，退伍不褪色"，他曾任霸县法院副院长，县公安局局长，县委常委、纪委书记等职。在实际工作中，他总是"有工作抢着干，有困难勇敢承担，有荣誉利益克己让人"，先后立功受奖 60 余次。1991 年 9 月离休后，又满腔热忱地投身到关心下一代工作中来。

一、勤耕耘，培养新时期"四有"新人

他在职时，就一直关心青少年健康成长，曾担任六所中小学校外辅导员，一有机会就与学生座谈。离休后，就更多地与学生们在一起了。他感到现在的孩子对过去知之甚少，历史的责任需要他们懂得过去的艰苦，懂得前辈人为新中国的诞生、新中国的建设走过了多么艰难曲折的道路，懂得今天怎样去学习，怎样去面对未来。他联合 16 位有责任心、有特长、身体好的老同志组建了关工委报告团，不分寒暑，风里来雨里去，或骑车或步行，不要任何报酬，深入霸州市各中小学校巡回作报告。他患有心脏病、肺气肿，有时上午输液，下午按时到报告场地，从不误场。为提高报告效果，他抓住国内外有重大活动的时机，及时对学生进行教育，报告既生动深刻又贴近实际，学生听了精神面貌焕然一新。

多年来，他累计为霸州市 200 多所中小学校作报告 400 多场，受教育学生达 200000 余人次，收到学生听后感 5000 多篇。

二、抓典型，提高教育效果

离休前，他就常常想：好好的一个人为什么去犯罪？离休后，他多次联系政法委、团市委、教育局的领导，一起到霸州市看守所，与在押

青少年座谈，并对 42 名看守所关押青少年进行了调研，其中有杀人的、盗窃的、抢劫的、扰乱学校秩序的等。这些青少年全部是初中以下文化，其中小学文化的占 64%，文盲占 10%。正是由于这些孩子文化素质低，其人生观念、道德观念和法制观念就很难端正。一是受市场经济负面影响，把追求金钱作为人生目标，认为谁有钱谁就是老大，就可以主宰身边的一切，因此，为了钱而犯罪的情形在青少年犯罪中最常见。二是受不良社会文化现象的影响，讲"义气"，崇尚"为哥们两肋插刀"，为"哥们"往往大打出手，为着某种利益做出抢夺他人财物、打架斗殴等危害性较大的违法、犯罪行为。三是是非观念淡薄。青少年受年龄、文化水平、社会阅历等方面的局限，加之头脑简单、爱动感情、盲目模仿等弱点，缺乏辨别好坏真伪的能力，容易受外界环境的影响和诱惑，遇事不能冷静思考，行动不计后果，胆大妄为，犯罪时往往先"动手"后"动脑"。个别人受到社会上违法犯罪分子的影响、唆使，帮人打架、结伙偷盗、抢劫，走上犯罪道路。四是青春期虚荣心强。个别青少年想得到同伙的尊重，在他们面前抖威风，树形象，遇事叫得最响，冲在最前，杀得最凶，以显示自己的"勇敢""能干"，满足其虚荣心。个别的怕在朋友前丢面子，花钱大手大脚，没钱就先偷家里的，后偷外面的。五是自控能力差。青少年的情感世界脆弱，极易受外界刺激而迅速变化。稚嫩的理智控制不住情感，激情导致行为上的盲从。一些青少年在这种情感的催动下，骤然产生所谓"正义感""同情心""报恩"等主观意愿，头脑发热，"挺身而出"，不计后果，走上犯罪道路。六是受家庭影响。这些孩子中父母离异或单亲家庭的占到 20% 以上，由于缺乏管教，孩子很容易违法犯罪。基于此，刘炳茹积极倡导做了以下三项工作：

一是办好家长学校。借鉴东北地区经验，与教育局联合，1996 年首先在市二小、市五小、市六小搞了试点。目的是在提高下一代素质的同时，进行"前素质教育"，提高家长素质，提高家教水平，把学校、家庭、社会教育进行有机组合。在搞试点期间，刘炳茹还到吉林省家教学会取经。刘炳茹研究总结了这三所小学办学的经验，推广他们教育家长因材施教、多给孩子一些生活空间、要注意言传身教等经验。这些工作已得到社会的重视，现家长学校已普遍开花，全市各校都建起了家长学校，征订家教教材 15000 多套，每年他还自编教材免费印发送给家长。

二是在作报告时，结合实际有针对性地对学生进行教育。每次在学校作法制报告，刘炳茹都要给学生们讲述真实的案例。如某赵姓青年，从小偷小摸开始，逐步走上了盗窃价值数千元摩托车的犯罪道路，父亲多次劝他投案自首，他不知悔改，气得父亲上吊自杀，他也因盗窃被判刑 5 年；某学生从小就喜好打架斗殴，上初中时因一点小事就把同学打成了残废，被判劳教 2 年。"小时偷针，长大偷金""千里之堤，毁于蚁穴"。结合这些案例，教育学生们一定要从小事做起，严格要求自己，不要被恶习害了自己。

三是多次与有关单位领导对市看守所在押人员进行座谈教育。他有针对性地作了一场"迷途知返，重新做人"的法制报告，唤起他们的良知，启迪他们新生的希望。在报告中，讲述了一个死刑犯赵某的情况，并把赵临刑前写的"迟到的悔悟"遗书读给在场人员听，他们都流下了悔恨的泪水。事后，还将这份遗书复印 400 多份，发到全市各中小学校，以对青少年进行活生生的法制教育。

三、沥心血，唤浪子回头

为使在外服刑的霸州籍犯人能好好改造，他主动找到政法委、团市委、市妇联、教育局、公检法司等单位的领导，组成了"爱的呼唤"帮教团。自 1997 年开始，连续 12 年 21 次到保定监狱、太行监狱、冀中监狱和石家庄少管所，通过给服刑人员作报告、召开"真情、乡情、亲情"座谈会等形式，真实地讲述他们的犯罪行为给家庭、社会带来的灾难，鼓起他们好好改造的决心和信心。刘炳茹身体不好，他每次都带着药和氧气袋参加，告诉他们党和政府没有抛弃他们，好好改造重新做人，依然有希望。

"不但要带来乡情，还要带来亲情，让亲情和乡情共同暖化这些迷途的孩子，熨平他们那一颗颗桀骜不驯的心。"在长期的帮教过程中，刘炳茹体会到亲情更能够唤醒和感化一个个迷途中的灵魂。

每次去监狱帮教之前，刘炳茹总要对在监狱服刑的霸州籍人员进行家访，动员其家属或写信或探监。他还亲自给霸州籍的服刑人员写信，询问他们在改造、生活中遇到的困难问题、思想疙瘩和行为表现。

有一次，刘炳茹在南孟中学作法制报告，讲述了青年赵某因盗窃罪而获刑 5 年的案例。当讲到他不思悔改，气得父亲上吊自杀时，台下一个姓郭的同学失声哭了起来。经过了解，得知原来赵某是她的表哥。刘炳茹告诉郭同学可以通过自己带封信给表哥，劝其好好改造重新做人，并许诺可以带郭去探望表哥。1997 年 8 月 21 日，郭同学作为特邀成员代表，在帮教现场向表哥赵某及所有劳改犯人发出了亲人们盼他们早日改过自新、回归家乡的呼唤，犯人们全都流下了悔恨的眼泪。赵某也很受触动，因积极改造，获得减刑。

在太行监狱与霸州籍服刑人员座谈中，刘炳茹了解到堂二里籍女犯王某，因强迫妇女卖淫被判刑 15 年。她的丈夫因为协从也被判 14 年。家中的三个孩子，大的 9 岁，小的 5 岁，二女儿还患有先天性癫痫病。孩子们只能托付给叔伯和她 75 岁的母亲来抚养。入狱后，王某曾一度自暴自弃，破罐破摔，不服管教，是监狱里出了名的"刺头"。为此，刘炳茹驱车 70 余里来到王家，给其母亲留下自己的电话号码，鼓励她好好抚养孩子。又找到霸州教育局和当地政府，协商解决了孩子的就学问题，学校还破例免除了三个孩子读小学累计 2000 元的费用。刘炳茹写信给王某，让她安心改造。王某幡然悔悟，处处争先，获得立功和减刑两年半的奖励。

在太行监狱服刑的煎茶铺镇某村青年周某因误杀丈夫入狱后，婆家人两年不来看她，且不让她见不满 8 岁的儿子，感到前途无望，丧失了改造信心。刘炳茹获悉后来到周的婆家进行家访，做工作。她的公公婆婆因失去了儿子，对她积怨很深，不再认她这个儿媳妇。经过几次到她婆家做工作，终于感动了两位老人，同意由她的小叔子带着她的儿子去探望她。那年 7 月 2 日，刘炳茹等人带着她的家属一起来到太行监狱，服刑的周某见到自己的儿子时，不禁放声大哭，同时向刘炳茹等表达深深的谢意，她没想到刘炳茹等人的家访如此有效，这么快就缓和了与婆家的关系，见到了儿子，表示将重新树立生活的信心，决不辜负社会各界的关怀，一定要好好改造。

杨芬港阙里树村的梁某因杀死丈夫而入狱服刑时孩子刚刚上小学，孩子成了孤儿。梁某的婆婆因为恨梁某而间接地也恨上了小孩子，孩子只好由大娘暂时收留。刘炳茹去冀中监狱帮教时梁某哭着跪倒在刘炳茹面前，恳求他救救孩子。听了梁某的哭诉，在场的人都流泪了，这是心痛孩子呀！刘炳茹当即表示回去后就找村委会、找她婆婆，孩子是无辜的，也不能让孩子受苦！回到霸州后，刘炳茹第二天就来到阙里树村，通过村委会找到了孩子的大娘，向她说明了来意，希望通过她做做孩子奶奶的工作。但是未能如愿，孩子的奶奶思想包袱很重，只要是关于梁某的事她就不见任何人。此次家访虽未达到预期目标，但也不是没有效果，村里决定免除孩子的在校费用。之后刘炳茹又带领大家三次进行家访和沟通，并和太行监狱一起联系了北京儿童村，把孩子送到了儿童村，一直到孩子初中毕业，解决了梁某的后顾之忧，为她安心改造起到了一定的作用。

刘炳茹最忌讳用"服刑人员"这四个字称呼在押人员，他亲切地称他们为孩子。

张佳（化名）年仅19岁，刘炳茹用自己的青春和经历为她讲述了人来到这世上应该干什么，今后打算留下什么。质朴的语言流露出的不是生硬的说教，而是一个老人对孩子的体贴和庇护。后来张佳在狱中报名参加了英语自学考试。正在接受改造的李玉（化名）在给刘炳茹的信中写道："从您的关怀中，我感到了从没有过的温暖。为了我们，你放弃与家人的团聚，从几百公里外带来亲人的嘱托和期盼，我们还有什么理由拒绝改造呢？"

"像刘炳茹这样和蔼的老人，很容易让他们想起自己过去崇拜的'偶像'，服刑人员能更好地反思，重塑道德标尺，让道德与良知在今后的改造中起到很大的作用。如果社会上多几位像刘炳茹这样的人，那真是社会的幸事，家庭的幸事。"太行监狱教育科副科长刘海江这样描述自己心目中的英雄。

刘炳茹参加过解放战争和抗美援朝战争，身患肺心病、高血压、胆囊炎等多种疾病，很多时候都是靠药物或氧气袋挺着。2007年9月24日，还有一天就是中秋节，刘炳茹心脏病还没有完全康复，就执意要去太行监狱。那一天大雾，车行至徐水一带，刘炳茹突然脸色灰青，上气不接下气，经随行的医生董贺威测量发现刘炳茹的低压为130，高压达到200。大家都劝说老人赶紧去附近的大医院进行治疗，然而被老人拒绝了。到达太行监狱后，监狱教育科李科长见老人如此憔悴，劝他不要作报告了，表示在主席台上坐坐就可以。但刘炳茹不肯，忍着病痛为大家作报告达45分钟。

2008年，得知接受改造的王某父亲身患癌症的消息后，正在住院的刘炳茹将自己身上仅有的300元钱交给了王某的家人。

为使霸州籍服刑人员安心改造，他把保定三个监狱、石家庄少管所霸州籍人员的详细地址都记录下来，服刑人员原住址分散，大多居住在农村，有些住址写得不准确，常常要多方打探，有的甚至要去几次才能见到他们的亲属，工作量之大可想而知。在各级司法机关、乡镇、村街领导干部的协助下，每年他都要对近百名服刑人员进行家访。对于有困难的服刑人员或家属，他都尽其所能，全力帮助他们解决生活或工作中存在的问题和困难，并督促家属多给亲人写信，促其转化和改造。

帮教活动收到了明显的效果，保定、太行、冀中三个监狱的领导都反映霸州籍服刑人员改造积极，表现突出，特别是开展帮教活动以来没有一名霸州籍服刑人员闹监。保定监狱为此制作了霸州籍犯人改造专题片；太行监狱2007—2009年释放的30名霸州籍人员中，有23名属减刑提前释放的；冀中监狱关押的95名霸州籍人员，获减刑奖励的有33人，减刑比例居各地之首。

对于服刑的，他"雪"中送炭；对刑满释放的，他更是"锦"上添花，让爱的雨露甘泉滋润着他们干涸的心田。胜芳镇盗窃犯小邢，减刑释放后，因债务、房基地、下水道等问题，受到不应有的歧视，与周围邻居发生纠纷，不由得萌生出报复的心态。"回去有困难找关工委，刘主任准会帮你。"想起监狱长的叮嘱，他将电话打到刘炳茹家，冲动的魔盒一次次被刘炳茹安全地锁住，避免了他五次重新犯罪。为了让小邢走向生活实现自立，刘炳茹又与胜芳镇政府协商，在商业街为他申请了摊位，让他安分地做起了买卖。刑满释放人员胡某出狱后，自谋职业，办起了小吃部，由于刚刚起步，资金紧缺，困难重重。刘炳茹获悉后，及时与有关部门协调，减免了他部分个体工商税费，并鼓励他自食其力，好好做人，不再重新犯罪。胡某的表现赢得了社会各界的好评，2006年还跟随报告团到太行监狱现身说法，鼓励大家好好改造，出狱后仍可干一番事业。

"两劳"释放的、被判缓刑的、保外就医的、假释的都是他惦记的对象。每年冬闲时，他都主动与政法委、公检法司、团市委、妇联等单位的负责同志一道，通过座谈形式了解他们的所思所盼，避免社会误解，消除社会歧视，鼓励他们重新做人，为防止和减少重新犯罪，维护社会稳定作出了应有的贡献。刘炳茹因工作出色，于2000年、2005年两次被评为"全国关心下一代先进工作者"称号。

"天高地大视野宽，不贪钱财不羡官。荣华富贵若粪土，功名利禄似去烟。一身洁净形影正，胸怀坦荡路不偏。终生革命无奢望，回首往事心自安。"刘炳茹，定会化作霸州大地的精神丰碑，让世人学习和敬仰。

夕阳情暖下一代 青松不老志更坚

——记霸州市关工委副主任张宝贤

无论是三伏暑天炎炎烈日下，还是数九寒冬皑皑白雪中，无论是走村串户的探访路上，还是催人奋进的报告会场上，在霸州，人们经常会看到一位面貌慈祥、精神矍铄的长者，他就是被人们称为"张校长""张爷爷"的霸州市关工委副主任张宝贤。

一、水滴石穿，笔耕不辍

张宝贤，1935 年出生于霸州市北庄头村一个烈属家庭，1957 年投身教育事业，历任北庄头小学负责人、辛店乡中学校长、南孟镇中学校长、霸州市关工委副主任。

1985 年，张宝贤在自己家中营造了一个"乙丑书屋"，有上千册图书。退休后，他继续订阅了《河北日报》《中国教育报》等 10 多份报刊，不断地学习新知识，研究新问题。他处处留心，搜集古今中外有关教育的资料和案例，启发青少年如何做人，如何做事，如何认知，如何共处。在广泛的阅览中，把有用的资料该抄的抄下来，该贴的剪下来，把思维瞬间的灵感立刻记下来。他就这样抄、贴、记，不断丰富自己的资料"小金库"，并把这些分类编册。他还把有用的报刊装订成册，把自己多年来的工作记录和文章汇编整理，现已编有《教育文摘》《教育典故》《教育案例》《教育文集》等百余辑。空闲时，他还上京下卫、赶集上店、进城下乡，去书店，逛书摊。近些年来，他注重学习青少年心理学的内容，了解分析当代青少年存在的心理多变原因以及解决办法和策略，撰写了《让青少年走近英模》《让素质教育走进千家万户》《不可揠苗助长》《人生、理想、勤学》《风雨兼程三十载，薪火相传写春秋》等数十篇理论文章；还编写了《教育名言一千条》《勤学故事100 篇》《中外名人的家庭教育》《中国历代廉俭故事选》《永远的丰碑》等书，其中《中外名人的家庭教育》《中国历代廉俭故事选》在全国关心下一代工作 20 年回顾展中展出。

二、退而不休，倾情下代

张宝贤一直从事教育事业，热衷青少年教育的研究和实践工作，1997年退休后，他积极投身到关心下一代的工作中去，继续为教育事业发挥余热。当时，华油四处聘请他去当顾问，月薪千余元，给住房，可以带老伴，车接车送，他却婉言谢绝了。对于他，优厚的聘任条件算不上什么，最让他无法释怀的永远是和孩子们的鱼水深情。他积极投身到关心下一代工作中，不遗余力，无私奉献，做到了"老有所为"。他积极组织了爱国、传统文化、法制教育报告团，并担任主力成员。为了写好讲稿，他翻箱倒柜，搜集旧存资料，翻阅《中国教育报》摘取新的案例，从古代的尧、舜、禹，到现代的孙中山、毛泽东、邓小平；从古代的"闻鸡起舞"，到当今的十佳少年，不断启发青少年以高尚品德的人为典范，建树优良品质。他坚持每年清明节到烈士墓地为扫墓学生现场讲传统，怀先烈。他同时还兼任多所学校的校外辅导员，随时参与教育活动。他编写了《北庄头的故事》一书，印发给师生，每人一册，用无声报告的形式进行爱家乡、爱祖国的教育。这些年来，累计作报告百余场次，听众达10万人次，深受广大师生欢迎。

三、老骥伏枥，奋斗不止

多年来，张宝贤巡回讲课，风雨无阻。2005年初夏，在南孟镇讲学后回家的路上，天气骤变，年逾70岁的他顶风冒雨，全身湿透，推着自行车艰难地在泥泞的路上行进。张宝贤不但没有被眼前的困难吓倒，反而赋诗明志："冷雨浸衣骨更硬，冷风刺肤志更坚。"10公里的路程，一步一个脚印，步步印证着他对党的事业的由衷热爱，对教育事业的沥血之情。

对青年教师进行师德师风教育也是非常必要的。在教育活动中，他撰写《德高为人师，身正为人范》《如何培养师德师风》等讲稿，从爱岗敬业、为人师表、热爱学生、严谨治学等几个方面对青年教师进行师德师风教育。教育是爱的事业，历史上的教育家都把"爱"作为为师之本。在讲"热爱学生"这一课题时，他引用了古今中外教育家有关爱的名言，列举了大量的爱的案例，进行启发式教育。如汶川大地震中教师舍己救生，这是生死相依的爱；教师潘勇把一个要被送进少管所的学生转化为好学生，这是永不放弃的爱；桂贤娣老师总结出"因生给爱十法"，演绎出"64 顶小红帽"的故事，这是得体的爱，又爱得如此得体。爱的讲话引起广泛关注，收到良好的教育效果。

开办家长学校，不断优化家庭育人环境。开办家长学校是确立学校、家庭、社会三位一体的大教育观念，实施素质教育的一项重要举措。对此，霸州市关工委付出了艰辛而有益的劳动。到 2000 年，霸州全市中小学、幼儿园普遍建立起家长学校，参加学习的家长达到 80% 以上，基本形成了学生和家长一同受教育的格局，取得了令人满意的成果。张宝贤作为家长学校总校校长，着手制订了《家长学校管理条例》，组织指导各校确定教师，亲自编写教材，组织了"和家长同志话家教"百场报告活动。他和张俊岳共同编写了《中外名人的家庭教育》《将成功传给下一代》，两本书汇集了成功家教的典型案例，印刷两万册，发给各个学校的家长阅读。与此同步，还定期组织召开"家长教子有方"经验交流会，让家长"经验"循环共享，正确的教育理念正在逐步成为众多家长的成功实践。

为建设青少年教育基地奔走呼唤。霸州市康仙庄乡三城联小西侧有一片烈士墓地，墓地里埋葬着 1946 年解放永清县城英勇牺牲的 33 位解放军战士的遗骨。1973 年以来，原辛店乡中小学生每到清明节都去为烈士扫墓，献白花，听报告，寄哀思，受教育。1985 年，他发动辛店乡师生捐款，为烈士建了一座砖质结构的纪念碑。为了更好地缅怀先烈，启教后人，他从 1998 年开始向市政府申请在沙城建烈士陵园。经过 18 次的口头以及书面申请，在市政府、市委老干部局的支持下，于 2006 年投资 10 多万元建起了一所庄严肃穆的烈士陵园，树起了一座石质结构的纪念碑，园内栽下 33 棵翠柏，象征 33 位烈士英灵，周围以红墙环绕，园门两侧大书"英名昭日月，浩气满乾坤"的一副挽联。张宝贤撰写了《丙戌六十年祭》一文，以志此举；还编写了《永远的丰碑》一书，为烈士立传；又赋《七律》有感抒怀：

> 丙戌双岁喜相逢，陵园烈士留英名。
> 头颅换来金星五，碧血浇得百花红。
> 先烈精神昭日月，壮士浩气贯长虹。
> 不是英雄敢赴死，神州焉得获新生！

目前，80 岁高龄的张宝贤仍坚持在工作岗位上，他数十年如一日，无私奉献在教育战线上，多次受到上级的表彰。1995 年 4 月被廊坊市委、市政府评为廊坊市级劳动模范，1995 年 9 月被河北省委、省政府命名为河北省好校长，1995 年 6 月被霸州市委评为霸州市十佳共产党员，1991 年 7 月和 1995 年 6 月两次被推选为全国劳模候选人，2007 年和 2013 年两次被省委、省政府评为关心下一代先进个人，2005 年和 2011 年被廊坊市委、市政府评为关心下一代先进个人，1998 年至 2010 年连续 13 年被市委、市政府评为老干部工作先进个人。

岁月没有改变他的情怀，奉献绘就了他的人生本色。尽管他年逾古稀，但浑身上下仿佛有使不完的劲儿。他依旧笔耕不辍、学习不止，用自己对教育事业的不渝之爱继续演绎着"捧着一颗心来，不带半根草去"的人生铭言。

情系下一代　晚霞更辉煌

——记大城县关工委主任李训章

李训章曾任大城县县委副书记、永清县副县长，1999 年退休前任大城县县委委员、县政府调研员、摩配园区管委会主任等职务，2004年至今任大城县关工委主任。10 多年来，他把全部精力都倾注于青少年健康成长教育、农村青年创业致富、企业青年职工培训等工作，时时处处展现了一名新时代老干部、老党员的政治坚定、思想常新、理想永存的光辉形象。

一、多管齐下，关心青少年健康成长

李训章始终认为，青少年的健康成长关系到祖国的未来。自他从事关心下一代工作以来，就有针对性地积极开展各项工作。首先，加强青少年思想道德教育和革命传统教育。他积极协调相关单位和部门，并组织退休的老党员、老军人、老教师等组成宣讲团，到全县中小学校进行爱国主义、理想信念、革命传统、社会主义核心价值观教育。10 多年来，累计作报告 400 多场次，受教育的中小学生达 6 万多人次。二是高度重视青少年犯罪这一社会问题。近年来，青少年离家出走、厌学、上网成瘾、违法犯罪等问题时有发生，已引起社会的广泛关注。针对刑事犯罪趋向年轻化这一问题，李训章高度重视，经关工委班子讨论研究，决定在全县范围内开展调研。通过深入县公安局、县法院、县司法局等有关部门进行座谈走访，发现主要原因是年轻人无所事事、无事生非、学校和家庭在法制教育上有所欠缺等。为了当好县委、县政府的参谋和助手，他大胆向县委、县政府建言献策，就如何减少青少年犯罪，构建和谐社会提出了具体对策。三是全力关心贫困家庭儿童。近年来，大城县关工委会同团委、妇联等单位组织开展了"博爱一日游"、妇女儿童维权服务等活动，为全县妇女儿童、贫困学生、创业青年提供法律咨询、心理咨询、困难帮扶、安全庇护等方面的一站式免费服务。据不完全统计，近 10 年来，在李训章的带领下，关工委共筹措资金近 30 万余

元，购买书包、文具、生活用品、图书送到孤儿和贫困儿童手中，并勉励孩子们要树立远大理想，努力学习科学文化知识，不断锤炼坚强意志，做一名合格的社会主义接班人。四是关心孩子的身心健康。李训章下乡发现石家务村的吃水井含氟量太高，孩子们的牙齿都变黄了。于是他向廊坊市政府请示，并请示水务局、教育局，申请来6万元，打了一眼新井，人们喝上了安全水，确保了孩子们的健康成长。

二、扎根基层，关注农业生产和农村青年

李训章曾担任过公社书记，又在北京农业大学学习过，对农业和农村工作有着深厚的感情，担任关工委主任后，仍一如继往地投入农村工作，全身心关注青年农民科技致富，起草了《科学性经济组织中科技创新、应用、推广和服务建设的探索与研究》理论文章，在省市理论研讨会上发言。2003年，大尚屯镇成立了果蔬协会，走经济技术合作的路子，帮助农村青年发展经济，致富奔小康。李训章经常到该协会，帮助他们研究指导，经过几年的实践，取得了一定的实效。2007年《农民专业合作社法》颁布以后，大尚屯果蔬协会得到了快速发展，组建了专业合作社，并在各专业社建立了关工委组织，发动青年农民搞产业化经营，发展商品生产。协会从起步阶段到现在，已发展成为力量雄厚、覆盖面广的现代化农村经济合作团体。李训章组织各种不同形式的培训会300多次；为会员单位引进技术人才27人，林果、种养业项目25个；争取各类扶持资金300多万元；引进优质果树10万多株；采用高接换头技术改良800亩果树。同时，还通过与生产资料原产地联系，建立了营销网络，建成了西街、宫村等标准化果品生产资料供应站3个，为果农提供先进、低价、低毒高效的种苗、农药、化肥等生产资料。还加强与销售实体、市场，特别是直接商户的联系。与清华大学联系，发展订单种植，推广"甜庄牌"西瓜专业村的种植先进技术，2014年全镇西瓜种植面积猛增到1.6万亩。在大尚屯果蔬协会的影响和带动下，大城县在种植、养殖等行业共建立专业合作社近30个。自建立专业合作组织起，李训章就把关心下一代工作与新型经济组织的建设紧密联系在一起，他积极帮助大尚屯镇党委政府，充分发挥五老作用，广泛开展对青年农民的思想道德教育、法制教育和科技文化教育活动，帮助制定了《大尚屯镇培养青年农民科技带头人五年规划》，调整农业结构，突出优势、突出特色、突出品牌，引导青年农民学科技、用

科技，大尚屯镇农村经济取得了很好的效果。据统计，该镇从事特色种植业达 3035 户，从事特色养殖业达 2358 户，形成特色种、养及加工业 15 个专业村。

三、典型带动，非公企业关工组织建设稳步发展

非公企业是大城县经济发展的主导力量，是青年职工发挥才智创业创新的聚集地，也是关工委的一个重要工作领域。为关爱企业青年职工，促进非公企业健康发展，李训章从 2010 年开始，探索在非公企业中建立关工委组织。工作中，他思路清楚，他认为，在全部非公企业中建立关工组织有一定的困难。因此，在他的倡导下，大城县采取了以点带面的工作格局和实行以学习考察、调查摸底、指导跟踪为主的工作方法逐步推进，成效明显。现全县已建立非公企业关工委 15 家。其中全振公司、华美集团、神州集团青年职工教育培训的做法取得了较大成效，许多青年职工都成了技术能手和业务骨干，研制出很多高科技产品。在 2010 年全国关工委举办的展览中，全振公司被推荐参展；2012 年，沧州市关工委带领企业负责人到大城县全振公司进行参观，学习了全振公司青年职工学习培训的典型经验和做法。

四、注重学习，加强关工委自身建设

自从担任关工委主任以来，他觉得身上担子重了。由于退下来后参加政治活动相对少了，在思想观念、科技知识、工作经验和政治水平等方面确实存在相当多的不适应。如果不学习、不充电，转变思想观念，提高知识水平和理论水平，跟上时代发展，找到适应青少年特点的工作途径和工作办法，增强工作的针对性和时效性就是一句空话。基于这样的认识，他时刻加强个人自学。每遇到一个新问题，他就自觉查资料、找依据、寻根源。笔记本成了随身必备品，关工工作常用语，上级新精神、新要求、新提法，工作中遇到的新经验、新方法、新形式，以及在学习中悟出的新想法、新道理、新设想，都随时记在本上。他认为不仅个人要学好，还要提高关工组织的"群体智力"。因此，在个人知识提升的同时，他还注重加强关工委领导班子的学习，积极开展集体研讨深入学，注重展开研讨，相互启发，共同提高。比如在学习十八届三中全会、四中全会精神，社会主义核心价值观，习近平总书记系列讲话等内容时，他都组织班子人员开展重点讨论，进行深入探讨，一定弄清其基

本内涵，加深理解记忆，实现学习成果共享。10 多年来，在他的带领下，大城县关工委班子已成为业务过硬、实绩突出的坚强领导集体，及时总结各类先进经验和典型做法，起草信息、调研报告、理论文章等近百余篇，积极打造了长芦瞳村农友果蔬种植农民专业合作社关工组织、河北华美集团关工组织、河北神州集团关工组织、全振公司关工组织、孙毅小学关工组织等多个典型，进一步提高了关工委工作的知名度和感召力，多次获得省、市关工委表彰，他本人也多次被省、市、县评为发挥老干部作用先进个人等荣誉称号。

李训章为关心下一代不计得失、不辞辛苦，默默奉献。他在用坚定的党性、超前的谋划、无私的奉献谱写着晚霞更辉煌的赞歌。

一位伤残老兵的真诚奉献

——记大城县五老赵连普

在大城县西南部有个郭王只堡村，村里有位人称"傻老头"的老人，他叫赵连普。

赵连普出身贫寒人家，1946 年仅 13 岁时就当了兵，参加了解放战争；1951 年参加抗美援朝战争，1952 年在金库山战役中身负重伤，于当年 5 月回国疗养，伤愈后出院，定为二等乙级伤残；1955 年转业回乡，参加了教育工作，当上了一名人民教师；1998 年离开了工作岗位，过上了离而不休且更加忙碌的生活。

一、不忘传统，倾情育人

赵连普深知自己是个老兵，又是一名共产党员，党的光荣传统、部队的优良作风不能够丢掉，因此他一直保持着与人民群众的血肉联系。由于他不断地被有关部门、单位邀请作革命传统报告，他的名声与影响越来越大。他被聘为村民委员会顾问，大广安乡关工委主任，大城县第一、二、三、四小学校外辅导员。从 1956 年起，他接连不断被邀请作报告。为了作好每一场报告，他根据报告对象，联系实际，有针对性地做好准备。日积月累，在作报告的过程中他编写了大量的讲话材料，如《八一南昌起义与长征》《三大战役》《战斗英雄故事》《我党我军对敌军和被俘虏人员的优待政策》《革命光荣传统》《志愿军浴血朝鲜》《法制教育》《祖国国防现代化建设》《青少年必走的路》《青少年犯罪的形成及危害》《立志成才》《共产党员先进性教育》《改革开放 30 年的巨大变化》《我们的敌人和朋友》以及《奋进拼搏有志者事竟成》等，共 20 多篇，10 多万字。

50 多年来，邀请赵连普作报告的有学校、党政机关、部队、医院、银监会、村委会等，他都有求必应，风雨无阻，他的足迹遍布全县各地，甚至市级单位。此外，凡是有人群的地方，或是在长短途客运汽车上，他都抓住机会讲解宣传党的方针政策。多年来，共举行报告专场

150 多次，受教育人员达数万人。他的报告讲解，针对性强、条理清晰、声音宏亮、情绪激奋，有时甚至拍案而起、声泪俱下，感人至深，效果极佳。自开展老干部党组织和党员创先争优活动以来，赵连普认真学习文件精神，努力发挥自身优势，给中小学生及青年干部讲党史、忆党恩，作了十几次传统教育报告，继续发挥自己的余热，让更多的年轻人接受革命传统教育。

赵连普在孙毅小学作传统教育报告

赵连普始终做到严于律己，率先垂范。每次作报告，他都不接受公车接送，坚持自费坐公共汽车，或骑自家摩托车；不接受宴请，坚持自带干粮，或作完报告走人；更不接受邀请单位的任何报酬。几十年来，不改初衷，锲而不舍，坚持到底。他的先进事迹受到县、市、省表彰23 次，其中 5 次获省、市关心下一代先进个人荣誉称号，2009 年获省关心下一代突出贡献奖。

二、牢记宗旨，爱心为人

离休后，赵连普一直牢记共产党员为人民服务的宗旨，从自身做起，关爱他人，助人为乐。为了农事需要，在村里他率先购买了拖拉机等大小型农机具，凡是烈军属、荣复转退军人和困难户，只要打个招呼，他就想方帮忙，且分文不取。有一次他去李零巨学校作报告，在回家路上被一辆摩托车撞倒，裤子被撕破，腿上泗出鲜红的血，开车人吓坏了，心想这回可惹大祸了。赵连普起身走动了走动，擦了擦血，和那人说：你不要害怕，我是当过兵的人，我不会讹你，你开车走吧。那人直发愣，似乎在想不是作梦吧？就这样那位司机很不好意思地开车走了。赵连普自己艰苦朴素、勤俭持家，但对别人的困难总看成是自己的困难，想方设法给予帮助。1987 年秋，有一天正下着小雨，在尚未铺设油面的大北公路上有两个女子，大汗淋淋地飞跑，且神色紧张，赵连普问明原因后，开车把她们送回家。1999 年他去廊坊办事，在火车上，遇一女子不时地落泪，原来她的车票和钱包被人偷走了。赵连普得知后，拿出 80 元钱，给了那位女子做路费，解了她的燃眉之急。十几年来，赵连普也时常乘坐客车，遇到比他年龄大的人或是带孩子的妇女便主动让座，也有人看他年龄大主动为他让座，每逢这时他会风趣地说：谁给我让座我就急，请坐下，谢谢你的好意。

赵连普特别崇敬革命烈士，关怀对革命作出过贡献的老年人。每逢清明节他都要参加祭典活动，为革命先烈献花圈或花篮。2000 年花费 200 元残废金，购买杨树苗 100 株支持县烈士陵园绿化。他倍加关爱对革命有贡献的老年人。1999 年和 2002 年用自己的抚恤金，买来汗衫、毛巾、袜子以及鸡蛋、香蕉、糖果、奶制品等，到光荣院献给住院老人，并带去小型文艺宣传队，开展慰问演出活动。

对社会上贡献突出的单位和有重要影响的人物，他都要登门拜访，以示敬意。多年来，他曾向大城一中、县交警大队、王文敬老院和铁帮客运公司赠送锦旗；对见义勇为的青年郭占季，积极向新闻媒体举荐，受到新闻媒体的宣扬。

对弱势群体和遭遇灾荒的群众，他从不吝啬，总是慷慨解囊，予以资助。2008 年 4 月 12 日四川汶川大地震发生后，他第一反应就是捐款救灾，第一时间到乡政府捐款 200 元；不久他到王屯小学作报告，正赶上师生捐献，他又捐款 100 元；过了四天经请示乡政府同意，由他组织郭王只堡村群众捐款，他又带头捐款 100 元，最后又拿出 100 元交了特殊党费。十几年来，他还向 11 名有困难的学生捐款 2000 余元，帮助他们完成学业。

三、凛然正气，刚直做人

赵连普性格直爽，秉性刚强，有正确的人生观，有坚强的党性，对敌斗争把生死置之度外，对坏人坏事毫不留情。近些年来，有些邪教组织和反动会道门，死灰复燃，蠢蠢欲动，这让老赵很是警觉。2007 年的一天，外地两个男子突然出现在郭王只堡村，自称是传播"福音"的使者，被老赵发现后，厉言正色地对他们说："你们这是扰乱社会治安，必须立即离开，否则后果自负。"那两个家伙一看这里没有市场，便灰溜溜地走了。2009 年一天上午，村中卖油条的老张，领着两个外乡妇女拜访他，一进房门就大声喊："连普叔，我们给你送福来啦，你要不要!"赵连普听后，叫他们进屋坐下，严肃地说："你们干点什么不好，这是传播封建迷信，扰乱民心，是违法行为!"当面把他们的宣传资料撕个粉碎。还有一些别有用心的人，在一元人民币背面打印上反动标语，进行传播，有些人议论纷纷，他发现后对乡亲们说：谁有这样的票子交给我，一元给三元。随后他把收上来的有反动标语的人民币，用笔涂掉，大骂作俑者的险恶用心，表明了爱憎分明的原则立场。

由于赵连普多年来的无私奉献，取得了令人羡慕的成绩，获得了人民群众的好评，党和人民政府也给了他很高的荣誉。数十年来，受市委、市政府、市军分区和省厅局级表彰 12 次，受县委、县政府奖励 8 次。在成绩和荣誉面前，他很淡定，并说：荣誉只能说明过去，我虽年过八旬，但我是共产党员，只要还有一口气，就要奋斗下去。

情洒校园育春苗

——记固安县五老杜西武

"我是农民的儿子，是乡亲们养育我长大成人，我要报答他们，千方百计将他们的子女教育成才。"他就是身怀一颗感恩之心，"情洒校园，倾心关爱学生成长成才"的马庄中心校 67 岁退休教师杜西武。

一、教育学生做杰出人报效祖国

伴随社会生活多元、多样、多变的发展态势，广大学生的价值取向也随之改变，部分学生不由自主地产生拜金主义、享乐主义，盲目攀比，缺乏吃苦耐劳精神，滋生不知为什么学、不想学、不爱学、不会学等倾向。杜西武作为一名退休教育工作者，看在眼里、急在心里。通过多方面与学生和家长沟通，培养学生"主动学习光荣"的意识，让家长理解"优秀孩子前后更有优秀家长"的理念，要求学生"做杰出人报效祖国"，教育学生学习做到"三要素"：明确的学习目标、端正的学习态度、独特的学习方法。经过一番努力，初步形成学生教育学校、家庭、社会齐抓共管格局，一定程度上避免了学生教育"五加二"等于零现象。

二、尽己所能，传授知识无私奉献

"无论任何地方，我都可以当作课堂；无论什么时候，只要学生需要，我都会认真教导他们。"自 2003 年以来，为方便指导学生，杜西武利用节假日，在家里办起了义务辅导班，晚上给学生补课。刚开始时，只有几个学生，后来周围村街的学生纷纷闻讯而来，最多时达到 20 多人。晚上补课时，有时赶上停电，他就买来汽灯继续辅导。这样一直坚持了十几年，从不间断，眼熬花了、头发熬白了、脸上的皱纹多了、深了，杜西武却觉得很欣慰，因为他看到了学生的成长与进步。学校正常上课期间，为了学生复习巩固所学知识，每天分年级将复习题写在小黑板上，放在学校门口，遇有学生请教，就耐心讲解，讲清知识要点、做题思路、解题技巧，直到学生听懂、听透，做到举一反三。经过他的精心辅导，学生成绩都有了明显的进步。学生家长感激地说：有杜老师在我们心里踏实。

杜西武义务为学生补课

三、保驾护航，化解事端义不容辞

杜西武时刻牵挂着学生们的安全，他主动要求担任学校安全员。他凭着在群众中的威望、认真负责的态度和灵活的教育方法，一次次为学校安全化解事端，为学生安全保驾护航。2010年冬季的一天下午，正是学校的上课时间，杜老师看到校门口停了两辆轿车，从车上下来六七个20岁左右的男子，一个个都情绪激动。他觉得情况不对，马上来到学校门口，用身体挡住其中带头的那个人。原来，他们是来学校打架的，原因是其中一个的妹妹和同学发生口角。杜西武了解情况后，马上动之以情，晓之以理，经过一番劝说，避免了一次恶性打架事件。在维护学校安全的同时，在学生们需要帮助时，他都会伸出援手。孩子们的自行车出毛病了，他都会义务把车修好，保证他们能够安全回家。他经常对身边的人说："学校和学生安全是我最牵挂的大事，以后我建一个'学生安全服务站'，学生有什么事情都可以来这儿说说，我会尽量帮助解决。"

四、以身作则，让环境美陶冶心灵美

杜西武家住在中心校附近，每当见到校内外纸屑、塑料、矿泉水瓶等杂物乱扔乱放，心里就产生一种别样的感觉。他认为良好的校园环境

是搞好教学的基础，让孩子从小养成讲究卫生、爱护环境的良好习惯，对培养树立正确的人生观、价值观具有潜移默化的作用。利用业余时间，他自制垃圾箱放在校门口，并在校门口张贴标语："把每一片垃圾放在指定位置展现自己的品德"。每当见到地上有垃圾，他就主动捡起来放到垃圾箱里。在他的感召下，学生们也纷纷把杂物放到垃圾箱里。每遇到学生把垃圾放到垃圾箱里，他就上前与学生交流思想，教导学生不仅要维护学校环境，还要爱护家庭环境，每天回家后帮家长打扫卫生，做一些力所能及的家务，要学会感恩、学会体谅家长的辛劳，做到在校做好学生、在家做好孩子、在社会上做好公民。

杜西武的两个儿子都已成家，目前都在廊坊市生活。孩子们多次想把父母接到廊坊一起生活，让他享受天伦之乐，但他却说："那么多学生都需要我，在这我觉得生活更有价值，更快乐幸福！"

心系教育　关注未来

——记固安县第三中学关工委主任李弘毅

李弘毅从事教育工作 46 个春秋，多年来，怀着一颗无私奉献的博爱之心，凭着自己强烈的社会责任感和使命感，在教育这片充满希望的土地上，呕心沥血，辛勤耕耘，使一批又一批怀揣梦想的莘莘学子成为建设国家、服务社会的栋梁之才。1989 年曾被国家教委和人事部授予"全国优秀教育工作者"光荣称号，1999 年被中共廊坊市委授予"优秀共产党员"称号，2000 年被廊坊市政府授予"廊坊市劳动模范"，固安县委、县政府曾为其记三次一等功。

一、退休不退岗，继续献身教育工作

2006 年从固安第一中学校长的位置退下来后，本应颐享天伦之乐，但李弘毅心中始终割舍不掉对教育的那份眷恋。2007 年，固安县人民政府与中鼎房地产开发公司合作筹建固安县第三中学。县委、县政府几番研究商定，聘请他再度出山，执掌第三中学。当领导问他身体能否承受超负荷的工作时，他说：一生以教育为快乐，办群众满意教育，办固安优质、诚信、高端的国际化学校是我的梦想。语出惊人的表态让在座的领导和中鼎老总感动不已。工作中，凭着自己在教育界的影响力和人脉资源，在不足一年的时间里，下基层、访乡镇、深入全县中小学搞调研，每到一个单位都与主要领导座谈、商讨，倾听各级领导对学生教育的意见和建议。经过大量的调研工作和认真分析，制定了一系列工作制度。在中小学调研时，他亲自指导学校德育工作，参加学校开展的德育实践活动，为学校德育工作出点子、想办法，写下了三本厚厚的调研笔记和两篇论文，助推全县中小学德育工作上水平、上台阶。

二、致身德育教育，育合格特长人才

在第一学年的开学典礼上，他宣布了学校的"五年发展规划"和第一个"三年发展目标"，以"对学生负责，使家长放心，让社会满

意"为宗旨，以办"规范加特色学校，育合格加特长人才"为目标，倾力打造优质、诚信、高端的国际化学校。百年大计，教育为本；教育工作，德育为先。他的办学理念就是立德树人，使学生首先学会做人，然后学会做事，最终学会学习。只有学会做人才能激发学生学习的源动力，要让学生明确为谁学、怎样学、学什么、做什么、怎么做。在他的指导下，学校深入开展了以"感恩、立志、成才、报国"为主题的教育实践活动。活动以学校"六个一"为基本教育内容，以班会、团委、校会等形式开展学习和讨论，让学生写体会、说感受。先后邀请赤子楷模北京国际文化传媒中心的王玉老师作感恩教育报告和感恩中国巡回报告讲师团的刘裘老师作感恩演讲。教育活动在学校和社会引起强烈反响，学生纷纷写下了"倡议书""挑战书""应战书""决心书"；家长给予了很高的评价，各级领导也给予了充分肯定。

三、倡导传统文化，再创教学辉煌

在他的指导下，学校开设了校本课程，组织编写了《弟子规研读》《论语品读》《中学生礼仪》和《生命意义》等校本教材，制定了详细的教学计划，配备专兼职教师 60 多名，确保每班每周能够上一节校本课，每学期他都坚持为学生上一节校本课。在他的影响和带动下，学校的校本课程一直延续至今，校本教材也一直在开发编写。如今，传统教育成为三中德育工作的根基和特色，三中的学生已经成为文明程度高、文化素质高的一张名片。工作中，他十分重视校园文化建设，特别是特色文化建设，坚持把德育工作融入校园文化之中，把国学思想文化植入学校，影响师生。在他的提议下，校园内制作了孔子雕像，定期组织大型拜孔活动，他带领全体师生吟诵《论语》经典。在校园内制作了"国学专栏""德育专栏""励志墙"等，营造了浓厚的德育氛围。组织开展了以"感恩父母，感恩老师，感恩社会"为主题的演讲比赛、书画展览和歌咏比赛。每学年坚持开展"四季八节"活动，以促进对传统文化思想的继承和发扬，让国学思想文化焕发更灿烂的光芒。建校6 年来，学生由建校初的不足 400 人发展到 3300 人，生源遍布全国；教师队伍由不足 100 人到现在的近 300 人，优秀教师达 60% 以上。学校连续四年被中共固安县委、固安县人民政府授予"教育教学工作先进单位"荣誉称号，连续两年被授予"德育工作先进集体"和"文明单位"称号。

　　"捧着一颗心来，不带半根草去。"这是著名教育家陶行知的一生追求，也是李弘毅校长从事教育事业的座右铭。他这样写道："红烛，燃烧自己在所不惜，照亮别人不遗余力。大爱无痕，无怨无悔，不留青史，只求用我晚年余晖，谱写平凡而卓越的人生乐章。"

枫染秋霜叶正红

——记香河县关工委副主任尹俊如

"卅年风雨志前行，剑胆琴心伴征程。献身一片新天地，枫染秋霜叶正红。"这是一位老诗友在描写他创办香河县家长学校时写下的诗句。尹俊如担任县家长学校校长几年来，凭着锲而不舍的追求，带领校委会全体成员经过不懈努力，在家长学校工作中踏出了一条坚实的前行之路。《河北省关心下一代工作》曾以《为新时期家教燃起一把火》为题，两次登载介绍香河家长学校的长篇文章；《河北日报》《廊坊日报》、廊坊电视台先后对学校进行报道；香河电视台曾拍摄专题片，展现香河家长学校之花绽放出的芬芳异彩。尹俊如也先后被评为全国家庭教育工作先进个人、省家长学校工作先进个人、省家庭教育优秀教师和省关心下一代工作先进个人。

一、献身一片新天地

2003 年 6 月，尹俊如刚从县委机关离岗不久，就受聘出任香河县家长学校负责人。面对新时期家庭教育的诸多新变化，他决心对家长学校工作进行一番新的探索。他与校委会其他成员先后走访了县城、乡镇中小学几百名师生和近百名家长。在调查的基础上，校委会提出了"针对实际，以点带面，三管齐下，注重实效"的新办学方针：以大型报告和电视讲座营造新时期家教的良好氛围；以小型家长培训班来切实解决实际问题；以针对性明确可操作性强的家庭教育系统教材来推动家教上水平上档次。中央 8 号文件下发后，他和校委会成员们认真学习，结合家长学校实际积极贯彻落实。同时充实了校委会和家教报告团成员，吸收有丰富经验的老教育工作者、优秀班主任、家长代表和社会有关人士参加，使校委会拥有了 9 名成员，家教报告团成员达到了 5 人。

二、全面营造家庭教育的新氛围

为在全县营造关注家教、科学家教的浓厚氛围，尹俊如带领报告团开展了一系列大型报告活动。为提高报告水平，他不顾自己年岁大记忆力减退的现状，在讲、说、记、写、编多方面下苦功。每天利用清晨和月落星稀的深夜嘟嘟囔囔地背讲稿，老伴说他跟中了魔发神经似的。同时他还注意报告形式新颖、内容简洁生动、语言通俗形象的问题。市场经济时代，家长们很少能长时间地听你慢条斯理地讲大道理。要想抓住家长，就要三五分钟切入他们关心的话题，几分钟之内就要讲到一个能拨动其心弦的道理。2003年9月，他们在县二中进行的首场家教报告便取得了成功，与会的1500多名初一学生家长反响强烈。在报告中他诚恳地向家长们提出：新时期家庭教育不能禁锢在家庭小圈子里，必须融入新时代的潮流中。家长既要看到新时期孩子们思维敏捷、性格开朗、个性鲜明和知识面广等可喜变化，也要正视他们成长中出现的诸如小太阳、小皇帝、网虫游戏迷、早恋、意外伤害和青少年犯罪率增高等现象及心情浮躁、黄金消费、体能下降等一系列问题，即使很多问题令人头疼，但躲避是不行的。激烈竞争的时代不容许再做只为孩子上学花钱，而不管其做人的大粗心甩手家长。新时期家教必须靠新法子，不能再靠拳头和没完没了的唠叨和苍白无力的说教。他们还与二中联合开办初中生家长培训班，由他主讲。培训班采用了电化教学等形式，尝试家庭教育与学校教育的双轮互动。

良好的开端就是成功的一半。报告团的全体成员趁热打铁，又先后在四中、城内二小、城内三小、九中等中小学进行了大规模报告活动，家长和社会各界反响热烈。他们的工作也得到了市、县关工委领导的高度重视和热情支持。许多领导都亲自参加他们的报告会，这也给了他们很大的鼓舞。接着，家教报告又开始向农村中小学普及，他先后带领报告团在吴村小学、第八中学、渠口小学、店子务小学、东口头小学给家长们作报告。截至目前，他累计为全县中小学生家长作家教报告近60场，近6万家长听了报告，受益匪浅。

在家教报告中，他十分注重培养家长科学的家教方式，一再提醒家长们注意改变家教单向模式问题。千百年来，家庭教育都是在琢磨怎么拔高孩子，很少有人考虑自身素质提高的问题。有的家长自己不爱学习，却要求孩子刻苦用功，这能有说服力吗？这明显是一种单向的不平等的教育。所以，提高家长素质是当务之急。另外，去除一些家长只关心孩子分数不问做人的不正确理念，他不止一次地向家长解释唠叨挖苦的危害，引导家长走出十余种家教误区，并向家长们讲了许多具体可操作的家教方法，如互动互学新的亲子方法、发现孩子的积极因素、因材施教、一把钥匙开一把锁等。

为提高报告效果，加强与家长们的互动，他还注意现场解答家长们提问的问题。在华联超市广场上举行的家教咨询中，一位妇女领着5岁的儿子挤进来，说她的儿子不爱说话，上学可怎么办？他对孩子进行了几方面测试后说："这孩子的语言封闭和孤僻性格，可能是因受惊吓造成的。"最后家长明白了孩子是因为一次打雷惊吓造成这种状况，也了解了如何在爱抚与引导中逐渐改变孩子。有位家长问："尹校长，我跟孩子都说了一百遍了，可他就是不听，咋办呀？"他微笑着说："那你就别再说那一百零一遍了，如果再说，孩子烦你难受，何苦呢，不如想点别的法子。"幽默风趣的回答和具体可操作的建议使家长们既感到亲切又心悦诚服。

三、让家教在电视荧屏上闪光

尹俊如通过香河城内第二小学电视台
向全校学生家长们授课

2003年9月，香河县关工委与县电视台联合开办了《家长课堂》栏目，由他亲自讲课。为提高教学质量，全部讲课稿均由他自己撰写，讲大家身边的人，说孩子身边的事，与家长学生情理互动，办出了特色，深受家长和孩子们的欢迎。后来因为身体原因，他不能再亲自讲课，由副校长王宝义讲，但他仍坚持撰写讲稿。《家长课堂》每讲都在香河电视台一套黄金时间播出，10年来已播出220多讲，观众达百万人次。为提高课堂的视觉效果，丰富教学方式，他亲自编导了一系列家教电视节目，如《儿童朗朗看童心》《有个女儿上小学》《我和爸爸妈妈》《阳光总在风雨后》《走上神州大舞台》《让孩子过一个充实而愉快的寒假》《让孩子有个健康的网络环境》《家校携手育新苗》近20部。为保证录制效果，他白天忙协调策划，晚上撰写背诵讲稿，不知有多少次都是对着凌晨两三点钟的星星来完成的。有一回他去电视台录制节目，半路大雨滂沱，为保持面部形象和讲稿，自己将头伸进了一个很窄的屋檐下，任凭下半身被雨浇得水淋淋的。当观众看到荧屏上两鬓斑白的老校长深入浅出、头头是道地讲家教道理时，哪知道录制当晚他却高烧了一夜，第二天清晨就赶忙去打吊针。可以说，此间既有付出的艰辛，也有收获的快乐。

四、苦钻不辍桑榆情

家长学校的基本属性是学校，只不过具有自身的特殊形式。既然是学校，就要解决教学内容系统性、规范化的问题。而编印教材是解决这一问题的根本之道，出版自己的教材也一直是他的愿望。但实现这一愿望可不是一朝一夕的事，是要付出大量的精力和心血的。由于他患有心脏间歇、肩周炎、颈椎增生、肾结石等多种疾病，老伴担心他的身体，极力反对这件事，还动员孩子们来劝说他罢手。毕竟1988年、1994年他两次心脏间歇发作，都是手脚冰冷，脖子僵硬，失去知觉，心脏差点停跳，都是医生从死神那里把他拽了回来。对于老伴和孩子们的担心和反对他是能理解的，甚至是感动；对于这项工作，编教材也不是写几篇文章就能应付的，这是一个系统性强而且十分繁杂的工作，他自己有时也心里没底。但一想到家长学校的长远发展，想到家长和孩子们对家长学校的期盼，他又顾不得身体，又夜以继日地投入到教材的编写工作之中了。对于老伴的担心，他只能笑笑说："我心里有谱，这回说啥也不玩命了！"书稿完成时，他整个人也瘦了一圈。经过近一年的辛勤工作，在省出版部门的严格审批下，这本15万多字的家教教材终于内部出版。他经常对其他老同志说，搞家长学校必须来实的真的，才能让家长更新观念，转型为新时期学习型研究型责任型民主型的"四型"家长，这工作就算没白干；能让众多家长家教上档次，育子讲方略，更是求之不得。许多家长正是通过参加家长学校听课，捧着这本教材研读，对子女的教育采用了科学有效的新方法，才收到了良好的教育效果。

虽说尹俊如现在的身体不如以前，但一听说有家长学校和家庭教育的事，他的精神头儿就特别足，即使吃点苦受点罪，也觉得是幸福的差事。他近几年先后应邀到廊坊市家长学校骨干教师培训班、河北省教师培训班授课，还担任了河北省中小学生家长学校教材《小学生家长读本》的执行主编、《中学生家长读本》的编委。可以说，他传播家教新思想的空间更大了，服务的家长和孩子更多了，这更坚定了他做好家长学校的决心。他要用全部的心力献身于家长学校这片新天地，他要像秋日的红枫那样在夕阳晚霞中现出一片绚丽的光彩！

普法关爱两手抓　全心浇灌未来花

——记永清县关工委副主任金宝伦

　　金宝伦，原永清县政法委书记，现任永清县关工委副主任。金宝伦多年从事政法工作，熟悉法律、法规，在政法系统有较高的威望，自担任关工委副主任以后，主要负责关工委法制报告团和关爱工作团工作，他充分发挥自身优势，在全县中小学及青年中普及法律知识，为提高全县青少年的法制意识做出了很大努力。

一、坚持政治学习，思想与时俱进

　　"人退休了，思想不能退休。"这是金宝伦经常挂在嘴边的一句话。退休以后，他坚持读书、看报，加强理论学习，在思想上始终与党中央保持一致。每天，他都坚持阅读《人民日报》《河北日报》《廊坊日报》和永清县委宣传部主编的《文明永清》，充分了解当前的时事，对永清县委、县政府的政策进行学习，将永清所取得的成绩记录下来作为资料进行收藏。多年的法制工作让他养成了时刻关注国家法制动向的习惯，每当有新的法律颁布和国家对旧的法律法规进行修改，他总是认真地学习直到弄懂弄通，并与旧的条文进行对比，从中发现新法规的优点、修改的必要性，并将之汇总到法制宣传资料中。在与法制报告团其他成员进行交流时，他总是将自己的学习心得与大家一起分享，让大家明白国家为什么作出修改，修改后有什么好处，使大家领会得更深入、更透彻。金宝伦对自己的学习要求非常严格，他不仅抽时间在家自学，而且积极参加县关工委组织的集体学习。在学习过程中，他总是认真地做好学习笔记，并在学习资料上标注好学习心得。在学习中发现问题，他就主动与其他老同志一起进行讨论，直到弄明白为止。几年来，他先后学习了党的十八大和十九大报告、习近平总书记系列讲话精神，以及《党章》《准则》《条例》等，通读了《中共党史》第一、二卷等书籍。多年的学习积累使他掌握了大量第一手资料，他利用自己收集的资料编写了一本反映永清发展变化的小册子，作为宣传资料印发给全县的党政机关和中小学校。

二、抓好关爱工作，及时挽救落后青少年

金宝伦作为永清县关工委关爱工作团的领导，为关爱工作团确定了以老同志为主，以司法和教育部门的同志为主，以贴近家庭、防患于未然为主，以真情关爱、以情动人为主的"四为主"原则，充分发挥老同志的作用，加大法制教育力度，帮助违法犯罪人员认清自己的罪行，积极改造，争取早日重新回到社会。关爱工作团的老同志不辞辛劳，积极搜集资料，编写家庭教育和法制教育材料，深入社区进行宣传，到看守所看望服刑人员，用自己的行动和言语打动他们，帮助他们认识错误，重新树立信心，努力改造，重新做人，取得了比较好的效果。关爱工作涉及到千家万户，社区和农村的情况有很大区别，灵活多样的工作方法，是干好关爱工作的前提。永清县关爱工作团在金宝伦领导下主要采取以下几种方式开展工作：一是舆论宣传。在社区居委会利用黑板报和阅报栏，将一些典型案例进行公布，并发放宣传材料；在乡镇则采取散发材料、有线广播等形式，加大宣传力度，使群众了解身边事，心里有根法律弦。二是到中小学校进行法制教育。充分利用本县发生的一些青少年违法犯罪案例，教育孩子们要提高法律意识，自觉遵纪守法。三是面对面谈心。工作团成员深入到看守所和社区，找相关人员进行谈话，拉家常，使他们感到社会并没有抛弃他们，只要他们改正错误，是能够得到社会谅解的，帮助他们看到希望，重心树立生活的信心。

通过关爱工作团的努力，全县中小学生的守法意识普遍增强，违法犯罪率有所下降，打架斗殴现象逐年减少，一些在押人员重新树立起生活的信心，认真进行改造。如中学生孙某，因迷恋网络游戏，经常逃课去上网，家长到处寻找，采取了多种方法进行管教，效果均不明显。孙某为了上网，经常半夜趁家长睡熟，跳窗去网吧，家长为此非常苦恼，就采取不给孩子零花钱，与学校联系，监督孩子的方式，可这个孩子并没有改正错误，反而变本加厉，没钱就去偷，去欺侮小同学要钱。关爱工作团了解了这一情况后，首先鼓励家长不要放弃，不要打骂，要关心爱护他，给他家庭的温暖；其次，帮他找到一些网络方面的书籍，并同他谈网络的作用，帮助他学会健康上网，利用网络学知识；第三，搜集相关戒除网瘾的资料，认真对他进行教育，帮他认识到问题的严重性，最终帮助他戒除了网瘾，重新走进了课堂。

金宝伦不仅自己进行法制宣传，还注意整合社会资源。他指导县法院开展的"关爱工程"就取得了很好的效果。为了避免和减少青少年犯罪，他与县法院办公室主任、关工委副主任孙向虎共同深入到各个法庭，在未成年人刑事审判工作中，通过抓好开庭前、庭审中、判决后和源头治理等几个环节的延伸服务，从爱出发，从帮入手，教育和挽救失足青少年。

在开庭前，法院关工委成员首先分头对未成年被告人的成长经历、家庭状况、社会交往、平时表现等方面进行细致的调查，再通过听取失足青少年的亲属、朋友、同学的意见，认真了解、分析犯罪原因，深挖犯罪根源，选准感化点，研究出预防青少年犯罪的对策。在庭审过程中，根据未成年被告人的生理及心理特点，金宝伦和孙向虎要求法官注重语言教化和思想疏导，尽量采取与失足青少年面对面谈心的审理方式，减轻青少年的心理压力，以宽松的氛围，让他们从内心深处认识到所犯的罪行，深挖犯罪根源，认清犯罪危害，从而树立正确的人生观、价值观，并让他们与父母进行情感交流，从而唤起他们重新做人的勇气。案件判决后，金宝伦主任和孙向虎主任与刑事审判庭一起积极构建预防未成年人犯罪网络，对于判处缓刑的未成年罪犯，建立帮教档案，定期回访帮教；在帮教档案中，记录案件被告人基本情况、犯罪性质、判处结果、回访帮教情况，实行全程跟踪帮教和管理，做到有备而审，因人施教。

对于被判处刑罚的未成年罪犯，他们实行一年一次组织帮教，采取适时组织座谈、面对面进行帮教等形式，及时了解掌握他们的改造、工作、生活情况和思想表现，促使其内心转化，巩固审判中的教育效果，达到预防再犯罪的审判目的。被告人杨某生长在单亲家庭，家庭生活拮据，从小缺少母爱，受社会不良风气的影响，他走上了犯罪道路。刚满18周岁的他因犯盗窃罪，先后两次被判刑，这次又因盗窃数额巨大和惯窃行为被起诉。金宝伦和主审女法官李文涛对待李某像父母对待孩子一样，像医生对待病人一样找准病根对症下药，像老师对待学生一样耐心辅导。最终杨某被法官们的真情打动，流下了悔恨的眼泪，当庭表示服判，并向法庭承诺以后一定好好改造，重新做人。

金宝伦主任慰问困难学生

三、创新工作方法，推进法制宣传工作

随着国家对培养学生法制意识的重视，各中小学校都设立了法制副校长，主抓学生的法制宣传工作。在工作中，金宝伦发现许多法制副校长都是教师提拔起来的，工作热情很高，但法律知识掌握不足，也没有法律工作经验，在法律宣传过程中有力使不上，抓不住重点。为此，他经过细致的调查研究，向县关工委提出设立法制辅导员的建议并获得了批准。在金宝伦的奔走联系下，县关工委与县司法局、教育局联合下发文件，在全县各中小学校中设五老法制副校长一职，在全县选聘有法律知识的五老人员 20 名担任五老法制副校长，聘请乡镇司法所所长为本乡镇学校的法制辅导员，与各乡镇司法所联合成立了 15 个基层法制报告团，覆盖了全县所有乡镇。县关工委组织法制报告团，在全县各学校和社区巡回进行法制报告，他们还结合青少年的心理特点，到学校给学生上法制课，生动讲述相关民事、刑事案例，教育广大学生"勿以善小而不为，勿以恶小而为之"，远离犯罪。几年来，他们先后上法制课 200 多场，听课学生 26000 余人次，收到了良好的社会效果。

多年来，金宝伦主任用自己的辛勤汗水浇灌着全县的法治之花，取得了很好的社会效应，他本人也多次被省、市、县评为关心下一代工作先进个人。但他并没有放松对自己的要求，他总说："我比其他同志年轻一些，还可以做很多有益的工作，只要孩子们能健康成长，就是再苦再累也是值得的。"

丹心为人民　终生献教育

——记保定市关工委宣讲团副团长丁友良

丁友良，男，1937 年生人，中共党员，退休教师。现任新世纪社区金迪党支部副书记、未成年人思想道德教育辅导员，易县育英中学关工委主任，保定延安精神研究会常务理事，保定抗癌康复会副秘书长，保定关工委宣讲团副团长等职。

一、修身正己，永远坚守着教育情结

丁友良从教 44 年，在党和人民的多年培养和教育下，通过不断的政治学习，多年的生活、工作、社会实践，逐渐形成了正直、善良、热情、勇敢、顽强、勤奋、严谨、乐观、向上的性格特征，并一直秉持着"一多、四过硬、三拼命、五永不"系列人生原则。

"一多"，即活着就要多为国作贡献。

"四过硬"，即为了多作贡献，一定要力争做到思想过硬、文化过硬、业务过硬、身体过硬。

"三拼命"，即为了实现"四过硬"，要努力做到拼命学、拼命练、拼命干。

"五永不"，即成绩永不满，挫折永不屈，学习永不止，锻炼永不停，斗志永不衰。

几十年的教育生涯，使他逐步形成了研究人、研究教育，一心一意关心帮助青少年健康成长，敢于与一切伤害青少年的言行做坚决斗争的教育情结。1991 年 1 月，在他正式办理退休手续时就发下了坚定誓言：教育园地四十秋，育才道路继续走；扬长避短献余热，培养栋梁壮志酬。志士生活永蓬勃，胸中升腾一团火；为国为民洒碧血，天天谱写奋斗歌。

2001 年 7 月，他做了食道癌手术，身体虚弱了些，但丝毫没有削减他的教育情结，反而情益笃，志愈坚。他尽自己的最大力量做一切有利于青少年健康成长的事情，并把这作为义不容辞的责任。

二、狠抓学习，与时代共脉搏

国内外形势，瞬息万变；时代潮流，滔滔滚滚；青少年思想，敏感多变。要与时俱进，要和青少年有共同语言，就必须狠抓学习，必须学习、学习、再学习，必须与时代共脉搏。

为此丁友良把学习放在突出位置，每天都读书看报、听广播、看新闻、广交朋友，尽可能多地吸收有益信息；在身体条件允许的情况下，积极参加社区活动、延安精神研究会活动、校园活动，广泛接触青少年，向书本学习，向群众学习，向实践学习。近年来，他除了反复阅读《毛泽东选集》《邓小平文选》等重要著作，还订阅了《老年日报》《中华魂》等报刊。此外，只要涉及教育，涉及青少年的文章，无论从何处发现，他都如获至宝，一定抄录、搜集，现在仅这方面的文集已有4大本。每月按照安排，他都积极参加保定市关工委宣讲团、保定延安精神研究会、保定市老教协会、保定市癌症康复会等组织的活动。

通过这些学习和活动，更加坚定了他为共产主义奋斗终身的伟大理想，坚定了紧跟党中央战略部署的步伐和全心全意为人民服务的思想；使他充满活力，永葆青春，紧跟时代步伐，能够较好地把握青少年的思想脉搏，为青少年的健康成长提供保障。

三、情真意切，全方位为青少年健康成长贡献力量

丁友良把毕生心血献给了教育事业，凡是利于青少年健康成长的事情，不讲条件，不怕麻烦，倾情尽心，全力以赴，再苦再累也毫无怨言。这是他发自内心的终生誓言。为此，他从以下四方面，全方位无私奉献着：

1. 面向青少年。他一直以来跟在校或毕业的学生保持书信往来，或解疑，或指点，或鼓励。近几年，给学生回复书信120多封。他注重倾心交谈，学生们或到他家，或者他到学校，促膝谈心，沟通情况，交谈认识，互相鞭策，成为很好的忘年交。他喜欢写诗文并广为散发，近年来，他写了不少关于人生、青少年成长的诗文，向有关青少年、有关学校广为散发，为青少年的健康成长助威加油，反响强烈。他热情地给学生作演讲。从2002年11月至2012年6月，10年时间里，他先后到易县、满城县、徐水县和保定市区数十所学校，给84700多名学生作过223场演讲。针对不同年龄段听众的心理特征，结合形势和学生实际，

采取互动的方式，融说、唱、诵、动为一体，力争每场演讲都生动活泼，有吸引力，引起共鸣。

此外，他还力所能及地资助贫困学生复学读书，或给现金，或赠文具。2003 年 12 月，他得知易县山区小盘石村 15 岁的王霞，因家庭困难，已辍学一年多，心中很不是滋味，立即前往该村，送去文具并表示每年资助 1000 元，后又同学校协商免除了她的学杂费。至今丁友

丁友良在保定师范附小
作《铭记历史，同心圆梦》报告

良已对王霞及其他 7 名困难学生资助 6500 元。其中两名学生考取大学，一名已毕业。

2. 面向教师。常言说："民族的希望在教育，教育的希望在教师。"人民教师在未成年人成长过程中，具有不可估量的重大作用。要抓好青少年教育，就必须首先抓好教师的教育工作。这就是常说的"教育者必先受教育"。为此，作为一名老教师，他做了大量工作：为中小学教师宣讲为师之道数十场，听众 1000 余人次。从 2003 年 3 月至今，他先后到数十所学校，向千余名中小学教师宣讲了几十场，内容主要是强化师德和教育教学方法；写鼓励文章数十篇，广为散发。

3. 面向家长。家长是孩子的第一任老师，家长的言行，潜移默化地影响着孩子，诗人纪伯伦说："如果父母是张弓，孩子就是搭在弓上的箭。"为此，多年来他面向家长做了大量家访并参加家长会。

4. 面向社会。他做到与老友聊天"三句话不离本行"。每与老友聊天，必涉及孩子教育问题并互相勉励；多次在电台讲教育；见缝插针，走到哪里就把青少年的教育问题讲到哪里；与名人通信探讨教育。

青少年的教育问题，是国家，也是全人类的千秋大业，丁友良凭着为师的一颗赤诚之心，为未成年人的健康成长，奋斗不息，贡献着自己的微薄之力。

为下一代奉献情和爱

——追记河北农业大学五老刘芳

刘芳，女，中共党员，1912 年 9 月生，1942 年 2 月参加工作，2000 年 1 月 14 日病逝。原系河北林学院英语教师，河北农业大学和河北林学院两校合校后任河北农业大学英语讲师。1986 年离休以来，离休不离教，先后到 10 多所中小学担任义务英语教师或校外辅导员，创办了中学英语义务辅导班，从 1987 年起又先后被聘请为河北省太行监狱、石家庄监狱特殊园丁，把晚年的情和爱全部奉献给关心下一代的伟大事业，在社会上引起了强烈的反响，十几年来，她多次受到保定市、河北省政府的表彰，受到省委主要领导的高度赞扬，1991 年和 1994 年被评为全国关心下一代工作先进个人。

一、不改初衷，誓为教育事业奉献不已

刘芳长期从事教育工作。1943 年和丈夫从青岛回到解放区安国老家，1944 年参加了党的抗日教育工作，先后教小学和中学的语文课。60 年代初期，组织上选送她到大学里学习英语，从此改行教英语课。1978 年底，调到河北林业专科学校担任英语教师。几十年的教学生涯，使她与学生产生了深厚的感情，她觉得今生今世再也离不开孩子们了。她常说：孩子们是祖国的花朵，我愿在花朵中生活。

1986 年 3 月，组织上批准她离休。当她第一次捧起鲜红的离休证时，仿佛听到了丈夫临终时的嘱咐："永远不要离开咱们的学生，替我多尽点教育的责任。"她再也抑制不住内心的激动，流出了热泪，并暗下决心：不改初衷，继续为党的教育事业，为下一代的成长进步奉献到底。

当她的儿女们知道了她的想法后，都表示不同意，劝她回城里享清福。他们轮番劝说，有的说，"您站了一辈子讲台，吃了一辈子粉笔灰，父亲去世后，又过了几十年的孤独生活，好不容易盼到离休了，说啥也不能一个人生活了，跟谁过我们都一样孝敬您。"有的说，"实在

不行，一家住两个月，一转眼就是一年，您有享不尽的天伦之乐。"她深知孩子们心疼她，是在尽孝心，可她想自己从年轻时就立志要为党的教育事业奋斗终身，如今虽然年老了，离休了，可自己还能继续为党做些工作，怎能告老还家，坐享清福呢？她写了一首《幸福歌》勉励自己："骆驼的幸福是奔走沙漠，骏马的幸福是飞越山坡，太阳的幸福是发光发热，种子的幸福是开花结果，我的幸福是什么？是奉献，是开拓，是劳作，是拼搏。"就这样，她谢绝了儿女们的请求，决定继续住单身，吃食堂，默默地寻找着适合自己发挥余热的契机。

二、义务辅导，不求回报帮难解困

离休当年，她就做到离而不休，趁身体尚好，把晚年的情和爱全部奉献给关心下一代的伟大事业。她看到本校教职工的不少子女假期没事，三五成群到处转。她想，孩子们没人管既荒废学业，又容易出事，干脆利用学校的空闲教室办个假期英语辅导班，吸引那些学校管理不着、家长没空管的学生学习英语吧。消息传出后，受到了家长们的欢迎，他们纷纷送孩子报名参加。

为了让不同年级、不同水平层次的孩子都能循序渐进学习好，她把几十名孩子分编成甲、乙、丙三个组，实行分类辅导，这样，取得了人人都能学、个个有提高的好效果。当家长们看到自己的孩子不但不乱跑了，而且学到了知识，都很感激，赞扬刘芳老师为他们解除了后顾之忧，是离而不休的好园丁。

假期结束了，学生们上学了，为让孩子们能经常得到英语辅导，星期天，她利用学校工会活动室和空闲教室为孩子们开展课外英语训练活动，使孩子们不仅巩固了课本知识，还开阔了视野、丰富了英语词汇，为继续学好课本知识打下了基础。几年来，参加辅导的大部分教职工子弟的英语成绩一直保持着所在学校的领先地位。孩子们说：我们能有这样的好成绩，应该归功于刘姥姥。当她发现有少数孩子的英语基础太差，不便跟班辅导时，她又在自己宿舍给这些孩子进行了个别辅导。经她个别辅导的孩子有20余名，学习成绩都有较明显的提高。保定市农研所一名上初三的女学生，其他各门功课均为优秀，唯独英语很不理想，本想在毕业后报考重点高中，又怕英语拉分，心里很着急，一度丧失了考重点高中的信心。刘芳知道后，就经常利用晚上时间对她进行个别辅导。起初，她信心不足，不时地问："刘姥姥，我行吗？"刘芳老师鼓励她说，英语和其他功课一样，只要有信心、方法对、肯努力，就一定能行。刘芳帮她改进了学习方法，协助她制订了学习计划，还对她进行了模拟考试。学校距农研所有几百米远，为确保这个孩子的安全，每次学完后都要送她一程，直到遇到她家里人接她时才止步。由于这个孩子学习刻苦，认真钻研，学习成绩有很大提高，终于被保定市重点中学第二中学录取，她的英语考了满分120分，中学参加了奥林匹克英语竞赛，全校名列第二名，学校给她发了奖。

经刘芳辅导过英语的孩子近300人次，她从来没收过一分钱和一份礼。有一次，她曾辅导过的23个孩子合买了一套茶具送给她，当她发现推让中包装盒被弄坏了，怕孩子们到商店退货时为难，就照价用20元钱买下了这套茶具。还有一次，一位受到过她重点辅导的山区学生，升入大学后特意带了4斤团粉面来看望她，见面后难为情地说："家里穷，没有好东西送给您，以后挣了钱，一定买好东西来看您。"在这种情况下，她才收下了这4斤团粉面，并留他吃了饭，临别时送给他10元钱做路费和一些粮票，还一再嘱咐他要好好学习，别忘了家乡，学成后，要回去改变山区的面貌。她的一席话，感动得那位学生一步一回头，含泪而去。

三、编外老师，严于律己无偿代课

1986年，由于易县西陵乡办中学没有专职英语老师，学生的英语水平一直很低，特别是两个初三毕业班的英语成绩上不去，不仅影响学校的教学水平，还影响学生的升学率。当该校校长得知刘芳义务给孩子们开办假期英语辅导班后，特意找到她，邀请她帮学校代一个毕业班的英语课，并一再说明要给代课费。刘芳愉快地接受了任务，并告诉校长："我代课是为了让孩子们学好英语，代课费一分不要。"这位校长很感动。

她接受任务后，就像重返战场的战士一样，一心扑在教学上。本来，按校长的意思，她只要能给学生们讲点主课就行了，不用太正规，但她照样和过去在职一样，按时上下班、备课、批改作业。她认为，编外教师也是教师，是教师就要为人师表，绝不能应付差事，误人子弟。因此，她先对学生们进行了英语测验，摸清情况，然后制订具体的教学计划，因人施教，耐心辅导。她还根据自己的教学经验，编了许多英语练习题，从读、写、认、记等各方面进行综合训练，发动学生开展

"大家问、大家答"活动，既活跃了课堂气氛，又调动了同学们学习英语的积极性。她常进行家访，了解学生的思想情况和家庭情况，当发现有的家长不支持孩子学英语时，她就耐心劝导，争取家长支持孩子们学英语。

由于刘芳老师的努力，调动了全班学生学习英语的积极性，这个班的英语课出勤率由原来的70%上升到100%，英语考试成绩由开始少数学生及格提高到大多数学生及格，三分之二的学生达到了良好或优秀的好成绩。学校领导看到她带的这个毕业班英语成绩越来越好，就把另一个毕业班的英语教学任务也交给了她。虽然担子重了，压力大了，但她从内心感到莫大的欣慰，并对学校领导说，教一个班是教，教两个班也是教，只要孩子们能多学点知识，便是我最大的快乐；只要领导信得过，我就全包了。

为了孩子们，再苦再累，她也情愿。从她住的宿舍到这所学校要走20分钟。在近一年的代课时间里，不管遇到多么恶劣的天气，她都坚持不缺课。那年腊月的一天，西北风卷着尘沙刮得人睁不开眼，她没有畏惧和退缩，背转着身子，向学校一步步倒着走，经过半个多小时，终于赶到了学校。当她赶到班里上课时，同学们惊呆了。原来，学校领导看风沙太大，怕她来不了，就安排同学们自己复习。他们谁也没想到，这样恶劣的天气刘芳老师会照样来上课。一个同学哽咽着问："您这么大年纪，又不挣我们学校一分钱，为什么还要这样拼命干呢？"刘芳亲切地说："因为你们是祖国的花朵，是我的孩子啊！"大家听了再也抑制不住自己的感情，感动得流出了热泪。

有耕耘就有收获。两个初三班的英语毕业考试都取得良好以上的成绩，不少同学考上了高中。为此，该中学于1986年8月20日特意给河北农业大学送来了感谢信。信中说："刘芳老师给我校初中三年级担任英语课，工作兢兢业业，一丝不苟，使我校英语成绩提高很快，在升学考试中取得了优异的成绩。她不辞劳苦，不要报酬，心甘情愿地把自己的知识传授给下一代。她这种无私的高尚品质，给我校师生做出了光辉的榜样……"

四、特殊园丁，真情大爱助浪子回头

1987年，刘芳老师应邀走进河北太行监狱、石家庄监狱，配合监狱从强化法制建设方面对犯罪的青少年进行帮教。

1987年8月1日，刘芳第一次到河北省太行监狱给犯人作规劝报告。当她发现台下那两千多名囚犯中竟然大都是年轻人时，心情再也无法平静了，她觉得，作为一个灵魂的工程师，有责任协助劳改干警挽救他们。从此，她把自己生命的一部分奉献给了高墙内的特殊学生，留下了许多动人的故事。

女犯中队是刘芳倾注心血最多的中队。100多名年轻女犯，她差不多能叫出一半以上的名字，许多女犯不叫她"刘老师"，而叫她"刘妈妈"。1988年以来，每年的三八妇女节，刘芳都要带着礼物到女犯中队，和她们共度佳节。当刘芳给她们演唱自编的歌曲"人活着就要有理想，成功靠不断拼搏"的时候；当刘芳迈着小脚参加她们运动会的时候；当刘芳从书店给她们买来《人生的榜样——雷锋》《奋斗者的足迹》《学法与守法》等书籍的时候；当刘芳把自己用半年时间剪辑成的《知识火花集》送到她们手里的时候……女犯们再也抑制不住内心的感激，千言万语归结为一句："刘妈妈真是一位好妈妈。"

女犯中队阅览室有一个专写有"刘妈妈赠书"的大书架，上边陈列着几百册厚厚薄薄的书。这是女犯们为表达对刘芳的敬爱和感激，特意制作的。女犯们说，这个书架我们感到格外亲切，好像刘妈妈就在我们身边。

刘芳老师应邀来河北省六一四学校（女子监狱）作规劝报告

刘芳应邀到省女子监狱开展帮教活动

刘芳生活简朴，家里没有一件像样的电器和家具，但她却省下钱来用在了帮教事业上。十几年来，她给第六劳改总队捐赠购买图书、奖品的现金达1万多元。每逢重要节日，她就赠上一笔钱，特别是遇到犯人立功受奖时，她不但赠钱，还要专门附上一封信，表明自己的祝贺、鼓励和希望。刘芳的情、刘芳的爱，点点滴滴滋润着女犯们的心。

女犯张某，原来是一个漂亮贤慧和精明能干的年轻女性，只是因为丈夫出轨，一气之下用硫酸把丈夫的面容烧成了鬼脸，闹得离了婚，还以毁容罪被判刑4年。入狱后的张某万念俱灰，在人生的道路上失去了前进的勇气。得知情况的刘芳老师专门找到张某，拉着她的手动情地说："一时糊涂犯了法并不可怕，怕的是一直湖涂下去不服法，经一事，才能长一智，以后的路还长着呢，要抬起头来走好今后的人生路！"随后，刘芳将带来的《裁剪与缝纫》这本新书送给她，并说："你在狱里当缝纫工，用得着。"不是亲人，胜似亲人，张某的双眼湿润了。张某没有辜负刘妈妈的一片慈母心，她用劳动的双手，改写了刑期，提前一年半获得新生。她出狱后的第一个春节，按照大年初二女儿到娘家拜年的习俗，登车起程，直奔保定，当她见到刘妈妈时，首先恭恭敬敬地鞠了一躬。刘芳老师惊喜地接受了这深情的一拜，顿时，"母女"俩拥抱在一起，好久好久才把手松开。直到夜深人静，娘俩还躺在床上，不停地叙述衷肠。

另一个女犯杨某，她原本勤奋好学，聪明伶俐，对未来无限憧憬，对前途充满希望。正当她在事业上欲展宏图时，为了摆脱原恋人的越轨行为和无理纠缠，在一次有你无我的争斗中，一时冲动，失去理智，将其用腰带勒颈致死。杨某因故意杀人罪被判死缓，时年才24岁。杨某入狱后，掂出了死缓的分量，觉得死亡时刻在等待着自己，谁还理我这个可能快要成为鬼的人呢！就是不死，坐一辈子牢，也没有什么意思了，悲观厌世，痛不欲生。知女莫过"母"，刘芳老师理解这个姑娘的痛楚，主动接近她，耐心开导她："法律是有情的，过去你没有用法律保护自己；法律是无情的，你犯了罪现在就应该受到法律的制裁。这是血的教训啊！"又说："不能光是'一失足成千古恨'，还应一失足立千古志，把自己从罪恶中解脱出来。"之后刘芳老师送给她笔记本，让她好好学法；又给她带去大枣（早的谐音）和花生，愿她早日新生；还给她买了一双新鞋，要她穿上新鞋走新路，振作起来做新人。"精诚所至，金石为开。"杨某终于啜泣着发出了悔罪的心声："刘妈妈，我一定要立志做新人，不然，我对不起您老人家的一片苦心啊！"从此，杨某走上了认罪服法重新做人的光明大道，成了改造积极分子，还当上了女犯中队的卫生员。对杨某的进步，刘芳看在眼里，记在心上，她到书店选购几本护理书籍，又专程来看望杨某。杨某接过书籍，望着白发苍苍的刘妈妈心房震颤了，下决心一定要用加快改造的优异成绩来报答刘妈妈的挽救之恩。暴风雨中，她将衣服脱下来堵住向室内流水的孔洞；对重病的女犯，她几天几夜陪伴在病房。由于她表现突出，1991年由死缓减刑为16年，1994年又减刑两年，1996年再减刑二年，出狱在望的杨某说："我获得新生指日可待，我出狱后要看的第一位亲人就是刘妈妈。"

在刘妈妈的真情感召下，女犯们忆罪悔罪。为了感激刘妈妈，女犯杨某哭泣着向刘妈妈朗诵了自编的《母亲颂》：您银丝缕缕，真情永驻；您胸怀博大，把我们拥抱。是您，把我带出了茫茫的沼泽，挽救了迷失的自我。是您，把我们拉上岸边，摆脱了不能自拔的漩涡。是您，把我们从黑暗中唤醒，看到了希望的黎明。是您，播撒的母爱，温暖着我们冷冰冰的心。有了您，迷惘的心境逐渐开朗。有了您，我们踏上了回归的征程。啊，可敬的老人，慈爱的妈妈，请您放心吧，带着您给予的力量，带着您殷切的希望，迎接那崭新的明天。

女犯董某向刘妈妈朗诵了《妈妈，我错了》：在妈妈温暖的怀抱里，是妈妈把我喂养长大；在妈妈深蕴的目光里，我向未知的世界出发。妈妈的梦，也会发芽；长大的孩子离开了家，走遍了天涯的路，哪里有我可爱的家。那一天暴风雨正大，我没有听妈妈的话，几度风雨中迷失了自我，一步走向绝壁悬崖。悬崖边我叫一声妈，孩子我多么想回家，即刻跪在妈妈的脚下，让妈妈把儿领回家。妈妈呀，让我为您整整白发，让我为您擦去泪花。孤独寒冷无助的我，多想回到妈妈的怀抱，再吻我苍白的脸颊。离家的孩子想回家，漫漫长夜坎坷路途，茫茫归期想妈妈。妈妈呀我错了，妈妈呀我错了，我错了。

她们用真实的感情表达了对刘芳妈妈的一片深情，同时也表达了走向新生活的信心。

当刘芳老师从太行监狱办的《大墙内外》小报上得知一名判7年徒刑的何某，入狱不久又因严重违犯监规被加判了5年徒刑，1990年11月由太行监狱转押到石家庄监狱的消息后，连给何某写了三封规劝信，每一封信的字里行间都渗透着老人家的心血和母亲的关怀。信中这样写道："孩子你从小失去了母亲，没有得到过母爱和家庭的温暖，是很不幸的。作为已当了50多年母亲的我，十分理解孩子。你年纪轻轻的就进监狱服刑，罪过在自己，但家庭有责任，我这个当老师的也有社会责任，我愿用一颗妈妈的心去关心你，帮助你。你千万不能破罐子破摔，要认罪服法。我多么希望你能够用实际行动悔过自新，早日走出高墙，成为对社会有用的人呀！"何某看了这些来信，"妈妈"这个既亲切又陌生的称呼融化了他冰冷孤独的心灵。收到第三封信后，他想，刘妈妈和我非亲非故，三番五次来信帮助我教育我为的是什么？不就是为了我改好？我这五尺高的汉子过去没有得到过母爱，但现在不能没有良心！何某终于在石家庄监狱给远在保定的刘妈妈写了一封回信，信中写道："我把您以前给我寄来的信反复看了几遍。我是一个让妈妈伤心的人，是一个坏孩子，我的所作所为对不起您。请妈妈放心，我一定听您的话，好好改造，不能让您再为我操心了。"何某为了报答刘妈妈的关怀，表明自己悔改的决心，用车间的铁水烫掉了两臂上的纹身。何某这颗冰冷的心，终于被一位母亲的真情融化了。

刘妈妈时时刻刻惦记着在石家庄监狱服刑的何某。1991 年 4 月，刘芳老师来到石家庄监狱，要求见何某一面。当何某第一次看到刘芳老师是一位白发苍苍的老妈妈时，激动地握住刘妈妈的手，痛哭流涕。这个自称在身上扎刀子都不眨眼的人流下了平生第一次忏悔的眼泪。刘妈妈给何某带去了钢笔、书籍、笔记本和 50 元钱。当得知何某前几天用铁水烫掉两臂的纹身时，刘妈妈心痛地抚摸着何某裹着纱布的双臂关切地说："孩子，要下决心改掉江湖恶习，但用这样的办法去掉纹身太危险，你还年轻，残废了怎么办？你要把刑期当成学期，好好改造。"何某惭愧地对刘妈妈说："您老人家这样关心我，我再不好好改造还算人吗？"这一次见面，刘妈妈从思想上给了何某深刻的教育，从精神上给了何某巨大的鼓励。何某从中领悟到了社会没有抛弃他，还惦念着他，呼唤他走上弃旧图新的光明大道。

1993 年，刘芳老师又一次登上了南下的火车，带着一些生活用品和一本字典，专程从保定来石家庄监狱探望何某。刘芳老师谆谆告诫何某"要听干警的话，要好好学文化，学好一门技术，出狱以后成为对社会有用之人"。春风化雨，点滴入土。何某望着风尘仆仆的刘妈妈，老人家不顾年迈路远，又来看我这个不争气的孩子，鼻子一酸，抱着刘妈妈失声痛哭起来。何某说："我一定不辜负老人家的良苦用心，牢牢记住妈妈的教诲，积极配合干警改造自己。"从此他积极参加政治、文化、技术学习，成为成绩优良的改造积极分子。1993 年，何某因认罪服法，遵守监规纪律，勇于制止其他犯人违反监规纪律，在劳动中埋头苦干，认真负责，保质保量按时完成劳动任务，确有悔改和立功表现，经石家庄中级人民法院裁定减去有期徒刑 1 年 6 个月。

1997 年 3 月 5 日，刘芳老师又带着苹果、香油和《邓小平传》《共产党抗战英杰》《马恩华》等书籍，专程从保定来监狱探望何某，还送给何某 50 元零用钱。对此，监狱召开了欢迎刘芳老师来狱帮教座谈会，何某等 20 多名服刑人员参加座谈。会上，何某热泪盈眶，他说："我从小失去母亲，刘老师就是我的亲妈，比亲妈还亲，今后我要加倍地认真改造，争取早日成为守法的合格公民。"

1998 年，在刘芳老师的帮教下，何某提前释放出狱，刘芳老师给他寄去 100 元的回家路费。

刘芳老师在关心下一代和帮教犯罪青年的道路上走过了 13 个年头，直至生命的最后一息。她把亲情和母爱无私奉献给下一代和监狱的教育事业，刘芳老师的模范事迹赢得了人们的拥护和爱戴，都称她为刘妈妈。《河北日报》《保定日报》《老年报》《特殊园丁》等报刊曾多次做过刘芳老师的先进事迹报道。刘芳老师人老心不老，生命不息工作不止，她虽然已经逝去，但她那无私奉献、把全部情与爱奉献给下一代的精神永存，世人将永远记住这位受人尊敬、受人爱戴的人民教师。

皓首丹心不老情

——记保定监狱关工委副主任邵兰波

邵兰波在职期间，曾任河北省第一监狱教育科科长、狱政科科长，曾多次到机关、部队、团体和大中小学校进行法制教育宣讲报告；1985年创办了全国唯一国内外监狱、劳教系统公开发行的杂志《特殊园丁》，任总编辑；曾多次到山东、辽宁、四川等省为干警、罪犯讲课，积累了一些经验。退休后，和几个老同志一起于1999年成立了河北省青少年犯罪研究会法制宣讲团，并参加了保定市关工委宣讲团，10多年来为青少年法制教育做了大量工作。

一、以"心系国家稳定，志在人民安宁"为指导思想，组建法制宣讲团

和本单位退休老同志孙宜先（曾任副监狱长，正团级）、邢德江（原监狱教育科科长、高级政工师）、杨桂兰（原监狱犯罪研究室主任、政工师）、张世杰（教育科干部、副处级、高级政工师）等8名同志发起成立了河北省青少年犯罪研究会法制宣讲团，与保定监狱关工委一套人马两块牌子。多年来，他为青少年讲课500多场，听众达50多万人次。

二、不辞劳苦，为减少和预防青少年犯罪竭尽全力，倾注精力和汗水

邵兰波和他的同事们，深深了解一个人犯罪给被害人及其亲人，给犯罪者本人及其家属带来极大的痛苦，给社会和国家造成很大损失。所以，多年来，为青少年讲课他从不讲条件，不顾冷暖寒暑。为涿州市中小学讲课一周十场，每天都是早出晚归，中午从不休息。一次，在一所乡村中学讲课，突然，刮起七八级大风，桌布及水杯刮飞了，十几盆菊花刮倒了，风沙刮得难以睁眼，但他还是认认真真地把课讲完了，老

师、同学和他都成了"土人"。2009 年 5 月中旬，当时正是干热酷暑，74 岁的邵兰波，在徐水县 3 天讲了 10 场课，讲完一场，还要赶很远的路，就连喝水的时间都没有，嗓子又干又痛，坐车赶路，含个胖大海，继续讲课。

在保定市区讲课大部分是骑自行车或电动车，从不计较条件，只要有利于预防和减少犯罪就行。2005 年，中央综合治理委员会授予邵兰波"全国预防青少年犯罪工作先进个人"称号。

三、坚持学习新知识，总结新经验，充实新内容，以便取得良好的教育效果

为了学习新知识，与时俱进，跟上时代的脚步，邵兰波订阅了《演讲与口才》《大众心理学》《文摘旬刊》《文摘周报》《保定晚报》等十几份报刊。65 岁上老年大学，学习了电脑，购买了"清华同方"，为了扫清"拼音"这个拦路虎，打完了《聊斋志异》《水浒传》（拼音本）全书，拼音基本过关。有人说，对于不会拼音的人来说，学拼音等于学了一门外语。现在，他有了自己的博客、电子邮箱、QQ。他在自己的博客上，发表了大量的文章。

为了使法制教育课生动形象，让中小学生听得认真，记忆深刻，他讲课时带上警绳、电警棍、手铐、脚镣做教具。他不断总结经验，写出了《我是怎样对青少年进行法制教育的?》（一、二、三），在河北省青少年犯罪研究会年会上讲课，并发给与会者参考，这篇文章也在《演讲与口才》杂志上发表。

四、法制教育效果明显，为预防和减少青少年犯罪作出了贡献

涿州市一位中学生来信说："我过去和同学打架吃了亏，就在同学中拉帮结伙，打群架，并想用杀人手段进行报复。听了邵老师讲课后，我觉悟了，决不再干这种傻事。"河北大学一位同学来信说："邵老师叫我们一定要远离'酒色财气毒赌黄'的劝诫，真让人振聋发聩，耳目一新，我们决不辜负老师的期望。"保定东郊某中学一名高中女生，9 岁被哥哥奸污，后来又被村长奸污，思想抑郁，压力很大。她认为这个社会对她太不公平了，曾多次想报复社会，听了课以后，心情开朗了，决心用法律武器维护自己的权益。

邵兰波和同学们交流法制教育的重要性

五、邵兰波和老伴王世淑，热爱孩子，帮助孩子

2006 年以来，邵兰波以自己微薄之力，帮助 5 名孤儿上学。现在，他仍在帮助阜平老区 3 名少年儿童，不但每年给他们寄钱，还给他们寄课外书、纸和邮票，以及春夏秋冬穿的衣服。邵兰波、王世淑还开办了"家庭图书室"，供迎宾社区居民和市民借阅。

邵兰波先后受到中国关工委、中央精神文明建设指导委员会办公室、保定监狱、保定市关工委、保定市社科联的表彰。河北省关工委曾在保定监狱召开了全省经验交流会。省关工委副主任李永进在讲话中说："邵兰波同志抱定'心系国家稳定，志在人民安宁'的强烈责任感，不仅积极创办法制宣讲团，深入学校、部队、机关、厂矿巡回演讲，而且活到老，学到老，演讲内容始终与时同进，与青少年同心，很有感染力……"

近年来，《解放军报》《法制日报》《河北日报》《保定日报》《保定晚报》等媒体，多次报道了邵兰波的事迹。

传承红色基因的“歌者”

——记保定市关工委顾问孙佐培

孙佐培，不仅是抗战老兵，更是一位传承红色基因的“歌者”。他整理的《冀中冀西抗日歌曲选》，在他的家乡响亮传唱，在青少年中广为流传。

2018 年 3 月春季开学后，河北省保定市关工委在组织青少年开展的“传承红色基因，争做时代新人”活动中，有个突出的特点，就是五老和孩子们在活动中一起高唱冀中冀西抗日歌曲，如像《快快参加八路军》《叫老乡快武装》《我们妇救会》等，这些洋溢着革命激情的老歌，把孩子们带到了那烽火连天的抗战岁月。

说起这些老歌，不能不提到一位颇有知名度的抗战老兵——保定市关工委顾问、宣讲团成员、93 岁的离休干部孙佐培。孙佐培 1925 年出生于河北省安国县一个贫穷农家，抗战爆发后，10 岁刚出头便投身革命，17 岁成为安国县第一区武工队队长。1942 年，在日军五一大“扫荡”中，他带领武工队员们机智勇敢地打击敌人，取得了辉煌战绩，成为让日伪军心惊胆战的战斗英雄。后来，他又参加了解放战争和抗美援朝战争，屡立战功。1958 年 4 月转业到 604 厂，先后任宣传部长、武装部长、党委政办室主任、厂党委常委。1985 年 7 月离休。

离休后，孙佐培一直在想，自己作为新中国建立的历史见证者，为什么不用自己的亲身经历激发后人的爱国热情呢？可又一时不知从哪里入手。有一天听广播，广播里播放的一首传统老歌《革命人民离不开共产党》一下启发了他。他回顾起抗日战争期间，自己在冀中冀西一带做儿童团及群众工作时，曾传唱过很多革命歌曲，这些歌曲是当时历史的真实写照，何不把它们整理出来教唱给青少年呢！于是，孙佐培拿起笔开始做这项工作。对于一位花甲老人，要回忆几十年前唱过的歌曲并非易事。当时正值盛夏，古城保定骄阳似火，房间又没有空调，尽管开着门窗，依然热浪袭人。然而孙佐培全然不顾，拿把扇子边扇边回忆，想起一点儿记一点儿，实在热得受不了，就用冷水浸湿毛巾敷一敷额头、擦一擦身子。看着他那不知疲惫的身影，家人非常担心，因为他曾做过胆摘除手术，还有心血管疾病和腰肌劳损的毛病，怕他过于劳累身体吃不消。他安慰家人，说自己会量力而行，打消了家人的顾虑。就是凭着这样一股劲儿，经过几个月的努力，他回忆、整理出了120多首抗日歌曲，记录了厚厚一大本。随后，他带着这浸透着心血的歌词来到保定市委党史研究室寻求帮助，希望他们能找懂音乐的人，帮自己把谱子记下来。党史研究室的领导听了孙佐培的想法后非常感动，当即表示"一定全力支持"。不久，在党史研究工作者、音乐人的帮助下，经过一番斟酌、遴选，一本由113首歌曲组成的《冀中冀西抗日歌曲选》飘着墨香问世了。从那时起，这些凝结着抗战激情的革命老歌，在冀中冀西大地流传开来，成为传承红色基因的活教材。

孙佐培除整理出版《冀中冀西抗日歌曲选》，还撰写了大量回忆文章，以便对青少年进行革命传统教育工作，整理出版了《孙佐培革命回忆录》《烈士塔上的铃铛》等专门为少年儿童编写的书籍。1993年，孙佐培还自费7000多元出版了《平原故事》，并无偿赠送给各个学校的孩子们。

身边的同事见他整日忙忙碌碌，光受累不赚钱，便善意地劝他说："枪林弹雨，吃苦受累，活到今天不容易。现在离休了，想法子捞点钱，吃点、喝点，享享清福得了。"孙佐培不听劝告，还编了一首顺口溜，表达了自己坚持教育下一代的信念：1985年，离休到三线。有人对我讲，快去捞大钱。干上一阵子，钞票大把赚，吃香又喝辣，冰箱大彩电。我说我不沾，还是搞宣传。此是老本行，力及能承担。眼下社会上，秩序有点乱。看看犯罪者，数着青少年。面对这件事，心中直盘算。社会主义好，来之多艰难。成果要保住，好经不失传。如果不警觉，失传就危险！你捞你的钱，我宣我的传。你说你有钱，老孙不眼馋。你回"高老庄"，我过"火焰山"。革命好传统，定要留人间。老骥伏枥志，为党作贡献。

如今孙佐培仍关心着下一代的教育成长，他笔耕不辍，在离休的岗位上发挥着一名老共产党员的余热。2005年，孙佐培这名抗战老兵荣获了"全国关心下一代工作先进工作者"荣誉称号！

壮心未与年俱老

——记保定市关工委副主任兼宣讲团团长王鹿鸣

"保定有个宣讲团，到处宣讲不要钱。要问他们图什么，只为关心青少年。"这就是保定市关工委宣讲团的真实写照。这个宣讲团的团长，就是全国关心下一代优秀工作者、原河北省保定地委宣传部常务副部长、现保定市关工委副主任王鹿鸣。

王鹿鸣退休后的17年里，足迹踏遍保定市内26个县（市、区）的大中小学校，在30万人次的青少年面前，唱响了一曲共产党人的奉献之歌。

一、"要用一生来回报党和国家的培养"

一摞摞红色聘书，垒了几尺高的剪报本，用塑料纸精心包裹的宣讲挂图，书桌玻璃板下压着的市关工委宣讲团成员联络电话……王鹿鸣的书房，像一名专职工作人员的办公室。

王鹿鸣1935年生于保定市清苑县，10多岁时就是村儿童团团长。他先后在河北徐水师范、保定师范、保定速成师范专科学校学习了7年半。"7年半，我不仅一分钱没花，每月还领国家助学金，我的一切都是党和国家培养的。那时起我就下决心，要用一生来回报党和国家的培养。"王鹿鸣严肃地说。

岁月荏苒。1995年，在教育战线服务了22年，又在党委机关工作了16年的王鹿鸣该退休了。作为一名1954年入党的老党员，退休后如何发挥余热？这一问题一直萦绕在王鹿鸣脑海里。

这年5月，王鹿鸣应邀到曲阳一中作专题报告，能容纳千人的校礼堂座无虚席，90分钟的报告多次被掌声打断。会议组织者对他说："您讲得太好了，大伙儿鼓掌足足19次！"

到学校为青少年做思想政治与形势政策宣讲工作！建设中国特色社会主义，首先要坚定信仰，而思想认识必须从小抓起，使人们发自内心地热爱祖国、热爱党、热爱我们的伟大民族。这应该是一个共产党员的终身责任。

带着这种认识，王鹿鸣此后探望正在日本进修的女儿时，没去富士山，没坐新干线，而是走街串巷了解日本社会，深入图书馆查阅大量资料，写出两万多字的旅日见闻与思考，深刻阐述社会主义制度的优越性。回国后，王鹿鸣主动联系河北大学、河北农业大学、保定师范专科学校等高校，就这一主题进行宣讲。那年适逢世界反法西斯战争和中国人民抗日战争胜利 50 周年，他的宣讲受到了热烈欢迎，很快由他主动联系变成了接受邀请，一个月竟然讲了 13 场，场场爆满。

王鹿鸣很受鼓舞。年底，他正式退休，并欣然接受新的任命：保定市关工委副主任兼宣讲团团长，并接受团市委邀请担任了市少先队总辅导员。接受任命次日，王鹿鸣买了一辆"金狮"牌自行车，他郑重地对老伴说："我要骑着这辆'金狮'，为我们国家的建设与发展打造一大批真正的'金狮'！"

二、"让人心灵受到冲击与震撼"

2012 年 5 月 17 日下午 3 时，古城保定，河北大学主楼三楼报告厅内。面容清癯、华发满头的王鹿鸣，笔直地站着。他的背后是"弘扬延安精神加强红色校园文化建设座谈会"的火红条幅，面前是一张张洋溢着青春气息的脸庞。

一阵雷鸣般的掌声过后，他开始了"纪念白求恩"的宣讲。

"听他讲课简直是一种享受。在他的宣讲中，深奥的道理变得浅显易懂，枯燥的内容讲得风趣动听，总能让人心灵受到冲击与震撼。"河北大学党委宣传部部长刘焱说。

"教育者先受教育。"这是王鹿鸣对自己的要求。多年来，王鹿鸣认真学习党的理论，学习优秀共产党员的先进事迹；坚持每天读报、收听收看新闻，及时了解党的方针政策和国内外形势；坚持阅读有关演讲艺术的书刊，悉心掌握演讲知识。在王鹿鸣的案头，有他研读过的《从怎么看到怎么办》和《乔布斯传》。他说："作为一名宣讲人员，需要通过专业书籍解除理论困惑；了解乔布斯的成长轨迹，则是为了激发青少年的创新热情。"

在宣讲内容的选择上，他拟定了关于理论、理想、道德、纪律等方面的 110 多个专题。丰富的知识储备和娴熟的宣讲技巧，使王鹿鸣的宣讲深受各级各类学校和青少年的欢迎。特别是在重大节日前后，王鹿鸣总是成为许多学校争抢的对象，最多一年宣讲达到 71 场，有时甚至一天上午、下午和晚上连讲 3 场。许多学校的学生听讲后成了他的"粉丝"，经常给他写信，请教各种问题。王鹿鸣全部回复，帮他们解除了思想上的困惑，坚定了人生信念。

王鹿鸣等 五老在涿州实验小学作法制报告

三、"只要我还能走动，就要把宣讲坚持下去"

宣讲之路，王鹿鸣不是孤军奋战。王鹿鸣的妻子杨月亭是 1960 年入党的老党员。对于老伴退休后的选择，杨月亭全力支持，还亲手缝制各种型号的布兜，交给丈夫携带教具；帮助丈夫精心绘制宣讲挂图，用透明塑料把宣传画一张张包裹好……人们都知道，王鹿鸣那一尺多高的荣誉证书中，也有杨月亭的一半。

2010 年 9 月 7 日，王鹿鸣接到保定市南市区职教中心的宣讲邀请。当时杨月亭癌症晚期正在住院，去还是不去？王鹿鸣十分矛盾。"你去吧，我这里有人照顾。"杨月亭微笑着催促他。7 天后，杨月亭永远离开了人世。

支撑王鹿鸣继续在宣讲之路上执着前行的，还有宣讲团的老同事们。就任关工委宣讲团团长后，王鹿鸣一直不断地动员身边的老同志加入。2005 年，在一次会议上，王鹿鸣遇到从原保定地区中级法院领导岗位离休的颜大会。这么难得的法制宣传人才，可不能放过。在王鹿鸣的劝说下，颜大会愉快地担任了宣讲团副团长。

目前，保定市关工委宣讲团已由成立之初的 8 人发展到了 20 人，主要成员为老干部、老战士、老专家、老教师、老模范等五老，平均年龄75岁。这些老同志在王鹿鸣的带领下，一直坚持每个月第二周召开例会，组织学习，互通情况，研究工作，备课宣讲。

到目前为止，保定市关工委宣讲团累计宣讲3000多场，听众超过60万人次。在市区内讲课，都是骑自行车往返，不吃招待饭。所有宣讲活动从不收费，还把难以当面推辞的讲课费转交有关部门资助贫困生或通过邮局全部退回。这些年，仅王鹿鸣个人向灾区和贫困儿童捐款就达13000多元。

王鹿鸣还在为宣讲奔忙着，他坚定地说："宋代陆游说过：壮心未与年俱老。只要我还能走动，就要把宣讲坚持下去。"

莫道桑榆晚　为霞尚满天

——记保定市关工委副主任臧凤华

1986 年初，部队实行年轻化，政策作了调整，年龄尚不足 50 岁的臧凤华从军分区副司令员的岗位上一刀切了下来。虽说"无官一身轻"，但突然间无所事事，加上思想准备不足，一段时间里，他茫然过，失落过，生活一时很不适应。

"军人以服从为天职！"多年的党性修养和养成的思维习惯，臧凤华很快想通了。他调整好心态，又踏上了新的征程，并焕发了第二个"青春"。

臧凤华现任保定市关工委副主任、保定延安精神研究会常务副会长。

一、读书写作

他认为，不管什么时候，不管什么地方，人总是要有所追求，要有精神支柱，对于共产党员来说，只有领导职务的退位而没党员责任的褪色。解剖自己，受党和军队几十年的教育培养，立场坚定党性强，养成了良好的作风，积累了一定知识和经验，有较强的观察和分析问题的能力，也具备一定的写作水平，尤其有为党尽责的强烈愿望，可以用笔继续为民服务。

于是，臧凤华说干就干，好像突然间焕发了无穷的活力。

他以自己的切身经历和感受，先后写了《过好休息这一关》《落日心犹壮》和《人老更须勤动脑》等短文，先后被《中国老年报》《老人世界》等报刊刊用，受到读者很高的评价。

他把儿子送来的一本《新基调杂文创作》反复看了几遍，又博览了一些杂文方面的书籍。针对当时干部的吃喝风、占地建房风、下对上的送礼馈赠风、百姓打点"衙门"风，经济领域的"官倒""私倒"、偷税漏税、掺杂使假，权钱交易、权权交易、权色交易等，由暗变明的腐败现象和犯罪行径，很快写出了他生平第一篇杂文《惯子的联想》，发表在《杂文报》和《保定日报》上。

初战告捷，一发而不可收。胜利的喜悦对臧凤华是个极大的鼓舞，也让他找到了继续为党尽忠，为民尽责的一种方式。从此，他走上了杂文创作之路，臧凤华的晚年生活更加丰富多彩起来。

臧凤华两次自费参加《杂文报》的杂文创作刊授学院（中、高班）学习，拜当时《杂文报》副主编冯孟春和全国著名杂文家、《文明建设》杂志主编宋志坚为师，系统地学习理论知识；订阅了十几种报刊，广辟信息，多集资源，自寻苦吃。"爬格子"常忘记吃饭，想问题常彻夜难眠，凭着对党对人民的赤胆忠心，他秉笔直书——对社会刮起的私有化之风，他写了《捍卫宪法，坚持公有制为主体》一文，就某些高级公务员违反宪法，公开鼓吹私有化的讲话，作了有理有据、实事求是的分析批评。中国科学院《真理的追求》刊登时，加了这样一段按语："保定军分区原副司令撰写此文，批评省里一位现职高级公务员违反宪法的施政讲话，切中时弊。过去拿枪杆子保卫国家，现在拿笔杆子写文章保卫宪法，而且写得很在行，可敬可佩。"

中央党校党建部主任王长江教授，发表了一篇叫作《党有自身利益是一种客观存在》、一篇题为《中国到了非大力推进民主不可的地步》的文章。前者采取迂回的手法，旨在否定我们党的根本宗旨，为炮制"党有自身利益"的新理论提供口实；后者则扯起"党有自身利益"的白旗，旨在改变党的性质，为在中国实现以议会制为中心的西方政治开辟通路。臧凤华不畏权威，有理有据地写了《关键是为什么人的问题——读某教授的两篇言论有感》的文章，发表在《中华魂》杂志。文彩飞扬，语言犀利，言之有物，言之有理，有力地批驳了王文的观点，捍卫了社会主义党建理论。

凡此种种，不一而例。

就这样，臧凤华数十年如一日，耕耘在杂文园地里。到如今，已有几百篇文章见诸全国十几家报刊杂志。小学文化成大手笔，足见其努力。

写作，为臧凤华的晚年生活带来了极大的快乐。

读书和写作，让臧凤华忙碌了起来，终日里不得空闲。他生活充实，甚至比在职时还要充实。有一位朋友，写了这样一段顺口溜，很形象地诠释了他的这种状态：活得有滋有味，思想从不掉队。跟着时代步伐，尽责永不言退。

二、关爱青少年

伴随改革开放的深入和市场经济的发展，各种社会现象层出不穷，面对西方反动势力"和平演变"的图谋，眼见腐朽思想对青少年的毒害，臧凤华坐不稳，待不住了。他深深地感到弘扬党的优良传统在现实社会中的重要意义。由此，萌发了大力弘扬党的优良传统的念头。

1989年，以弘扬延安精神为己任，由彭真任名誉会长、马文瑞为会长的中国延安精神研究会在北京成立。1993年，保定延安精神研究会也应运而生，中共河北省顾委会常委郗光担任名誉会长，1939年就当过县委书记的苏玉振任会长，多名退下来的地市（师）级领导干部参加了进来。臧凤华积极投身于这一事业，被选为常务副会长，主持日常工作。

研究会的宗旨，与臧凤华的想法不谋而合。他终于找到了一个弘扬党的传统、再立新功的"战场"。

臧凤华和研究会的同志，以延安精神为武器，结合党的中心任务或利用重大节日，根据当时实际，针对社会热点，不定期召开研讨会、座谈会和学习讨论会，从理论和实践的结合上，来回答现实提出的一些问题。

他在1998年和1999年，在纪念白求恩牺牲60周年和毛泽东《纪念白求恩》发表60周年之际，撰写了《红专的典范，做人的楷模》和《永不灭的光辉》两篇文章，分别被中国延安精神研究会《会讯》和卫生部《白求恩精神研究》刊用，并到北京、延安、昆明等地，参加中国延安精神研究会举办的全国性研讨会和经验交流会达11次之多。

青少年是祖国的未来和希望，把延安精神送进校园是研究会的工作重点。为此，他们四次召开部分学校参加的经验交流会，推动这一活动的开展，臧凤华和一些老同志还成立了宣讲团，以报告、讲座和讨论的形式，直接向学生宣传。臧凤华经常在各大高校、党政机关和中小学作专题报告和理论辅导，多年来宣讲近200场次，受教育学生近9万人次。他还被聘为河北大学老教授报告团的成员和几个学院延安精神研究会的顾问。在纪念中国共产党成立90周年活动中，仅"七一"前夕的6月份，他就为河北大学、河北金融学院等高校学生作报告10场次，还参加了多个研讨会，成为保定社科界的优秀工作者。

有段时间，老伴几次因病住进医院，很需要他的照顾，臧凤华为了尽量不耽误宣讲活动，想了很多办法，有时在医院陪了一夜床，第二天又出现在讲台上。

一次臧凤华给保定卫生学校 1000 多名师生作白求恩精神的报告，时间长达一个半小时，会场秩序井然，始终如一，报告不时被热烈的掌声所打断。该校党委书记激动地说："像这样的热烈场面，是近年来少有的。"

为了对儿童进行形象化的延安精神教育，从小就培养对党、对祖国、对人民的热爱，臧凤华把延安精神的主要内容分解概括为"圣地""人民""为民""爱国""艰苦""勤俭""劳动""遵纪""求是""继承"10 个部分，命题成篇，并任主编，邀请了乐于奉献的一些作家，以故事和儿歌形式，编成画册，取名《宝塔山下红旗飘》。全书 20 多个故事、500 多幅插图，分上下两册出版。

他主编的《延安精神教学大纲》，专门作为河北大学研究生学院的研究生教材。河北大学明确把延安精神的学习、研究，作为研究生必修的课程安排课时，这在全国大学研究生院中也是首创。

"弘扬延安精神，培养高素质优秀人才"，在研究生学院的带动影响下，河北大学开展的延安精神"进教材、进课堂、进头脑"活动，日益深入，成绩斐然。2010 年 12 月，被中国延安精神研究会挂牌为"延安精神教育基地"。

"莫道桑榆晚，为霞尚满天。"臧凤华，无怨无悔地工作着。他用自己崇高的精神境界凝成闪光思想的精华，他用坚定的社会主义信念诠释着一颗赤子之心。他拥有年轻人的心，他拥有生命燃烧的活力。他耕耘着，奋进着，只尽义务，不要报酬，常怀忧患，恪尽责任。

一切为了青少年健康成长

——记博野县关工委常务副主任朱泽平

2007 年 5 月，朱泽平从博野县人大副主任的工作岗位退下来，担任博野县关工委常务副主任。多年来，在县委、县政府的领导和支持下，在社会各界人士的大力帮助下，她带领县关工委一班人，认真贯彻落实中央、省、市关心下一代工作会议精神，努力工作、开拓进取，使博野县关心下一代工作一年上一个台阶，跨入全市先进行列，多次受到省、市表彰。

一、为关心下一代工作殚精竭虑无怨无悔

2007 年 5 月博野县人大换届，朱泽平退了下来。不久，县委书记肖占乐找她谈话，鉴于她在任副县长期间多年分管文教、计生、妇联工作，请她担任博野县关工委常务副主任，全面抓关心下一代工作。按理说刚退下来应该休息几年，但她想自己受党教育培养多年，抓此项工作确实比其他人更有优势，组织提出，责无旁贷。于是她就立刻走马上任，全身心投入到工作之中。她母亲 80 多岁了，一直在她身边，患老年痴呆症，屎尿弄到身上不知道，走出家门回不来，但为了工作，只好把母亲送到侄儿家中，让侄媳照看。偶尔回家看望，母亲两眼瞪着她，都认不出她这个亲闺女了。正当工作顺利开展初见成效之时，2009 年 4 月初，朱泽平深感疲惫，经常不舒服，到医院一检查，发现了恶性肿瘤。5 月 9 日在医院做了大手术，身体一下垮了下来，随后的一年多，她每天吃药，经常打针化疗。在此期间，她虽然还一直抓工作，但思想上也产生了一些波动，特别是爱人和孩子们的规劝，使她一度想撂下挑子，安心养病。但她脑中不时出现那失去双亲的孩子祈盼的双眼，贫困孩子破衣烂衫和污垢的小脸，她的眼就流泪，心就流血。朱泽平想：都这把年纪了，为了他们就是累死又算得了什么？为了他们的健康成长我甘愿牺牲自己，无怨无悔！于是，她的身体刚刚有所恢复，就毅然决然地投入到工作中。

二、为关心下一代工作建好网络打牢根基

火车跑得快，全靠车头带；要想工作好，机构不可少。这是朱泽平上任伊始走访调研得出的结论。通过分析总结博野县前几年关心下一代工作她发现，哪里关工委组织机构健全哪里关心下一代工作开展得就活跃，哪里五老队伍作用发挥好哪里工作成绩就突出。因此，几年来，她始终把构建工作网络抓在手上，为关心下一代工作打牢根基。

首先，加强了县级关工委领导班子建设。近年来，朱泽平根据工作需要和上级文件精神及时对博野县关工委领导班子和部分成员进行了调整充实。由新退下来的正县级领导担任名誉主任，县委副书记担任主任，下设常务副主任 1 名、副主任 16 名，顾问 3 名，成员单位 18 个，办公室主任、办公室副主任、专职工作人员 1 名，并配备了多项办公设施。为保证关工委工作能够正常开展，她多方筹集资金，采取政府拨一点、单位挤一点、有关单位和企业捐一点的办法，保证了各项工作正常运转。

其次，全面抓好乡、村两级关工委组织网络建设。以县委办的名义发出通知，下发了《关于建立健全乡、村两级基层关工委组织的意见》。在抓好全县 7 个乡镇关工委领导班子建设的同时，在条件具备的 122 个行政村和 4 个社区、78 所中小学相应成立了关工委组织，分别占全县总村数、社区和中小学的 95%、100% 和 100%，真正做到了哪里有青少年哪里就有关心下一代工作队伍，使全县形成了上下贯通、纵横交错、反应灵敏的组织网络。

三是广聚人才，扩大五老队伍规模。五老队伍在关心下一代工作中起着重要的作用，是做好青少年工作的主力军，因此，把责任心强、有特长和对青少年工作热心的五老人员吸收进来，充实五老队伍，充分发挥他们的一技之长，为构建和谐社会和加强未成年人思想道德建设工作出谋划策，作贡献。根据五老队伍的分布状况和每名队员的优势，分类组建了各种组织，如传统教育报告团、形势教育报告团、法制教育报告团、老干部科技推广站、老年人科技工作者协会等。此外，还聘请了150 名五老人员做网吧义务监督员，做到了村、社区、学校都有监督员，对全县所有网吧进行监督，中小学生去网吧上网的明显减少。近年来，博野县五老队伍不断扩大，由原来的 120 多人增加到 500 余人，为博野县关心下一代工作做出了突出成绩。

四是建立健全了各项制度，进一步规范工作程序。建立健全了会议、学习制度，制定出台了《博野县关工委工作章程》。县、乡关工委坚持每月召开一次例会，听取各片工作开展情况汇报，安排下一步工作。各级关工委每月分片组织关工委成员集中学习一次。坚持了经常性汇报制度。朱泽平总是主动与领导联系，经常汇报工作开展情况，为领导当好参谋，争取领导的支持。坚持加强部门和基层组织之间的联系制度。如加强与公安、工商、总工会、妇联、青年团、教育文化等部门的联系，通过互相配合、互相协作，共同把关心下一代工作做实做细。及时与乡、村、社区和学校等基层组织联系，除必要的传达有关政策和会议精神外，及时了解各级关工委在工作中取得的经验和成绩，了解他们在工作和生活中遇到的困难，及时给予帮助和协调。通过坚持各项制度，博野县关心下一代工作实现有序发展，内容丰富多彩，成效也很显著。

三、为关心下一代工作真抓实干做深做细

几年来，朱泽平带领博野县关工委人员，走遍了全县 7 个乡镇、4 个社区、78 所中小学校，走访调研，调查摸底，将贫困学生、失去双亲的孤儿一一登记造册，安排县科级以上领导分包，动员企业老板经理帮扶，和困难儿童家庭"结对子"，每年都争取县财政资金支持，走访慰问特困学生。南小王乡南杨村姚奥康同学家庭非常困难，被河北工程大学录取，因交不起学费而无法入学，博野县关工委协调乡镇等有关单位为其办理了生源地助学贷款，圆了姚奥康的大学梦。博野县高二学生祝鹤飞，其父母均患病，无力支付其上学费用，关工委协调教育部门将其学杂费、住宿费、书费全免，并每年补助 750 元生活费，帮助他完成学业。2012 年 5 月 29 日，博野县关工委领导到特教学校慰问，捐赠了价值 3000 余元的棉被、床垫等生活用品和 1000 余元的图书。筹措资金4000 元，为博野县青少年乒乓球训练基地购买运动服和训练器材。每年的清明节、六一儿童节，朱泽平都组织关工委老干部对中小学进行爱国主义教育，开展"中华魂"读书征文演讲活动，激发青少年的爱国热情。针对博野县职教中心的部分学生存在自卑心理，理想、前途渺茫这一情况，2011 年 10 月 20 日，邀请保定市关工委老领导王鹿鸣、颜大会和秘书长王梅来县职教中心为 200 多名师生作报告。通过谈理想、讲法制、交流思想，使广大师生学到了法律知识，深受教育，同学们纷纷

表示一定要学好本领、立志成才、报效祖国、回报社会。2012 年 4 月，邀请保定市关工委法制宣讲团对全县初高中学生进行法制巡回讲座，受教育人数达 1 万人次以上。

朱泽平带领关工委同志慰问孩子们

她的心血没有白费，目前博野县各学校秩序良好，没有发生一起学生参与重大恶性犯罪事件；教学质量逐年上升，学生们的思想品德和荣辱观念有了明显的改观；通过对贫困学生的帮扶，全县没有一个家庭因贫困而出现孩子辍学的现象。博野镇庄头村贫困学生赵芳，四年前博野县关工委组织社会募捐才得以圆了大学梦，2012 年毕业安排了工作，她为了回报社会，和父母一起创办了家庭书屋，自做书架，自购图书，免费让青少年借阅。几年来，通过深入细致的工作，不但对全县青少年健康成长起到了重要作用，而且受到了社会的广泛关注和人民群众的一致好评。

四、为关心下一代工作不断探索开拓进取

随着社会的发展，关心下一代工作出现了许多新情况、新特点、新问题。朱泽平了解当代青少年的特点，研究探索形式多样、简便易行的教育方法，使对青少年的引导和教育工作更符合他们的实际，做到贴得近、听得懂、记得住、信得过、见实效。针对农村留守儿童放学后无人管理，动员五老队伍组织培训班，辅导作业，学习书画、音乐，讲革命传统。在抓好试点的基础上，在全县农村建立家庭书屋，将青少年引导到学知识、懂科学、提高文化素质上来。充分发挥企业工会作用，开展

维护青年职工合法权益活动，在企业建立维权站。为办好家长学校，多次邀请国家级教育专家到博野作专题讲座，以进一步增强家长的教育技能等。这些都为关心下一代工作的深入开展提供了新的尝试，也收到了良好的效果。

关心下一代　共筑蓝天梦

——记保定市满城区关工委副主任韩文斌

在保定市满城区西部山区，一座民间航空博物馆拔地而起，这就是国内知名的满城区八大岭航空国防爱国主义教育基地。该基地位于河北省保定市满城区坨南乡，占地面积4万多亩，主要对青少年开展航空科普、国防知识及国防教育、爱国主义教育和革命传统教育。10多年来，该基地在省、市关工委的正确指导下，在满城区关工委及五老人员的关爱帮助下，不断加强基础建设和自身建设，坚持把社会效益放在首位，免费向社会开放，为营造全社会关心青少年的思想道德教育、让青少年了解航空知识、加强国防建设等方面作出了应有的贡献。而这一切成绩都离不开一位不求名利、默默奉献多年的无名英雄——韩文斌的付出。

一、情系故里，退而不休

韩文斌是保定市满城区八大岭航空国防爱国主义教育基地创始人，现任保定市满城区关工委副主任。

2004年，他从中国人民解放军空军北京航空博物馆馆长岗位上退休后，被安置在河南省郑州市干休所休养。但他不甘心退休后的悠闲生活，想继续发挥自己熟悉航空知识、对各种飞机拆卸维修十分熟悉的专长优势，于是安顿好老婆孩子，只身一人回到养育自己的家乡——保定市满城区坨南乡杨家庄村，创建了一所航空博物馆，向广大青少年传播航空知识，进行爱国主义教育，以此回馈家乡父老，回馈社会关爱。

二、自力更生，艰苦创业

白手起家，创建航空博物馆谈何容易。

首先，在岩石裸露、杂草丛生的莲花山下，从当地百姓手里租、购了4万多亩荒山坡地，并进行系统规划。首先，依据地形地貌由下而上修筑了一条1.5公里长的水泥路，并打深水井一眼。然后，将整个坡面规划成三块：第一块为飞机展区；第二块为接待区；第三块为生活区。

历经 10 多年的艰苦拼搏，已建成占地 70 多亩的飞机露天展区一座，共展出 5 种类型的飞机 10 多架；并建成占地 500 平方米的封闭展厅，内部展品有飞机弹射座、机载雷达、飞机记录仪、航空炸弹、航空通信器材、航空照相机、飞机发动机、37 高炮、各种飞机模型等 300 多件套武器装备，其中有些系国家珍贵文物，世界航空珍品。还有 5D 和 9D 影室各一个、拓展训练场、长短枪激光打靶、空气动力学和液压系统试验台、飞行体验馆等。用大量真实、鲜活的实物向广大青少年传播航空知识，进行爱国主义教育。同时还依据地形建成了一条 3 公里长的"重走长征路微缩景点"，内有险滩、河流、野炊、宿营等，专供广大青少年体验红军长征时的艰苦岁月。从第一展区向上攀登依次到达接待区和生活区，供游人食宿。

韩文斌向河北省关工委常务副主任刘健生
汇报爱国主义教育基地建设情况

如此规模的八大岭航空博物馆，全是韩文斌倾注自己多年积蓄和带领团队外出到机场站维修、拆运飞机劳务所得，日积月累、自力更生、滚动发展起来的，从未向国家伸手要过一分钱。

三、成就卓著，享誉四方

韩文斌 10 多年来自力更生、艰苦创业的事迹，引起各级领导的高度重视，八大岭航空博物馆曾先后被河北省政府、河北省军区联合命名为第二批省级国防教育基地，被省军区定为保定军队离退休干部服务管理中心，被保定市关工委挂牌定名为保定市青少年爱国主义教育基地，被满城区政府、区关工委命名为满城区青少年爱国主义教育基地、满城区青少年爱国主义教育中心；韩文斌也曾先后荣获最美满城人、保定好人、河北省十佳正能量网络人物、河北省"365百姓故事会"宣讲人等荣誉称号。

韩文斌的创业历程和锲而不舍的奋斗精神享誉四方，闻名遐迩。因此，不仅各级领导重视，还在广大群众中赢得广泛赞誉。因此，前来参观接受教育的青少年络绎不绝。近年来，基地开展青少年爱国主义教育活动50多批次，累计达3万多人；慕名参观的群众和青少年也有6万多人，真正成为爱国主义教育基地，韩文斌初衷和心愿正在一步步变为现实。

四、绿化荒山，造福子孙

保定市满城区八大岭航空国防爱国主义教育基地在初具规模的基础上，韩文斌又带领他的团队以塞罕坝人为榜样，发扬愚公移山精神，牢记和遵循习近平总书记"绿水青山就是金山银山"的教导，克服种种困难，战天斗地，向岩石裸露的荒山进军，无论酷暑还是严寒从未松懈。山上土层薄、石头多，他们就放炮崩坑，从山下运土到山上，填坑栽树。同时还规划出100亩山面做青年林，专供青少年义务植树，并矗立大型石碑一座，上刻"关心下一代 共筑蓝天梦"。为了提高幼树成活率，架设管道引水上山，定期浇灌，并制定护林责任制，明确重点、划片管理。经过10多年的不懈努力，共栽植各种树木30余万棵，使万亩荒山披上了绿装。目前，栽植的桃、李、柿、枣等各种果树，已开花结果，秋季硕果累累，喜迎四方游客。

已近古稀的韩文斌依旧"退伍不褪色"，夜以继日地追逐自己的梦想，他曾豪迈地说："传播航空知识，开展爱国主义教育是我一生的梦想，只要还能走动，就会在这条道路上，勇往直前，永不退缩。"

老有所为　乐在其中

——记安国市关工委名誉主任刘云芳

刘云芳，女，汉族，中共党员，1932 年 1 月出生，1946 年 2 月参加工作，1949 年 10 月参加中国共产党，自 1987 年由安国人大副主任岗位离休后，任安国关工委常务副主任至 2016 年 3 月，现任安国市关工委名誉主任。刘云芳多次受省委、省政府的表彰，1995 年 11 月获省委、省政府"河北省关心下一代先进个人"荣誉称号；1999 年 9 月，荣获省委、省政府"离退休干部老有所为先进个人"荣誉称号；2008 年 5 月，获省委、省政府"河北省家庭教育先进个人"荣誉称号；2009 年 8 月，荣获省委、省政府"关心下一代突出贡献奖"；2010 年，荣获"全国关心下一代先进工作者"荣誉称号。

一、加强关工委组织建设

离休后，她担任安国关工委常务副主任的 20 多年里，勤勤恳恳，始终如一，积极主动争取县（市）委主要领导重视，在老干部局的关怀支持下，带领一大批老同志开展关心下一代活动，工作做得有声有色。刘云芳高度重视关心下一代工作，清醒认识到要做好关心下一代工作必须做到机构健全、制度完善、人员落实。多次召开座谈会议研究部署关心下一代工作，不断健全和充实关心下一代工作组织。截止到目前，全市 11 个乡镇、5 个基层社区全部按照市关工委的"四有"要求完善了关心下一代组织建设，下设办公室负责日常工作。全市 78 所小学、9 所中学、28 所幼儿园成立了关工委组织，全市形成了健全的关心下一代工作网络。她还协调教育局关工委，将有能力、热心关心下一代工作的 50 多名在职教师聘到宣讲团队伍中来，充实了基层关工委的工作力量。

在财力十分困难的情况下，她多次到财政局申请专项资金，将关工委办公经费列入财政预算，解决了关工委开展各项活动所需经费，落实了办公地点和专职人员，做到了人员、经费、场地"三落实"，为做好关心下一代工作提供了可靠的保证。为使关心下一代工作有序运行，每年年初都定期召开关心下一代工作座谈会，对过去一年的工作进行总结并对下一年的工作进行安排部署。每月至少召开一次主任办公会，安排布置工作，不定期召开经验交流会，下乡调研，介绍典型经验，推动整体工作开展。她担任安国关工委常务副主任以来，尤其注意有关关心下一代方面知识的学习，认真学习中央、省、市关工委的重要文件和会议精神，阅读《中国火炬》杂志，写读书笔记。为全面了解全市青少年的思想状况、生活和学习情况，掌握第一手材料，她经常深入学校、机关、基层，深入到家长和青少年中间开展座谈和调研，并主动与教育局、妇联、共青团等相关部门人员座谈，共同探讨有关未成年人健康成长的新问题，不断积累和总结新形势下开展好关心下一代工作的新举措和新办法。通过不断地学习和深入地调研，进一步增强了做好关心下一代工作的责任感和使命感，为有效开展好关心下一代工作打下了较好的基础。

二、立足学校、社区和家庭，广泛围、多途径开展关心下一代工作

结合青少年特点，她广泛组织开展青少年喜闻乐见、健康向上、富于情趣的各类活动，努力营造青少年健康成长的良好社会氛围，打造学校、社区、家庭三位一体的工作格局。

1. 开展关心下一代工作进社区活动，丰富青少年假期生活，拓展青少年第二课堂。刘云芳把关心下一代工作进社区列入工作重要议事日程，明确工作职责，细化了工作要求，制定了规章制度，并逐步形成严格按制度办事的良好工作机制，宣传、辅导、帮教、助学、网吧监督等各项工作得到了有序开展。组织网吧义务监督员，坚持每周对辖区所有网吧进行监督检查。社区关工委每月最少召开一次例会，学习有关政策，研读《中国火炬》等相关书籍，认真研究青少年的思想状况和成长规律，开展贴近实际、贴近生活、贴近未成年人的思想道德教育活动，把社区真正办成关爱青少年的文明社区。

2. 增强青少年的法律意识，为青少年的健康成长搭建平台。为进一步加强青少年思想道德建设，帮助广大青少年树立正确的世界观、人生观、价值观，她安排各社区关工委利用假期对青少年进行法制教育。如：桥南社区关工委充分发挥社区假日学校的阵地作用，组织辖区青少年法制教育讲座，为提高青少年的法律意识，预防青少年犯罪发挥了积极作用。

3. 开展以铭记历史为主题的传统教育活动。她组织利用重大纪念日开展不同形式的纪念活动，对青少年进行革命传统和爱国主义教育。如：组织中小学生参观爱国主义教育基地；邀请参加过解放战争的老战士为社区青少年讲述中国革命史；举办纪念抗日战争胜利70周年传统教育等活动。利用重大节日对青少年进行教育。每年以重大节日为时间节点，组织各种活动适时对青少年进行教育。如：抗日战争胜利纪念日，她和报告团成员们一起下乡为青少年作报告。贯彻落实习近平总书记为庆祝全国关工委成立25周年作出的重要指示，聘请保定市报告团王鹿鸣、邵兰波、臧凤华来安国市作报告6场，听众达到3万多人。规模小的学校由本市报告团担任，使90%以上的高、初中生受到了教育。为了保存资料以利于开展工作，她自费买了照相机、录音机和摄像机，把一些重要活动拍下来录下来，一方面向新闻媒体提供资料，进行宣传报道；另一方面将音像资料整理后印发给基层报告员，对大家讲课大有帮助。如张俊萍老师在市内家长学校一连作了5场报告，很受学校家长的欢迎。她就把张俊萍老师的录音和讲话对照整理出来，发给全市各家长学校讲课教师做参考。

刘云芳在门东学区作革命传统和爱国主义教育报告

4. 心系贫困生。在下乡作报告时了解到有的学生因天灾人祸特别困难，她就联合几个老同志去募捐，1998年向社会募捐14800元，解决了 50 多名特困生的学习费用，帮助他们顺利完成学业。在育新学校调研时了解到学生袁庆和的母亲有病，母子俩没有任何收入只靠亲戚帮助生活，她就每年资助袁庆和 200 元供到他上了初中。2001 年 8 月初，听到大户村李静同学高考考了 600 分，因母亲有病家中困难上不起大学，第二天叫了两名老同志去大户村了解了情况后，她协调了 2000 元送到李静家，帮助她渡过难关。两年来，她协调组织安国市商会中小企业家联盟、金木慈善基金、安国市爱心志愿者协会等组织，每年筹措资金十几万元，对二十几名贫困优秀大学生进行资助。安国中学 2013 届高中毕业生斐梦柳高考 567 分，因家庭原因，上大学困难，刘云芳主动联系，核实情况后送去慰问金 2000 元。安国中学高考生王勋，高考成绩 604 分，被西安电子科技大学录取，由于父亲在高考前一个月突发事故去世，大姐在河北工业大学读研，二姐在河北工业大学读大三，母亲体弱多病，一个人无力供养三个大学生，王勋由于学费问题面临着无法上学的局面。她不顾自己年老体弱，亲自到王勋家中进行慰问，协调保定私营企业老总王双女士，带去 1 万元慰问金对王勋进行了资助。此外，协调关家园酒厂出资 2000 元对八五村贫困高考生张环宇进行救助；积极协调安国市前进无纺布出资 5000 元对两名品学兼优的初中生进行救助。

三、多渠道办好家长学校，提高家长素质，为青少年成长创造良好的家庭环境

1. 加强调研、检查指导。她经常深入各学校调研、检查、指导工作，从中发现典型，进行推广，总结经验；协调有关部门对调研过程中发现的问题进行解决，促进家长学校不断完善。教育部门把家长学校工作列入教育整体评估的标准之一，明确了责任，推动了家长学校的平衡开展。

2. 抓师资，提高家长学校的教学效果。家长学校是否受到家长欢迎，能否持续深入地开展下去，关键在于教学质量，使家长通过学习真正有所收获、有所提高。为此，安国市关工委聘请了一批有丰富实践经验，有一定教育理论水平，热心家庭教育的五老人员组成安国市关工委家长学校讲师团，帮助家长认识全面实施素质教育的重要性，全面关心子女的成长；帮助家长掌握科学教育子女的方法，提高家教艺术。讲师团成立以来，先后接受 30 多所学校的邀请，作了 50 多场专题讲座，听

课的家长共计 3 万多人次。讲师团的同志讲课注意理论联系实际，用正、反两方面的典型事例阐明观点，有针对性，有说服力，很受家长们的欢迎。

3. 抓典型，推进家长学校整体提高。在家长学校普遍建立的基础上，为使家长学校办得更加生动、灵活、有效，工作中，她采取了深入实际抓典型，以点带面，用典型推动全局工作开展的方法。及时总结几所有代表性的家长学校的经验，通过召开现场经验交流会的方式加以推广，使家长学校工作开展得有声有色。在办学模式上，她抓了伍仁桥家长学校村、校联办的经验，许多家长主动为学校办好事、办实事。他们捐资 27 万余元为学校建起了高标准的微机室，修建了高标准幼儿园和校前公路。学校在村民的支持下，教师工作热情高涨，教学质量在全市评估中名列前茅，尊师重教蔚然成风。在办学形式上，她推广了实验中学家长学校集中和分散相结合的办法。实验中学根据初中学生居住分散的特点，在授课时采取请上来和走下去相结合的办法：每学年大集中一次，其余时间都由家长委员会的代表分班组织授课，这种形式既保证了出席人数，又取得了很好的教学效果。在教学方法上，她推广了育红学校课堂教学与学生和家长互动相结合的做法，改变了单一课堂教学形式，走出课堂，举办丰富多彩的活动。在教学内容上，她推广了育新小学家长学校分年龄段施教的做法，针对不同年龄段学生的生理和心理特点，分年级对家长集中授课，精心选择家庭教育专家的讲座光盘，利用多媒体现代信息技术对家长进行培训指导，还根据学生家长的实际情况编写讲稿以及请家长撰写家教经验和总结作为家长学校的辅助教材；并邀请学生家长参加学校升旗仪式，让家长有看的、有听的、有说的、有做的，使家长学校越办越兴旺。她对这些新典型、新经验进行了有针对性的推广，通过不同角度、不同侧面的典型经验推动家长学校不断完善提高。

作为一名老党员，刘云芳在离休之后，30 年来继续发挥着余热，依旧关注国家大事并积极参加市里组织的各项活动，始终保持着一名党员的先进性与积极性，她常说的一句话就是："离休不退志，离休不褪色。趁着自己身体健康，为党和国家多做点事。"

人老心未老　余热更生辉

——记高碑店市关工委常务副主任白可进

白可进，1932 年出生，原新城县人民政府县长，现为高碑店市关工委常务副主任、老年协会会长。他虽年逾古稀，但精神矍铄，工作中积极协调有关部门为高碑店市关工委工作的顺利开展竭心尽力，不辞劳苦。几年来，高碑店市关工委在白可进的带领下，得到了长足发展，受到高碑店市委、市政府和上级关工委的充分肯定。2003 年，白可进被河北省委、省政府评为老有所为先进个人；2008 年 6 月，被保定市委、市政府评为全市老干部先进个人；2015 年，被河北省委、省政府评为优秀离退休干部党员；2015 年 8 月，被中国关工委评为全国关心下一代工作先进个人。

白可进说："担任关工委主任之前，尽管有长期的基层工作经验，但我深知，这项工作不同于以往的工作性质，往大里说，关系到我们国家和民族的兴衰；往小里说，涉及到后辈的成长发展。既然党把这么重要的工作交给我，作为一名老党员，我有责任、有义务尽心竭力地去干好它。"带着这样的信念和追求，带着市领导的重托，白可进全身心地投入到关心下一代的工作中。

一、健全基层组织网络，加强五老队伍建设

为有利于关工委工作开展，白可进上任后积极向市委建议，及时调整了市关工委组成人员，并成立了关工委宣讲团，吸收教育、科技、文化、法制等单位的离退休老干部为宣讲团成员。目前宣讲团由团长 1 人、副团长 3 人、顾问 2 人、成员 12 人组成，队伍的整体素质和宣讲水平得到了全面提升，为深入搞好宣讲工作、加强青少年思想道德教育工作奠定了良好的基础。同时，建立五老义务网吧监督员队伍，定期到网吧巡查，遇到未成年人，及时批评教育，净化青少年成长环境，维护校园周边的安定。为方便工作的开展，关工委联合文广新局为老同志志愿者颁发《五老证》。截至目前，共发展新五老成员 278 人，五老队伍

的壮大，夯实了关心下一代工作的基础。

在机构组建中，白可进特别注重各级关工委领导班子建设，注意选拔那些身体好、有威信、有能力、有奉献精神的五老组成工作队伍，并以他们为核心，按照"及时完善、成员规范、代表性广、结构合理"的原则，进一步完善了各级关工委组织，做到了基层关工委班子建设顺应改革，与时俱进。

健全各级关工委组织是开展关心下一代工作的基本保证。白可进带领高碑店市关工委成员通过认真调研，对基层关工委组织建设提出了明确要求，规定了乡镇、市直各系统党委的关工委设主任1人、副主任2人，主任由乡（镇）、市直党委分管思想政治工作的副书记担任，副主任由一名常住本地的老干部和乡镇总校校长担任，成员由共青团、妇联、派出所、司法等组织的领导和离退休干部组成。以此规格和结构来统一规范关工委的组成人员，包括农村、社区、居委会、乡镇总校、中学以及百人以上的企业、事业单位，使全市上下各级关工委班子逐渐充实起来，遍及全市各个角落。在建立健全基层关工委组织的基础上，大力开展创建"五好"基层关工委活动。为推进活动开展，书写制作了46块"五好"基层关工委组织标准的标识牌发到基层关工委，并开展评比表彰活动。

与此同时，白可进通过多汇报、多请示、多建议、多协调的做法，努力征得市委、市政府和社会各界对关工委工作的支持与帮助。市委领导多次听取工作汇报，只要是关工委请示的工作和汇报的事情，总是放在心里，抓在手上，想尽一切办法予以解决。由于党政主管领导高度重视，进一步加大了关工委的影响和工作力度，全市形成了关心下一代的良好工作氛围。

二、努力建设学习型、创新型关工委，为青少年的健康成长服务

白可进从提高关工委五老队伍的思想认识做起，提出了"政治坚定、思想常新、理想永存"为目标的学习型关工委争先创优活动。坚持定期组织召开关工委主任会议，传达上级文件和重要会议精神，学习马列主义、毛泽东思想、邓小平理论、"三个代表"重要思想、科学发展观和习近平新时代中国特色社会主义思想，积极探讨新时期做好关心下一代工作的方法和措施，使大家深切认识到，建设中国特色社会主

义，实现中华民族的伟大复兴，需要几代人、十几代人甚至几十代人的不懈奋斗。而关心下一代工作就是为实现这一宏伟目标培养合格的建设者和接班人服务的，这是一项永远不衰的伟大事业。他坚持把创先争优活动作为有力抓手，根据创先争优活动内容，研究、讨论、制定工作目标，再根据目标制定计划、明确分工、责任到人，把握关心下一代工作特点，创新活动载体，注重实际成效，激发老同志创先争优的内生动力，使得老同志工作起来特别有精气神，活动开展得有声有色。

为了使老同志有针对性、系统性地学习，白可进多方筹措资金，购买学习资料，加强老同志的理论学习。从 2004 年开始，白可进筹资为老同志订阅了《中国老年报》《老年日报》等报刊 200 余份，辑印关心下一代工作学习资料小册子 500 册；2005 年，筹资 1 万元，购买老年服务手册 2000 本，发给广大离退休老同志；2011 年，为便于学习贯彻纪念中国关工委成立 20 周年暨全国关心下一代工作表彰大会上的领导讲话和会议精神，他又筹资 1 万元，把领导讲话和会议精神辑印成书，分发到基层关工委组织，同时征订《中国火炬》69 册，使老同志们学习有资料，工作起来得心应手，充分调动了大家的工作积极性和主动性，让老同志在保重身体的前提下，老有所学、老有所为、老有所乐，使各项活动得以顺利进行并取得了良好的社会效果。

三、深入调研，开展捐资助学，关注困境学生，为青少年排忧解难

只有掌握全市基层关工组织工作第一手资料，才能为领导科学决策提供依据。为此，白可进带领关工委成员克服各种困难，深入基层调研，足迹遍布全市各个乡镇和多个农村、学校、企业。调研的主题包括关心下一代模范人物、先进事迹，农村读书活动开展情况，农村青年思想道德建设情况，基层关工组织建设情况等。他一边了解实际情况，一边与有关部门沟通，寻求解决办法，调研内容经认真整理，形成材料后向市委、市政府和上级关工委汇报。

白可进通过调研发现，虽然社会普遍重视教育，但由于多种原因，全市面临失学的孩子不在少数。他看在眼里，急在心上，多次与教育部门沟通，建言献策，终于由市委、市政府牵头，成立了高碑店市捐资助学工作委员会。委员会自 2010 年 4 月 30 日成立以来，通过多种形式募集资金，共接收社会各界爱心人士的捐赠 603.11 万元，其中，意向捐款用于学校建设的资金 497 万元，意向捐款用于贫困生救助和优秀教师奖励的资金 84 万元，其他无意向捐款 14.11 万元。捐资助学活动为全市改善办学条件，救助贫困学生和挽救失学儿童发挥了极大作用，收到了很好的社会效果。

高碑店市高中教育一直以来是一个短板，为了能让更多的孩子上高中，上好学校，白可进呕心沥血，广泛呼吁，多方协调，积极扶持民办学校——新城紫泉中学开设高中，2017 年共招收高一学生 8 个班 540 人，在一定程度上缓解了全市高中教育压力。

针对市区双职工家庭存在无法及时接送孩子的实际问题，白可进组织关工委联合社区办，在关心支持青少年工作的爱心人士支持下，于 2011 年 5 月成立了高碑店市四点半学校（学校下午四点半放学后，许多双职工家庭有两个多小时无法管理和照顾孩子，四点半学校填补了这一段时间的空白），该校根据学生家庭经济状况采取有偿、低偿、无偿的收费办法。通过一段时间的实践，收到了良好的效果，在校生已达 400 余人，学生和家长对四点半学校给予了充分肯定。为充分发挥五老作用，加强学生的素质教育，他还计划根据学生特长和爱好，选派书法、音乐、写作等方面的专业五老志愿者参与四点半学校的工作。

为了进一步推进青少年素质教育，丰富青少年的课外生活，白可进组织青少年开展了丰富多彩的文体活动。2010 年 10 月 26 日，经过 5 个月的准备，关工委举办了高碑店市中小学生书画展，活动共收到全市中小学生书法、绘画作品 300 余件，作文 280 篇，由关工委老专家和教育系统优秀教师组成评审小组，按高中组、初中组、小学组分别进行评选，共评出一等奖 27 名、二等奖 39 名、三等奖 59 名、优秀奖 131 名，作品编辑成册，分发到关工委全体成员及各参赛学生中，以点带面，收到了良好效果。2011 年，他又带领关工委协调有关部门，组织举办高碑店市中小学生"三小"（小发明、小创造、小制作）比赛活动，征集科幻画、科技小论文、小制作、小发明、科学动漫等作品共 168 件。活动的开展为多才多艺的青少年提供了施展空间的舞台，极大地调动了大家参加的热情。这些获奖作品紧紧围绕素质教育这一主题，抒发了广大青少年热爱祖国、热爱人民、热爱劳动的崇高品质和积极向上、锐意进取的精神。

四、辑印书籍，弘扬社会主义核心价值观

为在广大青少年中普及和树立社会主义核心价值观，加强精神文明建设，把雷锋精神贯穿到学习、工作中去，做雷锋传人，倡导文明新风，白可进牵头，高碑店市关工委、市委宣传部、市教育局、团市委联合举办"学习雷锋好榜样"有奖征文活动。比赛组委会对参赛作品进行评比，评出各类奖项。获奖作品由组委会编辑出版《高碑店市"学习雷锋好榜样"优秀征文作品集》。

2013 年，在市委、市政府的支持下，白可进带领高碑店市关工委老同志们，组织编写了《高碑店文化集萃》丛书。凭借他的号召力，吸引召集以离退人员为主、在职人员为辅的多名英才，以抢救家乡历史文化遗产的使命感和责任感，不顾挖掘整理工作的重重困难，不顾年事已高、车马劳顿、披星戴月、不计报酬地投入工作。丛书共分六部，涉及高碑店文物古迹、名人名家、音乐戏曲、武术、特产豆腐丝、老街旧事等，共计 100 多万字，图文并茂，自然流畅，全面展示了高碑店灿烂辉煌的历史文化，为高碑店市文化建设增添了浓重的一笔。2017 年该丛书又再版 4000 套，新任市委书记、市长为该书撰写了序言。为助力保定市首届旅发大会，广泛宣传高碑店，又向参会的嘉宾赠送近千套丛书。

近年来，白可进组织编写辑印各类书籍达 21 本（套），他还计划出版《高碑店文化集萃》丛书的后六部。从《今天我们如何尽孝》到《百善孝为先》，再到《新二十四孝》，从《燕南名士杨化普》到《高碑店文化集萃》，这一本本没有任何报酬的图书，饱含了以白可进为代表的一批关工委老同志的心血。"不图名、不图利，图的就是把高碑店的文化遗产挖掘出来，传承下去，给后代一个交代。"白可进是这样说的，也是这样做的。

白可进组织编写的《家风》
《今天我们如何尽孝》等

多年来，白可进对高碑店市关心下一代工作始终饱含着激情，无私地奉献着光和热。他说："为了关爱青少年的成长，即使苦点、累点都无所谓，也有人不理解，但我觉得，为党和人民能做点事，值得！"

莫道桑榆晚　为霞尚满天

——记涞水县关工委常务副主任夏景源

夏景源，1955年参加工作，曾任涞水中学教师，涞水县教育局教研室副主任、主任等职，1983年担任涞水县人民政府副县长，1984年加入中国共产党。1999年退休后，担任涞水县关工委常务副主任等多个社会职务，为关心和教育下一代做了大量工作，取得了显著成效。2009年8月，被省委、省政府授予"河北省关心下一代工作先进个人"荣誉称号；2014年11月，被中共中央组织部授予"全国离退休干部先进个人"荣誉称号。

一、积极筹建和推进家长学校工作

一是筹建家长学校。夏景源居住在府前街社区，经常看到一些年轻父母在教育孩子的问题上很苦恼，不知道该怎样教育。于是，他在一无资金，二无场地，三无教师的情况下，找到相关部门和领导协调解决了30套桌椅板凳和活动场地；从退休干部和教师中物色校长、教导主任和教师；他自己还主动任教，主讲了"教育孩子莫唠叨""数子十过，不如奖子一长"等。一位老奶奶听课后说："这课讲得太好了，下次讲课，一定得让儿媳妇来听听。"

二是创办广播电视家长学校。为了让那些无暇顾及孩子的家长在茶余饭后学到教育孩子的方法，2007年7月，涞水县广播电视家长学校正式开播。夏景源多次登门拜访40余名有着丰富教学经验的老同志，邀请他们担任教师，他们共同研究，一起编写教案，集中试讲，反复修改，最后再进行录像。他还多方筹集资金，把讲课内容刻录成光盘免费发放到全县39所家长学校。

三是编印《家教荟萃》等书。为了让家长能够随时学习教育孩子的方法，夏景源把自己20多年来积累的有关家教方面的资料，进行归纳整理，编辑成《家教荟萃》。全书共140篇，约13万字，印刷5000册，免费发放到全县中小学和社区的家长学校。同时，他还将自己多年来从报刊上积累的有关儿童健康的知识，汇集成《儿童健康指南》，约14万字，印刷了2000册，免费赠送给家长。

二、积极参与和推进涞水优秀历史文化的弘扬

一是组织开展"英雄模范进校园"活动。涞水是革命老区，有许多可歌可泣的英雄模范人物。为了充分利用这一宝贵的文化教育资源，弘扬英模精神，培养出更多更好的"四有"新人，2008年7月，夏景源在全县中小学组织开展了"英雄模范进校园"活动，请离退休老党员讲述革命英烈的壮烈，请老教师讲孝亲敬老的传统美德，请保定市"十大道德模范"讲自己救落水儿童的感人事迹。累计报告80余场，全县6万余学生受到教育。2009年，他还策划、辑印了《边关将军万宗林》的小册子，刻录了光盘，发到各学校，对青少年进行热爱祖国、热爱家乡的教育。

二是积极筹建祖冲之书画院。祖冲之原籍涞水，为了弘扬祖冲之精神，祖冲之的后人们提出了建立祖冲之书画院的设想。夏景源主动参与，积极协调老干部局、文教局、民政局等部门，解决了所需资金、场地和手续问题。2006年，祖冲之书画院正式成立，夏景源兼任名誉院长。2008年，在他的精心策划下出版了《首建祖冲之纪念碑廊书法作品集》。

三是精心组织出版《涞水精英传》。为了进一步挖掘和利用涞水独特的教育资源，他把涞水古今精英人物的事迹汇集成一本书，定名为《涞水精英传》，有针对性地对青少年进行教育。同时，把这本书作为

涞水县关工委向涞水北关小学
赠送《边关将军万宗林》一书

礼品书赠送给在外地工作的涞水人或到涞水工作、学习的外地人,让更多的人了解涞水,热爱涞水,建设涞水,发展涞水,提高涞水在全国乃至全世界的知名度。《涞水精英传》的编写历时三年,于 2012 年 11 月正式出版。本书共编入了 50 位为涞水作出贡献的古今名人志士和 4 个精英群体。书本免费发放给全县各中小学及乡(镇)、村(社区)基层关工委,受到了社会各界的广泛好评。

三、积极参与和推进社会公益活动

一是关注老年群体。2000 年,夏景源发现县老年合唱团没有伴奏器材,就主动协调有关部门,为老年合唱团购买了电子琴。他把老年合唱团历次的演唱资料进行整理,撰写解说词,请县电视台录音,刻录成光盘,拍成电视专题片,让大家留存回味;还把多年来积累的中老年健康方面的知识进行整理,定名为《中老年健康小常识》,计 13 万字,筹集印书款 1 万多元,印 4000 册,免费发放给离退休老年朋友。

二是关心贫困儿童。2008 年,夏景源得知全县有 400 多名儿童因家庭经济困难面临辍学,便主动向县委分管领导汇报,并协调妇联、文教局、团县委等部门联合发出救助贫困学生的倡议,筹措救助资金。他还通过关系,找到省群艺馆主办的《群星文艺综刊》主编,刊载了《致全社会爱心人士的一封信》,开办了"爱心桥"栏目,动员社会各界奉献爱心。先后共筹集救助款近 10 万元,全县 452 名贫困学生及时得到了救助。

三是关爱留守儿童。2012 年,夏景源得知大量的留守儿童聚集在学校周边的"小饭桌""学生公寓",他首先想到,一旦出现食品、消防安全等问题,如果解决不好,势必造成严重后果。针对这些问题,他组织相关人员进行调查,及时向县委、县政府报告,引起县委、县政府领导的高度重视,很快县委、县政府就召开协调会议,对学生"小饭桌"等问题进行专题研究,规范了"小饭桌"和"学生公寓"的运行机制,加强了职能监管,解除了家长的后顾之忧。

夏景源退休以后在县委、县政府等有关领导和部门的支持下,先后编写了《碧血丹心》《国医大师贺普仁》《弟子规》《岁月留痕》等书,为教育青少年储备了精神食粮,也为中老年同志提供了健身防病知识,为涞水的精神文明建设作出了重要贡献。

"莫道桑榆晚,为霞尚满天。"作为一名退休干部,一名共产党员,夏景源经常说的一句话就是："退休后能够为社会尽自己的一点责任，这使我的生活更加充裕，更有乐趣，对自己、对他人、对社会，都是一件好事。"朴实的话语体现着一位优秀共产党员的社会主义核心价值观念。

用爱，在孩子们心中播种希望

——记涞水县关工委常务副主任车志忠

从 1987 年种下第一颗希望的种子开始，他就再也没有停下种植希望的脚步。27 年里，从贫困学生到孤、残、病、留守儿童、服刑人员子女，从希望工程到关心下一代事业，他筹集款物价值 484 万元，救助对象达到了 1303 人，建成希望小学 6 所。他的付出，为求学若渴的贫困学子带来希望，让重病缠身的儿童重获健康，让成百上千的家庭抚平因为"贫病"带来的无奈与苦痛。他，就是年已八旬的车志忠。

一、他用爱给孩子的前程播种希望

2014 年 8 月的一天，车志忠正和老伴唠嗑，一阵门铃声打断了他们的话题。老伴蒋鹤君开门一看，一个中年妇女带着一个小男孩站在了门口。紧张的中年妇女一下子开不了口，但蒋鹤君一看就读懂了她的来意，热情地把他们两个请到了屋里。中年妇女叫龙微微，是走马驿镇蒲头村人，小男孩叫张鹏，是她的儿子，上小学四年级，因为贫困面临辍学，来车老师家里是想求助。车志忠在笔记本上逐字逐句的记录着，随后他说："我尽最大努力，帮助你们让孩子完成学业。"这已经是他资助的第 1303 人。

车志忠老家在北京，1959 年北京师范学院毕业后分配到涞源任教，一干就是 30 年，桃李满天下，所以人们叫他车老师。1986 年他担任了县政协副主席，主要负责涞源的旅游工作，一干又是 12 年，人们也叫他车主席。

1987 年 10 月 4 日，他去东团堡乡横岭子考察旅游资源，那里美丽的风景让他一饱眼福。但这里桦树皮做顶，四面透风，白天做教室、晚上做羊圈的桃木疙瘩小学和衣衫褴褛，踩着露着脚丫布鞋的 13 个学生更让他震惊。穷孩子、土台子、渴望的双眼、琅琅的读书声。那情景，彻底刺痛了他的心。他含泪承诺：我会供你们读完小学，再读中学和大学。你们一定要好好学习！

回家后，他收拾了 20 多件衣服，先送给孩子们过冬用。第二年春天，他收到了张胜利写来的信："车伯伯，您家里今年打的粮食够吃了吗？俺爹穷，不让我们念书了，可我还想念书，将来像您一样做一个对国家有用的人。"看到这封信，桃木疙瘩那 13 双透着天真和渴望的眼睛不断在他眼前闪现。那个晚上，车志忠彻夜难眠。多么可怜的孩子！涞源还有多少个像这样的孩子，像这样的学校？我应该做些什么？他翻身起床，写下了今生最重要的一封信，如实叙述了桃木疙瘩村孩子们的真实情况，写明了自己的意见和建议，寄到了河北省政协和团中央。1989年 4 月，中国青基会来到了桃木疙瘩展开调研。同年 10 月 17 日，张胜利等 13 名孩子穿上了新衣服，背上了新书包，双手接过了希望工程首批《资助就读证》，资助决定和第一份资助物品清单，写在了中青金字第 01 号［1989］文件上。20 世纪最伟大的慈善工程从此奠基。

二、他用爱给病残儿童的生命播种希望

樊彦云生在东团堡乡卸甲沟村，患有先天性心脏病，由于家里穷，一直没钱医治。随着年龄增长，他的病情越来越重，随时面临生命危险，全家在痛苦和恐惧中度日如年。2002 年，车志忠知道此事后，承诺一定会想办法医治好孩子的病。2005 年，也就是樊彦云 14 岁那年，车志忠接受了河北医科大学第一医院的邀请，成为该院的爱心形象大使。他当时就和院方介绍了樊彦云的情况，院方免费为他实施了手术。2012 年，医院再次为孩子免费实施了二次手术，樊彦云彻底摆脱了病痛的折磨。车志忠再见到孩子，樊彦云已经读高二了，1.82 米的大个子，学习也很不错。车志忠开心地说，你健康就好，我总算兑现了 10年的承诺。10 年来，车志忠总计救助先心病孩子并成功手术 122 例。

1998 年 7 月的一天，涞源火车站发现一名弃婴。后来，上庄乡终生未娶的刘立根收留了这个孩子，取名刘小苗，但不幸的是 7 个月后，刘立根病逝，小苗又成了孤儿。车志忠了解到孩子的遭遇后，很是同情，当即做了刘小苗的监护人，把孩子接到了县城，资助她读书求学。小苗在车志忠的资助下，2009 年考入石家庄外国语翻译大学英语护理专业，顺利完成了学业，走上了工作岗位。

近年来，车志忠还无私地帮助留守儿童。据统计，他先后救助了重病缠身的孩子 141 人，挽救了他们鲜活的生命；救助了 58 名无依无靠的孤儿，让他们体会到了社会的温暖；资助 29 名留守儿童，让他们衣

车志忠送先心病人到河北医大一院做第三次手术

食无忧。正如他所说，生命的意义就是最大限度地去爱去奉献。

三、他的付出只为爱在希望中闪光

　　1999 年初，上庄乡黄郊村抗日老战士张连的孙女张春玲突然失明，在天津查出是脑瘤，急需 4 万元的手术费。一个贫困家庭拿出 4 万元谈何容易。车志忠得知此事后，自己先捐出 5000 元。之后，他长途跋涉到了天津，在陌生的城市里，开始东家出，西家进，为张春玲游说募捐。他先后走了 11 家单位，凑足了手术费，张春玲顺利实施了手术。这是车志忠第一次向素不相识的人伸手要钱。他说，我怕人家说我是骗子拒绝我，怕让孩子失望，但是我相信人间处处有真情，世上还是好人多。后来他这样总结：心诚、嘴甜、腿勤、脸厚，是募捐的"八字诀"。敢为孩子当乞丐，不为自己谋一分。如今，张春玲已经大学毕业，现在涞源二中任教。

　　2003 年 11 月，涞源县曲村患有先心病的张文强在父亲的陪同下找到了在保定住院的车志忠。此时正是车志忠做完前列腺手术的第二天。车志忠当即拿出 1000 元钱，介绍父子二人去石家庄做进一步检查。手术后的第三天，车志忠不顾医生的劝阻，坐上公交车从保定也赶到了石家庄，为孩子治病拉赞助、搞募捐，募集了 2 万元，帮助小文强完成了手术。然而自己由于伤口感染又在石家庄住进了医院。

　　对于一个年过半百的老人来说，应该是到了颐养天年的时候了。然而从 1987 年开始，退休后的车志忠反而更忙碌了，他担任了涞水县关工委常务副主任。27 年中他先后外出 480 多次，光自己捐款累计就达到了 24.6 万元。为了让困境中的人看到希望，让痛苦中的人得到快乐，他不图名利，不畏艰辛。因为他坚信有爱就有希望！心若在，梦就在！

四、他的收获只为爱在希望中传递

车志忠出生于贫困家庭，父母的教育让他从小就养成了乐善好施的思想观念。所以从他一开始救助青少年，母亲一直是他的"秘书"，帮他整理资料；老伴一直是他的后盾，每次出门为他提供差旅费；就连女儿女婿开的饭店都成了他接待的"定点场所"，媒体称它为"希望之家"。

车志忠的善行义举不仅影响了家人，也影响了受助人、朋友和社会上的许多人。更值得欣慰的是，他资助的孩子大部分都长大、成人、成才。张胜利当上了乡中心学校副校长，吕成山当上了森林公安局副局长，刘小苗当上了护士，张文强上了大学，等等。当老师，他桃李满天下；做关心下一代工作，他把爱的能量无限放大。

胸怀下一代
无私奉献　无怨无悔

——记蠡县关工委常务副主任宋永义

宋永义自 2009 年以来一直担任蠡县关工委常务副主任，多年来他胸怀关心下一代事业之心，恪尽职守，兢兢业业，无怨无悔，为全县关工委工作作出了突出贡献。

一、多方协调创办家长学校

宋永义退休后，在长期与广大家长接触中深深体会到，家庭教育对孩子们健康成长有着不可估量的重要作用。而家庭教育的关键是提高家长素质。经过反复研读《中共中央国务院关于进一步加强和改进未成年人思想道德建设的若干意见》等相关文件，积极主动与学校、家庭多方协调，为创办高质量的家长学校奔走呼吁，赢得了县委、县政府领导的支持及社会各界的广泛关注。

家长学校创建之初，宋永义作为关工委常务副主任，切实履职尽责，走遍全县 227 所小学，做家访上千次。为促进家长学校办出成效，他主动联系县妇联、团县委、教育局等单位，多次研究，制定方案，解决存在的实际问题，形成全面协调联动的工作格局，最终全县每所小学都办起了家长学校。

为保证家长学校的良性运转，他亲自组建教师队伍，选择阅历深、有经验、善长做思想政治工作的离退休老干部，动员他们积极参加到关心下一代的工作中，吸纳五老人员来壮大家长学校的师资队伍，迄今为止，已经有 200 多名老干部担任家长学校教师或辅导员。另外，为使家长学校办出特色，办出水平，他多次带领学校骨干到北京等地进行参观学习，还聘请专家来蠡县讲课，面对面、手把手地进行指导，很大程度上提高了全县家长学校的教学水平。蠡县创办的家长学校也迅速成为全市学习的榜样。

二、带五老监督队伍，优化青少年成长环境

宋永义还兼任着全县五老监督队伍的指导员一职，为带好这支队伍，他与老同志们不顾年老体弱，冒着严寒酷暑奔走网吧，宣传文明上网，对网络内容进行筛查监督。他还带领这支监督队伍在中小学校门口的小商品摊点、超市、商场等场所对少年儿童食品用品安全进行监督，一旦发现问题立即向有关部门反映。近几年来，他们共举报影响少年儿童健康成长食品用品安全案件 34 起，有效打击了不法商贩，优化了少年儿童的食品用品安全环境。他还主动组织有法律知识的老同志担任社区监督员，得到县司法部门的肯定和称赞。前几年，宋永义发现在农村"法轮功"分子及一些封建迷信活动有所抬头，为了保证孩子们的健康成长，不受不良思想毒害，他动员居住在村里的五老志愿者在学校周围进行监督，开展禁止并铲除在学校门口的墙体、电线杆上张贴不法反宣品的活动，有效地净化了校园周边的思想文化宣传环境。"只要有不利于青少年成长的事情，我们都要去管。"这是宋永义常常挂在嘴边上的一句话。

三、深入调查研究，定位关注特殊儿童群体

由于多年来从事关工委工作，宋永义对有关少年儿童的话题十分敏锐，当社会上有些人给某些孩子冠以"官二代""富二代"称谓时，他就提出了反对的声音。他说："这是不负社会责任的称呼，不利于孩子的健康成长，这些孩子和其他孩子没有什么区别，他们同样是祖国的花朵，不要给这些孩子造成心理阴影或是特殊'光环'。"于是他在多个宣传场合及报刊媒体发表自己对此类问题的看法，为这些孩子的健康成长宣传呼吁。

特殊困难家庭孩子的成长一直是关工委关注的重点。为了让家庭环境不影响到孩子的学习和成长，宋永义倡导全县的五老志愿者开展"一助一"活动，每名老同志资助一名贫困孩子。至今，全县已有 106 对结对帮扶。

宋永义还把关注的目光对准了农村留守儿童，聚集这些孩子的心理健康。经过广泛深入的调研发现：由于这些孩子长期与父母分离，他们有不同程度的缺乏安全感现象。为此，他一方面在全县范围内招募儿童心理咨询师，组成志愿者小组，由他带队，到农村留守儿童较多的乡镇

宋永义和孩子们在一起说心里话

进行心理疏导；另一方面，他又积极协调孩子们的父母，希望他们利用暑假把孩子接到自己身边关怀照顾，给予他们父爱母爱，让孩子健康成长。

四、加强自身学习，不断适应青少年教育发展的新需要

宋永义已过古稀之年，但他一直坚持每天学习的好习惯。他常常对关工委的其他老同志说：我们这些老同志虽然有多年的工作经历，但是面对青少年成长环境不断发生变化的新要求，只有不断加强学习，充实自己，掌握党在新时期的各项方针政策，学习做好青少年工作的各种专业技能和技巧，树立解放思想、更新观念、与时俱进的自我要求，才能肩负起关工委工作这一重任。他是这样说的，更是这样做的。他始终怀着对做好关心下一代工作的光荣感、使命感和责任感，全身心地投入到这一神圣的事业当中，为全县的五老做出了表率。

老骥伏枥献余热　红烛生辉耀少年

——记曲阳县关工委顾问刘三奇

　　红烛，燃烧自己在所不惜，照亮他人不遗余力，默默奉献，无私无悔。他，是一支名副其实的"红烛"，静静地燃烧着，奉献着光和热，深深地影响着、感动着一批又一批人。

　　他就是曲阳县人大原副主任、关工委顾问刘三奇，1927 年出生，是曲阳革命、建设、改革事业发展的见证者、参与者、实践者。1990年从县人大副主任岗位离休后，2001 年开始任曲阳县关工委副主任，2016 年转任曲阳县关工委顾问，从事关心下一代事业一干就是 18 年。18 年无私奉献，18 年艰辛努力，18 年忘我工作，他用责任和担当书写了曲阳县关心下一代工作的光辉篇章，赢得了组织和社会的认可，更赢得了广大青少年的由衷爱戴。2016 年，被河北省关工委评为"全省关心下一代工作先进工作者"；2000 年，被保定市委、市政府评为"保定市离退休干部老有所为先进个人"；2003 年，被保定市委、市政府评为"保定市关心下一代工作先进个人"；多次被保定市关工委评为"全市关心下一代工作先进个人"；被曲阳县委、县政府授予"十佳老干部""老为所为先进个人"荣誉称号；多次被曲阳县委、组织部评为"优秀共产党员"。

一、加强学习，与时俱进，坚持用党的理论指导关工委工作

　　刘三奇是全县闻名的学习典范，不管是在战争时期的白色恐怖下，还是在工作时期繁忙之余，从未放弃学习。在他的家里，除简单的家具、简单的陈设，满眼都是各类书籍、报刊、杂志。他珍藏的有线装书、古典著作，也有各类诗词曲赋，当然最多的还是各个历史时期的党的理论和党报党刊。他认为，作为一名共产党员，只有不断加强学习，紧跟形势，与时俱进，才能做到与党中央时刻保持高度一致。从事关工委工作后，他更是加强了对学习的要求。他说："关心下一代工作关系到我们党是否后继有人的问题，作为关工委的工作者，如果不能与时俱

进，时刻用新的知识、新的理论武装自己的头脑，用党的最新理论指导实践，那关心下一代工作就是无源之水无本之木，就偏离了方向。"多年来，他坚持学习马列主义、毛泽东思想、邓小平理论、"三个代表"重要思想和科学发展观。党的十九大后，已是90岁高龄的他，又认真学习了习近平新时代中国特色社会主义思想和党的十九大精神。精力和记忆力不如年轻人，他就反复看、反复读、反复记。别人看一遍，他就看三遍；别人学一天，他就学三天。党的十九大召开以来，关于习近平新时代中国特色社会主义思想和党的十九大精神的笔记和自己的心得、感悟就记了3万余字。现在，"四个全面""五位一体""四个意识""四个自信""两个维护""四个伟大""八个明确""十四条基本方略"等内容他都熟记在心。他还用这些知识、理论和精神创作了20多篇诗词，如《沁园春·贺党的十九大胜利召开》《贺十九大胜利闭幕》《沁园春·领袖颂》《共建一带一路赋》《行香子·乡村新景》《新时代回首忆往事》（三字经）等。他自觉把这些知识、理论用到关工委的工作中，确保曲阳县的关工委工作始终能坚持正确的政治方向。

二、尽心竭力，强基固本，打造关心下一代工作的坚强堡垒

一是抓好五老队伍建设。近年来，随着老一辈五老的逐渐退出，新退休的老同志由于不了解关心下一代工作或其他原因，许多都不愿意加入到关工队伍中来。尤其在当前社会市场经济的冲击下，信念流失，信仰缺失，拜金主义盛行，青少年在这样的环境下生长，传统被丢弃，思想被腐蚀。刘三奇看在眼里，急在心里。针对这一状况，他充分利用人缘好、威望高、善交际的优势，走街串巷，主动上门，与离退休老同志交心谈心，宣传加强和改进未成年人思想道德建设的重要性、必要性和紧迫性，深入分析老同志做好这项工作的"五大优势"，鼓励并动员老同志们按照"就近就地、发挥特长、量力而行"的原则发挥自己的余热。对部分思想上有顾虑，未加入关工队伍的老同志，以"三顾茅庐"的精神积极做好思想动员。在他的极力邀请和感召下，大批老同志纷纷加入到各级关工委组织，壮大了关工委队伍，有力促进了曲阳县关心下一代工作。

二是抓好五老阵地建设。2018年，按照省、市关工委的安排部署，曲阳县关工委把五老阵地建设摆上重要的日程，刘三奇义不容辞地参与进来。他主动与教育局联系，深入到县城、乡村各个学校进行调研，决

定把县城两个单位——燕南小学、青少年活动中心和乡镇一个村——羊平镇北养马村作为第一批五老示范阵地，发挥示范带动作用，逐步推广。曲阳县书画艺术源远流长，人才辈出，他又兼任曲阳县老年书画研究会顾问，他结合曲阳县委抓的"书法进校园"活动，发动曲阳县老年书画研究会会长、县书协主席张乐呆，曲阳县著名书法家牛凤儒、王同军作为三个基地的负责人，为阵地购置了宣纸、毛笔、字贴、墨汁等书画用品，带动了"书法进校园"活动的开展，收到了良好的效果。2019年，在总结三个基地成功经验的基础上，他又与教育局关工委一起，深入调研，决定再建设8—10个五老基地，进一步发挥五老作用，服务好广大青少年。

三、无私奉献，关心关爱，甘做青少年健康成长的人生阶梯

一是开展革命传统教育。曲阳县是革命老区，为了革命胜利作出了巨大的牺牲，发生了很多令人发指的惨案，也诞生了许多革命英雄人物和英雄事迹，每年曲阳县关工委都会利用重大纪念日和形式多样的主题活动对青少年开展革命传统教育。作为曲阳县关工委目前唯一参加过革命战争的宣讲团成员，每次活动刘三奇都会亲自进行宣讲。如每年清明节，曲阳县关工委都会组织中小学生到烈士陵园扫墓，刘三奇会结合曲阳县英雄人物——狼牙山五壮士之一葛振林的事迹进行爱国爱家乡宣讲。在2017年保定市举办的党史国史知识竞赛中，刘三奇对曲阳选拔的高中组永宁中学代表队进行了辅导，结果获得了集体二等奖、个人第一名的好成绩。2018年，曲阳县关工委组织开展"传承红色基因，争做时代新人"主题教育活动，组织部分中学生到西柏坡参观学习，刘三奇结合西柏坡在革命战争中的历史地位和如何传承红色基因、做时代新人进行了革命传统教育；6月至9月，又在全县中小学中开展了"传承红色基因，争做时代新人"征文比赛，共征文60篇，刘三奇亲自把关，每篇都仔细阅读，确定一、二、三等奖，进行了表彰。

二是开展社会主义核心价值观教育。教育引导青少年牢固树立并自觉践行社会主义核心价值观，是关工委加强青少年思想道德建设的核心任务，是落实习近平总书记指示要求的重要体现。党的十九大胜利召开后，刘三奇及时把习近平新时代中国特色社会主义思想和党的十九大精神作为主要内容深入学校、机关进行宣讲。每次宣讲，他都会根据宣讲对象的不同，重新手写宣讲稿。如在中学宣讲时，他主要宣讲了习近平

新时代中国特色社会主义思想和习近平对青少年的殷切希望以及广大青少年如何立足现在担当起民族复兴的大任；在小学宣讲时，他就新时代的提出、意义等进行了解读，并结合自己的人生经历教育学生如何从小做起，传承红色基因，争做时代新人，对孩子们提出了期望。几年来，他不顾酷暑寒冬、年老体弱，深入学校对青少年进行社会主义核心价值观教育70多场，受教育者达7万多人次，许多青少年写过心得、体会。一些大学毕业生见面后还感激地说："至今还清楚记得刘老的谆谆教诲，对我的世界观、价值观、人生观的形成起了重要作用，现在真想再听听。"

曲阳县老干部局、关工委组织的
"传承红色基因，争做时代新人"活动

三是关爱留守儿童。曲阳是个半山区县，素有"六山一水三分田"之称，山区乡镇又占多数，因此，留守儿童现象比较突出。曲阳县关工委也一直把关爱留守儿童放在心上。2016年，曲阳县关工委对全县留守儿童现象进行调研，刘三奇负责两个乡镇。经过深入调研，对留守儿童的形成、特点、心理影响等掌握了第一手材料，他和其他同志进行总结，起草了《关于留守儿童现象的分析及解决建议》。他又和教育局、乡镇等有关部门联系，召开座谈会，对解决留守儿童学习、生活、心理疏导等方面问题拿出了合理化建议。目前，曲阳县教育局按照方案已加以落实。

刘三奇常说，为党的事业奔忙了几十年，最值得自豪的是自己始终立场坚定，永远跟党走。他说人老是规律，退下来是政策，谁都如此，不计得失、不比高低，以求思想端正，身体健康，保住志气，为民服务。他在离休之日写过这样一首诗《离休抒怀》："风雨喜庆六十年，万里征程续新篇。早春风华谁胜比，晚霞不逊艳阳天。尘世酬民慰心热，悠度清风不知寒。而今致仕欲何求，老牛奋蹄闯雄关。"2018年，刘三奇90岁，他又写了一首《水调歌头·离休回顾》："离休廿八载，悠然度平生。心静回首往事，思绪堪从容。纵观峥嵘岁月，历尽艰难困苦，可笑少年兴。胜过乌云起，雨后见彩虹。红旗舞，山河俏，满天红。不忘初心，新时代要继长征。试问今生何虑？欲将奉献余热，永葆公仆情。但愿人康健，奋斗誓无终。"

这就是一个有72年党龄的老党员的诤诤誓言，这就是一个参加革命工作75年对党忠诚的拳拳赤子之心，这就是一个92岁高龄终生无私奉献、一心为民的公仆情怀！

用做"中国好人"的经历来教育服务青少年

——记沧州市新华区五老蒋淑华

蒋淑华，女，1956 年出生，2002 年退休后，先后成立了 12 支爱心服务队，其中包括 2011 年 11 月 1 日成立的专门救助流浪人员的爱心服务队，入队的志愿者超过 1000 名。因成绩突出，她个人先后获得了"爱心大使""中国好人"等荣誉称号。

说起流浪人救助服务队成立的初衷，还是来自于一次偶遇。2011年 10 月，蒋淑华在街上看到一名精神异常的流浪妇女，穿着很少的衣服。蒋淑华想，她这样怎么过冬啊？而且流浪人员也不止她一个。于是她决定成立一支流浪人救助服务队，让他们也能享受到大家庭的温暖。流浪人救助服务队初创之时，除了蒋淑华，还有沧州市羲英幼儿园园长白西英和沧州市东环派出所副所长武剑。他们先是每人自掏 500 元，买来棉衣棉裤，然后在报纸刊登广告、公布 24 小时爱心热线，印发名片。服务队成立的第二天，蒋淑华正在卫生院输液，接到电话说经四路有个流浪人员。她放下电话，拔掉针头，叫上武剑，开车赶了过去。到了现场，他们看见流浪人员躺在街边，蒋淑华忍着他因不配合不时吐来的口水，忙了近 3 个小时，才清理干净他身上的秽物，为他换上整洁的衣服送回救助站。

这些流浪者大都神志不清，有攻击性。有时，救助者要追着他们跑上几里地，还可能遭到流浪人员的无故踢打，但蒋淑华还是尽量让流浪人员在自己家中吃饱穿暖后，再进行下一步安置。虽然带流浪人员回家，让他们解了一时的饥寒之困，但这毕竟不是他们真正的家。成立流浪人员爱心服务队的核心任务就是帮助流浪者找到自己的家，这就需要救助者更加耐心和细心。

2014 年 5 月 11 日，天气炎热，蒋淑华接到热线，说车站西侧广场发现了一名流浪者。她和武剑立刻赶到现场，只见一名瘦弱的少年穿着又脏又厚的棉衣坐在马路边上。在救助过程中，蒋淑华发现这个孩子可能有些智障，说不出自己的名字、家住哪里。他们慢慢跟他熟悉、沟通，经过不断启发，几天后，这个孩子歪歪扭扭写下了"齐二社"三个字。这是不是孩子的名字呢？武剑立即回单位查找，终于在定州区域发现了齐二社这个名字，调出身份证存档一对照，果然与孩子相符。武剑立即打电话与齐二社的父亲齐存锁取得联系，对方万分欣喜，在武剑的帮助下顺利赶到救助站。凭着这份耐心细致，蒋淑华的团队一共帮助18名流浪人员回到了家。

蒋淑华开展的资助贫困生活动

　　流浪者，有的有家，而有的根本就没有家。蒋淑华想能不能帮他们重建一个家呢？经过他们多方努力，还真做成了这件事。这个受助者就是流浪女苏丽芝。2013年9月，蒋淑华接到电话说在沧州市北环桥附近有个流浪者，当时看到她穿了40多件衣服，已经裹成了一个球！蒋淑华心想这个妹子一路流浪下来，不知遭了多少罪，一见她，蒋淑华就觉得与自己有缘，于是直接把苏丽芝接回了家里。当时苏丽芝神志不清，不记得自己的名字，只说是东北的。蒋淑华帮她洗了澡，换了衣服，让她先在家里住下。安顿下来后，蒋淑华又忙着帮她治疗，她的记忆终于慢慢苏醒了，直到有一天，她说出了自己的名字。武剑急忙通过公安系统查询，得知苏丽芝原籍辽宁，后来跟着改嫁的母亲到了河北任丘，再后来继父去世、母亲去世、当时的丈夫突然失踪……一系列变故使她精神崩溃并且四处流浪。蒋淑华暗下决心，不能再让苏丽芝漂泊无依了。于是，从2014年起，蒋淑华就一次次往任丘跑，帮苏丽芝办户口、办离婚手续、办低保……最后，她将苏丽芝的户口落到了自己家。而在这段时间中，一位在沧州做泥瓦匠的男子，与苏丽芝相识相恋，蒋淑华和她的团队为他们二人举办了一场热闹的婚礼。

2013年，沧州市新华区关工委了解到蒋淑华的事迹后，关工委主任杜双喜、副主任王春元找到蒋淑华，希望她能加入到关心下一代的工作队伍中来。蒋淑华爽快地答应了，而且还介绍了很多愿意发挥余热的爱心人士一同加入到关工委工作队伍中来，帮助关工委成立了新华区旭日爱心报告团、新华区旭日爱心帮教团、新华区旭日爱心艺术团，蒋淑华自己也成为一名旭日爱心志愿者。她跟随报告团将自己的经历在全区10多所学校进行宣讲，受到学生和老师们的一致称赞。目前蒋淑华担任了全区18所学校的校外辅导员。并且，新华区关工委每次组织到监狱帮教，蒋淑华都积极参加，劝说服刑人员好好改造，并承诺如果出狱后遇到难处就来找她，她会尽最大努力帮助他们。

为了让小区的孩子们假期有个好去处，蒋淑华在广信东区建立了爱心书屋，准备了课业辅导书、科普书、工具书、红色教育等千余本图书，供小区的孩子们阅读。暑假里来看书的孩子非常多，蒋淑华每天早晨8点准时到书屋开门，晚上坚持到8点才关门，让孩子们尽情阅读，获取知识。为了让孩子们接受爱国主义教育，她还在"七一""八一"等重要节日，为孩子们放映抗战影片，邀请老荣军给孩子们讲故事，并带领旭日爱心艺术团到沧州市福利院慰问演出，给那里的孩子们送去温暖。2016年，蒋淑华组织开展了"暖冬行动"，建立了"爱心衣屋"，收集旧衣物，并带领志愿者们进行清洗、消毒，发放给贫困人群。

孩子们到蒋淑华创办的爱心书屋参观

十几年来，蒋淑华坚持献爱心、做好事，用热心和耐心去尽力帮助那些需要帮助的人们，并用自己的亲身经历教育青少年，为他们树立好的榜样。在未来的日子，蒋淑华表示还会继续将志愿精神、奉献精神、好人精神发扬下去，用此生余热去温暖更多的心灵。

发挥光和热　服务青少年

——记沧州市文学社社长、丽景社区关工委主任武春章

武春章，1935 年出生，中共党员，一生从教，在教书育人中，与青少年朝夕相处 40 年，结下了深深的情缘。1996 年退休后，他依然关心着青少年的健康成长，坚持退休不褪色，离岗不离责，马不停蹄地投入到关工委工作当中，现任沧州市文学社社长、丽景社区关工委主任、丽景社区家长学校校长，并兼任多所小学的校外辅导员。退休 23 年来，在市、区关工委的领导下，武春章为青少年做了三件事：写作、讲座、办展馆。

一、写作

武春章把为青少年写作，提供精神食粮，看成是一种社会责任。他常对人讲，他们这代老年人，都是从艰苦岁月中熬出来、战乱年代闯过来的幸运者，如今喜逢这社会文明进步、人民生活幸福的大好时代，倍感知足和幸福，因此对党、对新时代有着深沉的爱。这种挚爱之情，成了武春章写作的动力。武春章的作品，字里行间充满着这种情感。退休 23 年来，他勤奋笔耕，每天坚持写作 4 小时，有时接到创作任务，几乎到了夜以继日、废寝忘食的地步。2016 年，沧州市关工委要集体创作《社会主义核心价值观童谣》第二辑，武春章作为主编，接到任务后，当即退掉去海南旅游的车票，全身心投入到创作当中。一个月的时间，他创作了百余首欢快活泼、寓教于乐的小童谣，向市关工委交了一份合格的答卷。这些年他创作了六部深受少年儿童喜爱的童谣集、两部散文集，发表文章千余篇，多次参加集体创作，与文友们共同编写了《沧州教育志》《沧州民间武术史话》《沧州杂技老艺人画眉张的口技艺术》《夕阳放歌》《青少年法律知识歌谣》等著作。沧州市委老干部局出版的《金秋年华》曾以《浓情书写夕阳红》为题，以长篇报告文学的形式对武春章勤奋笔耕的事迹进行了报道。省委老干部局期刊在"老年风采"栏目中，也以报告文学的形式介绍了武春章的事迹。《中

国老年报》还派记者来沧州对他进行了专访，于 2016 年 11 月 16 日在《中国老年报》人物版以红色粗体大字"童谣大王，精彩暮年"为题报道了武春章为少年儿童勤奋笔耕的事迹。

武春章给孩子们讲解爱国主义教育展牌

武春章同文友集体编写的两辑《社会主义核心价值观童谣》，由沧州市关工委出资印刷了 3000 册，作为向全市青少年进行社会主义核心价值观教育的教材，发放到全市各小学。很多家长以及外省市的关工委给武春章打电话要求订购，鉴于这种供不应求的情况，他萌生了再创作一部《社会主义核心价值观童谣》的想法。更让他兴奋的是，2014 年 10 月 15 日，习近平总书记主持召开文艺工作座谈会并作重要讲话，号召广大文艺工作者高扬社会主义核心价值观旗帜，把社会主义核心价值观生动活泼、活灵活现地体现在文艺作品中，用栩栩如生的作品，形象地告诉人们，什么是应该肯定和赞扬的，什么是必须否定和反对的，做到春风化雨，润物无声。他认真学习了讲话全文，深受鼓舞，当即投入到创作之中，把"富强、民主、文明、和谐、自由、平等、公正、法治、爱国、敬业、诚信、友善"这些社会主义核心价值观理念，形象地体现在一首首童谣之中。这本书由沧州市文联主席、当代著名作家何香久作序，由市文明办出资印发，作为对青少年进行社会主义核心价值观教育的教材，印发给全市各小学，让社会主义核心价值观童谣唱响校园，让社会主义核心价值观的种子在幼儿心田上发芽、生枝、开花、结果。

二、讲座

生活中，武春章看到有些青少年迷恋网络、手机，不爱学习。责任心促使武春章又投入到讲座中，这是一种直接面向学生进行教育且行之有效的好形式。他和社区领导采取了"请进来"的方式，在社区办了"社会主义核心价值观教育讲习班"，定期给青少年宣讲。后又成立了社区家长学校，他既是讲习班的讲师，又是社区家长学校的校长，每月给社区学生及家长进行两次讲座。为了吸引家长积极听讲，武春章精心编写了讲稿，如《成才之路》《好习惯的培养》《当好孩子的第一任教师》《传承孝道》等。武春章还采取"走出去"的方式，走社区，进学校，办专题讲堂，很受学校师生和家长的欢迎。2018年，他冒着三九严寒，到沧县实验学校举办了一场别开生面的"传承孝道"专题讲座。校长和广大师生热情迎接武春章，带领全体学生及家长听讲座。武春章首先讲述了《母爱的感动》《父爱无言》《可怜天下父母心》三个动人的真实故事，接着又讲了晚辈知恩图报的真实故事，家长和孩子们很受感动，台下不少学生都眼含泪花。他看火候已到，便高声倡议道："孩子们，请你们对养育你们的父母表示一下孝心吧！"话音刚落，提前准备好的志愿者们，手端洗脚盆走进大厅，放下盆，倒上温水，孩子们也心领神会，开始为父母洗脚，那场面真是令人感动。最后武春章总结道："孩子们，你们的孝心使我深受感动，知恩就要报恩，要报父母养育之恩，还要报朋友相助之恩，更要报祖国培养之恩，要把孝道提到一个更高的境界。"

2016年7月1日，运河区团区委在公园办事处大礼堂举办了一场"学'两史'，争当时代美青年"的大型讲演会。区领导让武春章主讲并告知他当天还有团中央的领导莅临。武春章很兴奋，也颇有压力，于是他认真地写好讲稿。46年的教学生涯使他懂得，教育者必先受教育，只有自己被感动的东西，才能让听者理解或感动；要给学生一碗水，教师就要有一桶水。他决定把中国近代史作为党成立、发展壮大的历史背景，把"两史"揉在一起写；把"两史"中的重大历史事件与"两史"中的英雄人物及英雄事迹揉在一起写，这样写出来的讲稿才会有血有肉，生动感人。他反复修改了八次讲稿，定稿后，便每天清早到人民公园，爬上土山，在僻静的树林中面对一颗颗大树，一遍又一遍的进行试讲，不仅要背熟讲稿，就连举什么例子、哪个词应读重音，他都一一标明。功夫不负有心人，那天讲得很成功，他绘声绘色、激情满怀地讲演，时而将观众领进"五四"爱国青年反帝反封建的游行队伍中，时而让观众身临南昌起义、井冈山会师的场景中，时而带领观众涌进开国大典举国欢庆的人潮中……让观众真真切切领悟到：只有中国共产党才能救中国，只有中国共产党才能让人民站起来、富起来，从而让孩子们更加坚定信念，听党话、跟党走，在新的革命征程中争当时代英雄。会后团中央领导走上讲台，紧握武春章的双手说："武老，您给我们上了一堂生动的历史课！"并要求同他合影留念。

武春章参与"振兴中华，勿忘九一八"活动

三、办展馆

为了办好社区青少年爱国主义教育基地，武春章同社区领导精心设计了两个展馆。一个是社会主义核心价值观教育展馆。武春章把几十首社会主义核心价值观教育童谣，配上插图和照片，一目了然地展示在一块块展牌上，再加上他生动的讲解，感动着前来参观的一批又一批青少年。2016 年，沧州晚报社带领十三中的小记者一行 30 多人到这里参观学习。武春章为小记者们高声朗诵、生动讲解了《爱家更爱国》这首小童谣，还讲述了战乱年代日本侵华时期，他家七间房子被日本侵略者烧为灰烬，他年迈的奶奶没来得及跑出来被活活烧死在屋内的惨痛往事。学生们听了个个都义愤填膺，有位同学深有感触地说："国都没了，命都难保，哪还有什么家呀！"孩子们讲得多好啊！武春章为孩子们理解他的小童谣而高兴！

另一个展馆是"两史"教育馆。武春章把历史中的重大事件编成短文，配上插图和照片，展示在展牌上。他还把"两史"中的革命人物、英雄人物及英雄事迹编成小歌谣，制成展板，图文并茂，很受人们欢迎，再加上他生动的讲解，效果更好。沧州市运河区委将展馆定为永久性爱国主义教育基地，各级领导都给予高度评价。省关工委副主任王家林老领导来沧州调研时观看了展牌，听了武春章的解说后，很是感动，当场挥毫书写了一副一米长的"余热生辉"横联赠给他，使他备受鼓舞。

武春章说，作为一名老党员、老教育工作者，在市、区关工委领导下，做了几件本应做的育人小事，却得到了诸多的荣誉和鼓励。他表示，要以此为动力，再接再厉，只要他武老汉生命尚存，就会一直为孩子们写下去，讲下去。

夕阳无限好　余晖育幼苗

——记东光县五老王贵恒

王贵恒，中共党员，2000 年从东光县职教中心退休后，在各级关工委的鼓励支持下，决定退而不休，发挥自己的优势继续为下一代健康成长贡献力量。

王贵恒从教 40 余载，先搞普教后改职教，对学校教育可以说是行家里手。然而，对开展校外青少年教育却没有经验可谈，甚至感觉有点无从下手。但王贵恒还真有点知难而上的劲头。经过反复琢磨，认识到校外教育确实不同于校内教育，它应该是学校教育的补充和延伸。随后，通过走访、查阅资料，他决定根据校外青少年疏于管理、缺少活动场所、法律意识和安全意识淡薄等特点，重点开展爱国主义、革命传统、道德文明、法律及安全教育活动。

十几年来，王贵恒坚持不懈开展的校外青少年教育活动已产生良好社会反响，受到师生欢迎以及各级领导认可。总结他的事迹，可以概括为三句话：无私奉献、真抓实干、成绩显著。

一、无私奉献

王贵恒三世同堂，住五间正房，在住房紧张的情况下，他还挤出一间屋子作为青少年教育工作室。但随着学员的增加，活动范围越来越小，他的五个女儿投资两万多元，为他修建了两间占地 35 平方米的房子做教室。当老师的小女儿还主动当起了辅导员，形成了全家齐动员一齐办家教的局面。王贵恒又自费购买了图书、照相机、学习文具，还买了空竹、羽毛球等 10 余种文体器材供孩子们玩耍。每次活动，特别是夏天，冰糕、汽水、矿泉水是必不可少的。女儿们非常心疼他，也都支持他，每次不等他自己说，她们就把所需的冷饮准备好了。

二、真抓实干

家教室建起来不能有名无实，更不能流于形式。办家教室以来，王

贵恒坚持每月活动两次，每次活动都由辅导员有针对性地确定一个主题，让他们交流、座谈，最后自由活动。

连续几年的清明节，王贵恒都带着孩子们去给烈士扫墓，敬献花圈，缅怀先烈；劳动节号召孩子们为家人做一件力所能及的事，以增强他们热爱劳动的意识；母亲节则组织孩子们以不同的形式感恩母亲；七一前夕请老党员给孩子们讲党史，让他们牢记没有共产党就没有新中国；八一前夕请曾经参加过淮海战役、渡江战役的老战士为孩子们讲述当年不怕牺牲、英勇杀敌的故事，从而使孩子们深深体会到今天的幸福生活来之不易。

安全教育是家庭教育的重中之重，教育孩子们不玩火、不滑冰、不到坑塘游泳、春节不燃放鞭炮、上学路上不和陌生人说话、遵守交通法规等。每年汛期，王贵恒都在坑塘边醒目的地方竖起多块"珍爱生命、谨防溺水"的警示牌；在孩子们骑车上下学必经的十字路口竖起"一停、二看、三通过"的交通安全警示牌。王贵恒还自编多段深刻易记的安全警句，复印几百张，分发给校内外的儿童和家长。2018年冬天，王贵恒所在的村里有一对夫妻中煤气死亡，他抓住这一典型事件，对学生进行安全教育，让孩子们回家告诉家长检查自家的暖气炉，并告诉大家煤气中毒的现象以及如何自救。

王贵恒组织送法进社区活动

2016 年是红军长征胜利 80 周年，王贵恒专门作了一次长征专题讲座，给大家介绍长征的相关内容。他还把社会主义核心价值观印在室内和院子内迎门墙上，给孩子们讲价值观的含义，要求孩子们会写、会背，深刻领会各层面的重要含义，以此作为自己的行动指南，从而做到诚实守信、爱党爱国、遵纪守法。为了激发孩子们的学习、活动兴趣，他用相机记录下他们美好的瞬间，将每次活动的照片送给孩子们人手一份，现已保存照片和视频资料 200 多份。

三、成绩显著

经过几年的辛勤耕耘，孩子们从各个方面都有了很大的进步。从幼小的心灵里认识到没有共产党就没有新中国，今天的幸福生活来之不易；在学校刻苦学习、尊敬师长，在家孝敬父母、爱干家务，在社会上尊老爱幼、遵守公德。学校每次组织为灾区捐款，他们都起到了带头作用；平时一有空，他们就帮老党员、抗战老兵打扫卫生；而且这些孩子几年来从未发生过任何安全事故。几年来，凡在王贵恒教育室学习过的孩子们，升学后都成了班上的骨干，品学兼优。有了教育工作室，许多家长特别是留守儿童的家长再也不用为孩子担忧了，家长普遍反映家教室办得好，办得成功。

王贵恒的工作得到了村、镇、县、市、省各级政府的表彰。东光县委、县政府授予王贵恒"道德模范"的光荣称号；县关工委在王贵恒办的教育工作室召开了全县现场会，并授予王贵恒"倾心关爱下一代，贵在恒心育英才"的一面锦旗；沧州市关工委把王贵恒的工作室评为"先进青少年教育工作室"；河北省委组织部、宣传部等 11 个部门授予王贵恒"河北省优秀志愿者""河北省优秀五老志愿者"的光荣称号；《沧州日报》《沧州晚报》《河北日报》《人民日报》、新华网和沧州电视台以及东光电视台都先后报道了王贵恒的事迹。山东聊城、石家庄市及赞皇县、赵县关工委主任也先后带队来王贵恒的家教室参观学习。

王贵恒表示，通过几年的实际工作，使他深深地体会到教育室之所以能取得这些成绩和诸多荣誉，得益于"一个信念"和"两个支持"。"一个信念"，即永远忠诚党的教育事业的坚定信念；"两个支持"，其一是领导的支持，从始至终，镇关工委的主任们都经常参加、指导他们的活动；东光县委老干部局和县关工委的领导们也经常亲临指导并捐赠图书；还有沧州市关工委、省关工委的多位领导，也在百忙之中多次到教育室指导工作，并为教育室配备了标准桌椅、系列图书和部分体育器材。其二是家庭的支持，王贵恒家的所有成员都是他办好教育室的强大后盾，家人为他出资建房，女儿义务担任辅导员，为了给孩子们上好课，查资料、找素材，双休日也不得休息。她还利用自己的教师优势，把校外教育同校内教育、家庭教育有机地结合在一起，在办好青少年教育上起到了主导作用。

总之，王贵恒认为，成绩、荣誉对他来讲是鼓舞，更是鞭策。在今后的工作中，有各级领导和家人的支持，他会更加努力，像他的名字一样——贵在奉献，持之以恒，为关心下一代事业奉献余生。

情系高墙二十八载

——记海兴县关工委常务副主任张玉荣

张玉荣曾任海兴县人大副主任，现任海兴县关工委常务副主任，是海兴五老帮教团主要创始人之一。

自 1989 年以来，张玉荣怀着强烈的社会责任感和无私奉献精神，连续 30 年不间断地对省内外 7 个监狱的海兴籍服刑人员和社区矫正人员进行面对面帮教达 6000 余人次；省内外收看他指导录制的帮教影像资料的监狱服刑人员达 20 多万人次；给服刑人员写帮教信 2000 余封；对服刑人员家访达 1500 余次；走访科局级干部和乡村干部达 1200 人次；帮教行程达 7 万余里，受到了社会各界的好评。新华社、《人民日报》《光明日报》、中央电视台等数十家媒体进行过采访报道，也荣获了多项荣誉。五老帮教团于 2014 年获得"全国离退休干部先进集体荣誉称号"，并参加了全国"双先"表彰大会，受到了习近平总书记的亲切接见。2015 年 8 月，又荣获"全国关心下一代工作先进集体"荣誉称号，张玉荣个人同时获得了"全国关心下一代工作先进个人"称号，在全国关心下一代工作表彰大会上受到中央领导的亲切接见，并作为代表在人民大会堂作了典型发言，得到中国关工委主任顾秀莲的高度赞扬。

一、用无私的诚心，换来理解和支持

帮教服刑人员是一件好事，也是一件难事。这里有思想观念的障碍，有社会舆论的嘲讽，有家庭的阻力，也有工作中的不协调，这 30 年的帮教路程充满了酸甜苦辣。刚开始，人们对帮教工作不理解，认为被帮教总归不是一件光彩的事。张玉荣到村做家访时村民不给指路，服刑人员家属多次把他拒之门外。有人说，对服刑人员躲闪还怕来不及，你却主动找去做工作，真是没事找事的傻子。但张玉荣对这些都不放在心上，心里总想着那些饱受亲情离别之痛的服刑人员家属和那些心灵受过创伤、需要得到特殊关怀的孩子们，他甘愿当这样的傻子！面对种种

议论，张玉荣没有退缩，也没有信誓旦旦，而是扑下身子，一步一个脚印，把这项光荣的事业和一点一滴的工作结合起来，用自己的热忱和人格去影响身边每一位同志，用真诚和热情去感动和温暖周围每一个人。张玉荣把年轻的服刑人员当成自己的孩子看待，他常说，手心手背都是肉，五老帮教团成员有责任教育他们，挽救他们。经过深入思考，他提出了高墙之内探亲、全程帮教、全程服务、全程资助的帮教工作思路。

张玉荣等给服刑人员送去慰问品

有一次寒冬时节，张玉荣带领帮教团去滨海监狱帮教，狱警都被感动得落了泪。监狱领导告诉服刑人员："你们什么都可以忘记，就是不能忘了帮教团的爷爷奶奶们顶着刺骨的寒风长途跋涉来看望你们。"正是这种高度的社会责任感和真诚无私的精神感动了服刑人员，感动了监狱的领导和干警。滨海监狱多次寄来表扬信，真诚地感谢海兴五老帮教团对他们工作的支持，并及时介绍海兴籍服刑人员的狱中表现及立功、减刑情况。服刑人员孙某等人也多次写来感激与悔过的信件。经过多次见证感人的帮教，监狱领导也被张玉荣的真诚感动了，他说："刚开始，我们以为您就是来走过场的，盖个章就走人了，而且这么大岁数了，我们担心您要是病倒在这里怎么办。可当我们看到您实实在在地工作，才认识到这才是真帮实教，这对我们的工作太有帮助了，谢谢您！"每联系一个新的监狱，都要靠真诚的帮教取得监狱的理解和支持。功夫不负有心人，现在帮教团可受欢迎了，村民们主动带路了，家属们主动联系了，监狱主动邀请了。一路跋涉，一份执着，一行脚印，一串辉煌。帮教工作在张玉荣的带领下，多项工作经验在全省乃至全国得以推广，这更加坚定了他为帮教事业倾注一腔热血的信念。

二、用父母般的爱心，挽救服刑人员

凭着多年的工作经验，张玉荣深切地感到搞好帮教工作，关键是要用一颗父母之心，想服刑人员所盼，帮服刑人员所需，用亲情去融化他们那颗像冰一样的心。

有的服刑人员家长认为孩子犯了罪，全家蒙了羞，好几年都不去探望。因此，家人的看望和安慰成了服刑人员最大的奢望。张玉荣了解情况后，就给这类服刑人员家属做工作，每年带他们一同去监狱。服刑人员看到自己许久未见的亲人，都激动得热泪盈眶，说不出话来。他还根据服刑人员的不同需求，不断变换帮教方式：有时搞座谈会，讲述家乡变化，激发他们争取早日出狱、参加家乡建设的热情；有时与服刑人员结对子，通过谈心打开他们的心扉；有时与服刑人员讲情和法的道理，让他们悔过，重新做人；有时专门与服刑人员搞笔会，送地方戏和他们同台演出。监狱的管教人员都说，五老帮教团的每一次帮教，海兴籍服刑人员就像过大年一样快乐。此外，张玉荣每次去帮教还要带上一些自己精心准备的小礼品，包括一块肥皂、一条毛巾、一支笔和一个记录本。礼物虽小，但意义深重，他常对服刑人员说："孩子们，给你们这些东西，是要你们记住，拿这块肥皂洗洗心，拿这条毛巾把自己擦干净，拿这支笔和这个本记录下自己重新做人的路。"服刑人员非常珍惜这些小礼品，并把他的嘱托牢记心中，形成了重新做人的一种动力。

有一年腊月二十六，天寒地冻，大雪纷飞，张玉荣患重感冒还未好，一大早吃完药就出门了。张玉荣要去天津滨海监狱看看。那天，150 公里的路，他坐了 5 个小时的车才到，午饭也没顾得上吃，就直奔帮教现场。张玉荣动情地对服刑人员说："我今年 74 岁了，每年春节前，都是晚辈们来看我，我登门看望的只有两门亲戚，一个是我的长辈——80 多岁的老舅，另一个就是你们……小孙子总会问我，爷爷，你为什么每年都去监狱看这些坏人？我告诉他，他们原本并不坏，只是做了错事、糊涂事。孩子，你不是也有做错事的时候吗，可爷爷还是爱你的！"听完这话，服刑人员都哭了，张玉荣自己也落了泪。

服刑人员最牵挂的就是家人，家人是他们洗心革面、重新做人最强大的精神动力和支撑，但是每次去帮教都把家属带去是不可能的。于是，张玉荣就请海兴县电视台的工作人员帮忙，到服刑人员家中，把服刑人员亲属的叮咛和嘱托录制成视频，带到监狱，为服刑人员统一播放。每一次播放都是一次巨大的心灵震撼，有的父母叮嘱："儿啊，你做错了事，一定要改正错误，一定要服从管教，回来重新做人！我们等你早日回家！"这些话，也许是一对父母对自己儿子说的，但到了这里，就成了所有父母对所有儿子的嘱托。视频中老人在哭，现场观看录像的服刑人员更是哭成一片。

张玉荣等去监狱开展帮教活动

为了拉近与服刑人员的距离，张玉荣经常通过家访了解他们的所思所想、所愿所盼。服刑人员崔某某，服刑初期情绪很低落，张玉荣就带着他父母一块去监狱探望，对他进行亲情帮教。崔某父亲去世时，监狱破例允许他回家见父亲最后一面。为此他深受感动，在监狱积极改造，多次立功减刑，从死缓改判有期，并逐年减刑，现已出狱。服刑人员王某某家庭困难，张玉荣就想办法协调，安排他父亲到居民小区烧锅炉。深受感动的王某某努力改造，两次减刑，也已出狱。

服刑人员张某某家里十分贫穷，母亲是个哑巴，父亲又是继父。入狱4年，家里人因经济困难没去探望他，他也无法通过电话与母亲联系，他甚至憎恨这个家。一次，张玉荣去帮教时，特意带上了他的母亲。他们母子俩用独特的方式交流后，抱头痛哭，最后他母亲拿出仅有的200元钱塞给儿子，儿子又塞给母亲，如此来回多次，最后儿子说什么也没有要。那一刻，张某某所有的怨恨和不理解都被母爱融化了。从那以后，张某某积极改造，获得减刑，提前释放后，狱领导还特意安排他到北京打工。

服刑人员李某某，当年在校期间学习成绩优秀，成功考上了中专，但就在收到录取通知书的那天，也收到了无期徒刑判决书。为了挽救这个孩子，张玉荣多次带着他的班主任到沧州监狱探望，语重心长地对他进行教育，李某某终于被感化，重新树立起生活的信心。由于表现较好，被多次减刑，提前出狱。在他服刑期间，为了不让其他同学走自己的错路，他主动要求回母校，面对5000多名师生，作了《荣辱不辨青春葬，追虚作恶进牢房》的发言，撼人心魄，催人泪下，使在座的师生受到了强烈的震撼。

三、用火一样的热情，燃起新的生活希望

一些年轻人，一旦违法犯罪，便失去了生活信心，自暴自弃，破罐破摔。这些人年轻，聪明能干，他们的人生道路还很长，张玉荣觉得一定要引导他们改造好，走上正确的道路，为社会作些贡献。张玉荣在热心帮教的同时，还积极想办法为服刑人员解决实际困难，让服刑人员燃起新的希望。

服刑人员吕某出狱回家后发现，妻子与他离了婚，儿子寄养在姑姑家，房子也倒了，生活在他面前一片黑暗。就在他出狱的当天，张玉荣带领帮教团赶去看望。得知他的困境后，张玉荣一方面积极鼓励他振作精神，一方面联系村镇干部，积极协调亲属和爱心人士筹集资金帮他盖房子，还想办法帮他找了工作。如今，他儿子结婚了，他自己也找了老伴，一家人过上了和和美美的日子。

服刑人员崔某出狱后，张玉荣带领帮教团协调镇村干部，及时帮助和鼓励他经商，经过辛勤努力，崔某盖了新房，娶了媳妇，还积极申请加入党组织，得到了全村群众的信任，当选为治保主任。他上任13年来，这个村没发生过一起刑事案件，他本人也被评为沧州市综合治理先进个人。

服刑人员齐某某是独生子，违法判刑后，因挂念父母没人照顾，情绪很不稳定。张玉荣便经常到他家看望他的父母。在他服刑一年多时，他的女友为了稳定他的情绪，到监狱提出和他结婚，回来后便以妻子的名义照顾他的父母，还坚持每月到监狱看望他。齐某某深受感动，在狱中积极表现，还当上了监狱《高墙遗事》的记者，并主动捐款给白血病少年。女友从23岁一直等到36岁，才与38岁出狱的齐某某领了结婚证，正式结了婚。齐某某眼含热泪对张玉荣说："要是没有您老的帮

助，我这个家早就没有了，真不知该如何感谢您。"最后，他将一幅在狱中保存很久的《观沧海》送给帮教团作纪念。

30 年，青丝变白发。在帮教道路上，张玉荣不图名、不图利，甚至自己搭钱搭物，始终无怨无悔地投入到这项高尚的事业中。多年来，经过帮教的服刑人员重新犯罪率为零，严重违反狱规率为零，80% 的服刑人员得到过立功减刑奖励；回归人员有的成了种植专业户，有的成了养殖专业户，有的成了体育器材专业户，有的办厂子、建公司，成了企业的老板，有的当上了保安队长，有的加入了党组织、当上了村干部，有的还被评为县、市先进个人……在这条帮教路上，出现了许多生动感人的故事。如今，帮教工作逐渐走上正轨，影响范围逐年扩大，社会各界热心人士也积极加入到帮教团志愿者队伍中来。张玉荣做的不是什么惊人壮举，而是默默的奉献和对事业的执着与热爱。服刑人员取得的每一点进步，帮教路上洒下的汗水和奋斗的足迹都变成了他幸福的源泉！

年逾古稀步未停，高墙探亲情更浓。老牛虽知夕阳晚，愿把严寒化春风。帮教之路，无怨无悔，张玉荣将沿着这条道路继续走下去……

为了心中的神圣目标　不忘初心砥砺前行

——记河间市五老报告团团长孙正开

孙正开，2000 年退休，现为河间市关工委五老报告团团长。因为钟情于自己的业余爱好，他花去大半生的积蓄，购买了时属高档的电视摄像机、录像机、照相机、电脑等一应器材，打算自娱自乐，安享晚年。没想到，这一爱好却意外成为弘扬革命传统和爱国主义精神的有效方式。

1999 年，河间市政府让孙正开参加扩建冀中革命烈士陵园工作，具体任务是广泛征集冀中区在抗日战争和解放战争时期的革命斗争史料，为建立冀中革命烈士纪念馆提供史实依据。他毅然接受了任务，和其他同志一道，马不停蹄地奔赴石家庄、大名、唐山、吉林、沈阳等地，参观考察当地的烈士陵园。孙正开又先后到北京、天津、秦皇岛等地，拜访了革命战争时期冀中区的党政军领导，如全国人大副委员长廖汉生、全国政协副主席吕正操、解放军总参谋部顾问孙毅、解放军装甲兵司令员黄新廷等，收集到了大量珍贵的革命战争历史资料。孙正开如获至宝，充分发挥专长，对这些资料认真整理、分类、加工，把自家布置成了一个小型博物馆。工作起来常常到了废寝忘食的地步，经常开夜车，顾不上吃饭和休息。他除了为冀中革命烈士纪念馆提供了大量资料外，还编制了《齐会战斗》《冀中抗日风云》《油灯下的回忆》等革命传统教育电视专题片，不仅为来冀中烈士陵园瞻仰的人们放映，还多次在河间电视台播放，在社会上引起了强烈反响，广受好评，使广大青少年受到了生动的爱国主义和革命传统教育。从此，孙正开大力搜集整理革命战争史料，用老一辈革命家的崇高精神来教育引导下一代。

多年来，孙正开的足迹遍布全国各地，采访过毛主席的马夫李风波，当年带部队搜救叶挺、王若飞等人的连长陈汝达，与狼牙山五壮士并肩作战的蔡茂伦，被白求恩治好头疮的张瑞生，夺下日军刺刀、掩护乡亲脱险的李清运以及抗日战争期间河间多起惨案的亲历者和支前模范。每次采访孙正开都录音、录像，详细记录采访内容。他这种锲而不舍的执着精神，感动了孟庆山将军的夫人黄克老人，她亲笔为孙正开题词"为冀中老前辈的革命事迹弘扬光大奔走不疲"。

到目前为止，孙正开自费录制了记录革命战争史实和改革开放成果的电视素材千余小时，拍摄照片万余张。

孙正开广泛收集、大量保存革命战争历史资料的消息不胫而走，中央电视台、中央档案馆宣教中心、河北电视台、河北画报社、沧州电视台等多家媒体单位都派人前来求索资料。凡是有的，他都慷慨相赠，分文不取。这些年，赠出去了多少张光盘和磁带，他自己也记不清了。

近年来，孙正开主持举办了"纪念抗日战争胜利60周年""纪念长征胜利70周年""纪念抗日战争胜利70周年""改革开放30周年成果展"等大型摄影图片展，还设计完成了"齐会战斗纪念室"和"黑马张庄战斗纪念室"。当大量珍贵的历史资料呈现在人们面前时，观众无不感到心灵的震撼，更使广大青少年受益匪浅。

孙正开根据这些资料撰写的文章，被河间市政协编辑的《河间文史资料》选用30余篇。记述原冀中八分区司令员常德善与日寇英勇作战、以身殉国的文章在河北省政协出版的《文史精华》上发表。为纪念抗日战争胜利70周年，由孙正开主编、河间市政协出版的《河间红色文化资料汇编》，全书共78万字，成为很好的党史国史教材。

作为河间市关工委五老报告团团长，孙正开经常受邀到中小学，为学生们讲述革命先烈的英雄事迹，还多次在河间电视台举办的《河间史话》栏目中作演讲。他用大量珍贵翔实的影像资料和朴实真挚的语言，再现了一幕幕河间军民英勇抗击日寇的战斗场面，使广大观众特别是青少年受到了深刻的革命传统和爱国主义教育。孙正开多次参加有关单位组织的"红色旅游"活动，活动中他既当向导又当讲解员，在河间境内的教育基地，为新党员、入党积极分子、共青团员、少先队员们详细讲述革命战争时期发生的事件，使大家深受启发和教育。

孙正开在冀中烈士陵园为交警讲述贺龙元帅在河间的革命故事

孙正开已经 80 岁了，为了心中的神圣目标，他拧紧发条与时间赛跑，为关心下一代工作贡献出了自己的全部心血与精力。

倾情十五载　关爱下一代

——记泊头市法制教育工作团团长毛玉柱

毛玉柱，1945年生人，中共党员，军队转业干部，退休前的2004年开始担任泊头市法制教育工作团团长，十几年来，他充分发挥自己懂法律知识的特长，全身心地投入到关心下一代工作当中，为青少年健康成长做了大量有益的工作，受到欢迎和好评。毛玉柱多次被评为沧州市"老有所为先进个人""十佳五老""普法先进个人"；2007年被评为河北省关心下一代工作先进个人，并在表彰大会上作了《如何做好法制教育工作》的典型发言；2012年，《沧州日报》《河北法制报》《河北日报》分别以《泊头有一位闲不住的老局长》《共产党员的本色》《因为毛玉柱是共产党员，要为百姓排忧解难》为题，对毛玉柱的事迹作了报道；2015年、2016年连续两年被评为沧州市社会管理、社会综合治理先进个人。

一、欣然从命，逐步提高对法制教育工作团工作重要性的认识

毛玉柱在部队工作过17年，1982年转业到泊头市，一直从事法律工作。2004年，组织安排他到泊头市关工委负责青少年思想道德和法制教育工作，他愉快地接受了这项任务，并在工作实践中不断提高了对此项工作重要性的认识。一是把参与青少年思想道德和法制教育工作看作是回报党恩的大好时机。毛玉柱认为，党把自己培养成一名党员干部，学习和掌握了一定的工作本领，如今安排他参与教育、培养下一代，是党组织对他的信任，也是他回报党恩的一个大好时机，应义不容辞、倍加珍惜。因此，当一位战友想高薪聘请他给儿子的公司当长年法律顾问时，他毫不犹豫地婉言谢绝了，而是全身心地投入到关心下一代工作之中。二是充分认识到关心下一代是功在当代、利在千秋的头等大事。2004年，中共中央办公厅、国务院办公厅下发了《关于进一步加强和改进未成年人思想道德建设的若干意见》（中办发〔2004〕8号），从当前青少年思想道德状况，人生观、价值观取向，青少年在祖国全面

建设中的地位、作用，抓好对青少年的思想道德教育、增强法制理念，预防青少年犯罪等各个方面进行了全面深刻的论述。毛玉柱和法制教育团的成员们通过认真学习，充分认识到，青少年是祖国的未来、民族的希望，关工委的工作就是通过对这个特殊群体的关心、帮助、教育、润化，促使他们健康成长、全面发展、成人成才。而这个特殊群体正处在世界观、人生观、价值观形成的关键期，可塑性很大，用正确的思想、观念去引导他们，他们就可以成长为国家的栋梁之才；反之，也有可能成为碌碌无为甚至危害社会的人。因此，进一步增强了做好关心下一代工作的使命感、责任感。

二、打好基础，确保法制教育工作团的工作健康有序开展

毛玉柱担任泊头市关工委法制教育工作团团长后，着力从基础工作做起，确保了法制教育工作团工作的健康有序开展。一是深入调研，为有针对性地开展工作奠定了坚实基础。毛玉柱等五老经常深入学校、企业、社区和公检法司办案机关，对青少年当前的思想道德、遵纪守法等状况进行调研，多层面、多角度掌握青少年的思想动态、普遍存在的倾向性问题等，掌握了很多第一手材料，并在此基础上撰写了《当前青少年犯罪的类型、原因和对策》《深化青少年维权岗对"家庭病房"审判方式的探索》等调研文章，为有针对性地开展关心下一代工作奠定了基础。二是建立组织，扩大法制教育工作团的覆盖面。首先，通过积极协调公检法司和学校，为各中小学校配齐了法制副校长；同时，吸收具有一定法律知识和演讲能力的五老人员组成法制教育宣讲团，并在重点乡镇组建了分团，为其余乡镇配备了3—5名法制宣讲员。到2004年底，法制教育队伍就达120余人，形成了上有宣讲工作团、下有宣讲员的组织网络，确保了法制教育工作团关心下一代工作的健康有序开展。三是自觉充电，努力提高关心下一代工作的能力水平。除了认真学习、深刻领会《关于进一步加强和改进未成年人思想道德建设的若干意见》的精神和认真研读《刑法》《治安处罚法》《预防未成年人犯罪法》《未成年人保护法》等法律条文外，还虚心学习外地先进经验，凡是对教育青少年有用的警句、案例，有利于青少年健康成长的故事，毛玉柱他们全部记载下来，精心整理后，再通过深入浅出、寓教于乐以及举案传法等鲜活易懂的方式讲给孩子们，启发教育青少年要遵纪守法、积极向上。

毛玉柱为青年提供免费法律咨询

三、坚定信念，千方百计为青少年健康成长做实事好事

随着法制宣传教育工作团工作的不断推进，毛玉柱的压力也越来越大。家里人怕他年纪大了吃不消，都不太想让他坚持了；一些老同事老战友也不理解他都退休了还这么累图个啥。但毛玉柱得到更多的是鼓励和支持。市委书记曾在"平安泊头"创建表彰大会上表扬他说："退休干部毛玉柱在法制宣传教育工作中，活一分钟战斗六十秒的奉献精神是值得大家学习的。"市领导的肯定，更加坚定了他做好关心下一代工作的信心。为此，在他的带领下，法制宣传教育工作团更是不遗余力地为关心下一代做了大量富有成效的工作。一是毛玉柱和泊头市关工委的几位老同志合编了诗歌体裁，涉及家庭、社区、校园、法律、孝道等多方面内容的《实话和谐》小册子，印刷5000册发放到学校、乡镇、企业、社区的青少年手中，在社会上引发强烈反响。二是为青少年上法制课近400场次，受教育师生20余万人次，其中毛玉柱主讲近百场次。通过法制宣传教育工作的普及开展，近年来，全市几十所学校未发生犯罪情况。三是自筹资金制作法制教育宣传展牌32块，数十次到学校、企业、乡村展讲，受教育人数达5万余人次，得到社会各界的好评。四是从教育、资助等多角度挽救青少年40余人，使他们重新融入家庭和社会。如火柴厂附近一女孩吴某某，单亲家庭，因盗窃电脑等行为受到刑事拘留。开庭前，毛玉柱和她谈心，使她认识到自己所犯错误的严重性，痛哭流涕、后悔不已，决心重新做人。经过毛玉柱与少年审判庭法官沟通，对其做了缓刑、免除3000元罚款处理，还自掏腰包将她送回

家中，并多方联系帮她找了一份工作。为此，这位女孩至今对毛玉柱给予的帮助仍感激不尽。五是多次组织五老及有关人员到沧州监狱等地举办"泊头籍服刑人员帮教现场会"。每次，毛玉柱都会推心置腹地希望服刑人员要挖自己犯罪根源，认真改造，争取早日获得自由；要努力学法律、学文化、学科技，为今后重新融入社会打好基础；同时，承诺服刑人员及家属有什么困难都可以联系他，他和法制宣传教育工作团将尽力给予帮助。每当此时，服刑人员都会非常感动。有一金姓服刑人员流着泪向毛玉柱诉说，家中老人年近古稀，体弱多病，请他代为探望。毛玉柱向关工委领导汇报后，自筹资金到其家中探望，泊头市电视台、沧州市电视台均在新闻栏目予以报道。这位服刑人员观看录像后感动得热泪盈眶，表示一定好好改造、重新做人。六是免费为涉未成年人纠纷案件代书100余次，免费提供咨询270余次，免费代理40余次。七是受关工委指派，毛玉柱15次以监护人的身份参加对未成年犯罪嫌疑人的提审、讯问、开庭、监督办案，依法保护了未成人的合法权益。

毛玉柱为青少年讲解法制展牌

毛玉柱就是这样一位顾全大局、无私奉献、值得尊敬的优秀五老代表。

把爱献给企业关心下一代工作

——记黄骅市信誉楼商厦关工委主任寇迎春

寇迎春，男，1938 年 2 月出生，1957 年参加工作，1958 年加入中国共产党。在教育系统工作了 20 多年，又在行政机关工作了 20 余载。1997 年离岗，并于当年受聘于黄骅信誉楼商厦继续工作。2008 年 8 月，黄骅市关工委为推动关工委组织向基层延伸，信誉楼商厦被选为一个试点，建立了全市第一家民营企业基层关工委组织，寇迎春被推荐担任关工委主任。他欣然接受这一任务，他说："我明白关工委的主要职责是对青少年进行教育，帮助他们健康成长；同时，领导的推荐对我来说也是一种信任。设立企业基层关工委组织，把青年职工培养教育好，不仅关系到企业自身的发展，更关系到国家和民族的未来。我作为一名共产党员，承担起这份工作是我义不容辞的责任与义务。"9 年多来，信誉楼关工委工作在他的精心组织下取得了一定的成效。

一、以多种形式对企业员工开展道德教育和法制教育

一是请道德模范进企业演讲，用身边人身边事教育员工。近几年来，黄骅市有刘小三等多名市民获得全国、省、市级的道德模范称号，在社会上起到了很好的带动效应。为促进全企业员工向他们学习，寇迎春多次与文明办协商，请道德模范到信誉楼商厦汇报他们在平凡的岗位上做出不平凡的业绩，使青年员工深受启发、教育。几年来共举办道德模范演讲 8 次，有 6000 人次听取了报告。会后员工们纷纷表示，要向模范学习，树立正确的社会主义荣辱观，要争当好人、争做好事，为社会主义精神文明建设作贡献。

二是开展"企业发展我成长，我为企业作贡献"活动。2014 年，沧州市关工委提出在全市开展"沧州发展我成长，我为沧州作贡献"活动，信誉楼商厦关工委为落实好上级关工委的精神，结合企业的特点，提出了开展"企业发展我成长，我为企业作贡献"活动，鼓励员工热爱企业，为企业的发展献计献策，多作贡献。为搞好这项活动，寇

迎春带领企业关工委和企业工会联合举办了"我与企业共成长"演讲比赛。为鼓励员工做好人好事，他还向总经理建议以企业关工委作为承办单位，拿出部分经费在企业实行奖励制度，对员工或消费者做的好人好事通过商场广播进行表扬宣传，对拾金不昧者除广播表扬外，还给予物质奖励。一年下来，公司员工中涌现的好人好事就达 2 万余件，企业登记在册的拾金不昧 2642 件，企业发放奖金 3 万元。通过该活动的开展，更好地塑造了企业形象，提高了企业信誉。

三是对青年员工进行法制教育。为宣传法律知识，为企业发展保驾护航，寇迎春邀请司法、公安等部门的执法人员到企业对员工进行法制教育，为员工讲解《婚姻法》《交通安全法》《消费者权益保障法》《产品质量法》《物价法》《食品安全法》《商标法》等法律法规知识，丰富了员工的法律知识，提升了员工的法律意识，增强了员工遵法守法的自觉性，也加深了诚信经营和热情服务的意识。

二、制展牌，让社会主义核心价值观深入人心

2014 年下半年，寇迎春在阅读《人民日报》的过程中，发现"图说社会主义核心价值观"的图片有很好的宣传意义，于是他就在黄骅市关工委的大力支持下，经过一个月的时间，在《人民日报》《河北日报》等报纸上搜集了有关社会主义核心价值观的图说图片 180 幅，最后

寇迎春在人社局宣讲社会主义核心价值观

精选了 24 幅图片制成 14 块展牌，用图片的形式宣传社会主义核心价值观。为了宣传效果更好，他还撰写了 3000 字的解说词，对员工进行集中宣讲，并到渤海路小学、食药监局等 12 个单位进行宣讲。

三、编写《家庭教育》，为员工提供科学的教子方法

寇迎春认为，家庭教育不仅是"家事"，更是"国事"，不仅关系到每个孩子的终身发展，也关系到祖国和民族的未来。在青年员工特别是女员工中，很多人对家庭教育存有盲点，在处理家庭关系、教育培养孩子方面需要帮助。从 2009 年开始，他就着手搜集有关家庭教育的知识，并编写稿件，命名为《家庭教育》，每期印发 400 份发放到青年员工手中。目前《家庭教育》已编写印刷 110 期。

为了提高《家庭教育》的指导水平，做到有针对性和实效性，他选择教育理念和教育方式比较科学的经典文章摘登。例如，教育理念方面有习近平总书记对全国大中小学生的讲话，《教育部关于加强家庭教育工作的指导意见》《教育好孩子，是你最重要的事业》《重家教、育家风》等；教育方式方面有《错爱子女意味着毁灭》《小事不做，大事难成》《一日三餐中的家庭教育》等。平时，寇迎春广泛涉猎搜集，对《人民日报》《河北日报》《老年世界》等报刊中的精华部分进行剪裁、收藏。此外，他还订阅手机报，撰写读书笔记，积累了大量资料，所选内容丰富多彩，范围很广。正是因为他的用心良苦，正是因为他的厚积薄发，他编写的《家庭教育》才受欢迎，才令人受益匪浅。

为了方便员工学习和保存，寇迎春将《家庭教育》的前 60 期集印成书，印刷 1800 册，免费赠予员工阅读，很受员工欢迎。此项工作端正了员工的家教理念，拓宽了育子思路，传播了教育孩子的科学方法，不仅受到员工的欢迎，也引起了企业领导的关注和重视，把编写《家庭教育》列为企业重点工作之一。这一决策大大鼓舞了他继续办好《家庭教育》的热情。寇迎春说，要把更好的文选呈现给员工，奉献给企业。

四、义不容辞做好企业关工委工作

寇迎春说，9 年多的关工委工作，他收获很多，除了工作能力有了很大提升，思想上、精神上的收获更大，这是无价之宝。

他认为，工作的过程就是学习的过程。9 年的工作实践确实学到许多新知识。要想帮助别人，首先自身要有能力；要想照亮别人，就要给自己的蜡烛不断添油。为了更好地与青年员工沟通交流，他不断地学习新理论、新知识，为进一步做好企业关工委工作奠定了坚实基础。

9 年来，在他的带领下，信誉楼商厦关工委工作越做越好，不仅得到了企业领导和职工的认可支持，也得到了上级领导的充分肯定。在中国关工委成立 15 周年之际，黄骅市关工委为他颁发了"纪念章"；自 2011 年至 2016 年，沧州市关工委先后三次授予黄骅市信誉楼关工委"五好基层关工委"荣誉称号，三次授予寇迎春个人"先进工作者""优秀五老"荣誉称号；2016 年 10 月，河北省关工委授予他"全省关心下一代先进工作者"荣誉称号。

人生何所贵，所贵有始终。寇迎春表示，将会继续努力，发挥余热，多做奉献，把已经融入他身体一部分的关心下一代工作做得更好。

德育为先　贴近实际　竭诚为青少年服务

——记南皮县关工委常务副主任齐茂源

齐茂源，工作 40 多年来，兢兢业业，恪尽职守，努力工作，获得了很多荣誉。退休后，于 2002 年 10 月任南皮县关工委常务副主任，工作中坚持以人为本，德育为先，竭尽全力做好关心教育下一代工作，取得了一定成效。

一、加强对青少年的思想道德教育，注重培养"四有"新人

15 年来，他始终坚持以社会主义核心价值观为统领，强化对青少年的思想道德教育，让青少年牢固树立正确的世界观、人生观和价值观，争做社会主义"四有"新人。齐茂源先后撰写了《学党史、知党情、颂党恩、跟党走》《弘扬民族精神，立志报效祖国》《树立社会主义荣辱观，做社会主义"四有"青少年》《践行社会主义核心价值观，做无愧时代的优秀青年》等 48 篇、共 30 余万字的文章；组织宣讲团先后到 56 所中小学和 35 家企业，为 2 万多名师生和企业员工作爱国、敬业、诚信、友善、法制教育报告，同时不忘言传身教，教育青少年做"三好少年"，献"五心"（忠心献给国家，爱心献给社会，孝心献给父母，关心献给他人，恒心留给自己），青少年学生中好人好事层出不穷，涌现出见义勇为、舍己救人的"三好少年标兵"张博文等先进个人；结合典型事例和自己多年来的经验体会，多次为企业高管和学校领导授课，内容感人至深，耐人寻味，收到了很好的效果。

二、办好家长学校，优化家教环境

齐茂源把办好家长学校作为新时期家庭教育的重大举措。他组织了多次家庭问卷调查，根据调查内容，提出具体指导意见，并身体力行抓落实。在全县关工委系统家长学校开学典礼上，他作了《努力办好家长学校，确保未成年人健康成长》的讲座，从为什么办家长学校、办好家长学校的好处、怎样才能办好家长学校三方面，从理论和实践相结

合的角度讲深讲透，收到了较好的效果。

办好家长学校讲师队伍培训班。齐茂源是家长学校讲师队伍的成员，也是家长学校讲师队伍的辅导员。他先后在家长学校讲课 28 次，听课家长达 9000 多人。每次讲课，他都请家长学校讲师队伍成员听课，听后提出中肯的建议；对讲师队伍的新成员进行定期培训，讲方法，谈体会，互相切磋学习。通过努力，家长学校讲师队伍不断壮大，授课水平不断提高，家长学校讲师队伍由 156 人发展到 528 人。

齐茂源（中）为学生家长赠书

抓典型推动全面工作。齐茂源以南皮县二中家长学校为典型，召开现场会，推动了全县家长学校工作的深入开展。南皮县二中家长学校实行"学校、家庭、社区"三结合，让学校教育深入到家庭、社区，使家庭、社区教育落实到学校，优化了对青少年的教育环境，改善了教育效果。南皮县关工委会同教育局及时推广他们的经验，促进了全县家长学校工作的开展，目前全县 145 所中小学均成立了家长学校。

三、加强法制教育，预防未成年人犯罪

在全县中小学开展普及法律知识活动的过程中，齐茂源结合本县实际，用典型案例对青少年进行预防犯罪教育。2006 年 8 月 25 日，南皮县寨子镇单庄村发生了灭门惨案，竟是一名 13 岁的少年安某某所为，从杀死弟弟到杀死婶婶再到杀死奶奶，在现场作案达 3 个小时之久。为等下一个目标的出现，他守着尸体泰然自若地看电视、VCD，并思考如何下手，杀人当天晚上又连续两次潜入现场，焚尸灭迹，销毁罪证，为

警方破案设置团团迷雾。

这个见了老鼠都害怕的 13 岁少年何以犯下如此惊天大案呢？社会反响极大，令人十分震惊。齐茂源从实地调研中发现，是外界的不良影响扭曲了他的灵魂。血淋淋的事实，使他越发觉得加强对青少年的法制教育的重要性和紧迫性。调研回家后，齐茂源久久不能入睡，经过三昼夜的奋战，写出了长达万字的《树立社会主义荣辱观，做社会主义"四有"新人》讲稿。讲稿从热爱祖国、团结友爱、尊师敬长、艰苦奋斗、自立自强、遵纪守法、自觉抵制社会不良影响六个方面，教育广大青少年学生要立志、明德、守法、成才。讲稿印制 500 份发给学校的教师们，他还到 15 所学校和 6 个社区的家长学校讲课，强调对青少年进行法制教育的重要性。

四、坚持编写"县本教材"

齐茂源继 2008 年主编了《家庭教育与青少年成长》一书后，2015年下半年，在县委、县政府的大力支持下，又主持编写了《一切为了下一代》和《国学研修文选》。在两书的编写过程中，他与南皮县关工委的有关同志，深入 20 多个单位召开座谈会、研讨会，为两书拟定编写提纲，搜集、阅读了 200 多篇文章，对精选入书的 126 篇文章进行多次校对和修改，还撰写文章 17 篇。经过近一年的努力，两本书正式出版，印刷 3000 册，全部免费发放。在 2017 年初有县四套班子分管领导参加的年终工作总结暨《一切为了下一代》《国学研修文选》首发仪式上，齐茂源作了《不忘初心修仁德，继续前进谱新篇》的报告，在县电视台多次播放，引起了强烈反响。

五、当好网吧义务监督员

2008 年，南皮县段六卜村有两名未成年人，在本村网吧为了争座位，殴打起来，其中一人用刀把另一人捅死。这血淋淋的案件使人感到震撼。于是，齐茂源动员了 57 名五老志愿者，担当起网吧义务监督员，配合执法部门进行拉网式清查，在取缔了 300 余家黑网吧的基础上，对有证营业的网吧进行不定期巡查，发现问题及时解决。在一次巡查中，齐茂源发现一家网吧存在消防隐患和小包间关门上网等违规情况，他多次找网吧主人谈心，为其管理出谋划策，帮助其对存在的问题进行整改。在他的帮助下，这家网吧被评为"星级网吧"。

六、不忘初心，深入开展党史国史教育

齐茂源坚持认真学习，思想常新，长期坚持对广大青少年进行"两史"教育。如2015年在南皮县关工委和团县委开展的党史教育活动中，他认真学习《中国共产党党史》，查阅《南皮党史大事记》，组织编写了《学党史、知党情、颂党恩、跟党走》和《功业千秋张隐韬》等党史教育讲稿，印发至全县中小学校和各关工委，组织广大师生学习，并到多所中小学为师生作党史教育报告。

齐茂源坚持不断创新工作思路，将"两史"教育和实践活动有机结合。实际工作中，他把"两史"教育与创建"零犯罪"学校结合起来，与争当"三好少年"结合起来，与献"五心"活动结合起来。齐茂源着眼教育，立足校园，组织南皮县法治工作站30多名同志，深入开展依法治校活动，长期保持了全县青少年"零犯罪"的目标，保持了学校安全工作"零事故"的记录。在沧州市关工委召开的2015年工作总结大会上，齐茂源代表南皮县关工委所作的《精心组织，真抓实干，南皮县当年实现创建"零犯罪"学校目标》的经验介绍得到与会领导和同志们的一致好评，沧州市关工委还将南皮县的经验转发各县（市），供学习借鉴。"南皮经验"先后被《沧州日报》、搜狐网等多家媒体报道。

把"两史"教育与"南皮发展我成长，我为南皮作贡献"活动结合起来。随着社会主义核心价值观教育的深入开展，齐茂源撰写了《践行社会主义核心价值观，做无愧于时代的优秀员工》的报告材料，并在南皮县关工委、县总工会共同举办的有企业厂长（经理）、业务骨干等400多人参加的培训会上作了报告，受到了与会人员的一致好评。会后，齐茂源又深入20多家重点企业作专题报告，促进了全县各企业"学党史，见行动，践行社会主义核心价值观"活动的开展。

把"两史"教育与加强党支部建设结合起来。齐茂源任南皮县直离退休干部党支部书记17年来，把离退休干部思想建设工作作为党支部工作的重点来抓，制定了"2134"的学习模式，突出"两史"教育，确保老同志思想常新，理想永存。他还组织支部有讲解能力的党员到全县重点学校和县直机关关工委作党史辅导报告。

多年来，齐茂源自费购买《中国老年报》，关于纪念中国共产党成立90周年、庆祝中华人民共和国成立60周年、喜迎十八大、纪念中国

齐茂源主持南皮县青少年"两史"教育会议

共产党成立 95 周年和红军长征胜利 80 周年等专版知识竞赛题 200 余张，在支部集体学习日组织全体党员答题。每次答题活动气氛活跃，充分体现了知识性、趣味性、可读性和实效性。2010 年暑假期间，齐茂源又组织了百名学子参加《参考消息》主办的首届"奖学金·国际知识竞赛"，丰富了学生的暑假生活。

老树春深更著花，绘就最美夕阳红。多年来，齐茂源秉持着离岗不离志、退休不褪色的原则，坚持工作，为党和人民奉献他的一切。齐茂源曾经说过，有一种财富是无私，有一种高尚是奉献，无私奉献是共产党员的高贵品格。他表示愿为青少年的健康成长贡献余热，再立新功。

释放正能量　晚霞也辉煌

——记青县关工委副主任陈文升

"人生就像一天的太阳，朝阳有生机，夕阳同样有能量，释放光和热，晚霞也辉煌。"这是有47年党龄的77岁退休干部陈文升在他的《拥抱夕阳》一书中的一段话。他2003年初从青县政协党组副书记、常务副主席岗位上退下来，担任青县关工委副主任兼爱国主义教育报告团团长。他常说，身为一名党员退休干部，既然责任在肩，说一千道一万，不如做个样子给人看。于是他勤于读写、善于思考、勇于创新，自觉把个人优势与社会需求紧密结合，乐做"四员"谱新篇。

一、尽职尽责，乐当家教辅导员

他认为，只有家长好好学习，孩子才能天天向上。为此，他力求做到与时俱进，把责任融入日常生活中；善于和孩子及其家长交流与沟通。他每年都订阅十几种相关报刊，还购买了60多本家教名著，学以致用。他走访了近百位家长和青少年，于2008年出版了为家长支招、与青少年交流、回答孩子成长中60个怎么办的专著《托起朝阳》，深受读者欢迎。

此后，他又根据教育局要求和广大家长的渴望，撰写了《当心家教中的十个误区》和《处理好隔代教育中的多种关系》两篇体会文章，应邀在多种场合演讲。其中在青县树人学校为600多名家长和老师的演讲，被沧州市政府官网和市委老干部局网转发。

为加强青少年爱国主义教育，16年来，他和报告团的同志多次深入基层作传统教育报告，受教育青少年难以数计；会同宣传、教育、文联等单位举办了创作红色童谣征文，筛选出200首童谣，结集出版了《童声放歌》，在校园内外广为传唱；在倡导多读书读好书和捐赠图书活动中，他带头先后向王镇店、辛庄子、大鹁鸽留等中小学和家长捐赠图书8000多册。

他还在日常生活中创建了有益于走近孩子、了解孩子、影响带动孩子健康成长的"老手牵小手，广交隔代友"的活动形式，2012 年在全县推广。2013 年，河北省老年事业促进会、老年事业发展基金会和《老年日报》《燕赵老年报》举办"幸福晚年"征文大赛，他写的《广交"隔代友"》荣获二等奖。为帮助孩子们平稳度过青春期，又试开通"祖孙热线"，为隔代孩子答疑解惑，成为家长的得力助手。

陈文升（右四）介绍"老手牵小手，广交隔代友"活动开展情况

他深知打铁必须自身硬，身体力行说话灵，自己的家庭给力才更服众。所以他很注重自己的家庭建设。多年坚持撰文纪念先人，几十篇充满正能量的纪念文章见诸报端。他把已见报的《父亲的老秤传家风》和《母亲的布头儿精神永不忘》印发给孩子们熟读牢记。全家都在传承好家风，堂堂正正做人，认认真真做事，令邻里亲友很是羡慕。

二、解难释疑，乐当义务咨询员

因为他善解人意，又有颗乐于助人的心，退休后登门咨询求助的不断，他便当起义务咨询员。找他最多的是亲友车辆被扣挨罚的事。他借机通过讲案例，宣传相关法律，劝导 20 多个汽车、农用三轮车司机办齐了证照，并注意安全驾驶。有的司机父母动情地说："俺们能睡安稳觉了！"

来求助的也不乏清官难断的家务事，他硬是靠着"一手托两家，摸准脉搏解'疙瘩'"的方法，先后帮助 30 多户解决了家庭成员间关系僵持的问题。他老家退休工人陶起因常和儿媳妇生气产生厌世情绪，儿媳妇吓坏了，于是托人来求教。他给出主意：一是投其所好尽孝心；二是让老人读读我写的《拥抱夕阳》一书中《别拿儿媳当外人》这篇文章。儿媳妇照办。半个月后，这位老人有了乐模样，还帮助儿媳妇干家务活。他的族家弟弟陈华，因大儿子是天津下岗职工，快30岁了还没成家，哭丧着脸来求招儿。他建议孩子去青县信誉楼应试。结果孩子被录取，而且干得很出色，不到半年就结了婚。他先后帮助8人转变择业观念，进了民企，大都成为业务骨干。在他的亲友中，曾多次因各种纠纷处置不力导致矛盾趋向激化，他都在苦口婆心劝导当事人的同时，向有关执法部门提出办案"三宜三不宜"的建议，即"宜快的不宜慢，宜明的不宜暗，宜调的不宜判，充分考虑社会效果，尽量减少后患"，引起执法部门高度重视，一些矛盾大都调解成功，平息了事态。这一建议被《河北审判》杂志刊载。

三、发挥优势，乐当热心通讯员

他是多家报刊四五十年的老通讯员，退休后仍然兴致不减，而且当起"传帮带"的热心通讯员。青县中心敬老园办有园报，园长向他诚征意见。他通过荐人才、当参谋、供稿件，使园报成了敬老园的名片、文化养老的名牌，名扬省内外。凡是单位办通讯员培训班、文友登门求教，他都有求必应，帮了别人，也提高了自己。他每年都有六七十篇稿子见诸报刊，还结集出版了反映社情民意的言论集《茶亭小语》、倾情感恩家乡父老和反映个人足迹的散文集《故乡情思》、反映老年人奉献余热和乐享晚年的《拥抱夕阳》等多部著作，获奖30多项，其中沧州社科优秀科研成果三等奖4项。2011年，河北省全民阅读活动组委会办公室面向全国举办"我的阅读生活"征文，他写的《我家阅读习惯的养成》荣获一等奖。2017年，沧州市委老干部局举办"畅谈建言"征文，他写的《忆成长谢党恩》被采用，同时被市委党史办内刊《鉴证沧州》全文刊发，对文友们促进很大。

他还应聘为青县文联义务顾问，积极为业余文学爱好者施展才华献计出力，建议搞创作一定要接地气、有底气、聚人气、扬正气，并带头紧密配合省市县的道德建设，创作道德故事近百篇，公开发表，被文联主席誉为德艺双馨的老作家。他将自己50年来的读写体会文章专辑《读写之乐》，馈赠给所有求书的读写爱好者，对写作新手帮助很大。

四、促进和谐，乐当社区义务服务员

他搬进刚交付使用的康泰新区时，因没有物业，院内杂草丛生、猫狗为患、垃圾遍地，业主苦不堪言、上访不断。在社区党支部的领导与

支持下，他积极主动地和老同事一起组织起十几名小区管理志愿者，分头做工作，采取"大家的事大家管"的具体办法，院里净了，路灯亮了，下水道通了，绿化带绿了。为让小区更美，他带头从自家楼上取水浇地，种花植树，小区环境越来越美。为完善小区功能，他又和退休干部及在职人员共同努力，筹资建起包括党小组活动、业主健身、家长学校、图书阅览等在内的多功能活动室，并实现了集体供暖、用上天然气，得到业主好评，成为县城小区的样板。

陈文升乐做"四员"的感人事迹在青县传为佳话，也使很多青少年深受启发教育，为此，他多次被评为市、县老有所为先进个人，沧州市关心下一代优秀五老，沧州市优秀德育工作者。

老有所为夕阳红　奉献余热育青工

——记任丘市供电公司关工委主任赵长玉

　　赵长玉1964年参加工作，1984年至1999年任任丘电力局局长、党组书记。2002年退休后，任供电公司老干部协会主席，2010年5月任供电公司关工委主任。

　　赵长玉退休后患过脑溢血，留下走路不便和手脚发麻的后遗症，左腿股动脉狭窄70%，胫动脉狭窄90%，还患有高血压、糖尿病等疾病，他硬是凭着一位老共产党员高度的责任心和使命感，在与疾病抗争的同时倾心投入关心下一代工作。上任伊始，他就遇到了难题，完全不知道该怎么着手工作。于是主动向任丘市关工委的领导们请教，向《中国火炬》学习，从上级关工委安排的基本工作任务做起，一点一滴地摸索，策划宣传教育活动，经历了从"不会干"到"干不完"，从"布置检查"到"亲自动手"的艰辛过程，带领关工委一班人为公司下一代的健康成长做了大量卓有成效的工作，受到欢迎和好评。任丘市供电公司关工委2013年9月被中国关工委评为"全国五好基层关工委先进集体"，他个人被评为全省"关心下一代工作先进个人"；2013年12月，他被评为河北省第三届"优秀志愿者"；2014年11月，他被国网河北省电力公司离退休工作部评为"国网河北电力老年之星"；2015年2月，他被授予"全省离退休干部先进个人"；2015年8月，他被中国关工委、中央文明办授予"全国关心下一代先进工作者"荣誉称号。

一、立足培养青年职工，开展"结对子"帮教活动

　　2010年8月，供电公司关工委组织五老志愿者与本单位的青年职工开展"结对子"传帮带活动，安排37名优秀五老志愿者与69名职工"结对子"，结对双方在公司"结对子"动员大会上签订了五项"约定"，明确了双方的责任和义务。2011年，又确定8名优秀老党员与8名入党积极分子"结对子"。2015年，又组织五老开展了"一帮二""二带三"的帮教活动。"一帮二"就是退休干部既帮儿女又帮孙子、

孙女两代人，教育儿女在家中做好成员，在单位做好员工，在社会做好公民；"二带三"就是退休干部和儿女们一起带领孙辈们成长，教育引导孩子在家做个好孩子，在学校做个好学生，在社会上争当小雷锋。经过扎实工作，2010年至2014年，在77名"结对子"青年中，56人次被评为本单位的先进个人，25人次受到上级表彰，7人被提拔重用，11人加入了中国共产党。2015年，共有41名退休干部与126名儿孙通过签约确定了帮带关系（其中职工54名，少年儿童72名），54名"结对"职工中有27人次受到上级和本单位的表彰，少年儿童爱劳动、懂礼貌、崇德向善的典型事例层出不穷。赵长玉等五老开展的"结对子"活动受到省、市和任丘市关工委领导的肯定和好评。

赵长玉向河北省关工委常务副主任王加林汇报公司关工委工作

二、自编教材，对青年职工进行社会主义核心价值观教育

对青年职工进行教育，使用什么样的教材很重要。在找不到符合本单位实际的现成教材的情况下，赵长玉决定自己撰写。一是撰写了1.1万多字的《从电力事业发展看任电精神》的教育材料，回顾了50年来任丘市电力事业走过的艰辛历程，多位老同志的典型事例深刻诠释了任电人艰苦创业、无私奉献的精神。二是撰写了1.4万多字的《感恩报告》材料，通过召开感恩教育报告会，在青年职工中引起了强烈的共鸣。三是撰写了1万多字的《遵守职业道德规范做合格员工》教育材料。另外还撰写了《难忘的九一八》《共同的家园》《赵长玉与职工谈观点》三篇文章，教育青年职工树立"人生的价值在于奉献，实现人

生价值在于艰苦奋斗"的观念。这些教育资料，除了举行教育报告会向青年职工宣讲外，还刊登在公司的内网上，供大家阅读。赵长玉先后撰写了7万多字的教育材料，收到了很好的教育效果。

2016年，赵长玉带领供电公司关工委满怀激情地开展了"两史"教育活动。在公司党委的支持下，把"两史"教育融入到"两学一做"学习教育实践活动中。赵长玉等五老自己动手编写了《回顾16次党章修改，追忆党的历史进程》和《学习中国近现代史，增强青少年爱国情怀》两个教育材料，共2.6万余字，印发到机关及下属单位各党支部，供职工学习和讨论使用。为进一步推动"两史"教育深入开展，他回顾总结了一年来"两史"教育成果，编辑了《学"两史"知行汇编》，收录了"两史"学习心得、立足岗位作贡献的典型事例和活动图片以及2016年善行典范的先进名单。

三、举办关工委工作情况展览

为做好关心下一代工作，进一步营造浓厚氛围，近年来，赵长玉组织举办了三次关工委工作情况展览。2013年第一次活动展，主要展示公司关工委活动开展情况及员工中涌现的好人好事；2015年的宣传展，主要展示公司关工委和五老志愿者们的无私奉献精神，反映了供电公司职工的精神面貌和职工后代的高尚美德；2017年初，举办了第三次展览。为搞好"两史"教育，2016年12月23日，赵长玉组织青年职工和五老志愿者共38人，赴京参观了卢沟桥和中国人民抗日战争纪念馆。为扩大受教面，他将拍摄的中国人民抗日战争纪念馆中的图片资料和任丘人民抗日斗争的内容进行了编排，制作了13块展板，在公司本部、集体企业、家属区和老干部局进行了为期38天的巡回展出，让职工既了解全国又了解本地的抗日斗争史。

四、在青年职工中开展学《弟子规》、做文明人活动

为积极响应沧州市关工委关于在青少年中开展学习《弟子规》活动的号召，赵长玉自己筹措资金，无偿向干部职工赠送300册《弟子规》供大家学习，深受大家欢迎。任丘供电公司关工委把组织公司员工学习《弟子规》与学习河北省电力公司制定的《员工礼仪规范》结合起来，并通过召开座谈会等形式让员工谈体会比行动，使公司的礼仪文化建设升华到了一个新高度。

五、开展"学雷锋、心向党、讲品德、见行动"主题教育活动

为推动学雷锋活动的开展，赵长玉带领供电公司关工委每年都举办或参与学雷锋活动，除组织职工参加任丘市关工委召开的学雷锋主题报告会和本单位组织的学雷锋典型交流大会外，还以当年的学雷锋积极分子、曾受到毛主席接见的沧州供电公司职工谢清洁的先进事迹，对广大员工进行教育。他们编写了《感悟榜样的力量》一书，刊载的都是公司干部职工学雷锋的真人真事，用身边的好人好事引导学雷锋活动的开展。通过开展学雷锋主题教育活动，公司呈现出了争先创优、争当雷锋传人的浓厚氛围，树立了张凤莲等56名学雷锋的典型榜样，学雷锋活动在单位内实现了常态化。

六、围绕大局，主动作为

随着电力系统廉政文化建设的深入开展，公司关工委以此为契机，经领导同意，在供电公司两个家属区办起了廉政建设宣传栏，召开了党风廉政建设五老研讨会，引导老同志把廉政文化带进家庭。赵长玉组织五老做这些事情，就是为了让青年职工时刻接受廉政文化的熏陶，净化心灵，看清方向，不要被一些负面现象迷惑。

赵长玉从事关心下一代工作9年来，他和五老们的辛勤付出有成果、受好评，给单位赢得了荣誉，自己也深切感受到了奉献余热、老有所为的喜悦。

关爱下一代：责无旁贷，义不容辞

——记肃宁县关工委主任裴平分

裴平分虽至古稀之年，却仍以饱满的工作热情从事着自己热爱的关心下一代事业，矢志不渝地为青少年的健康成长发挥余热，贡献力量。

1984年，裴平分担任肃宁县文教局局长，从此与关心下一代工作结下了不解之缘。后来，他历任县委办公室主任、县委组织部长、县委副书记，直到从县人大副主任、党组书记的岗位上退下来，始终关心支持着关心下一代工作。多年从事思想政治工作的经历，使他深刻认识到，对青少年的思想道德教育时刻不能放松。改革开放以来，我国的综合国力和人民生活水平极大提高，但拜金主义、享乐主义、普世价值等西方腐朽思想和负面意识形态也迎面而来，对青少年的健康成长造成不利影响。面对青少年思想混乱、信仰缺失、道德滑坡甚至违法犯罪的局面，裴平分痛心疾首。加强青少年的思想道德教育，为中国特色社会主义事业培养可靠接班人的政治责任和历史使命始终萦绕在裴平分的心头。2009年，县委领导邀请裴平分担任肃宁县关工委主任，他欣然答应，从此，裴平分成为一名光荣的五老志愿者，全身心地投入到自己热爱的关心下一代工作中。

近年来，裴平分团结带领全县五老志愿者广泛开展对青少年的社会主义核心价值观教育，努力提高青少年的政治素质、思想素质、科学文化素质和健康素质，关工委的社会认可度和知名度不断提高，全县关心下一代工作保持了良好发展态势。

一、狠抓组织建设，全县形成了关心下一代工作的组织网络

裴平分刚接任肃宁县关工委主任时，面对的是无经费、无办公地点、人员缺乏、基层组织不健全的情况。他没有气馁，经常和县关工委的同志们开着自己的车到学校、农村、企业调研指导。通过深入基层调研，确定了"建班子，带队伍，谋发展，求实效"的工作方针，全面加强组织建设。2015年，为落实好河北省关工委"四落实"的工作要

求，裴平分争取县委、县政府的同意和支持，对肃宁县关工委进行了比较大的调整充实，聘请两名科级退休干部进入县关工委领导班子，抽调县教育局一名关工专干充实到县关工委办公室，进一步增强了关工委力量。为了满足日益丰富的工作需要，向县政府申请，增拨了专项经费，增加了办公面积，新添置了两台电脑，县关工委机关实现了有组织、有人员、有经费、有办公地点的"四有"目标。按照组织机构向基层延伸的要求，裴平分积极抓好基层关工委组织建设工作，目前，全县共建立村级关工委组织 168 个，建立企业、社区、学校关工委组织 95 个，实现了"哪里有青少年，哪里就有关工委组织"的目标。

关心下一代工作是一项系统工程，需要全社会的帮助支持。裴平分着力构建全县关教大格局，形成关工委牵头抓总、沟通协调，成员单位支持配合，民间社团积极参与，全社会齐心协力关心下一代的工作局面。几年来，在他的组织安排下，关工委、团委、教育、文化、司法、公安、检察院、法院、文明办、肃宁书画院、肃宁志愿者协会、志愿援老协会等部门和群众团体，共同开展了道德模范进校园、优秀传统文化进校园、法制教育进校园等教育活动，"爱学习、爱劳动、爱家乡"征文比赛、法制教育征文比赛以及帮助贫困儿童和留守儿童的关爱活动。大家在关心教育好下一代的共同理想引领下，同栽一棵树，共摘一个果，工作热情空前高涨，教育形式既丰富多彩，又贴近青少年实际生活，真正收到入脑入心的教育效果。

二、从开展党史国史教育入手，加强社会主义核心价值观教育

2016 年，裴平分发动关工委、成员单位、五老志愿者，抓住建党95 周年和红军长征胜利 80 周年的有力契机，深入开展青少年喜闻乐见、务实有效的党史国史教育活动，全面加强青少年思想道德教育和革命传统教育，引导青少年感恩党、感恩祖国、感恩社会，自觉听党话、跟党走，积极践行社会主义核心价值观，争做中国特色社会主义事业的建设者和接班人。为把活动开展好，他提出了党史国史教育与地方史教育相结合的方法。为向青少年提供丰富翔实的历史资料，裴平分认真组织好地方史教材编纂工作，自己带头，组建起强有力的编写班子，编写完成 10 多万字的《壮志树丰碑——中共肃宁简史》。为使党史国史教育形象生动，他与有关单位沟通协调，加强爱国主义教育基地建设，到2016 年，肃宁县关工委在全县命名教育基地总数达到 26 个，这些教育

基地围绕教育主题，多角度展示教育内容。他又积极筹措资金，为每个基地制发牌匾，聘请五老志愿者担任宣传员，通过组织青少年到基地参观学习，使青少年感受社会的巨大变化，认识历史的进程和发展脉络，从中受到启迪、得到教育，增强自豪感，激发起青少年热爱家乡建设家乡的感情。

在清明节、五一劳动节、六一儿童节、党的生日、建军节、国庆节等相关节庆、纪念日和重大活动等时间节点，裴平分带领以老党员、党史专家、老教师为骨干组成的讲师团，深入学校、机关、农村、企业，做好党史国史和革命传统宣讲工作。他走进孩子们中间，与孩子们拉家常、谈理想、讲历史、讲传统，为孩子们答疑解惑，向他们反复讲解中国为什么走社会主义道路、中国为什么选择了共产党、资本主义制度为什么不适合中国、西方政体的弊端有哪些等，受到广大青少年的由衷欢迎。

裴平分参加肃宁县庆六一联欢会

通过对党史国史的学习，全县广大青少年从党的光辉历史和祖国的优秀文化中获得强大精神动力和智慧源泉，并积极付诸建设家乡的实际行动。许多青少年思想政治水平极大提高，踊跃申请入队、入团、入党，积极参加"争做三好少年""肃宁发展我成长，我为肃宁作贡献"和"两学一做"学习教育活动。"青年志愿者服务协会"和"志愿者援老协会"等社会公益组织，开展了"学雷锋、讲文明、树新风""宣讲社会主义核心价值观"及走进校园满足少年儿童的"微心愿""走访革命前辈、优秀党员、劳动模范、身边好人"、捐款救助困难群众和贫困学生等一系列活动。还有许多青年继承前辈的优良传统，紧跟社会前进的步伐，发愤图强，自主创业，积极投身于市场经济大潮之中，成为"双创"带头人，走上新的致富路。

三、完善措施，全力搞好对青少年的法制教育

对青少年进行法制教育是一项重要紧迫的工作，裴平分十分重视，组织开展了法制教育进校园活动。督促教育局建立完善了法制副校长配备制度、法制教材进课堂制度、经费保障制度、定期督查制度、两年一度的评选认定"法制教育达标学校"制度、重大刑事案件和重大安全事故追责制度等，努力为法制教育进校园活动经常化开展提供保障。他还与司法局联系，抓好防治学校暴力事件的法制教育，通过采取普及法律知识、解剖典型案例、组织参观法制教育基地、突出对问题学生的重点教育等，防止欺凌和暴力事件在校内外发生。为搞好学校、家庭、学生三位一体的法制教育，自 2017 年 1 月以来，裴平分组织县关工委、教育局、司法局、团县委、县妇联，在全县中小学开展"我与法"征文活动，旨在通过广大中小学生的参与，提高广大学生的法治意识，并通过每一名学生，"小手牵大手"，带动若干家庭，影响周围群体，让法律意识和法治观念在全社会广泛深入传播。大赛收到了预期的效果，调动起广大学生学法、尊法、知法、用法的积极性。此后还选取 100 篇优秀作文结集成册，裴平分做序，印发给广大学生。为整合教育资源，裴平分联合司法局、公安局、法院、妇联、团委、教育局等单位，于 2016 年 11 月 21 日，成立了沧州市法制宣传教育协会肃宁县法制教育工作站，大家推举他担任名誉站长，由这几家单位一起联合开展普法进学校活动，统筹安排好对全县青少年普法宣传教育工作。

四、深入开展净化社会文化环境活动

为净化全县社会文化环境，裴平分多次召集相关部门负责人召开工作会议，对净化社会文化环境工作进行部署，成立工作领导机构，制定相关工作方案，明确工作目标和任务。他采取上门邀请的办法，招募30 名身体较好、有一定相关工作经验的五老志愿者加入网吧义务监督员队伍，做到每个网吧都有义务监督员进行经常、有效的巡回监督。他还深入调查走访，及时发现问题，提出建议，配合有关部门落实网吧实名登记管理制度，解决未成年人进网吧的问题。几年来，共组织清理黑

网吧行动 8 次，开展校园周边环境整治 3 次，取缔黑网吧 15 家，没收电脑 42 台，清理学校周边娱乐场所和影像、图书出租、销售摊点 30 余家（个），为孩子们营造了文明健康的社会文化环境。

五、搞好家长学校建设，提高家长科学教育子女的能力和水平

"父母是孩子的第一任老师"，裴平分始终把家长学校工作作为工作的重点，积极抓好各项工作的落实。他多次到家庭、学校调研，与家长、教师、学生座谈，听专家授课，与教育专家交换意见，总结出当前家庭教育存在的三个问题：一是就业形势的压力，一些家长的成才观变得越来越狭隘，甚至扭曲，一味追求升学而忽视道德品质教育；二是个别家长由于自身条件的限制，缺乏必要的教育知识和教育手段，家庭教育不知如何抓起；三是家长期望值超出孩子的承受能力，造成家长与孩子沟通难。鉴于此，裴平分明确提出办好家长学校的目的：要让家长树立正确的成才观，帮助家长提高科学教育子女的能力。为全面搞好全县家长学校建设工作，他组织肃宁县关工委、妇联、团委和教育局关工委联合成立家长学校建设工作领导小组，切实担负起指导和推进家长教育的责任。目前，全县幼儿园和中小学都按照标准建立了家长学校，实现了家长教育全覆盖。

多年来，裴平分为青少年做了许多有益的工作，但他自己却总是说，离组织的要求、群众的期望、青少年的需求还有很大差距。他表示，今后要认真学习习近平新时代中国特色社会主义思想和习总书记对关心下一代工作的重要指示精神，强化大局意识，牢记职责使命，把促进青少年的健康成长作为第一要务，全方位多层次高质量地为青少年提供服务，找准业务工作和全县改革发展大局的契合点，把工作重心放在助推县委确定的建设"经济强县、美丽肃宁"的奋斗目标上来，把关心下一代工作更好地融入全局工作，做到主动参与、主动支持、主动作为，以创新型举措和创造性的实践支持全县经济发展，实现教育效果和社会效果的良好统一。

万里觅英魂　大道启后昆

——记献县五老赵文岭

赵文岭，中共党员，虽是一个地道的农民，但他的头衔却不少：中国农民摄影家、马本斋纪念馆馆员、八路军回民支队珍藏馆馆长、沧州市青少年爱国主义教育基地——马本斋事迹资料珍藏馆负责人，等等。然而，让他感到最自豪的身份是献县关工委五老志愿者。

作为一个农民，除了种地，赵文岭还干了两件事：一是用尽毕生心血，走遍长城内外，寻觅民族英雄马本斋和他的回民支队战友的足迹，唤醒他们沉睡的英灵，走上时代的祭台；二是把他们那一代人的爱国主义、英雄主义、奉献精神发扬光大，变成当代青少年的精神食粮。

一、用生命与热血复活英雄历史

在小的时候，赵文岭看着自家屋顶烧焦的椽檩和墙上的弹洞，不由得问母亲是怎么回事。母亲慈祥的面庞顿时变得异常严肃，母亲告诉他，这都是日本鬼子造的孽，这伙强盗到处杀人放火，奸淫掳掠，无恶不作，要不是马本斋率领回民支队打鬼子，咱这一带早就变成焦土了。长大后，赵文岭逢人便打听马本斋和回民支队，老人们有的说去了山东，有的说去了延安，年轻点的就只能复述电影《回民支队》的片段了。改革开放后，受"一切向'钱'看"思潮的影响，80后、90后对英雄的认识，已模糊得像天边即将散去的一丝云烟。不知为什么，赵文岭觉得自己必须承担这份沉重的历史责任——寻觅英雄，复活历史，决不让那些用热血浇灌了我们自由幸福之树的英雄们无声无息地消失在历史的长河中。

他虽然是一个没有多少文化的农民，但国家兴亡，匹夫有责，他想为国家做点事，干不了大事，就干小事。1988年，他用自己在建筑工地上推沙扛灰辛苦挣来的1000多元，买了一架当时还算高档的照相机，骑着"大铁驴"直奔马本斋的故乡——献县本斋公社本斋东村（原名东辛庄）。值得庆幸的是，马国亭、马瑞强、马国文、马维超等一批老回支成员还都健在，他们听赵文岭说明来意，既高兴又惊讶。他除了为他们照相，还帮他们打扫庭院，收拾房间，洗刷用具，很快便成了忘年之交。他们把自己跟随马本斋揭竿举义、投奔八路军、血战冀中、坚守山东的故事讲给赵文岭听，赵文岭足足记了厚厚十几本日记，也对马本斋爱国爱民、坚贞不屈、多谋善断、英勇杀敌的英雄形象有了初步的认识。但是，这些同志多数是普通战士和基层干部，在回民支队的经历也不甚完整，对一些重大决策、战役谋划、组织结构并不清楚，故事也显得支离破碎。他觉得有必要寻找回民支队各个阶段的主要当事人，把马本斋和回民支队的历史清晰完整地呈现在公众面前。此时，回民支队的队员大都年逾古稀，因部队调动频繁，退休后散居全国各地，几乎没人知道他们的居住地和联系方式。走遍大江南北、长城内外，寻访一切尚在的回民支队队员，对于他这样一个文化低、出门少、没经费的农民来说，近乎是一种疯狂之举。但下了决心，就一定要干。他骑上"大铁驴"，背上干粮，挎上相机，以献县为中心，向四周"寻访"。衡水周围的康庄伏击战、深县的巧取榆科、白洋淀芦荡藏兵、千顷洼的血战突围、津浦路上的破袭战、深泽城的土炮战，他都进行了实地查访，收集了大量的珍贵史料。一路上，饿了，粗粮饼子就咸菜；渴了，就到老乡家讨碗凉水。最难受的是晚上，住不起店，就在大树下、草垛旁凑合一宿，有时能赶上个候车室就算幸运的了。天热的时候，蚊虫叮咬，浑身都是脓包；天凉的时候，冻得瑟瑟发抖，牙齿都要震碎。每当他蓬头垢面一身脏臭地回到家里，母亲总是满眼泪水。圈子越转越大，了解的情况越来越多，许多关键人物都在千里之外，怎么办？咬紧牙关，继续寻找。父母为支持他，卖了几袋粮食，为他准备了一些盘缠，他先到天津、北京，历尽周折找到了马本斋入党介绍人、回民支队政治部主任、时任基建工程兵副政委丁铁石，回民支队锄奸科长、时任空军副政委刘世昌，还找到了马本斋三弟、回民支队大队长马进坡。在他们那里，赵文岭得到了更多更权威的资料，也得到了他们的热情鼓励和多方帮助。

为了找到回民支队参谋长、老红军张刚剑，他三下四川，打了300多个电话，写了五六十封信，询问了100多人，经过10多年的努力，终于在2011年找到了这位与马本斋生死与共的参谋长。当时张老将军已近百岁，在成都军区医院住院。张将军和家人破例接见了他，赵文岭核实了马本斋和回民支队的重要史料，给老将军照了相。老将军眼含激动的泪花，用最后的力量握着他的手，有些颤抖地说："回民支队谢谢你。"后来得知，他离开成都的第四天，老将军溘然长逝，作为一个汉族人，临终却戴着他一生挚爱的礼拜帽。

为了了解回民支队在冀鲁豫军区的情况，他先后十几次到山东、河南采访；为了探寻回民支队一部从延安奔赴东北的历程，他到双鸭山找到140多位老战士，并为他们照了相；为了找到回民支队最后的归宿，2006年正月初九，赵文岭带上母亲妻子卖掉家中唯一的牲口——一头毛驴换来的620元钱，赶往新疆奇台边境线的三个泉边防连。从奇台到北塔山边防站，还有200公里的山路，在零下30多度的天气里，他等不及接他的车辆，孤身一人走进深山，在崎岖难行的山路上，鞋子很快就磨掉了底，他在路边拔下枯草把鞋底绑住，在呼啸的寒风中继续前行。多亏连队车辆及时赶到，把即将倒下的他抬上了车。到了三个泉边防连，真像到了家。这是回民支队唯一成建制保留下来的部队。在那里，他举办了回民支队军史小型展览，连续三天介绍马本斋和回民支队的英雄事迹，战士们听得入脑入心、津津有味。经连长特准，赵文岭穿上军装，手握钢枪，站了最寒冷的午夜一班岗。

这些年来，他东到双鸭山，西到阿勒泰，南到珠江口，北到大草原，跑遍了大江南北，长城内外，行程约5万公里，寻访回民支队老队员和知情人600余人，搜集资料200多万字，拍摄照片7600余幅，终于还原了民族英雄马本斋和被毛主席誉为"百战百胜"的回民支队较为清晰完整的历史。

二、用英雄精神哺育后人

费尽毕生心血、精力、财力搜集来的宝贝，如果束之高阁、藏于箱底，将变得没有任何意义。慰藉英烈最好的方式，就是让后来人尤其是青少年一代认识英雄、了解英雄、崇敬英雄、学做英雄。

于是，他又干起了三件事：一是自费办展览。他把自己拍摄的英雄照片精选出200多幅，配上文字，办起展览。1994年是马本斋逝世50周年，赵文岭请了几个朋友帮忙，在北京中国革命博物馆举办了第一次大型展览。为了节省费用，他和朋友们睡地下室，吃方便面，每天只睡两个小时，长期身体透支，终于一头栽倒，昏了过去。幸好不久醒过来了，因为怕耽误展览，他没敢声张，直到展览结束回到家才住进医院。那次展览，一炮打响，对军界、文化界都有震动。第一次展览成功后他又在民族文化宫举办过两次大型展览。到后来，赵文岭发觉学校才是最重要的阵地，于是先后在河北大学、献县一中、泊头师范、山东莘县马本斋中学以及献县50多所中小学举办展览，参观展览的师生共计3万多人，收到了良好的效果。

献县团县委组织团员到赵文岭展馆参观

二是积极参与马本斋纪念馆和马本斋母子陵园筹建。他积极协助省、市、县委宣传部编纂规划大纲，并把多年征集来的马本斋瓷盘像、马本斋玉石印章、回民支队党员证、针线包等珍贵文物，全部无偿献给纪念馆。当时，有人出上万元要收藏其中一件文物，被赵文岭一口回绝，尽管他很缺钱。他拍摄的图片也成为纪念馆的主体内容。

三是在自家创办回民支队珍藏馆。赵文岭把自家最好的房子腾出来，布置好回民支队的英雄群像，配好解说词，家乡一带的孩子们可以随时来参观。他既是馆长，又是讲解员。珍藏馆名气越来越大，先后被市、县关工委，文明办和军分区命名为青少年爱国主义教育基地、国防教育基地。这些年，他年龄大了，身体不如从前了，有点跑不动了，便以自己这个家为阵地，继续向青少年宣传八路军回民支队的爱国主义精神、英雄主义精神、牺牲奉献精神。先后有献县、泊头、河间、阜城、武强等县市的上千名中小学生来这里瞻仰英烈容颜、聆听英雄事迹。

老牛明知夕阳短，不用扬鞭自奋蹄。作为一名共产党员，赵文岭表示，要把这个英雄血染的阵地坚守一生，为关心下一代事业无怨无悔。

赵文岭在光明小学举办爱国主义教育图片展

关心下一代　永远在路上

——记盐山县盐山镇关工委副主任王岐凤

王岐凤，中共党员，农业技术推广研究员（正高），现任沧州市盐山岐凤农研会会长、《田野科普》主编，2011年8月任盐山镇关工委副主任、岐凤青少年教育工作室主任。

自1965年以来，王岐凤先后在生产队、大队、公社、沧州市农科所和盐山镇任农技员，几次放弃提拔机会，坚守农技科普50余载。自1978年底，王岐凤开始筹建自己的资料室，历经30多年，先后投资35万余元，现已建成资料丰富、广纳百科的工作资料室。其中2000多本科普图书，分类编号存放；280卷科技工作档案，时间跨度超50多年；还有连续30多年订阅的45种报刊杂志，其中20种已装订存档。积存200个大项、800多个科目，共320卷报刊剪辑，而且每卷资料都可以成为一本书。由于他专注于搞乡村农技科普50多年，成绩显著，曾获得优秀党员、劳动模范和先进工作者等荣誉称号，其中县级27项次、地市40项次、省级17项次、国家部委12项次，共96项次，曾四次走进人民大会堂，受到中央领导接见和表彰。鉴于王岐凤的工作业绩和科普资料室对于教育青少年的独特作用，2011年8月，盐山县关工委把他创建的科普资料室命名为王岐凤青少年教育工作室，并于2012年、2016年被沧州市关工委授予"十佳青少年教育工作室"荣誉称号。王岐凤觉得，这一命名不仅是一种荣誉，更是一种不可推卸的社会责任，因为关心教育青少年是全党全社会的头等大事，事关党和国家的未来，不分你我他，人人有责任。从那时起，他就天天思考如何借助这个平台，发扬无私奉献精神，努力办好青少年教育工作室。

王岐凤为学生们讲解报刊剪辑资料

一、自费编印青少年励志读物《读书、名言、理想——王岐凤在青年时期对人生的感悟》

该书约 7 万字，于 2012 年 9 月 8 日出版，印刷 1000 册，全部捐赠给本县中小学及有关读者。本书主要记述的是王岐凤在 20 世纪五六十年代的人生经历，重点是当年立足本职工作，阅读大量中外名著，抄录的中外名人格言及自己写下的读书心得、感悟摘抄。这些名言，教育了他，感动了他，成为他青年时期成长的基石和动力，成为他人生的根与魂。王岐凤把它整理编成书，献给读者，尤其是奉献给广大青年朋友，希望对当代青年走好人生之路有所帮助和启迪。由于这本书的反响很好，也为了更好地发挥教育工作室对广大青少年的教育引导作用，王岐凤计划再撰写两本书，实施一个益民工程：一本是《守望田野——王岐凤的乡村五十年农技科普之路》，约 35 万字；一本是《田野科普》，到 2021 年出满 200 期后，着手选编《田野科普》200 期精选本，约 80 万字。益民工程是希望在有生之年把 320 卷报刊剪辑编成系列丛书和制成光盘，争取列入全国农家书屋。

二、与青年学生面对面交流思想

他的主要做法是：通过请进来，走出去，言传身教，引导学生如何在青少年时期立志报国，鼓励他们争做"三好少年""优秀青年标兵"，将来做国家栋梁，成为中国特色社会主义国家的合格建设者和接班人。2012年5月1日，特邀本县三中的50名学生到王岐凤工作室学习交流，他讲了人生感悟的两段话，48个字，即："要生存，靠知识，靠技能，靠勤劳；要成功，靠争取，靠奋斗，靠拼搏"；"读书改变命运，学习贵在勤奋；知识在于积累，学问源于用心"。博得学生们一片掌声。2012年8月的一天，王岐凤陪盐山县关工委、教育局的领导到盐山中学召开20名高考贫困生座谈会，他以自身成长史讲了个人的人生观、事业观和价值观，鼓励在座学生积极备考，奋发努力，克服眼前困难，争取圆梦大学。岐凤青少年教育工作室成立以来，每年接待社会各界特别是在校学生近千人，王岐凤均亲自介绍、答疑、演讲，收到了很好的效果。

三、爱心资助贫困学生

自2012年起，王岐凤每年出资2万元，资助4名农村贫困大学生。2016年，第一批受助学生刘帅、朱晓晨、闫立敏等4名学生已圆满完成学业。他又开始资助第二批。王岐凤的资助目标是到2036年，坚持24年出资48万元资助24名大学生完成学业，到那时他要把所有受助大学生召集在一起，以"贫困大学生是如何度过大学4年学习和生活的"为题开个座谈会，之后写一篇《王岐凤和贫困大学生相处岁月的感想》，留给社会。

受资助的贫困学生与王岐凤合影

作为一名80多岁的老人，王岐凤的这些做法、想法，社会上有很多人不理解，不知道这种精神和动力是从哪里来的。王岐凤的回答很简单："我是一名共产党员，这是我应尽的责任，我希望在有生之年能再为关心下一代多作点贡献。"

关心下一代，永远在路上，王岐凤甘于奉献，无怨无悔。

老骥伏枥　志在千里

——记故城县关工委主任刘石营

刘石营，衡水市故城县人，中共党员，退休干部。1975 年毕业于河北师范学院中文系，曾任故城县委办公室副主任，县委常委、纪委书记，县委副书记，县人大主任等职，现任故城县关工委主任。

刘石营钟情书法、绘画、篆刻，喜好摄影、收藏，爱好写作，现为河北省书法家协会会员、河北省民间收藏协会理事、衡水市书协副主席、衡水市老年书画研究会副会长、故城县书协主席、老年书画研究会会长。曾出版《刘石营书法集》《刘石营摄影集》《百岁老人摄影集》《刘石营收藏集》《窑火中的艺术》《岁月留痕》《五月诗画》《故城史话》等作品，主编《我的家乡我的家》《故城人文轶事集萃》《中国地契文化选辑》等文集。

一、老骥伏枥，志在千里

刘石营自 2007 年担任故城县关工委主任以来，以强烈的事业心、责任感和乐于奉献的精神，致力于全县关心下一代工作。首先健全组织机构、壮大工作队伍，随后，以传承中华传统文化为抓手，关爱下一代，取得了显著成绩。2016 年被河北省关工委评为"全省关心下一代工作先进工作者"，2017 年获"全省关心下一代工作最美五老"称号。2018 年，故城县在全市率先启动了以"平语近人，融入校园，弘扬国学，传承经典"为主题的"平语近人进校园进课堂"活动。刘石营不顾古稀高龄，同关工委成员单位领导走进中小学校，组织指导"平语近人进校园进课堂"活动不断推向更深更广层面。各个学校通过板报、宣传展板、师生共同诵读等各类形式，把活动开展得特色鲜明、丰富多彩。省市关工委及周边县市关工委领导多次观摩，给予好评。2019 年 2 月 21 日，中国关工委主任顾秀莲在省市有关领导陪同下亲临故城，走进运河中学、郑口第二小学的校园，观看学生们的千人诵读等各类校园社团活动，对故城县"平语近人进校园进课堂"活动的开展以及故城关工委的工作给予了充分肯定。

刘石营（前排右一）陪同河北省关工委常务副主任
侯志奎（前排左一）调研

二、创主旋律，倡正能量

刘石营一直觉得歌曲是传递正能量、传播主旋律、激扬斗志的重要途径。为弥补县内缺少"县歌"的历史空白，他依托深厚的文化底蕴和对故城经济社会建设的精准把握，潜心创作、数易其稿，创作了故城有史以来的第一首县歌《我爱你，美丽的故城》。县歌一经面世，受到了专业人士的充分认可和高度评价。经过他的协调和努力，由知名作曲家谱曲、著名歌唱家演唱、高标准地拍摄了 MV。如今，故城县歌已经在故城大地放歌，《我爱你，美丽的故城》在全县中小学校广泛传唱。

随后，他又为郑口中学创作了激荡人心的校歌《郑口中学是我心中的太阳》。这首校歌极大激发了学生们爱国爱校、热爱学习、珍惜青春、不负韶华的热情与信心。

河北青竹画材科技有限公司是国内同行业中的龙头企业，刘石营为他们创作了充满诗情画意，又充满干事创业激情的厂歌《青竹图》，歌声中传递着企业浓厚的文化氛围和昂扬向上的企业精神。

三、矢志不移，传承文化

几十年来，刘石营无论在工作岗位上的业余时间，还是退休后的生活中，始终没有改变对书法绘画、文学创作、摄影收藏等艺术的坚守热爱，为繁荣发展故城文化事业和壮大文化产业，集思广益、无私奉献。

建立故城书画院。为弘扬中华民族传统文化艺术，培养青少年对书画艺术和家乡的热爱，2012 年，几经周折，刘石营办起了故城县书画院，不定期举办书画展览和运河文化宣传活动，吸引广大青少年到书画院参观，培养下一代对传统书画艺术和运河文化的兴趣。书画院成立 6 年来，共接待参观观众、中小学生 2 万余人次。

成立关工委戏剧社。故城县戏剧票友众多，但由于无活动场地、无统一组织，只能松散活动。为传承传统的戏曲文化，刘石营决定由关工委牵头把票友们集合起来，定期组织票友开展活动，使他们的特长得到充分的施展。于是，在故城书画院开辟了 200 平方米的场地，搭建起舞台，配置音响、灯光，添置了桌椅板凳，邀请济南、武城、阜城等票友举行了多次京剧票友联谊演唱会，带动了全县文化活动的开展。戏剧社票友不定期开展送剧目下乡村、进企业、进校园活动。有的票友被县城几所小学聘为京剧教师，成立了小京剧爱好者特长班。京剧票友姜大稳、王巧云分别获得省级金奖。戏剧社举办的喜迎十九大票友演唱会活动也被新华社发通稿进行了宣传。

举办百岁老人摄影展。为传承中华民族传统美德和孝道文化，展现新时代盛世长寿老人的幸福生活，2014 年夏天，刘石营冒着高温酷暑，逾时 3 个月，自驾行程千里，分赴县内 100 多个村庄，为 108 名年过 90 岁的老人摄影留念，拍摄的画面充满生机，绿色、生动、自然，充分展现了老人的幸福生活。9 月份"百名百岁老人摄影展"一经展出，在省内外引起强烈反响，新华社、《河北日报》等省内外 50 多家媒体相继做了报道。在摄影展期间，仅青少年参观人数达万余人次。展览结束后，刘石营把装有相框的百岁老人摄影作品全部送到老人手中，得到全社会的普遍赞誉。

举办百幅扇画作品展。2015 年 6 月，刘石营举办了以"实现中国梦·山斋有清风"为主题的百幅扇画作品展。将创作完成的百幅扇画，分山水、人物、花鸟三个版块。作品画面各异，无不渗透着对书画艺术的深刻认知和对传统文化的切身感悟，流露出实现中国梦的美好愿望和对家乡的挚爱。画展既是对具有鲜明中华文化符号"扇"文化的传承，也是对具有中华文化典型意义的"善"文化的弘扬，更是对社会主义核心价值观的宣传。百扇展期间前来参观的人除了社会各界人士和书画爱好者，多数是中小学生，起到了极好的传承文化作用。

举办"窑火中的艺术"瓷器展。围绕如何直观地向中小学生展示中华民族传统文化的魅力，传承传统文化，2016 年 5 月，刘石营举办了个人高古瓷器藏品展览，面向社会长年开放。刘石营精心收藏的隋、唐、五代、宋、元等历史时期的 60 余件高古瓷器，穿越千年，与世人相见，广大中小学生现场聆听讲解，感悟历史。如今，刘石营艺术馆已成为中小学生的第二课堂，同时也成了展示故城地域文化的名片。

举办刘石营书画作品展。为庆祝党的十九大召开，刘石营举办了个人书画展，20 多家新闻媒体进行了专题报道。这是故城有史以来首次举办的个人书画作品展，也是作品数量最多、规模最大的一次。为了取得更好的宣传效应，展览结束后，刘石营将全部作品无偿捐给河北青竹公司青竹博物馆，作品常年在博物馆展出。

举办中国地契文化展。地契是带有文字符号的活化石，是见证我国土地所有权变更的重要史料，反映不同历史时期土地所有权和土地管理制度，蕴含着丰富的文化内涵。为庆祝改革开放 40 年，2018 年 11 月，刘石营将 30 年来收藏的近 1000 张地契整理分类，举办了中国地契文化展，并结集出版《中国地契文化选辑》。文化展览吸引了上千观众，使观者对地契文化知识有了全新的了解，已经发黄薄如蝉翼的地契上，土地面积、坐落、四至、地价、中人及官牙等签字盖章诉说着先人买卖土地的故事，记载了土地所有权变更状况。这是国内首次举办地契文化展。

四、无私奉献，关爱后代

作为关工委主任，刘石营深感关心下一代的责任重大，要建设书香底蕴的文化校园，必须有一个优良的团队来推动整个工作的开展。他摸索出了"以组织荐五老、以工作邀五老、以五老聚五老"的工作机制，吸引各具特长的五老陆续加入到关心下一代工作中来。全县各个学校根据自身实际，分别成立了文学、京剧、国画、围棋、书法等社团组织，每个社团组织都有五老志愿者辅导，老同志常年参加有关社团辅导工作，提高了学生综合实践能力、创新能力，也丰富了学生的业余学习生活。付出就有回报，汗水终于结出了丰硕的成果，郑口镇第二小学组建的古筝、轮滑、机器人等 26 个特色社团，在培育学生全面发展方面效果十分显著，赢得社会各界的一致好评，被新华社、《中国青年报》《中国妇女报》等多家国家级媒体报道。

爱国主义教育如火如荼。对青少年进行爱国主义教育是家庭、学校和社会的共同责任。刘石营认识到，爱国主义教育必须形成合力。他精心指导各级关工委开展工作，领导县关工委修订全县关心下一代工作意见，把青少年的爱国主义教育纳入其中，作为一项重要内容，做到与全局工作同时部署、调研、检查和总结，从而推动全县青少年爱国主义教育工作不断开创新局面。刘石营还注重搞活爱国主义教育，组织邀请国防教育知名人士进校园，讲解国际形势，激发学生的爱国热情和报效祖国的决心，引导他们树立民族自尊心和自信心，激发了孩子们从小为中华之崛起而努力学习的决心。在清明节、"四·二九"等祭奠日，组织学生到故城县烈士陵园、冀南"四·二九"烈士陵园扫墓，缅怀先烈，寄托哀思，让学生们懂得今天幸福生活来之不易，进一步增强爱国热情和奋发图强意识。除对学生进行爱国主义教育外，几年来，关工委组织相关人员累计为青少年作思想道德报告 60 场次，开展法制教育讲座 20 场次，开展崇尚科学、禁毒防艾报告会 10 多场次。

刘石营（后排右六）参加故城县
第 20 届百花园艺术节暨庆"六一"活动

老牛自知夕阳晚，不用扬鞭自奋蹄。刘石营用夕阳般的关爱热情照亮了青少年，不断延伸生命的长度、宽度和厚度。他坚守理想信念，与时代同行，为传承文化，关爱后代，勇于担当，用自己的人格魅力绘就了人生最美的画卷。

凝心聚力做好关心下一代工作

——记衡水市桃城区河沿镇关工委常务副主任杨淑恩

杨淑恩，1998年5月，从衡水市桃城区老干部局退居二线后，被河沿镇党委聘任为镇关工委常务副主任。

河沿镇是桃城区人口最多、面积最大的乡镇，现有1万多户、4万多人，其中青少年超过15000人，占总人口的38％。20多年来，在上级主管部门的指导下，在镇党委、镇政府的大力支持下，杨淑恩和镇关工委的同事们，以公民道德教育为基础，以科技致富为先导，创新工作方式方法，认真做好关心下一代工作，努力培养有理想、有道德、有文化、有纪律的社会主义"四有"新人，为全镇青少年的健康成长和思想进步、生活富裕不懈努力，取得了一定成绩。

一、健全组织，优化环境，为青少年健康成长创造良好条件

健全组织是做好关心下一代工作的基础。根据上级要求，桃城区河沿镇于1998年成立了由镇党委副书记任主任、杨淑恩任常务副主任、有关部门负责同志为成员的关工委。在镇党委的支持下，杨淑恩走遍全镇64个行政村，帮助各村建起了由村党支部书记任主任的关工委，建立健全了工作制度。同时，还聘请168名老党员、老干部、战斗英雄、科技标兵担任报告员、讲解员、辅导员，在全镇上下形成了关心下一代工作的网络体系，为顺利开展工作打下了坚实的组织基础。

在抓好组织建设的同时，他和同事们还在各级领导支持下，狠抓了硬件建设。近年来，全镇累计投资2000多万元，用于改善办学条件，新建了占地40亩的寄宿制河沿小学，修缮、改造了250间危险教室，购置了3万多件教学仪器；全镇64个行政村中，有60个村建起了青少年文化活动室，58个村建起了科普夜校，其中30个村还购置了电视机和电教设备，为丰富青少年文化活动奠定了基础。为进行有效的青少年爱国主义和革命传统教育，北沼村筹资建起了烈士纪念碑和爱国主义教育基地，每年清明节，附近10多个村的学校都组织学生们前来祭扫烈

士墓，在孩子们心中从小就种下爱国主义的种子。

同时，他还积极协调镇域内各学校和各村党支部，组织青少年建立了马克思主义学习小组 120 个，举办报告会 6 期，写黑板报 58 期，刷写标语 160 条。参加义务宣传教育的老同志达 120 人，受教育的青少年 1.2 万人次。通过开展形式多样的宣传教育，全镇广大青少年政治觉悟有了新的提高，贯彻党的方针、路线的自觉性进一步增强，学科技、学文化蔚然成风。

二、社会、学校、家庭"三位一体"关爱留守儿童，为他们撑起一片爱的蓝天

近年来，随着经济的快速发展，每年都有越来越多的农村人口到外地打工，留守儿童也随之产生。有的孩子几个月或一两年见不到父母，非常不利于他们的身心健康和快乐成长。面对这种情况，杨淑恩通过搞好阵地建设、壮大关爱队伍等措施，为留守儿童撑起一片爱的蓝天。

家校结合，搞好阵地建设。他多次深入镇域内各中小学，帮助学校建立了留守儿童信息台账、成长档案卡，记录了留守儿童的基本情况、留守原因、家长联系电话、临时监护人状况、学生在校主要表现等情况。同时，协调各寄宿制学校开通了亲情电话，设立心理咨询室，要求留守儿童家长做到每周给孩子打个电话，每月给孩子写一封信，每月向班主任了解一次孩子在校学习、思想状况，以此保持父子、母子间的亲情交流，让孩子感受到父母时刻在关心自己，充分体现家庭的温暖。

2019 年正月十七，在外出打工人员即将返城之际，他抢抓时机召开了全镇留守儿童家长座谈会。座谈会上，他对家长们讲，留守儿童和其他儿童一样是祖国的未来和希望，需要社会的共同关心；关爱保护留守儿童，关系到未成年人健康成长，关系到每个家庭的幸福与全社会和谐，关系到全面建成小康社会大局。他的讲解对家长们触动很大，家长们纷纷表示要在外出打工之前，先把家庭特别是孩子安顿好。随后，他还力争各方面对留守儿童家庭进行帮助，争取社会合力，让留守儿童不再关爱缺失。他把各村留守儿童的情况向镇党委、镇政府的领导作了认真汇报，镇领导高度重视，专题进行了研究，出台了一些针对留守儿童家庭的优惠政策，优先让他们在本地就业，帮他们安排工作，经济上给予照顾，解决他们的后顾之忧。通过多方努力，全镇 15 名留守儿童的家长中，由于有了本地就业机会，有 8 名儿童家长高高兴兴地留在本地

打工。同时还开展了"青春守护一帮一"活动，针对剩下的 7 名留守儿童开展结对帮扶，安排了亲友或本村、学校一对一帮扶责任人，努力把温暖传递到留守儿童的心上，使留守儿童真正感到"心有人爱、身有人护、难有人帮"，用实际行动留住了留守儿童的梦想和希望。绳头庄村李彦果、王敬月夫妇二人常年在外地打工，儿子只能让年迈的奶奶照顾。2019 年，在杨淑恩的关照下，协调村里安排王敬月做清洁工，经济收入不减，还能在家照顾孩子。王敬月高兴地说："还是各级领导想得周到啊！"

在镇党委、镇政府支持下，组织了关爱留守儿童慰问团，有各学校的教师、镇医院的医务人员、各村关工委主任及老年摄影协会的摄影爱好者参加。他们为孩子们检查身体，辅导学生们学习，为孩子们开展心理辅导。老年摄影爱好者还把镇关工委工作场面和孩子们学习生活中的点点滴滴，拍成了照片，并制作了六块展牌，在各村巡展，使更多的群众认识和理解了关心下一代工作的重要意义。

为实现社会、学校、家庭三方在关心下一代工作中的良性互动，杨淑恩在全镇中小学生中开展了"五小"活动，即：在家做尊敬长辈、爱做家务的"小帮手"；在社会做文明礼貌、遵纪守法的"小标兵"；在学校做团结友爱、互帮互助的"小伙伴"；在公共场所做爱护公物、保护环境的"小卫士"；在独处时做胸怀开阔、关心社会的"小主人"。"五小"活动在社会、学校、家庭三方共同努力关注下得以顺利开展，在全镇青少年中产生了巨大影响。在星期天、节假日，孩子们主动清垃圾杂物、打扫街道，为孤寡老人晒被褥，为光荣院的老人演节目……越来越多的孩子变得更懂事了，助人为乐蔚然成风。

近两年来，杨淑恩和同事们多方跑办，筹资 500 多万元，在各校园增加了文化娱乐设施，各中小学开办了校园广播站，成立了文艺爱好者小分队，开办了丰富多彩的校园小报，在中心小学和中学开办了"绿色网吧"，连通了"中国少年网"，给未成年人补充了课堂以外的知识，满足了他们学文化的需求。他们还联合各学校开展"健康上网"活动，实现了"堵"与"疏"的有机结合。河沿小学 14 岁的郑大秋同学，曾一度沉浸在网吧里不能自拔。老师通过校园绿色网站，对他进行了耐心引导；杨淑恩和他结成一帮一对子，用爱心培育孩子，用诚心对待孩子，使他不仅在网上学到了不少有用的新知识，还激发了他对课堂学习的兴趣，学习成绩由原来的班级倒数第三名跨入了前十名的行列。

杨淑恩组织五老为孩子们辅导音乐

三、培育和践行社会主义核心价值观

在培育和践行社会主义核心价值观过程中，杨淑恩积极在青少年中宣传24字社会主义核心价值观内容，让其入脑入心，为孩子们健康成长提供正能量。

抓队伍、抓载体，大力宣传社会主义核心价值观。河沿镇投资20多万元，建起56个村级文化广场，组建了38支舞蹈队，许多青少年也积极参与其中。每当傍晚，华灯初上，村民们都涌向广场。舞蹈队员把24字社会主义核心价值观编入广场舞的歌词，在休闲娱乐中传唱，队员们翩翩起舞，优美的舞姿、饱满的热情、幸福的笑容，成为广场上一道亮丽的风景线。目前，全镇有30多个村自编自演了24字社会主义核心价值观的歌曲、小品、相声，其中青少年成为宣传贯彻的主力军。

大力传播孝德文化，汇聚发展正能量。河沿镇开展了"孝德明星""星级文明户""学雷锋做好人"等活动，宣传普通人的善行义举，为广大群众特别是青少年树起了众人敬仰的"道德丰碑"、争相学习的道德模范。杨淑恩利用全镇开展的农村"五情进万家（父母养育情、夫妻恩爱情、婆媳体贴情、兄弟手足情和邻里互助情）"活动，在16所中小学校园的墙上书写尊老敬老的宣传画，在校园内张贴布置尊老敬老标语、展牌，用别具特色的校园文化，让孩子们懂得爱父母、爱家人、爱朋友、爱社会、爱国家。组织学生开展形式多样、丰富多彩的童谣诵读活动，为青少年编写易于传唱的歌谣，让他们在潜移默化中，受到良好的、有效的社会主义核心价值观教育。如课间学生们唱《拍手歌》：你拍一，我拍一，自由平等讲礼仪；你拍二，我拍二，公正法治牢牢记；你拍三，我拍三，党纪国法大如天；牢记核心价值观、立志成才谱新篇……在各个学校里、广场上传唱，起到了非常好的宣传效果。

在践行社会主义核心价值观过程中，河沿镇注重抓好"四德"教育：一是学德：爹娘生我身，拉扯咱成人。汗水在咱筋骨肉，恩情比海深。养娘心安稳，敬老是本分，一个道理传千古，要做孝德人。二是诚德：在家尽孝心，出门讲诚信。心胸坦荡走四方，路平风也顺。诚是连心桥，信是聚宝盆。一个道理传千古，要做诚德人。三是仁德：工作是认真，做事想他人。爱国爱党爱人民，痴情报党恩。大家手牵手，齐力能断金。一个道理传千古，要做仁德人。四是爱德：人人有爱心，相见满面春。走出小家进大家，都是一家人。日月映星辰，天涯若比邻。一个道理传千古，要做爱德人。通过"四德"教育，全镇26个村被评为精神文明先进村，98名中小学生被评为助人为乐的小标兵。

大力开办道德讲堂。好人好事就在身边，以"身边人讲身边事"的方式，在青少年中大力宣传助人为乐、见义勇为、诚实守信、孝老爱亲的优秀道德品质。杨淑恩多次走进学校，组织青少年唱红歌、讲身边道德故事、观看道德事迹短片、上法制教育课，让青少年交流感想，引发思考，启迪心智，有力促进了青少年道德素养的提升。仅2019年以来，就有26名学生登上各学校的好人榜，做好事98件。

四、"四个文明"天天讲，城乡尽吹文明风

河沿镇关工委坚持精神文明、物质文明、政治文明、生态文明常抓不懈，年年开展"月评学雷锋"活动，先后有100多名青少年学生登上光荣榜，使刻苦学习、乐于助人之花在菁菁校园常开。为提高青少年文明素质，他以未成年人教育为基点，丰富载体、创新方法、打造亮点，在各中小学广泛开展"十佳美少年"评选、中华经典诵读、爱心主题班会、学雷锋比奉献实践、"小手拉大手"争当文明使者、网上签名寄语、心理咨询讲座等系列主题教育活动，积极引导广大青少年从小感受文明，树立尊老爱幼、勤奋好学的新风尚。与此同时，还充分利用公益广告、宣传栏等平台，面向社会青少年开展文明素质教育，营造了知荣知耻、文明和谐的浓厚氛围。

为营造人人向善的良好社会氛围，河沿镇利用开展道德模范评选、

"创文明乡镇，建和谐家园"文艺演出、典型事迹报告会、学雷锋活动月及"我们身边的好人""道德模范风采"展播等活动，使一批见义勇为、尊老爱幼、关注弱势群体的典型不断涌现，其中不少是可爱的青少年。2018年，在桃城区十大好人评选活动中，河沿中学学生刘淑芳、刘萌被称为"桃城最美中学生"。7年来，他们搀扶着自幼因脑瘫而导致行动不便的同学闫净如上学，帮她圆了求学梦。旧城村小学生王征因患白血病，家里积蓄花光后还欠了几万元的债，河沿镇关工委组织镇机关工作人员捐款3000多元。杨淑恩本人患有高血压、糖尿病，老伴也是糖尿病合并肾病，生活也很困难，但看到王征同学那苍白的面容、期盼的眼神，内心很不平静，捐款100元，献出了自己的一片爱心。

近几年来，河沿镇青少年中涌现出各类典型100多个，这些好人好事发生在广大群众的身边，真实亲切、可敬可学，使"文明就在我们身边，雷锋就在我们身边"成为全镇广大群众的共识。

五、抓好"三项教育"，进一步提高青少年物质生活和精神生活质量

一是抓好青少年理想信念教育。杨淑恩重点抓了正反两方面的教育。首先，他结合一些重大案例开展警示教育。进入市场经济以来，有的青少年理想信念不坚定，有的意志衰退，集体主义、社会主义观念树得不牢，自由主义、拜金主义、享受主义、利己主义滋生，价值观念扭曲，有的甚至在各种诱惑面前随波逐流，追求堕落的生活方式……针对

杨淑恩在准备活动讲稿

这些问题，他在全镇范围内开展了青少年理想信念大讨论，举办了5期"我为团旗添光彩"演讲会、爱我中华知识竞赛等活动，发放宣传材料1.5万份，参与青少年达6500人次。其次，播放相关电影、录像、电教片68场次，并多次请老八路李凤岗为全镇青少年讲传统、作报告。第三，他还把镇域内的宝云寺、衡水湖、衡水发电厂确定为爱国主义教育基地，帮助孩子们树立了正确的世界观、人生观、价值观，坚定了他们建设有中国特色社会主义的信念。

二是抓好科技知识教育。河沿镇关工委始终把科技兴农作为青年农民脱贫致富的重要举措来抓，从各方面抓好科技知识教育。他倡议组织并参与开展了"四送"和"三课进万家"活动，即送政策、送科技、送信息、送项目和理想宗旨课、法制教育课、科技知识课进村入户活动，从而使不少青年思想进步、遵纪守法，靠科技走上了致富路。前韩庄青年妇女刘桂品，靠种地日子过得紧紧巴巴。村关工委的同志看到这一情况，为她订了一份科技报，并根据她能说会道的特点，帮她家调整产业结构，让她老公在家种地，自己改行去卖菜。后来，她在科技报上看到一些菜有药用价值和保健作用，深受启发。在杨淑恩帮助下，脑筋灵活的她把各种菜编成顺口溜，既卖菜又宣传，每到一个村，群众都围上来听她"唱"菜："众乡亲，要记牢，吃菜里面有诀窍：芹菜能治高血压，黄瓜减肥有功效，萝卜化痰消胀气，韭菜补肾暖膝腰，大蒜能治胃肠炎，姜汤葱辣治感冒，南瓜能治糖尿病，冬瓜消毒又利尿，乡亲们想吃什么菜，有钱没钱尽管挑……"听了她这么一"唱"，村民们乐得合不上嘴，纷纷购买适合自己口味的菜。如今刘桂品靠卖菜走上了致富路，添置了新拖拉机，还盖上了新房，小日子过得红红火火。

三是对青少年进行法制教育和公民基本道德教育。近年来，杨淑恩和同事们每年都开展以教育青少年学法、懂法、守法为目的的法制教育宣传月活动，聘请区政法委、司法局和镇派出所、法庭的同志，为全镇青少年进行巡回报告，教育他们学法、懂法、不犯法，增强了法制观念，在全镇青少年中掀起运用各种有效形式学习法律、法规的热潮。当前，在农村存在一股赌博风，有人戏言：上至八十三，下至手中挽，人人能上桌，个个会算边，砍、吊、缺、自摸翻一翻。麻将甚至成了孩子们的"识字导向"。不少人家的孩子，最先学到的几个字就是麻将上的"东西南北中"，耳濡目染，有的还常被家长拉上桌去"补缺"。针对这种陋习，他帮助全镇64个村成立了禁赌协会，教育大家特别是广大青少年远离麻将桌。北沼村有一位小青年，过去酷爱赌博，白天玩、晚上赌，把钱输了个精光，老婆劝说不听，一气之下回到了娘家，提出离婚。杨淑恩知道后，多次找他谈心，对他批评教育，讲赌博的危害性，让他立下了戒赌保证书，并帮他到邻村叫回了媳妇。经过耐心的说服教育工作，夫妻和好如初。为了让小青年尽快富起来，他还帮助协调贷款，让科技人员帮忙建起了一个大棚，一季大棚收入就达 6000 元。该村还有两个亲兄弟，常为赡养老人问题闹纠纷，如今在关工委的帮助下，老大靠种植富了，老二靠运输发了，现在都争着赡养老人。在2018 年年终全村评比时，兄弟二人双双被评为十星级文明户。

20 多年的关心下一代工作，杨淑恩付出了努力也得到了回报。这回报，有全国、全省关心下一代工作先进个人的荣誉称号，更有广大青少年及其家长对他的充分肯定。而这些，正是支撑他继续干好这项工作的无穷动力。虽然他已年过古稀，并且身有多种疾病，但他始终不忘自己共产党员的身份，志在农村沃土上，在关心下一代工作中，继续做一头不知疲倦的老黄牛。

从心出发　爱无止境

——记景县五老高印荣

高印荣是景县第二中学的退休教师，在一线教学 33 年，深知孩子们的生理、心理发展特点，以及对科学知识的向往与渴望。特别是在担任班主任进行家访过程中，了解到不同家庭环境和不同家教方法对孩子们成长的巨大影响。退休后，强烈的职业道德感和满腔爱国情怀，激励着她继续学习实践心理学和家庭教育艺术，在教育局、关工委和妇联的指导支持下，为引导教育未成年人健康成长作出了突出贡献，受到普遍欢迎和好评，2016 年被评为"河北省关心下一代工作先进个人"。

一、爱的升华

高印荣曾是个身有残疾多灾多难的孩子，但她的成长却是与爱同行的。小时候，与人交往受打击，是母亲的呵护和雷锋精神鼓舞她立志做一个对社会有用的人；青少年时期，追求进步，是张海迪精神激励了她；在她求学路上、步入工作岗位寻求发展的时候，是老师、前辈给了她力量和目标。

高印荣是个懂得感恩的人，为了感恩，她做了许多传递爱心的尝试。

2004 年她创立了"心理阳光小屋"，义务服务于任教学校的全体学生，为那些身心有困难的孩子服务。

2005 年她又创立"好孩子快乐营"，2014 年更名为"启迪教育潜能开发训练营"。2017 年，景县教育局普教股经过考察命名为"未成年人心理健康辅导站"，为有需求心理呵护的孩子们服务。

2012 年，在景县老干部局、关工委的大力支持下，以老干部局会议室为阵地开展家庭教育志愿者培训活动至今。

回想她十几年来开展公益家庭教育和心理健康服务活动，可以总结为"五个一"。

一是每周一次提升未成年人学习兴趣潜能开发活动。把一些无人照顾的孩子集合起来，一起学古诗、学成语陶冶情操；做手工学绘画、一起游戏，锻炼身体、养成好习惯；用初级科学实验器材探究生活中的物理现象，激发孩子们对科学研究的向往，培养德能兼备、热爱学习、热爱家乡的好品质。

二是每月一次带领孩子们去观察大自然，给公园里的小树浇水，向路人采访，培养孩子们的观察力、分析力和表达能力，让孩子们学会感恩生活、感恩父母、感恩社会。

三是每周开展一次家庭教育志愿者团队活动，如亲子共读书活动，写感想说感受，人人分享家庭教育正能量。

四是每天在微信群里分享一个正能量信息，传播家庭教育和心理健康知识，宣传习近平总书记治国安邦的宏伟计划，让"平语近人"进社区进家园，激励大家争做好家长。

五是每月一次公益讲座、家长沙龙。激励大家学习、践行上级号召，关注家教、家风、家训，提高自己的内涵素养，做家校合作的促进者，共同培养社会需要的合格人才。

二、爱心硕果

高印荣无私地奉献爱心、传递爱心，换来的是赞许的目光、热情的掌声和领导的支持。

2005 年，高印荣通过课堂教学渗透心理教育，带头搞课题研究，带动老师们重视学生心理教育。利用班主任家访工作，辅导了几十名问题学生，被衡水市委宣传部、教育局评为衡水市"未成年人思想道德建设标兵"并受到景县县委组织部和宣传部的通报表彰。

2008 年至今，高印荣通过自己业余学习和领导推荐继续深造，已经取得"家庭教育高级指导师""青少年心理健康辅导员""国家二级心理咨询师""家庭教育高级讲师"等资质证书，在教学活动中彰显其作用，取得全县第一的好成绩。

2009 年，高印荣跟随景县教师进修学校开展了省级课题研究实践活动，在全县进行了为期三年的"农村中学心理教育模式探究"，开展心理教育知识讲座，本地受益师生上千人。

2010 年的六一儿童节，景县妇联和电视台一起邀请高印荣作家庭教育讲座，通过电视给广大家长宣传家庭教育新理念，为培养好下一代引路导航，让无数个家庭受益醒悟。

2012 年春天开始，景县老干部局、关工委主动为高印荣提供场地，让她给全县的孩子家长作培训，目的是帮助一些困惑的家长正确教育孩子，关爱下一代健康成长，预防恶性事件发生，定期开展家庭教育公益讲座和志愿者培训活动。每月一次集合学习交流，公益讲座至今不变。

2013 年暑假，景县老干部局、关工委组织家庭教育志愿者团队培训，并为志愿者颁发证书，极大地鼓舞了全县的学生家长，受益家庭和孩子超过千人次。随后，家庭教育志愿者团队通过家庭教育 QQ 群、微信群和网络电话不断传播家庭教育新理念和新方法，直接受益人数超万人。

2015 年开始，为了落实习近平总书记的"注重家庭注重家风注重家训"的号召，高印荣跟随景县妇联下乡讲座十几场次，受益人数达数千人。

2016 年 1 月，高印荣撰写的《女人与家庭教育》论文被河北省妇联评为二等奖。同年，她被衡水市妇联评为"村民讲习所优秀讲师"。

高印荣 10 年前受聘于中华家庭教育网，担任孩子问题咨询专家，目前是家庭教育指导师学员网络班和地面班授课讲师，通过网站家长课堂直播间，几十个 QQ 群、微信群给全国各地的家长进行公益讲座解惑答疑，免费咨询孩子问题，覆盖全国 20 多个省市自治区。截至目前，已为全市各中小学及幼儿园家长义务讲座心理健康教育超过 100 场，为各学校公益辅导未成年人 1000 多人，一对一咨询辅导问题家庭 500 多

高印荣在家庭教育志愿者培训班授课

个，给未成年人开展心理健康活动课 100 多节，帮助问题孩子 500 多名，受益家庭覆盖景县及周边市区。

2017 至 2018 年，高印荣两次联合中华家庭教育网讲师团，为衡水市和景县培训家庭教育专业人才 300 多人，通过这些专业骨干人才，倡导组织起"景县家庭教育讲师团"，下设 21 个分团，直接辐射全县各乡镇各学校，促进学校师生员工了解家庭教育、学习家庭教育，直接和间接受益人达数万人。

2018 年春夏之间，高印荣受聘于景县西苑社区服务中心心理咨询室，义务为该社区培训志愿者团队，提升了该社区的服务能力和水平。

一花独放不是春，百花齐放春满园。高印荣在从事家庭教育公益讲座和志愿者培训活动过程中，得到了有关部门的关心和支持，受到了广大家长的信赖和拥护，深感欣慰与幸福，期望继续努力，进一步把未成年人的心理教育辅导工作做好做强，把家庭教育工作扎实有效地推广下去，以帮助更多的未成年人健康成长，帮助更多的家长学会教育孩子，收获幸福与希望。

关心下一代 一直在路上

——记饶阳县五老田景湖

　　田景湖自 1959 年参加工作到 2002 年退休，一直从事教育工作 44 年，教过小学，教过初中；当过普通老师，也从事过领导工作。他深知只有少年强中国才能强！当今伟大祖国正处于复兴崛起时代，而青少年时期是人生定型的关键时期，他们除了正常的学校教育外，也时时受到家庭和社会的影响，做好未成年人的工作尤为重要。

　　一生从事所喜爱的育人工作，他为能当一名人民教师而自豪；他时时事事以"人民教师"的标准来规范自己的一言一行，向着"为人师表"的崇高目标追求着、奋斗着。"一切为了孩子们"始终是他从事教育工作的座右铭。所以 44 年来一直为下一代兢兢业业、踏踏实实地工作着。在 20 世纪 60 年代初国家三年困难时期，他把每月 30 元的工资拿出 10 元资助他所教的贫困生；为了孩子们他曾在煤油灯下，在学生家的寒舍中辅导学生学习到深夜 10 点钟。这一切深深地打动了他所教的学生，也唤起了家长对学生学习的重视，他所教过的班级在县统考中总是名列前茅，因此他受到了学生尊敬，换来了家长的拥戴，也得到县教育部门领导的认可，他曾多次被评为县、市、省级优秀教师和模范教育工作者，1985 年获河北省人民政府颁发的"河北省优秀园丁一等奖"证书，省政府给记一等功，奖金 1000 元。

　　一花独放不是春，百花盛开春满园。为了祖国的教育事业，为了祖国的下一代，在他的鼓励下，自己的三个子女中专、大学毕业后相继走上了教育战线，当了光荣的人民教师。三个子女当教师的第一天，田景湖总会送给他们一句话："为人师表，这个表率一定要当好，你的一言一行在影响着每一个孩子，时时刻刻要严格自律！"子女们谨遵父命，几十年来在各自的学校勤奋工作着，热爱着所从事的崇高事业，关心着每一个学生。他的三个子女也和他一样，多次获得县、市、省级优秀教师荣誉称号，有的还被评为省特级教师、市拔尖人才、省教育科研学科带头人，他的家庭也在 1998 年荣获河北省优秀教育世家称号，是当时饶阳县唯一获此殊荣的家庭。现在全家人都在为祖国的下一代工作着、奋斗着、奉献着。

田景湖 2002 年退休后，被聘请到饶阳县关工委工作，从此，他便全身心地投入到了关心下一代工作中。十几年来，在县委、县政府的领导下，在县关工委的组织带领下，每年多次到县域各乡镇、各中小学去巡回演讲，到留守儿童家里去慰问，最多时一年达 12 次。演讲前他都会精心组织、编写讲义，根据不同听众准备具有针对性的讲稿。有时为写好一篇讲稿要多方搜集资料，探索效果最佳的演讲形式，最大限度地提高孩子们受教育的效果。有一次为讲古今名人勤奋学习、勤政廉明的故事，他翻阅了手头上存留的 7 本资料，又专程骑车往返 50 多里路到他的一个朋友家中借阅《中国历代名人大典》，并夜以继日翻阅、抄录，经过三天的紧张写作，5000 多字的讲稿初步成形，而他也因过度劳累和高度精神紧张而头晕、牙痛。为了不耽误两天后的下乡巡回讲演，他只是简单地吃了点药就继续整理讲稿，并带病参加讲演。活动一结束他就病倒了，当领导们去医院看望他并"责怪"他不该带病坚持工作时，他却笑着对领导们说："身体虽然很难受，但回忆起演讲后师生们的热烈反响，心里倒觉得很舒服。"

2013 年，饶阳县教育局为了对全县教师和学生进行一次师德、师风和学风的教育，经过和县关工委联系，共同组织了有 8 位同志参加的巡回报告团，利用暑假到全县所有乡镇（区）教委和县直学校为广大师生作师德、师风、学风专题报告。当时天气炎热、会场听众多，加之学校降温设备较差，在每一场两个多小时的演讲结束后，总是汗湿衣衫、口干舌燥。但这些同志凭着高度的责任心、使命感，没有一人叫苦，没有一人喊累，而是每作完一场报告，顾不上擦一把汗、洗一把脸，顾不上多喝一口水，就抓紧准备下一场演讲。8 个演讲人员中只有田景湖是退休人员。领导虽然一再强调让他可以少讲点儿，在台上少坐会儿，但他考虑到这次报告的重要性，还是和年轻人一样每天从早上 7 点半一直忙碌到下午 6 点。当问他累不累时，他说："同事们高涨的情绪影响着我，听众们热烈的掌声鼓舞着我，领导的关怀激励着我，我要坚持到始终！"就这样，11 天时间报告团走了全县 8 个乡镇（区）的 12 所中小学和幼儿园。在总结会上报告团受到了县领导的表扬，领导还送给田景湖 8 个字：老当益壮，精神可嘉！

关爱下一代要全方位多角度关注，要向尽善尽美努力。这是田景湖的指导思想。

青少年时田景湖就对美术有一种偏爱，工作后又利用节假日坚持写生画画，学习中国画成了他业余必修课。1988年他自费考入了齐白石艺术函授学院，通过两年的学习取得了大专毕业证。退休后，他个人可支配时间更多了，所以写字画画成了他退休生活的主要内容。在这段时间里他的画作不断在《衡水日报》《河北日报》以及专业美术刊物上发表，并多次在省级以上美展中获奖并且被一些专业机构收藏。他加入了河北省美术家协会、全国老年书画协会，并成了黄山画院签约画家，很多作品也在部分省市销售。此时，他想得更多的不是多卖画，多挣钱，而是觉得应该把个人的一技之长用到关心下一代工作上。

恰逢20世纪末艺术热在饶阳县域盛行，孩子们想学美术考艺术院校，青年人想学画画销售发财，所以一些校外美术书法班应运而生，一个小小饶阳县城就有五六所培训班。一些家长每月拿出三四百元的培训费让孩子上书画班。这些培训班有的一个班少则二三十人，多则五六十人。当时有一个办班的组织者找到田景湖，让他去书法美术班当教师，每天上两节课（每节课45分钟），每天工资200元。这对他来说工作不算累收入也不算少，而且又可以发挥自己的特长为下一代孩子们服务，何乐而不为呢？他愉快地答应了来人的要求，成了一名书法、美术授课老师。经过一段时间，他发现两个问题：一是有些想来学习的孩子因家庭经济困难无法交学费而望班兴叹；二是班级上孩子多，一些真想多学点技法早点出成果的孩子，不能及时地得到老师的指导。这无形中是对热爱艺术的孩子的极大伤害。为了这些孩子，他毅然辞去了当授课教师的工作，决定利用自家的院落、自己的工作室免费办书法美术培训班，为关心下一代作贡献。有人说他犯傻，免费办班，不但不挣钱，反而白搭场地与时间。他的回答是："为了我们的下一代，少一点儿收入多一点儿付出不应该吗？"就这样，他家的两间50多平方米的工作室一下子就挤满了十三四个孩子，而且还有不少想来学习的，人数有增无减，这一下子小院里热闹起来了，工作室里也人满为患。怎么办？把想来学的孩子拒之门外不是他的初衷，必须想办法加以解决。征得老伴同意后他进行了调整：由单一的周末培训变为每周的二、四、六三天培训。把学员按学习目的、年龄分为三个班，一个班为在校中小学生，利用周六学习；一些年龄稍大的失学青少年在周四学习；一些社会青年在周二学习。这样人员一分散，场地问题就解决了，可他的工作量加大了，每周有三天要上课，个人休整时间相对少了。为了不耽误上课又尽可能地多休息，他的老伴把买米面、购蔬果、求医问药等多项家务分担起来。就这样坚持了7年时间，直到2016年县美协成立后，田景湖被聘为县美协顾问，在他的提议下，在县文化馆和青少年活动中心成立了专门的书法美术培训班，使一些爱好书画的青少年有了学习、活动的场地，从而田景湖的培训班也完成了使命。在这7年的无偿培训中共有32个社会青年、69个失学少年和175个在校学生参加了为期两个月、三个月、半年乃至一两年的培训。现在他们有的已经成为职业画家，办起了个人的画廊，有的已经考入艺术院校成了大学生，有的还在中学就读准备考艺术院校……在这7年中田景湖用他的养老金为贫困孩子购买宣纸、毛笔、颜料等花费4500多元，购买相关教材书籍26种320多册，花去1.67万元。他和人们谈论起这7年时总会说："我虽然舍去了一些，但我却得到了更多更多。首先是教学相长，我的绘画技艺有了进一步提高；其次是充盈了我的书橱；再有就是赢得了学生的尊敬和家长的拥戴。"家长们都愿意和他交朋友，有事没事就找他聊天、喝茶，学生们也会在节假日三五成群地到他家探望。

齐二菲是他刚开始办班时来的一名初中辍学的小女生，当时15岁，其父亲因意外事故而去世，家中只剩下母亲一人拉扯着她们姐妹二人，姐姐上高中要花钱，母亲靠种地只能供一人读书，所以就让读初二的二菲失学了。为了掌握一技之长，发挥孩子的绘画天赋，她的母亲找到了田景湖，恳请教孩子画画。经过一年多的学习，齐二菲在全国青少年中国画大奖赛中获二等奖，之后又在"相约香江"中国画大赛中（由《中国书画报》和香港大会堂展览中心共同举办）获三等奖，作品还被一位香港人士以1000元港币买走。后来齐二菲在天津杨柳青画廊工作，一年后又办起了个人画廊，作品卖得还不错，家庭生活有了新起色。

孙明哲是2013年跟他学写毛笔字的小学生。孙明哲的父母在乡镇工作，很少有时间照看他，孙明哲从小就跟随爷爷奶奶，养成了好玩爱动、学习不踏实、办事不认真的坏毛病，在学校常常因为做错数学题而受到老师的批评。孩子的爷爷听说田景湖在辅导孩子写字画画，就想利用星期天让他教孩子写字，一来可以让孩子学点东西，二来可以让田老师给他看一天孩子。当了解到此情况后，田景湖把孩子留在了培训班。从一开始教他写毛笔字，田景湖就"严"字当头，严格要求孩子的坐姿、站姿、执笔、运笔等，字的间架结构要严格按回宫格和米字格的占位书写；在师生互动中，有意识多提问他一些在书写中容易被忽视的细节，在写范字时又故意在一篇文字中写错几个偏旁让孩子给纠正。就这样半年下来，孙明哲不但临帖有了很大进步，以前那些多动症、马马虎虎的坏习惯也得到了纠正。一年后孩子以优异的成绩考入了衡水二中初中部。他爷爷每次见到田景湖总会说上一句："您不单教会孩子写毛笔字，还教给了他良好的学习方法，谢谢了，田老师！"

王志博是一个聋哑孩子，父母亲是农民在老家种地，还要照看上小学的二儿子，王志博只好跟着在县城居住的奶奶。他的奶奶将近70岁，为了生计在县城当了一名清洁工。为了让孙子有一技之长，长大好养家糊口，想让孩子学画画，她把孩子领到田景湖家里。当时由于田景湖不懂哑语又不会打手势而遇到了交流障碍，他感到教这样的孩子有困难，而产生拒绝收为徒弟的想法。王志博的奶奶看在眼里急在心上，她说出了她的难处：上聋哑学校家庭实在是支付不起学费，不让孩子学画画又怕将来生活无依靠。在这种情况下田景湖最终答应了老人的请求，并答应增加孩子的学习时间，每周一、三、五、日四个半天都让他来学习。就这样，他一边给王志博做示范，一边还要抽时间学习哑语手势以便更好地教育孩子。一年下来，他用在王志博身上的精力要比教5个正常孩子还要多，有时为讲清一个技法，除打手势外还要用拼音（他上聋哑学校时学会了拼音）写出技法的全过程，有时一个技法要写A4纸四五页，难度之大可想而知。功夫不负有心人，这对特殊的师生老师教得上心，孩子学得也用心，一年后王志博的作品在全国青少年大赛中荣获一等奖。抓住时机，再鼓劲，又一个春秋过去了，他的工笔画又上了一个台阶，从一般临摹到写生创作都得心应手，更可喜的是他的一幅四尺斗方工笔小狗卖出300元的价格。孩子乐了，家长高兴了，田景湖也舒心了。从此孩子学习更加刻苦，田景湖也为孩子的学习精神所感动，他说："为了祖国的下一代，为了残疾人的事业我也要卖卖老骨头！"2015年腊月一个雪后的傍晚，王志博奶奶因为下雪后加班清理大街积雪而没来接正在学习班学习的孩子，田景湖怕王志博听不到汽车笛声而在回家路上出意外，他决定送孩子回家。天冷、雪厚、路滑，年轻人走路都怕摔倒，一个70多岁的老头更怕摔跤，田景湖的老伴看出了他的难处，决定和他一道共同送王志博回家，为的是路滑时好有个人互相搀扶。2016年初冬的一个早上，天空被漫天大雾所笼罩，可见度不足20米。这天正是王志博要去田老师家学习的日子，为防止路上不安全，田景湖决定去他家上门辅导，穿过三条大街，走过四个交叉口，8点钟准时到了孩子家。孩子激动得流下了泪水，奶奶感动得说不出话，只是点着头重复着一句话："恩人，谢谢您了！"一颗真诚的心激发了孩子学习的热情，顽强的学习精神有了回报，他们这对师生也得到社会的赞誉和领导的表扬，饶阳县残联知道了，他们在《衡水晚报》专题做了报道；饶阳县电视台得到了信息，也到田景湖家做了专题采访，并在电视台做了专题报道。这样的典型个例以前还有很多，以后也会有更多！

发挥自身优势　尽心尽力做好关心下一代工作

——记武强县五老刘金英

刘金英，1964 年参加工作，历任民办教师、公社政策员兼通讯报道员、武强县委报道组组长、武强县文明办主任、武强县广播电视局副局长兼县电视台台长、武强县委书记助理等职，2006 年退休。

工作期间，刘金英大多从事宣传工作，有采写文章和搞通讯报道的业务专长，在武强县被称赞为"宣传战线上的常青树"。退休以后，他坚持继续搞好新闻宣传工作，尤其是在报道武强县第一任老干部局局长陈长根、离休老干部刘振松和离休后回乡居住创办老年学校的老教师石英等一个个关心下一代工作的先进典型中，从中受到教育，受到启发，感到离退休老干部参与关心下一代工作，是义不容辞的社会责任和义务。于是，他在退休后的 14 年时间里，坚持不忘初心，热情参加到关心下一代工作之中，为青少年健康成长作出了贡献。

一、配合革命传统教育，热情编写红色书籍和本土教材

武强县是冀中革命老区，是联合国地名专家组中国分部命名的"千年古县"，还有享誉国内外的一系列非物质文化遗产——武强木版年画、武强梅花拳和农耕社会的民间舞蹈"打花膀"等，这些是对青少年进行爱国主义、国防教育的良好素材。为用好这些珍贵的素材，刘金英曾经骑着自行车，带着照相机和采访本，走村串户，甚至到周边市县去挖掘、去采访。经过 5 年的努力，他先后编写、出版了 26 万字的《千年古县——武强》和 20 万字的《武强梅花拳》，还编辑出版了《翰墨飘香三十年》《饶武书画精品汇编》《画乡写作精品汇编》等书，在配合"非遗文化进校园"活动中，免费赠送给有关学校和青少年。

刘金英积极参与教育部门组织的编写本土教材工作，把自己掌握的有关能够对学生进行爱国主义教育和国防教育的素材整理成通俗易懂的文章，为编写教材提供了大量素材。2015 年，在孙庄乡中心校和北堤学校的邀请下，他编写了以反映当地抗战故事、抗战英雄人物为主题，

图文并茂的本土教材一册，在学校开展的"红色教育"中发挥了较好的作用。

刘金英在农村采访

二、助力开发中小学校学生智力，创办《校园文学》阵地

2014年，刘金英创办了地域文化刊物《武强文学》，并出任主编。在设立栏目时，他提议设立校园文学，针对各个时期文化宣传的中心和学校教育工作的实际，每期选登20篇左右中小学生稿件，并根据情况和教育部门共同开展有针对性的评奖活动。如，2017年配合文明县城建设，开展了"看得见的武强"征文评选活动；2018年以纪念改革开放40周年和衡水市第二届旅游发展大会由武强承办为契机，开展了"纪念改革开放40周年暨武强县旅发大会"征文评选活动。校园文学栏目到目前已经开办了17期，对于活跃学校文化，提高中小学生的写作能力和引导中小学生参与社会活动都起到了一定的作用。

三、认真参加检察院的"未检"活动

刘金英多次被武强县人民检察院选为人民监督员，经常参加检察院组织开展的"未检"活动。一是"送法到学校"，有针对性地开展对中小学生的法制教育，引导中小学生学法、懂法，用法律呵护自己健康成长。二是对一时"失足"的未成年人，在检察院讨论有关案例时，积极发言，尽力从"挽救"入手，建议强化帮教。对检察院处理效果突出，对社会有重大影响的案例，他都通过报刊予以宣传和大力弘扬，为保护未成年人和创建和谐社会鼓与呼。

四、协助武强县关工委和老干部局开展有关活动

每年的清明节，他都主动参加武强县关工委和老干部局组织开展的祭扫革命烈士墓活动和五老讲革命故事、"红色教育"活动，还配合活动搞好舆论宣传。武强县有林东抗战纪念馆、北代反"扫荡"抗战纪念馆、街关英灵烈士亭、林东烈士陵园、武强年画博物馆抗战年画展览等革命传统教育阵地，有关部门组织青少年参观和接受革命传统教育时，他尽力予以配合宣传。如在武强年画博物馆与教育部门举办的青少年夏令营活动中，他讲的"爱家乡"历史文化课，深受青少年的喜爱。

刘金英参加衡水市关工委观摩活动

五、为困难学生排忧解难完成学业

由于刘金英在青少年时期有过读书难的经历，每当知道有中小学生因为家庭变故或天灾人祸等原因，遇到面临辍学的困境时，总会油然产生一种见难相助的心情。他工资不高，老伴常年患病以及4个孩子先后入学读书，在经济上帮助困难学生往往是心有余而力不足，于是就在力所能及救助困难学生的同时，努力发挥舆论优势，唤起爱心人士的救助，帮助困难学生完成学业。在武强中学读书的南堤南村王倩倩，学习成绩很好，但因父亲有病，母亲离家出走而面临辍学，刘金英闻听并进行走访后，通过报刊和电视台予以呼吁，得到多方爱心人士救助，助其读完高中后又到北京读大学。刘南召什村刘亚、刘孟亚姐妹，母亲残

疾，父亲癌症去世，在逆境中，刘金英出面进行舆论呼吁，社会各界给予资助，使她俩顺利完成了学业。南张庄村张腾妹姐妹父母双亡，双双考上大学但无力缴纳学费，面临辍学。刘金英知道后登门采访，予以报道，并与县扶贫办和周窝镇政府沟通情况，最后有关部门和爱心人士给予多方面帮助。他先后对 10 多名面临辍学的特困学生给予舆论呼吁，发挥了对困难学生助一臂之力的帮扶作用。

下一代是祖国的未来。多年来，刘金英一直把关心下一代作为义不容辞的责任，获得了许多荣誉，先后获得市县优秀共产党员、武强县第四届道德模范、衡水市和河北省离退休干部先进个人等荣誉称号。他表示，今后将不忘初心，牢记使命，在习近平新时代中国特色社会主义思想指导下，再接再厉，继续发挥余热，进一步做好关心下一代工作，为实现中华民族伟大复兴的中国梦作出新的贡献。

"我要让红色基因代代传"

——记武邑县关工委委员赵东朝

"习总书记十分关心关怀青少年成长，高度重视关心下一代工作，站在党和国家事业后继有人、实现中华民族伟大复兴的高度，多次作出重要指示批示，曾强调：'让信仰之火熊熊不息，让红色基因融入血脉，让红色精神激发力量。'作为一名有着坚定共产主义信念的老党员，我要发挥余热，深入挖掘本地红色教育资源，用好红色遗址，讲好红色故事，教育引导广大青少年听党话、跟党走，把红色基因融入血脉，一代代传下去。"武邑县关工委委员赵东朝满怀深情地说他建设"东朝青少年教育阵地"、传播红色文化的初衷。

一、早年经受红色教育

1952 年 9 月，赵东朝出生在衡水市武邑县审坡镇花园村。抗日战争时期，该村是闻名遐迩的堡垒村。1938 年，该村建立了党支部，发展了三名党员，其中包括其父赵藏珍。1939 年，为方便开展工作，三名党员按党组织要求，将各自家属发展为党员。因此，其母王藏言 1939 年入党。赵藏珍会医术，1940 年成为冀南军区东进纵队的军医。1941 年，他奉命回村秘密创建兵工厂，生产枪支弹药。当时，八路军冀南军区第五军分区司令部、第五地委、武邑县委就设在村里。老一辈革命家王任重、陈再道、刘建章、李尔重、沈铁民等曾在该村工作和战斗过。徐向前元帅的夫人黄杰就曾住在赵东朝家，赵东朝的哥哥叫她黄妈妈。该村群众在共产党的领导下，对日伪军展开了艰苦卓绝的斗争，涌现出许多可歌可泣的英雄事迹。解放后，父亲在武邑县苗小庄卫生院当院长。他治病救人，不收穷人医疗费。赵东朝从小就是热心肠，一碗饭，和小伙伴们一起吃；遇到家里揭不开锅的，他自己舍不得吃，也要拿出来给人家吃。

赵东朝从小在革命家庭熏陶下，喜欢听父母和村里老人讲革命战争故事，爱看《小英雄雨来》《小兵张嘎》等红色图书，爱看《地道战》

《地雷战》等革命影片。他长大后喜欢看党史，特别钦佩彭湃、吉鸿昌等革命前辈。他经常思考在那危险残酷的战争年代，为什么父母还要舍生忘死地入党？逐渐明白，他们是为了国家的独立、民族的解放、人民的幸福，为了实现共产主义。直到现在，他也常说："革命前辈影响着我，我要按照他们指引的方向不断前进。"

工作后，赵东朝吃苦耐劳，处处争先进，事事争第一。他所工作过的几个单位，都曾表彰过他，给他发过奖状。

二、筹资建设图书馆

2012年初，他从衡水市林业局退休，成为武邑县关工委五老队伍中的一员。他想：自己是革命后代，又是党员，既然加入了关工委，就要为培养中国特色社会主义事业合格建设者和可靠接班人作出新的贡献，才对得起组织，对得起共产党员的称号。他经常参加各种教育青少年活动，在参加活动过程中，他又有了新打算："不能再打游击战，我得建个根据地。"

赵东朝经常回老家看望三哥，他发现村里青壮年外出打工，留下大量留守儿童，不少孩子看电视、玩手机、打游戏，讲吃穿、比阔气，不爱学习，不思进取，道德意思淡薄，老人们看管孩子颇感吃力。他认识到现在的孩子们长期生活在和平环境中，没有体验过民族生死存亡的苦难，没有经历过血与火的考验，没有经受过艰难困苦的磨炼，如果不加以正确引导，就难以树立正确的理想信念，思想上就容易出现偏差，甚至误入歧途。如何促进青少年健康成长呢？他想来想去，决定回老家建一个图书馆，引导他们用先进的知识武装头脑，帮助他们扣好人生第一粒扣子。

村北农田边有个干涸的大坑，长满芦苇。早些年，村里曾划给赵东朝做宅基地。后来，他出来上班就没用上。他计划割去芦苇、清除荒草、平整土地，盖上六间北房、三间东房，建个图书馆，在馆南铺上砖，修个文化广场。赵东朝打定主意后天天往老家跑，有时一住就是一星期。

老伴见赵东朝累瘦了、晒黑了，听说还要花几十万，死活不让干。她悄悄地把他的退休工资卡藏起来，说："你真是神经病，放着好日子不过，找麻烦。你非要干，咱就离婚，要不就分开过，反正手里的钱不让用，你自己想办法。"没办法，赵东朝只好耐心做老伴的工作。他说："儿女过得比咱们强，留钱干什么？不要光想着自己，不如拿出钱来，帮助更多的孩子，教育他们走上光明大道。"他磨破了嘴皮子，老伴还是不听。最后，他说："家里的钱我不要，自有高招。"没有钱，他晚上去衡水市区的歌厅当"配果品师"，晚上7时上班凌晨2时下班。白天去拾荒捡破烂。他把捡到的纸箱子、瓶子等，换成零钱一点点积攒起来，作为建设资金；把捡到的旧瓷砖、砖头等，装进自己卸去后座可以多拉货的旧哈飞轿车，像燕子叼泥一样一点点拉回村里，作为建筑材料。2012年5月一天傍晚，他卖完破烂，回家路过衡水市区干马桥时，被醉酒司机把他连人带车撞倒，撞坏了他的自行车，撞得他在家趴了一个月。他心急如焚地想："光躺着，什么时候能建好图书馆呀？"病没好，就爬起来去干活了。老伴很生气，看拦不住他，就给老家的亲戚们打电话，扬言谁帮他建，就上谁家上吊去，还将他拾破烂的自行车弄坏。赵东朝买了一辆旧自行车，继续干。老伴请了巫师，拽着他到祖坟上看风水。巫师吓唬他说，如果再干，三年内你家有人会得大病、会死人。赵东朝不为所动。为省钱，他舍不得吃，吃的是别人丢弃的食品；舍不得穿，穿别人扔的旧衣、旧鞋，连理发都是自己剪。由于吃不好、睡不好，又过度劳累，他面黄肌瘦，眼皮和小腿都浮肿了，体重由原来的80公斤消减到50多公斤。朋友们见了不敢认，说他瘦得脱了相。他曾几次晕倒在拾荒的路上。一次被路人救起，通知了他老伴。老伴带他到医院检查，医生说这是长期营养不良造成的。老伴守着他输液，流着眼泪说："老赵，你何苦如此。"大女儿实在看不过去了，说："妈，你还是把爸的工资卡给他吧。要不然，他真活不下去了。""行、行，出院就给。"赵东朝慢慢地说："你给我，我还不要了。""什么！"老伴又气又急。赵东朝说："我要你跟我一块干。"老伴擦着泪低头同意了。赵东朝笑了。有了工资，再加上老伴帮着拾荒，赵东朝如虎添翼。

2012年末，赵东朝终于凑齐了各种建筑材料。他叫上老伴和二哥、三哥，自己动手当泥瓦匠，和泥、垒砖、盖房。2013年冬，在坑塘里建起一排基本与地平线平齐的地坑房。因在农田边，又是地下建筑，黄鼠狼和耗子在北墙和东墙边挖了洞，夏天雨水从鼠洞灌进来。2015年夏天，一场暴雨过后，房子竟然坍塌了。老伴失声痛哭。赵东朝安慰她说："这没啥，咱重新干。"他和老伴，购买上好的钢筋、水泥、楼板等材料，雇专业的技术人员帮着重新设计、建设，彻底解决各种问题。2016年9月，地下庭院主体建筑竣工了，建筑面积约260平方米。该房屋不仅坚固耐用、挡风隔音、防震抗震，还冬暖夏凉，真是"天然空调，恒温馆舍"。村民们看了无不啧啧称奇，老人们说像抗战时期的地堡。接下来，赵东朝搞装修，把捡来的五颜六色、不同规格的瓷砖铺在地上，就像"百衲衣"。他又在图书馆前面铺上地砖，建了文化广场，并购置了象棋、跳棋、扑克、乒乓球桌、跳绳、举重器等体育健身用品。

三、千方百计收集藏书

花园村图书馆虽然建成，收集藏书又成了一个大难题。赵东朝花3000元买了一部分藏书。衡水爱心小分队队长侯宝明帮他四处宣传、"化缘"，得到了许多单位的支持。众人拾柴火焰高，衡水市委党史研究室、衡水市委机关事务管理局、市直工委、市司法局、新华书店等单位纷纷伸出援助之手，捐献数千册藏书。2017年3月，赵东朝和侯宝明两位年过花甲的老人从捐书单位的六楼往下搬书，肩挑手扛，累得汗流浃背，嗓子眼儿都冒了烟。《衡水晚报》《燕赵都市报》等媒体的记者采访报道了赵东朝的事迹，呼吁社会各界给他捐书，并公布其手机号。60多岁的石家庄市民吕雅岐，经营书店20多年，收藏大量图书。2017年4月，他在《燕赵都市报》上看了《衡水退休党员赵东朝"拾荒"建起村图书馆》的报道，深受感动，马上给赵东朝打电话，表达钦佩之意。同年5月，他捐书3000余册，价值3万余元。这些图书装帧精美，包罗万象，包括儿童启蒙、老年养生、种植养殖、法律法规等类别，极大地丰富了馆藏。此后，吕雅岐一直关心花园村图书馆的运转情况，和赵东朝保持电话联系。他得知自己捐的书深受村民欢迎，很高兴。2019年5月，又捐献2000余册，价值2万余元。吕雅岐说："让书籍启迪心智，传播知识，是我的夙愿。"截至目前，赵东朝共收集到1.3万余册图书。

在建设中，赵东朝得到了市县镇领导、市县关工委和很多好心人的大力支持。他们捐赠了书柜、门窗、桌椅等用具。

2012年3月到2017年5月，赵东朝建设这个文化教育阵地历时62个月。他开报废一辆汽车，用坏三辆自行车，总计投入资金约30万元，其中退休金18.6万元，打工、拾破烂收入11.1万元。

四、发挥青少年教育阵地作用

2017年5月1日，三里五村数百村民扶老携幼欢聚在图书馆门前，敲锣打鼓庆贺正式开馆。衡水市委宣传部、衡水市文化局、武邑县有关领导及全国道德模范林秀贞、全国"五一"劳动奖章获得者侯宝明等出席了揭牌仪式。图书馆门口挂着周总理的"为中华之崛起而读书"的条幅，里面陈列着上百块习总书记语录板，悬挂着入党誓词和介绍抗日战争、解放战争等革命历史的宣传条幅。村民们有的看书，有的挥毫泼墨练习书法，个个向赵东朝竖起了大拇指，都说这件事儿办得太好了，办到大伙儿心里去了。

武邑县关工委把赵东朝关心农村留守儿童建设图书馆的情况汇报给省、市关工委，引起了领导重视。当月，省市县三级关工委将金灿灿的"东朝青少年教育阵地"挂牌授予花园村图书馆。2016年11月，衡水市关工委将该馆确定为"关心下一代活动阵地"并予以授牌。

为了教育青少年，赵东朝依托花园村曾是抗战堡垒村、其父赵藏珍是兵工厂创始人的红色背景撰写党史、抗战史、八路军冀南军区第五军分区兵工厂史及有关纪念文章30余万字。他立足"东朝青少年教育阵地"积极传播红色文化，教育青少年铭记光辉历史，继承红色基因，将此建成爱国主义教育基地和党史教育基地。

2018年3月18日，衡水市英才学校组织师生前来参观学习，听赵东朝讲革命前辈的抗日红色故事，讲述军民鱼水情，讲述村民保护党的高级将领及其家属的故事。2018年5月2日，武邑团县委组织青少年学生来此接受红色教育。2018年6月28日，衡水卫生学校的师生前来参观学习。2019年4月25日，共青团武邑县委组织准备入团的青少年学生来此纪念五四运动100周年。赵东朝清早6时从市里出发赶往花园村。由于前一天下雨，花园村道路泥泞。他开车转弯时拐到了麦田沟里。为赶在学生前面做好准备工作，他急忙往家跑，借来铁锨把车轮垫高，费了九牛二虎之力才把车弄出来。学生们到来后，赵东朝在兵工厂旧址前，慷慨激昂地给他们讲述抗战往事，形象地讲解军民们在兵工厂的地道里如何以扒下的日军铁轨为原材料生产手榴弹、子弹、单撅枪等武器，描述大家宁死不屈保护兵工厂的事迹。他带领学生们参观兵工厂手榴弹地雷车间、炸药车间、制枪车间，让学生们感受革命先辈浴血奋战的艰苦环境，追忆党领导军民英勇抗战的光辉岁月，给他们上了一节特别的团课。新团员张慧雪说："通过缅怀先烈的光荣事迹，我更加珍惜今天来之不易的幸福生活。我要学习革命先辈坚定的理想信念、艰苦奋斗不怕牺牲的精神，用实际行动为团旗增光添彩，为祖国的强盛和中华民族的伟大复兴而努力奋斗。"其他团员也纷纷表示，在新时代继承和发扬"五四"精神，勤奋学习，奋发图强，争取早日成为建设祖国的栋梁之才。目前，东朝青少年教育阵地共接待青少年学生及各界人士上万人。

与此同时，赵东朝还依托东朝青少年教育阵地，帮助贫困儿童、留守儿童在思想上解惑、心灵上解结、学习上解疑、生活上解困。花园村少年小孔想辍学打工，听他宣讲红色故事后又重返校园。他深入贯彻落实习总书记"注重家庭、注重家教、注重家风"的重要指示，在此办起了家庭、家教、家风大讲堂，引导农民创建文明家庭，促进农村社会安定和谐。他邀请衡水市的农技专家来讲课，培养农村青年创业致富带头人，帮助贫困青年脱贫致富，引导他们积极投身到乡村振兴战略中去。他先后5次邀请衡水市人民医院、衡水市第四人民医院、衡水复明眼科医院的专家来花园村义诊。他先后6次组织衡水爱心人士来村里捐衣捐物，资助困难学子，看望贫困户、五保户、老党员，并举办慰问演出。

近年来，衡水卫生学校、衡水职业技术学院、衡水东方计算机学校和衡水市南门口小学、珍宝街小学、滏阳小学等学校多次邀请他去讲学。他以习近平新时代中国特色社会主义思想和党的十九大精神为指导，关爱教育帮扶青少年健康成长，用优良作风感染青少年，用高尚人格熏陶青少年，用淳厚情感温暖青少年，使青少年真正懂得没有共产党就没有新中国、就没有今天的幸福生活，引导他们树立社会主义核心价值观，教育他们传承红色基因，争做担当民族复兴大任的时代新人。

五、热心公益事业

赵东朝除了坚守东朝青少年教育阵地，还热心公益和教育扶贫工作。2009年，他加入了衡水爱心小分队，积极参加敬老助残、扶危济困等社会公益活动。衡水市故城、枣强、冀州等11个县市区都曾播撒过他的爱心。2018年11月，他听说武邑县田只平村田姓孩子，母亲出车祸死了，父亲生病住院。他捐给孩子400元，并去医院看望其父。2019年3月2日，他到安平县儿童福利院，看望了河北省道德模范王小芬收养的 14 名孤儿，送去牛奶、鸡蛋、水果和笔、本、书包等慰问品。他给孩子们讲红色故事，培养孩子们爱党爱国情怀，教导孩子们要自强不息，努力学习，勇敢追求梦想。2019 年 4 月，他听说花园村姜贵的外孙子得了白血病，托人送去 100 元。这样的事不胜枚举。

　　他爱好文艺，多才多艺，拉二胡、说快板、说相声、演小品，样样在行。他积极参加各级各部门组织的春季三下乡、冬季送温暖活动，多次参加募捐义演。消防日、普法日、抗战胜利纪念日、建党纪念日、劳动节、国庆节都留下了他热情宣传的身影。他扮演正确教育孩子的爷爷的电视剧《望子成龙》，2014 年 6 月在河北电视台播出。他参演的展现公安系统二级英模范党育事迹的电视剧《营盘镇警事》，2012 年在中央电视台播出。这些年，他为宣传党的方针政策，宣传社会主义核心价值观，歌颂祖国取得的新成就，展现党群鱼水情深，创作了大量节目。他自编自演的节目三次上衡水春晚，诗朗诵《十九大精神永放光芒》、快板《群众路线走在前》、小品《修路风波》《如此孝顺》《有钱就是妈》等深受好评。

河北省关工委常务副主任侯志奎等领导
到东朝青少年教育阵地指导工作

　　赵东朝的汗水没有白流，得到了社会各界广泛认可。《衡水日报》《衡水晚报》《燕赵都市报》《河北日报》及中国网等媒体多次报道他的事迹。2017 年 6 月 6 日，河北省关工委副主任白润璋在衡水市关工委主任徐学清等陪同下到东朝青少年教育阵地参观，并予以高度评价；2018 年 11 月 7 日，河北省关工委副主任侯志奎在衡水市关工委主任徐学清等陪同下前来指导工作。2018年11月，他被省老干局、省老龄委、省体育局等部门评为"健康之星"。同月，他被京津冀三地老龄委、京津冀三地电视台评为京津冀银发"藏书达人"。2019年4月，市直工委推荐他参评第七届全国道德模范。

出彩夕阳红　精彩中国梦

——记南宫市五老刘明沐

刘明沐，原南宫市政协文史处处长，他退休后没有轰轰烈烈的非凡壮举，却凭着一腔关爱情怀和一身"文武"本领，感动了身边的所有人。

一、心怀眷恋的教学情

刘明沐 1996 年退休，退休前曾担任过南宫市的小学教师、市教委教研室副主任、市体委主任、市政协常委兼文史处处长。小学教师出身的他，退休后对教育事业依旧心怀眷恋，经常深入到学校与校长、教师交流意见，探讨对学生进行思想品德教育的有效方法，参加学校的讲评课，每次市里召开教育座谈会，他都有请必到，并中肯发表有见地的意见和建议。

当他发现学生课下作业太多，严重影响学生的身心健康时，做了大量深入调查，以翔实的资料写成《减轻小学生课业负担，全面提高教学质量》的文章，刊登在《邢台日报》上。文中明确提出，目前小学生的课业负担过重，超出国家教育计划，超出了小学生的心理和生理的承受能力，也忽略了思想品德教育；同时，联系实际，对全面贯彻党的教育方针，规范教学行为，尊重学生身心发展的特点和教育规律，全面实施国家课程的想法提出五条建议。文章发表后产生了良好社会反响。当他发现关于卢沟桥的狮子的个数，两本小学四年级语文教科书和一本教辅书，竟然三种说法时，两次给当时分管教育的副总理、教育部长写信，建议规范各级各类学校的教科书，并撰文《卢沟桥的狮子到底有多少只？》，分别刊登在 2001 年 11 月 7 日《邢台日报》、2002 年 7 月 9 日《人民政协报》上，引起有关部门重视。为突出《宪法》在青少年普法教育中的重要性，他撰文《请把宪法送进学校、搬上课堂》，得到各级部门和广大教育工作者的高度重视。2003 年，他被省委、省政府授予"河北省关心下一代工作先进个人"，2005 年，他被省教育厅、省总工会命名为"优秀教育世家"。

刘明沐给学生们讲故事

二、唱响主旋律，歌颂新时代

他退休之前，任南宫市政协文史处处长，其实他并没有接受过有关文学的专门训练，也没有文笔的专长，但他学以为耕，苦耕默耘，躬耕不辍，写出文章逾百篇。其中，人物专访、人物传记 20 余篇，纪实报告文学 20 余篇，评论文章、回忆文章各 40 余篇，分别刊登在国家、省、地（市）级 20 余种报纸书刊上。他撰写的《鑫春驰名的奥秘》《飞凤岗飞出金凤凰》《情系国策写人生》《风中亮出自己的旗》《耕耘在国策园里的巾帼英雄》等 13 篇文章在企业文化丛书编辑部全国征文评奖中分获一、二、三等奖。他 1997、1998 年连续被评为"河北省文史资料先进工作者"，被《走向卓越》编辑部聘为特约作家、编委、常设顾问、执行主编，被中国管理科学研究院聘为"中国管理科学研究院学术委员会特约研究员"，被《人民政协报》聘为"特约阅报员"。

在采写中他给自己定了三条规矩并约法三章。三条规矩是：宣主站不住脚的不写；企业经营（制造）的项目没有前途的不写；企业发展过程中没有闪光点的不写。约法三章是：不吃请、不接送、不要感谢。多年来，他坚持自我约束，严格要求，获得了多荣誉，1999 年，被《邢台日报》社评为"优秀通讯员"，邢台市政协"宣传报道先进个人"，南宫市"宣传信息先进个人"；2001 年，被评为市级"优秀共产党员"，荣获"移风易俗十佳标兵"称号；2005、2007、2009、2011

年，连续被邢台市委、市政府授予"全市离退休干部先进个人"荣誉称号；2015年，被邢台市委办公室、市政府办公室授予"时代老干部"荣誉称号。

三、太极进校，孜孜以求

小学生习练太极不仅有效地增进健康的体魄，更能修养健全的人格。从2013年春起，刘明沐带领学会会员进入南街小学，确定以五年级3个班110名学生为第一期教学对象，每周二、四下午体育课时间教学。学校专门安排副校长任秀清主抓，体育教师贺永胜紧密配合，历经一学年，24式太极拳的教学任务全部完成。现已经教完了两期，从套路的完整性、姿势的准确性和动作的熟练程度上看，均达到了理想的效果。

第一期，于2014年4月全市中小学春季运动会开幕式上，110名学生首次演练太极拳，其形式独特，令人惊叹，引发关注；第二期，于2015年4月，196名学生身着白色太极服，个个以文静而优雅的身姿，沉着而舒缓的神情，演练出如云流水连绵不断的各个招式，成为运动场上的一道独特而亮丽的风景线，取得了可喜的效果。2018年6月1日，学校搭台结彩，举行了隆重的"南街小学第五期太极拳开班典礼"仪式。在掌声和喝彩声中，师生共同登台演出了开场舞《欢乐过六一》、电子琴合奏《土耳其进行曲》、诗读诵《老师，您辛苦了!》等17个精彩节目，为典礼仪式增添了喜庆的气氛。全校1200余名师生及1000余名学生家长代表参加了典礼。校长宋坤刚坚定地表示："我们决心让太极这一传统文化在南街小学扎根、发芽，开出红花，结成硕果，坚定不移地走出一条独具特色的南街小学办学之路。"主管教学的副校长赵立丽和班主任教师们感慨地说：习练太极拳以来，孩子们有三点变化比较明显：一是精力旺盛了，学习的劲头足了，课堂提问的多了，请求解决问题的多了；二是孩子们的体魄有了明显的增强，爱动的天性回归了；更为可喜的就是孩子们的班级整体意识强了。"爱"和"美"字的符号在悄然输入，融入到意识和行为之中，不时地释放出来。6年来，南街小学有1400余名学生在全市运动会上参演，有2000余名学生接受了国粹太极这一高品位阴阳动态运行艺术的教育。6年来，南街小学的太极拳教学深得河北省、邢台市关工委的关注，《邢台日报》《河北工人报》《南宫晚报》分别予以报道。2018年，南宫市教育局局长白恒建在怀来向全国同仁作了推广，并用视频进行展示。教育部语言文字应用管理司原司长姚喜双来南街小学督查均衡教育时盛赞："这是一所很有内涵的学校！"2016 年，河北省关工委授予刘明沐"全省关心下一代先进工作者"称号。

刘明沐指导学生习练太极拳

面对退休后一大摞的荣誉证书，面对金灿灿的金质奖牌、金杯、纪念金币、铜牌，刘明沐的心依然平静如镜。他用自己银色的辛劳和才华谱写了一曲夕阳情怀的颂歌，唱响了精彩中国梦的旋律，尽享着夕阳花开别样红的喜悦！

心系未来勇担当　呕心沥血育新人

——记邢台县五老李庚春

李庚春，邢台县档案局退休干部。退休后，积极投入关爱下一代工作，多次荣获"先进老干部""老干部先进个人""时代老干部""关心下一代先进个人"等荣誉称号。2016年，被评为"全省关心下一代先进工作者"；2017年，荣获"邢台县首届十大道德模范""优秀五老""邢台好人""邢台市道德模范提名奖"和省"最美五老"提名奖。

一、厚积薄发，关爱工作方向明、动力强

为了努力学习掌握新理论、新思想、新典型、新经验，更好地做好关爱工作，他坚持学习习近平新时代中国特色社会主义思想和对关心下一代工作的重要指示，牢记习总书记"坚持服务青少年的正确方向，推动关心下一代事业更好发展"的谆谆教导；坚持收听收看央视《新闻联播》《朝闻天下》《今日说法》《全国最美颁奖典礼》《等着我》等有益健康的电视节目；坚持阅读《人民日报》《中国火炬》《燕赵都市报》《牛城晚报》《邢台老年报》《老人世界》等；坚持每天浏览中国火炬网、关工委工作微信群等。他坚持不辍地做笔记200多册，把媒体上的好经验、好做法、典型人、典型事、好文章、好新闻都记录下来，作为讲课素材。特别是全国最美五老龚全珍、河北涞源县关工委名誉主任车志忠、辽宁抚顺弘扬雷锋精神报告团副团长乔安山、为民造福的时代楷模张富清等先进人物，成为他学习的榜样、工作的标杆。他说："每当认为自己老了，不想再做工作时，每当在利益面前患得患失，心理不能平衡时，每当贪图安逸享受不愿继续艰苦奋斗前进时，是习主席的谆谆教导和众多先进模范人物的感人事迹和奉献精神感动着我、激励着我、鞭策着我，让我牢记初心、不辱使命、勇于担当，让我不迷失方向，不懈怠后退，不放弃关爱事业，始终在坚持服务青少年的正确方向上努力工作。"

二、悉心调研，关爱工作更精准

多年来，在关爱活动中，他注重调查研究。每次到学校作报告时他都发放调查问卷，了解孩子们的家庭、思想、学习、生活状况，为更加精准地开展帮扶关爱工作提供依据。他时常把那些家庭困难、情绪有波动的孩子牵挂在心，作为重点关爱对象。

在前楼下社区举办家庭教育讲座时，有个叫李岩的孩子，上到初中辍学在家。他就主动与李岩交朋友，给他讲党史国史和幸福生活的来之不易，使他受到启发又重返校园。如今，李岩已大学毕业，找到了心仪的工作。2017年2月在皇台底中学给即将毕业的孩子作励志报告时，他从调查问卷中了解到，在被调查的32个孩子中，有17个孩子对中考信心不足。回到家，他连夜针对每个孩子的情况分别写了一封信，用邮件发给学校政教室主任和班主任老师，一对一地解决每个孩子的思想问题，让孩子们重拾中考信心。县委组织部副部长、关工委常务副主任、老干部局局长李雅红看过他给孩子们写的每一封信，很受感动，于是给李庚春写了一封信，信中说："李局长辛苦了，你给17个孩子和他们老师的信我看了，很受感动！你根据调查问卷情况，结合每个人的实际分析他们的心理、提出希望、指明方向，让他们解放思想、放下包袱、轻装前行。我坚信，读了你的信，孩子们一定会重拾信心，认真复习，以正确的态度面对中考的。我替孩子们谢谢您！同时，您的所作所为也让我知道了什么是关心下一代、怎样关心下一代：重要的是根据孩子们的需要，做不同的关心，才是下一代想要的。2016年您为老干部局做的工作、取得的成绩，咱们全局有目共睹，大家交口称赞，我也替邢台县老干部局全体谢谢您！您还是要注意身体，不要太劳累，健康更是我们对您的期望！"

当了解到皇台底中学初一学生杨芳自幼父母双亡，和年事已高的爷爷奶奶一起生活；初二学生赵领芳，母亲丧失劳动能力，靠父亲打零工艰难度日的情况后，李庚春就主动把他们作为重点帮扶对象，资助他们到初中毕业，顺利考入高中。

在去城界小学举办家庭教育讲座时，他了解到有个叫李彤的小男孩，母亲离家出走，父亲在外打工，只有他和奶奶在家相依为命，就多次单独与他谈话，鼓励他好好学习，帮助奶奶多干家务。奶奶骨折后，李彤独自承担起家务，精心照顾奶奶到痊愈。后来李彤被评为邢台县孝心好少年，顺利升入初中。

他了解到南陈村小学申若琳的父亲因家庭变故破罐子破摔，情绪不稳定，严重影响了孩子的正常生活和学习，就给申若琳的父亲写了一封长信，使其改掉了赌博、酗酒、家暴的不良习惯，承担起一个父亲的责任。如今，申若琳在班里情绪稳定，表现优秀，学习成绩一直名列前茅。为取得更好的关爱效果，李庚春还汇编集印了《家庭教育读本》2000 册，在举办讲座时免费赠送给家长和师生。

李庚春（后排右一）到将军墓完小慰问贫困生

作为邢台县关工委委员、五老宣讲团成员，李庚春带头参加宣讲活动，先后到会宁、将军墓、西黄村等中小学校，为师生、家长作报告、办讲座70 多场次，受众达 2 万多人次。2016 年 10 月，他被推选为邢台市"不忘初心、永葆本色，离退休干部'两学一做'先进事迹报告会"报告团成员，先后到邢台、宁晋、临西等 7 县市作《离岗不离党，情系下一代》巡回报告。2019 年 4 月，他又以《心系未来勇担当，尽己所能育新人》为题，在全市关工委主任会议上作经验交流，受到与会同志赞扬。

在长达 10 多年的关爱活动中，李庚春用自己微薄的力量和有限的能力，使一个又一个孩子得到了温暖，找到了方向。他常说："能帮一个是一个，能帮两个是两个，能帮多少是多少。我们就是要把那些需要帮助的孩子时常牵挂在心，尽己所能、尽力而为。"

三、创办基地，爱心挥洒筑梦路

李庚春所居住的龙泉康苑小区，6 栋住宅楼居住着近 200 户人家，有上千口人。小区有中小学生 60 多人，其中有小学生 20 多人。每当节假日，孩子们满小区到处跑，有的还结伴到小区外爬墙头、逛马路、游泳戏水，很不安全。他就想，应该把这些孩子收拢起来，让他们既能学到知识，又能保证安全。没房子，怎么办？他想把自己 20 多平方米的车库腾出来使用。老伴不同意，问他："你把车库占了，自行车、电动车、三轮车往哪放？不行！你趁早死了这条心，甭打车库的主意！"在老伴那里吃了闭门羹，他没灰心。他又找到小区物业办公室，把想法跟经理一说，立即得到了支持。经理把小区几处仅存的现房给他做了详细介绍。最后，他相中了一处面积最大、离家最近的 30 多平方米的车库，决定买下来。买下来需要 10 多万元，这对靠挣工资的家庭来说可不是个小数目。他立即召开了家庭会。好在老伴和女儿都是共产党员，支持他的做法。女儿还拿出了所有的积蓄。在老伴和女儿的大力支持下，使他顺利买下了车库。车库没电、没门，没有制冷、制热设备，下水管堵塞，一连串的问题接踵而来。他说，这些问题都不是问题。他东跑西颠，找管道工疏通，找电工接电，女儿又给他买来冷热风机……时间不长，所有的问题都迎刃而解，一处能让孩子们学习的地方终于有了着落。

房子有了，究竟办什么、怎么办？他想，最为要紧的首先是把那些低年级的孩子收拢起来，让他们学知识、保安全；其次要开办家长学校，让家长懂得怎样教育孩子；三是可以把自己积攒的图书、报刊杂志让孩子们借阅学习；另外，还可以组织小区里的老同志来这里听听健康讲座、看看书报杂志，让他们了解和紧跟当前形势，畅谈国家的发展变化，感受自己的幸福生活。

他把自己的想法和运作情况向县、市领导作了汇报，立即得到县、市领导的大力支持。市里送来 170 多册适合青少年阅读的图书和 4 套新书架；县里送来 3 套档案柜和 10 套课桌凳。

家长们听说要在小区建立青少年教育基地，纷纷把孩子送来。六年级学生张兆阳的爸爸考虑到天热，主动送来一包矿泉水；二年级学生仙立业的妈妈主动送来一包 A4 纸；清河籍饭店许老板主动送来五把凳子。更让人高兴的是，住在本小区的市二中语文教师杨香云，市三中教师吴大年、霍晓芳表示愿牺牲假期休息时间，免费为孩子们辅导。

为了能与学校教育同步、接轨，需要有一至九年级的教科书。为了解决教科书的问题，他发动家长找、孩子捐，又跑到会宁中心学校、皇台底中学求助，最终基本找齐了一至九年级的教科书。

领导的重视与支持、家长的认可与鼓励、孩子们的积极与热情，时时刻刻感动着李庚春。他深情地说："真是众人拾柴火焰高啊！大家都这么热心，更加坚定了我办好青少年教育点的信心和决心。"

为了能吸引孩子们前来学习，他根据自己的特长和能力，开办了品德、作文和书法三门课。他感觉，对孩子们进行品德教育，是最重要的教育。只有孩子的品行好，他的一生才会好。为此，他把上好品德课放在首位。写作是他一生的爱好。他曾阅读过大量有关写作知识的书籍。无论是在学校还是走向社会，无论是在岗还是退休，无论是当一般干部还是当领导，他始终没有放下手中的笔杆子。根据爱好兴趣，他为孩子们开办了作文课、书法课。从2016年6月开课以来，每周六、日给孩子们授课，已给孩子们讲授160多个课时。

在给孩子们讲课时，他让来学习的孩子每人写一篇《我的爸爸》或《我的妈妈》的作文。有个六年级的孩子在写他的爸爸时，这样描述：我的爸爸生气时，就会像火山爆发一样，劈头盖脑地向我打来。他问那个孩子，爸爸为什么打你？孩子说，完不成作业、看电视、玩电脑、不按时回家等，都会成为爸爸打我的理由。他让挨过打的孩子举手，结果前来学习的10多个孩子都举起了手，有的孩子还把家长打伤的印迹让他看。看到孩子们挨打的伤痕，就像戳到自己心窝一样，心痛得他热泪盈眶。他感到很震惊，怎么会这样呢？他对孩子们说，回家后，告诉你们的爸爸妈妈，就说老师说的，再打我们，我们就会告诉老师，老师会为我们做主。随后，他就在微信群里给家长们发了短信：各位家长，孩子们普遍反映，在家挨过打。希望今后家长不要再用武力教育孩子。一方面，打孩子是家庭暴力，国家法律不允许；另一方面，好孩子不是打出来的。希望家长能够做到。短信一发，立即得到家长的普遍响应和支持。六年级学生李美静的妈妈在微信里这样回复：谢谢李老师对孩子们的关心。我支持李老师的倡议。五年级苗如涵的妈妈回微信：必须支持，我着急时也打过孩子，但打完后又心痛又后悔，躲在厕所里自己偷偷流泪，今后再不打孩子了。四年级学生谢仕嘉的妈妈说，孩子跟李老师在这里学习，学到了在学校学不到的东西，对孩子今后的成长很有好处。

李庚春的衷心劝告让家长们深受感动，纷纷点赞和响应。后来，家长们把他开办的课堂叫作"爱心课堂"。他再问孩子，孩子们都说，现在在家不挨打了。他又对孩子们说，要想不挨打，就要听老师和家长的话，好好学习，多做家务，爸爸妈妈都会喜欢你们。他教的虽然只有20多个孩子，但从一年级至六年级的都有，每个孩子都要备课、讲课、留作业、批改作业，费时耗力、辛苦受累是常人无法体会的，但他每一样都精心细致，做得很好。李雅红局长曾问他："你这样没白天没黑夜地工作，累不累啊？"他回答说："有时是有一点儿累，但我更多时候感到的是快乐和幸福。因为习总书记有指示，党中央有号召，上级领导有期望，孩子们有需求，家长们更需要。教育好下一代事关国家的前途和命运，还有比做好这项工作更重要、更幸福的吗？再苦再累我也会在关爱下一代事业的道路上一直走下去。"

党的十九大和全国"两会"胜利召开后，他第一时间把大会精神报告给孩子们。

他不仅为本小区的孩子们上课，还被南陈村小学聘为"爷爷奶奶一堂课"讲师。2018年3月以来，他已给孩子们上乡土地理知识课30

李庚春在教育基地为孩子们解读十九大精神

多个课时。每次讲课他都精心准备，把课程做成课件，融入红色基因，做到图文并茂，充满知识性、趣味性和故事性，让孩子们想学、爱学、带着兴趣学。如今，孩子们不仅熟知家乡的基本概况，就连家乡的著名人物、故事传说、风土人情、山川河流、标志建筑、风景名胜等也如数家珍。孩子们说，李爷爷讲课妙语连珠、风趣幽默，听起来轻松愉快、好学好记，我们都爱听。

四、搞好宣传，关爱氛围更浓厚

在开展关爱活动的同时，李庚春认真做好全县关工委的信息宣传工作。他提建议、组队伍、做辅导、编稿件，把全县信息宣传工作做得有声有色。

在他的建议下，邢台县关工委信息宣传工作全面展开：一是全县建立了 30 多人的信息员队伍和信息员基本情况台账。对每位信息员的姓名、电话号码及文笔特点他都了如指掌。二是全县建立了关工委工作群。信息员的稿件首先在群里发布交流，信息员之间可以交流互鉴、取长补短、共同提高。三是建立了通报表彰制度。每半年对各基层单位的上报信息和上级采用情况他都要汇总，然后提供给领导，让领导以文件形式进行通报，鼓励先进，鞭策后进，大大激发了信息员的积极性。四是及时编发信息员的稿件。信息员的稿件他都一一登记在册，并由他择优及时编辑修改把关后发往各级媒体。

强有力的宣传工作，大大提高了关工委工作的知名度、美誉度和社会关注度，一个关爱广大青少年的浓厚氛围在全县逐步形成。2018 年，各基层单位报县信息 327 篇，向各级媒体选送稿件 216 篇，其中被全国媒体采用 1 篇、省级媒体采用 138 篇，还在全市信息宣传工作会议上交流了经验。2019 年，截止到 6 月 20 日，各单位已报送信息 196 篇，被国家级媒体采用 1 篇、省级媒体采用 147 篇。由他撰写的《坚持"四抓"，不断提高信息宣传工作水平》和《离岗退休不退志，身兼双职创辉煌——记邢台县宋家庄镇退休干部张殿林》两篇稿件，同时被《老人世界》刊发。邢台县关工委连续多年被评为全省关工委系统信息宣传工作优秀单位。

2019 年，在全市关工委主任工作会议上，他以《心系未来勇担当，尽己所能育新人》为题作了大会交流，受到与会同志的广泛好评。他的事迹也先后被中国火炬网、《中国火炬》杂志、河北春泥网及《河北关心下一代工作》《老人世界》《燕赵都市报》《燕赵老年报》《邢台老年报》等媒体报道。

"不忘初心记使命，甘做蜡烛燃自身；竭尽全力系未来，筑梦路上洒爱心。"他常以此自勉。

年老热心在　关怀下一代

——记邢台县五老陈培田

　　陈培田，邢台市桥东区人，中共党员，大专文化。1963年至1982年在部队服役，曾任团政治处干事、连队指导员、营副指导员、团宣传股长。1982年转业到邢台县政法系统工作，曾荣立二等功、三等功，被评为"河北省公安系统优秀政工干部""邢台市优秀人民警察"。2003年从邢台县公安局退休后，继续发挥自己的优势，尽全力为祖国的现代化建设事业作贡献，被评为"邢台市时代老干部""2013年度邢台好人"；人民网曾录制介绍其事迹的专题片《时代榜样》；2017年被评为邢台县"优秀五老"。

　　陈培田始终牢记自己是个老党员、老干部。职位可以退休，为人民服务的责任和义务不能退休；年龄可以老化，思想不能老化。他深知青年强则民族强，青年兴则国家兴的道理，因此，退休后他时刻把青少年的健康成长挂在心上。在报纸上、电视上，每当看到青少年勇于同违法犯罪现象作斗争的事迹，就深受鼓舞；每当看到有的青少年学生不幸违法犯罪的案例，就深感痛心。经过不断的反思，深刻认识到对青少年加强法制教育、保证下一代健康成长是刻不容缓的大事，自己应该主动在这方面发挥作用。随后，为了给学生上好法制课，他刻苦学习、钻研《宪法》《刑法》《刑事诉讼法》《民法》《治安处罚法》等法律知识，还把报纸上刊登的有关青少年违法犯罪的案例剪辑下来，自编成讲稿，主动联系学校，给学生们讲法制课。十几年来，他先后到邢台县桥东区开发区的20多个学校讲过法制课，受教育学生万人以上，为提高学生法制观念、稳定教学秩序和保护青少年健康成长起到了积极作用，受到欢迎和好评。

陈培田给学生们普及法律知识

除了给学生讲法制课，他还结合社会实际和自身体会给学生讲光荣传统课，激发学生们爱党、爱国、爱社会主义的情怀，树立正确的世界观、人生观、价值观，从而明确学习目的，奋发向上。

与此同时，陈培田还力所能及地助学帮困。他曾捐资 1200 元给双楼学校购置体育器材。邢台县桥东区双楼村学生侯学磊、侯学森的父亲违法被判刑，母亲有精神病，他们和 80 多岁的奶奶相依为命，生活十分困难。了解到这个情况后，他经常去家里看望他们，除了鼓励两个孩子要好好学习、立志成才，还帮他们麦收、秋收，使两个孩子很受感动和鼓舞。他们的父亲一年刑满出狱后，陈培田又资助了他们家 500 元钱，以解其燃眉之急。现在侯学磊、侯学森两兄弟一个上高中，一个上初中，学习都很好。

2018 年初，陈培田在报纸上看到邢台县桥东区南陈村小学采取请老年人给学生讲书本以外社会知识的方式开展"爷爷奶奶一堂课"活动，感觉这个活动不错，就主动联系南陈村小学，愿意帮助学校推广这一经验。经协商，学校请他讲学生们喜欢了解的邢台历史名人。为了讲好课，他骑自行车先后到郭守敬纪念馆、历史文化公园、七里河公园、张仲毅烈士陵园参观收集资料，查阅《中共邢台县党史》《邢台县文史资料》《邢台县风物志》等书籍，还到南陈村座谈，了解该村的历史、该村出的名人等。在此基础上，写成数千字的讲稿，每星期四下午去南陈村小学给学生讲课，受到了广大师生的欢迎。

十几年来，陈培田就像老黄牛一样，孜孜不倦地在关心下一代的田野里耕耘着，付出了心血和辛勤的汗水，同时也收获了无数的微笑和掌声。

陈培田给孩子们讲邢台历史名人

以强烈的事业心责任感服务关心下一代事业

——记巨鹿县关工委主任闫敬岭

巨鹿县关工委主任闫敬岭，曾任巨鹿县人民政府副县长、人大常委会副主任，2005年退休后，任巨鹿县工业经济联合会会长，2011年任巨鹿县关工委常务副主任，2014年任关工委主任。几年来，闫敬岭为关心下一代呕心沥血，无私奉献，做了大量工作。

一、搞调研、抓典型、谋发展

闫敬岭常说，没有调查就没有发言权。于是，他从调查研究入手，寻求工作的突破口。通过走访多个学校，了解学生中存在的问题和学校德育教育的方法，发现不同年龄段学生有不同的特点，德育教育靠书本是空对空的教育，学和做是两张皮。因此他提出在育蕾小学试行"德育银行"教育模式。即把学生做的好事，根据事大小量化成分数记入储蓄卡中，每学期根据每个学生积分多少进行奖励。这样把无形的口头教育变成了有形的行为教育。育蕾小学通过实践对德育银行工作做了进一步完善。一是对实施细则进一步完善，把无形的分数变成有形的"道德币"，增强了学生自身的成就感，同时也强化了对其他同学的感召力；二是每月评出的"道德模范"张榜公布，进一步强化了先进性；三是将道德银行这一做法延伸到了全体老师，让老师不再是单纯的裁判员，而是置身于这一活动之中，学生的品行激励着老师，老师的模范带头作用引导着学生，他们互相促进，砥砺前行；四是利用互联网将学校、家庭、社会联系得更加紧密；五是初步总结了开展德育银行五年来取得的骄人成绩，出版了《道德银行伴我成长》一书。邢台市委老干部局、市关工委、市教育局联合发文在全市推广德育银行这一经验，省政府领导也批示在全省推广，中央宣传部在中国文明网上作了肯定报道。

闫敬岭（左二）在明德小学调研德育工作

在巨鹿五中调研德育教育时，闫敬岭提出讲身边好故事作为中学生德育教育新模式，得到学校老师和校领导的支持。巨鹿五中学关工委自开展讲身边好故事以来，校长韩海兵积极谋划，不断深化这一活动，使学校老师、同学的精神状态和环境面貌发生了翻天覆地的变化，同学们做好事蔚然成风。不仅如此，通过这一活动，学生的观察能力、判断能力、写作能力、表达能力有了大幅提高。他们把同学们讲的故事编辑成《讲身边好故事》出版，在学校和社会上产生强烈反响。目前，全县掀起了学育蕾和五中的高潮，已有10余所学校推广了他们的经验。

二、广泛发动五老帮助贫困学生

巨鹿县关工委坚持经常开展的一项工作是发动五老帮助贫困学生。一是每年对贫困学生、留守儿童进行慰问；二是每年六一儿童节，坚持为一些特困儿童发服装、学习用品和书籍；三是每年春节都为贫困儿童购置羽绒服，保障孩子安全过冬。与此同时，巨鹿县关工委志愿者协会社会救助活动开展得富有成效，如主动联系北京墨墨祝福志愿者协会资助11名贫困学生按月发放助学金；五老人员王永琪常年奔走于各个村庄、学校和北京、石家庄等地，为贫困学生寻求救助资金，2018年资助贫困中小学生250名30余万元，资助优秀贫困大学生20名10万多元；五老人员刘恒均连续5年每年出资5万元资助巨鹿中学优秀贫困学生。

闫敬岭参与六一儿童节帮困助学活动

三、思想教育工作百花盛开

为了强化对青少年的思想教育，牢记习近平总书记关于"坚持服务青少年的正确方向，着力加强青少年思想道德建设，引导青少年树立和践行社会主义核心价值观，支持和帮助青少年成长成才，团结教育广大青少年听党话、跟党走"的教诲，闫敬岭带领关工委一班人和广大五老，2014 年带头编写了供家长学校使用的《育子宝典》；2016 年又创作了供青少年学习的小说《四毛上学记》，这本书以讲故事的形式讲述了四毛同学在老师和同学们的帮助下刻苦学习，以及用大量的先进人物事迹、优秀品质激励自己、提高自己、完善自己的动人故事，艺术性和故事性完美结合，引导、激励同学们主动学模范、践行动，逐渐成长为学习和践行社会主义核心价值观的一代新人；关工委副主任 84 岁高龄的谷保清，以强烈的责任心、使命感编写了几万字的《励志悟语》一书，讲了做什么人、怎样做人的问题，为青少年指明了做人的标准及如何做人的行为准则，社会反响强烈，一致认为不仅是青少年的必读书，也是成年人的必修课；巨鹿县关工委将原公安局副局长吉录林用镜头记录的 1976 年毛主席逝世时全县人民沉痛悼念伟大领袖毛主席的悲壮场面等老照片，辑印成《难忘记忆》一书，作为进行革命传统教育的教材，老师和同学们观后都非常震撼，更加崇敬毛泽东等老一辈革命家，也更加体会到今天幸福生活来之不易；育蕾小学关工委主任、校长孙建广为把德育银行活动推向深入，编写出版了《道德银行伴我成长》一书，真实记录了学校老师、同学在德育银行品德教育活动中的所作所为及思想变化过程；为了响应习近平总书记关于"讲好中国故事，提高国家软实力"的号召，闫敬岭组织编辑了《追梦者的足迹——巨鹿故事系列丛书》，涵盖了从古到今各行各业的先进人物的模范事迹，是教育青少年的生动教材，受到县主要领导的高度重视。

四、重视、支持基层关工委的建设与发展

闫敬岭十分重视、支持基层关工委的工作。在农村二郎庙关工委不断深化"创建和睦家庭，致力社会和谐"活动的基础上，2016年又发展了寻虎村关工委、大留庄村关工委。寻虎村关工委主任由原巨鹿县老干部局副局长安庆朝担任，副主任由原巨鹿县公安局政委薄洪举和村妇女主任薄秀姝担任。寻虎村关工委以建设文明家庭为目标，通过村妇女之家、妇女大讲堂阵地对全村青年妇女进行社会主义核心价值观教育、孝道文化教育，传承非物质文化遗产等措施，把青年妇女组织起来成立了"爱心团队"，资助贫困和留守儿童，成为红色小镇进行爱国主义教育的主力军。通过讲村史、传手艺对青少年进行思想道德教育、传统技艺教育，为美丽乡村建设增添了一道亮丽的风景线。大留庄村关工委主任由村支书担任，副主任及委员由五老组成，教育活动丰富多彩，吸引周围十里八乡青少年前来参加。在关工委一班人带领下出现了家庭文明、社会和谐、民风淳厚的可喜景象。

民营企业关工委又有新进步。指导、支持喜德来家具有限责任公司和新时代纺织有限公司创建了关工委并卓有成效地开展了一些活动。喜德来家具有限责任公司开展了树立和践行社会主义核心价值观为主要内容的"为企业腾飞而助力"活动，通过学习传统文化，孝道文化，对青年职工进行思想道德教育，提高了青年职工的社会认知感。他们在车间安装合理化建议箱，广泛收集职工建议，激励职工参加企业管理。通过对职工的工作情况、思想状况实行积分化管理并按累计积分兑现奖励，极大地促进了职工爱国、敬业、诚信、友善的社会主义核心价值观的形成。喜德来关工委的工作提升了企业文化的凝聚力，弘扬了企业正能量，创新了企业管理新模式，增强了企业竞争力。新时代纺织有限公司关工委，在董事长王芳辰的大力支持下对青年职工进行技术帮助、困难帮扶、爱岗敬业教育，增强了企业的凝聚力，在技术工人跳槽频繁的今天仍能保持技术队伍的稳定性。同时，关工委讲安全、查隐患，时时

处处起带头作用，安全生产得到实现，几年来没有出现过安全事故。

指导支持巨鹿县教育局关工委根据不同年龄段学生特点开展对学生的思想教育活动。七一建党纪念日组织学生开展学党史、颂党恩、跟党走报告会、研讨会、故事会等活动；积极帮助育红小学开展"四五"德育模式；帮助育英小学开展书法进学校、戏曲进学校、武术进学校等活动；帮助育才小学建成"河北省楹联教育基地"后，又成为"全国楹联教育基地"；帮助推广育蕾小学德育银行德育教育模式等。

五、发挥青少年社会教育点作用

闫敬岭非常重视青少年社会教育阵地建设，经过努力，在全县已建成72个青少年社会教育点，对各点人员进行了集中培训，并对各教育点的责任、目标、任务、教育方法、规章制度等分别制成牌子挂在教育点的显著位置。其中29个教育点通过河北省关工委验收，获得省关工委配备的桌椅、图书、笔墨纸张、文体用品、书柜等物资支持；2019年又对活动开展得好的先进个人进行了表彰，还对先进点投入15000多元予以支持，分别是二郎庙村、南花窝村、五中"讲身边好故事"等14个教育点。五老们把自己的技艺同向青少年传授结合起来，不仅使青少年的思想道德水平得到提升，同时又增加了自己的成就感、获得感。

六、依靠五老队伍同心聚力

根据形势发展、工作需要，闫敬岭不断对巨鹿县关工委班子进行调整，将有责任心、有奉献精神、身体较好的退休老同志充实到关工委班子，增强了关工委的活力。关工委副主任刘增朴协调邢台市老促会在齐石鹿投资50万元建起了革命老区传统教育点；王平群在提升巨鹿县关工委宣传报道方面发挥了很大作用，2018年在省关工委《关心下一代简报》、春泥网上发表活动报道、经验信息、调研报告共90余篇，受到省关工委的表彰，使县关工委信息工作上了新台阶；关工委委员王永其多方筹措资金，帮助贫困大学生圆了大学梦；关工委委员刘兰印、王振刚，跑前跑后，扶持锦绣花园建起青少年京剧票友社会教育点等。总之，在巨鹿县关工委的组织发动下，全县300多名五老无私地、快乐地为全县关心下一代事业作出了有目共睹的贡献。

一位老退伍军人的未来情

——记宁晋县纪昌庄乡五老刘彦明

刘彦明1948年出生于宁晋县纪昌庄乡桥河东村，12岁时母亲去世后便中断学业，开始承担起家庭的重担，照顾着9岁的妹妹、17岁患有精神残疾的哥哥和年近60岁患有肺结核的父亲。1968年应征入伍，1969年12月的《解放军报》曾报道过他刻苦训练、乐于助人的先进事迹；1973年2月退伍，回村任第十生产队队长，主动承担起照顾叔叔的任务，直至叔叔以94岁高龄去世，坚持照顾40年；2012年、2013年两次荣获乡政府颁发的"慈孝之家"奖励；2013年开始，创办了"益人京剧社""益人书院"，义务为村里的老人、儿童、贫困人员开展服务。2018年获得"邢台市优秀退伍军人""邢台好人""宁晋县最美老人"等荣誉称号，并入围"中国网事·感动河北"。

一、响应党中央的号召，自费修建乡村书院，弘扬中华优秀传统文化

2013年，刘彦明拿出多年的积蓄，投资40余万元，利用自己的宅基地，修建了一座三层的乡村书院，取名"益人书院"。"益人"就是有益于他人、有益于社会的人。书院为三层结构，建筑面积240平方米，配备了投影仪、音响等现代化教学设施，采用了太阳能供暖系统，绿色环保低能耗，采用了"真空＋中控LOW－E"四层玻璃的门窗设计，安静舒适，配备了空调和空气净化系统，购买、筹集了2000余册图书，免费对全乡开放。刘彦明还和县图书馆接洽，承担起了宁晋县图书馆纪昌庄乡分馆的任务。

"益人书院"从弘扬孝道文化入手，开设五类课程，分别是：经书子集等经典文化研习课、琴棋书画等修心养性课、太极拳八段锦等健身养生课、家庭关系与亲子教育课、我为乡亲做点事儿等公益践行课。通过公益课程和新乡贤的榜样作用来启蒙村民，调整亲子关系、夫妻关系、兄弟姊妹婆媳关系，制定家规、家训，修缮家族谱系，形成和睦的家风。"益人书院"已经不仅仅是一个读书的地方，它已上升成为一个弘扬中华孝道、修养身心、践行良善、自助益他的公益场所，承担起了弘扬中华优秀文化和助力社区治理的双重功能。

　　为了村子的发展，刘彦明把眼光投在未来，他深深懂得少年强则中国强的道理，下一代的成长始终是刘彦明心中的大事。本着"养正一个孩子兴盛一个家庭"的理论，他在村子里创办了"童蒙养正院"，用中华优秀传统文化来教育孩子们从小养成良好的行为习惯和品德修养。刘彦明还邀请村里的陈老师一起开展了少儿书法班、儿童读书日等系列活动，每周都有各种兴趣班。每到周六日书院异常热闹，没有座位了，孩子们就站着听课，兴趣极其浓厚，这不仅增长了孩子的知识和见识，弘扬了中华民族传统美德，同时还传播了正能量，带动形成良好的社会风气。

刘彦明在少儿书法班指导学生临帖

　　刘彦明与驻村社工共同发起了"晨读经典"活动，现在已经有20多个小学生，坚持每天早起到广场上晨读经典，养成了早睡早起的良好生活习惯，锻炼了自己的意志力，从经典中领悟了做人的道理，按照经典的要求去行为处事。家长们纷纷反映，孩子们最大的变化就是"父母呼，应勿缓"，以往不到8点叫不起床，父母喊半天也不理不动，现在变得马上答应，并停下自己手里的事情，先与父母沟通；另一个变化就是对手机的依赖性小了，玩手机的时间减少了，孩子们有更多更有意思的游戏可做，有更多更有意思的课程要学，自然就远离了电子游戏。

二、热心公益事业，影响下一代学习孝道文化

刘彦明每月为全村人 65 岁老人举办一次敬老饺子宴，践行他的孝道文化。每逢农历的初一，刘彦明就会把全村 200 余位 65 岁以上的老人们请到书院里，让老人们欢聚一堂，和志愿者们一起有说有笑地包饺子，享受着被尊重的幸福和快乐。刘彦明说："我们包的不是饺子，是那份敬老的氛围。我们自己要行孝道，还要教会下一代也行孝道，还要影响更多的人孝亲敬老。"

刘彦明组织的每个月饺子宴善举，在当地传为美谈，也潜移默化地影响着周围和乡里的青少年、儿童，他们耳濡目染刘明彦和志愿者们对老人的关爱关怀，孝敬老人的这一善举、美德在他们心中生根发芽，刘彦明也成为他们学习效仿的楷模。

刘彦明每月为全村 65 岁以上老人举办一次敬老饺子宴

三、组建"益人京剧社"，开展扶贫助学

2014 年，有着京剧爱好的刘彦明组建了地跨邢台、衡水、石家庄三市的"益人京剧社"，为 45 名老年京剧爱好者提供场地和活动费用，义务为乡亲们演出，多次到宁晋县电视台参加助学义演，为贫困儿童筹集资金。有些家庭由于发生了突发事件，家里的主要劳动力不在，同时又不符合低保救助的标准，孩子上学就成了家庭很重的负担，为此刘彦明与燕郊爱心社一起资助了村里的 4 名贫困儿童上学，从小学一直资助到了高中。

每当谈起刘彦明的慈行义举，村民们总是交口称赞，但他坚持认为

这些微不足道，他认为真正的公益是唤醒人心，要靠教化，而不是救济；要做有序、有效的公益，而不是施舍式的公益。这就是刘彦明，一个超期服务的老军人、老党员，时刻都在为乡邻着想、为子孙后代着想、为中国的未来着想。

汗水描绘夕阳红

——记广宗县五老聂振山

聂振山，男，1939 年 10 月生，广宗县冯家寨镇北淤疃村人，中共党员，大专学历，中学高级教师，中国颜体书法研究会会员。聂振山自幼酷爱书法和象棋，坚持不辍，书法作品多次在比赛中获奖。1999 年从广宗县塘疃镇中学退休后，热心于关心下一代工作，发挥自己所长，自愿担任本村小学的辅导员，十几年如一日，先后为本村 200 多名学生义务教授书法技能和象棋技艺，聂书静、任月晗等 20 多名学生在市级以上比赛中获奖，促进了青少年身心健康成长，被评为省级优秀五老、广宗县好人。

一、家庭熏陶，一生相伴有书法

聂振山一直生活在农村，父亲聂鸿钧在世时是当地有名的农民书法家，书法好、人品好，受到乡亲们爱戴。父亲的言传身教对他产生了深刻的影响，从 10 来岁就跟着父亲学练毛笔字，大学毕业后成为一名人民教师，仍坚持不断，把毛笔字作为陶冶情操、丰富生活的一种方式，并利用周末或节假日，在老家为村里的孩子们教授书法技艺。他多次参加各级书法大赛，书法作品曾选入《聚龙杯·全国颜体书法作品集》《安徽凤林禅寺书展作品集》等书。艺术的熏陶让聂振山养成了脾气和蔼、淡泊名利、乐于助人的性格，他是学生眼中的好老师，村民眼中的好邻居，孩子心中的好长辈。

二、体悟深刻，致力书法献余热

中华文明博大精深，书法艺术是其中的重要组成部分。多年的习练使聂振山感受到书法的无穷魅力，在他看来，字不仅仅是文化载体，字和写字的人更是传承社会风气的载体。中国书法包含有中国的传统文化和中国的美学精神，它以艺术的身份服务于时代、服务于社会、服务于人民，尤其在当前的文化建设和精神文明建设中起着不可替代的作用。

习近平总书记在文艺工作座谈会上讲话时指出："文学、戏剧、电影、电视、音乐、舞蹈、美术、摄影、书法、曲艺、杂技以及民间文艺、群众文艺等各领域都要跟上时代发展、把握人民需求，以充沛的激情、生动的笔触、优美的旋律、感人的形象创作出人民喜闻乐见的优秀作品，让人民精神文化生活不断迈上新台阶。"习总书记的指示，为书法艺术的发展指明了方向。1999 年退休后，聂振山觉得自己年纪不大，健康状况也允许，就愉快地接受了广宗县关工委的邀请，加入到关心下一代的五老行列，决心发挥自己所长为家乡为群众为社会做一些有益的事情。

三、组织小组，引导学生学书法

聂振山住在农村，看到很多中小学生甚至大学生不懂得书法艺术，不注重练习书法，字写得歪歪扭扭，十分难看，别人说起来却无所谓，让他感到非常痛心，决心利用自己的退休时间为传承中国的书法艺术作出一份贡献。他把本村小学作为发挥余热的平台，主动和校长联系，说明自己的想法，征得同意后，开始组建小学生书法爱好小组。起初，有的家长不理解，认为练字会占用学生的学习时间，影响学习成绩，纯属多此一举；也有一些群众认为他目的不纯，可能是为了收点费用。聂振山为打消他们心中的疑虑，逐一做学生和家长的思想工作，对一些有书法爱好的学生单独谈心，向家长说明自己的想法和目的，客观解释练字不会影响学习，相反还会增强孩子学习的信心。2010 年，在他的努力下，冯家寨镇北淤疃村小学书法爱好小组建立起来，起初只有 9 名学生，有人怀疑这个小组能不能坚持下去。事实证明，这个小组不仅坚持下来了，还发展得很好。

四、自己出资，自编教材教学生

聂振山的行为得到北淤疃村小学的大力支持，学校为他腾出来两间教室作为习字室，明确每周的周三下午放学前一个小时，为书法爱好小组的集中活动时间，由聂振山上课具体指导。有了这个平台，聂振山的积极性被激发起来，把自己作为一名编外老师，尽职尽责教育辅导学生。他的家庭并不宽裕，妻子去世后，自己一个人生活，患有心脑血管病，需要常年吃药，三个儿子都在家务农，条件很一般。即便这样，为减轻学生的家庭负担，他拿出自己的退休金购买笔墨纸砚等书法用品。

聂文悦家庭条件差，父母不能干重活，聂振山不仅为她提供书法用品，还救济她的家庭，使群众深受感动。在教学过程中，针对学生年龄差别大、习字功底又不一样的特点，他提议并主导编写了冯寨校区校本教材——《勤礼碑书法教程》。从书法常识到颜真卿及勤礼碑简介，从书法技艺到颜体书法欣赏，为了一段话、一个词语，甚至一个标点，他都仔细斟酌，认真推敲。经过反复修改，几易其稿，辑印成册。这本书对学生练习书法帮助很大。邢台市原市委常委、市委秘书长李凤刚为本书题字并撰写序言。

五、倾心尽力，尽己所能传技艺

几十年的教学生涯使聂振山对上课驾轻就熟，几十年的书法积累让聂振山终于有了用武之地。教就教出个名堂，绝不能半途而废，绝不能浪费学生的宝贵时间，要让他们学有所得，终身受益。立足于这一想法，聂振山按照退休前在学校教课的要求，认真准备教学内容，备好每一堂课，上课前提前半个小时赶到，对每一名学生从坐姿、拿笔到蘸墨、笔画、结构，一丝不苟，手把手地教，不厌其烦，直到学会为止。他还把自己家作为第二课堂，家里有现成的书法工具，学生什么时候来什么时候指导。有的学生

聂振山与习练书法的孩子们合影

一段时间后感觉进步不大，气馁了，他就从自己的练字经历说起，鼓励他们只要坚持下去，一定能写好；有的不认真，只是为了应付家长，他就耐心地教育，和蔼地批评，教导他们三心二意是成功的大敌，专心才能进步。半年后，聂振山的努力有了初步收获：看着逐渐成型的毛笔字，家长们认可了，越来越多的小学生加入到小组中来。不仅如此，他还把本村爱好书法的村民组织起来，定期交流切磋，在全村形成了浓厚的书法氛围，呈现出老中青少各个年龄段书法爱好者丛集的局面。2015

年，北淤瞳村被邢台市老年书画研究会评为"市级书画村"，市书协多次到该村开展书法传艺活动。

六、协调场地，假期办班收效大

农村中小学生的假期生活单调，很多家长为孩子整天在家里无所事事，或上网打游戏看电视感到忧虑。了解到这一情况，聂振山就琢磨用好这个时间培训书法，让学生收住心、练好字。他自己家地方小，条件也不行，不适宜太多学生学习，就把全村的空闲房寻思了一个遍，最终感觉村东头一处宅院比较合适：交通方便，房间宽敞，房东常年在外，基本不回家居住。和房东取得联系说明想法，房东爽快地答应了。他组织村民清扫了院落和房间，搬来书写用的桌案，孩子们为有这样一个地方感到高兴。暑寒假期间他几乎每天必到，指导学生习字练帖。参加的学生多，就分成班，轮换着上课。孩子们写字进步很大，吸引了村民们来这里欣赏。为激发学生的积极性，他时常搞些书法比赛，把好的作品挂在墙上供欣赏观摩；他鼓励学生参加各类青少年书法比赛，每当学生取得好成绩，他都非常高兴。在这里孩子们找到了快乐，聂振山也感受到了与孩子们在一起的幸福。

七、以字尚德，因墨释趣传美德

聂振山擅长颜体，不仅因为颜体的笔力雄强圆厚，气势庄严雄浑，更因为颜真卿为人秉性正直，刚直不阿，笃实纯厚，颜体书法与高尚的人格契合，是书法美与人格美完美结合的典例。在教授学生书法的同时，聂振山注重通过书法对学生人格进行潜移默化的影响，他经常给学生讲述颜真卿的故事，使他们从小有正义感、荣辱感，帮助他们树立正确的人生观、价值观。聂文槊是家中独子，从小受父母宠爱，养成懒散拖沓、不服管教的习惯，被老师看作管不了的坏孩子。家长没办法，抱着试试看的想法把聂文槊送到了书法爱好小组。聂振山对聂文槊不打骂不批评，而是从书法讲起，一笔一笔教，一个字一个字练，不鄙视不放弃，既教书法又教做人，用身边事引导聂文槊，并鼓励小组的其他同学共同帮助聂文槊。经过努力，聂文槊不仅字写好了，学习成绩上去了，坏习惯也改掉了。家长见了聂振山不知怎么感谢才好。像聂文槊这样通过练习书法改掉坏毛病的学生不在少数。

八、关心教学，做好经验传帮带

在上好书法课的同时，聂振山十分关注本村小学的教学质量，经常跟学校领导、老师、学生交谈，谈学校如何发展规划，谈教育教学中的具体问题，谈学生如何培养目标。他和学校的老师成了忘年交，有的老师思想有波动，他就耐心细致地做工作；有些老师有了困难，他知道后也是积极帮助解决。针对学校年轻教师多、经验少、教学吃力的情况，他主动承担起对青年教师教学、教法的指导任务，利用自己的教学经验、教学心得撰写了多篇文章。如《谈学生的学会和会学》，指导青年教师不要为传授知识而传授知识，一定要让学生掌握学习方法；《德育教育无处不在》，谈了德育教育的重要性和广泛性。他秉承活到老、学到老的理念，和在职老师一起学习、一起进步。经过他的指导，有两位老师成长为省级优秀教师，多位教师在市、县的公开课中获奖，学校的教研活动开展得有声有色，扎实有效，教育质量稳步提升，在全镇名列前茅。

九、不遗余力，传授棋艺长智趣

聂振山不仅书法好，象棋也是强项。为活跃学生课外生活，在聂振山的倡导下，北淤疃小学把中国象棋引入课堂，当时已逾七旬的聂振山主动担任象棋兴趣小组的辅导教师。小组有学生20多名。为了上好中国象棋辅导课，他花费了大量的心血，先后到威县、邱县、邢台等地，购买相关的辅导教材，买不到心仪的书，就到朋友那里借。他参阅了大量的象棋书籍，编写了一本简单易学的教案，印制好发给每个学生。学习象棋占用学生自习课的时间，他总是提前到校，耐心辅导每一名学生，一招一式，一丝不苟。仅一年的时间，学生对开局、中局和残局都有了比较熟悉的了解，下起棋来像模像样。书法班和象棋班锻炼了学生们的思维和审美，丰富了学生们的课余生活。聂振山的无私奉献精神，为全校教师做出了榜样，激发了教师的工作积极性，促进了学校各项工作的开展。

十、退而不休，鞠躬尽瘁

十几年来，聂振山倾心于家乡的教育事业，甘愿用心血和汗水浇灌祖国的花朵茁壮成长，默默无闻，一无所求。在他的帮助下，北淤疃小学校风正、学风浓，课外生活丰富，办学水平得到了家长和社会各界的充分肯定和赞誉，一批又一批有志少年从这里走出去，走进大学，走上社会。初步统计，10多年来，这个2000口人的村子培养的大学生达100多名，特别是2018年，本一以上大学生就有13名，成为远近闻名的文化村，北淤疃村的文化基因因这位老人更加强大。

平凡之举见大爱

——记邯郸市关工委秘书长李茹

在成语之乡河北省邯郸市，提到老干部局副局长、市关工委秘书长李茹，老干部们都交口称赞，有的说她热情开朗，有爱心，千方百计为老干部办实事；有的说市委老干局是他们的娘家，李茹就像自己女儿一样，是他们的贴心人。

2001年，刚过而立之年的李茹服从组织安排，到魏县老干部局担任局长，在这个她深爱着的事业上，一干就是20年。特别是2012年担任邯郸市委老干局副局长、市关工委秘书长以来，更是一心扑在工作上，用实际行动践行着"让党委放心、让老干部满意"这个不懈的追求，把所有爱心都奉献给了老干部，赢得了老干部的一致称赞和市委及省委领导的好评。多年来，李茹先后多次被评为省、市老干部工作先进个人，市政府记二等功等荣誉，被推荐为邯郸市第六、七届党代表，邯郸市第十一届政协委员。2015年8月25日，纪念中国关工委成立25周年暨全国关心下一代工作表彰大会在人民大会堂召开，李茹荣获全国关心下一代工作先进个人荣誉称号，作为河北省先进集体和先进个人代表参加了表彰大会并受到中央领导的接见。

一、开拓创新出实招

邯郸市辖18个县（市、区）、1个国家级开发区和1个省级开发区，总面积12073.8平方公里，总人口1051.45万人，五老4万余人。

2012年，李茹担任邯郸市委老干部局副局长、市关工委秘书长后，面对新时代老干部工作和关心下一代工作的转型发展需要，面对部分老干部衣食无忧、精神文化生活空虚、老干部发挥作用途径单一、成效不明显等问题，她看在眼里、急在心上。一方面，深入基层调研，走访老干部，掌握情况，摸清底细；另一方面，她经过深入思考，从统揽老干部、关心下一代工作全局入手，提出了积极主动争取党委领导重视，不仅要服务好老干部，还要激发他们的正能量，为关心教育下一代发挥余热的工作思路。

为了及时学习传达有关会议精神，争得市委领导对关心下一代工作的支持，她参加完会议后，及时把关工委工作形成书面报告报送领导。她逐字逐句修改领导讲话稿，高标准高质量地完成工作。她组织的调研、会议、培训会等工作，得到了省、市领导的肯定。经过几年不懈的争取和努力，全市关心下一代工作的社会影响力大大提高，2018 年，全省关工委基层五老活动阵地建设现场经验交流会和全省关工委系统党的十九大培训班两个省级重要会议在邯郸市召开，市委书记高宏志，副书记、市长王立彤对关心下一代工作作出肯定批示。

为了凝聚合力，共同做好关心下一代工作，她积极争取各方面的力量。她上任后参考了省和兄弟市的做法，积极扩大了市关工委成员单位范围，改进了关工委简报的发行，建立了市关工委联席会议制度，同时采取举办培训班、座谈会、书画展等多种形式，用丰富多彩的活动凝聚五老、感召五老，凝聚社会各界力量共同聚焦到关心教育下一代工作上来。为方便五老交流学习，强化老干部工作和关心下一代工作的宣传，她在全省率先开通了"邯郸市关工委"微信公众号，利用新媒体的力量做老干部和青少年的贴心人。

为了强化组织建设，她重点狠抓了三项工作。一是集中力量用三年时间抓了基层组织建设，并组织基层广泛开展"领导班子建设好、五老作用发挥好、制度健全执行好、积极探索创新好、活动经常效果好"的"五好"关工委创建活动，目前关工委基层组织达到 6000 多个，覆盖面大大提高。二是市、县两级关工委组织建设"四落实"（领导班子、组织机构、人员编制、工作经费），积极联系市委督查室把这项工作专门下发了市委督查专件，县级关工委解决了多年来人员编制不到位、工作经费不足的困难问题，现在市关工委经费已达 50 万元，县级经费已达 10 万元。这一举措大大提振了基层关工组织的精神，鼓舞了工作士气。三是"党建带关建"，即离退休干部党支部建设带动关工委建设，一套人马两块牌子，收到了互促、双赢的良好成效，为基层关工委扩大覆盖面、就近开展工作提供了好的建设思路。

二、围绕重点干实事

李茹针对部分五老开展关爱活动不便集中，特别是农村基层五老开展活动场地有限，不能满足有关心下一代工作热情的五老需要的问题，她提出要大力建设基层五老活动阵地，为老同志就近就地发挥余热创造条件。2015 年，在工作调研中她看到了肥乡区北大靳村常振凤的书法之家，老同志无偿贡献自己的家，村中孩子们放学后到其家中免费学习书法，这个模式非常好。她在全市推广这种做法，鼓励全市五老就近便利开展活动，邯郸市关工委统一配发物资进行建设支持。2016 年，河北省关工委领导到邯郸调研时，对邯郸创造性地开展五老基层活动阵地建设及丰富多彩的关爱教育活动给予肯定，现这种模式已在全省推广。

李茹到邯郸市肥乡区北大靳村常振凤书法之家调研

三年来，省市关工委联建提升了 300 个基层五老活动阵地，为五老和孩子们搭建了老少共筑中国梦的乐园。

李茹对孩子们有着深厚的感情，尤其是那些家庭遭遇变故、失学失教的孩子们总是揪着她的心。2016 年，邯郸市"7.19"抗洪救灾工作中，她带领关工委的同事看望慰问了 100 多名受灾严重的学生，为他们每人送去了棉被、毛毯、羽绒服、运动鞋、书包、文具等生活学习必需品和 1000 元慰问金，总价值 7 万元。同时要求各级关工委向灾区献爱心，全市共筹集资金近百万元，帮助了上千名受灾学生。2017 年，她积极争取中国关工委"扶贫助困千人圆梦计划"，在全市范围招收了 64 名农村贫困青少年，安排他们在广平县新职教中心学习技能，并为他们准备了被褥和学习生活用品。同年 9 月 20 日，中国关工委主任顾秀莲一行来到邯郸市广平职教新校区，调研关心下一代"扶贫助困千人圆梦计划"，视察该计划在邯郸的落实情况，给予了充分肯定。2018 年，在她的努力下，燕赵爱"心"行——困境先心病儿童救治公益活动在邯郸市启动，全市共 116 名贫困先心病患儿接受了北京 301 医院专家的筛查，最后为 52 名确诊患儿免费进行手术。现已全部救治成功，效果非常好，家长非常满意，极大地解决了贫困家庭的后顾之忧。5 月 21 日，她和市关工委副主任张家学率队带领市关工委人员前去北京 301 医院看望慰问医生和患儿并送去感谢信和锦旗向医护人员致谢。

李茹到磁县慰问受洪灾的学生

　　李茹在工作中不等不靠，真抓实干，把品牌建设作为以点带面推动工作发展的抓手。邯郸市邯山区"四点钟课堂"的经验采取了召开座谈观摩会、经验交流、典型引路、强化管理协调、加强组织领导等措施在全市推广。"四点钟课堂"是邯郸市的老典型，在推广发展的过程中创造了新的经验做法。2016 年，国务院印发《关于加强农村留守儿童关爱保护工作的意见》，关爱留守儿童的工作成为五老关注的重点，邱县探索出一种"社会亲情园"关爱模式，她多次到邱县调研，提出建议，经过三年时间把"社会亲情园"打造为全省品牌。近年来，两次召开全市培训会推广邱县经验，为关心、教育留守儿童提供了有效平台，使全市广大留守儿童得到了关爱和保护。

三、为五老服务动实情

　　李茹经常说的一句话是："干好老干部工作的秘诀就是'八心'，要有爱心、有耐心、有信心、有恒心、有真心、有诚心、有良心、有孝心。"她是这样说的，更是这样做的。她怀着对五老的崇敬之情，视老干部如父母。有些老干部病重住院或子女不在身边，她总是亲自探望或安排其他同志看望慰问，关心老干部的实际需求和困难，叮嘱同志们一定照顾好老干部的饮食起居。每当老干部去世，她都及时前去慰问遗属，与原管单位协调后事办理，到殡仪馆参加遗体告别。每次老干部局、市关工委组织老干部开展活动，对年龄大、腿脚不好的老干部，她都亲自搀扶。她要求身边工作人员对五老要"进百家门、知百家情、解百家难"，定期带领局机关和关工委干部职工对年龄大、贡献突出、默默奉献在一线的困难五老走访慰问，及时了解他们的所思所盼所需，帮助他们解决生活中、工作中的实际困难。每年节假日，她挨门逐户慰问离退休干部200人次以上，尤其在春节前，她更是忙得不可开交，带领局机关干部走访慰问老干部，整天楼上楼下来回跑，有时连续几天腿脚都不听使唤了。她对五老反映的问题，不论大小都认真对待，协调解决。她用自己的行动感染了身边人，践行着老干部局是老干部之家，老干部局的每个干部职工就是老干部的儿女，老干部的事就是老干部局每个人的事。

在人生的道路上，每个人都在用自己的足迹书写着自己的历史。李茹以忘我的工作态度和无私的敬业精神，在平凡的岗位上奉献着自己的青春岁月，为老干部事业、为关心下一代事业付出满腔热忱、捧出全部真诚，她用高度的责任心、务实的工作作风、真挚朴实的工作情感和突出的工作成绩，践行着一名党员领导干部的公仆本色，诠释了一名共产党员无私奉献的情怀！

一片丹心永向党　春风化雨育新人

——记邯郸市邯山区关工委副主任段荣会

"我要学习雷锋，我也要做像雷锋那样的人……"一位身着军装、胸前挂着军功章的爷爷拿着自己几十年前的日记本，翻开其中一页读了起来。2019年3月23日下午，在石家庄邮电职业技术学院参加"石邮讲坛"活动的师生们，跟着这位爷爷一起重温了新中国成立初期解放军战士艰苦朴素的生活和雷锋同志无私奉献的英雄事迹。在《人民军队忠于党》铿锵有力的歌声中，师生们眼里充满崇敬，再一次受到革命先烈和雷锋精神的洗礼。讲座结束后，同学们纷纷和这位爷爷合影，相信这些学子已然将雷锋精神铭刻心底。

这位老人就是邯郸市邯山区的最美五老，原邯郸市委党校退休干部、邯郸市邯山区关工委副主任段荣会。他1946年1月28日出生，中共党员。这次活动是他50多年来参加过的活动的一个缩影。在过去的50多年岁月中，他孜孜不倦地传播雷锋事迹、红色文化和革命传统，用实际行动践行着雷锋精神，用一言一行诠释了一个共产党员不忘初心的品质，用平凡书写着伟大，把有限的生命投入到无限的为人民服务中。

段荣会退休后，先在邯郸市成立社区关心下一代委员会，又在石家庄成立首家社区党校，传承红色基因，传播雷锋精神，宣传国防知识。

一、忠于党的教育事业，关心青少年成长

1. 创办"红色家庭传承站"。退休后段荣会积极参与关心下一代、服务青少年健康成长等工作，在百乐苑社区创办了"四点钟课堂"，为社区青少年做义务宣讲员，宣讲雷锋的故事，弘扬中华传统美德、社会主义核心价值观，解决了家长的后顾之忧。因为他收集的红色资料很多，外出宣讲携带不方便，他就萌生了把"红色家庭传承站"设在家中的想法。这是子女为他购买的养老房。经过与家人商议后，他就在家中摆上了自己动手制作的有关雷锋事迹展牌10余块和100余份收集的

雷锋的照片、报纸、书籍材料，其中还有他从 1963 年 3 月至今撰写的学雷锋日记。"红色家庭传承站"成立后，去参观的省会大中专学校在校生、中小学生络绎不绝。

段荣会给学生们讲毛泽东、周恩来等伟人的故事

2. 传中华美德，颂优良家风。段荣会是军人出身，成家生子后，如何培育孩子长大成人是家庭能否培养出人才的关键大事。父亲 1976 年去世后，段荣会就把母亲接到邯郸，他们家三世同堂和睦相处。爱人和母亲虽然是婆媳，但相处得像母女一样亲，媳妇也受母亲的影响勤俭持家，热心助人，经常帮助邻居们。他在家经常教育儿女们要听党的话，用毛泽东思想教育后代，儿女在这样的环境下学习成绩优异，事业有成。他的家庭被评为邯郸市"五好文明家庭"，夫人被评为"邯郸市十佳好婆婆"，受到邯郸市的表彰。1998 年，河北经济电视台专程到邯郸拍摄了《段荣会的一家》，在全省播出后，受到社会舆论广泛好评。

3. 与时俱进，用行动传播国防教育知识。当了 17 年军人的段荣会从一名普通士兵到部队干部，把人生中最美好的 17 年青春献给了国防建设事业。每年他都要利用寒暑假为社区青少年进行辅导，写出教案上百份，平均每月到中小学义务作报告 15 场。尤其是他在每年暑假创办的"少年国防知识训练营"，家长们纷纷送孩子来报到，当问交多少辅导费时，他告诉大家说："义务辅导，分文不收。"使学生家长很受感动。通过给同学们讲红军长征，八路军、新四军抗战打日本侵略者的革命英雄故事，讲最可爱的人民志愿军抗美援朝的故事等，使青少年懂得今天的幸福来之不易，更要珍惜。

段荣会还经常对应征入伍青年进行爱国主义教育，在贸东办事处，曾协助武装部在社区党校给入伍青年办班培训。他向适龄青年讲了自己参军保卫祖国的体会，引导这些年轻人树立正确的入伍动机，树立正确的人生观和世界观，学习毛主席在纪念张思德同志追悼会上的讲话，牢记党的宗旨为人民服务，从而提高了大家的思想认识。他还在课堂上教唱《人民军队忠于党》和《解放军进行曲》等历史革命歌曲，激发了入伍青年参军保卫祖国的热情。

近年来，优抚群体利益诉求不稳定因素增加，面对新形势、新问题，段荣会主动在家及社区、学校等公共场所做习近平新时代中国特色社会主义思想的传播者，促进社会和谐稳定。

二、传承红色基因，做雷锋精神薪火传人

无论是在渤海之滨的军营里，还是转业后来到有着"中国成语典故之都"美称的古城邯郸，写日记是段荣会每天的必修课，这个习惯从1963年开始一直坚持到现在，一直没有间断过。1963年，《雷锋日记》风靡全国，他下定决心，要像雷锋一样坚持写日记，并像雷锋那样去帮助别人。段荣会现在保留下来的日记有40多本，一本本日记记录了他的点滴生活，"人活着是为了什么""怎样才算生活得幸福和有意义""今天义务在楼道打扫卫生，楼道几天没人打扫了，我义务干了，既锻炼了身体，心里还舒服""时刻不忘雷锋同志"……

把有限的生命投入到无限的为人民服务中是他矢志不渝的追求。1964年12月，他参军到了山海关，在军营里摸爬滚打17年，那时年轻的他就深深懂得：要想红旗飘万代，重在教育后一代。他时刻不忘学雷锋做好事，曾担任驻地多所中小学的校外辅导员，经常利用业余时间带孩子们登长城、过队日，组织春游、放飞夏令营，通过爱祖国、爱人民的光荣传统再教育，使孩子们在毛泽东思想的哺育下茁壮成长，他被誉为"关心青少年健康成长的楷模"，多次被评为"学雷锋标兵""学雷锋校外优秀辅导员"。

段荣会在社区开展了学习型家庭成果展，展出自己收藏的各种与雷锋有关的书籍和材料，自己多年来学雷锋日记、照片等物品，让辖区居民、学生参观学习，使大家受到学雷锋、树新风、作奉献的教育。50多年来，段荣会一直把传播雷锋精神当作自己的人生目标，使雷锋精神薪火相传，成为中华民族取之不尽的精神源泉之一。

段荣会给孩子们讲雷锋的故事

段荣会几十年热心关心下一代工作，坚持学雷锋当好校外辅导员，对青少年开展革命传统和爱国主义等教育活动。先后被利民、百乐苑、天水社区聘请为社区党校校长，在利民社区党校创办纪念毛泽东主席的"九号之声"，在百乐苑社区创办纪念朱德元帅的"十号之音"，在天水社区创办纪念周总理的"八号之魂"，并经常组织居民上党课、唱红歌，吸引了越来越多的社区党员踊跃参加。在他的模范作用带动下，广大社区居民积极参与社区公共管理，义务参加爱心救助、治安巡逻、环境保护等公益活动。他曾积极参加邯郸人文精神宣讲实践活动，为机关、部队、学校、社区上万人义务讲课。

三、红色文化传四方

2010年初，因孩子工作变动，段荣会一家经常在石家庄居住。他主动联系石家庄市裕华区关工委办公室主任和所居住的世纪花园社区党支部，愿积极协助社区做好党员活动室，协助关工委做青少年的教育工作。为了帮助社区进一步加强基层党组织建设，当年6月，在社区党支部的大力支持下，先后成立了石家庄市首家社区党校和"党员驿站"。社区党校取名为"真理之光"，段荣会担任名誉校长。他定期组织社区内居住的党员学习党章、党纪和党的有关方针政策，教育党员永远保持共产党员的先进性。注重创新党员教育模式，努力提高基层党员队伍整体素质和工作水平，充分发挥党员模范表率作用。对社区内的党员、入党积极分子和社区居民群众，组织开展形式多样、内容丰富的科技知识、就业和再就业等培训，创新了学习形式，使社区内的党员和居民群众有了自己的"教育之家"和学习交流园地。段荣会经常说："我以我心唤众心，我以我行带众行。"形象地道出了社区党员的精神风貌和先进作用，使更多的党员聚集到了社区党组织周围，增强了基层党组织的凝聚力。

"住一处红一片，走一路红一线。毛泽东思想是源泉，雷锋精神代代传。"这是段荣会常挂在嘴边的话。

为了做好社区青少年革命传统教育工作，段荣会在社区先后组建了"红色文化传承站"，成立了"红色故事"宣讲团，创办了"蓝天阳光大讲堂"。社区还专门为他开设了"段荣会工作室"，定期组织社区青少年听党话、跟党走、报党恩。2018 年，他在世纪公园发现四个小男孩冒雨捡白色垃圾，为此，他专程到四个男孩的学校给全体师生作了一次学雷锋从身边小事做起的报告，并当众表扬了这四位同学，号召全体同学保护环境从身边小事做起，收到很好效果。

段荣会的足迹遍布北京、邯郸、石家庄三地 20 多所中小学、大专院校及部队，作报告 27 场次，听众达 6800 多人次。

段荣会说："我把学雷锋活动落实到每一件平常的小事上，用一生来传播雷锋精神！在这条宣传雷锋的路上继续走下去。""一个人做一件好事并不难，难的是一辈子只做好事，不做坏事。"毛泽东给雷锋的这句题词，就是段荣会的践行标语。

段荣会义务宣传雷锋精神、开展国防教育的先进事迹得到了上级的充分肯定。他先后被评为"河北省国防教育优秀宣传员""全省关心下一代先进工作者"；受到习近平、彭佩云等党和国家领导人的亲切接见；2010 年，中国关工委和中央精神文明建设委员会授予他"全国关心下一代工作先进工作者"荣誉称号；2012 年 6 月，被授予"河北省少先队工作突出贡献奖"，受到河北省委书记张庆黎的亲切接见；2018 年，荣获河北省全民国防教育先进个人；段荣会家庭荣获 2017 年度河北省"文明家庭"，2018 年又荣获全国"最美家庭"荣誉称号。

为五老发挥作用搭台
为青少年健康成长铺路

——记邯郸市邯山区关工委副主任王淑平

王淑平，男，1964年7月出生，中共党员。2004年担任邯郸市邯山区委老干部局局长、邯山区关工委副主任。王淑平自从事关心下一代工作以来，认真学习党的十九大精神和习近平总书记重要指示精神，通过加强关工委基层组织建设，创新工作载体，发挥五老和大学生志愿者在青少年教育中的作用。邯郸市邯山区被中国关工委评为全国"五好"基层关工委，多次被省、市评为关心下一代工作先进集体。王淑平多次被评为河北省和邯郸市关心下一代工作先进个人，2015年被评为全国关心下一代工作先进工作者，为关心下一代工作作出了积极的贡献。

一、认真贯彻落实习近平总书记重要指示和省委、市委有关文件精神

王淑平始终坚持以习近平新时代中国特色社会主义思想和党的十九大精神为指导开展工作，省、市关工委工作纪要、工作意见下发后，他及时向区委、区政府汇报，以积极主动的态度，争取区委的重视和支持。区委、区政府办公室下发了《关于进一步改进和加强关心下一代工作的意见》，注重选准配强关工委"一号老头"，把新退下来的区级老领导选配到关工委领导班子中，建成了一支政治坚定、团结务实、开拓创新的关工委领导班子，使离退休老同志的政治、经验、威望等方面独特优势得到了很好的发挥。

邯郸市邯山区关工委及时召开全区关工委工作会议，组织关工委领导小组成员单位、基层关工委和离退休老干部认真传达学习习近平总书记重要指示、中国关工委成立25周年暨全国关心下一代工作表彰大会精神和省委常委会会议纪要、省市关工委工作意见精神。通过学习，大家进一步全面理解和深刻把握了习近平总书记重要指示精神，充分认识到做好关心下一代工作，伟大中国梦是时代背景，引领跟党走是根本任

务，帮助青少年成长成才是最终目标，五老发挥作用是基本保障。大家表示要把习总书记的指示精神作为今后做好关心下一代工作的根本遵循，在全区青少年中广泛开展了习近平总书记系列重要讲话学习教育、社会主义核心价值观教育、中华民族伟大复兴中国梦教育等活动，认真讲好中国故事、弘扬中国精神、传播中国好声音，推动全区关工委工作健康发展。

二、加强关工委组织建设，扩大关工委组织的覆盖面和影响力

王淑平对关工委组织建设非常重视，及时调整充实邯山区关工委工作领导小组，得到区委、区政府的高度重视和支持。积极开展学习型、创新型基层关工委建设，建立健全了工作例会、开展活动、学习培训、调查研究等项制度，坚持每季度召开一次关工委工作例会，每年组织1—2次集中培训，提高了工作效率，推动了全区关心下一代工作的创新发展；按照省委的有关要求，区委把每年10万元的关工委经费列入区财政预算，作为关工委组织机构建设、老同志下基层调研和开展活动的必要经费，并在公车改革工作中保留一部老干部服务用车，为关工委发挥作用、干部开展活动提供了方便。

与此同时，积极建立、健全与党政组织体系相配备的基层关工委组织网络，努力扩大关心下一代工作的覆盖面和影响力。王淑平每年都协调动员近期办理退休手续、热爱党的事业、热心关工委工作、甘愿奉献、在群众中威信较高的老同志充实到街道、社区、学校等基层关工委组织，确保了关工委工作的生机和活力。目前全区共有基层关心下一代工作组织112个，老干部五老志愿队伍400余人。

三、引领关工委工作不断创新发展

创新是基层关心下一代工作科学发展的不竭动力，有了好的品牌，工作就会充满生机与活力，就能产生很大的凝聚力和感召力。王淑平和五老在打造"四点钟课堂"特色品牌工作中，认真谋划，努力探索。针对小学生下午四点钟放学后无人看管这一社会难题，通过挖掘社区资源，本着为孩子着想、为家长分忧的原则，利用社区场地开办了集教育、培训、娱乐为一体的"四点钟课堂"，明确提出了"学校放学，课堂开学"的工作思路，帮助社区内的小学生利用好下午放学后的时间，和孩子们一起度过放学后无人管理的真空期。"四点钟课堂"由社区离

退休老干部和社区干部共同管理，面向社区小学生免费开放，并聘请在校大学生、公安、交警、司法、文化、卫生等社会各界多行业志愿者担任辅导员，多方位培养孩子们的兴趣爱好，为孩子们营造一个安全、温馨的成长空间和学习、活动的绿色平台，解除了家长的后顾之忧。邯郸市邯山区"四点钟课堂"设有教室、图书室、青少年活动室、青少年心理咨询室、室内外文体活动场地等，由关工委和社区共同管理，关工委选派2—3名责任心强的老干部负责"课堂"的管理服务工作，每周一到周五下午4点到6点免费向社区小学生开放，双休日则全天开放，孩子们可以在这里写作业、读书看报、开展各种有益的活动。为了便于管理，"四点钟课堂"先后制定了管理员、辅导员、大学生志愿者等职责和任务，与家长签订了协议书，以家庭所需、社区所能、学生自愿、无偿服务为原则，一方面开展多形式、多层次的辅导；另一方面组织孩子们开展各种有益于身心健康的活动，让孩子们在消化和巩固课堂知识的同时，自身素质得到全面提高。

在"四点钟课堂"创办过程中，王淑平积极借助社会力量，不断丰富课堂内容，先后与河北工程大学、邯郸学院、兴华小学、交警大队、社区卫生服务中心等签订了共建协议，借助社会力量共建"四点钟课堂"。河北工程大学每年从大学生中挑选20余名具有文体、法律、科普等特长，德才兼备的大学生志愿者到"四点钟课堂"担任课外辅导员，他们尽职尽责，认真完成各项工作任务。共建单位兴华小学专门抽出3名教师担任"四点钟课堂"的文化知识辅导员，每天在孩子们写完作业后，给孩子们讲解一些适合孩子成长的社会知识，引导孩子们学会如何做人、如何做事，培养孩子们的良好行为习惯。河北省委老干部局、省关工委、《老人世界》杂志社大力支持"四点钟课堂"的建设，捐赠3000余册有关开发青少年智力、丰富孩子们兴趣的图书，供孩子们借阅学习，极大丰富了"四点钟课堂"的图书资料库。为了更好地与学校和家长沟通互动，"四点钟课堂"制定了《学生表现情况反馈卡》，定期发给孩子们所在的学校和孩子们的家长，使学校和家长能及时了解孩子们在"四点钟课堂"的学习、活动情况，并征求学校、家长对"四点钟课堂"的意见和建议，进一步完善和充实了"四点钟课堂"的活动内容。

"四点钟课堂"实现了关工委搭建平台、街道社区提供活动场地、老干部等志愿者开展服务、青少年得到健康成长的总体目标。"四点钟课堂"的开办，为离退休老干部更好地发挥作用提供了一个崭新的平台，受到了孩子和家长的普遍欢迎，取得了良好的社会效果。一是使孩子们在学好课本知识的同时，开阔了视野，舒展了身心，培养了兴趣，促进了孩子们的健康成长。二是为大学生志愿者搭建了一个良好的社会实践平台，提高了大学生的社会实践能力。三是解除了家长的后顾之忧，使家长能够安心工作。国务院副总理刘延东、中国关工委主任顾秀莲对"四点钟课堂"均给予了充分的肯定，中央、省、市领导多次到邯郸市邯山区"四点钟课堂"调研指导，《中国火炬》《中国妇女》、春泥网等先后对"四点钟课堂"进行了采访和专题报道，天津市、烟台市、衡水市关工委等先后到"四点钟课堂"考察学习，"四点钟课堂"被河北省文明办命名为"河北省优秀志愿服务品牌"。

丹可磨而不可夺其色

——记邯郸市峰峰矿区关工委常务副主任陈金生

他虽近古稀，却有着一颗孩童般的赤诚之心，对自己所热爱的事业始终充满激情，一路前行；他是一个普通的共产党员、小学教师，却多次受到国家十部委奖励，先后荣获全国教育系统劳动模范、人民教师奖章、全国少年儿童校外教育先进工作者、全国优秀少先队辅导员、全国一级星星火炬奖章、河北省劳动模范（两届）、全国杰出德育工作者奖章、河北省少先队终身功勋辅导员奖、全国关心下一代工作先进个人、育人楷模、全省关心下一代工作突出贡献奖等；他虽早已退休，却还在省、市、区级十余家单位义务任职，在关心下一代工作中继续发挥着持久余热。他就是邯郸市峰峰矿区关工委常务副主任陈金生。

陈金生，男，中共党员，1942 年 7 月出生，邯郸市峰峰矿区的一名普通小学教师。1959 年迈上三尺讲台，从此与无数天真可爱的孩子们结伴终身，先后从教于彭城小学、峰峰一小、峰峰二小，担任过语文老师、体育老师、班主任及大队辅导员。43 年的执教生涯，他尽为人师之本分，恪守共产党员本色，靠着这份执着和担当赢得了全体师生们的爱戴和尊重。2002 年退休后，他拒绝多家私立学校的高薪聘请，却分文不取，继续选择战斗在自己所钟爱的少先队"阵地"上。

一、关爱教育：把学生当成自家孩子

执教半生，他最大的体会是：没有不可救的生命，没有教不好的学生，只有不合格的老师。每个学生都是新生的嫩苗，需要阳光的照耀才能长成参天大树、栋梁之才；每个老师都要像太阳一般无私，把温暖洒向每一个孩子，而不能挑挑拣拣、有偏有向。对不同的孩子，要倾注相同的关爱，不偏不爱。

1991 年，三年级学生艾乐身患骨癌，家境又十分贫寒。陈金生知道后，在全校师生中发起献爱心捐款活动，不到一天就筹集到 1500 多元的善款，但是，1500 元相较于高额的医疗费就好比水滴之于大海，远远不够。当时，春节就要到了，可陈金生顾不了那么多了，收拾行囊，匆匆上路，在腊月二十七风尘仆仆赶赴省城，向社会各界发出呼吁，救救小乐乐！终于，陈老师的行为感动了很多人：省电视台、省妇联、团省委纷纷踊跃捐款，省治癌康复中心医院决定为小艾乐慷慨提供免费治疗。终于，在社会各界的共同关爱下，小艾乐战胜了病魔，重获新生。艾乐的家人激动得握着陈老师的双手，泣不成声地说："没有陈老师就没有我们家小艾乐，是陈老师给了孩子第二次生命！"

救人于危难之中，识人似伯乐高明。陈金生的班里有一个叫樊海红的学生，自幼有出众的武术天赋，可樊海红家境困难，想找名师培养，又交不起学费。陈金生便私下找到那位名师，恳求他收樊海红为徒："海红天赋出众，是块好苗子，可家里头条件太差了，付不起学费，您就破例收下孩子吧，海红一定会争气的！"名师终于破例免费收下了这个徒弟。几年后，樊海红果然不负众望，多次在省级和国家级武术比赛中夺魁。看着自己的学生圆了从小的梦想，陈金生心里别提多高兴了！

在陈金生教过的学生中，有个男孩叫李浩杰，上初二时迷上了网络游戏，天天逃课。陈金生知道后，思前想后，决定全方面入手，让孩子、家长、学校都能转变认识。于是，他找到李浩杰所在学校的领导和班主任，共同商量制订帮助计划。在陈金生的说服下，学校给李浩杰调换了班级，选择了最有经验的班主任。随后，陈金生又动员李浩杰的父母给孩子买了台电脑，订了上网协议，指导孩子正确使用网络资源。他还找到李浩杰，语重心长地与他交流思想，讲网瘾的危害，讲网络的用途，让孩子重新认识到网络是一把"双刃剑"，要合理使用。三个月的时间里，陈金生骑着自行车跑了40多趟。功夫不负有心人，两年后，李浩杰以理想的成绩考入峰峰矿区职业教育中心，浩杰的家长说："孩子能考上职高，离不开当年陈老师来来回回往往返返的劝说啊，感谢陈老师！"

二、社会化教育：走在了全国前列

20 世纪 80 年代初，中共中央军委发出广泛开展"军民共建"的号召，大人搞共建，孩子怎么办？于是，在陈金生的提议下，第二小学与峰峰矿区交警大队结合，创造性地开展了"警校共建"红领巾小卫士活动，让第一代独生子女在社会实践中得到了锻炼，受到全社会的一致好评。此项活动可以说是全国首创，在当时引起了市委的高度重视和肯定，陈金生也受到了省领导的称赞。《光明日报》1988年6月13日刊文予以报道。

20世纪90年代，河北省教育厅根据教育部指示，决定在中小学广泛开展社区教育，邯郸市峰峰矿区第二小学作为省试点率先运作。陈金生钻研如何摆脱传统的单一的教育模式，探索借助社会力量，治理小环境、优化大环境，树立大教育观念，依托社区教育，整合教育资源，走社会化道路。这一理念和创新做法收到了良好的教育效果。时任省委书记叶连松、省长钮茂生对此给予充分肯定。国家教育部原部长邹士炎、教育部关工委秘书长李蒙思一致认为，峰峰矿区的社会教育走在了全国前列。《河北日报》、河北电视台也进行了详尽的报道。

三、英雄团队教育：为孩子们树立了红色"偶像"

陈金生在教育战线上工作了43年，担任少先队辅导员30年，被领导和同志们誉为"全能"型实干家：任班主任时曾转变过多个"乱班""落后班"，资助过上百个特困生；任体育老师时使学校体育工作一跃成为省市先进；任大队辅导员时学校的红色教育红遍全国，各地同行纷纷来取经；学生们在各行各业拔尖成才的数不胜数……他所在的第二小学先后荣获全国红旗少先大队、全国学赖宁先进集体、全国红领巾助残先进集体等荣誉称号。陈金生也曾多次参加全国重要会议。干教育干到这个份儿上，可以说桃李芬芳不留遗憾了，可是他总觉得还应该做点什么。陈金生发现，随着社会的发展、时代的变迁，拜金主义、萎靡思想等层出不穷，连天真的孩子们都不可避免地受到心灵污染。峰峰矿区有10多万未成年人，怎样让下一代从小树立正确的人生观、价值观？这成了他心里挥之不去的一个困扰。

2002年，陈金生退休了，在拒绝了多家单位的高薪聘请后，义务担任起峰峰矿区关工委常务副主任等职务，并当选为河北省少工委委员、河北省少先队工作学会副会长。任职以来，他积极发动，在峰峰各中小学校开展"英雄中队"创建活动。活动之初，以峰峰矿区第二小学为龙头，选择青少年熟悉的雷锋、黄继光、白求恩等英雄人物，以他们的名字命名，创建了10支"英雄中队"。以"英雄中队"为载体，对青少年进行以爱国、爱党、爱军为主题的红色教育。此后，"英雄中队"创建活动蓬勃开展，如今已发展到160余支，从当初的星星点点发展到今天的全区一片红，颇有"星星之火可以燎原"之势。

"英雄中队"的活动丰富多彩，深受孩子们的喜爱。自创建"英雄中队"以来，他带领孩子们到陕西吴起县重温红军会师场景；到延安杨家岭寻访当年毛主席和小战士一起栽种的小树，进枣园窑洞感悟伟大领袖"粪土当年万户侯"的澎湃激情；在南泥湾一边哼唱"花篮的花儿香"，一边观赏陕北好风光；赴邯郸烈士陵园祭扫左权将军墓，缅怀革命先烈……少先队员们在讲英雄故事、走英雄道路中，学习英雄的精神，铭记英雄的功绩，争做英雄的传人。从2004年开始，他还组织带领英雄团队干部和少先队员们参与"红领巾积分行动"，先后捐款6万余元，为毛主席家乡韶山小学教育楼的早日建成作出了积极贡献，赋予红领巾知党、爱党、跟党走新内涵。在2015年少先队员英雄中队创建"三个十佳"评选表彰活动中，由陈金生带领的峰峰矿区第二小学的左权中队被中华爱国联合会授予"十佳英雄团队"荣誉称号。2016年，陈金生荣获全省关心下一代工作突出贡献奖。

陈金生率领10支"英雄中队"代表
到李大钊纪念馆接受教育

四、五老共建：众人拾柴火焰高

　　关心下一代，需要全社会的共同努力，需要调动一切可以利用的社会力量，汇聚社会各界合力投身星星火炬事业。在工作实践中，陈金生发现峰峰矿区有着丰富的五老资源。这些老同志有着丰富的社会阅历、深厚的人脉资源，有着各自擅长的业务领域。如果能把他们吸收到关心下一代事业里，肯定比自己单枪匹马的力量大得多。于是，陈金生骑上自行车，挨家挨户登门拜访，动员他们走出家门，走到孩子们中间去，为孩子们的健康成长贡献力量、发挥余热。在陈金生的带动下，先后有

500 多名五老加入到关心下一代工作行列，成为一支强有力的志愿辅导员队伍。从这些老同志身上，成千上万的孩子们接受了革命传统教育，开阔了眼界胸襟，学到了许多课堂上学不到的知识。

目前，矿区利用五老社会资源创办的教育基地遍布城乡，成了珍贵而鲜活的红领巾教育基地：张士千的集邮展室、张会成的票品展室、何富林的墨林楼收藏展室、柴广平的集报馆、李占梅的东方红纪念馆、苗玉生的农业科技园，以及和村万人坑、山底村万米抗日地道遗址等。这一切使得峰峰矿区关心下一代工作丰富多彩、红红火火，在全省乃至全国产生了较大的影响。在陈金生的影响下，越来越多的五老默默地为未成年人健康成长保驾护航。

五、退而不休：用爱心托起明天的太阳

从 2002 年退休到现在，陈金生没有像其他同志那样过上含饴弄孙、养花种草的悠闲日子，反而比上班时更加忙碌，因为他时刻惦念着 10 万个孩子的健康成长。他每天早出晚归，出家门到机关，进学校到社区，一天到晚电话不断、马不停蹄，全区 353 平方公里的山坡沟坎、城乡大地处处留下了他的足迹。他在这种忙碌的生活中找到了自身的价值。在他看来，事业比家庭重要，因为关心下一代事业关系到千家万户，关系到国家的未来和明天，远远比自己的小家重要；孩子比金钱重要，挣再多的钱也换不来孩子们的健康成长。为此，他宁愿舍弃许多私立学校只要挂个名就能拿高工资的好事。

几度夕阳红，几度春草绿。陈金生回顾自己几十年的教育生涯，有过辛苦，有过磨砺，但更多的是看到孩子们茁壮成长时的满足和欣慰，这是任何金钱和荣誉都不能代替的。最让陈金生感到高兴的是"四项活动走在全国前列"和"两个破例"。"四项活动走在全国前列"是：警校共建走在全国前列、社区教育走在全国前列、英雄团队建设走在全国前列、红领巾积分行动走在全国前列；"两个破例"是：组织开展的毛主席纪念品展览破例走进西柏坡革命纪念馆和北京毛主席纪念堂。这是峰峰矿区未成年人教育取得的硕果，也是对陈金生辛勤半生的最好嘉奖。

43 年的教育教学生涯，16 年的关工委工作，半个世纪的红领巾人生，这就是陈金生，一个普通教育工作者萦系一生的少先队情缘！

"最美五老" 谱新篇

——记邱县关工委常务副主任张贵生

张贵生，男，中共党员，1948 年 6 月生，河北省邱县邱城镇张街人。1968 年参加工作，历任邱县县委研究室副主任、农工部副部长、宣传部副部长、文明办主任、县农协专职副会长兼办公室主任。2004年 10 月任邱县关工委副主任、常务副主任。在任期间因成绩突出，邱县县委、县政府两次给其记大功，三次颁发"县长特别奖"；连续四次被评为"河北省关心下一代先进个人"，省关工委、省委宣传部、省文明委先后授予其"学雷锋善行河北先进人物""优秀志愿者""最美五老"荣誉称号。张贵生还是中国作家协会会员，中宣部"五个一工程"奖获得者，已出版文学专著 22 部 500 余万字，为邱县的经济建设和社会事业发展作出了贡献！

一、走百村，进百校，带出一支"马兰牧骑"式宣讲团

张贵生任邱县关工委副主任后，为了更好地发挥五老作用，发起成立了五老宣讲团。他一个一个地动员，把 28 位身体好、热情高，又有一技之长的老同志集合起来。宣讲团以全县中小学校学生、机关青年干部、企业青年职工为对象，以立德、树人、启智为主旨，进行思想道德和红色基因传承教育。他本人先后在县内宣讲 200 多场次，应邀出县宣讲 20 余场次，受众超过 10 万人次。在县城宣讲他坚持不乘车、不吃请、不接礼；在较远乡村宣讲，吃饭不动烟酒。在他的影响带动下，其他宣讲员也都坚持骑自行车宣讲、无报酬宣讲、不接送宣讲。因为事迹突出，2009 年《中国火炬》第一期以《"乌兰牧骑"式的宣讲团》为题，大篇幅报道了邱县五老宣讲团的模范事迹。

二、日调研，夜爬格，写出百万字与时俱进教材

剧本、剧本，一剧之本。张贵生深知唱戏要先有剧本，宣讲要先有讲稿。为了把讲稿写好，他从县委宣传部、党校、广电局退下来的老同

志中选拔出几名顶尖"笔杆子",组成教材编写室,且带头白天搞调研,晚上写讲稿,持续不断。在他组织带领下,现已写出各类讲稿400余篇,近200万字,并合成了教材课本《让青少年更健康地成长》(一、二、三集)、《青少年礼仪常识》《邱县古今德贤人物》《邱县名医事迹选》《从邱县走出的辉煌》《中共邱县历史》(二卷本)等,先后由中国文史出版社、作家出版社、解放军文艺出版社、大众文艺出版社、河北人民出版社等多家出版社出版。这些教材容量大、立意新、针对性强,又与时俱进,深受广大青少年欢迎,也受到国家、省、市关工委领导重视。2011年,中国关工委主任顾秀莲为张贵生主编的《火红的晚霞》一书作序,以示肯定、支持。

三、行百里,入百户,让"问题孩子"不再成问题

改革开放以来,新发明、新技术层出不穷,但在推动生产力快速发展的同时,也带来不可忽视的负面效应。特别是网络文化的普及和对商业网吧监管上的缺失,使一些垃圾文化有了可乘之机,对青少年的思想道德造成严重污染和腐蚀,致使一些"问题孩子"的问题越来越凸显。一些中小学校的学生因受不健康网吧文化的诱惑,越墙逃学者有之,在网吧过夜者有之。更有甚者,一名不满14岁的学生在口角时失手将一名学生误伤致死。此事发生后,在社会上引起强烈反响,每位五老人员也都深感肩上担子的沉重。在这种形势下,张贵生没有犹豫,没有回避,而是主动找到那位失手致人死亡学生的家长,共商了三项"帮教"措施:一是劝慰家长对犯事孩子不放弃、不冷落,更不打骂,而是帮其自我总结,吸取教训,坚决防止破罐破摔和反社会倾向的发生;二是登门与失足孩子谈心,查原因,指出路,让其重燃希望之火;三是改变孩子的生存环境,通过关系让家长将其学籍迁往海南继续上学。三年后这名失足少年考上了吉利大学,获得了新生。一位县领导的孙子因家庭条件较好,常与一些富二代炫富、比富,浪费了钱财,影响了学业。张贵生应家长之邀进行"帮教"。他从考问孩子对电话号码的记忆力入手,鼓励说:"你的记忆力这样好,将来能做大事。炫富比富,浪费钱财,影响学业,这可不是好选择。"受此激励,孩子果然开始用心学习,学业大有长进。邱县实验中学有位学生迷恋网吧,喜看暴力武打节目,经常夜不归宿,家长既担心又着急,但又无能为力,便向张贵生求助。他接触这个孩子后,发现他喜爱体育运动,就顺势而为,鼓励支持他参加

体育运动比赛，果然取得了好名次，使其受到鼓舞，由此扭转了他的兴趣方向。而后又与他父亲一起带领孩子到山东崂山等地旅游，建立感情。途中讲了很多因果关系的道理，让他对"有种才有收""有关才有开""有善行才有善报""积少成多"等的辩证关系有了新的认识。还告诉他"网络是个工具，用得好会有大收益，不加区别，受黑、黄污染会贻害一生"，从而坚定了他不再重返商业网吧的决心。接着又鼓励他报考了警校，毕业后成为一名好警察。多年来，张贵生以春风化雨、点滴入泥的毅力和耐心，让31位"问题孩子"不再成为问题。家长在庆幸之余，也都深表感谢。为了让更多五老参加对"问题孩子"的帮教，2016年他提议成立了邱县五老帮教团。经过一年努力，帮教团联系帮教的300多名"问题孩子"均已得到了转化，使邱县的五老帮教活动成为一项新的"希望工程"。

四、求创新，力开拓，让关工委工作充满活力和动力

张贵生是中国作家协会会员，现已出书20余部，500余万字，代表作《早陨的将星》1992年获中宣部第二届精神文明建设"五个一工程"奖。他一生扎根基层，更加懂得创新之重要。他从参加关心下一代工作实践中感到，关心下一代工作虽然光荣，但任务艰巨，难题很多。而破解这些难题的唯一办法是不断探索，不断创新，逢山开路，遇水架桥。为了做到这一点，他十分重视调查研究，更加重视理论与实际相统一。因此，他每提出一个新建议、新创意时，都首先考虑是不是具有"普遍性"和"可操作性"，凡是不具备这两个条件的决不轻易开口。2015年以来，为了解决好留守儿童中的"五失"（失学、失教、失管、失亲、失情）问题，他提议创办"社会亲情园"，将关爱留守儿童的社会亲情汇集起来。这个建议被采纳后，全体五老人人出智出力，先后提出了9项创新性举措：一是在全县开展"大手拉小手"活动，在五老与青少年之间架起了连接之桥；二是实行"一对一"结对帮扶，让贫困孩子有了资助保障；三是设立"留守儿童基金"，解除了关工委无资金来源之困；四是创办《老干部工作报》，让五老有了自己的交流平台；五是推广"三进五帮工作法"，即进校门、进家门、进青少年活动场所门，帮立志、帮学业、帮亲情、帮安全、帮解困，规范了五老活动流程；六是对基层五老轮流培训，壮大了五老队伍，提高了五老素质；七是办展室，树旗帜，让作出贡献的五老更有自豪感；八是为高龄

体弱的五老颁发"功德杯",增强了对更多五老的吸引力;九是拍摄五老事迹专题片,扩大了关心下一代工作的社会影响力,提高了职能部门参与度。因为创办"社会亲情园"是个新事物,有普遍指导意义,引起国家、省、市关工委重视,2016年5月6日和2017年2月28日,河北省关工委主任叶连松、中国关工委主任顾秀莲等领导分别听取了专题汇报,并给予充分肯定。顾秀莲主任评价说:邱县创办"社会亲情园"为怎样开展关爱留守儿童活动找到了一个办法,为社会关爱提供了平台,能更好地落实中央关爱留守儿童政策。从此,"社会亲情园"成了中国关工委的一个品牌。2018年9月,河北省委书记王东峰,省长许勤,省委副书记赵一德,省委常委、组织部长梁田庚对邱县创办"社会亲情园"的做法分别作出批示,给予肯定并支持"向全省推广"。2018年9月14—16日,全省关工委基层活动阵地建设现场经验交流会在邱县召开。

五、高标准,严要求,永远做一个育德守德人

关心下一代工作是一项育德育人工程,而育德育人者首先要守德,然后才能育德。作为共产党员,就是要始终保持共产党人的优良品质,时时都向下一代展示自己是一个育德守德之人。那么,怎样才能做到这一点呢?张贵生的回答是四句话:平时常用党员标准自检;遇事就用党员标准衡量;困难时用党的信仰鼓励;关键时刻要践行入党誓言。他是这么说的,也是这么做的。

2003年"切线离岗"后,张贵生被县委任命为邱县关工委副主任。这个职位没有权力,只有义务和奉献,但他毫无怨言。为了坚守入党誓言,他给自己定了"五不"自律:不吸烟,不喝酒,不吃请,不打麻将,不进舞厅。这么多年来,"五不"自律始终如一,没有一次破过例。

张贵生是中国作家协会会员,出过不少书,写过不少文章,在社会上有一定的影响,不时有小报记者登门邀稿,且稿酬不菲,但他都谢绝了,因为他不写涉黑、涉黄等低级趣味的文章。而他为关工委和五老宣讲团写了上百万字的文稿,却分文不取。

随着年龄增长,张贵生长期受血压、血脂、血糖"三高"困扰,虽然天天吃药,仍力不从心。但在关心下一代工作上从来没有说过半个"不"字,只要需要,他都是说走就走,不加犹豫。

2017 年 3 月，为了确定省、市关工委要求的农村五老阵地建设试点，他与老干部局局长和关工委秘书长一连 7 天查看了 7 个乡镇 33 户，没有歇过一天班，按时完成了上报任务。

2016 年，为落实习近平总书记"在关爱留守儿童工作上推出务实管用办法"的指示，他又率先提出了创办"社会亲情园"的理念，并认真加以实施，受到各级领导关注。因其事迹突出，2018 年 1 月，省关工委、省委宣传部、省委老干部局共同授予张贵生"河北省最美五老"荣誉称号并颁奖。

鞠躬尽瘁报党恩

——记定州市关工委原主任王士芳

王士芳 1985 年从保定地直工委书记岗位上退下来，在定州安家休养。多年间，他曾做过胃切除、胆囊切除两次大的手术。按照通常人的思维，辛辛苦苦工作了大半辈子，到了这把年纪，就该颐养天年，安享天伦之乐了。然而他却没有。他认为：唯有奉献，才有快乐。他始终保持着一个共产党员旺盛的革命意志和饱满的精神状态，孜孜不倦地学习，兢兢业业地工作，为全市关心下一代工作和其他老年事业作出了突出的贡献。

一、乐于奉献，甘将余晖哺幼苗

王士芳到定州安家休养的 20 世纪 80 年代中期，正值改革开放刚刚进入社会主义市场经济的阶段，人们思想异常活跃，不少有经济头脑的人开始谋划开公司，办企业，发财致富。他们看到了王士芳人际关系的资源优势，纷纷找上门来想利用他的关系搞经营。有的提出，只要介绍了关系，其他一切不用你操心，利润是少不了你的；有的甚至拿着大把的钞票，甩到他面前，要求与他合作经营。面对这一切，王士芳没有动心，都一一婉言谢绝了。

王士芳 1942 年参加革命，抗日战争时期，他积极投身抗战第一线，浴血奋战，从解放战争转入做党务工作。他从团县委书记到县委书记，几十年一直为新中国的解放和社会主义建设操劳。对新中国的诞生，他有着极为深厚的感情；对政权的巩固，对社会主义江山后继有人，他有着太多的关注，太多的牵挂。

当时，由于种种腐朽思想的侵蚀，不少青少年违法乱纪，对此，王士芳感到十分痛心和惋惜，下定决心要把自己有限的精力投入到关心下一代工作中。

1986 年，定州市委成立了关工委，王士芳任主任。有了市委的委托，王士芳更加信心百倍，他组织一些离休干部、富有经验的老教师和身经百战的老军人，主动与教委和中小学校取得联系，利用清明节、五四青年节、六一儿童节、七一建党纪念日，以及学校安排的其他活动，对学生进行爱国主义和革命传统教育，讲述自己亲身经历的那个战火纷飞的年代，讲革命前辈创下红色江山的艰辛，讲旧社会劳苦大众的痛苦挣扎和社会主义制度的无比优越，教育孩子们珍惜来之不易的美好生活，好好学习，立志成才，报效祖国。

一次，王士芳等两位老干部应邀到离城区 30 多公里的留早中学作传统教育报告。学校领导对这次活动非常重视，全体教职员工和 12 个班的 700 余名学生全部参加。可就在报告大会即将开始的时候，因一路颠簸，王士芳突感心慌意乱，额头直冒冷汗。学校领导说，赶紧休息，今天不要再讲了。可王士芳是今天的主讲，他含了几粒救心丸，稍事休息，待好转一些后，执意要讲，还说：孩子们等了半天了，不讲不行，怎么能让他们失望呢。他毅然走上讲台，又声情并茂地为孩子们上了一堂生动的教育课，博得全校师生长时间的掌声。

关心下一代宣讲活动，从教育界慢慢影响到整个社会。随后的几年里，一些机关、乡镇、部队、医院乃至企业，都不断地提出给本单位青年干部、职工、战士进行传统教育的要求。王士芳都是有求必应，并且他还针对不同的对象，采用不同的授课内容和方法，对每一次报告，他总是认真备课，力求讲深讲透，讲准确，讲生动，需要用数字说明的，他宁可查遍资料，决不含含糊糊地去搪塞。正因为如此，他的报告非常受欢迎，宣传效果也很好。

20 年来，王士芳总是勤奋学习，常写常记，撰写了讲话稿 60 多篇，达数十万字，在各单位演讲 348 场次，直接听众达 13 万多人次。

二、抓组织建设，创建关教活动网络；抓基地建设，开办生动直观的教育课堂

关心教育下一代，是一项艰巨而复杂的工作，除学校教育外，还有许多拾遗补缺的工作需要去做。面对全市众多的关教对象，只靠市里组织几名老同志到处宣讲是远远不够的，需要全社会形成共识，共同行动起来。

为此，王士芳将健全全市工作网络的意见，及时向市委主管领导汇报，得到了市委领导的肯定和大力支持。到目前，全市 25 个乡镇办的关工委组织都已健全，各中小学和村街、社区也建立了相应的组织。乡

镇、村街关工委工作人员和五老达 1500 多人，形成了一个上、中、下三级层层有人抓，事事有人管的工作网络。

定州市关工委每年召开一次全市关心下一代工作总结表彰大会，邀请市委主管书记参加会议，对工作有成绩、关教有新招的单位和个人大张旗鼓地进行表彰，收到很好的社会效果。

为提高关工委工作人员的认识，王士芳特别注意各级工作人员的学习。《中共中央国务院关于进一步加强和改进未成年人思想道德建设的若干意见》发表后，他组织关工委全体人员学习，一段一段研读，一句一句琢磨，力求学深学透。他说，党中央、国务院对青少年成长这么重视，专门下发文件，把党中央的文件精神宣传好、落实好，是关心下一代工作者义不容辞的责任。中央 8 号文件下达后，他得知有单行本出版，随即派工作人员到定州新华书店购买，没有买到，又专程到保定跑了 4 个书店，买回 600 多本，立即召开各乡镇办、各部门关工委同志开会，人手一册下发，认真组织学习，并要求各级认真贯彻落实。

关心教育下一代，搞好教育基地建设是必不可少的一部分。定州市是革命老区，有着较为丰富的教育资源。在王士芳的带领下，市关工委在参观革命圣地西柏坡、唐县白求恩柯棣华纪念馆等教育基地的基础上，向市委、市政府写出了修缮纪念设施、建好德育基地的请示，市领导对这项工作十分重视。这几年，在市中心修建了人民音乐家张寒晖文化广场，重新修复了北疃惨案烈士陵园和清风店烈士陵园，成为全市三个主要的爱国主义教育基地。随后，又开辟马家寨惨案烈士纪念亭和安葬着定州两位抗日英雄（杨银山、郝庆山）的永安公墓为青少年德育教育基地。每年清明节，定州市关工委领导分五片到各教育基地组织师生开展爱国主义教育活动。

坐落在市中心的张寒晖文化广场，每天傍晚有成群结队的大人小孩散步、休闲，广场上安装有电视投影大屏幕，这是一个绝好的教育场所。在王士芳倡导下，花 2000 多元购买了爱国主义教育光盘，包括《狼牙山五壮士》《红色娘子军》《平原游击队》《小兵张嘎》等 300 余套，每天播放，用一个个鲜活的革命英雄形象，激荡每个观众的心灵。

三、超前思维，与时俱进，不断探索关教活动新手段

时代在前进，单一宣讲的教育形式已不适应目前关心下一代工作的需要，满足不了广大青少年的渴求。为此，定州市关工委挖掘当地资源

开办了更为直观的教育形式。

定州，交通四通八达，十分便利，加之它是全省人口最多的重量级县市，从 20 世纪 50 年代到改革开放后，国家众多领袖级人物，包括毛泽东、周恩来、刘少奇、邓小平、胡耀邦、朱镕基、李瑞环、温家宝、江泽民等，都来过定州，检查、指导工作，这是定州辉煌的一页，是极好的历史教材。2001 年，王士芳亲自督阵，亲自出马，四处搜集资料，和一些老同志一起，用 3 个多月时间，制作完成了《领袖在定州的足迹》大型展览，为教育青少年爱党、爱国、爱定州提供了形象生动的教材。

随后，他们又着手制作《解放定县城》和《清风店战役》两部展览。在组织编纂人员参观学习北京抗日战争纪念馆和阜平晋察冀军区纪念馆的基础上，走访沈阳军区驻保定干休所老首长，还深入到农村，走访当年老指战员、老民兵、老支前模范 30 多人次，历时数月，完成了《解放定县城》和《清风店战役》两套大型图片展。

继而，他们又按市委领导的要求，把解放战争时期发生在定州市的几次大的战事——十家疃歼灭战、解放定县城、清风店战役合编拍制成电视专题片《血色黎明》，并制作光盘 1000 余份，无偿赠给各中小学、基层党支部和各关工委，在社会引起强烈反响。

为纪念抗日战争胜利 60 周年，王士芳挂帅，又办了两件大事。一是从党史办、地方志、民政局等单位借用部分退休老同志，收集整理资料，历时 4 个多月，编写了抗日战争故事集《定州风云》、革命歌曲集《战歌在定州》和《定州英烈碑文录》三部书籍，投资 3 万多元印刷10000 余册，无偿发放给全市基层党支部、中小学和关工委工作人员。二是制作完成了《纪念抗战胜利，发扬抗战精神》的大型展览，培训两名讲解员，深入机关、学校巡展 30 多天，受教育面达 6 万多人。

2004 年，王士芳提议录制了保定市关工委副主任王鹿鸣的《立志成才，振兴中华》、定州市委常委、宣传部长任振焦的《学会做人、学会生活、学会求知、学会创新》和他本人的《学抗日英雄，做革命少年》等不同侧面的 7 场爱国主义教育和成才教育报告，形成一套系统的教育资料，并刻制光盘 400 余套，组织全市各级关工委工作人员和学生代表 500 人，举办了首映式，并将 300 多套光盘无偿赠送各中小学。随后，定州市关工委还与市委宣传部、市教育局联合下发文件，组织学校师生观看，谈观感，讲体会。同时，还组织 5 个工作组，分片到全市各中小学检查、督导放映情况，使全市 12 万多名中小学生深受教育。

2004 年，定州市关工委协同市教育局，聘请团中央《知心姐姐》杂志社心理健康教育指导巡回报告团的两位教授，来定州市作了 8 场报告，为家长提供了最新的家庭教育理念，讲述为人父母的科学教育方法，18000 余名学生和家长聆听了报告，许多家长深受启发。他们颇有感触地说，没想到教育孩子还有这么多学问，要求今后多举办一些这样的活动。有的家长听一遍觉得不解渴，又跟着报告团重复听第二遍、第三遍。《知心姐姐》2003 年精装本带来定州 400 余册，被家长们抢购一空。《知心姐姐》杂志社还在定州市建立了学生心理健康教育辅导站。

此外，定州市关工委还与市委宣传部、市教育局、团市委联系，聘请了团中央《辅导员》杂志社知名教授、教育专家来定州市，在市委党校，对中小学辅导员进行了 3 天培训，也收到很好效果。

为弘扬老一辈的革命精神，抵制社会不良风气，经王士芳提议成立了定州市青年合唱团，与市老年体协一起组建了老年合唱团和文体宣传队，大唱革命歌曲，激励年轻一代，并深入农村、社区、学校、机关巡回演出几十场，使广大青少年和群众受到深刻的教育和启迪。

2006 年 3 月，胡锦涛主席提出"八荣八耻"的社会主义荣辱观之后，在王士芳带领下，进行了大张旗鼓的宣传教育活动。首先，在全市率先制作了"八荣八耻"宣传牌匾挂在办公室，又主动联系宣传部、教育局在定州中学启动了树立社会主义荣辱观，"知荣辱、树新风、促和谐"的百米长卷万人签名活动，市委书记刘宝玲到会讲话，并带头签名。同时又印制宣传材料 20000 份，布置宣传车，录制广播儿歌、快板、倡议书等，启动了"进百村入万户"宣传活动，使"八荣八耻"教育家喻户晓，深入人心。

为了纪念定县解放，进一步抢救历史资料，经王士芳提议，编写了爱国主义教育读物《定州丰碑》。书中内容从抗日战争、解放战争到社会主义建设、改革开放几个历史阶段，共选编历史镜头 199 个、战斗英雄人物及史料 26 个，以图文并茂的形式反映定州人民 70 年来的主要奋斗史。几年来，为抢救、挖掘这些资料，王士芳带领定州市关工委的同志们，赶赴北京、西柏坡、城南庄等地参观学习，走访调查曾亲临战场的老干部、老军人、老支前模范。编著此书，80 余岁的王士芳更是一马当先，晚上在家找资料，谋划构思，白天到档案馆查资料，在办公室组织讨论研究，核实修改，对资料考证、文字编写和图片排列，字斟句

王士芳为学生们发放"八荣八耻"教育活动宣传资料

酌，为这部书的编辑出版作出了积极的贡献。《定州丰碑》一出版，在社会上引起了很大反响，认为《定州丰碑》不仅是一部很好的教育资料，同时也是一部珍贵的史料，具有很高的收藏价值，普遍认为对广大群众特别是青少年进行爱国主义教育和革命传统教育，使之健康成长，必将产生不可估量的作用。

2011 年，王士芳又亲自督阵，亲自出马，四处搜集资料，和一些老同志一起，用 3 个多月时间，制作完成了《伟大领袖毛泽东主席》大型画册。

2012 年，王士芳又组织关工委一班人制作完成了《定州丰碑》的修订再版工作，为教育青少年爱党、爱国、爱定州提供了很好的教材。

30 多年来，王士芳不顾自己是做过两次大手术，且患有冠心病、完全性左传导阻滞的病人，时时事事不忘党的事业，兢兢业业为青少年的健康成长忘我工作。有一分耕耘就有一分收获，他多次被省委、省政府授予"关心下一代先进个人"，他所领导的定州市关工委四次被评为"河北省关心下一代工作先进集体"。2004 年，他又被全国精神文明委和中国关工委评为"全国关心下一代工作先进个人"。

这些年来，为了关心教育下一代，为了老年事业的发展，他不知费了多少心，不知受了多少累。他们想方设法，筹划了不少钱，办了很多事。然而，这么辛勤地工作，他们从没有享受过一分钱的补贴，这是何等的精神！在当今社会里，也许会有人把他们视为傻瓜，而正是凭着这种傻瓜精神，他们把定州的关心下一代工作搞得蒸蒸日上，把老年人事业搞得红红火火！这种傻瓜精神，正是一个共产党员崇高思想境界的真实写照，是一颗永不生锈的螺丝钉优秀品质之所在。

　　他们这种不用扬鞭自奋蹄的敬业精神，永远是我们学习的榜样，将永远激励着年轻一代。

不忘初心 砥砺前行

——记定州市家庭教育讲师团团长郝锴

郝锴，定州市兴华西路中学副校长，中学高级教师，定州市家庭教育专家讲师团团长，河北省家庭教育专家讲师团讲师，国家二级心理咨询师，国家级家庭教育高级指导师。

郝锴是一名有着30多年教龄、20多年党龄的教育工作者，在教育这块阵地上、在关心下一代工作这个岗位上，始终坚持勤学习、多思考，用真情和爱心努力做好每一项工作。郝锴用细心的服务、无私的付出和对教育事业的强烈责任感，谱写出了一曲大爱无私、乐于奉献的华美篇章。

学校关心下一代工作经历了从无到有、从有到好的发展历程，郝锴就是有力组织者和积极推动者，为促进关心下一代工作的发展发挥了不可替代的重要作用。

提起定州市的家庭教育工作，定州市教育系统许多人都对"定州市家庭教育讲师团"印象深刻，因为它已成为定州市关心下一代工作的一个重要品牌，是家长学校工作强大影响力和辐射效应的重要源头之一。而郝锴在讲师团的成立和发展过程中发挥了重要作用。从讲师团成立前对成员高标准严要求的精挑细选，到讲师团每位讲师讲座水平的提升，无处不体现着她敬业奉献、精益求精的工作态度，处处都闪动着她那睿智大气、富有感召力的人格魅力。为了使家庭教育讲座更贴近中小学生家长的思想、生活实际，他们每周二利用晚上时间进行研讨，更精准地把握青少年生理心理特点、成长成才规律和需求。

郝锴以集体备课、共同研讨等多种形式提升讲师团的授课水平，组织讲师们对专题进行精心准备，围绕专题的宣讲目的与讲师们进行研究，帮助每位讲师制作图文并茂、界面精美的PPT课件，以保证宣讲教育的效果。经过共同努力，拥有20多位具有较高理论素养和较强宣讲实力的讲师团诞生了。随后，他们经常活跃在学校和社区作专题讲座，以不同的形式协助学校做思想教育和引导，成为学校关心下一代工作的重要力量。通过家庭教育讲座，提高家庭教育的水平、技巧，用家长的理想信念、爱国情怀、人文素质等影响教育下一代，实现立德树人的教育目的。

多年来，郝锴的讲座覆盖了全市中小学、幼儿园，讲座130多场，受众面10万多人次，深受师生和家长的欢迎与关注。

随后，郝锴的讲座从定州走向了全省，影响越来越大，发挥的作用也越来越大。2018年11月，应河北省家长学校和教育厅邀请到张家口阳原县作公益讲座；2019年1月，应河北省教育厅王壮伟处长邀请到涞源县松树陀教学点作扶贫扶智讲座；2019年3月，应邀到邢台市南和县和巨鹿县给全县的校长和班主任讲座；同年，为中央电视台的朝闻天下节目组组织了"家校共育，静待花开"大型家庭教育活动，收到很好效果。

在关心下一代工作上，郝锴不仅是一名组织者，还是积极参与者和认真实践者，身体力行诠释了对关心下一代工作饱含的深厚感情和强烈责任，并始终用一名党员的高度政治意识和深刻感悟与体会感染、影响着下一代，帮助他们健康成长成才，所到之处均受到了家长的热烈欢迎和爱戴。

作为一名党员、一名教育工作者，郝锴以"春风化雨、润物无声"的方式巧妙地演绎着关心、关爱每个家庭每个青少年的强烈政治责任感和社会使命感，在平凡的工作岗位上书写着不平凡的人生感悟，更好地诠释了一名共产党员身上独有的崇高境界、高尚品德和敬业精神。在她的感召和影响下，定州家庭教育讲师团的成员们以更加热情、主动的姿态投身关心下一代工作，积极为定州乃至全省的家庭教育事业的发展和下一代的健康成长成才作着积极贡献。

家庭教育的道路，任重而道远，不忘初心，砥砺前行。

倾注无私爱 情系下一代

——记辛集市关工委主任杨群刚

杨群刚退休前在辛集市委、市政府、市人大工作多年，先后担任过市政府办公室主任，市委常委、宣传部长，副市长，人大常委会副主任等职务。2003 年 3 月，因工作需要提前离岗，刚离岗时一些房地产开发商及制衣、制革大户多次登门，提出了特别优惠的条件聘请他到企业当顾问。他不为金钱所动，积极投身到了关心教育下一代这一公益事业。2003 年担任了辛集市关工委副主任，2005 年接任主任。他积极探索新形势下做好关心教育青少年的方法和途径，把抓活动，求实效，提高青少年的综合素质作为工作的出发点和落脚点，为培养"四有"新人倾注了全部心血，受到了各级领导的肯定和群众的赞誉。2007 年、2013 年先后被授予"河北省关心下一代工作先进个人"称号；2014 年被授予"河北省老有所为先进个人"称号；2015 年获"全国关心下一代工作先进工作者"称号；2016 年获"河北省关心下一代工作突出贡献奖"。

一、强化组织建设，健全完善工作网络

杨群刚担任辛集市关工委主任十几年来，始终把领导班子的思想建设和组织建设放在首位。一是抓各级关工委领导班子的思想建设和制度建设。制定了学习、例会、检查和定期汇报等制度，使各项工作有组织、有安排、有落实、有考核，做到了有章可循。经常组织关工委成员学习党中央和省委的重要指示精神和有关领导重要讲话，不断提高大家的思想认识，增强对青少年教育的重要性、必要性和紧迫性的认识。二是抓组织建设。为了强化关工委的领导，辛集市关工委下设四处、一室，即：教育处、法制处、科技处、企业处和办公室。各处、室明确了职责任务，充分发挥主观能动性，根据工作重点，以人为本，会同各职能部门和基层关工委，共同做好关心下一代工作。乡镇（社区）关工委主任由党委副书记或组织委员担任，老干部协助员担任副主任并负责

日常工作，吸收乡镇工会、共青年、妇联、武装部、司法所干部和教育组教师及 3—5 名离退休干部、教师担任成员。同时每年对领导班子进行一次调整。特别是在换届后，对于热爱这项工作的相对年轻的同志及时给领导建议充实到各级关工委领导班子中来，使班子成员经常保持活力。三是拓展工作网络。为了使关工委组织达到全覆盖，他主动向组织汇报，在征得领导同意后，以市委名义发文，要求各级建立健全组织，并积极深入基层抓落实，使全市关工委组织由市逐步扩展到乡村，由系统扩展到企业，由社区扩展到居委会。目前，全市从上到下有 425 个关工委组织，其中乡镇（社区）15 个、农村居委会 342 个、学校 49 个、企业 19 个。这样就做到了有人管事，有人办事。四是抓队伍建设。有了好的班子和健全的组织，还必须有一支强大的五老队伍。因此，他在抓好组织建设的同时，结合乡镇和各级关工委组织，不断把党性强、有爱心、有工作热情的 五老人员及时充实到工作队伍中来。现在，全市关心下一代五老成员已发展到 1160 人，为全市做好青少年的工作打下了坚实的基础。

二、丰富教育内容，努力提高青少年素质

杨群刚在工作中坚持把思想道德教育、理想信念教育、爱国主义教育、社会主义核心价值观教育、法制宣传教育和科技素质教育作为关心下一代工作的教育主题，根据青少年的身心特点和接受能力，积极拓展教育渠道，不断丰富活动内容。一是组织开展主题教育活动，增强教育的针对性。近年来先后组织青少年开展了"爱学习、爱劳动、爱祖国"教育活动、"好家风、好家教、好家规、好家训、好家书"道德实践活动和"小手拉大手，共建美好家园"主题实践活动。在全国学雷锋纪念日，组织青少年开展学雷锋做好事活动，在中小学校开展"我身边的雷锋评选"活动，用实际行动向雷锋学习，奉献自己的爱心。二是以党史国史教育为载体，加强对青少年进行思想道德教育。组织青少年开展了"学党史、颂党恩、跟党走"活动，清明节组织中小学生到烈士陵园开展"清明祭扫烈士墓"活动，在七一建党纪念日开展"党史进校园"活动。2018 年以来在全市中小学宣讲辛集市抗战中的英雄人物和英雄事迹 70 余场，受教育中小学生 2 万余人次。教育青少年树立正确的人生观、道德观和价值观，坚定爱党、爱国、爱社会主义的信念，努力争当"五好"小少年。为激发学生的爱国爱家乡热情，他组织谋

划，2018年成功举办了首届卓越杯中小学生书画大奖赛，并编印了《首届卓越杯中小学生书画大奖赛优秀作品选登》的彩色画册，发至各个学校，供学生们学习交流。三是开展普法教育，预防青少年违法犯罪。深入开展"关爱明天、普法先行"活动，每年利用3月、9月两个月的时间，分别开展以青少年法制教育为内容的"法制春风进校园"和"开学第一课——法制课"法制宣传月活动。通过法制报告会、法制讲座、法制主题班会、宣传牌展示等形式，重点对《教育法》《预防未成年人犯罪法》《未成年人保护法》进行普法宣传。先后开展了交通法规、青少年网络安全、校园安全等7项法制专题宣传，提高了宣传教育的针对性、实效性，受教育师生近5万人次。四是办好家长学校，提升家教水平。他组织五老组建了家庭教育讲师团，向广大学生家长传授家教知识和教育方法。每年家教讲师团自己或邀请专家学者分期分批对各家长学校授课，讲课内容充实、丰富，指导性、针对性、启发性强，并且现场与家长进行交流，深受家长的欢迎。为了进一步把家长学校办好，2018年还创办了"卓越书同家庭教育中心"试点，开展家长学校示范校建设和课题研究，总结推广好的家教经验。

三、关爱农村青年，积极培育致富带头人

杨群刚特别注重对农村青年的科技知识教育和实用技术培训，不断提高农村青年特别是新型职业农民的素质。通过搞技术培训，普及推广先进的科学技术，引进新品种、新技术搞示范，使他们自主创业，靠劳动致富，成为年轻的新型职业农民和科技致富的带头人。一是建设基地，为新型职业农民树立样板。2009年以来，他组织老科技工作者先后创建培育了马兰良种繁育、王口梅岚农业技术推广、路通畜禽疫病防治、马庄科技四个教育示范基地。根据基地的特点，每个基地选配1—2名有技术专长的老科技人员负责指导，培养树立依靠科技增产增收的样板。二是搞好培训，为新型职业农民提供技术支撑。以基地为辐射源，以技能培训和实用技术培训为重点，组织关工委科技处的技术人员，并协调有关部门，组织种植业、养殖业、技能专业三个讲师团，围绕辛集优势产业，采取以本地技术人员为基础、以聘请教师为补充提高的方式，积极开展培训，为新型职业农民送信息、送技术，传授科技知识。三是开展示范，为新型职业农民带头引路。教育示范基地在开展培训的同时，还把做好新品种、新技术的引进、示范作为重要内容，把理

论知识和新技术变为看得见、摸得着的"实物"，增加新型职业农民对理论知识和新品种、新技术的感性认识，带动他们种植新品种、采用新技术。四是结对帮扶，为新型职业农民排疑解难。组织老科技人员利用基地的技术优势，与新型职业农民一对一结对子，面对面讲技术、传信息，帮助他们增产增收。近几年来，老科技人员和新型职业农民结对子30多对。

杨群刚到职业青年农民创业基地网店调研

为了进一步搞好对青年职业农民的培训，2018 年，杨群刚协调老促会、老科协和农业局等单位，多方筹资，依托马庄先进农业技术示范基地，建立了马庄青年职业农民培训中心。培训中心能容纳 80 人，另有图书阅览室，配备了桌椅板凳、计算机、投影仪等电教设备，购买、捐赠各类图书 3000 余册；同时聘请河北农业大学的两位教授、组织本市 6 名专家为师资。目前，培训中心已开班 6 期，受训人员 350 多人。

四、凝聚社会力量，为青少年办好事实事

杨群刚积极与有关部门、团体和爱心企业沟通联系，主动作为、团结协作，努力为青少年办了许多好事实事。一是积极号召各级关工委和五老同志广泛开展爱心手拉手活动，助力留守流动儿童健康成长。同时，要求教育系统关工委发挥学校的阵地作用，引导广大师生奉献爱心，真情关爱留守流动儿童。成立"学雷锋爱心少年"服务队，与留守流动儿童一帮一手拉手结对子。一方面，对他们生活上、学习上给予帮扶和辅导，提高他们的生活和学习水平；另一方面，通过主题班会、

班队各类文娱竞赛活动等，培养兴趣爱好，促进德智体美全面发展。二是认真贯彻落实习近平总书记关于精准扶贫的重要指示，对贫困家庭的青少年尤为关注。一方面，结合女企业家商会，每年对全市的贫困家庭进行一次摸底调查，然后发动女企业家和社会爱心人士捐款捐物，根据每个家庭和学生的困难程度给予资金和物资救助。近两年来，共筹集款物折合20多万元，救助贫困家庭儿童220多户。另一方面，依托辛集市复明医院为贫困家庭青少年摘镜减免费用，两年来，共为贫困家庭85人次的学生减免费用4万余元。再者是号召企业、社会团体为贫困儿童购买学习用品，近年来共捐助价值8万多元的学习用品。

路漫漫兮其修远兮，革命人永远在路上。杨群刚不忘初心，砥砺前行，为实现中华民族伟大复兴的中国梦奉献余热，为自己的人生晚年再谱写一曲绚丽的篇章！

一枝一叶总关情

——记辛集市关工委家庭教育处处长靳素芬

靳素芬，辛集市妇联原主席，2012 年 5 月退休。退休后任辛集市关工委家庭教育处处长。近年来，她认真学习贯彻党的十九大精神和习近平总书记对关心下一代工作的重要指示精神，积极践行"忠诚敬业、关爱后代、务实创新、无私奉献"的五老精神，满怀情怀，不辞辛苦，用优良作风感染青少年，用高尚人格熏陶青少年，用淳朴情感温暖青少年，在关心下一代工作中凝聚了正能量，作出了新贡献。

一、送温暖献爱心，关爱贫困留守儿童

靳素芬对贫困留守儿童非常关心关注，她积极发挥自身人脉优势，组织社会各界奉献爱心，关爱贫困儿童，关爱残疾儿童。她联合石家庄冠群投资有限公司开展了"为残疾儿童献爱心"活动，给辛集市特教学校的 48 名儿童发放了学习用品、书籍、书包、体育用品等价值 7000 多元，筹集了 4000 余元为特教学校 48 名学生统一购置了校服。2015 年，协调辛集市女企业家商会，联合海普诺凯营养品有限公司，开展了"优爱行动"爱心捐助，为贫困家庭的幼儿、儿童及残疾儿童献上一片爱心，让智障儿童享有良好的生存质量。海普诺凯营养品有限公司为特教学校、残疾幼儿代表捐赠价值 5 万的新西兰生产的羊奶粉。

本着关爱少年儿童健康成长的宗旨，协调辛集市复明医院成立了"青少年近视防控基地"，积极开展眼睛健康普及及近视防治公益讲座，救助贫困学生等公益活动，为数千名贫困留守儿童进行眼保健知识讲座和免费体检，受到了社会的称赞。

二、开展爱心助学，关注困境青少年成长

为解决困境家庭高中毕业生考取大学后的实际困难，靳素芬积极协调联系爱心企业白领服饰，与关工委联合开展了"爱心助学，让梦想启航"困境大学新生救助活动。她认真制订活动方案，起草活动流程、

倡议书、领导讲话，对各学校提供的困境大学新生进行严格筛选，对10名受资助的学生情况逐一核实，并深入到部分学生家中实地了解情况，确保信息真实准确。在捐助仪式上，白领服饰将4万元义卖款项资助给10名困境大学新生，爱心人士将购买的10只皮箱发放到大学新生手中，受到了社会各界的好评，营造了爱心助学的良好社会氛围。

从2012年开始，在深入各乡村调查的基础上，协调女企业家商会和社会爱心人士等多方捐款、捐物。每年在春节前夕救助100多户贫困学生家庭，为他们送去米、面、油、鸡蛋等物品，让他们感受到党的关怀和温暖。2016年六一儿童节，协助女商会的部分企业家对10名贫困学生进行了救助，为他们送去书包、书籍、衣服等日用品。

三、开展志愿服务，弘扬尊老传统美德

靳素芬积极弘扬尊老爱幼的传统美德，组织信德中学学生在六一儿童节到南智邱、大红门养老院为老人们送去关爱和温暖。信德中学的孩子们为老人演出了精彩的节目，为老人送去了牛奶、鸡蛋、油等物品，孩子们为老人清理卫生，帮助老人剪指甲等，传承了尊老爱幼的传统美德，受到了敬老院老人们的欢迎和好评。重阳节，组织社会爱心志愿者到南智邱敬老院看望慰问老人，为20多位老人送去洗发膏、脸盆、豆奶粉、牛奶等物品，志愿者们为老人理发、洗衣服、洗脚、剪指甲、整理屋子等。协调辛集市复明医院奉献爱心，播撒光明，2016年复明医院免费为贫困家庭的老年白内障患者做白内障手术500余人次。

靳素芬还积极动员社会力量开展关爱革命母亲活动，联合市妇联、女企业家商会组织举办了关注贫困革命母亲献爱心送温暖活动，发动女企业家商会会员捐款、捐物共计1.5万多元，救助了辛集市13名贫困革命母亲，表达了党和政府及社会各界对她们的关爱之情。

四、以家长学校为平台，促进家庭教育水平

为了搞好家庭教育，把"好家风、好家教、好家规、好家训、好家书""五好"道德实践活动落到实处，靳素芬以卓越书同教育机构为平台，成立了家庭教育培训中心。通过举办家庭教育知识讲座，聘请外地的专家、教授及优秀班主任老师、优秀家长代表等为家长讲课等形式，推广先进的家庭教育理念，普及科学的家庭教育方法。自2016年以来举办周六公益大讲堂20余次，参加培训家长达1000余人次；先后

在实验学校、新垒头中学、育红中学讲座 3 次，参加家长 3000 余人，讲课的内容包括《父母是孩子最好的老师，家庭是孩子最好的课堂》《让孩子快乐成长》《好的关系——教育孩子的金钥匙》《家德是最好的教育》等。2018 年 5 月，卓越书同家庭培训中心举行荣誉堂颁奖典礼，靳素芬与关工委领导为优秀学生颁奖并一起观看了无人机表演，鼓励获奖的同学坚持宽容、感恩、坚强的美好品德，健康快乐成长。

靳素芬积极协助组织家长学习经验交流会、"卓越杯"中小学生数学竞赛、"卓越杯"中小学生书画大奖赛等灵活多样的活动，真正把全市开展的"好家风、好家教、好家规、好家训、好家书"道德实践活动落到了实处，受到了家庭及社会的好评，省关工委领导到辛集调研指导工作时对家长学校给予高度肯定。

五、积极培养典型，引领农村妇女脱贫致富

近年来，靳素芬致力于发现、培养脱贫致富的农村妇女先进典型，通过典型引导，带动农村妇女科技增收、科技致富。一是家政培训典型。李敬坤很早就走出农村进城务工，从事家政服务业，2006 年回乡创业，创办了家政培训学校。靳素芬积极给予关心和帮助，通过座谈、调研，发现月嫂、家政服务发展空间很大，为了把月嫂、家政培训中心做大做强，推向北京、天津、上海等大中城市，靳素芬陪同培李敬坤多次去外地家政、母婴培训中心参观考察，撰写可行性报告，为月嫂、家政培训做大做强提供了依据。14 年来，培训家政服务员 11000 人次，就业率达到 80%。二是电子商务典型。民祥合作社社长赵丽在靳素芬的鼓励和支持下，2017 年建立了辛集市农产品网上商城，吸引本市及外地 28 家合作社或农企的 50 多类农产品入驻，7 月份建网至当年年底，通过网络平台为农民销售农产品 2000 多万元，解决了农民土特产品销售难的问题。三是推广新技术、新品种。原林业局技术人员王荣敏在 3 家梨树种植户试验了梨树防虫网及其配套的相关技术和农药化肥减量控害方法，此技术做到了治虫不用药且每亩节约开支 2000 多元；还筛选引进 3 个杂交榛子新品种，5 年就可收到明显的经济效益，并制作了课件，在"知农云课堂"上发布。靳素芬及时协调妇联等部门推广经验，大力宣传，引导农村妇女采用新技术、种植新品种，拓宽了农民致富渠道。四是培树种植能手典型。省级"双学双比"女能手师秋菊是靳素芬较早发现和培养的典型。师秋菊从 20 世纪 90 年代初开始种植

蘑菇，20 年来，种植规模逐渐扩大，效益逐步提高。在她的带动下，木邱村及周边村的妇女参与到蘑菇种植行列中来，目前有蘑菇大棚 100 个，年总产量达 100 多万公斤，创利润 200 多万元。为了让菇农吃上定心丸，师秋菊成立了兴赢食用菌合作社，实行统一管理、统一质量、统一销售、统一价格，解了菇农的后顾之忧，带动了近百名农民参加。

多年来，靳素芬退休不褪色，离职不离岗，积极投身关心下一代工作，发挥余热，奉献社会，为建设经济强省、美丽河北作出了自己的贡献。

倾情关注下一代　不用扬鞭自奋蹄

——记华北油田华兴服务处关工委常务副主任陈万钧

陈万钧退休前任华北油田第一综合服务处（华兴前身）党委书记。退休后，担任华兴服务处关工委常务副主任至今。他热心关心下一代工作和社会工作，先后担任一处小学发展委员会名誉顾问、一处中学家长委员会主任、廊坊市楹联学会副会长、河北省楹联学会理事等。曾荣获"华北油田关心下一代先进个人""河北省关心下一代先进个人"，2015年荣获"全国关心下一代先进工作者"称号。

10多年来，陈万钧始终以一名党员干部的责任与担当，发扬"忠诚敬业、关爱后代、务实创新、无私奉献"的五老精神，用真心、真情和真爱，践行一名共产党员、一个关工委常务副主任的职责，扎实做好华北油田北部矿区关心下一代工作。

一、从调研入手，协助学校提高教学质量

他退休前在处领导班子里曾分管学校工作7年之久，为了掌握抓好教育工作的主动权，他每年新学期都要到处中小学校、幼儿园参加开学、开园升旗仪式。退休后一如既往，经常到各学校和幼儿园观摩调研，每年参加听课20余次。他还经常参加中学的主题班会、教研分析会，多次给五中的青年学生业余党校讲课，这个党校5年内在高年级班发展了2名学生预备党员。陈万钧还针对一些家长只注重学生分数高低，忽略其他方面的倾向性问题，2010年4月，为小学家长作了题为《学校家庭社区协调联动，培养学生良好行为习惯》的辅导报告。2017年11月，在小学家长会上作了题为《传承好家风，家教必成功》的辅导报告。由于报告内容生动真实，受到家长们的好评。有一年，钻井一公司中学蔡尚同学中考成绩名列全油田第一名，陈万钧怀着喜悦的心情到学校了解情况，到蔡尚家访问，对蔡尚本人进行采访。他想揭开蔡尚考第一的奥秘以作借鉴，提高全公司的教学质量。通过调查研究，他以《聪明源于勤奋》为题写了一篇通讯报道，刊载在《华北石油报》上，

使学校、家庭、学生都很受启发、很受鼓舞。他利用这一典型，引导中小学教学质量逐年提高。为了提高教学质量，他先后两次带领中小学校长和幼儿园园长到大港实验中学、胜利一中及河口幼儿园、烟台大窑中学、大连辽大附中等名校考察学习，交流取经。所有这些举措，都对华北油田北部矿区的教育工作起到了鼓劲加油的促进作用。2010年，一处小学的三名学生在指导老师的带领下，代表华北油田参加河北省首届头脑奥林匹克竞赛获得特等奖。之后，又在中央电视台教育频道举办的全国公开赛中与强手过招获得银奖。2017年5月，一处小学组织三至六年级的学生，开展动脑动手小制作创新活动，经过评选，有200多件作品得到好评，并集中展示。

陈万钧从调研入手，帮助学校提高教学质量的做法，受到上级教育部门的表扬和职工家属的好评。

二、会同社区为学生创建良好的生活环境

多年从事思想政治工作的陈万钧，深知社区环境的好坏对孩子们成长有着重要的影响。因此，他有针对性地协调社区在改善学生校外生活环境方面做了大量卓有成效的工作。

一是抓社区安全教育。为提高社区青少年的安全防范意识，他组织关工委成员、五老队伍定期与治安部门联合举办"安康杯"和"创建国家级安全社区"知识竞赛活动，参赛队员由驻社区的中小学生、五老和社区家属组成，通过交通规则、治安条例、文明小区规定等知识竞赛，增强中小学生、社区居民的安全防范意识。尤其是通过发生在油田矿区的典型交通事故、治安案例，诠释遵守交通规则和防范意识的重要性和必要性。用事实告诫学生，无视交通法规，换来的必将是身心的伤害，甚至生命的代价。为了切实保障社区安全，关工委还组织五老志愿者在中小学生上学、放学的时候，到学校门口和主要路口维持交通秩序，保证学生的人身安全。

二是抓法制宣传教育。他主动作为，健全学校、家庭、社区三结合网络，深入开展"关爱明天普法先行"活动，不断增强青少年的宪法意识和法治观念。先后邀请万东分局和霸西分局的警官走进校园，为广大师生开展系列法制宣传教育；聘请民警担任校外辅导员，结合校园治安案例，讲解《治安管理处罚法》《未成年人保护法》和《预防未成年人犯罪法》的主要内容，强调学生懂得如何依法保护自己，提高自我

保护意识，从而使北部华兴服务处社区学生达到零伤害、零犯罪的良好效果。

三是开展"学雷锋，争当环保小卫士"活动。以弘扬文明礼仪、创建和谐社区为主题，华兴服务处关工委号召青少年学雷锋，组织青少年志愿者在社区开展便民服务，到空巢老人家里送温暖、送关爱，为高龄失能老人打扫卫生，让学生们从中体验助人为乐的深刻内涵；组织五老带领青少年走上街头、走进公共场所，捡拾白色垃圾，清洁公共设施和健身器材，制止乱丢废弃物和损坏花草树木等不文明行为，用实际行动爱护家园，共创和谐文明矿区。

四是举办夏令营，占领校外活动阵地。每年的夏令营活动，陈万钧都全程组织参与、协调指导，他从五老队伍中挑选有专长的骨干人员，义务为学生举办音乐、舞蹈、棋类、球类、楹联、书法培训辅导。楹联、书法培训班是华兴服务处的一个亮点，陈万钧亲自上课，连续8年的楹联书法夏令营，在社区产生了良好的反响。每年有300多名学生主动参加，有129名学生的309幅作品，分别在油田内外的报刊杂志上发表。这不仅让参与的学生有了成就感，而且增强了大家学习传统国粹文化的兴趣。昌垚旭同学是学习班的佼佼者，2015年在全国青少年书画大赛中获得三等奖。一处小学2011年9月挂牌廊坊市首个"楹联教育基地"。2019年3月，楹联协会获得华北油田"少年楹联传承最佳志愿服务项目"荣誉称号。

五是"油城助学"扶贫帮困。陈万钧对捐资助学工作非常重视，在他和五老们的带动下，多年来，华兴服务处关工委持续在社区职工、居民和离退休老同志中开展"大手拉小手、夕阳托朝阳"扶贫助学活动。从2010年至今，华兴服务处关工委与处团委连续开展油城助学募捐活动，共募集善款72885元。每年六一儿童节前夕，华兴服务处关工委都要与幼儿园和小学联合举办"共享蓝天，共创和谐"活动，并赠送玩具、教具和图书资料，为孩子们送去精神食粮。为了不让一个困难学生掉队，由社区一站关工委牵头，在一处小学设立了"嫄嫄爱心基金"，多年帮助失去双亲的侏儒症女孩邓嫄嫄，使其顺利升入初中。之后，又通过众筹网络平台，为常梓俊、黄敏智两位患脑瘤重大疾病的少儿筹集到20多万元的救治善款，使病患者闯过病魔关。

陈万钧义务传授学生们楹联、书画技艺

三、加强组织建设，把关工委活动落到实处

从事党务工作多年的陈万钧感悟很深的一条工作经验是，千头万绪抓根本，千军万马抓班子。为此，他主持关工委常务工作以来，首先抓班子建设，明确分工，协调联动。在华兴服务处党委的重视和支持下，关工委及时调整和充实领导成员，设立了传统教育组、科普组、法制组、日常工作组。在党群科、社区科配合下，各社区站关工委专人负责开展活动，做到组织分工明晰，工作目标明确，把关工委工作纳入党委的议事日程，纳入党建考核体系，从而保证了关工委工作扎实深入、蓬勃健康发展。其次，抓制度建设，建章立制，规范管理。一是建立有效的协调机制。形成党委统一领导，社区与关工委联席会议协商，共同研究，信息互通，建立统一共享的协调机制。二是建立定期汇报制度。华兴服务处关工委办公室随时掌握四个社区服务站关工委活动情况，汇集整理后，每月向处党委工作例会进行汇报，并提出相关建议。三是建立工作例会制度。华兴服务处关工委每年要召开三次工作例会，检查工作，总结经验，查上级关工委的文件贯彻落实情况，查上级会议精神传达贯彻情况，查日常工作运行情况。通过过去工作回头看，通报各站和处关工委工作进展情况，使全处各站关工委工作始终做到良性运行，做到"四个落实"，使关工委开展的各项活动有始有终有成效。第三，抓队伍建设，建立档案，静动结合。华兴石油矿区现有离退休人员11600多人。其中，以五老为主体的关工委队伍达1000多人，主要由骨干队

伍、积极分子队伍和志愿者队伍三个层次组成。在活动中，及时摸清社区五老状况，建立五老档案，采取上门求贤、活动吸引、搞好服务等方式，动员新退休同志加入到关工委的行列中。根据每位老同志的特长与爱好等具体情况，秉承本人自愿与工作需要相结合的原则，分别担任报告员、辅导员、宣传员、帮教员和安全员，使更多的老同志发挥余热，让更多的青少年在活动中受益。例如，2016年矿区主干交通路口相继安装了红绿灯，但有些老年人不看信号，乱闯红灯的现象时有发生，小区相继发生了多起交通事故。关工委组织五老志愿者值守路口，监护小学生上学、放学时段的安全，并让小学生督促爷爷奶奶和家长们自觉遵守交规。通过开展督导宣传教育，确保了社区学生和居民人身安全。

　　几年来，华兴服务处关工委的工作得到社区群众的点赞和处领导的好评，先后获得了全国"五好基层关工委""尊师重教先进集体"等荣誉。陈万钧虽已古稀之年，满头白发，但仍精力充沛地热衷于关心下一代工作。"老牛自知夕阳晚，不用扬鞭自奋蹄。"这就是陈万钧同志，一个退休不褪色，不忘初心，勇担使命，倾心关爱下一代成长的五老的风采！

身残志坚励后人

——记华北油田华美综合服务处关工委副主任陈汉宝

陈汉宝，1938 年 12 月出生于陕西省城固县，1960 年毕业于北京石油学院钻井专业，参加过大庆、大港、四川、江汉和华北石油会战，经历了大庆奠基创业的全过程。1963 年在大庆外围英 3 井的钻井施工中，左臂致残。身残志坚的他以对石油梦的执着追求，走上了自强、自立、自信的人生道路。1995 年从领导岗位退下来后，任华美综合服务处关工委常务副主任、华北油田关工委顾问。从此，围绕弘扬石油精神，他积极发挥潜能，以演讲、报告等方式给青少年讲传统、谈理想，把关爱油田青少年健康成长作为义不容辞的使命和责任，受到青少年的欢迎和各级领导的肯定，2009 年荣获"河北省关心下一代工作先进个人"称号，2010 年荣获"全国关心下一代工作先进个人"称号，2015 年荣获"全国离退休干部先进个人"称号。

一、为石油事业奉献青春

1955 年陈汉宝高中毕业后，报考了西北工学院的矿产开采专业，1956 年全国大学院系调整，他进入北京石油学院，报了钻井专业，从此钻井就和他结下了不解之缘，勘探找油、钻井出油成了他的终生追求。

1960 年初，参加大庆石油会战。1963 年 7 月 28 日晚，在大庆外围英 3 井的钻探中，因意外事故，时任技术员的陈汉宝左臂被一个从上边飞下来的机件切断。年轻力壮的小伙子，一夜之间变成了残疾人。面对挫折，他无怨无悔地踏上新的人生征程。从简单的生活自理开始，到生产现场的施工操作，经过艰苦的磨炼，逐渐能适应钻井施工作业了。靠着坚定的信念，他战胜了残疾带来的思想苦闷和生活上的不便。他的成功，赢得了领导的肯定和同志们的称赞。他带着伤残的躯体，从钻井技术员、工程师、高级工程师、副指挥，一步步成长为华北油田第二钻井工程公司经理。

二、为弘扬石油精神不辞辛苦

1995 年，陈汉宝退休了。华北油田关工委邀请他参与油田关心下一代工作，从此，燃起了他重新体现人生价值、奉献石油事业的雄心。二十几年来，他以弘扬石油精神为主线，东奔西走、不辞辛苦地为关心青少年健康成长日夜操劳。

陈汉宝常说："油田的青少年是老石油人的寄托和希望。"为了做好石油传统教育，2006 年 6 月，他专程赴大庆油田"寻觅创业路，感受铁人魂"，参观了松基三井、铁人第一口油井、铁人纪念馆、铁人广场、铁人村和大庆石油学院等。回来之后，写了《铭记铁人》《大庆记忆》《大庆随感》《永续辉煌大庆人》等文章。对一个独臂老人来讲，在野外作笔记是困难的，常常采取现场记和心记相结合的办法完成现场参观学习和采访任务。他给同学们作报告的讲稿都是亲自撰写，大多是靠晚上熬夜完成。为了关心教育下一代，为了弘扬、传承石油精神，他先后写宣讲提纲 15 万字，为油田青年职工和中小学生作石油传统报告年均近 10 个场次，有数以万计的人听过他的传统教育报告。

2011 年，在纪念建党 90 周年开展的"学党史，颂党恩，跟党走"主题教育活动中，他为渤海石油职业学院作的一场报告中，2000 多名同学鼓掌声达 30 多次。听完报告后，没有一个人退场，而是全体起立，长时间热烈鼓掌，表达对他的尊敬和爱戴。一位同学跑上讲台激动地说："我爷爷也参加过大庆石油会战，我代表我爷爷感谢您！"说完，他紧紧地抱住陈汉宝，流下了激动的泪水。学院党委书记说："30 次掌声说明了同学们对铁人精神的认可、接受和理解。铁人精神将成为他们人生道路上宝贵的财富。"这一年，陈汉宝为油田的各中学作报告 7 场，有 3000 多名学生听了他的传统教育报告。他还应中国石油天然气集团公司邀请，给集团公司机关和石油大学作传统教育报告。

2012 年 4 月 9 日，他应邀去东风中学给学生们作一场传统教育报告。然而，在报告前日，他突然发现自己的尿中带血，医生建议他赶快住院检查。老伴让他打电话把报告推了。他却说，孩子面前不能失信。他硬是坚持去了学校。一个多小时的报告，十多次掌声。他的付出在孩子们身上得到回报，他落泪了。陈汉宝的报告在油田青少年和青工中产生了很大的反响。机关中学的一位学生在作文中写道："在陈爷爷作报告过程中，我们接连不断地鼓掌，是给陈爷爷的，也是给为了人民的石油工人的。""我们作为油田的子女，要像铁人一样踏实、勤恳、奉献、热爱党、热爱祖国、热爱油田、热爱集体。我们要踏着铁人的脚步走，努力学习，走好人生路!"

三、为传统教育著书立说

为了教育下一代，陈汉宝把他撰写的传统教育讲稿、回忆文章，除给在校学生、在岗青工宣讲外，还在报刊上发表，以扩大传统教育影响面。近年来，他先后在《华北油田文化》《石油老人》《华北石油报》和华北油田网上发表了《井场上的旋律》《走上中南海领奖台》及《感悟人生石油魂》等传统教育文章。

在新中国成立 60 周年和大庆会战 50 周年的时候，陈汉宝在《光明日报》《中国石油报》《华北石油报》发表各种文章 20 多篇。2011 年，自费出版了文集《钻塔之歌》，以诗歌、散文、回忆录和报告文学的形式，回忆创业史、讴歌石油人。他的文章多次在省、全国老干部征文中获奖。他撰写的《人生感悟》被中国报纸副刊研究会评为"金奖"，并收入《中外哲理名言》中；他撰写的《转折》一文在中央组织部老干部局与 15 家老干部工作部门主办刊物联合举办的"与党同呼吸、共命运、心连心"征文活动中荣获二等奖。他在《光明日报》上发表了一篇《一个独臂石油人的半世风雨情》，其中有一段人生感悟："失去胳膊带来的痛苦，并不影响人生的完美，奋斗出成绩才是幸福的。"

中央电视台夕阳红栏目，以《信念》为题，分上下集在"不老人生"和国际频道"今日中国"中播放他的事迹，并被评为优秀专题片；任丘电视台以《油地共建》为题，到他家中采访，整整录制了 2 个小时，主持人激动地说："我从来没有经历过如此感人的采访，这将是任丘市青少年石油传统教育最生动的教材。"

这就是陈汉宝，一位独臂老人 50 年坎坷的人生路，四十载风雨的钻塔情。他始终保持着老一辈石油人的铮铮铁骨，仿佛像一盏明灯，照亮了无数孩子成长的道路。

"最美五老"托朝阳

——记华北油田华佳采一社区关工委顾问肖银海

肖银海 1947 年参加中国人民解放军，1948 年加入中国共产党，曾参加过淮海、渡江等战役和抗美援朝战争。1960 年转业到大庆参加石油会战，1981 年调入华北油田，1992 年离休。

肖银海离休后，任华佳采一社区关工委常务副主任、华北油田关工委顾问、华佳采一社区离休党支部书记。从此，他以关爱青少年健康成长为己任，不忘入党初心，大力弘扬"忠诚敬业、关爱后代、务实创新、无私奉献"的五老精神，在平凡的岗位上做出了不平凡的业绩。2009 年荣获"全国离退休干部先进个人"称号；2013 年荣获"河北省关心下一代工作先进个人"称号；2015 年荣获"中国石油关心下一代工作先进工作者"；2016 年荣获"河北省关心下一代工作荣誉奖"。

一、不忘初心履行使命

肖银海的家乡在河南濮阳，解放前是十年九灾的黄泛区，生活艰苦。他 17 岁就参了中国人民解放军，在部队的培养教育下成长很快，第二年就加入了中国共产党。从此，"为人民服务"的宗旨一直铭记在心。在战火纷飞的岁月里，他参加过淮海、渡江等多场战役，1950 年又入朝参战，可谓南征北战、出生入死。回顾过去，肖银海深有感触地说："穷苦使我走上革命道路，党的培养教育使我成为一名企业基层领导干部，我的一切都是党给的。"

离休后的肖银海担任了华北油田华佳采一社区离休党支部书记，全支部有 11 名党员，平均年龄 82 岁，平均党龄 61 年。为做好支部工作，肖银海可没少下功夫。他经常说："这些老同志都是党和国家的宝贵财富，敬重他们，爱护他们，照顾好他们是我的责任。让他们老有所为、老有所乐、老有所养我责无旁贷。"

肖银海所在的党支部，是华北油田离退休党支部的一面旗帜。他始终坚持把学习放在第一位。他经常对老同志们说：我们虽然从工作岗位上退休了，但学习不能停止，要活到老、学到老，要学习、领会党的方针政策，从政治上、思想上和行动上同党中央保持一致。他所在的党支部不管是三九天还是三伏天，始终坚持在每月 10 日开展"党日活动"，二十几年如一日，风雨无阻。通过学习，使大家做到离休不离党，退休不褪色，与时俱进，跟上时代的步伐。肖银海每年受基层单位邀请讲党课、作传统报告 10 多场次，虽然年迈体弱，但他每次都有求必应，受到各单位的好评。他还经常主动自我加压，关心老同志的生活。有一个老干部因家庭琐事与老伴闹离婚，子女们都很为难。肖银海得知情况后主动去调节，从两位老人 40 多年风风雨雨的经历进行劝导，他一番肺腑之言打动了这对老夫老妻的心，使他俩解开了埋藏在心里的疙瘩，恢复了家庭的平静。

肖银海是个闲不住的人，大家看到他整天忙忙碌碌的，都心疼地劝他："一把老骨头了，歇歇吧！"肖银海总是风趣地说："小车不倒只管推。"他用行动诠释了新时期离休老干部、老党员的风采。在肖银海的带领下，华北油田华佳采一社区离休党支部连续 20 年被油田党委评为先进党支部，1997 年被河北省评为先进党支部，2003 年又被河北省评为"老有所为"先进集体，这些成绩的背后，凝结着肖银海的心血。

二、做一个老有所为的人

肖银海对下一代有着隔代亲的特殊感情，2004 年担任华北油田华佳采一社区关工委常务副主任以后，一心扑在关心下一代的工作上。在他的倡议下成立了传统教育报告团，离休党支部的老干部成了报告团的成员。报告团平均每年给青工和在校学生作传统报告 10 多场次。在他的带领下，报告团积极参与社区精神文明建设，关心学校教学管理，关爱少年儿童成长。他们深入学校、社区、学生家庭调查研究，了解情况、掌握动态，在社区、学校、家庭之间架起沟通的桥梁。

在纪念抗日战争胜利 60 周年的时候，为了给青工、学生们有一个战争年代的直观感受，他动员参加过抗日战争、解放战争和抗美援朝战争的老同志把保存的军功章、奖章和纪念品作为历史的教材，让年轻人感受历史。有的老同志怕"宝贝"遗失，肖银海就先把自己珍藏的 8 枚奖章、军功章、纪念章和几件战争纪念品拿出来，在离休党支部党日活动会上展示。他说，"宝贝"躺在箱子底睡大觉，放着不见天日，价值不大，拿出来教育下一代，比压箱底有意义。不出 3 天，11 名老战士主动把心爱之物拿了出来，很快就征集了 55 枚奖章、军功章、纪念章和数十件战争纪念品。在他的组织下，"老战士荣誉展"先在华佳服务处展出，后又应邀到第一采油厂工区、采一中学和小学展出。在展出现场肖银海和老战士们为观众讲解每一枚奖章的由来、奖章和纪念品背后鲜为人知的故事，同学们很受鼓舞、教育。"老战士荣誉展"历时一个月，不仅学校的学生们来参观，许多社区群众也自发前来参观，关心下一代展成了群众性的传统教育展，先后有 1 万多名群众和青少年受到了爱国主义教育。华北石油电视台做了跟踪报道，在油田产生了强烈的反响。有 150 多名青年学生、油田群众在留言簿上签名留言，同学们在留言中写道："一段段尘封的历史，让我们耳闻目睹了那个硝烟弥漫的年代。"赞美老战士的丰功伟绩。许多学生还在日记里写感想、谈体会，纷纷表示：共筑中国梦，要当好革命事业接班人。

2016 年，在"两学一做"学习教育活动中，肖银海以《永远跟党走》为题，写了自己革命战争年代的经历，给社区 520 名党员上党课。他用自己的亲身体验讲爱国、讲奉献，情真意切，感人至深，很受大家的欢迎。近年来，他不仅在社区讲，还常受邀到矿区单位、中小学校作报告。据不完全统计，肖银海全年为矿区青工和在校青少年作传统教育课和上党课 60 多场次，有万余青工和青少年受益。如今，肖银海的传统报告已经成为华北油田华佳采一社区关工委的一个品牌项目。

三、团结一致好办事

华北油田华佳采一社区有采油一厂、荣盛机械公司、采油工艺研究院、华佳综合服务处 4 个处级单位和采一中学、采一小学、公安分局、采一医院等 8 个隶属关系不同的单位。由于社区大、单位多，关工委好多事不好统一实施。2004 年，在肖银海的倡议协调下，社区关工委由原来的"共管"变为 4 个处级单位领导"轮流主政"。即：由驻社区的采油一厂、采油工艺研究院、荣盛机械公司、华佳综合服务处四大成员单位轮流，每年由一名党委副书记担任社区关工委主任，一名离退休老同志担任常务副主任，一起主持关工委日常工作，负责协调关系、筹集经费、安排活动，从而改变了"共管"谁都不管的现象。肖银海还协助关工委制定和完善了《联席会议制度》《工作调研制度》《报告工作制度》《学习制度》《工作岗位职责》和《经费筹集、使用管理办法》等 8 项制度，为社区关工委发展建设打下了坚实的基础。他提出的关工委活动经费分摊的意见，得到成员单位的赞同，并形成了决议。现在四个单位每年按时向关工委账户注入资金，改变了过去经费靠"化缘"、用车靠求人、活动无保障的被动局面，使关工委工作形成了制度化、规范化管理，做到了活动时间、内容、经费、人员四个落实，保障了各项工作的顺利运行。

在肖银海的带领下，华佳采一社区关工委活动开展得有声有色，多次被华北石油管理局、华北油田公司评为先进单位。2007 年和 2009 年，两次被评为河北省先进集体。2010 年，被评为全国关心下一代工作先进集体。

四、不给基层添麻烦

肖银海本着帮忙不添乱的原则，给自己定了三条纪律：到附近单位去作传统报告，一不接送，二不吃请，三不收礼。每次作完报告，主办单位要留他吃饭或给他赠送个小礼品，都被他谢绝。他担任党支部书记，要求离休老同志自重自爱，关心和谐社会建设，管好自己、管好家人、管好子女，积极建言献策，当好领导的参谋。他要求自己的子女不准参与破坏社会和谐稳定的事，不准给社会添乱，不准给领导找麻烦。在荣获全国离退休干部先进个人称号后，他将组织颁发的 2000 元奖金全部交纳了党费，表现出一名老干部、老党员高尚的思想觉悟和道德情操，受到了全体职工和离退休老同志的赞赏。

肖银海就是这样，一直默默地、勤勤恳恳地、无怨无悔地为关心下一代工作付出着、奉献着。

不忘初心　无私奉献

——记华北油田科研社区关工委副主任黄希陶

黄希陶是一位石油老人，中共党员，一直在石油科技情报战线上工作。退休后，应社区邀请，担任华北油田科研社区关工委副主任，为油田、社区青少年教育工作献言献策，发挥余热。几十年来，他始终把塑造学生的美好人格，引导学生从小热爱科学作为工作目标，用真情、真心关爱每一位学生。先后到中小学作科技报告8场次，带领学生参观油田科技馆、功勋井6次，参与学生1000多人次。他曾获得华北油田和河北省关心下一代先进工作者荣誉称号。

一、搭建社区学校家庭桥梁，为青少年健康成长营造良好环境

多年来，黄希陶针对社区青少年中存在的问题，注重调查研究，坚持以德育人为主线，推进社区学生素质教育。他常说："要充分利用社会教育资源为学校教育服务，为学生健康成长服务。"先后邀请石油系统老领导、老战友到研究院辖区学校作"弘扬铁人精神"和"雷锋精神常在"主题报告；组织青少年弘扬正能量文艺演出活动；组织研究院离退休老教师推动家庭教育，开展校外辅导活动；通过"读书征文""园丁联系户"等活动，沟通学校、家庭、社区的联系；协助学校创办学生通讯社，利用通讯社鼓励学生好好学习，天天向上；他还经常协助学校、幼儿园组织学生、幼儿参与社区安全宣传活动，表演有关安全社区方面的节目，让孩子们从小接受安全理念教育，形成良好的安全习惯，更健康、更快乐地成长。

二、发挥自身特长，对青少年进行科普教育

黄希陶是享誉石油系统的知名学者，退休后还担任国内知名度很高的《中国石油文摘》特约文摘员，并多次被评为"优秀文摘员"。他在关爱青少年思想道德建设的同时，也十分关注青少年的科普教育。他常说，这些跟着父辈南征北战的石油娃，我们不但要把他们培养成为热爱

党、热爱祖国的新一辈，还要把他们培养成有理想、爱科学、有文化的革命事业接班人。

为此，他发挥自己的特长，为青少年撰写通俗易懂的科普文章6篇；组织开展石油工业发展知识竞赛，让孩子们在参赛过程中对科技产生好奇心。为了让油田的孩子更多地了解石油，热爱石油事业，他主动和研究院子弟学校取得联系，每年都带领学生参观华北油田科技展览馆，让学生了解石油知识。每次参观前，他都要做好充分的准备，提出一系列有关石油的问题让同学们思考，让同学们带着问题看，带着问题学。参观过程中，他不知疲倦地给同学们作讲解，从石油生成、石油开采讲到石油应用，使同学们对石油有一个系统的认识，以提高学习兴趣，增强学生记忆力。他带领学生参观华北油田发现的第一口井——"任4井"，给学生讲述"任4井"喜喷工业油流时的欢乐场景，讲述华北油田大会战艰苦创业的优良传统，讲解钻探井从确定井位到单井设计、单井施工等全过程以及所花费的人力、物力、财力，使学生们对石油勘探有一个初步的认识。他带领学生参观研究院的"岩芯库"，给学生讲述岩芯的重要作用。同学们参观井队时，看到高耸入云的钻塔，看到满身油污的石油工人，听到震耳欲聋的机器轰鸣，真切地感受到每一滴油都来之不易。每次参观后，他都把事先准备好的问卷发给孩子们，然后一个一个地认真批阅孩子们的答卷和观后感，并摘抄学生参观感言。

黄希陶带领学生参观华北油田科技展览馆

他受邀到学校参加"观科技馆有感主题班会"，当班主任老师举起他摘抄的学生感言笔记本给大家看时，孩子们的目光齐刷刷投向那本普通却又承载着老人炽热的爱心和殷切希望的笔记本。教室里安静极了，那一页页一行行密密麻麻的小字，深深地印在了孩子们的心里。老师和孩子们一起向令人敬佩的黄老深深地鞠上一躬。此时，孩子们的眼中、老师的眼中、黄希陶老人的眼中都涌出了感动的泪花。座谈会后同学们纷纷表示，要好好学习科学文化知识，将来为油田建设和国家建设作贡献。

三、大处着眼，小处着手，培养青少年的良好素质

黄希陶老人非常注意观察社会现象。他发现现在人们餐桌上的浪费现象颇为严重，便和关工委成员商议，想用旧票证教育青少年。黄希陶把他们的想法告诉了社区党支部，得到了党支部的支持。于是，关工委成员们就收集20世纪80年代前人们使用过的粮票、油票、布票、购物券等各类票证，细致地粘贴在硬纸板上做成展牌展示出来。黄希陶面对展牌，向学生们讲述"舌尖上的故事"。他告诉孩子们，那时，生活物资十分匮乏，凭票证才能买到吃、穿、用的东西。同学们听了讲述，观看了真实的票证，受到启发和教育，纷纷表达自己的见解和感想。有的同学说："以后吃饭时一定要注意节约，不掉一粒米，不丢一叶菜。"有的同学说："每一粒粮食都是农民伯伯、叔叔们用汗水换来的，要尊重他们的劳动果实。"有的同学还表示："以后与爸爸妈妈去饭馆吃饭，若有剩菜或剩饭一定要打包带回家，绝不浪费。""舌尖上的故事"这一课，受到了上级部门的肯定，并组织到其他社区进行演讲，取得了良好的社会效益。

黄希陶又发现，电脑的广泛应用，使学生不大重视书写。当他得知教育部提倡在小学设置毛笔字课程时，就主动联系中小学校，详细询问能否开展毛笔书法课进校园的活动。学校提出书法班缺乏教师的困难，他就和社区关工委同志商量，提出由社区书法协会的老同志担任义务辅导教师。经过商量，几位老人愉快地接受了任务，在研究院子弟学校第一个成立了毛笔字书法辅导班。科研社区每年举办书法展，黄希陶老人都带领学生前来参观学习，培养孩子们对书法的兴趣。

黄希陶非常关注青少年的身心健康。针对部分青少年法律和纪律观念淡薄、自我保护意识和能力不强的情况，他定期邀请派出所警官来校进行法制知识讲座，制作主题教育宣传专栏，发放宣传资料、警示案

例，逐渐增强了青少年的法制意识，维护了青少年的合法权益。

他还组织心理健康教育讲座，坚持不定期到学校、家庭进行走访，了解青少年心理、生理、生活中可能遇到的问题和困难，有针对性地提出一些有益的建议，共同营造适应青少年健康成长的良好氛围。

黄希陶老人不忘初心，几十年如一日为青少年健康成长默默奉献力量的事迹，受到社会各界普遍赞誉，也得到各级领导的重视和肯定。2018年10月，河北省关工委常务副主任李月辉一行来华北油田调研时，观摩了社区中小学生书法班的现场教学，对孩子们的书法作品给予高度评价；还专门去看望了黄希陶老人，代表省关工委送去慰问金。事后黄希陶老人把这些慰问金捐给了油田公司金秋助学基金会。

黄希陶老人热爱关心下一代工作，情系青少年健康成长的奉献精神和感人事迹，在社区乃至油田已成为美谈。

老骥伏枥言传身教　翰墨飘香精心育人

——记华北油田第二中学五老陈兆麟

陈兆麟，中共党员，1995 年退休。退休前在华北油田第二中学任教，曾担任过语文教研组长、教导处副主任等职。退休后，他热心于书法教学和关心下一代工作，取得了优异成绩，先后被集团公司、油田公司党委授予"全国石油健康老人""优秀离退休职工""优秀共产党员""关心下一代工作先进个人""华北油田文化艺术特别荣誉奖""华北油田公益老人""油田文明居民""老年大学优秀辅导教师"等荣誉称号。

一、红色基因，发扬光大

陈兆麟的青少年时代是在非常艰苦的环境中度过的。他两岁时父亲去世，7 岁时母亲去世，吃过许多苦。新中国成立后，在社会各界和老师、同学们的帮助下，靠国家助学金读完了中学，上完了大学，成了一名光荣的人民教师。他对党和国家把自己培养成为一名教师充满了感激之情，决心用实际行动回报党和社会。陈兆麟的外祖父潘龄皋先生是我国著名的书法大家，在我国近代书法史上占有重要地位，素有"南谭北潘"之说（谭指谭延闿，潘指潘龄皋）。同时，他又是具有民族气节的爱国传奇人士。1921 年曾任甘肃省省长，抗战时期，日寇曾威逼他出任河北省省长，他坚辞不受。日寇恼羞成怒，将其逮捕，他身着寿袍，以死铭志。新中国成立后，曾任中央人民政府人民革命军事委员会参议、北京市政协委员等职。陈兆麟的哥哥、姐姐早在 1937 年就投奔延安，参加革命。外祖父的人格和渊博的学识及哥哥姐姐的革命生涯影响了他的一生。他 4 岁习书，沿袭继承外祖父潘龄皋的优秀传统，苦练书法。一生研习潘体，形成了自己独特的潘体风格，1983 年成为中国书法家协会河北分会会员，也成为一名著名书法家。他决心把书法传承作为传播红色文化的载体，为培育下一代作贡献。

二、老骥伏枥，言传身教

在几十年的教学生涯中，他积累了丰富的教学经验。他注重培养学生的学习习惯和学习兴趣。退休后，他仍关心学校的教学工作，向学校领导建议："我们学校有这么多退休教师，他们在教学中，无论是成功的经验，还是失败的教训，都是宝贵的财富，可供青年教师们借鉴。"他的建议得到了学校领导的重视，校方从此更加注重教学研究，观摩教学，对提高教学质量起到了促进作用。他还身体力行，到学校参加学校团总支组织的活动，把自己的教学经验传授给青年教师，学校团总支为了感谢他，送给他一个日记本，并在页面上写道："感谢您对我校团总支工作的大力支持与帮助。"有一位后来走上教师工作岗位的学生，春节特地来看望他，对他当年传授教学经验表示致谢。

有一年，华北油田书法协会和老年书法协会开展"大手拉小手，书法进校园"活动，他积极参与，给孩子们讲解学好书法、弘扬中华优秀传统文化的意义，引导学生爱党、爱国、爱中华文化，提高学习书法的兴趣。他还深入课堂，手把手教学，演示书法写作的要领。为了营造良好的学习氛围，他还用自己的作品帮学校布置书法环境，让孩子们耳濡目染，受到熏陶，使活动取得很好的效果。除此之外，他还给青年教师讲书法，告诉青年教师：老师给学生上第一堂课、写第一次板书的时候，会给学生留下最深刻的印象。他说："学生们对教师的第一印象至关重要。你板书写得好，学生对你的印象就深刻，你教的这门课，学

陈兆麟手把手指导学生习练书法

生有可能就爱学，也能学好；你的字写不好，学生们对你印象不好，对你这门课的学习兴趣就有可能打折扣，成绩自然不会很好。"他的话让教师们认识到板书和写字的重要性。

陈兆麟书法造诣深厚，经常参加一些社会交流活动。一次在北京参加国际书法展的活动中，他在会上作了《书法在中国传统文化中的地位》的发言，得到了与会同志的赞同，对他的发言报以热烈的掌声。从北京回来以后，他把在学校开设书法课的想法告诉了校长齐宁同志，得到校领导的支持。后来，他被聘为采一学校书法导师。他对书法情有独钟，每次授课，都认真备课，板书得体，在学校、家长和学生中产生了良好的反响。采一学校也成为当时华北油田唯一有书法课的学校。

陈兆麟认为，一个中国人可以不成为书法家，但应该都懂得书法。1995年退休后，他主导组建华北油田采油一厂小区老年书法协会，得到华北油田采油一厂党委和厂工会的大力支持。从此，每周日他主动给小区爱好书法的职工和居民上课。这项活动深深影响了所在小区的中小学生，激发了他们学习书法的兴趣，为后来开展"书法夏令营"活动、举办"春蕾书法展"打下了基础。为了提高大家的学习兴趣，让大家的作品得以展示，他在小区内开辟了书法长廊。以此为基础，又在华北油田离退休人员管理处的支持下，组建了华北油田老年书法协会，并担任秘书长。

为了让书法艺术得到广泛传承和发展，陈兆麟积极参与关工委和老年书协开展的"书法进校园"活动，课余时间面对面指导孩子们练习书法。多年来，他除了积极组织举办老年人"重阳书法展"以外，还积极参与关工委举办的面向全油田中小学校学生的"春蕾书法展"。到目前为止，油田组织了13届"重阳书法展"，共计展出书法作品1690余幅；举办"春蕾书法展"5期，展出少儿书法作品920余幅，其中许多小作者都接受过陈兆麟的指导。在对入展作品评奖时，他坚持"鼓励为主"的原则，以激励孩子们学习传承书法艺术的热情和积极性。他还建议设立集体组织奖，以激发学校的积极性。

暑假期间，他与小区离退休管理站结合，带领老年书法协会的同志一起，组织小区孩子们开展"书法夏令营"活动。每次上课前详细制订教学计划，包括讲课的内容，讲课的方式，最终的讲评、评奖等，每一个细节都安排周密。夏令营期间，他准时给孩子们上课，从坐姿、执笔、用笔开始，耐心细致，一笔一画地手把手教学。他习惯站着讲课，每节课站一小时左右，这对年过八旬的老年人不是易事。

三、讲授诗词楹联，传播中华优秀文化

陈兆麟上大学时学的是中文，所以他一直以"传承中华文化"为己任，孜孜不倦，几十年如一日。

油田关工委每年春节前都开展送春联活动，陈兆麟是理所当然的主力，他也认为这是培养写楹联骨干的好机会。但他发现现时楹联市场混乱，有些市面上的楹联不规范，内容欠正能量，他怕这些东西贴在楼道里、家门口，对初学楹联的孩子不利。借此机会他给参与活动的职工、教师和学生讲楹联知识，让中国传统文化健康传承。

在每年一次的全矿区征集春联活动中，陈兆麟都担任评委。他严格按照联律通则要求评审每一副联，从词性、结构、节律、平仄、意境诸因素严格把关，虽然费时费力，但他说这是对作品负责，对传统文化负责，必须这样做。活动结束以后，他还在楹联协会活动时间给楹联爱好者总结讲评。他对年轻的同志特别关注，年轻人也喜欢向他请教，经常把自己的楹联习作通过微信发给他以求得指导。对此，陈兆麟总是以满腔热情仔细推敲，及时地用微信回复。有的单位请他去讲楹联课，他从不拒绝。他经常对书法爱好者说，搞书法的人，要锻炼自己的写作能力，多写自己的联，要有正能量，不能只抄唐诗宋词。

他的一位学生当了法官，也喜欢书法，向他求字。他考虑到当时书法界的腐败现象，便自撰联语"苦恋金石，治印玩朱常染赤；深钦睿圣，习书弄墨不沾黑"，提醒他的学生不要沾染书法腐败。后来这个学生当上了法院院长，又向他求字，他写了一副："举槌将落怀棠树，见罪迟笞念禹车"，并用小字写上了召公棠和下车泣罪两个典故的出处，提醒他要秉公执法。事后，这个学生把这件事写成文章，题为《两副对联》，发表在 2017 年 10 月 27 日《河北法制报》"法官天地"专栏的头条。文章最后说："这两副对联不仅是书法前辈对法官的勉励，也代表着百姓对仁政、惠政、慎政、廉政的期盼。作为一名法律职业者，这两副对联值得永远自警、自省、自重、自励。"

还有一位当了小学教导主任的学生向他求字，他写了一副："润物无声春夜雨，登山有路涧边石"，希望这些年轻老师，能做润物的春雨，做学生登山的垫脚石。

他就是这样，利用书法传播正能量。他认为书法除了欣赏价值以

外，一定要充分发挥它的社会教化功能。因此，他特别注重书法的文字内容。

四、让中华优秀传统文化走向世界

近年来，陈兆麟的书法被更多的人认可，产生了一定的社会影响。一位在英国孔子学院工作的青年，来信要拜他为师，向他学书法；还有一位在中国留学的罗马尼亚留学生要拜他为师，向他学书法、诗词、楹联，他都欣然答应，还买了一些书籍、资料寄给他们，并互加微信，互相交流。

北京语言大学的两位教授与他取得联系，在该校建立了潘龄皋书法艺术基金会，并准备在郭沫若纪念馆开班，传授潘龄皋书法艺术，在国内外传承和推广潘龄皋的书法艺术。

陈兆麟就是这样，退休之后，为传播中华优秀传统文化做着无私的奉献。他曾写小诗表达自己的心境："报恩情切切，百思别无途。索字门如市，高灯继日书。"他把一副自己创作的对联挂在自家的客厅以自勉："余热毕达光尽处，燃灯笑待盏涸时。"他虽然年事已高，身体不大好，但他以顽强的毅力，继续做热爱的关心下一代工作，以持之以恒的奉献精神，倾入对关心下一代工作的满腔热情，以自己的专长和优势回报社会。他以夕阳之躯托起朝阳，用自己的实际行动为传承中华优秀传统文化作出了突出的贡献。

陈兆麟在北京语言大学讲书法

讲好革命故事　传承红色基因

——记华北油田关工委委员李海生

李海生，1953 年出生于一个普通革命干部家庭，1969 年 12 月参军，1973 年入党，1978 年 5 月退役参加华北油田会战，后参加塔里木石油会战，曾经担任过二级单位工会办公室主任、党群办公室副主任、工会副主席、工会主席、处级纪检监察员、二级单位纪委书记等职，在岗工作 44 年。2013 年 5 月退休以来，坚持以一个普通老党员和老退役军人的标准要求自己，热心关工委工作，积极参加油田和社区组织的有关活动。特别是结合自己的亲身经历，讲好革命故事，弘扬红色基因，受到学校师生和社会的好评。被华北油田关工委评为 2015—2016 年度关心下一代工作先进个人、2015—2016 年度离退休人员先进个人、社区优秀共产党员、任丘市文明家庭等。

一、讲好革命故事，传承红色基因

李海生出生于革命老区山西省左权县。抗日战争时期，这个只有 7 万多人口的小县，就有 3 万多人参战，1 万多人牺牲。他的家族亲人在抗日战争、解放战争中参加八路军、解放军的就有 30 多人，其中牺牲 10 余人、负伤 10 多人。他的父亲 14 岁时放下要饭碗，参加了八路军，从小父亲就经常给他讲战争年代的打仗故事，告诉他新中国是无数革命先烈浴血奋战换来的，在他的心灵里打下深深的烙印。他参军所在的部队是军委工程兵第 54 师（对外代号曾用 7982、8342 部队等），这是一支具有光荣革命传统的部队，他的老部队从组建那天起，一直负责当时国家最高绝密的"两弹一星"工程及其他核设施的基地建设，是"两弹一星"核基地建设的功勋部队。他参加了数个国家绝密工程建设。那时的官兵，整天在崇山峻岭中挖洞，在沙漠戈壁滩修路，吃苦、牺牲是常事，没有怨言，只有奉献。

为了讲好革命故事，弘扬红色基因，在华北油田关工委组织的"传承红色基因，争做时代新人"活动中，他认真备课，做好课件，以确保讲课取得好的效果。比如，他家族牺牲的烈士，由于年代较远，有的记载不很完善，为避免有误，他就多方调查核实。其中有一位叫李玉生的族亲，只知道是抗日战争时期参加革命，1943 年入党，后在河南牺牲，再没有其他信息。为此，他多次回老家走访老人、查阅资料，但收获不大。带着这个疑问，他抱着试试看的想法，于 2019 年 2 月 28 日给河南省焦作市委党史办写了一封信，恳请他们帮助查阅李玉生的有关信息。焦作市党史办的同志对此非常重视，很快反馈了信息：李玉生确实是革命烈士，牺牲得很壮烈，曾经被当地誉为"孤胆英雄"；不久，河南省焦作市老区建设促进会将他们编写的《焦作革命老区史典》寄给了他，书中详细记载了李玉生的牺牲情况。这样，他完整地把这位烈士的事迹讲清楚了。类似这样的事他还求证过好几个。截至目前，弘扬红色基因的报告他已作了近 20 场次，受到中小学师生的欢迎。2018 年 9 月，他给采油一厂小学生宣讲后，学校领导听了很受感动，提出能否给学校老师们再专门讲一次，他欣然答应，回去认真备课，按成人特点又去讲了一次。在给沧州石油基地子弟学校讲课时，地点选择在社区电教馆，沧州市新华区一位社区书记旁听了讲座，说："李老师，您讲得真好。希望能给我们社区党员讲一次。"他也欣然答应。

李海生为学生讲革命传统

二、坚持刻苦学习，热心宣传和做好社会工作

李海生在职时就十分注重政治理论学习，坚持每天看书上网，收集重要信息，先后剪辑的报刊资料达 400 余册。2004 年后剪辑纸质报刊资料减少，改为电子收藏版。他将收集的资料设计为几十个栏目和几百

个子栏目，各类文稿信息约 2 亿字。

他还特别喜欢收藏红色书籍。在他收藏的 1000 余册书籍中，红色书籍占了相当大的比例。通过收集整理，不但使他增长了知识，也给他从事关工委工作，讲好革命故事奠定了一个良好的基础。

退休 5 年后，他还担任油田摄影家协会副秘书长、曲艺戏剧家协会副主席、老年摄影协会副主席等。他发挥自己多年从事文秘工作和热爱写作、摄影的特长，在全国各级各类报刊杂志发表各类文章 70 余篇、图片 10 余幅，被华北油田文联授予"华北油田文化艺术特别奖"荣誉称号。

他把宣传重点放在离退休群体和五老个人上，如他采写的抗美援朝老战士陈俊瀛的《一个具有传奇色彩的老兵》、援越抗美老战士张振杰的《一次难忘的越南访问》、退役军人翟奎玉的《一个老工人的退休一天》及《老劳模廖胜权的"绝招"》等文章发表后，都产生了良好的社会反响。他还帮助 5 名老同志撰写回忆录和打印诗歌、散文等 6 部。他为油田开展各类教育活动撰写了相声、小品、朗诵等 10 余篇。其创作的朗诵《油地亲如一家人》、相声《文明杂音》参加了华北油田第十四届文化艺术节闭幕式。针对老同志容易上当受骗，他写了反邪教小品《吴大姐上当记》，获得油田特别奖。他为油田与任丘市合办的 2017 年春晚编导了小品《寻亲》，为油田纪委与任丘市纪委联合举办的廉政晚会编导了歌颂纪检监察干部的小品《送礼》等。

2018 年，为认真落实河北省关工委工作会议精神，他建议油田关工委编写一本"红色基因进校园"辅导读本，得到了油田关工委领导和有关部门的认可和支持，他担任了执行编辑。他不顾自己颈椎病已经很严重，经常加班加点搜集素材，自费下载图片，40 多次到华北石油报社印刷厂排版修改。他还骑着自行车到三所中小学走访，听取老师和学生对这本书的意见和建议。在关工委编委会共同努力下，7 易其稿，终于完成了《红色基因，代代相传》一书，受到河北省关工委和油田关工委领导的高度评价。第一次印刷 5000 册，发到油田中小学后，受到师生的热烈欢迎。他还被评为"2018 年集团公司离退休系统宣传思想工作优秀通讯员"。

在担任油田老年摄影协会副主席的岗位上，积极出谋划策，组织老年朋友开展摄影活动。他个人的摄影作品也多次获奖，反映老年社会的摄影作品《车阵》还参加了浙江丽水国际摄影大展。

三、坚持长期学雷锋，用雷锋精神教育下一代

李海生上小学时，正是毛泽东主席"向雷锋同志学习"题词发表后人人学雷锋做好事的年代，雷锋精神深深印在他的心里。几十年来，他坚持用雷锋精神鞭策自己，做了大量好人好事。他在华北油田勘探二部沧州基地工作时，有一天感冒，上午快下班了，到指挥部医院让医生开点药，取药时，脚下好像踩到了什么东西，低头一看，原来是一块金表，表链断开了，估计是哪位女士不小心丢了。他问药房的人，都回答说不知道。他说，如果失主来找，就到他的办公室领取。下午，一位中学女老师来到他的办公室，他把手表还给了她。女老师说这块表是她在部队服役的丈夫送给她的结婚礼物，中午回家发现手表丢了，饭都吃不下，没想到下午就失而复得，一再表示感谢。

退休后，他把用雷锋精神教育下一代作为自己的责任，身体力行。在宣讲革命故事时，他把如何继承发扬雷锋精神纳入其中。华北油田退休老职工、雷锋专题收藏家孟庆才，每年都要在3月5日学雷锋活动日展示自己的藏品，以此教育青少年广泛开展学雷锋活动。他与孟庆才通过学雷锋活动结缘，成为学习宣传雷锋精神、开展学雷锋活动志同道合的好朋友。退休几年来，他坚持每年都要协助老孟开展好这项活动，帮助老孟进社区、进学校宣传、讲解雷锋故事。2019年他采写的报道《雷锋精神代代传》《两张学雷锋照片背后的故事》分别发表在《中国石油报》金秋周刊和华北油田《新闻纵横》杂志上，拍摄的学雷锋照片发表在《中国石油报》金秋周刊第一版。只要是传播雷锋精神，他都乐意去做。油田任丘驻地有家诚仁堂医药连锁有限公司，他们坚持学雷锋常态化，并邀请他去讲雷锋精神，他认真准备，讲企业坚持学雷锋和企业精神、企业发展的辩证关系，受到企业的好评。2018年12月7日的一个下午，他去商场购物，回来路过一家卖点心的小店，发现地下有个钱包，他把钱包捡起来，打开一看，里面有身份证、饭卡。身份证显示失主应该是一位高中学生，钱包被偷，小偷把钱拿走，把钱包扔了。他心想这位学生一定很着急。他问附近店主，刚才是否有学生在他们店里买过东西？店主都说没有。他等了半个多小时没人来，天黑了又很冷，他就准备把钱包送到冀中公安局失物招领处。当他骑自行车到了渤海路建行对面时，看到有两个年轻的警察在执勤，便对他们说明情况，把钱包交给了他们，请他们尽快找到失主。两位警察对他这种精神

予以称赞。

　　李海生把做好关心下一代工作作为自己义不容辞的责任，满腔热情，积极主动投入到关工委交办的各项工作中，为油田关心下一代工作发挥了积极的作用。

守望民族教育　静待格桑花开

——记河北师范大学五老王惠民

王惠民，是河北师范大学附属民族学院一位退休教师，退休前，他曾是河北师范大学附属民族学院的前身——河北师范学院附属民族师范学校的校长，兼任全国内地西藏班（校）教育视导员。

他当兵时，曾到青藏交界的藏族农牧区的战斗部队下放锻炼一年，这使他与藏族同胞结下了深厚情谊，这份独特的经历促使他对内地教育援藏事业怀有特殊的情感。虽然退休已经 20 多年了，但他始终心系援藏教育，时刻关注着学院的发展，关心着藏族学生的成长。

一、开办西藏高中班的铺路石

2007 年，根据上级部门的安排，民族学院承接了培养西藏高中学生的任务，组建了西藏高中部。为了办好西藏高中部，把西藏送到内地的学生教育培养好，学院领导请曾在省市重点中学工作过的王惠民担任新创建的西藏高中部的教育教学视导员。当时已是 72 岁高龄的王惠民，面对家属和子女的不理解，欣然答应，毅然推掉了河北省督学、石家庄市民办教育协会常务副会长兼秘书长等工作，全身心地投入到西藏高中部的创建之中。

他协助院领导谋划西藏高中部的建设发展，全面查阅了国家有关内地西藏班（校）的办学方针政策和法规制度等文件，深入高中部调查了解干部、教师的状况。在此基础上，他精心思虑，编发了国家《关于西藏内地班（校）的大政方略摘要》《国家基础教育重要文件摘要》，起草了《河北师大附属民族学院高中班管理条例》《高中部课程改革实施方案》《高中部学生德育实施方案》，撰写了《关于加强优秀班集体建设开展优秀班集体评奖活动的建议》等，为西藏高中班的建设提供了制度依据，做好发展规划，使高中部较快地走上规范化、科学化的发展之路，为西藏孩子们的教育成长提供了一个较好的平台和环境。

在此期间，王惠民和在岗工作人员一样，坚持按时上下班，一心扑在工作上，风雨无阻，兢兢业业，不怕苦累。刚开始担任教育教学视导员时，院领导执意给他一定报酬。但他觉得能有机会为国家教育援藏事业、为学校的建设发展再出把力，是一种幸运，"没有报酬我才可以自在地履行这份应尽的责任"。他先是主动要求减报酬，后又主动要求免去一切报酬。他向院领导明确表示，只要需要，他甘愿义务为学校的教育援藏事业奉献余热。

二、教师成长与教学改革的助推者

作为一名教育工作者，他深知"百年大计，教育为本；教育大计，教师为本"，只有好的教师团队，才能培养出优秀的学生。从担任高中部教育教学视导员那天起，他就把提高高中部教师的教育教学素质当作自己的中心任务。为了做好教师队伍建设的指导者和引路人，王惠民与时俱进，一方面自己不断学习新的教育教学理念，另一方面经常深入课堂听课，为老师们的教学实践诊断把脉。

为了提高课堂质效，他在转变教育教学观念，推进教学改革方面积极做着推进工作。为此，他一边对老师们"面对面"指导，一边有针对性地收集撰写了大量教育教学改革的文章，如《新课程学生观探微》《新课程与教学评价》《对"三段五步"教学模式转型升级的建议》《教育界名家的理念与经验》等，打印出来推荐分享给老师们。在此基础上先后为高中部提出或起草了《课堂教学即时效率评价指标》《高中部课堂教学改革方案》《教师课堂教学质效评价表》《关于教案与学案的有关规定》等，不断对西藏高中班的教学改革状况进行综合分析，推进高中部的教育教学改革。

为了把先进的教育理念落到实处，王惠民经常深入课堂听课。听课后，他及时与讲课老师交换意见，帮助他们分析成败得失。为了全面、准确判断教师队伍的教育教学状况，他还亲自拟定教师课堂教学状况调查问卷，让学生作答，然后进行统计、汇总、分析，从中检验课堂效果。王惠民也多次把新的教育理念与教师在课堂教学中存在的问题等写成指导文章，在教研活动时分析给老师们听，帮助教师尽快成长。据统计，在高中部刚组建的两年里，王惠民听评课60多节。

他对教师，特别是青年教师，总是循循善诱，耐心帮助，发现优秀者就鼓励、肯定，发现有问题的就诚恳交谈，是学院高中部教师队伍建设和教学改革的可亲可敬的助推者，为学生们的健康成长培养了可靠团队。

三、藏族学子的良师益友

到民族学院上学的西藏高中学生，年龄大多在15到19岁之间，部分年龄小的学生才刚刚14岁，这么小的年龄独自在几千公里外的异地求学，面临着气候环境、饮食习惯、心理孤独等诸多的不适应。这就要求内地西藏班的老师既要承担老师的责任，同时又要担任起父母的角色，除了在思想学业上教育学生，更要从生活上关爱学生。同时，西藏学生到内地求学，是国家交付教育部门的一项政治任务，把学生培养成政治可靠、学业优良的社会主义事业的建设者和接班人，是国家长治久安和西藏繁荣发展的迫切需要。曾在藏区历练过、担任过校长的王惠民关爱藏族学生，特别关注藏族学生的健康成长，为此倾注了大量心血。他深知要做好西藏班的工作、要做好西藏学生的工作，不仅要有好的教育理念、指导思想和完善的管理制度，还要有过硬的教育管理团队，更得深入到学生中真诚地关心爱护学生，循循善诱地做好学生的学业生活导师。

为了把西藏送到内地来的学生培养得更优秀，王惠民与学校领导一起提出了"一个不抛弃，一个不放弃，争取把每一名西藏学生送到更高一级学府去深造"，"培养学生，要坚持'方向性与现实性'相结合的原则，既要注意把学生培养成'爱国的，具有社会公德、文明行为习惯的，遵纪守法的好公民'的大方向不能变，同时在具体教育过程中，又要注意学生的个体差异、谈话时机、场景等具体情况，因势利导，以期最好的教育效果"；教育培养学生时要"以学生可持续发展为本，严格要求与尊重信任学生相结合的原则"，"以爱育根、以正抑反、以实移情，以正面教育为主的原则"等教育理念和指导思想，为高中部老师在教育培养学生的过程中指明了方向。

对西藏学生的培养，应以爱、理解、尊重为前提，方法与策略为保证，制度和法规为底线。没有规矩不成方圆，在教育培养学生的过程中要有法可依、有法必依，规则意识和自律意识是学生健康成长的一个重要组成部分。为了给学生健康成长保驾护航，在王惠民和学校领导的指导与高中部老师的参与下，高中部办班之初很快建立并不断完善了《高中班管理条例》《西藏高中班学籍管理规定》《高中阶段德育实施方案》《高中学生综合素质评定方案》《高中学生奖励规定》《高中学生处分规定》等一系列规章制度，为规范办学和培养学生提供了制度支持。

王惠民深知只有好的教育团队才能培养出优秀的学生，为了提高藏族学生的政治思想素质，作为高中部教育教学视导员，他极力推动高中部的德育建设。一方面，他为加强高中部的德育工作向校领导建言献策；另一方面，他多次参加高中部班主任工作研讨会，也多次为高中部老师和班主任队伍开设讲座，谈国家开办西藏班的战略意义、政治意义，谈作为一名教育工作者应负的责任与担当，谈西藏历史和学校发展史，谈他个人的成长经历等，对教育事业的赤诚，对西藏学生的爱溢于言表。

除了从理念、制度建设和德育队伍建设上关注学生成长环境的营造外，王惠民还深入到学生中间，教育引导着学生的成长。他收集资料，先后撰写了《和同学们谈成长》《目标与起点》《定位与到位》等教育性讲稿，给同学们作报告。同时不断把自己搜集的藏族的优秀杰出人物的事迹整理出来，打印发给同学们，如《西藏第一位中国工程院院士多吉》《西藏首位物理学博士诺桑》《有福气的女英雄斯朗巴姆》等。同时还深入班级，多次到班级听取班会，了解发现学生的状况，与班主任交流教育方法，与有思想情绪的同学个别谈心。

怎样帮助、引导藏族学生学好功课取得理想的学习成绩，是王惠民关注的另一个重点。每次考试后，他都要找高中部了解学生的成绩，并一一进行分析比较。对成绩有明显提高或退步的学生，都要约见面谈，帮他们分析成绩升、降的原因，为下一步学习指明方向。比如，在一次期中考试后，他发现某同学的成绩一下退步了 16 个名次，在找高中部和班主任了解情况后，他决定在一个星期六的下午与该学生面谈。不巧的是那天下午下起了大雨，考虑到他近 80 岁的年龄，与学生谈话又不是太紧要的事，高中部就给他打电话说把谈话时间改一改，换个时间。王惠民不同意，说："给学生约定的事，要诚信，不能爽约。"学院让他在家里等着，开个车去接他，他不同意，一定要自己来。当看到 78 岁高龄，骑着电动三轮，穿着雨披冒雨提前赶来与学生谈话的王惠民，在校的师生都流下了激动的眼泪。

针对藏族学生基础相对薄弱，有些同学学习方法不当、效率不高的现状，王惠民在高一年级开设了"学习学"讲座。他查阅大量书籍和文献资料，结合自己几十年的中学从教经历，亲自编写讲稿，亲自授课，连续讲了四届。根据教学实践，不断修改不断完善，逐渐形成了由"学本篇""学源篇""学理篇""学智篇""学艺篇"5 部分 25 节组成的较系统的 15 万字的《实用学习学要义》一书，被学院审定为校本教材。在教学后进行的问卷调查统计，认为开设该讲座很有必要、很感兴趣的学生比率均高达 95%，而感到有即时成效的达 76%。尼玛乔同学说："我从小学一直到初中毕业都没有上过关于学习学的课。初中时我学习很努力，但再怎么努力成绩还是上不去，总在班级后 10 名徘徊，后来勉勉强强上了高中。当我在高一课程表上看到《学习学》时非常陌生。上了这门课后，我才明白这门课研究的都是关于学习科学方面的基础知识。如，怎样理解学习，学习是学、思、习、行有机联系的高级心智活动，任何人都无法代替，必须主动自觉学习，学会自主学习。要善于学习，否则再努力学习成绩也上不去…… 随着对学习科学认知的提高，再不用老师和家人'逼'着学了，学习目标、学习安排也较科学合理了，学习绩效明显提高，现在我已进入班级先进学生行列。"益西卓玛同学对这门课十分感兴趣，学习十分认真，她说，"我每次的学习绩效记录宁肯晚交也要写完写好"，"我总能在书中找到自己的影子"，"发现自己存在的问题"。她的学习成绩提升十分明显，还不到一学期就由原来班级的中下游水平，跃升到全年级的最高水平。

除了关注学生的学业成绩，王惠民还特别注意学生的思想和行为习惯养成，注意后进学生的教育转化。由于环境不适应和长期住校，缺少家庭教育的监管，少数自制力不强的学生养成了一些不良行为习惯，学习动力不足。如 2013 级有五六位学生经常迟到，有时候还有旷课现象，学无压力学无动力，上网成瘾。为了做好这几名同学的教育转化，王校长多次与高中部和班主任老师沟通，了解他们的家庭情况、初中毕业学校、思想行为习惯等，与相关人员一起商讨他们的教育转化措施。同时，他还与这几个学生约定，每周六下午补课结束后，进行谈心交流，学生谈一周的学习生活守纪情况；他通过名人名言、励志故事，让学生填写自治成长表等形式提醒约束学生健康成长。有位学生干部，因在班级教育管理方面与班主任意见不合，班主任想撤换他，他情绪低落，十分苦恼。王惠民发现这个情况后就几次找他谈心，引导他严于律己，正确认识处理与班主任的关系；又找该班主任交换意见，很快化解了矛盾。这位藏族同学重新振作起来，积极工作，努力学习，毕业前还入了党。考上大学后，特意给老校长发短信报喜，表示衷心感谢！

耄耋之年，仍为援藏教育事业殚精竭虑无私奉献的王惠民老校长，身退心不退，离岗不离职，全心守望着民族教育事业，静等格桑花开。

位卑不敢忘忧国　呕心沥血铸国魂

——记河北大学关工委委员安建平

河北大学思政课教授安建平，出生在抗美援朝战争爆发后的鸭绿江畔，沐浴着新中国的朝阳，聆听着绿色军营的军号声长大。在新中国母亲的怀抱里，在党的培养教育下，经过海南生产建设兵团的磨炼、河北师范学院政教系的教育熏陶、西安交通大学哲学班的深造和高校 40 多年执教的历练，拥有了广博的社会阅历和深厚的专业知识，为她坚持主流意识形态，教书育人，报效祖国母亲，奠定了坚实的基础。自大学毕业后至今，无论是在职还是退休，安建平始终没有离开过她所热爱的教学工作，并默默发挥着大学生思想政治教育的主力军作用。

一、教书育人，三尺讲台献青春

安建平老师是政教专业毕业的，深知其所教的课程属于"国课"，即弘扬国家主流意识形态，用科学的世界观和方法论为国家为民族培养可靠接班人与合格建设者的课；更深知报效祖国母亲的最好方式，就是忠诚党的教育事业。在 40 多年的教学生涯中，她为本科生和研究生讲授过《马克思主义哲学》《马克思主义基本原理》《形势与政策》以及《自然辩证法概论》《科学社会主义理论与实践》《"三个代表"专题》《延安精神专题》《马克思主义与科技革命专题》等课程。她思考最多的，就是如何通过自己的教学工作，用科学的世界观去铸"国魂"，使大学生从各种理论误区和对现实与理论矛盾的困惑中走出来，接纳马列主义，信仰马列主义，使马列主义成为青年学生成长成才的科学指南。为此，她坚持精心设计每一节课的教学内容和方法，运用激情洋溢的演讲，运用理论联系实际的案例，运用多媒体的音像视频，抓住学生普遍关注的社会热点问题，引导学生结合国家发展、自身成长，进行主题讨论或即兴讨论、专题辩论；采用和学生一起备课，请学生上讲台展示风采的互动方法，调动学生参与教学的积极性；此外，还结合相关的教学内容，发动学生把自己身边的事编成哲学小品、相声、情景剧，融艺术教学于其中。通过上述努力，使同学们终于改变了对思政课的看法，认识到马克思主义理论并不神秘、并不空洞、并不抽象，它就在我们的身边，存在于我们日常的学习、工作和生活之中；并非"无用""遥不可及"，而是国家发展、个人成长不可或缺的正确指南。多年来她坚守着三尺讲台，从青春岁月走到两鬓霜白，呕心沥血，立德育人，换来的是一届届学生的信任，当听到学生们评价她是他们大学生涯中遇到的良师益友时，安老师感到无比欣慰，因为她觉得没有辜负祖国母亲对她的培养。

二、牢记使命，呕心沥血铸国魂

退休后，安建平老师作为河北大学关工委委员，为培育大学生成长，做了一些力所能及的工作。如，与校内外专家学者为大学生开办各种专题讲座，用大量有说服力的事实，使国家主流意识形态得到大学生的思想认知和情感认同；又如，联合保定关工委讲师团代表，与河北大学本科生、研究生共同举办学习宣传党的十八大、十九大精神，弘扬延安精神，争做"四有"新人，师生共筑中国梦，纪念毛泽东诞辰，纪念红军长征胜利，新老同志信仰对话会，缅怀英烈、传承红色基因等理论研讨活动，深化青年学生对党和家国情怀的认识。另外，还结合学校夏季短学期第二课堂的通识教育，结合各学院大学生的党课，为大学生开设"提高大学生马克思主义理论素养的重要性""坚持社会主义核心价值观，维护国家主流意识形态安全""习近平——青年大学生学习的榜样""牢记毛泽东'两个务必'，坚持党的群众路线"等专题讲座；应一些学院的邀请，为中青年教师传授自己的教学经验；参加国旗班组织的升旗仪式；参加大学生社团组织的红歌赛、时政知识竞赛、辩论赛等活动；运用现代化传媒工具，精心录制《一代伟人》《美丽中国》《青春中国》《民族丰碑》《旗帜》等诗歌朗诵作品，用心、用情去促进正能量的传播和大学生的健康成长。退休后，在省级以上的报刊杂志和中华魂网、中国红色旅游网、中外要闻网及一些内部刊物上，先后发表了60多篇弘扬延安精神进校园、唱响主旋律和红色文化的文章与诗歌。此外，还撰写了近百万字的会议报道、经验汇总、调研报告和杂文随笔。在她的博客上，专门辟出一个栏目叫《悠悠师生情》，以师生问答的方式，回答大学生提出的各种问题，为青年学生答疑解惑。

自2011年退休以来，安建平老师年年被河北省教育厅关工委评为

"中华魂主题教育""中国梦主题教育"的"优秀指导教师",并被授予"河北大学十佳优秀共产党员""河北大学关心下一代先进工作者""最美河大退休共产党员"等荣誉称号。作为一名已经退休的老教师、老共产党员,她继续在关工委的岗位上,为细雨无声铸国魂贡献自己暮年的绵薄之力,为学校发展和大学生成长发挥余热。